丝绸之路经济带发展报告2014

Annual Report on Development of the Silk Road Economic Belt:2014

马莉莉 任保平◇编著

吴 航 董秘刚◇参编

中国经济出版社

CHINA ECONOMIC PUBLISHING HOUSE

·北京·

图书在版编目（CIP）数据

丝绸之路经济带发展报告：2014／马莉莉，任保平编著；吴航，董秘刚编．
北京：中国经济出版社，2014.9
ISBN 978-7-5136-3459-5

Ⅰ.①丝… Ⅱ.①马…②任…③吴…④董… Ⅲ.①丝绸之路—经济带—区域经济发展—研究报告—中国—2014 Ⅳ.①F127

中国版本图书馆 CIP 数据核字（2014）第 207348 号

责任编辑　孙晓霞
责任审读　贺　静
责任印制　马小宾
封面设计　任燕飞设计工作室

出版发行　中国经济出版社
印 刷 者　北京艾普海德印刷有限公司
经 销 者　各地新华书店
开　　本　787mm×1092mm　1/16
印　　张　39.25
字　　数　780 千字
版　　次　2014 年 9 月第 1 版
印　　次　2015 年 6 月第 2 次
定　　价　128.00 元
广告经营许可证　京西工商广字第 8179 号

中国经济出版社 **网址** www.economyph.com **社址** 北京市西城区百万庄北街 3 号 **邮编** 100037
本版图书如存在印装质量问题，请与本社发行中心联系调换（联系电话：010-68330607）

编撰人员

（按姓氏笔画排列）

于重阳　马　瑶　马莉莉　王　栋　王　珏　王　瑞

王　聪　王昌玲　王昕元　王雅馨　王稼琪　车效梅

田一杉　冯欣怡　刘　乐（西北大学）　刘　乐（中国人民大学）

刘　漂　刘英佩　师如男　任保平　任冕南　李　玮

李继军　吴　航　邹杨波　张　彤　张亚斌　张秋芬

陆晓凯　林至颖　金田林　周光菊　郑　彬　赵广成

赵景峰　胡净雪　贾　芳　贾　瑛　徐　波　徐雷雷

黄文学　黄民兴　曹　佳　康　蓉　董秘刚　湛　爽

自 序

2013年中国国家主席习近平在哈萨克斯坦纳扎尔巴耶夫大学演讲时提出："为了使我们欧亚各国经济联系更加紧密、相互合作更加深入、发展空间更加广阔，我们可以用创新的合作模式，共同建设'丝绸之路经济带'"，首次提出共同建设地跨欧亚的"丝绸之路经济带"构想。丝绸之路经济带从当前阶段来看，是中国与西亚各国之间形成的一个经济合作区域，大致在古丝绸之路范围之上，包括西北陕西、甘肃、青海、宁夏、新疆五省区，西南重庆、四川、云南、广西四省市区。丝绸之路经济带实质上是我国制定的一个面向欧亚内陆开放的新战略，这一地区资源丰富，建设丝绸之路经济带，将对世界经济和中国对外开放产生重要影响。

丝绸之路经济带总人口近30亿，市场规模和潜力独一无二，丝绸之路经济带的复兴为中国和中亚各国开辟了新的合作空间，我国将在"新丝绸之路"上培育新的经济增长极，引进产业、聚集人口，这将使西部地区更快发展。丝绸之路从"交通走廊"转向"经济发展带"，成为西部大开发战略之后又一个新的"增长极"，能够带动西部地区区域经济和产业实现新的发展。丝绸之路经济带建设，可以综合交通通道为展开空间，依托沿线交通基础设施和中心城市，对域内贸易和生产要素进行优化配置，促进区域经济一体化，最终实现区域经济和社会同步发展，促进中国对外开放方式的转变。

丝绸之路经济带建设提出以后，为西部经济发展提供难得机遇的同时，也提出一些问题。中亚各国经济发展的现状及其长期经济发展趋势的表现是什么；丝绸之路经济带是一个区域一体化的战略构想，如何实现丝绸之路经济带上的各个国家和中国之间的市场一体化、产业一体化、基础设施一体化；中亚各国的经济发展模式是什么，其模式与中国的联系和区别是什么；国内的相关区域如何参与丝绸之路经济带的建设，如何利用丝绸之路经济带建设推动新阶段的西部经济发展。这些都是急需进一步研究的问题。

西北大学经济管理学院长期以来重视理论经济学的同时，也非常重视西部经济发展问题的研究，本院211学科建设的主题就是"现代经济学与西部经济发展"。丝绸之路经济带问题提出以后，我们做了几件工作：第一，确定"丝绸之路经济带与新阶段的西部经济发展”的研究方向，把这一方向写进陕西省重点学科建设项目的计划中。第二，组织系列研讨会。在校长方光华教授的直接关怀下，我院世界经济与贸易系在2013年1月组织召开了“丝绸之路经济带：陕西发展与对策”的研讨会，会后出版《丝绸之路经济带：发展选择与陕西对策论文集》（中国经济出版社，2014年版）。2014年7月，我院旅游系组织召开“丝绸之路经济带旅游研讨会”；2014年9月在习总书记讲话一周年之际，本院还将召开“丝绸之路经济带与新阶段西部大开发”的国际研讨会。第三，发表一系列论文，包括白永秀教授发表的《丝绸之路经济带的纵深背景与地缘战略》（《改革》，2014）、马莉莉副教授发表的《丝绸之路经济带的发展与合作机制研究》（《人文杂志》，2014）等。

为了进一步加强丝绸之路经济带的研究，使之形成特色方向，我们从过去着力研究东亚经济进一步转向中亚问题，由世界经济与贸易系组织编撰的《丝绸之路经济带发展报告》，每年也将围绕一个主题出版一本。2014年，在马莉莉副教授的精心组织下，《丝绸之路经济带发展报告2014》初稿形成，即将由中国经济出版社出版，本报告的特点如下：

第一，总体性。对丝绸之路经济带发展概况进行总体研究，探讨了丝绸之路经济带的发展形势、丝绸之路经济带研究进展、建设丝绸之路经济带的战略意义，同时提出丝绸之路经济带基于跨学科方法论的理论框架，分析建设丝绸之路经济带的战略背景与选择。

第二，宏观性。从宏观上，总体研究了丝绸之路经济带上主要成员方的发展和参与合作的形势。包括：俄罗斯经济转型与丝绸之路经济带、哈萨克斯坦经济转型与丝绸之路经济带、吉尔吉斯斯坦经济转型与丝绸之路经济带、塔吉克斯坦经济转型与丝绸之路经济带、乌兹别克斯坦经济转型与丝绸之路经济带、土库曼斯坦经济转型与丝绸之路经济带。

第三，区域性。报告研究了中国主要区域与丝绸之路经济带，包括中国发展格局的变迁与丝绸之路经济、陕西经济转型和参与丝绸之路经济带建设进展、新疆经济转型和参与丝绸之路经济带建设进展、甘肃经济转型和参与丝绸之路经济带建设进展、宁夏与青海的经济转型和参与丝绸之路经济带建设进展、西南省市的经济转型和参与丝绸之路经济带建设进展、中部省份的经济转型和参与丝绸之路经济带的形势、东部省市的经济转型和参与丝绸之路经济带的形势。

第四，历史性。对古丝绸之路的发展进行不同角度的梳理。包括：古丝绸之路的城市发展与交往、汉唐时期中国与伊拉克的关系、论中东古代文明交往的阶段、古丝绸之路兴衰的经济学解释、陆海丝绸之路的发展比较等。特别是在《丝绸之路经济带发展报告2014》中编制了丝绸之路经济带大事记。

第五，对策性。研究了丝绸之路经济带的商品贸易发展、投资合作、金融合作、能源合作、物流发展、旅游发展、教育合作、科技合作、文明与文化交往等方面的对策。

第六，前沿性。本报告不是简单地描述，也不是孤立地提对策，更不是随意地讲体会，而是在经济学的逻辑中用前沿理论与方法来研究丝绸之路经济带，这表现在：一是提出了跨学科方法论和集聚与分工的分析工具。二是提出了协同转型的思想。本报告还重点研究了中心城市与城市群的协同转型、协同转型先行示范区的试验构想等。

为做好《丝绸之路经济带发展报告》，加强丝绸之路经济带的研究，把丝绸之路经济带建设成为西北大学经济管理学院的一个新的学科增长点，我们将共同努力。是以为序。

任保平*

2014 年 6 月于西北大学新村

---

* 西北大学经济管理学院院长、教授、博士生导师。

报告概览

《丝绸之路经济带发展报告2014》虽然是一本年度报告，但并不仅仅局限于自建设丝绸之路经济带倡议提出以来到目前的进展总结，而是尝试理解与丝绸之路经济带相关或可能相关的国家与地区为何来到这个起点、起点是什么、未来要走向哪里去，怎么走这一系列重大的理论与现实问题。

可以说，丝绸之路经济带的提出，不是告知发展结果，更确切的说是揭示处于全球分工外围的内陆地区需要直面的现实问题，对于未来，不是已知，恰恰是更多未知，需要携手探索，共同寻找答案。由此，本报告的研究特色：一是建构理论框架，尝试对历史、当代与发展前景进行逻辑一贯的系统分析；二是对丝绸之路经济带所处的起点进行历史与逻辑相统一的梳理，明确起点，才谈得上启程。

从本报告的研究思路和框架来看：第一，对丝绸之路经济带的发展形势、研究进展、战略意义和研究方法进行综述；第二，从跨学科方法论出发，构建中心城市与分工网络共生演化的理论分析框架，作为解析全球和地区经济变迁的理论工具；第三，分国际、省际、中心城市与城市群、先行示范试验区四个层面，梳理丝绸之路经济带建设的起点特征和发展取向；第四，对各具体合作领域进行分类研究；第五，对古丝绸之路以及当代海上丝绸之路的创新做法、经验教训和发展形势进行对比研究。

本报告的主要观点包括：

一、理论框架

（1）群体—文化—行为的共生演化。人是情境理性的，每个人所认知的世界是个人世界。在共同情境下，情境理性的个体形成个人认知，在互动交往过程中，形成共通意义，继而产生语言、文化、制度等；通过共通意义基础上的沟通交流，群体可能展开协同行动，分工带来效率提升，使情境不断发展，吸引更多个体加入群体互动；群体也可能产生耗散行动，导致情境退化，人员流出。由此，群体—文化—行为是共生演化的关系，这一基本判断为解析人口聚散、分工演进提供了统一的方法论基础。

（2）中心城市与分工网络的共生演化。群体聚集在经济学层面表现为集聚，共通意义和协同行动的产生，使集聚具有收益递增效应，并因群体互动的规模持续扩大，表现出从劳动到生产、到产业的分工滋生过程，呈现为产业生命周期。在消费品生产的规模扩张到一定程度衍生出资本品生产，继而衍生出生产性服务、社会性服务的分工历史演进过程中，集聚的形成与拥挤效应，导致各类产业呈现相应的区位生命周期。集聚和分工互动作用，使产业演进与所依托分工网络的空间扩张属于同一过程不同层面的表现，即中心城市作为先进产业的衍生地，与不断扩张的分工网络共生演化；并由于资本品生产、生产性服务、社会性服务向外空间转移的难度较大，而主要向中心城市周边转移，使当前时代的先进产业演进在空间上更大程度表现为城市群的兴起。使中心城市的发展依托于广阔的国际分工体系，以及产业演进到一定程度促进城市群的发展，成为这一方法论的重要实践指引。

（3）模块网络化机制的兴起使公共服务供给成为全产业链的组成部分。模块分解可以聚集相似模块以实现规模化生产，而模块组合可以产生多样化产品，这就是现代生产对于异质需求快速变化的有效响应。从生产流程的模块分解，到模块部门产生，继而模块企业独立化，以及因共同生产同一件产品各模块企业相互不可分离形成网络组织，模块化的出现使生产流程内部的分工不断深化。更为重要的是，分工一旦深化到生产流程内部，各模块企业不断转向专业化发展，并通过网络组织的合作来应对异质产品市场的快速变化。模块不等同于零件，它本身是可进一步分解的生产系统，由此，当模块分解使各模块企业产生出更异质化、更敏捷化的要素需求时，模块网络化成为循环累积强化的发展机制。在此过程中，不仅各模块将更趋专业化，而且产生对创新，继而对人的心智开发的强大需求，由此引发以开发人力资本为核心的公共服务需求量大幅攀升。同样道理，异质化的公共服务需求，要求公共服务供给部门也需要以模块分解和组合的方式重构生产与供给流程，公共服务领域走向模块网络化发展，并且，公共服务需要与私人产品生产流程对接，以提供定制化的公共服务。总而言之，公共服务在模块网络化机制下进入全产业链成为上游的重要组成部分，政府与市场属于协同关系，而非对立关系。这一理论认识为欠发达地区实现分工深化、产业演进指明了可行路径。

二、丝绸之路经济带的产生与发展选择

（1）国内外社会经济发展不平衡矛盾的累积与激化。实证分析表明，全球分工的格局为：全球以欧洲、北美和东亚三大贸易区域为主体；通过中国和美国的紧密联结，东亚和北美的一体化水平显著提升；东亚以中国为中间产品贸易轴心展开生产过程内部分工即产品内分工，中国成为加工制造基地，主要从东亚其他国家和外围国家获得初级产品，向美欧输送最终产品；美国依托北美和东亚两大生产体系成为生产性服务等先进分工环节聚集地，占据全球产业演进领先地位。同一时期，欧洲以区域内一体化为主，区域外经贸往来相对较少，整体的生产分工细化程度落后于亚太地区，德国、英国等中心国家的先进产业演进程度相较美国滞后。模块网络化虽然在东亚率先得到发展，但中

心—外围化以更大的规模在全球展开，即中国作为加工制造枢纽，一头支撑美欧先进产业的衍生，一头联结着广大的提供初级产品的外围地区。这一分工模式使中国内部的不平衡矛盾也趋于累积，表现为经济中心向东部聚集，西部日益成为初级产品供给地，以及边疆问题、产能过剩问题、能源需求问题、环境问题等趋于恶化，成为困扰中国实现可持续发展的巨大挑战。面对2008年金融危机后国内外社会经济矛盾的激化表现，中国向西部开发开放，实现欧亚联结，带动外围地区转型发展，成为维护国家安全、实现长治久安的必要选择，这构成建设丝绸之路经济带的重要时代背景。

（2）丝绸之路经济带的发展模式。结合内陆外围地区的发展特征，以及市场机制、基于集聚—分工的产业与空间共生演化逻辑、模块网络化这一全球新兴生产组织方式的运作原理，丝绸之路经济带要实现外围地区的中心化和可持续发展，就需要促进中心城市与分工网络的共生演化，运用互联互通使内陆中心城市与广阔的国际市场相连接，并以后者为支撑，实现专业化的产业升级。为了使经济基础相对薄弱的地区有可能走向分工深化，需要将公共服务纳入全产业链，构筑自主转型系统。由于内陆国家和地区在海权时代并不容易与国际市场相对接，由此，形成中心城市的串接就显得尤为重要，有条件地区率先开发，并且相互提供产业支撑，使丝绸之路经济带沿线国家和地区有可能驱动共生的协同转型。为了实现这一发展目标，有必要建立起弹性的合作模式，将国际公共服务供给亦纳入各国自主转型升级系统，提供定制化、弹性的国际公共服务，使合作能够满足各国和地区的异质化发展需要。

（3）丝绸之路经济带的内涵、范围界定和战略选择。本报告认为丝绸之路经济带是一个动态演化的概念，它更重要的作用在于揭示出外围地区实现中心化的发展需要，而要如何实现这一目标，则需要应条件具备情况逐步推进。因此，从丝绸之路经济带的发展模式设计出发，本报告认为丝绸之路经济带是在各参与国达成发展共识前提下，依托高速铁路等现代交通技术，以亚欧大陆桥等交通互联为基础，通过贸易畅通、货币流通等方式，提高沿线各地区市场潜力，促使产业集聚与转型，以实现各自发展与共同繁荣的带状开发开放和发展模式。沿线国家发展形势、相互关系的复杂性等问题，导致丝绸之路经济带的建设无法一蹴而就，而是分阶段推进的发展过程，从其范围界定和战略选择来看：远景目标来在于联结欧亚市场，否则难以撬动有效的分工深化和经济布局的重构；初始阶段的建设重点在国内的西部地区，试验自主转型的区域代表成为战略核心；中亚国家是初始阶段的国外启动区域，寻找突破口成为主要工作方向；推动自由贸易区或先行示范区模式的发展，促进理念、技术和信息交流，由点带面，培育共识；积极应对非传统安全，求同存异，在寻求和扩大共同关切基础上推进合作，夯筑利益共同体，以走向共同繁荣和可持续发展。

（4）丝绸之路经济带的合作架构。基于国际关系理论对松散型、制度型、功能型合作模式的相关论述，以及结合丝绸之路经济带对三种合作架构的利弊分析可知，丝绸之路经济带合作架构当前处于从松散型向制度型发展的过渡阶段，为顺利完成这一过渡，功能型合作架构能够起到重要的衔接与建构作用。

三、相关国家和地区的发展现状及参与合作的形势

（1）俄罗斯和中亚地区。作为苏联的加盟共和国，俄罗斯和中亚国家都已走上独立自主的发展道路，除吉尔吉斯斯坦发生过颜色革命、塔吉克斯坦出现多年内战之外，各国局势相对稳定。俄罗斯和哈萨克斯坦是经济规模和人均收入水平相对较高的国家，乌兹别克斯坦、土库曼斯坦、吉尔吉斯斯坦和塔吉克斯坦的经济发展水平均比较低，且农业在国民经济中仍占据重要地位，工业化进程缓慢，贫困问题严峻，三股势力有所泛滥。在对外交往方面，俄罗斯和中亚国家普遍以提供能源、初级产品为主，外贸结构单一，可持续发展能力不稳定或相对薄弱。中国提出建设丝绸之路经济带倡议以来，哈萨克斯坦、吉尔吉斯斯坦、俄罗斯、塔吉克斯坦、土库曼斯坦等国纷纷表示支持，并在天然气管道修建、能源供给、人文交往等方面取得切实进展。

（2）中国各主要区域。中国在通过渐进式改革取得巨大成就的同时，也因发展基础薄弱、传统体制机制仍然产生影响等作用，陷入粗放式发展。从经济活动的区域分布来看，外贸发展集中于东部地区，东、中、西部增长驱动力有所分化，东、中、西部的产业和就业呈现中心—外围分化特征。面对艰巨的战略任务与挑战，发展条件和特点各异的东、中、西部需要从自身实际情况出发，扮演不同角色，发挥各自功能。其中，中国西部是“丝绸之路经济带”的对外连接区和前沿地带，且在国家主权领土范围之内，从西部的创新建设出发、寻求“丝绸之路经济带”建设的格局，成为中国实施新兴发展战略在当前阶段、具有可操作性的首要任务，西部各省份成为共建“丝绸之路经济带”的重点区域。此外，虽然西向市场距离中、东部较远，但新兴市场的开拓，不仅对西部，对中、东部也意味着发展机遇；而且，在全国分工网络内在联结的背景下，相对落后的西部地区寻求发展模式创新，无法离开其他地区的协同配合，因此，中、东部地区在共建“丝绸之路经济带”中既可以也需要积极作为。从各省市参与丝绸之路经济带建设进展来看，西北省份最为踊跃，西南地区的重庆，中部的河南，东部的连云港、山东等也积极参与。

（3）关于中心城市与城市群的协同转型。从产业的城市聚集来看，东、中、西部同样呈现分化特征。西部地域广阔、人口稀少，难以形成大范围的产业与城市聚集；而且西部距离国际市场和国内主要消费市场相对偏远，提高市场潜力和促进要素流动的难度较大；而且西部参与市场竞争能力差、容易落入资源陷阱，这些挑战使西部必须以创新的方式寻求转型与发展。结合东部地区发展经验、模块网络化机制特征，以及西部地区的既有发展基础和向西开放战略的机遇，西部需要创新理念与思路，寻求中心城市与城市群的协同转型，以切实推进向西开放和丝绸之路经济带建设。包括：

创新公共治理模式，以驱动基于模块网络化的自主转型系统；精而差异化的选择中心城市及其专业化方向；构建起西部与中、东部，以及西向国际市场的软硬件连通设施，使西部的中心城市与城市群演进嫁接并依托于地区外的分工扩张系统；在西部设立协同转型先行示范区，以创新思路培育新型发展模式等。西安、乌鲁木齐、兰州等中心城市可与相应城市群寻求协同转型的发展路径。

（4）关于协同转型先行示范区的试验。先行区启动试验是中国渐进式改革的重要经验之一，在丝绸之路经济带要求创新发展模式的背景下，西部地区需要率先展开协同转型的先行示范区试验。从试验内容来看，就是要从调整政府和市场关系入手，实现两者对接，通过选择差异化发展方向，驱使模块网络化机制发挥作用。为实现这一创建目标，相应的政策支持为：其一，西部面临的挑战是内陆相对落后地区如何通过切入全球产业链而实现转型升级，这需要市场要素、运行机制、公共治理等各方面发生系统性变革，全产业链的整体性推进要求协同转型先行示范区试验综合配套改革；其二，西部在产业基础薄弱的条件下，较难通过大规模商品贸易跻身全球分工体系；而以分工细化、创新为主的模块网络化运行，在西部服务业发展不足的形势下，对技术、金融、投资等服务贸易产生较大需求。由此，更高开放度、开放面的自由贸易园区在西部的设立，有利于弥补东西部政策差异带来的中心—外围分化，给西部的转型发展提供有力支撑。

四、各合作领域的进展

（1）基础设施的互联互通。近年来，中国与中亚地区在铁路、公路、航空、电信、电网和能源管道六大方面的互联互通建设均取得显著进展，对中亚国家而言，不仅摆脱传统线路出口单一、易被卡断或要挟的弊端，也使其直接和一个国际能源需求大户“无缝对接”，并有助于改善基础设施落后的现状；对中国而言，有助于实现油气来源多元化，以及带动优势产业走出国门。

（2）能源合作领域。中国作为世界第二大经济体和世界上最大的发展中国家，不管是为了满足当前国内能源需求，还是为了保障未来发展的能源供给，都将面临巨大的挑战；与此同时，俄罗斯与中亚五国都是新兴经济体，更是身处世界的能源富集区，经济发展潜力巨大，大都希望依靠丰裕的油气资源，实现经济的快速增长。丝绸之路经济带的能源合作，不仅能达到能源供求对接，更能实现区域能源产业互补，各国经济协同发展。中国与俄罗斯及中亚五国应在“亲、诚、惠、容”的创新理念下，树立新型能源合作观，共建新型能源合作关系。

（3）产业合作领域。丝绸之路经济带是欧亚各国合作日益深入、中国经济整体转型升级、对外开放与对内改革协调背景下提出的亚欧大陆带状经济合作战略。基于新结构经济学视角对丝绸之路经济带产业转型与合作进行分析发现，产业承接与转型合作的关键是要素禀赋升级与比较优势培育、硬性与软性基础设施改善以及科学技术与工业合作。将技术创新、金融体系与产业结构调整相结合是推动丝绸之路经济带产业合作与转型的现实路径。

（4）贸易合作领域。中国与中亚地区的经贸关系非常密切，且存在着很大的提升空间，贸易潜力巨大。因此，深入发展中国—中亚的贸易合作将有利于丝绸之路经济带贸易的繁荣和稳定，有利于以线带面，实现全面发展。

（5）投资合作领域。投资合作在丝绸之路经济带建设中发挥着重要作用，从投资现状来看，投资合作主体趋向多元化；投资规模不断攀升，但分布不均；投资领域有所扩大，合作层次加深。从投资合作存在问题来看，主要是投资环境不够成熟和完善，信用风险、外汇紧缺等投资风险依然较高；投资保障不足；投资领域集中，结构不合理。为推进丝绸之路经济带的投资合作，需确定战略目标，明确投资原则，完善保障服务，优化投资方式，鼓励民间交流和投资，以及优选重点投资领域等。

（6）物流合作领域。从物流合作机制来看，目前中国与丝绸之路经济带沿线国家在上海合作组织框架下已经建立较为完整和全面的物流合作机制；从物流通道的发展来看，中国目前已经与丝绸之路经济带沿线国家连通公路、铁路、航空和管道等多方面的交通运输线路；从物流节点发展来看，中国西部地区面向丝绸之路经济带的物流节点建设已经初见成果，建立了综合保税区、综合物流园区（物流交易中心）和边境合作中心等综合性的物流节点。上述这些成果，为丝绸之路经济带物流发展奠定了坚实基础，也为中国向西开放提供了重要基础和平台。

（7）旅游合作领域。中亚五国旅游资源丰富，近年来旅游业发展也取得长足进步。从总的方面看，中亚五国旅游发展潜力和空间还很大，但还有不少问题。实现丝绸之路第一环旅游的发展，必须进一步加强与中亚五国旅游合作，共同开发产品、共同开辟市场，搞好国际合作，抓好旅游基础设施完善，使丝绸之路经济带旅游发展的牵头品牌真正打出去，获得更高的知名度、美誉度、旅游忠诚度。

（8）教育合作领域。中亚五国独立后主要与俄罗斯、土耳其和欧盟等国际社会展开了较为广泛的教育合作。在建设丝绸之路经济带过程中，中国与中亚的教育合作方式或构想主要包括：建立孔子学院、成立上海合作组织大学，以及构建中亚教育经济圈；中国与俄罗斯的教育合作主要包括合作办学、人才交流和学术交流。从发展前景来看，中国与中亚国家将以孔子学院为重要平台，在丝绸之路经济带建设中展开更为深入的教育合作。

（9）科技合作领域。随着中国与中亚各国之间交流进一步的深入，双方在农业科技、能源科技和气候环境合作等领域取得了不少成绩。但是，大型合作项目匮乏、缺乏政策规范，科技合作不深入、机制不完善，以及中亚局势不稳定等因素仍然困扰着科技合作的推进。由此，完善合作体制、积极发挥政府作用、减少合作壁垒等成为重要的政策选择。

(10) 文明与文化交往领域。“丝绸之路”历来就不只是一条中国输出丝绸之路，更是一条观念交流、文明交往和文化交流的通道。总体上说，中亚历经了从语言、人种到宗教的彻底变异。由于苏联时期匆忙笼统的领土划界，为打破大突厥意识而进行的民族识别和推行的大经济区政策，中亚地区形成了一种类似政治理论的民族—区域集团。苏联解体之后，中亚地区开始以独立主权身份出现在国际舞台上，在伊斯兰复兴过程中中亚出现两股潮流：一个是由政府引导的以民族复兴为内涵的宗教文化认同；另一个是与反政府势力相勾结的伊斯兰极端势力。俄罗斯的战略收缩激活了中亚新一轮的文明交往和文化交流。伊斯兰国家、西方国家、中国和印度等国都对中亚外交表现出高度的热情，使这里的文化交流异常频繁，观念碰撞激烈。这些年反复发生的颜色革命，正是当今中亚文明交往密度的一个缩影。从官方、半官方层面加强各国之间的文明交往和文化交流，有助于促进丝绸之路经济带上的民心相通，从而为区域各领域合作的开展奠定了坚实的文化基础。

五、古今借鉴与比较

(1) 古丝绸之路的城市发展与交往。城市发展和路是密不可分的，正是城市间交往的需要，出现了一条条贯通东西南北的路，也正是一条条通畅的路，才确保了一座座城市的辉煌。丝绸之路与其沿路的城市也是如此。在先秦时期丝绸之路已存在，当时是由西亚、中亚和天山以北的草原游牧部落间的小规模贸易路线连接而成，又称森林草原丝绸之路。它存在于草原之中，沿途多游牧部落，没有固定的城市作为路标和中转站，还没有成为东西方交往的主渠道。波斯帝国贯通东西驿道的修建和亚历山大帝国（公元前336年—公元前323年）的建立，使希腊—罗马文明、古埃及文明和波斯文明得以交会；西汉张骞两次出使西域，将中国的文化带到西域，传至中亚地区。至此东西方之间形成了一条连贯的以城市为基点的沙漠绿洲丝绸之路，该路成为从汉代直至明清，东西方陆上交通的主要渠道。丝绸之路东段以我国中部的洛阳、长安为起点，向西经河西走廊到阳关和玉门关；由阳关、玉门关至葱岭为中段，经过塔里木盆地外缘的绿洲城市国家；葱岭到西欧诸国为丝绸之路的西段。1500年，西欧因为新航路的开辟和新大陆的发现迎来了大航海时代，丝绸之路历经2000余年终于不可遏制地走向衰落，沿线城市因缺乏广泛的对外交往陷入封闭，失去发展和创造的活力，终故步自封，失去独立，沦为被征服的对象。

(2) 汉唐时期中国与伊拉克的关系。汉唐时期中国与伊拉克之间通过丝绸之路构筑起一条贸易和文化的交往大道，双方交往的形式和内容日益丰富，并且中伊双方各自表现出自己的特点。这种交往不但大大丰富了两国的文化和人民的日常生活，而且对欧亚大陆的文明发展作出了贡献。

（3）中东古代文明交往的阶段。中东上古文明是各民族共同创造的文明。独特的地理位置、环境和气候决定了该地区贸易的重要地位，尤其是西亚成为游牧民族与农耕民族频繁冲突的地区。因此，频繁的和平方式和暴力方式的交往都有着重要的地位，而后者造成政权和文明的更替较为迅速，几乎不存在自古至今延续的文明，只有犹太文明例外，某种程度上还有阿拉伯文明。在吸收不同文明因素的基础上，从城邦到王国、帝国、大帝国，中东具有内在统一性的文明圈最终形成。位居欧亚非之间的独特地理位置，使中东与东西方同时保持着密切联系。中东的上古宗教亦经历从原始拜物教、多神教经二元神教的过渡向一神教发展的历程。

（4）古丝绸之路兴衰的经济学解释。由于社会生产力的发展、各地区绝对优势的差异，以及重叠需求的产生，丝绸之路贸易得以兴起。特别是要素禀赋状况、规模经济发展、技术差距及运输成本变化，深刻影响了古代丝织业的兴盛。由于重商主义思想的萌芽，以及国家参与竞争的作用，政府在丝绸之路兴衰中扮演重要角色。并且，将丝绸之路贸易发展与我国封建社会的历史更迭相对照，2500 多年的丝绸之路贸易史本身就包含着若干经济周期。

（5）陆海丝绸之路的发展比较。海上丝绸之路和陆上丝绸之路均经历由兴盛走向衰落又走向重启和被重视的发展历程。在新时期，两条丝绸之路面临各种新的发展机遇。中国与东盟之间的海上丝绸之路已历经十年，发展程度日益成熟，成为双边贸易的重要渠道。中国与中亚及俄罗斯等国家的陆上丝绸之路经贸合作近年也因为上海合作组织等平台推动而走上另一个新台阶。保障交通运输的安全通畅，创造稳定的国内环境，积极建立和完善相关制度，提高企业竞争实力等均有助于海陆丝绸之路的新兴发展。

（6）新加坡协同转型的经验。新加坡在建国初期遭遇转口港衰落、失去经济腹地、英军撤离等严峻形势，失业和住房问题凸显。作为国土狭小、缺乏资源的城市型经济体，新加坡着重发挥廉洁高效政府的作用，借力跨国资本，衔接本国经济融入国际市场。20 世纪末以来，新加坡更是抓住机遇，创新经济社会转型发展机制，促进产业升级。首先，新加坡构建以生产制造和生产性、流通性服务为主体的经济发展平台，和以社会与个人服务为主体的社会发展平台，两大平台以人力资源池的开发与运作为核心联结机制；其次，通过吸引高科技外资企业的内向国际化，以及投资建设海外园区平台带动本地企业走出去的外向国际化，为本地产业和人力资源池升级创造空间，也使两大平台协同作用成为可能；最后，政府在两大平台建设、内外国际化、人力资源池培育、与自然社会环境协调及彼此联结机制等方面进行公共治理创新，并通过严厉的法治，保障政府治理、市场机制及社会关系等在有序的基础上走向良性互动。总而言之，作为后进国家，新加坡主要通过公共治理创新为国家累积高技能人力资源和先进技术，顺应网络化机制及利用其创造的东亚市场空间，促进制造业升级、信息化建设、国际金融中心崛起，以及城市生态农业开发等协同发展，实现社会经济转型升级。

目 录

CONTENTS

Contents

图目录

表目录

第一章　丝绸之路经济带发展概况与报告思路

1.1　丝绸之路经济带的发展形势

2013 年 9 月，习近平总书记在哈萨克斯坦倡议，通过加强“政策沟通、道路连通、贸易畅通、货币流通、民心相通”，共建“丝绸之路经济带”。在不到一年的时间内，“丝绸之路经济带”引起国内外社会各界的积极响应，不少国家、地区、机构也应此筹措准备。

一、丝绸之路经济带的提出

20 世纪 70 年代，中国在四项基本原则的前提下启动改革开放，致力于由计划体制转向市场经济体制，局部改革、渐进推动成为中国独特的发展路径与方式。由于东部沿海更加毗邻国际市场，有利于发挥地缘优势以促进转轨，向东开发开放成为中国 30 余年来重要的战略导向。

20 世纪末以来，随着新自由主义的传播，各国不同程度地提高对外开放水平，特别是中国不断融入全球化进程，世界经济格局呈现巨大变化，其主要特征是，全球以欧洲、北美和东亚三大贸易区域为主体；通过中国和美国的紧密联结，东亚和北美的一体化水平显著提升；东亚以中国为中间产品贸易轴心展开生产过程内部分工即产品内分工，中国成为加工制造基地，主要从东亚其他国家和外围国家获得初级产品，向美欧输送最终产品；美国依托北美和东亚两大生产体系成为生产性服务等先进分工环节聚集地，占据全球产业演进领先地位。同一时期，欧洲以区域内一体化为主，区域外经贸往来相对较少，整体的生产分工细化程度落后于亚太，德国、英国等中心国家的先进产业演进程度相较美国滞后。

在中国作为加工制造基地联结、拉长和扩张全球产业链的过程中，一方面中国参与全球分工的广度和深度都有显著提高，由此产生应对国际事务的需求；另一方面中国内部的不平衡也不断加剧，主要表现为经济增长日益依靠投资和贸易拉动，东、西部差距拉大，产能过剩，对能源、原材料的需求和消耗大幅攀升等。

到 2008 年，世界经济不平衡矛盾不断累积并趋于激化，最先引爆的是美国次贷危机，随后欧洲陷入主权债务危机，继而中东、北非等被边缘化国家引发政治冲突和社会动荡，甚至局部战争，“三股势力”等非传统安全领域的威胁有所加剧。中国在国际市场萎缩背景下，经济矛盾、地区矛盾、社会矛盾、民族矛盾等也均有不同程度的激化表现，如何在全球化不可扭转的背景下实现可持续发展，成为中国迫切需要面对的现实挑战。

东汉时期，中国为抵御外侵而凿通丝绸之路，随后，在东西两大经济和文明中心的驱动和相互牵引下，古丝绸之路通过商品流动和文化交往等，使丝绸之路沿线国家、地区和城市实现共同繁荣与发展。古丝绸之路的发展模式，为中国应对国内外经济不平衡提供积极参考。

面对新的形势与挑战，为促使中国，特别是西部地区，以及处于全球产业链外围的中亚、西亚、非洲等地区走向共同发展，打造命运共同体，维护国家安全，中国提出向西开放战略，2013 年 9 月、10 月习近平总书记先后出访哈萨克斯坦和东南亚期间指出的“丝绸之路经济带”和“21 世纪海上丝绸之路”构成其重要组成部分。

2013 年 10 月，周边外交工作座谈会在北京召开，习近平主席强调，做好周边外交工作，主要为中国发展争取良好的周边环境，也使中国发展更多惠及周边国家，实现共同发展，形成利益共同体和命运共同体，这是实现“两个一百年”奋斗目标、实现中华民族伟大复兴的中国梦的需要，建设好丝绸之路经济带和 21 世纪海上丝绸之路，就成为重要战略指引。2013 年 11 月，中共十八届三中全会通过《中共中央关于全面深化改革若干重大问题的决定》，明确推进丝绸之路经济带、海上丝绸之路建设，以形成全方位开放新格局。由此，“一带一路”建设在内政外交中均确立为中国实现下一阶段发展的重大国家战略。

二、国际合作的进展

丝绸之路经济带着力提升陆路沿线国家的交流合作与共同发展，所面对建设难度和国际关系的复杂性，使其成为“一带一路”建设中更有新意和尤为重要的组成部分。2013 年底以来，中国提出建设丝绸之路经济带的倡议引起国际社会的广泛关注，沿线诸多国家表示支持，并着手推动调查研究和人文交流，以及就互联互通、经贸往来等领域展开初步合作。

1. 拓展合作伙伴关系

在丝绸之路经济带的指引下，中国进一步拓展与沿线国家的合作伙伴关系，并取得显著成果。在中亚地区，2013 年 9 月 11 日，中国国家主席习近平与吉尔吉斯斯坦总统阿坦巴耶夫举行会谈，宣布将中吉关系提升为战略伙伴关系；2014 年 5 月 18 日，两国继续签署《中华人民共和国和吉尔吉斯共和国关于进一步深化战略伙伴关系的联合宣言》。2014 年 5 月 12 日，中国和土库曼斯坦共同签署《中华人民共和国和土库曼斯坦友好合作条约》《中华人民共和国和土库曼斯坦关于发展和深化战略伙伴关系的联合宣言》《关于通过〈中华人民共和国和土库曼斯坦战略伙伴关系发展规划（2014 年至

2018 年)〉的声明》。在西亚地区，2014 年 6 月 5 日，习近平主席在中阿合作论坛第六届部长级会议中，希望中阿以共建“一带一路”为新机遇、新起点，不断深化全面合作、共同发展的中阿战略合作关系。在中东欧地区，李克强总理在出席中国—中东欧国家领导人会晤后，中国与中东欧 16 国共同发表《中国—中东欧国家合作布加勒斯特纲要》。在欧洲地区，2014 年 3 月 23 日，中国和荷兰发表联合声明，决定建立开放务实的中荷全面合作伙伴关系。此外，在城市合作层面也有所进展，2013 年 9 月 13 日，在两国元首的共同见证下，中国西安市和土库曼斯坦马雷市建立友好交流与合作关系。

2. 提升话语权与促进共识

丝绸之路经济带秉承和平友好、开放包容、互利共赢的精神，这一理念反映出广大欠发达国家的战略诉求，由此，中国在提出共建丝绸之路经济带的倡议后，成为国际社会，特别是丝路沿线国家在多边和双边交流中重要的商讨主题，中国在国际舞台上的话语权有所提升。2013 年 9 月的上海合作组织成员国元首理事会第十三次会议、2013 第五届欧亚经济论坛、2014 年 4 月博鳌亚洲论坛年会、5 月的亚洲相互协作与信任措施会议第四次峰会、6 月的中阿合作论坛第六届部长会议等国际交流机制与平台，弘扬丝路精神、共建丝绸之路经济带等均被列为重要议题，中国提出“打造命运共同体和利益共同体”的理念和倡议，得到与会各国的积极响应。在不同场合，俄罗斯、哈萨克斯坦、吉尔吉斯斯坦、塔吉克斯坦、乌兹别克斯坦、土库曼斯坦，阿富汗、海湾阿拉伯国家合作委员会、印度、伊拉克、巴基斯坦、阿塞拜疆等国、委员会均明确表示支持并愿意积极参与丝绸之路经济带建设，丝路沿线国家的合作发展共识有所加强。

3. 展开人文交流与学术研讨

为增强丝绸之路沿线国家间的相互了解和深入探讨合作可行性，诸多表示支持丝绸之路经济带建设的国家及其政府与民间组织，纷纷召开研讨会、举办交流年，人文交往得到一定程度的推进。在学术讨论方面，2013 年 10 月，土耳其伊斯坦布尔举行“丝绸之路国际大会”；12 月，中国—中东欧国家高级别智库研讨会在北京举行。2014 年 2 月，中巴经济走廊远景规划联合合作委员会第二次会议在北京举行；3 月，科威特《阿拉伯人》杂志举办“丝绸之路上的阿拉伯文化”研讨会，中国—乌兹别克斯坦“丝绸之路”经贸合作论坛在塔什干举行，中哈企业家委员会首次工作会议暨丝绸之路经贸研讨会在哈萨克斯坦首都阿斯塔纳召开。在人文交流方面，2014 年 2 月，中印双方在边界问题特别代表第十七次会晤期间表示，愿积极推动中印两大市场对接，稳步推进铁路、产业园区合作和孟中印缅经济走廊建设，合作建设“丝绸之路经济带”，同时，“中印友好交流年”在新德里启动。3 月，为推动中俄全面战略协作伙伴关系继续在高水平上运行，促进中俄友好发展，带动双方各领域务实合作，“中俄青年友好交流年”在俄罗斯圣彼得堡隆重开幕。此外，2014 年 3 月，丝绸之路和平奖委员会也在北京成立。

4. *启动初步合作*

在丝绸之路经济带的实质性建设方面，近一年来，各方也取得不少成效。2013 年 9 月，中国与塔吉克斯坦签订天然气管道建设运营合作协议；在西安举行的欧亚经济论坛期间，中国和阿富汗签署包括经济援助、罪犯引渡以及高校合作等合作协议。2014 年 5 月，中石油土库曼斯坦巴格德雷合同区第二天然气处理厂竣工，项目建成后，生产的天然气将输往中国；亚信峰会期间，中俄在上海吴淞海军军港启动“海上联合——2014”中俄海上联合军事演习；并且，中俄两国元首在上海共同见证《中俄东线天然气合作项目备忘录》、中国石油天然气集团公司和俄罗斯天然气工业股份公司《中俄东线供气购销合同》的签署，根据双方商定，从 2018 年起，俄罗斯开始通过中俄天然气管道东线向中国供气，输气量逐年增长，最终达到每年 380 亿立方米，累计 30 年。6 月，来自中国石油天然气集团公司、哈萨克斯坦输气公司、霍尔果斯口岸委的嘉宾代表共同启动点火按钮，宣告中亚天然气管道 C 线开始由土库曼斯坦向国内通气。在与欧盟的合作方面，2013 年 9 月，李克强总理与欧洲理事会主席范龙佩、欧盟委员会主席巴罗佐共同主持第十六次中国欧盟领导人会晤，双方就中欧农业、能源、知识产权等领域有关合作签署协议，并共同发表《中欧合作 2020 战略规划》。

可见，自 2013 年底提出丝绸之路经济带倡议以来，从话语引进、理念阐析、人文交流、促进共识、务实推进等各方面，中国在国际交往中已经初步打开局面，这为丝绸之路经济带的后续合作与发展奠定了重要基础。

三、国内各界的积极推进

在向西开发开放的新战略下，中国各区域，特别是西部省份面对重大发展机遇，相关各界亦积极策划、筹备、论证，并启动参与丝绸之路经济带的建设进程。

1. *寻求定位与设计发展规划*

作为处于内陆地区的西部省份，缺乏紧密连接国际市场的优势和条件，在共建丝绸之路经济带的倡议提出后，中国西部省份以及一些中东部省市迅速响应，并积极规划各自发展目标与路径。

新疆作为对接中亚的前沿省份，提出定位为丝绸之路经济带的“核心区”“桥头堡”，并在 2014 年初政府工作报告中指出，新疆要建设成为丝绸之路经济带上重要的交通枢纽中心、商贸物流中心、金融服务中心、文化科技中心、医疗服务中心。陕西作为古丝绸之路的起点，在面对新的机遇时，西安发布《关于加快建设丝绸之路经济带新起点的实施方案》，致力于建设“一高地”即丝绸之路经济带开发开放高地和“六中心”，分别为金融商贸物流中心、机械制造业中心、能源储运交易中心、文化旅游中心、科技研发中心、高端人才培养中心。甘肃省兰州市则定位为丝绸之路经济带黄金段上的钻石节点，《兰州国际港务区建设工作方案》意将兰州国际港务区建成多式联运港口功能的国际港务区和“丝绸之路经济带”国际贸易枢纽港。宁夏定位为丝绸

之路经济带重要战略支点，规划以阿拉伯国家和穆斯林地区为重点，着力建设“四大平台”，包括中阿空中丝绸之路、中阿互联网经济试验区、中阿金融合作试验区和中阿博览会战略平台，目标成为中阿合作的“桥头堡”。

在西南地区，重庆在两会期间提出《关于充分发挥重庆在丝绸之路经济带和长江经济带建设中重要作用的建议》，谋求丝绸之路与长江经济带枢纽地位，致力于成为新丝绸之路的起点。中部的郑州则着力打造国家丝绸之路经济带物流枢纽城市。东部的连云港规划成为海陆丝绸之路的重要节点城市和“桥头堡”；山东则报请国务院批准将日照、临沂、济宁、枣庄、菏泽5市纳入“丝绸之路经济带”战略的实施范围。

2. 启动建设及实施推进项目

在各省市设计规划等待国家批复的同时，响应习总书记“五通”号召，相关建设也逐步启动。

新疆在原有国际通道基础上，已经确定再建成南线、中线、北线三条战略性国际铁路，其中，中吉乌铁路和中巴铁路前期勘探设计工作已经启动，即将开建；在对外开放口岸方面，新疆有29个口岸，国家批准开放的一类口岸17个，自治区批准的二类口岸12个，新疆发展改革委张春兰主任表示：加上现有的阿拉山口保税区和中哈合作中心，新疆将来一共要申建8个保税区，为推动与沿边国家的自由贸易区建设打下基础；新疆还着力建设喀什、霍尔果斯经济开发区，以带动产业聚集，夯实贸易基础。陕西于2013年11月正式开通“长安号”国际班列；陕煤集团在吉尔吉斯斯坦亦建成大型炼油项目；2014年初，西咸新区得到国务院批复，成为国家级新区，微软等跨国企业将“微软创新中心”落户西咸新区沣西新城。重庆于2011年开通发往德国杜伊斯堡的国际专列后，这条连接中国、哈萨克斯坦、俄罗斯、白俄罗斯、波兰、德国的国际大通道发展迅猛，出货量攀升使惠普及更多IT企业进驻重庆，2013年重庆市包括笔电、打印机、显示器在内的电子整机数量将达到1亿台件，笔记本将占到全球1/4的产量。继汉新欧、蓉新欧国际铁路开通以后，2013年8月，郑州到德国汉堡的郑新欧国际铁路货运班列正式运行；2014年1月，郑欧首列返程航班从德国汉堡发车，经波兰、白俄罗斯、俄罗斯、哈萨克斯坦，最后抵达郑州铁路集装箱中心站。基础设施互联互通正有力拉动欧亚间经贸往来。

3. 搭建交流与合作平台

为促进各地区与丝绸之路沿线国家间的相互了解与经贸洽谈，不少省份搭建起各类交流与合作平台。

从举办的国际博览会来看，2013年9月，中国—阿拉伯国家博览会在宁夏回族自治区银川市召开；10月，第8届中国（深圳）国际物流与交通运输博览会在深圳会展中心开幕，物博会首设“海铁联运”展区，以共建“丝绸之路经济带”；2014年3月，在哈尔滨举办的24届哈洽会升级为“中国—俄罗斯博览会”；5月，陕西西安举办的第18届西洽会升级为西洽会暨丝绸之路国际博览会。兰州也拟于2014年7月举办兰洽会，并升级为“中国丝绸之路博览会”。

在教育与人才培养方面，国家汉办将结合孔子学院十周年、孔子学院日、中俄青年友好交流年的举办，支持俄罗斯各孔子学院大力开展各项友好交流活动，加强中亚地区孔子学院融入大学、融入社区，并设汉语学分课程。2014 年 1 月，陕西西北大学和西安外国语大学成立中亚学院，旨在加强陕西和中亚国家合作培养人才的重要平台。

在交流研讨方面，政府、民间各层面不断展开座谈研讨，以交流思想、促成共识。2013 年 10 月，“西安 · 酒泉建设丝绸之路经济带合作洽谈会”在西安市召开。11 月，由兰州市人民政府和人民日报社甘肃分社联合主办的“丝绸之路经济带 · 兰州新区向西开放战略平台高层论坛”在北京举行；同月，西安市旅游局主办的“2013 丝绸之路经济带城市旅游发展研讨会”，及“‘打造丝绸之路新起点’——北京大学国家发展研究院西部发展的高端对话”相继在陕西西安举行。2014 年 2 月，中央党校在乌鲁木齐举办“丝绸之路经济带与新疆发展”课题座谈会。同月，中国太平洋经济合作全国工商委员会等社会组织在和苑博物馆举办多场丝绸之路经济带系列学术研讨会，专家们提出丝绸之路经济带城市群、承载力、示范点、路线图、市场机制建设；呼吁丝绸之路经济带建设要建立政府、社会组织、企业合作机制等。由中国国际商会、中华文化促进会主办，西北大学、大唐西市文化产业投资集团承办的共建丝绸之路经济带之“四丝”项目研讨会亦于 2 月在西安召开。

此外，由新疆维吾尔自治区人民政府主办，中国经济时报社、新疆维吾尔自治区人民政府发展研究中心承办的“中国丝路网”，以及 2014 年 5 月西安举行丝绸之路国际博览会期间开通的网上丝绸之路经济带建设第一频道“新浪丝路”，汇聚丝路重要信息，成为专项资讯平台。

4. 组建运作或研究机构

为了给共建丝绸之路经济带提供组织与智力支持，有关政府、高校和科研院所纷纷成立智囊咨询性质的学术机构，并搭建起初步的信息交流平台。

2013 年 12 月，张掖市政府与河西学院共同发起成立丝绸之路经济带发展研究会；同月，西安电子科技大学与陕西省社会科学院共同倡议设立丝绸之路经济带发展研究院，作为高校和研究机构发起建设的协同创新平台，主要研究面向丝绸之路经济带的区域经济社会发展课题。2014 年 1 月，经陕西省人民政府批准，在西北大学正式揭牌成立丝绸之路研究院，着力对“丝绸之路”历史文化、现实问题和发展战略等领域展开深入研究。4 月，陕西广播电视大学成立丝绸之路教科文研究院，主要探索拓展现代智能远程教育在丝绸之路经济带整体发展中教科文引领和争先发展的重要作用。6 月，西安市组建丝绸之路经济带研究院，致力于成为“丝绸之路经济带研究的资料信息中心、人才集聚中心、学术活动中心、国际交流中心和决策咨询服务中心”。同月，在中科院地理科学与资源研究所主办的丝绸之路经济带生态环境与可持续发展国际研讨会上，由中科院牵头，来自俄罗斯、印度、哈萨克斯坦、塔吉克斯坦、巴基斯坦、蒙古、埃及、阿塞拜疆等丝绸之路沿线国家和相关国际组织的200余位科学家倡议成立“丝绸之路经济带国际科学家联盟”，并主张将该研讨会定期举行。一批学术机构的设立对促进丝绸之路经济带相关问题研究，以及汇聚科研人才、提供政策咨询，具有重要的现实价值和作用。

总而言之，在国家提出共建丝绸之路经济带的倡议以来，虽未形成明确的整体规划，但国内外社会各界已广泛响应，并发挥各自优势，寻求自身与丝绸之路经济带的共同发展。

1.2 丝绸之路经济带的研究进展

丝绸之路经济带战略是新时期我国向西开放和区域协调发展的重要战略举措，围绕丝绸之路经济带的相关问题，既有文献的发展脉络和内在逻辑主要涉及：对丝绸之路经济带发展的历史由来及提出背景进行解读；从国际和国内的视角探索丝绸之路经济带的战略内涵与战略意义；分析其现实基础的逐步形成与当前各方的合作内容；挖掘其存在的潜在问题及挑战，以及探讨丝绸之路经济带未来的发展趋势及战略选择。

一、丝绸之路经济带的历史由来与提出背景

1. 历史由来

丝绸之路的历史，可以追溯到汉武帝派遣张骞出使西域之前的数千年。2100 多年前，西汉张骞率领使团凿通西域，开辟了由亚洲的汉朝和欧洲的罗马帝国两大经济中心区域①，彼此商贸往来、文化互通带动诸如撒马尔罕城等沿线欧亚非各驿站、居民点、集市、城市共同兴起和发展的国际交往与合作模式②，对人类的贸易互通和思想文化交流产生了极其深远的影响。但囿于当时陆路运输技术条件、自然条件与政治因素的限制，古丝绸之路难以承载大规模物质转运任务，因此逐渐被海权时代的海洋运输所取代③，在两端的欧洲经济圈和东亚经济圈各自走向繁荣的同时，中间地带沦为“经济凹陷带”。

作为经济全球化的早期版本，丝绸之路是古代东西方经贸往来、文化交往的国际大通道，其对于古代亚欧各国经济社会发展作出了巨大贡献。李明伟认为，自西汉张骞、东汉班超出使西域之后，沟通亚、欧、非三大洲唯一陆上国际大通道才被打通，使得中西经济和文化交流不断延伸和发展。德国著名地理学家李希霍芬和历史学家赫尔曼首次将中国经西域与希腊、罗马帝国的交通路线命名为“丝绸之路”④。古龙高认为，甲午战争失败使得清政府意识到铁路运输对国家的重要性，因此提出修筑南北、东西的铁路国际大通道计划⑤。刘育红认为，新中国对铁路建设十分重视，陇海—兰新

---

① ［日］长泽和俊．丝绸之路史研究［M］．钟美珠，译．天津：天津古籍出版社，1990：423－425.

② ［意］马可·波罗．马可波罗行纪［M］．冯承钧，译，北京：中华书局，2004：243－247.

③ 何茂春，张冀兵．新丝绸之路经济带的国家战略分析［J］．人民论坛·学术前沿，2013（12）：6－13.

④ 李明伟．丝绸之路研究百年历史回顾［J］．西北民族研究，2005（2）：91－106.

⑤ 古龙高．新亚欧大陆桥经济方略［M］．南京：东南大学出版社，1998：14－15.

铁路相继建成和全线贯通，并成为“新亚欧大陆桥”的雏形①。虽然中国早在20世纪末就已经提出了“新丝绸之路”概念，但由于当时俄罗斯与中亚各国政治关系和经济发展状况处于历史较差时期②，因而丝绸之路复兴的时机尚未成熟，进展有限。

进入21世纪以来，随着中国西部大开发战略的逐步实施以及上海合作组织对区域经济合作地位的提升，“新丝绸之路”建设步入快速轨道。朱显平、邹向阳认为，新丝绸之路交通走廊、能源和贸易通道已初步建成，给实现新丝绸之路从“交通走廊”向“经济发展带”的转型提出了新要求、创造了新空间③。随着“中国—中亚自由贸易区”“中国—中亚丝绸之路经济发展带”等战略构想的提出，“丝绸之路经济带”概念逐步成型。

2. 提出背景

丝绸之路经济带战略构想的提出，有其深刻的国际和国内背景。当前，经济全球化不断向纵深发展、区域经济合作方兴未艾，特别是以东亚区域一体化发展最为迅猛，亚太经济圈内自由贸易区不断涌现。随着上海合作组织与欧亚经济共同体对亚欧区域合作水平的进一步提升，亚欧经济合作进入新的历史阶段。

从国际层面来看，高飞认为，中亚地区在欧亚地缘政治中地位十分显要，自古以来是大国博弈的舞台，尤其是“冷战”以后，中美俄战略博弈在中亚地区体现得尤为突出④。夏立平认为，欧亚大陆是全球面积最大的大陆和地缘政治中轴，在经济全球化趋势的有力推动下，亚欧经济、政治交流与合作迅速发展，亚欧战略协作的意愿明显上升，这促进了亚欧新型伙伴关系的形成与发展⑤。李长久认为，随着亚太经济圈的快速崛起，全球经济重心正逐渐回归亚洲，以美国为首的西方国家更加重视与亚洲国家发展贸易关系⑥。白永秀、王颂吉认为，古丝绸之路影响深远、大国围绕丝绸之路在中亚地区展开的战略竞争日益激烈、亚欧国家合作日益密切以及以美国为首的亲美国家在中国周边构筑起遏制中国发展的战略同盟等是丝绸之路经济带战略构想提出的主要背景⑦。

从国内层面来看，丝绸之路经济带的提出主要基于以下原因：一是对外开放战略升级与区域协同发展不断深化。党的十八届三中全会通过的《中共中央关于全面深化改革若干重大问题的决定》指出，“为适应经济全球化新形势，必须推动对内对外开放相互促进、加快自由贸易区建设，扩大内陆沿边开放，鼓励形成横贯东中西、接结南

---

① 刘育．“新丝绸之路”经济带交通基础设施、空间溢出与经济增长［D］．陕西师范大学博士学位论文，2012.

② 杨恕．丝绸之路经济带：战略构想及其挑战［J］．兰州大学学报（社会科学版），2014（1）：24－25.

③ 朱显平，邹向阳．中国—中亚新丝绸之路经济发展带构想［J］．东北亚论坛，2006（5）：3－6.

④ 高飞．中国的“西进”战略与中美俄中亚博弈［J］．外交评论，2013（5）：39－50.

⑤ 夏立平．当前亚欧大陆跨区域合作趋势及其影响［J］．俄罗斯中亚东欧研究，2005（6）：63－65.

⑥ 李长久．世界经济重心回归亚洲与美国战略重心东移［J］．亚太经济，2011（1）：10－15.

⑦ 白永秀，王颂吉．丝绸之路经济带的纵深背景与地缘战略［J］．改革，2014（3）：64－73.

北方对外经济走廊，推动内陆地区同沿海沿边通关协作与一体开放。”尹艳林认为，新时期中国对外开放要从“内外联动”向“多元平衡”逐步转型发展，不断强化开放型经济发展的平衡性、协调性以及可持续性。王睿和陈德敏认为，目前建设以第二亚欧大陆桥为主轴的西北大通道是中国向西开放的战略重点，并且提出中国西部地区向西开放战略的提出是我国实现全方位对外开放的重要战略举措①。夏文斌、刘志尧认为，我国的向西开放在目标上需要寻求新的经济增长活力和动力，促进中国现代化可持续健康发展，并且通过构筑国家安全之门为现代化建设创造和谐环境②。二是我国经济发展的需要。甘钧先指出，开展“新丝路外交”源于经济、能源、文化以及区域一体化的深层动力③。李琪认为，中国需构建“丝绸之路”作为能源战略通道来确保能源合作与安全，同时向中亚、欧洲市场输出中国产品，开展能源和经贸合作是“丝绸之路”的新使命④。刘育红认为，交通基础设施与经济增长相互促进，欧亚国家联手打造“新丝绸之路”对区域经济发展意义重大⑤。

2013 年9 月，习近平主席出访中亚国家并倡议用“创新的合作模式，共同建设‘丝绸之路经济带’”，党的十八届三中全会通过《中共中央关于全面深化改革若干重大问题的决定》进一步明确提出“推进丝绸之路经济带、海上丝绸之路建设，形成全方位开放新格局”。继习近平主席访问中亚之后，党的十八届三中全会、中央经济工作会议、中央政府工作报告中均明确强调推进海陆丝绸之路建设，标志着“丝绸之路经济带”进入全新发展阶段。

二、丝绸之路经济带的内涵界定与战略意义

1. 内涵界定

朱显平和邹向阳最早基于“交通经济带”“成长三角”，以及“增长极”等区域经济概念和视角，将“丝绸之路经济带”界定为跨国交通经济发展带，即以跨国交通通道为展开空间，以区域经济一体化为手段，以中心城市和交通基础设施为依托，以生产要素自由流动和区域内贸易为动力，以带动沿线经济快速增长和发展为目的的中国—中亚跨国经济带。卫玲和戴江伟⑥，郭爱君和毛锦凰⑦分别从广义和狭义两方面界定

① 王睿，陈德敏．西部地区向西开放总体战略构想研究［J］．中国软科学，2013（4）：69 –76.

② 夏文斌，刘志尧．中国现代化视角下的向西开放［J］．北京大学学报（哲学社会科学版），2013（5）：15 –18.

③ 甘钧先．“丝绸之路”复兴计划与中国外交［J］．东北亚论坛，2010（5）：65 –73.

④ 李琪．“丝绸之路”的新使命：能源战略通道——我国西北与中亚国家的能源合作与安全［J］．西安交通大学学报（社会科学版），2007（3）：77 –83.

⑤ 刘育红，王新安．“新丝绸之路”交通基础设施与全要素生产率增长［J］．西安交通大学学报（社会科学版），2012（5）：54 –59.

⑥ 卫玲，戴江伟．丝绸之路经济带：超越地理空间的内涵识别及其当代解读［J］．兰州大学学报（社会科学版），2014（1）：32 –33.

⑦ 郭爱君，毛锦凰．丝绸之路经济带：优势产业空间差异与产业空间布局战略研究［J］．兰州大学学报（社会科学版），2014（1）：40 –43.

了丝绸之路经济带空间范围，并且后者认为其是以产业与人口的“点—轴”集聚为根本动力，以交通基础设施和自由流动的要素为基本框架，以中国与中亚地区共同利益为根基，以地缘政治与能源合作为现实基础，以建立区域经济一体化组织为战略目标的特定区域空间结构。

白永秀、王颂吉则认为，丝绸之路经济带是以古丝绸之路为文化象征，以上海合作组织和欧亚经济共同体为主要合作平台，以立体综合交通运输网络为纽带，以沿线城市群和中心城市为支点，以跨国贸易投资自由化和生产要素优化配置为动力，以区域发展规划和发展战略为基础，以货币自由兑换和人民友好往来为保障，以实现各国互利共赢和亚欧大陆经济一体化为目标的带状经济合作区，并且指出这一概念具有历史性、国际性、综合性三大特征。他们认为，丝绸之路经济带既是历史性概念，又是现实性概念；既是区域性概念，又是全球性概念；既是经济性概念，又是综合性概念①。在空间范围上，他们将丝绸之路经济带的空间范围划分为核心区、扩展区、辐射区三个层次，其中核心区包括中国、俄罗斯和中亚5国，扩展区包括上海合作组织和欧亚经济共同体的其他成员国及观察员国，辐射区包括西亚、欧盟等国家和地区，核心区与扩展区构成狭义的丝绸之路经济带，核心区、扩展区与辐射区构成广义的丝绸之路经济带。胡鞍钢等则认为，以哈萨克斯坦等中亚五国为主的中亚经济带、以中亚周边的俄罗斯和南亚等为核心的环中亚经济带以及以环中亚地区和欧洲北非等为核心的亚欧经济带分别是“丝绸之路经济带”的核心区、重要区、扩展区②。冯宗宪认为，丝绸之路经济带分为国内路段和国外路段两大部分，国外路段包括中亚地段，南亚地段，中东欧地段以及相关的俄罗斯和西欧、北欧地段等在内的三个主要地段③。

2. 战略意义

胡鞍钢、马伟等认为，丝绸之路经济带战略意义极为广泛，是事关国防安全、经贸安全、能源安全、边疆安全等重要领域的全局性国家安全问题，具有极大的战略意义，有利于我国的经济安全、地区稳定、区域发展。白永秀、王颂吉在深入分析丝绸之路经济带纵深背景和地缘战略的基础上进一步认为，丝绸之路经济带的战略意义主要基于以下几个方面：通过构建新的区域经济合作组织，形成国际经济新格局；可以形成全球新兴经济增长区域，从而摆脱金融危机之后全球经济低迷状态；在保障国家战略安全的同时，进一步拓展中国战略发展空间；通过在中国西部地区培育新的经济增长极，推动中国经济重心西移；提升我国西部地区城镇化发展水平，优化中国城市和人口布局。此外，他们认为建设丝绸之路经济带还有助于提升西部地区对外开放水

---

① 白永秀，王颂吉．丝绸之路经济带：中国走向世界的战略走廊［J］．西北大学学报（哲学社会科学版），2014（3）．

② 胡鞍钢，马伟，鄢一龙．丝绸之路经济带：战略内涵、定位和实现路径［J］．新疆师范大学学报（哲学社会科学版），2014（2）：1－9．

③ 冯宗宪．中国向欧亚大陆延伸的战略动脉［J］．人民论坛·学术前沿，2014（2）：79－85．

平，优化我国经济总体布局。冯宗宪认为，丝绸之路经济带战略构想的提出，体现了引领新时期我国西部大开发战略的不断深化，是实施向西开放的升级版，展示了中国以带状经济和走廊经济推进欧亚次区域经贸发展的新抱负，从而成为推动中国自由贸易区战略的新蓝图与新举措。

三、丝绸之路经济带的现实基础与合作内容

1. 现实基础

近年来，欧亚各国区域合作基础初步形成，互补型的经贸关系日益密切，初步形成相互依存、互利共赢的合作基础。当前，学界对丝绸之路经济带发展基础的研究主要集中于以下三个方面：一是贸易规模大幅跃升。杨恕和王术森认为，中国与中亚五国贸易规模不断扩大，已由 1992 年建交时的 4.6 亿美元增长到 2012 年的 460 亿美元，增长了近 100 倍，未来将继续保持快速增长态势①。袁丽君和高志刚认为，中国与中亚各国 2002—2012 年 10 年间贸易规模呈现出加速发展态势，到 2012 年达到 459.48 亿美元，已超过欧盟成为中亚头号贸易伙伴，大部分贸易额来自天然气和石油②。马莉莉等通过数据分析后认为，俄罗斯对外出口至中国从 2000 年的 5.09% 升至 2012 年的 6.4%，从中国进口占总进口比重由 2.8% 升至 15.44%；哈萨克斯坦向中国出口比重则由 7.75% 升至 17.86%，进口比重从 3.06% 升至 16.83%③。二是交通走廊初步形成。崔林涛指出，陇海—兰新铁路已全线改造贯通，自动化程度和运力大幅提升，中国正在加快新欧亚大陆桥沿线铁路、公路、航空、能源管道以及信息传输网络等基础设施的建设④。朱显平和邹向阳认为，在软硬件的通达性方面，中国与中亚各国在运输便利化方面的合作使得贯通东西的新丝绸之路交通运输走廊初步建立起来，为建设新丝绸之路经济发展带创造了基础条件，多元化的运输格局初显轮廓。三是支撑经济带的条件逐步具备。袁丽君和高志刚认为，目前丝绸之路经济带建设需要的资源基础、产业基础、城市发展基础、文化基础、政策基础以及法律基础等已经逐步具备。夏文斌和刘志尧认为，中亚五国与我国产业互补优势明显，市场潜力巨大，经济增长速度较快，基础设施水平不断提升，投资与贸易环境正逐步改善，为丝绸之路经济带的建设提供了软硬件支撑条件。

2. 合作内容

首先，能源合作与安全方面。高志刚认为，我国新疆与中亚各国在能源与贸易上的互联互通方面进行了大量卓有成效的努力，除相继建成中哈石油管道、中国—中亚

---

① 杨恕，王术森．丝绸之路经济带：战略构想及其挑战［J］．兰州大学学报（社会科学版），2014（1）：23－30.

② 袁丽君，高志刚．依托“跨国丝绸之路”加强区域经济合作［J］．开发研究，2014（1）：55－58.

③ 马莉莉．“丝绸之路经济带的发展与合作机制”［J］．人文杂志，2014（5）：38－44.

④ 崔林涛．加强陆桥区域合作共创现代丝路辉煌［J］．中国软科学，2001（10）：1－3.

天然气管道以及第二亚欧大陆桥外，各方还共同成立上海合作组织，中国与哈萨克斯坦、乌兹别克斯坦等还建立国家级的经贸合作委员会，在加强能源合作方面取得显著效果①。李琪认为，中国的能源进口多元化战略能够降低因过度依赖海上运输而带来潜在供给能力的脆弱性，并且与中亚国家能源出口多元化战略在国家利益、技术力量和经济结构方面形成互补，重视与中国开展国际能源合作已成为“丝绸之路”沿线国家合作的重要内容。胡波指出，中亚各国与中国的能源合作已由原来的顾虑重重，发展到如今能源设备生产、管道运输系统等中下游领域的全面合作②。

其次，交通基础设施等通道建设方面。单元庄等认为，中国应开放西部外贸口岸和建设“空中丝绸之路”，形成陆空并举的立体交通网络，改善中国西部地区与丝绸之路沿线各国对外贸易③。秦放鸣和毕燕茹通过对中国新疆与中亚区域交通合作现状与主要障碍性因素进行分析，指出双方应优先开展区域交通运输领域合作④；刘育红分析认为，政府应将交通基础设施的溢出效应纳入到公共政策的制定过程中，构建丝绸之路经济带立体交通网络，促进区域经济一体化。

最后，贸易与投资方面。朱显平和邹向阳认为，建设丝绸之路经济发展带无疑将扩大区域内的需求和供给能力，投资和贸易便利化水平的进一步提升将不断促进区域经济增长。王海燕⑤和冯宗宪⑥的研究表明，上海合作组织成员国之间双边贸易规模逐年扩大，俄罗斯和中亚国家已经成为中国重要的经贸伙伴，为进一步开展多边贸易与投资合作奠定了重要基础。孙壮志在分析丝绸之路经济带区域经济合作时提出，通过建立多边金融机构，解决项目的融资和规避金融风险、提供投资优惠条件等⑦。

此外，还包括科技、文化交流与旅游合作等领域。王海燕认为，中国与中亚国家主要通过项目合作、信息交流、人员培训与互访、学术研讨等形式，在先进技术、科研设备和管理技术等方面开展交流与合作。李兴江和马亚妮则以“新丝绸之路”经济带涵盖的甘肃省20年相关数据作为样本，采用时间序列相关方法研究甘肃省旅游业发展对经济的影响⑧。

---

① 高志刚．“丝绸之路经济带”框架下中国（新疆）与周边国家能源与贸易互联互通研究构想［J］．开发研究，2014（1）：46-49.

② 胡波．构建“丝绸之路经济带”的三大原则［J］．中国经济周刊，2013（37）：17-18.

③ 单元庄．开辟“空中丝绸之路”——振兴西部经济与航空工业的战略设想［J］．人文杂志，1991（2）：39-43.

④ 秦放鸣，毕燕茹．新疆与中亚区域经济合作的新思考［J］．新疆社会科学，2009（1）：36-40.

⑤ 王海燕．上海合作组织框架下的中亚区域经济合作［J］．新疆师范大学学报（哲学社会科学版），2008（2）：76-83.

⑥ 冯宗宪．欧亚地区经济发展形势分析和展望——2013欧亚经济论坛发展报告［M］．西安：西安交通大学出版社，2013：55-63.

⑦ 孙壮志．复兴丝绸之路推动新型区域经济合作［N］．经济日报，2013-09-25.

⑧ 李兴江，马亚妮．新丝绸之路经济带旅游业发展对经济影响的实证研究——基于甘肃省数据的模型检验［J］．开发研究，2011（5）：56-58.

四、丝绸之路经济带的潜在挑战与战略选择

1. 潜在挑战

第一，丝绸之路经济带目前缺乏统一的协调机制。何茂春和张冀兵认为，制度化建设的水平、主权让渡与不干涉内政原则的平衡、缺乏主导国与推进制度建设之间的平衡关系、道路等基础设施的建设规划是摆在决策者面前的一大挑战；此外，他们认为新丝绸之路经济带能否建成，还取决于能否成功消解一些人为的障碍，比如如何设立统一的跨国边境管理机构进行边境管理，以及进行安全保障协调是另一个突出的人为障碍。李建民认为，如何与周边国家形成“命运共同体”和“利益共同体”以及协调好与周边国家，尤其是与俄罗斯之间的战略协作关系是丝绸之路经济带建设的战略重点①。

第二，丝绸之路战略竞争日益激烈。何茂春等和白永秀、王颂吉认为，随着亚欧区域合作不断加强和丝绸之路沿线地区重要的战略价值逐渐凸显，各国政府纷纷提出自身的丝绸之路发展战略，特别是以美国、欧盟、俄罗斯、日本为主的大国在中亚地区竞争日益激烈，各方利益诉求差异较大，从而使推动丝绸之路经济带建设的多边外交和政治协调面临巨大挑战。

第三，跨区域合作软硬件通达性不高。王海燕和李琪认为，由于中亚各国缺乏共同语言，技术标准不一，管理体制、政策制度、法律法规的经常性变更及随意性以及对外政策缺乏连贯性和一致性，引起地区贸易与投资便利性不高、规范和协调方面合作难度较大，以及缺乏合理的货币结算方式和场所等问题是跨地区经贸合作最迫切、最难解决的问题。艾赛提江和郭羽诞发现，中亚国家的边境基础设施老化和不足、物流成本及壁垒较高、资金短缺、铁路轨距不符合国际标准以及海关效率等对中亚各国发展跨区域贸易合作构成严重制约②。

2. 战略选择

对于当前建设丝绸之路经济带的战略选择，相关文献主要从空间演进的视角进行考察，代表性观点主要有：①胡鞍钢等认为，在经贸与安全合作的基础上，必须大力推进公共外交，实现经贸发展、安全合作、公共外交全方位的合作交流，在战略框架上，要“上合”为主、多机制并进；在战略步骤上，要先易后难、稳扎稳打；在战略内容上，以经贸为主、多维度并进，不断推进中国与中亚地区的政策沟通、道路连通、贸易畅通、货币流通与民心相通的区域大合作。②白永秀等认为，丝绸之路经济带战略构想可用大约50年的时间推进，以实现中国—中亚—俄罗斯经济一体化、搭建欧亚经济一体化基本框架和形成全球经济一体化战略平台为三个阶段性目标，分起步阶段、

① 李建民．“丝绸精神”下的区域合作创新模式［J］．人民论坛·学术前沿，2013（12）：20－24.

② 艾赛提江，郭羽诞．中亚五国贸易便利化程度分析［J］．新疆社会科学，2012（4）：75－80.

扩展阶段和完善阶段三大阶段有序推进①。③刘育红和冯宗宪认为，应以新亚欧大陆桥等交通设施为载体建设跨国交通经济发展带；朱显平和邹向阳认为，建设丝绸之路经济发展带，应从“交通走廊”向“经济发展带”逐步转型，不但要利用其良好的区位优势来推动沿线区域经济的快速发展，还要充分发挥其“增长极”的带动和示范功能，从而实现落后地区产业结构升级和社会转型。④黄毅和黄晓丽认为，应发挥近年来中哈边境经济合作区的示范作用，在上海合作组织框架下，以点带线，以线带面，逐步建立“丝绸之路”自由贸易区及中国—中亚自由贸易区，是必要且可行的发展战略。⑤王保忠等认为，“新丝绸之路经济带”一体化的八大战略路径分别为能源、交通、产业、城市、贸易、金融、文化、生态的一体化，在丝绸之路经济带一体化战略实施的初级阶段，应着重推进交通、能源、产业、城市一体化，而在高级阶段应重点关注贸易和金融一体化②。

在国家层面，李琪、秦放鸣，毕燕茹、胡波、王保忠等，郭爱君和毛锦凰等学者认为中国应采取的政策选择主要包括以下方面：一是加强贸易通道、能源通道的互通互联，确保国家能源安全。中国应积极开展与丝绸之路经济带沿线各国政府层面的对话，推进以能源一体化为实施重点的丝绸之路经济带一体化。二是加强政策措施的沟通与协调，强化内外市场的通达性和便利性，构建长期稳定的区域经贸合作机制。进行多边协调，保证成员国的能源合作长期稳定和能源安全，扩大上海合作组织的作用和影响尤为重要。三是从经济带、国家、节点城市层面分析各自优势产业，优化和协调产业空间布局。四是建立全新的合作理念与模式，开创区域经济合作互利共赢的新格局。通过建立城市、城市群或经济区、自由贸易区、区域经济组织等的创新合作模式循序推进。

在地区层面，王海燕、孙壮志、冯宗宪等学者的观点主要包括：一是科学规划跨省区经济发展战略，加强区域经济合作，把西北地区开发与沿线省份经济合作紧密结合起来，把扩大自身发展空间与开拓周边市场结合起来。二是促进丝绸之路经济带东、中、西段经济结构协调，区域经济内外联动发展形成新格局，并将其延伸至东部与日本、韩国、澳大利亚、东南亚等市场相连，以线串点、以点带面，形成多个经济增长极互连的经济发展带。三是加强对中西部地区基础设施发展的政策支持，推动丝路沿线综合、立体交通通道体系建设。四是促进中国向西开放，尤其是西北五省与丝绸之路经济带沿线国家经济开放合作。

五、结语

随着沿途各国相互间经济依存度的不断提高，“丝绸之路”的合作基础正逐步形成

---

① 白永秀，吴航，王泽润．丝绸之路经济带战略构想：依据、目标及实现步骤［J］．人文杂志，2014（6）．

② 王保忠，何炼成，李忠民．“新丝绸之路经济带”一体化战略路径与实施对策［J］．经济纵横，2013（11）：63－64．

和拓展，地区共同的利益和安全诉求，以及上海合作组织、欧亚经济共同体等国际协调机构的协调与发展，使得丝绸之路经济带沿线各国合作共识与机制不断增多和完善，合作内容与空间不断深化和拓展。尽管其未来合作潜力巨大，但不乏众多问题和挑战。因此，需要从长远进行协调和规划，创新合作模式与理念，系统思考丝绸之路经济带区域协同转型机制与路径。通过梳理相关文献可以发现，对于丝绸之路经济带的认识依然存在诸多局限性，这集中表现在以下方面：

第一，研究力量较为分散，在上海合作组织研究、中亚国别研究、国际关系研究、区域发展研究等领域，分别有部分专家涉足丝绸之路经济带的探讨，但目前尚未形成合力。

第二，研究深度较为有限，现有文献更多关注丝绸之路经济带提出的背景、内涵、空间范围、战略意义、发展现状、面临的挑战等方面，仅仅停留在战略构想层面，尚未对丝绸之路经济带战略从整体上进行顶层设计，对其具体的发展目标、合作模式、合作机制、实施的阶段性政策取向等操作性层面研究远远不够。

第三，相关政策的研究和制定缺乏理论支撑，对丝绸之路经济带形成的内在机理、矛盾与挑战以及未来发展走向的理论性分析和支撑相对较少。尤其值得注意的是，对其沿线的某个局部问题关注度较高，对整体发展的内在逻辑性、系统性研究较少。而且，大量研究成果表现为新闻性分析，学术性研究的论文较少。

第四，建设“丝绸之路经济带”目前还存在诸多的风险和挑战，包括未来大国利益博弈可能产生的冲突和恶性竞争、个别国家政局不稳、缺少共同的国际协调机制等，相关研究仍然不足。对如何共同建设丝绸之路经济带更缺乏系统的理论分析和实证研究，并且针对沿线国家如何创新合作机制和模式来规避风险、寻求互促共赢发展等问题，学界的相关研究仍然缺乏可行的实践路径和政策措施。由此，加强丝绸之路经济带的相关研究势在必行。

第五，现有文献侧重于研究建设丝绸之路经济带对沿线各国带来的各种利益，而不同程度地忽略了未来可能会对外围国家造成的所谓低端锁定陷阱，因此，如何进一步认识和研究丝绸之路经济带的共同发展与转型机制，以寻求未来的可持续合作将可能是其发展过程中应该考虑的一个重要方面。

1.3　建设丝绸之路经济带的战略意义

当前阶段，丝绸之路经济带的建设对中国的内政外交都具有重大的战略意义。

一、推动国际区域经济一体化发展

以国际区域经济一体化为主要表现的国际区域经济合作，自20世纪50年代以来在欧盟的示范作用下进行了多种形式的实践，20世纪90年代以来更得到迅猛发展，各种形式的区域经济一体化组织纷纷建立。国际区域经济一体化通常被理解为，具有一定地缘关系的两个或两个以上的国家或地区，通过签订某种条约或协定，拟定共同的行动准则和协调一致的政策，形成相互之间协作与支持的经济制度和市场。在世界经济研究中，“国际区域经济一体化”通常简称为“区域经济一体化”。从世界经济发展趋势上看，区域经济一体化组织不仅数量越来越多，而且规模也越来越大，说明区域经济合作是当今世界经济发展的主流。区域经济合作对世界经济的发展产生深刻影响，促使越来越多的国家为谋取更大利益而加入各类区域性经济集团之中。

当今国际区域经济合作的发展总体呈现如下两个特点：一是发达国家发展程度高，而发展中国家发展程度低；二是西欧及北美洲发展程度高，而亚洲、东欧、南美洲及非洲发展程度低。以德国和法国为主导的欧盟经济圈是当今世界区域经济一体化程度最高的经济区，以美国为主导的北美自由贸易区是综合实力最强的经济区。相比之下，大多发展中国家面临着来自发达国家主导的区域经济集团的挑战，中国与丝绸之路经济带沿线国家的经济合作在国际上处于滞后位置。因此，在国际区域经济合作蓬勃发展的国际背景下，启动并加快丝绸之路经济带建设，对区域经济一体化在全球领域的发展有重要意义。

二、营造多极化趋势下国际经济发展的和平环境

“二战”结束后，世界经济以美国为中心，单极化特征明显。随着20世纪60年代苏联经济实力大幅增强并成为世界第二大经济体，世界经济向两极格局演变；70年代后，欧洲经济共同体继苏联之后成为世界经济中的又一极；80年代，日本迅速崛起，成为第二经济大国，欧共体进一步壮大，从而引起世界经济格局的又一重大转折；90年代初，随着东欧剧变及苏联解体，苏联经济地位大幅降低，世界经济形成美国、日本、西欧三足鼎立的多极格局。

进入21世纪后，中国在不断深化改革开放的基础上经济实力大幅增强，俄罗斯及

许多发展中国家经济保持较高增长速度并成为新兴市场经济体，世界经济发展的多极化趋势不断增强。当前，随着信息化技术的高速发展，及跨国公司在全球范围内活动的日益频繁，世界经济多极化趋势处于加速的状态。

世界经济多极化发展趋势的不断增强，推动着世界经济秩序的深刻变化。世界经济由一个国家单方面“定夺”世界重要事务，转变为世界各国在多极格局中日益相互依赖、相互竞争与相互协调。在错综复杂的多极化格局中，加强国际经济协调成为缓和国际经济冲突、扩大国际合作的重要手段，并将对未来各国经济及世界经济的发展产生重大影响。

丝绸之路经济带是连接亚欧经济的重要区域，沿线国家的经济协调与合作，对世界经济及自身经济的发展都变得日益重要。霍建国认为：“共建丝绸之路经济带的核心内涵是发展经济，即以丝绸之路沿途的各经济体的主要发展地区为依托，发挥各自经济的优势，通过彼此相互开放，形成公平、统一的市场竞争环境，促进各种资源的自由流动，调动各类经济主体发展积极性，形成互利共赢的发展模式，共同努力振兴丝绸之路经济带；丝绸之路经济带的基本内容和发展重点是形成互联互通、以点带面、从线到片，逐步形成大区域大合作的发展格局。”①

显然，丝绸之路经济带建设是一个庞大的战略性系统工程，将对全球经济版图产生重大影响，并有利于构建和谐世界发展的世界经济新格局。丝绸之路经济带的战略构想尊重区域内各国人民自主选择发展道路的权利，主张通过加强政治沟通和战略互信，营造超越传统国际关系模式、文明属性、制度差异、发展差距的新型国家关系，使参与丝绸之路经济带建设的国家成为共同发展、共同安全的“好邻居、好伙伴、好朋友”。据此，建设丝绸之路经济带有利于搭建惠及世界各国的和谐世界建设平台，营造国际经济发展的和平环境。

三、提高全球经济的开放度和包容度

2008 年国际金融危机后，发达经济体和新兴经济体的发展出现迅速的此消彼长特征。新兴经济体的快速发展与发达经济体的疲弱形成鲜明的对比。世界各国的经济力量对比正在发生显著变化，这也带来相关国家和经济体分歧与矛盾的增多。其中一个表现是，针对国际贸易和投资活动的保护主义在全球范围内不断蔓延。以发达经济体为主的许多国家为扶持本国产业发展，减缓就业压力，采取花样繁多的保护主义措施，对国际贸易及投资活动的正常开展产生较大的负面影响。传统的以国际货币基金组织、世界贸易组织为主的全球性国际经济组织的协调作用有所下降，7 国集团（G7）的协调效力也伴随着发达经济体的经济低迷而趋于衰弱，而“金砖国家”协调机制在维护新兴经济体利益方面的影响力在不断上升，融合了 7 国集团和 12 个重要新兴经济体国

① 霍建国．共建丝绸之路经济带与向西开放战略选择［J］．国际经济合作，2014（1）．

家的20国集团（G20）已呈现出担当国际宏观经济政策协调最重要平台的特征和趋势，国际宏观经济政策协调机制步入重大的变革期。依据国际宏观经济政策协调理论，在各国经济联系日益紧密的条件下，一国经济政策不再仅仅作用于本国国内，也会对他国经济产生影响，同时也受他国经济政策的影响。存在政策外部性时，不协调的政府决策可能会导致严重低效的产出，采取相互可接受的协调政策，将使所有国家受益。①

中国作为世界第二经济大国及经济增长速度最快的国家之一，对全球经济格局调整的影响力日益提高，将有日益增多的国际经济协调工作去做。丝绸之路经济带的战略构想对完善和拓展国际宏观经济协调机制的空间有积极作用，有利于提高全球经济的开放度和包容度。何茂春等人认为："新丝绸之路构想突破了传统的区域经济合作模式，它主张构建一个开放包容的体系，以开放的心态接纳各方的积极参与，最大限度地减少运行阻力，扩大支持的基础，并且充分调动各种资源。"② 具体地讲，一是丝绸之路经济带战略构想不搞排他性制度设计。其主张在追求区域内经济合作的同时，追求广泛的全球经济的相互联系。高度开放的特征有利于其与包括世贸组织、国际货币基金组织以及世界银行在内的世界性经济组织进行有效的协调与对接，并吸引更多的国家融入其经济合作网络。二是丝绸之路经济带战略构想展现了高度的包容性和务实性。在这样的理念指引下，丝绸之路经济带建设既可在双边层面展开，也可通过多边合作进行，同时不排除美国等国在"丝绸之路经济带"框架内开展合作的可能性，进而实现同区内外多个合作组织及多种合作形式的融合，形成灵活务实的经济合作安排。

四、搭建全球经济一体化的重要战略平台

当前，区域经济一体化及经济全球化处于并行发展状态。随着人类生产力的高度发展，区域经济一体化及经济全球化的程度也将不断提高。从理论上讲，经济全球化和区域经济一体化的发展起点和最终归宿都是相同的，即二者的发展起点都是经济国际化，最终归宿都是全球经济一体化。③ 其中的逻辑关系是：随着经济全球化的不断发展，世界经济会更紧密地联系在一起，阻碍一体化的因素将在市场作用和政府努力下不断消除，世界经济将最终实现全球经济一体化；随着区域经济一体化的不断发展，区域经济组织将在成员国数量不断增多的基础上不断扩大规模，不同的区域经济组织将合并为范围更广的区域经济组织并最终成为一个全球性的一体化组织，世界经济也将就此实现全球经济一体化。与此相对应，全球经济一体化合作将取代区域经济一体

① 黄梅波，胡建梅．国际宏观经济政策协调与G20机制化［J］．国际论坛，2011（1）．

② 何茂春，张冀兵．新丝绸之路经济带的国家战略分析［J］．人民论坛·学术前沿，2013（12）．

③ 这里，经济国际化是指商品和生产要素突破国界障碍，在国家间流动与配置，国家间经济交往日益紧密，并趋于实现商品和生产要素在全球范围内流动与配置的状态和历史过程；经济全球化是指生产要素在全球范围内流动、配置，生产力和生产关系在全球范围内日益融合，并趋于连接为一个整体的状态和历史过程；全球经济一体化是指生产要素在全球范围内自由流动与配置，人类经济活动和生产关系在相关制度保证下已真正成为一个整体，世界经济在一个超国家组织协调下的和谐、有序、公平、高效的市场环境中顺畅运行的状态和历史过程。

化合作及经济全球化合作，成为国际经济交往的主要平台，国际经济交往进入高级层次。该层次也是人类国际经济交往的终极层次。在该层次上，国际经济交往高度繁荣，并实现世界所有国家参与（不排除有极个别经济小国和地区被排除在外）、涉及面广、组织化程度高、影响大的效果。

目前，国内不少学者已开始对丝绸之路经济带战略构想展开研究。我们认为，丝绸之路经济带是以古丝绸之路为文化象征，以上海合作组织和欧亚经济共同体为合作平台，以立体综合交通运输网络为纽带，以沿线城市群和中心城市为支点，以跨国贸易投资自由化和生产要素优化配置为动力，以区域发展规划和发展战略为基础，以货币自由兑换和人民友好往来为保障，以实现各国互利共赢和亚欧大陆经济一体化为目标的带状经济合作区。从广义范畴来看，丝绸之路经济带的区域范围以古丝绸之路路线为基础，始于东亚，途经中亚，延至欧洲，辐射蒙古、南亚、俄罗斯、西亚、北非等周边区域，形成以中亚为中心，世界上距离最长、面积最大、人口最多、发展潜力最大的经济合作走廊。就已有的区域经济一体化实践看，无论是自由贸易区、关税同盟、共同市场、经济联盟还是完全的经济一体化，都有一定的制度作为引导，而且区域经济一体化发展阶段越高，制度化的色彩就越浓厚。随着丝绸之路经济带国际合作的不断推进，区内相关国家之间将通过制度合作逐步消除阻碍经济交往有效进行的各种人为因素，在一定区域内形成保证生产要素高度自由流动与便利化配置的统一制度体系。就长远而言，随着世界洲际间合作理念深入人心，丝绸之路经济带可以在多方向延伸、海陆空并进的基础上不断扩大统一的制度体系，最终使亚洲、欧洲及非洲经济连为一体。此时，“丝绸之路经济带”将成为“亚欧非经济一体化”概念的代名词。再进一步，随着美洲经济一体化、跨太平洋经济合作及跨大西洋经济合作的推进，丝绸之路经济带将在东西两个方向加速与北美洲、南美洲及大洋洲的经济融合，成为实现全球经济一体化的重要战略平台。

五、推动中国全方位对外开放新格局的形成

改革开放以来，中国的对外开放自东向西、由点到线到面分步骤梯度推进。1980年起，东部地区先后形成东南沿海经济特区、14个沿海城市、沿海经济开放带、长江开放带的开放格局。1992年起，西部边疆及内陆省份被逐步纳入开放领域。经过多年的发展，中国已形成沿海、沿江、沿边、内陆地区相结合的全方位、多层次、宽领域对外开放的格局。但目前这种开放格局仍是不完善的，表现在西部地区的对外开放严重滞后于东部地区。这既与西部地区开放时间比东部地区滞后有关，也与西部地区在以沿海为主体的开放格局中处于不利地理区位有关。

为了使我国向东沿海开放与向西内陆开放更加平衡，为了缩小东西部地区在对外开放领域的差距，中国自“十二五规划”开始强调“扩大内陆开放、加快沿边开放”，并在中共十八届三中全会明确表示要“推进丝绸之路经济带、海上丝绸之路建设，形

成全方位开放新格局”。显然，丝绸之路经济带的提出，为中国实施向西开放的长期战略，形成全方位开放新格局提供了历史机遇，其战略意义不言而喻。丝绸之路经济带的建设，既会对西部地区形成开放优势有直接推动作用，而且对东部地区依托丝绸之路低成本物流运输增强全球竞争力产生积极作用。

尤其需要指出的是，丝绸之路经济带的建设，将使中国与丝绸之路沿线国家在能源、基础设施建设、金融、旅游、高新技术等领域的贸易与投资合作水平大幅提高，并降低中国对依赖“向东沿海开放”所产生的风险。中亚国家和俄罗斯是油气能源大国，中国作为人口大国对能源进口有很大的需求，加之中国西北地区也是能源资源密集区，在能源产业方面有自己的生产和技术优势，这将使开展国际能源合作成为中国建设丝绸之路经济带的重要内容。通过合作进一步完善基础设施则是建设丝绸之路经济带的重要基础保障，也是最终实现丝绸之路经济带沿线国家经济一体化的客观需要。丝绸之路沿线国家多为资金实力相对薄弱的发展中国家，通过深化金融领域的合作，破解融资难题对推进丝绸之路经济带未来经济建设有重要意义。丝绸之路是跨国文化交流整合的最佳范例，作为旅游线路已有300年的历史，在旅游资源共享、市场推广、品牌建设、产品开发等方面进行深度合作将极大推动丝绸之路经济带沿线国家旅游经济的发展。此外，在高新技术迅猛发展的当今时代，通过合作充分发挥高新技术及产业方面的互补优势，对提升丝绸之路经济带的高水平发展有重要作用。

六、推进中国东西部经济协调均衡发展

改革开放以来，中国经济发展的主阵地在东南沿海，东西部经济发展差距快速拉大，东西部经济不平衡成为中国经济发展中面临的一个突出问题。1999年以来，随着国家级西部大开发战略的实施，西部经济有了明显快速的增长。但我们也清醒地看到，中国东西部经济仍存在很大的差距，不平衡问题仍旧突出，西部大开发要继续加力。数据显示，2012年，西部地区GDP占全国比重为19.75%，较2000年西部大开发之初仅增长2.96%；2012年，陕西、甘肃、宁夏、青海、新疆对外贸易总额占全国对外贸易总额的比重不到2%，外资比例也不超过5%，与西部大开发初期相差无几。①

丝绸之路经济带战略构想的提出，既将西部地区推到改革开放的前沿，也使得第二轮西部大开发具有新鲜且充实的内容。胡鞍钢等人认为：“‘丝绸之路经济带’将集沿边开发与区域经济一体化功能于一体，既促进西部开发，也推动区域一体化。在性质上，它是集政治经济、内政外交与时空跨越为一体的历史超越版；在内容上，它是集向西开放与西部开发为一体的政策综合版；在形成上，它是历经几代领导集体谋划国家安全战略和经济战略的当代升级版。”② 随着丝绸之路经济带建设的稳步推进，以

① 王彩娜．丝绸之路经济带“带活”向西开放［N］．中国经济时报，2014-01-13.

② 胡鞍钢，马伟，鄢一龙．“丝绸之路经济带”：战略内涵、定位和实现路径［J］．新疆师范大学学报（哲社版），2014（2）.

西北地区为主要代表的西部地区，不仅可以充分利用丝绸之路经济带提供的广阔市场及丰富资源，而且可以加快承接东部沿海地区产业转移的步伐，同时，投资发展环境将不断得到改善，经济内生增长动力得到加强，城乡居民生产生活条件将不断得到改善，从而从根本上实现东西部经济的协调均衡发展。

七、有利于维护中国的安全与稳定

鉴于丝绸之路沿线区域的丰富资源和增长潜力，自20世纪90年代以来，日本、俄罗斯、印度、伊朗、欧盟、美国等国家及地区相继提出各自的丝绸之路开发战略，大国丝路战略竞争激烈。中国作为古丝绸之路的起点与主要国家，不能没有自己的丝绸之路开发与合作计划。自2008年国际金融危机及随后的欧债危机爆发以来，国际形势发生着自“冷战”结束以来最为深刻复杂的变化，世界加速进入经济大动荡、体系大变革、格局大调整的新阶段。随着中国经济在世界经济体系中的作用日益重要，中国在维护国家安全稳定方面面临着严峻的挑战。营造稳定的周边环境、打造扎实可靠的外部支持力量对中国意义重大。丝绸之路经济带战略构想的提出，标志着中国维护国家安全与稳定的举措更加丰富。

白永秀认为，建设丝绸之路经济带对中国具有大国发展战略意义。他指出：“由于中国的土地在西部，中国的资源在西部，中国的国防在西部，中国发展中的矛盾在西部，因此中国的安全在西部，西部安全了中国就安全了。”① 我们相信，丝绸之路沿线国家通过加强“五通”（即：加强政策沟通；加强道路连通；加强贸易畅通；加强货币流通；加强民心相通），一定会形成友好往来、相互了解的“利益共同体”和“命运共同体”。这种良好局面的形成，将是改变严重失衡的国际战略格局、构建更加公正合理的新型国际秩序的重要保障，对维护中国的国家安全稳定意义重大。

八、保持我国经济相对快速增长态势

白永秀根据改革开放以来中国经济发展的实践，并展望中国经济的发展未来，结合对国外经济发展情况的判断，在中国官方统计数据基础上把改革开放后中国经济的发展速度概括为四种类型：一是超高速增长：年均GDP增长率9%及以上；二是相对高速增长：年均GDP增长率在6%～9%；三是正常增长：年均GDP增长率在3%～6%；四是低速增长：年均GDP增长率在1%～3%。② 回顾工业化后发达国家普遍存在的经济增长由高速逐渐转向低速演化的历史，我们判断，中国经济自改革开放后也将呈现增长速度由高速向低速逐渐演变的历史趋势。

自改革开放后，中国成功地推进经济体制改革，快速地融入世界经济体系，从而使有利于经济增长的因素得以有效发挥，并带来了令世界瞩目的经济增长速度。据中

① 白永秀．丝绸之路可以建立自贸区［N］．三秦都市报，2013－12－24．

② 白永秀，吴航．中国经济增长速度的演变趋势及相关对策［J］．经济学动态，2013（8）．

国官方统计数据计算，1978—2010 年的 33 年间，中国 GDP 年均增速超过 9%，总体属于超高速增长；从 2010 年第 3 季度开始，中国经济减速的趋势开始显现，由第 3 季度的 9.6% 下降到了第 4 季度的 8.9%；2011 年出现了一定反弹，达到 9.2%；随后的 2012 年、2013 年又下降到 8% 之内，皆为 7.7%。总之，学术界形成的广泛共识是，中国或已进入减速发展时代。

尽管中国经济已经呈现减速的趋势，但推动中国经济高速增长的基本因素依然存在。只要中国能处理好国内外经济发展中的相关关系，采取有效的对策，中国经济就能在较长时期内保持相对高速增长的态势。丝绸之路经济带战略设想的提出，为中国经济保持相对高速增长态势提供了良好的机遇。丝绸之路经济带总人口超过 30 亿，市场规模和潜力独一无二，在区域规划和产业加速梯度转移的作用下，有利于承接中国国内经济重心西移，形成新的经济增长点，进而保持中国经济相对高速增长。

1.4 本报告的研究思路与方法

丝绸之路经济带由中国以发起共建倡议的方式提出，虽然连同21世纪海上丝绸之路已经一起写进内政外交的重要文件中，但政府及社会各界对其内涵、范围并没有明晰的界定和表述，更没有对丝绸之路经济带的建设方式、内在逻辑和合作机制等达成共识，这给本报告的撰写工作带来巨大难度。

然而，丝绸之路经济带作为向西开发开放的重要形式，它的提出既有偶然性，又有必然性，一定程度上是国际、国内经济关系发展的必然结果，特别是应对国内外社会经济发展不平衡的内在要求。由此，丝绸之路经济带发展模式的未确定反而给本报告的研究提供广阔的可拓展空间，探究偶然性背后的必然性，成为本报告的研究宗旨与目标。

本报告研究的出发点并不仅仅是丝绸之路经济带本身，而是从厘清全球分工格局、中国分工形态演进发展的原因、逻辑机制出发，探究其内在矛盾和发展现状，以及结合全球新兴生产组织方式，寻找未来出路和战略选择；由此，国际、国内环境和形势的变化，赋予丝绸之路经济带深刻内涵和战略任务；全球新兴生产组织方式的孕育，为丝绸之路经济带的突破与创新开辟可行路径。从时代背景的理论逻辑出发考察丝绸之路经济带兴起的必然性和发展选择，成为本报告的研究特色。

丝绸之路经济带沿线国家为何要选择合作、以谋求共同发展？怎样合作？怎样共同发展？这并不仅仅牵涉各国意志的问题，而意味着遍布欧亚、庞大的、欠发达地区人口的认知、行为、习惯、习俗等将面临巨大变迁，特别是涉及不同宗教信仰、不同种族、不同文化背景的人口群体的互动和协作。这是一个极其艰难、漫长的社会演化的过程。

基于以上认识，本报告从跨学科方法论出发，基于人的情境理性，结合神经与脑科学、心理学、社会学、分工与产业理论、空间、区位和城市理论等，探究群体互动、文化与行为演进所带来的中心城市与分工网络共生演化规律；而后以此为基础，解析分工的历史演进及在当前历史阶段新兴生产组织方式的产生、全球分工格局的特征与内在矛盾，这使丝绸之路经济带的产生具有客观必要性；全球分工演进的前景，为丝绸之路经济带的发展指明可行路径。

在理论逻辑的分析基础上，本报告侧重于当前阶段丝绸之路经济带主要相关国家和地区发展历程和现状的梳理，目的是明确起点的由来以及起点本身，从而为后续研究和发展提供基础。

本报告中，丝绸之路经济带被界定为在各参与国达成发展共识前提下，依托高速铁路等现代交通技术，以亚欧大陆桥等交通互联为基础，通过贸易畅通、货币流通等方式，提高沿线各地区市场潜力，促使产业集聚与转型，以实现各自发展与共同繁荣的带状开发开放和发展模式。由于陆路联结是一个动态拓展的过程，当前阶段，丝绸之路经济带的国外重点建设区域是俄罗斯和中亚国家，国内重点推进区域是西部地区，它们构成本年度报告核心的研究范围。

从报告内容的设计来看，主要包括五大部分：

第一大部分是导言，主要对丝绸之路经济带发展概况和报告思路进行梳理和介绍。

第二大部分包括第二、第三章，主要构建基于跨学科方法论的理论框架，而后结合全球分工格局变迁、新兴生产组织方式特征等，解析丝绸之路经济带的产生背景、内涵属性，以及具有创新性的协同转型发展战略和合作架构。

第三大部分包括第四、第五、第六、第七章，主要对俄罗斯和中亚五国的发展特征及合作诉求进行梳理，从而为后续定制化的合作设计提供参考。以及在中心城市与分工网络共生演化理论、模块网络化理论基础上，梳理中国的分工格局变迁，以及提出中心城市与城市群协同转型思路、先行示范区的试验构想等。丝绸之路经济带需要构建创新模式以带动欠发达地区的转型升级，西部重点地区的率先突破成为最具现实意义的战略启动点。

第四大部分包括第八章，主要对各个具体合作领域的发展现状、可行路径进行探讨。

第五大部分包括第九章，主要对古丝绸之路的发展进行不同角度的总结，以及与当前海上丝绸之路进行比较，特别是吸收借鉴代表性地区的转型升级经验，以服务于丝绸之路经济带的发展方案设计。

本报告的研究方法侧重于理论逻辑推演、历史发展归纳和统计数据分析。由于研究时间紧迫，以及文献数据资料搜集的局限性，本报告亦存在诸多疏漏，这将在后续深化研究中努力修正。

第二章　基于跨学科方法论的理论框架

2.1　跨学科方法论与理论工具

社会经济活动在更大范围的融合与发展牵涉到不同区域、不同文化习惯、不同行为模式的人与人之间的互动、交往、冲突或合作，并通过群体聚散和行为演化表现为产业、空间等的变迁，这一切虽然分散于社会经济体系的各个层面，但属于同一复杂系统，并有着不可分割的内在联系。古往今来，各专业领域从不同的视角观察社会经济系统，已取得丰硕成果，将之交叉融合，则有助于展开复杂系统的分析。①

一、跨学科方法论体系

为探究人群、行为、产业、空间等的演化逻辑，从而作为丝绸之路经济带研究的理论支撑，本报告主要采用跨学科的方法论体系（如图 2－1 所示）。

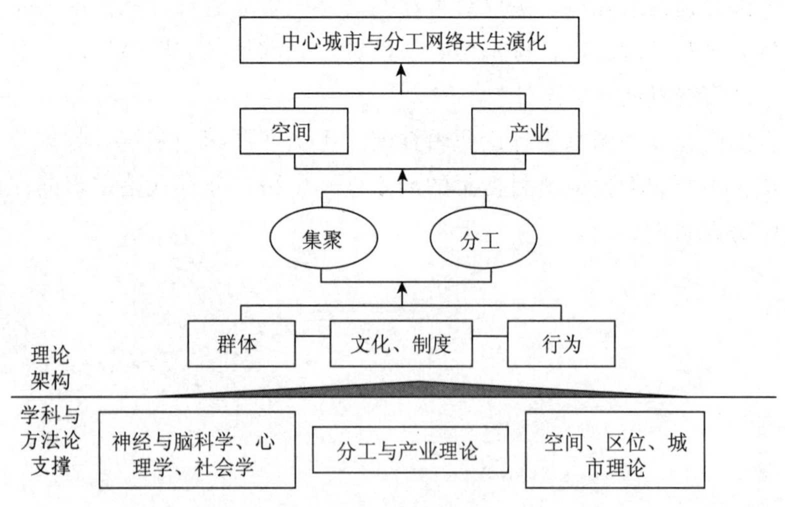

图 2－1　跨学科方法论体系

① 本章部分内容发表于马莉莉．世界城市：全球分工视角的发展与中国香港的选择［M］．北京：商务印书馆，2014.

从理论架构来说，首先，神经与脑科学、心理学、社会学等方法论基础上研究"群体—文化制度—行为"的基本特征，作为后续研究的行为学基础；其次，在行为学研究基础上，结合集聚理论和分工原理，解析其互动发展的内在关系；再次，基于集聚—分工原理，利用产业、区位等理论工具与方法，对分工的空间扩张与产业演进进行解析；最后，结合空间扩张与产业演进的历史逻辑，提出中心城市与分工网络共生演化的理论，以此来为丝绸之路经济带发展提供研究基础。

二、行为、文化、制度与组织

人的行为及相互关系构成社会空间存在和运动的主体，构成社会经济研究的起点。

1. 行为

"经济人"假说一直是西方经济学的一个基本经济行为公设，虽然从经院学者那里已经发源，[①] 但主要思想由亚当·斯密在《国富论》中系统阐述，在当时所处人摆脱神学束缚的时代，斯密的结论是：给予个人以选择经济活动和达到其目的的最大自由，不仅个人能够充分地为自己谋利，而且是保证全社会普遍丰裕的最有效途径。[②] 到19世纪末期，杰文斯和帕累托等经济学家将经济人理性由厂商扩展到消费者，并构建起一般均衡分析框架，由此奠定经济人行为假设在西方经济学体系中的基石地位。此后，萨缪尔森的完备理性、卢卡斯的"合理预期"等进一步延伸和发展了经济人行为假设。

经济人概念包含两层含义："实质理性"（即决策的内容）和"程序理性"（即制定决策的方法）。随着心理学与管理学等学科的发展，经济学面临"理性主义危机"[③]，沙克尔继承哈耶克的观点，批评经济人理性中完全信息基础上的"本质合理性"不可能；[④] 西蒙（1997）提出"有限理性"和满意行为假说，倡导放弃"实质理性"，采取"过程理性"的立场。[⑤]

而现代脑和神经科学、认知心理学等学科的进一步发展表明，人的理性标准和理性行为随着环境而变化，人的行为方式是"情境理性"（Homans，1974）。[⑥] 人类进化而来的基因决定，人通过身体和脑在感触场景的过程中构造自身的神经元回路，形成场景记忆或场景知识储存在大脑的痕迹表征中，通过提取痕迹表征进入心理表象进行思想，再与外部刺激而产生的表象一起作用产生行为（达马西奥，1994，1999，2003；

① ［美］约瑟夫·熊彼特（1980）．经济分析史（第1卷）［M］．朱泱，等，译．北京：商务印书馆，1996：160.

② ［英］亚当·斯密．国富论［M］．唐日松，译．北京：华夏出版社，2004.

③ 汪丁丁．经济学思想史讲义［M］．上海：上海人民出版社，2007：359.

④ 杨春学．关于经济人假说及其争论［J］．学习与探索，1991（4）：72－77.

⑤ ［美］西蒙（1997）．管理行为［M］．鲁正茂，译．北京：机械工业出版社，2004.

⑥ 汪丁丁．经济学思想史讲义［M］．上海：上海人民出版社，2007：378.

葛詹尼加，2002；斯滕伯格，2003）①。每个人都在自己所经历的场景中通过符号或非符号的方式形成个人知识（波兰尼，1958）②，共同的情境、各自的生活体验，以及行为主体间的社会互动，使投射到人们心理表象中的符号（葛詹尼加，2002）被赋予共通意义，由此形成语言、编码知识、文化，继而可以彼此沟通和协调行为（萨丕尔，1921；索绪尔，1949；维特根斯坦，1953；米德，1962；Blumer，1986；乔姆斯基，2006）③；在个体间互动过程中，社会得以可能，个体得以塑型自我（西美尔，1908；埃利亚斯，1987）④。由此，语言和文化是有共同或类似情境体验的个体互动作用的结果，每个个体通过心身与场景的互动习得语言和文化，同时通过个体认知和行为参与语言和文化的演化。具体在经济生活中，"情境理性"的个人是知识、信息等的传播、承载与创造者，以及协同行动的主体，而非简单的劳动要素或消费函数。

2. 文化与制度

除了马克思在历史唯物论中通过生产力与生产关系、经济基础与上层建筑的矛盾运动将文化与经济纳入统一分析框架，西方主流经济学长久未将文化作为分析对象，随着制度被纳入研究视野，经济学开始文化转向。

20 世纪七八十年代来，随着制度变迁成为越来越多国家的实践主题，制度研究蓬勃兴起，最先确立其重要地位的是建构于交易费用理论基础之上的新古典范式的新制度经济学。其经典作家诺思指出，制度是人类创造的约束条件，包括正式制度或规则和非正式规则，前者包括宪法、法律、财产权利等规制，后者包括禁忌、习俗、传统以及社会谴责和行为规范等。制度的目的是降低交换行为的不确定性，减少交易成本，由此为经济绩效提供激励；当制度所提供的经济激励结构不能带来经济绩效时，个人、组织和政府作为参与博弈方，在潜在制度收益和阻滞成本之间进行权衡较量，最后形成习惯等自发制度和人为设计的制度。⑤ 博弈理论还通过"囚徒困境多次博弈的合作解"来解释"制度"的发生。⑥ 总体来说，新古典范式的制度经济学一方面建构于经

① ［美］安东尼奥·R. 达马西奥. 笛卡尔的错误：情绪、推理和人脑［M］. 毛彩凤，译. 北京：教育科学出版社，2010.［美］安东尼奥·R. 达马西奥. 感受发生的一切：意识产生中的身体和情绪［M］. 杨韶刚，译. 北京：教育科学出版社，2007.［美］安东尼奥·R. 达马西奥. 寻找斯宾诺莎：快乐、悲伤和感受着的身体［M］. 孙延军，译. 北京：教育科学出版社，2009.［美］葛詹尼加等. 认知神经科学：关于心智的生物学［M］. 周晓林、高定国，等，译. 北京：中国轻工业出版社，2011.［美］斯滕伯格. 认知心理学（第3版）［M］. 杨炳钧，等，译. 北京：中国轻工业出版社，2006.

② ［英］波兰尼. 个人知识：迈向后批判哲学［M］. 许泽民，译. 北京：贵州人民出版社，2000.

③ ［美］爱德华·萨丕尔. 语言论［M］. 陆卓元，译. 北京：商务印书馆，2007.［瑞士］费尔迪南·德·索绪尔. 普通语言学教程［M］. 高名凯，译. 北京：商务印书馆，2010.［奥］维特根斯坦. 哲学研究［M］. 李步楼，译. 北京：商务印书馆，2010.［美］米德. 心灵、自我与社会［M］. 赵月瑟，译. 上海：上海译文出版社，2005. H. Blumer，Symbolic Interactionism，Perspective and Method，University of California Press，1986.［美］乔姆斯基. 语言与心智（第3版）［M］. 北京：中国人民大学出版社，2008.

④ ［德］西美尔. 社会学［M］. 林荣远，译. 北京：华夏出版社，2002.［德］诺贝特·埃利亚斯. 个体的社会［M］. 翟三江、陆兴华，译. 北京：译林出版社，2003.

⑤ 张宇燕. 经济发展与制度选择：对制度的经济分析［M］. 北京：中国人民大学出版社，1999：208.

⑥ 汪丁丁. 制度分析基础讲义（I）［M］. 上海：上海人民出版社，2005：39.

济人行为基础之上，另一方面遵循均衡思想，前者面临“理性危机”考验，后者与制度变迁并非均衡跳跃的事实相背离，理论发展陷入困境，制度的演化主义兴起（贾根良，2004）。

从制度演化主义的进展来看，主要包括：①以霍奇逊（1993）为代表的老制度主义学派，在“习惯、仿效、好奇心”等认知心理基础上，遵循“累积因果原理”，研究制度的形成、发展与演化[①]；②以门格尔（1883）、哈耶克（1949、1960）为代表的奥利地学派，解析了“个人知识到自发秩序”内在机制[②]；③以纳尔逊、温特（1982）等代表的“新熊彼特”学派，提出“技术与组织制度协同演化”[③]；④法国调节学派主张的“制度形式与经济运行互动演化”；⑤以肖特（1981）、扬（1998）等为代表的基于演化博弈论视角的研究[④]。从各流派的思想脉络来看，一方面，制度的内涵已大为扩展而与文化趋向融合，如鲁宾斯坦（2000）用演化博弈论方法研究语言这类习俗的形成，开始经济学的“语言转向”；[⑤] 另一方面，门格尔、哈耶克的自发秩序理论揭示了制度发生的微观逻辑过程，而个体“知识过程”的循环反复，累积发展为老制度主义的各类制度；它们成为“新熊彼特”学派、调节学派和演化博弈论展开不同层面分析的思想来源和基础。哈耶克基于心理学、脑科学的原理提出“知识的命题”，[⑥] “知识”具有历史性、传统性、路径依赖性，是心灵与外界刺激交互作用的结果，知识是过程，知识过程与人生体悟纠缠在一起。[⑦] 因而，知识是个人的、过程的。在劳动分工、个人及知识分立前提下，人们通过竞争过程、组织和文化活动等传播个人知识、发现个人知识，并导致“人之行动而非人之设计的结果”；如此循环往复，形成自发秩序及其历史演进。哈耶克论及的自发秩序包括道德、宗教和法律、语言和书写、货币和市场等。[⑧] 情境理性正是哈耶克“知识命题”和自发秩序理论的行为基础。

哈耶克的理论表明，作为情境理性的个体，在个人体悟的场景知识基础上彼此互动，形成共通意义，同时习得可交流的知识、影响自身行为；个体互动的循环往复使共通意义累积为文化，在个体行为协调和冲突过程中形成规范个体行为的习俗、惯例、法律等正式与非正式制度，即群体—互动的个体集合—与文化制度共生演化；文化、

---

① ［英］G·M. 霍奇逊. 现代制度主义经济学宣言［M］. 向以斌，等，译. 北京：北京大学出版社，1993.

② ［奥］卡尔·门格尔. 经济学方法论探究［M］. 姚中秋，译. 北京：新星出版社，2007.［奥］冯·哈耶克. 个人主义与经济秩序［M］. 贾湛，等，译. 北京：北京经济学院出版社，1989.［英］哈耶克. 致命的自负［M］. 胡晋华，译. 北京：中国社会科学出版社，2000.［英］哈耶克. 通往奴役之路［M］. 王明毅，等，译. 北京：中国社会科学出版社，1997.［英］哈耶克. 自由秩序原理［M］. 邓正来，译. 生活·读书·新知三联书店，1997.

③ ［美］理查德·R. 纳尔逊，悉尼·G. 温特. 经济变迁的演化理论［M］. 胡世凯，译. 北京：商务印书馆，1997.

④ ［美］肖特. 社会制度的经济理论［M］. 陆铭，陈钊，译. 上海：上海财经大学出版社，2003.［美］H. 培顿·扬. 个人策略与社会结构——制度的演化理论［M］. 王勇，译. 上海：上海人民出版社，2004.

⑤ 鲁宾斯坦. 经济学与语言［M］. 钱勇，周翼，译. 上海：上海财经大学出版社，2004：175.

⑥ ［奥］冯·哈耶克. 个人主义与经济秩序［M］. 贾湛，等，译. 北京：北京经济学院出版社，1989：32.

⑦ 汪丁丁. 制度分析基础讲义（I）［M］. 上海：上海人民出版社，2005：145.

⑧ 王军. 现代奥地利经济学派研究［M］. 北京：中国经济出版社，2004：68.

制度的作用在于形成沟通，并协调、约束个体的行为，以提高相关个体的社会适应性。文化、制度是人类社会生存的必经过程和重要环节，而非仅仅节约交易成本的工具。

3. 组织

经济学对于组织的研究也主要起源于制度主义，而且主要围绕企业这类经济组织。在经济人假设前提下，企业最初被主流经济学视为“黑箱”，简约为一定技术条件下的生产函数。奈特（1921）在《风险、不确定性和利润》中指出，组织是在不确定性条件下，通过专业化来分配和控制风险的工具。康芒斯（1934）从交易的视角提出组织是用来提高交易效率的治理结构①，随后巴纳德（Barnard，1938）从公司治理视角也提出类似观点。随着科斯交易成本理论的兴起，组织的契约理论成为主流，即组织用有意识的权力代替价格机制以节约交易成本，② 如张五常、杨小凯（1993）认为，企业是一种合同，其作用就是“以用于生产某些中间产品的劳动的市场替代这些中间产品的市场”。③ 在经济人行为假设下，劳动者被生产、交易及契约等行为所取代，企业组织相应被极度简约。以“经济分析”研究“非经济问题”著称的贝克尔（2008），更是将效用最大化的分析方法应用到家庭、政府等更广泛的社会机构和行为，使社会展现为大一统的市场交易体系，从而与丰富生动的现实社会更趋背离。

在“情境理性”个体组成的企业组织中，个体互动形成企业内的文化制度，个体习得知识与技能；在组织所确定的结构体系中，个体通过专业化而分布式地积累知识，并整合为企业“惯例”；④ 通过分享信息和协调行动，企业运行效率大为提高。正如西蒙指出，管理型组织是一个合作行为系统。⑤ 如果企业无法实现知识累积与分工协作，效率难以提升，企业则可能面临淘汰。

社会经济系统中，组织，作为投入集体行动以实现共同目标的社会群体（Aldrich and Marsden，1988）⑥，包括企业、教堂、俱乐部、学校、医院和政府机构等多种形式。组织的构建，是为进行某些单凭分散成员不容易实现的活动，而“情境理性”群体互动能走向分工协作的特征使实现这一目标成为可能。企业是以盈利为目标的组织结构，分工带来的市场需求是企业产生的直接原因，而像医院、学校、非政府组织、政府机构等各类正式和非正式组织，主要因各自功能并应相应需求而产生；作为“情境理性”个体的集合，各类组织都可以通过成员的互动和协作，实现效率的提升，从而达到凭分散个体无法完成的目标。从情境理性的行为模式出发，对组织的分析研究

① ［美］约翰·R. 康芒斯（1934）. 制度经济学（上、下）［M］. 于树生，译. 北京：商务印书馆，2006.

② 徐忠爱. 从组织理论到契约经济学：文献综述［J］. 产业经济评论，2009（12）：102－116.

③ 杨小凯，张五常（1993）. 专业化与经济组织——一种新兴古典微观经济学框架［M］. 北京：经济科学出版社，1999：209.

④ ［美］理查德·R. 纳尔逊，悉尼·G. 温特（1982）. 经济变迁的演化理论［M］. 胡世凯，译. 北京：商务印书馆，1997：19－25.

⑤ ［美］西蒙（1997）. 管理行为［M］. 鲁正茂，译. 北京：机械工业出版社，2004：73.

⑥ H. E. Aldrich，P. V. Marsden. Environments and Organizations［A］. In N. J. Smelser. Handbook of Sociology［C］. CA：Sage，Newbury Park，1988.

大为扩展，同时也突出了各类组织自身的特点和功能。

三、分工与产业

人的行为多种多样，其中，物质资料的生产和再生产是人类繁衍的基础与前提，因此，生产与再生产行为是社会经济复杂系统研究的主要对象，人类社会演进也主要体现为生产和再生产行为的变迁，即分工和产业的演进，其中，创新扮演着重要角色；在当前时代，服务业正大量从生产体系中游离独立出来。

1. 分工

分工与专业化问题长期游离于西方主流经济学之外，经过斯密、杨格、杨小凯等人的发展，取得了一定成果。

斯密（1776）认为，劳动分工所产生的专业化、转换工作的时间节约以及从干中学推动的技术进步产生收益递增，促使企业提高生产率，增加利润；供给与需求的增加意味着市场容量的扩大；而市场容量的扩大将进一步促进专业化与分工。[①] 这里，斯密提出“分工受市场范围的限制”的观点，斯蒂格勒称为“斯密定理”，他的解读是：只有当对某一产品或服务的需求随市场范围的扩大增长到一定程度时，专业化的生产者才可能实际出现和存在。

此后，斯密的劳动分工思想并未受到应有的重视，直到20世纪初，杨格将之扩展为迂回生产理论。杨格（1928）认为，最重要的分工形式是生产迂回程度的加强及新行业的出现[②]。产业间分工使得迂回生产链加长，专业化水平提升，由此降低价格，增强实际购买力，市场规模得以扩大，而扩大的市场会促使分工的进一步扩大，形成迂回生产、厂商专业化、收益递增和市场规模互动的自我加强过程，这就是杨格定理。其中，收益递增来源于：一是厂商内部专业化生产带来的生产费用的节约；二是社会分工的网络性使各产业供求交互作用，形成报酬互补与递增。斯密定理说劳动分工受到市场的限制，杨格定理与之有所不同，主张劳动分工又通过降低价格，提升市场潜力，使市场扩张。由此，专业化的静态过程进入一个经济成长的动态过程。

20世纪80年代以后，以杨小凯、黄有光（1993）等为代表的一批学者用非线性的“超边际分析方法”，构建消费者—生产者、专业化报酬递增以及交易费用的新兴古典经济学框架，对斯密和杨格的专业化与分工思想进行形式化表述。相对于斯密和杨格所指的专业化演进是一个历史累积与开放过程，杨小凯关于专业化选择的均衡思想一定程度上与现实相背离，阿罗指出，其超边际分析也“没被证出来”。[③]

虽然分工理论仍未被纳入主流经济学分析，但是不得回避的是，它是支配着经济系统变迁的基本原理。

---

① 亚当·斯密（1776）．国富论［M］．唐日松，译．北京：华夏出版社，2004：16－18.

② 阿林·杨格（1928）．报酬递增与经济进步［J］．经济社会体制比较，1996（2）：54.

③ 汪丁丁．经济学思想史讲义［M］．上海：上海人民出版社，2007：320.

2. 创新

创新是分工的起点，从创新理论的发展来看，已由早期熊彼特式势单力薄的“企业家创新”，过渡到多重因素互动作用的观点。

卡曼和施瓦茨认为，决定技术创新的因素主要包括竞争程度、企业规模和垄断力量，垄断竞争的市场结构最有利于创新。① 新产业区论的观点是（Bagnasco，1977），在弹性生产方式下，企业间形成稳定的正式和非正式合作网络，以及企业扎根于本地文化的性质，为技术创新提供特殊的文化环境。② 斯托普（1989）的研究则表明，在一个高度变动的市场环境下，本地化的生产协作网络存在降低社会交易成本和保护合作的因素，因此有利于提高企业的创新能力和灵活适应性。一个由法国、意大利、瑞士等国区域科学家组成的区域创新环境研究小组认为，将产业的空间集聚与创新活动联系在一起的社会文化环境，使得创新性的机构能够创新并能和其他创新机构相互协调，从而有助于创新活动。纳尔逊（Nelson，1993）等主张的国家创新系统论认为，技术创新和传播需要大量相关部门和制度的支持，在创新和学习中除了正式的机构和制度之外，各种非正式的文化、习惯等也在影响着知识的积累和传承过程，其中各种正式的机构和制度尤其重要③。以波特（2002）为代表的“产业集群”论认为，由要素条件、需求条件、相关支撑产业、厂商结构等构成的“菱形构架”，会因地理接近而相互增强，并有利于促进技术的创新与升级④。

个体思想就是将情境记忆以不同方式在心理表象重现或重构的过程，只有新情境与认知的互动才能促使新思想及新行为出现，⑤ 并在更多有相同或相似认知体验的个体互动过程中，通过文化、制度与个体行为的往复作用，产生相关个体、群体，继而更大范围群体的新行为。由此，情境稳定的环境不利于创新出现，但利于创新传播；而多元变化的情境则成为孕育创新的土壤。

3. 产业

分工的绵延发展形成产业，克拉克1940年在《经济发展的条件》中提出三次产业分类和产业结构演进的一般趋势。20世纪六七十年代，一些学者根据产业对不同生产要素的相对依赖程度，将产业划分为资源密集型、劳动密集型、资金密集型和技术智力密集型等不同类型。

弗农（Vernon，1966）在考察美国产业的创新发明与国际贸易中的R&D要素时，提出产品生命周期理论，即产品在市场上将经历形成、成长、成熟和衰退的周期，从

---

① 丁冰．现代西方经济学说［M］．北京：中国经济出版社，1999.

② 王缉慈．创新的空间：企业集群与区域发展［M］．北京：北京大学出版社，2001：95.

③ ［美］理查德·R. 纳尔逊，悉尼·G. 温特（1982）．经济变迁的演化理论［M］．胡世凯，译．北京：商务印书馆，1997.

④ ［美］迈克尔·波特．国家竞争优势［M］．李明轩、邱如美，译．北京：华夏出版社，2002.

⑤ ［美］安东尼奥·R. 达马西奥（1994）．笛卡尔的错误：情绪、推理和人脑［M］．毛彩凤，译．北京：教育科学出版社，2010：80.

而影响产品国际贸易的流向。葛丁（Golding，1972）和弗里曼（Freeman，1982）将其进一步发展为产业生命周期论，即产业分为革新期、成熟期、大批量生产阶段和衰退期。① 杜梅思、埃里森和格雷瑟（Dumais，Ellison and Glaeser，1997）提出工厂生命周期也分为四个阶段：诞生、扩张、收缩和关闭。结合产品、产业、厂商生命周期理论，梁琦（2004）提出产业区位生命轨迹，即产业先趋向于在创新国（地）集聚；随着创新产品由知识密集型转为技术和资本密集型，生产走向分散化；当产品由技术和资本密集型转向劳动密集型时，产业区位再集中于劳动力密集的发展中国家。

产业在分工深化过程中不断繁衍而成，它们是不同范围、不同方式群体行为协调的产物。根据群体行为协调方式的差异，区分为不同产业，如农业涉及以土地为主要生产资料的行为，制造业涉及以机器设备为主要生产资料的行为，服务业主要涉及以人自身为生产资料的行为。随着群体行为协调的范围不断扩大，分工协作产生的效率得以提升，产业相继呈现生命周期的变化，即由起初少量创新者行为互动产出小规模产品的创新期，逐步过渡到更多个体行为互动与分工协作，生产出更大规模产品的成长与成熟期，并随着产品自身被淘汰或被替代而陷入衰退。

4. 服务业

服务业发展是分工深化的必然结果。库兹涅茨（1971）和钱纳里（1986）通过实证检验得出结论：随着人均收入水平的提高，服务业在国民经济中的比重呈上升趋势，并最终占据主导地位②。

服务业具有无形、消费与供给同时完成、产品多样化等鲜明特征，主要包括生产性服务、流通性服务、社会性服务和个人服务等（Browning and Singleman，1975）。③ 巴格瓦蒂（Bhagwati，1984）指出，许多以前内化在其他产业部门的服务功能，由于竞争的压力，通过外包或外部化等方式被独立出来即成为服务产业④。弗兰克斯（Francois，1990）在专业化导致报酬递增以及垄断竞争市场假设前提下，用数学模型推导出随市场扩张，厂商个数和生产规模扩大，进而生产分工细化与服务专业化的演化机制⑤。从知识生产角度，集体学习过程对于促进服务业集聚有着重要作用（Keeble and Nachum，2002）⑥。

---

① 陆大道．区域发展及其空间结构［M］．北京：科学出版社，1999：17－18.

② ［美］西蒙·库兹涅茨（1971）．各国的经济增长：总产值和生产结构［M］．常勋，等，译．北京：商务印书馆，1999.［美］H. 钱纳里（1986）．工业化和经济增长的比较研究［M］．王松宝，等，译．上海：上海三联书店，1989.

③ 方远平，毕斗斗．国内外服务业分类探讨［J］．国际经贸探索，2008（1）：72－76.

④ J. Bhagwati. Splintering and Disembodiment of Services and Developing Nations［J］. World Economy，1984（7）：133－143.

⑤ J. F. Francois. Trade in Producer Services and Returns Due to Specialization under Monopolistic Competition［J］. Canadian Journal of Economics，1990（23）：109－124.

⑥ D. Keeble，L. Nachum. Why Do Business Service Firms Cluster? Small Consultancies，Clustering and Decentralization in London and Southern England［J］. Transactions of the Institute of British Geographers，2002，27（1）：67－90.

泰勒尔（1988）指出，服务产品主要属于“信任品”范畴，由此决定服务业的生产和交易将涉及更为密集和复杂的契约安排①。相关研究验证政府规模与服务业发展的负相关关系（Ram，1986；Barro，1991）②；汪德华等（2007）通过114个国家的样本分析，认为以一国法治水平来衡量的契约维护制度的质量与其服务业比重显著正相关，政府规模与其服务业比重显著负相关③。

可见，服务业是分工深化、产业演进到一定阶段的产物，特别是生产性服务业，是从生产制造领域演化出来的中间品产业，它的特点包括，第一，它的发展壮大依赖于生产制造规模扩张和继而产生的对中间品生产的需求；第二，个体行为本身就是服务产品，通过群体行为协调，服务生产也可以实现效率提升，产品生产规模扩张；第三，相对于农业、制造业，服务业主要涉及个体行为，也就是更依赖于群体行为协调，文化、制度在服务业发展中更为重要；第四，个体行为即服务，由此，服务主要取决于人及其心智，从服务于生产制造转变到服务于人、人的心智，成为分工进一步深化、服务业进一步演进的必然方向。

四、区域与空间

以冯·杜能（1826）农业区位论为发端，区域、空间等问题被纳入经济学分析，理论研究先后向区域经济学、城市经济学、空间经济学等方向发展，空间成为社会经济复杂系统研究中不可或缺的组成部分。

1. 区位与区域

区域经济学的核心是区位研究，主要包括冯·杜能的农业区位论（1826）、韦伯的工业区位论（1909）和以克里斯塔勒（Christaller，1933）及勒施（Losch，1939）为代表的新古典区位理论三条支流，最后由艾萨德（1956）将上述模型统一于运输成本—生产成本权衡的区域科学框架内④。

其中，中心地理论主要对服务区位的选择进行分析。中心地理论指出，基于长周期农业市场服务中心的演化，一个地区会形成一套中心地的等级体系，同一等级的中心地有同样大小的服务范围，也称市场区或附属区，市场区的范围是六边形的。整个中心地及其市场区是由一级套一级的网络相互嵌套而成。所谓嵌套原理，就是低级中心地和市场区被高一级的市场区所包括，高一级的中心地和市场区又被更高一级的市

---

① ［法］泰勒尔．产业组织理论［M］．张维迎，总译校．北京：中国人民大学出版社，1998.

② R. Ram. Government Size and Economic Growth：A New Framework and Some Evidence from Cross－section and Time－series Data［J］．American Economic Review，1986，76（1）：191－203；R. Barro. Economic Growth in a Cross Section of Countries［J］．Quarterly Journal of Economics，1991（106）：407－443.

③ 汪德华，张再金，白重恩．政府规模、法治水平与服务业发展［J］．经济研究，2007（6）：51－64.

④ ［德］约翰·冯·杜能．孤立国同农业和国民经济的关系［M］．吴恒康，译．北京：商务印书馆，1986.［德］阿尔弗雷德·韦伯．工业区位论［M］．李刚剑，等，译．北京：商务印书馆，1997.［德］克里斯塔勒（1968）．德国南部中心地原理［M］．常正文，王兴中，译．北京：商务印书馆，2010.［美］瓦尔特·艾萨德（1956）．区域科学导论［M］．陈宗兴，等，译．北京：高等教育出版社，1990.

场区所包括，整个体系都是如此。高级中心地既有低级中心地的全部职能，也有自己特有的职能，其有较高的门槛和较大的服务范围。低级中心地及其市场区范围内的人口也需要高级中心地所提供的专门商品和服务，这时，他们必须到最近的高级中心地寻求服务。但是相同级别的中心地和市场区是彼此独立和排斥的。由此形成空间等级体系。

在经济活动的极化和扩散效应下，区域空间结构演变总是遵循由“点”到“轴”、由“轴”到“面”的进化过程。在极化效应作用下，首先开始“点”的聚集，随着聚集程度的不断加强，一些节点逐步成长为区域经济中心。经济中心进一步聚集到一定规模后，扩散效应逐步强大起来；经济中心开始通过扩散效应影响和带动周围地区发展。这一过程首先发生在交通沿线附近，形成沿交通线的经济重心区，即“轴”。轴的交叉与点的组合，形成更大的扩散效应，从而产生向“面”的扩展效应，形成一个区域内的城镇化和交通运输网络的高度密集和现代化。①

区位与区域经济学为解析生产主体的区位选择及由此产生的空间分布变化提供方法论支持。

2. 城市

城市经济学在冯·杜能（1826）开创的土地利用模型基础上，探讨了城市集中的根源、城市的产业与空间布局、规模、城市体系等问题。②

冯·杜能模型指出，在考虑到生产与运输成本之后，城乡会形成蔬菜、小麦、牛等农产品呈同心圆分布的生产布局。阿朗索（1964）在用通勤者代替农民、用中央商务区代替孤立的城市之后，提出竞标地租理论与城市土地区位理论。他以竞标地租斜率来说明土地利用的竞争过程，竞价曲线斜率最大的使用者因其竞争力强而获得市中心的土地，斜率大的获得中心区外围的土地，依次类推，直到城市边缘为止，城市空间呈现单中心结构③。实际上由于地形阻碍，以及多核心城市空间结构的不同和土地利用规划政策的干预，城市土地利用空间结构往往发生变形，地价曲线则不再是由市中心向郊外渐降的一条平滑曲线，而变成一个起伏的曲线或不连续的折线。

在对城市空间集聚的根源探究上，城市经济学吸收马歇尔的外部经济（规模经济）产生生产商聚集的理论。在解释城市规模和新城市出现时，亨德森（1974，1980，1988）构建了一个城市规模与典型居民效用模型，因为促使居民向城市集中的外部经济和往返费用等外部不经济存在一股合力，这样城市规模与居民效用间呈现倒U形关系；当城市规模过大，“城市公司”就有动力开发新的城市；基于城市的规模限制，各城市都应专攻一个或几个可以产生外部性的行业，减少非相关产业因占用空间妨碍外

① 朱翔．城市地理学［M］．长沙：湖南教育出版社，2003：220－221.

② ［德］约翰·冯·杜能．孤立国同农业和国民经济的关系［M］．吴恒康，译．北京：商务印书馆，1986.

③ ［美］威廉·阿朗索．区位和土地利用——地租的一般理论［M］．梁进社，等，译．北京：商务印书馆，2007.

部经济并徒增外部不经济问题，由此城市的最佳规模取决于其着力发展的行业，即城市的功能；各城市着力于发展不同行业，城市功能的差异化产生城市专业化。在假设外部性随距离增加而减少的前提下，藤田和小川（Fujita and Ogawa，1982）进一步发现，外部经济形成的向心力，往返费用和地租等形成的离心力，使城市结构出现多中心布局，这相比单中心模型更准确地描述了现代大城市的空间格局。①

城市经济学通过竞租理论指出城市空间利用成本的变迁，这成为生产主体改变区位选择的原因，由此为区域经济学的极化与扩散机制提供方法论支撑。

3. 集聚与空间

在区域经济学和城市经济学对空间区位的探讨基础上，克鲁格曼认为，两大体系虽然涉及丰富的现实课题，但都未能成功地将空间纳入经济学主流，根源在于主流经济学家掌握的建模技术无法同时处理收益递增、不完全竞争、运输成本、要素流动等问题，而迪克歇特—斯蒂格利茨（Dixit - Stiglitz）垄断竞争模型趋于成熟而提供崭新工具，为空间经济学的诞生扫除技术障碍。

空间经济学在 D - S 模型基础上，将运输成本理解为“冰山成本”——即运输过程中的损耗，构建基本的区域模型——中心外围模型，中心集聚取决于三个要素：运输成本、收益递增和可自由流动要素比重，运输成本越小、收益递增越大、可自由流动要素比重越大，产业就越趋向于中心集聚，克鲁格曼认为集聚的力量主要来自于前后向关联。

在此基本模型基础上，该理论认为，城市人口增加到一定程度将向周围扩散，导致新城市出现，并在城市间向心力和离心力作用下，因行业规模、经济程度和运输成本各异而形成城市层级结构。城市结构的未来趋势取决于“市场潜力”参数，一旦中心形成，会通过自我强化不断扩大规模，并打破起初的区位优势和原有集聚的自我维持优势，开始新的空间自组织。

在国际范围内，要素禀赋对国际分工虽有一定作用，但集聚会产生新的分工基础。由于国界存在，中心外围模型的产业关联效应受到影响，但在关联效应、贸易成本等因素作用下，同样会产生不同范围和程度的专业化过程，即特定产业向若干国家集聚，形成国际分工。

建立在集聚基础上的空间经济理论，将行为及其互动产生的收益递增效应、产业发展与分工深化、空间布局及其变迁等构建于统一的分析框架，为系统地研究空间与分工网络间的内在联系提供重要工具与方法。

---

① 藤田昌久，保罗·克鲁格曼，安东尼·J. 维纳布尔斯（1999）. 空间经济学：城市、区域与国际贸易［M］. 梁琦，等，译. 北京：中国人民大学出版社，2005：19－28.

2.2　集聚与分工形成

经济活动的地理集中即“集聚”①，它是群体及其互动过程的空间载体与表现形式，群体互动特点决定集聚的主要特征，集聚的累积使分工得以形成。

一、群体互动与集聚

收益递增，即随产量增加单位产出边际成本下降的边际报酬递增现象，它是集聚得以发挥作用的核心机制，情境理性个体间的互动决定收益递增根源所在，也决定集聚的内在驱动力。

1. *群体互动与收益递增的根源*

群体是基于共同情境和互动形成的个体集合。情境理性使人在感知情境的过程中形成个体认知、个人世界，由于历经共同的情境，个体通过互动交往赋予情境、符号等以共通意义，从而形成交流并协调彼此行动（如图2－2所示）。

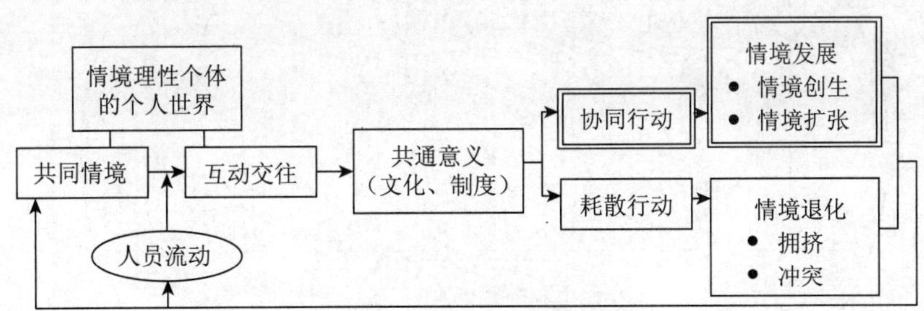

图2－2　群体聚散

在个体互动的循环往复过程中，共通意义累积为文化，如语言、文字等；个体行为互动和冲突过程中形成协调、规范个体行为的正式与非正式制度，如货币、市场、组织、习俗、惯例、法律、道德、宗教等；在文化与制度规制下，群体展开分工，专业化个体在认知不断深化的过程中累积知识技能，并在与其他专业化个体的协同行动中，创造出超过分散个体所能创造的情境规模，或创新出新情境，由此吸聚更多个体参与群体互动和协同行动，形成集聚，群体规模扩大。而在个体间无法形成共识并协调行动时，群体产生耗散行动，导致拥挤、冲突等情境，继而导致个体流失，群体规

① ［美］保罗·克鲁格曼．地理和贸易［M］．张兆杰，译．北京：北京大学出版社，中国人民大学出版社，2000：5.

模缩小。因此，共通意义、文化和制度产生于群体互动，它们通过沟通个体认知、规制群体行为成为群体分工协作的必经环节和重要过程，继而促使群体规模扩展并形成集聚。收益递增的根源在于，建基于文化制度沟通协调之上的群体成员的专业化和协作；文化制度的功能与作用是扩大收益递增效应。

2. 集聚的类型与收益递增形成途径

将个体联结成相互协作以达到共同目标的正式机构即组织，群体往往以组织的形式交往和互动；从事经济生产活动的组织称为企业，它主要联结生产链条以产出产品。当生产链条向垂直方向或水平方向延伸，并能实现个体间分工协作时，群体规模扩张，并以组织形式集聚；当产生拥挤效应，组织规模达到一定界限。生产相似或不同产品的企业在各自的生产情境下运行，基于各自认知，企业彼此互动扩展形成市场秩序等文化制度，企业据此协调各自生产行为。奥欣和胡佛（Ohin and Hoover）界定的三种集聚类型为：大量投入要素在空间聚集的内部规模化企业，相同产业部门企业集群构成地方化经济，不同产业部门企业集群构成的城市化经济（如图2－3所示）。①

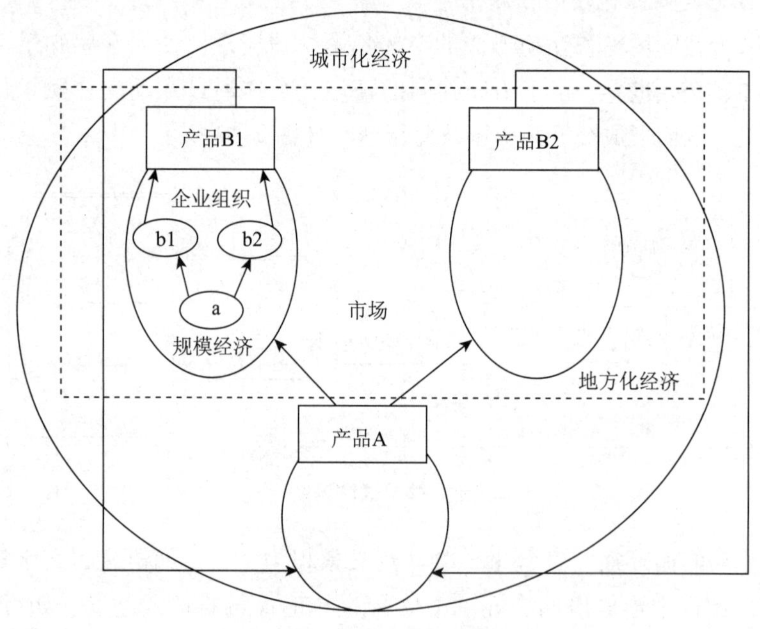

图2－3　集聚类型

杨格指出，分工包括三种类型：每个人的专业化水平；生产链条的长度；此链条上每个环节中产品种类数。② 它们既表现在企业内部层面，如生产产品B1的企业中a、

① ［英］麦卡恩. 城市与区域经济学［M］. 李寿德，等，译. 上海：格致出版社，上海人民出版社，2010：48.

② ［美］保罗·克鲁格曼. 发展、地理学与经济理论［M］. 蔡荣，译. 北京：北京大学出版社，中国人民大学出版社，2000：4.

b1 和 b2 间的分工，又表现在企业之间的层面，如生产产品 A、B1、B2 的企业间的分工，这成为社会分工体系的基本构成。

不管在企业层面还是在企业间层面，收益递增的形成途径都包括：第一，地理邻近使不同环节生产者和不同企业身处共同情境，便于交往互动，形成共识，以协同行动；① 第二，任一生产者或企业在反复操作或“干中学”过程中累积专业化知识与技能（斯密，1776；Arrow，1962；Romer，1986），② 科研机构则是专门从事专业知识生产和传播的组织；第三，上下游环节或产品的生产之间相互衔接；第四，对从事同类环节或产品生产所累积的个体知识进行比较，有利于劳动者个体或企业改进技术；第五，个体在企业内不同生产环节、不同企业间流动，有利于个体累积知识，个体间形成共识，以及知识技能的传播（马歇尔，1890）；第六，企业内部或企业之间通过“活动惯例化储存专门操作知识”（纳尔逊、温特，1997），并形成相互合作的意愿、共识和文化，前者使劳动者个体或企业习得并传递历史累积起来的知识，后者使他们彼此信任，加强共享，特别是不断调整各自专业化方向和程度，展开“进一步分工”（马歇尔，1890），以提高整体的应变能力和适应性，企业内部的知识、合作共识、制度和文化称为“群体资本”，企业之间形成的知识、合作共识、制度和文化称为“社会资本”。③

3. 集聚的实现机制

基于垄断竞争基础上的 D－S 模型（1977）将收益递增纳入形式化分析，克鲁格曼等学者将之应用于空间区位研究，论证收益递增促使集聚产生的机制。在 D－S 垄断竞争一般均衡框架下，人们证明至少三种集聚机制：要素流动、垂直关联和资本创造。④

（1）要素流动效应

克鲁格曼（1991）最早将 D－S 模型纳入空间分析，提出劳动要素流动（Footloose Labor，FL）模型。在他的“2×2×1”（南北方、农业制造业、一种劳动要素）框架下，基于两地经济条件不同而存在要素价格差异，生产要素总是从低报酬地区流向报酬较高的地区；即使在两地区对称的情况下，劳动力还是从南方流向北方，使北方市场变大而南方市场变小，根据竞争厂商总有接近市场的动机产生的本地市场效应，地区需求扩大将引发更多厂商迁入，进而生产更多、价格更低的产品；制成品价格下降降低北方的生活成本，工人名义工资不变时实际工资提高，促使更多劳动力流入北方。这样积累循环的因果关系使地区间微小差异持续扩大，并产生工业化的中心与去工业化的外围的空间（产业）分工⑤。

---

① 梁琦．分工、集聚与增长［M］．北京：商务印书馆，2009：78－80.

② 世界银行．2009 年世界发展报告：重塑世界经济地理［M］．北京：清华大学出版社，2009：128.

③ 福山（2003）认为，“社会资本是一种有助于两个或更多个个体之间相互合作、可用事例说明的非正式规范”。当代“社会资本”研究从雅各布斯、布迪厄等人开始，在科尔曼、普特南、波茨、福山等学者的发展下，“社会资本”作为一个广义的概念，包括有利于以共同收益为目的的集体行动的规范和网络。（惠宁，2008：134）“群体资本”源于“社会资本”概念，是在群体内部存在的合作共识和文化制度等。

④ 梁琦．分工、集聚与增长［M］．北京：商务印书馆，2009.

⑤ P. Krugman. Geography and Trade［M］. Cambridge：MIT Press，1991.

此后，资本要素流动（Footloose Capital，FC）模型假定资本可流动，但资本的所有者不能在地区间流动（Baldwin，2003）；企业家要素流动（Footloose Entrepreneur，FE）模型所研究的流动要素是蕴含丰富人力资本的企业家（Forslid and Ottaviano，2003），它们都从本地市场效应和生产要素跨地区流动二者互动上描述了集聚的演化机制。

（2）垂直关联效应

即使没有生产要素跨地区流动，只考虑一个垂直产业结构，也会发现，上游企业越多意味着投入品价格越低，下游产业的成本就越低，于是将导致下游产业向上游产业的集聚，这是成本关联或前向关联的向心力；反过来，对于上游企业，下游企业为其提供了产品市场，下游企业越多的地方，产品需求市场越大，将导致上游产业向下游产业的集聚，这种市场接近效应就是需求关联或后向关联的向心力。两种向心力共同作用，导致集聚产生。

还有，CPVL（Core - Periphery，Vertical Linkages）模型（Krugman and Venables，1995），FCVL（Footloose Capital，Vertical Linkages）模型（Robert - Nicoud，2002），以及FEVL（Footloose Entrepreneur，Vertical Linkages）模型（Ottaviano，2002；Ottaviano and Robert - Nicoud，2003）等，分别揭示这种基于本地市场效应和企业间投入—产出关联互动，即垂直关联效应基础上的集聚机制。

（3）资本创造效应

假定资本不能跨地区流动，由于资本可以生成和积累，集聚就能够产生，这就是资本创造效应。CC（Constructed Capital）模型（Baldwin，1999）认为，繁荣地区通过更多的资本创造，从而增加资本存量，区域市场规模（总支出）随之扩大；衰退地区通过损耗更多资本，从而减少资本存量，区域市场规模（总支出）随之萎缩，这样就出现需求关联的累积因果关系，即繁荣地区资本存量进一步增加，而衰退地区资本存量进一步减少。当交易成本比较低，即贸易自由度增大到某一临界点，初始对称的区域就会出现产业的突发性聚集。①

4. 集聚的决定因素

克鲁格曼等指出，一个不存在集聚的均匀的空间经济因各种收益递增效应形成向心力而开始人口集中或产业集中，即对称均衡瓦解时的临界值称为突变点，集聚逐渐形成中心—外围式空间分工。②

在D - S模型基础上可以对报酬递增进行描述，空间的存在使运输成本成为关键影响因素，集聚就变成规模经济与运输成本之间权衡的产物。用克鲁格曼的多地区模型作简要解析：

如图2 - 4所示，农业、制造业份额各半的经济体均匀分布在圆周轨道上，将运输

---

① R. E. Baldwin. Agglomeration and Endogenous Capital［J］. European Economic Review，1999（43）：253 - 280. 转引自：安虎森. 空间经济学原理［M］. 北京：经济科学出版社，2005：152 - 153.

② 藤田昌久，克鲁格曼，等（1999）. 空间经济学：城市、区域与国际贸易［M］. 梁琦，等，译. 北京：中国人民大学出版社，2005：39.

成本看作“冰山成本”① ——由 r 地运到 s 地损耗掉的部分。由于制造业集聚能够产生收益递增效应，而农业因土地分散难以集聚生产，因此，制造业在收益递增引力作用和克服运输成本过程中趋于集聚，图 2－4 中，（a）逐渐向（b）演变（b）中 P_0、P_1 首尾相接），即制造业聚集到两地，这两个地区左右相隔的距离相同，并恰好处于轨道的相对位置，两者之间各相隔 5 个农业地区②。运输成本、收益递增效应、“可自由流动”产品所占份额决定空间集聚的程度，即运输成本足够低、收益递增效应足够大、“可自由流动”产品所占份额足够大，生产将实现最大的空间集聚③。

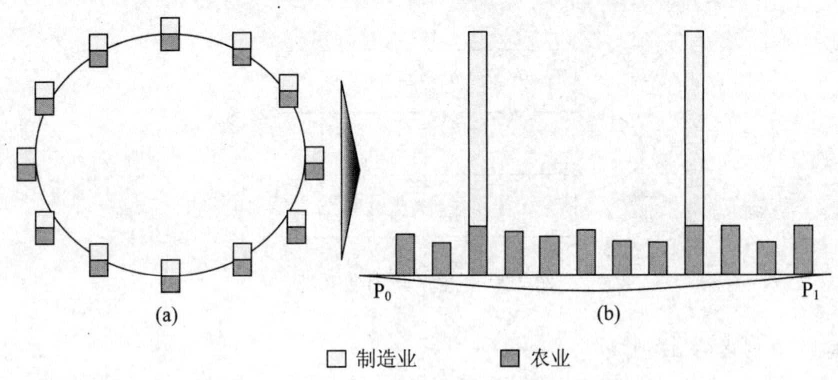

图 2－4　12 地区产业集聚

注：（b）中 P_0、P_1 首尾相接。藤田昌久，克鲁格曼，等（1999）．梁琦，等，译空间经济学：城市、区域与国际贸易［M］．北京：中国人民大学出版社，2005：98.

集聚过程中，由于厂商迁入导致竞争加剧，“拥挤效应”增加产生离心力；当离心力积累到一定程度，影响超过原有集聚的向心力，即到达支撑点的临界处，即使没有新生产、新产业出现，原有集聚中心的产业也会向新的地区转移。

在此基础之上，可见，集聚得以形成取决于三方面因素，一是市场潜力，它是所有其他地区的购买力的加权平均数，其中，权数是距离的减函数，购买力则和距离呈反向变化关系，不管是交通基础设施还是规管制度，都构成影响市场潜力大小的壁垒因素，市场潜力决定集聚是否可能；二是运输成本，这是与收益递增效应权衡比较的主要因素，是突变点形成的关键因素；三是要素可流动性，决定聚集的现实可行性。

二、分工形成

人从事生产活动的目的是获得生活消费资料，以维系自身再生产以及物质文化生

① “冰山”运输技术由萨缪尔森（1952）正式提出，不过冯·杜能假设谷物运输成本主要由拉车的马在路上消耗的谷物构成（1826）。因此，也可以把冯·杜能模型看成是冰山运输技术的先驱。

② 藤田昌久，克鲁格曼，等（1999）．空间经济学：城市、区域与国际贸易［M］．梁琦，等，译．北京：中国人民大学出版社，2005：58－98.

③ ［美］保罗·克鲁格曼．地理和贸易［M］．张兆杰，译．北京：北京大学出版社，中国人民大学出版社，2000：21.

活需求；通过个体参与生产活动，生产衍生出对生活消费品的需求，以及对所需生产资料和服务的生产消费需求，就在引致这两类产品生产的过程中，生产与消费构成循环发展系统。就在生产活动的集聚过程中，基于生产者（即消费者）的聚集和生产过程的聚集，分别衍生出规模化的生活消费需求和生产消费需求，新的生产及产业（即分工）相应滋生繁衍，最终形成不断深化的分工体系（如图2－5所示）。

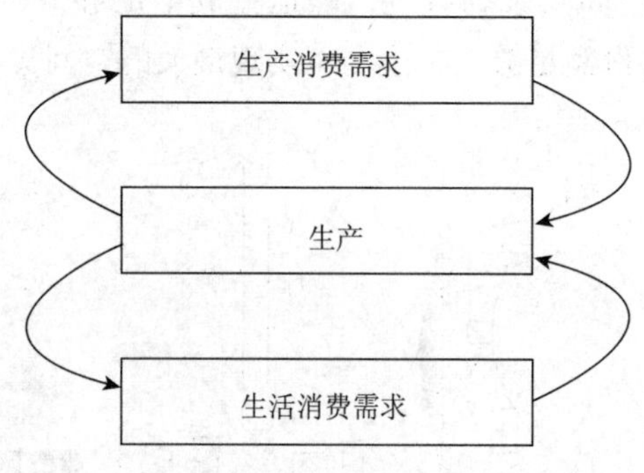

图2－5　生产与消费循环

1. 集聚中形成分工

从生产系统的构成特征来看，任何一项劳动，诸如织布，都需要多种知识构成；任何一项生产，诸如制衣，都需要多种劳动构成；任何一个产业，诸如服装业，则由多种类型的生产构成；而多个产业聚集，就形成一定的地域空间。

生产活动的地理集中，即集聚，一方面使生产者空间集中，另一方面使消费者空间集中，其中包括生活消费需求者（人）和生产消费需求者（生产过程）。生产能力与消费需求增多的共同情境在集聚的过程中产生，以及生产者、消费者越来越聚集于共同情境，使消费者之间、消费者与生产者之间、生产者之间渐趋形成需求与供给共识。人脑的思想并不能超越所经历过的情境，但可以将记忆中和现实中的情境表象进行重新组合，即“新奇创生是现有要素新组合的结果”,[①] 就在消费者的需求在初创生产者的头脑里形成新思想继而新产品时，分工开始滋生；而初创者的新产品与消费者的互动反馈，以及与其他生产者的互动反馈，在消费者、生产者集聚的前提下，使得新产品得以被接受，并逐步走向规模化生产，新产品与新产业的分工形成。

也就是说，从织布劳动发展到制衣生产，再发展到服装产业，以及形成专业化或多元化的服装城，是所有相关的行为规模，特别是人口规模持续扩张的结果。正是群体互动衍生出可交流的共同意义，继而协调行动，带来情境扩张及人员聚集，最终形成新认知到新知识、新劳动、新生产、新产业，甚至形成新区域的循环累积。集聚在群体规模扩张和互动中不断累积的过程，正是新的分工得以形成的过程。

---

① 贾根良．演化经济学——经济学革命的策源地［M］．太原：山西人民出版社，2004：6－8.

2. 分工与产业生命周期

在集聚累积形成分工过程中，由于收益递增效应和拥挤效应的变化，从而使产业呈现生命周期的变化特征。

从新产业的生命周期来看，可以分为五个发展阶段：第一阶段是试验期。初创生产者在对生产能力与新消费需求的情境表象重组，以及与消费者及其他生产者的交往互动过程中，产生新产品的构想；通过自身以及与其他生产者，特别是组织内部生产者的互动过程，研制生产出新产品。由于新产品试验期需要初创者大量的心智活动以进行创新，此阶段新产品属于心智密集型产品；而参与初创活动的个体基于创新的共同情境而彼此互动，形成围绕新产品的群体文化，在群体文化的沟通交流作用下，初创者得以扩充知识、分工协作，创新效率相应提高。基于试验期的生产能力非常匮乏，创新品生产量的增长较为缓慢（如图2－6所示）。

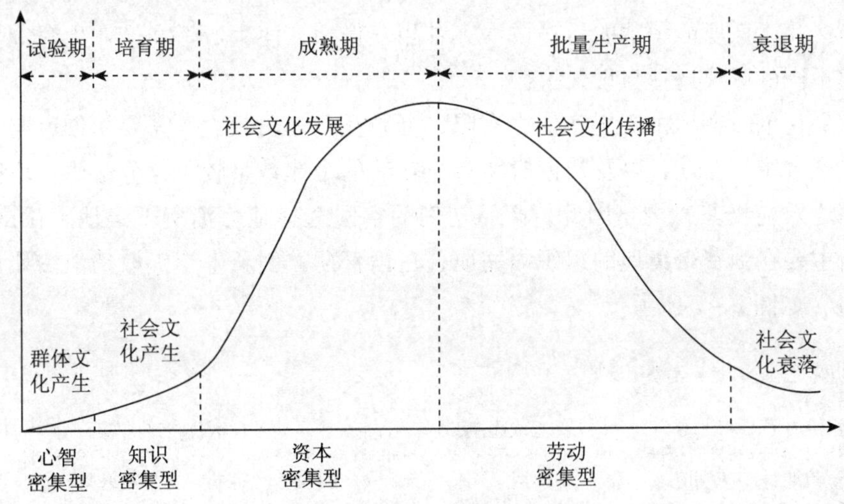

图2－6 分工与产业生命周期

第二阶段是培育期。在创新品与消费者的互动过程中，创新品被越来越多的消费者所接受，该新情境的增加使更多生产者加入创新品的生产。相关生产能力的拓展使更多生产者之间形成共识，即新产品的社会文化，在彼此沟通交往过程中，新产品的生产技术不断改进，更多生产能力也被投入新产品生产，新产品产量增长加快。由于此时期需要大量相关知识和技术与新产品生产相连接和匹配，此阶段新产品属于知识或技术密集型产品。

第三阶段是成熟期。随着新产品生产技术趋于完善、生产者的生产能力形成，以及新产品被越来越多的消费者接受，更多生产者在这一情境认识下投入新产品生产。生产队伍扩大，大幅增加个体认知，并通过互动形成改进生产方式的知识累积，围绕新产品的社会文化不断发展；个体认知的增加以及互动交流，使生产群体内、生产群体间的分工协作规模扩大，生产效率提高，产品成本和价格下降也使更多消费者参与消费，产品产量大幅提升。由于此阶段技术改进已相对较少，而主要需要投入生产能力，即耗费大量资本，此阶段产品属于资本密集型产品。

第四阶段是批量生产期。当产品的生产技术在生产规模扩张过程中已完全成熟，增加产量主要通过扩张劳动队伍实现，产品进入批量生产阶段，产品转向劳动密集型产品；由于该产品生产方式的社会文化已经趋于成熟，此阶段的生产主要通过社会文化传播使更多生产者掌握生产技能、参与生产。随着消费者对该产品消费需求的饱和，该产业发展逐步下滑。

第五阶段是衰退期。当消费者逐步放弃该产品的消费，特别是被替代产品所取代，该产业逐步衰退，甚至完全退出；参与生产互动的个体减少使相应的社会文化亦趋于衰落。

3. 集聚与产业区位生命周期

新产品的产生依赖于初创者创新，更依赖于产品被消费者接受的情境不断出现，以激励初创者坚持创新，以及吸引更多生产者投入生产。消费聚集地、生产资源来源地以及新产品生产所能承载的运输成本三者相互作用，使生产者在产业生命周期不同阶段产生不同的区位选择与集聚状态。

在产品初创时期，由于生产能力有限，资源耗费相对较大，需要初创者与消费者和相关生产者密切互动，以及初创时期参与互动的个体数量较少，分工协作所能带来的收益递增效应极其微弱，因此，产品初创的空间选择地为消费聚集地。在试验期，产品创新主要在消费聚集地的组织内完成；在培育期，创新生产扩散到消费聚集地的其他组织（如图2－7所示）。

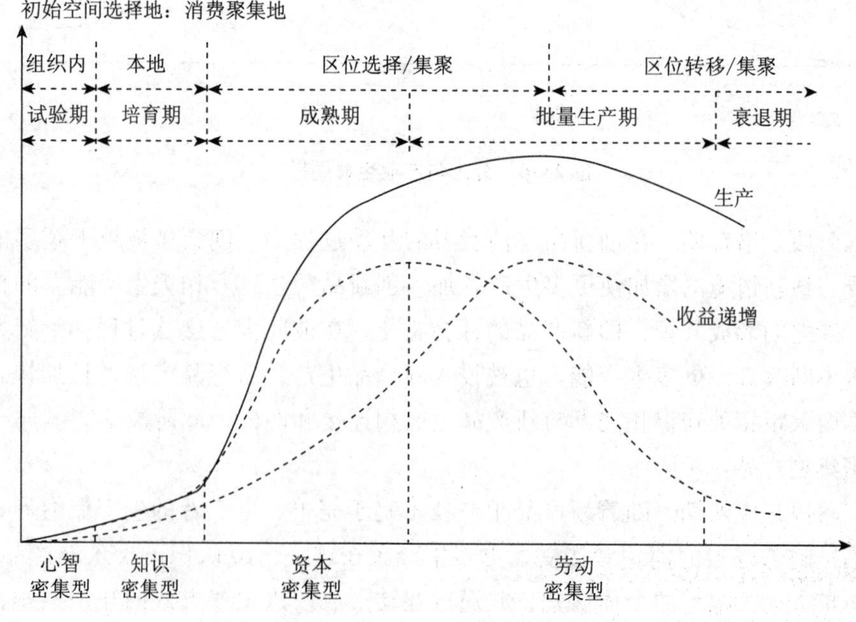

图2－7 产业区位生命周期

随着产品进入成熟期，产品生产需要投入大量资本和资源，以及消费量相应增加，而生产个体增多以及分工协作规模的扩大，也将使收益递增效应攀升；这时期，生产者主要对生产技术构成、生产资源与消费资源区域分布、收益递增带来运输成本承受能力的变化进行综合考量，而后进行区位选择，并由于生产者之间的互动趋于集聚。如，对于耗费大量自然资源的生产，因基于自然分工的自然资源相对分散，生产者往往靠近自然资源产出地集聚。

当产品由成熟期进入批量生产期，虽然技术条件已趋成熟，但在特定空间内，更多劳动者和生产者的参与以及协调彼此行动使收益递增效应继续扩大；同时，参与互动个体增多带来拥挤效应上升，最终使收益递增效应到达一定程度后转而下降。产品技术特征的变化以及收益递增的下滑，使生产者基于生产、消费及运输成本等因素重新进行区位选择，生产集聚走向区位转移。

2.3 分工演进及在模块网络化下的发展走向

在人口繁衍和群体互动过程中，分工不断演进。当前时代，随着模块网络化机制的兴起，分工将加速深化并重构产业格局。

一、分工演进的一般路径

人类的生产最初从谋生的劳动中演化而来，群体规模的有限性使生产分工发展缓慢，并且主要基于适于生存地的自然分工形成群体聚居。不同情境下的个体互动，起初基于自然分工之上的如针对生活物品等的共同情境，互动的循环逐步形成符号、语言、文化、货币等共通意义和文化制度，物品演化为可流通于不同生活环境个体间的商品（如图2－8的①）。商品连通起不同情境个体间的互动协作，引发群体聚集继而生产聚集（②），生产与消费的循环互动逐步衍生出规模日益庞大，并趋复杂的分工体系，而最早的商品流通也就是雏形状态的流通性服务（③）。群体基于商品流通的互动使货币作为特殊商品游离出来，起到媒介流通、连接生产的作用，这种中间服务——货币金融服务需求（④）及其生产（⑤）相应产生；随着生产规模扩大，中间服务相应趋于多样化、复杂化。

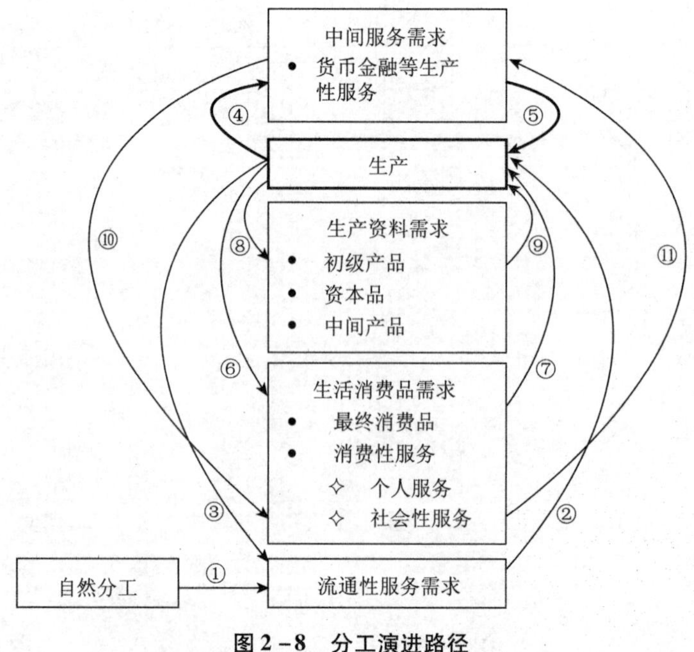

图2－8 分工演进路径

群体与生产聚集开始衍生出生活消费品需求，[①] 主要包括最终消费品需求，以及维系个人及群体生存所需的个人服务需求和社会性服务需求（⑥），为满足这些需求，生产规模开始增大（⑦）；由此，延伸出对生产资料的需求（⑧），相继包括对初级产品、资本品和中间产品的需求，其中，对于机器设备等资本品的需求依赖于生产规模扩大到一定程度，对于半成品和零部件的需求则更依赖于生产规模扩张到足以使中间产品生产专门化为独立的产业部门（⑨）。在满足生产资料需求过程中，生产体系和规模继续扩张，使得原先存在于生产过程内部的资本运作、研发、设计、咨询、管理、会计、法律等生产性服务的需求不断增大（④），满足这些需求的生产又促使生产性服务业专门化为独立产业部门（⑤）。

在这个不断衍生的分工体系中，一方面，生产性服务的生产者主要是独立的个体——人，生产过程就是人的行为过程，由此，人的心智本身成为一种生产力；[②] 另一方面，不管是生产性服务生产还是生产资料生产，其需求的产生都源自生产系统本身，而根源在于生活消费品的生产与需求满足，当中低端生产限于停滞，高端生产需求相应萎缩，而高端生产要得以维系，取决于中低端生产，特别是最终消费品生产规模不断扩张。于是，当分工演进越来越使人本身成为生产力时，分工的系统性特征越趋显著，即生产性服务发展一方面需要人的心智开发，即心智服务；另一方面需要对高中低端生产进行系统性协调，保障高端服务的延伸具备低端产业的规模基础，于是，包括从事创新的心智劳动者，还有简单体力劳动者，以及每个自然人，其生存和发展都成为生产系统赖以存续的必要基础和条件，生产性服务发展建立于“人本”基础上，即需要人本服务。相应地，对服务于个人心智开发和系统协调的个人服务的需求和社会性服务的需求大量产生（⑩），而这些服务的专业化和独立化促使生产系统在人本经济基础上不断深化发展（⑪）。

从分工形式的演进来看，起初是不同产品的创新与产业部门独立化，从而形成产业间分工（如图2－9的（一））。随着生产规模扩张及分工细化，同类有差异产品的生产渐趋独立，产业内分工形成（如图2－9的（二））。而在不同及同类产业的生产规模支撑下，分工基于同一生产过程展开，生产性服务相对独立，产品内分工兴起（如图2－9的（三））。随着生产性服务对心智服务和系统协调服务需求的上升，以心智服务和人本服务为目标的个人及社会性服务不断兴起，从而将生产系统联结为相对整合的产品内分工体系（如图2－9的（四））。

---

①　依据联合国UNCOMTRADE的广义商品分类（BEC），商品分为初级产品、中间产品和最终产品，其中中间产品包括半成品和零部件，最终产品包括资本品和消费品（参见本书3.1）。

②　［美］曼纽尔·卡斯特（1996）．网络社会的崛起［M］．夏铸九，等，译．北京：社会科学文献出版社，2003：36－37.

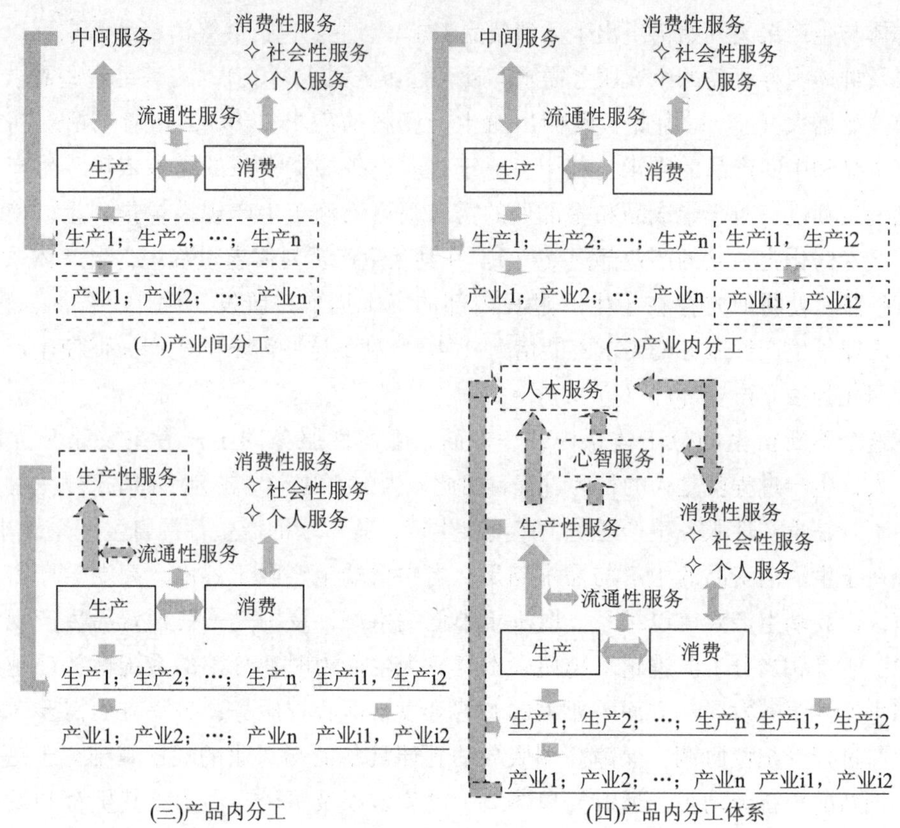

图 2－9　分工形式的演进

二、当前时代模块网络化机制的衍生

20 世纪后半期，伴随着新一轮科技产业革命，生产分工加速细化的模块网络化发展机制孕育兴起。①

（1）规模经济和范围经济交互作用使厂商倾向于应对异质产品的大规模需求。Dixit 和 Stiglitz（1977）将收益递增纳入形式化分析，论证了规模经济与多样化消费之间的均衡问题，垄断竞争厂商们共同构成异质产品的规模性消费市场②；迄今，从斯密、马歇尔到罗默等，西方学者的研究至少涉及 12 项规模经济③。为实现收益递增效应，厂商趋向寻求规模扩张；在生产和经销过程中，另一类要素投入开始增加，特别如投资、管理等服务投入，它们不仅可用于一种产品的生产，还对其他产品生产有帮

① 部分内容发表于马莉莉．网络化时代的公共服务模块化供给机制［J］．中国工业经济，2013（9）：95－107.

② Dixit，A. K.，Stiglitz，J. E.．Monopolistic Competition and Optimum Product Diversity［M］．American Economic Review，67（3），1977（6）．

③ 改编自 Kilkenny 2006；引自：世界银行．2009 年世界发展报告：重塑世界经济地理［M］．北京：清华大学出版社，2009.

助，即其规模经济性还体现为所生产和经销产品的范围扩张，也就是兼具范围经济效应①；异质产品作为有诸多相似性的差异产品，成为厂商在实现管理等投入的规模经济效应时的首选市场目标。由此，应对异质产品的大规模需求，渐趋成为垄断竞争厂商的现实挑战。

（2）在大规模定制发展过程中，模块化技术趋于成型。大规模定制可以以规模化生产的成本实现产品的多样化、个性化。在将相似产品进行重新组合后，产品多变性和零部件标准化有效结合的模块化技术出现，该技术同时实现了零部件生产的规模经济和零部件不同组合的范围经济②。青木昌彦进一步指出，“模块”是半自律性的子系统，它和其他同样的子系统按照一定的规则相互联系而构成更加复杂的系统或过程；鲍德温则给出“分离”“替代”“增加”“去除”“归纳”和“改变”这六种“模块化操作”③。昝廷全认为，在模块化技术基础上，生产是由“（｛模块｝，｛模块之间的关系｝）”构成的完整系统，它们有机联结，使垄断竞争厂商得以实现大规模定制式生产，模块化技术也渐趋成熟④。

（3）市场响应要求提高促使模块化组织走向分立，并联结为网络组织。有学者认为，模块化技术并不一定导致组织和市场的模块化⑤；还有从资产专用性和交易成本的互动中解释企业模块化的边界⑥；但更多学者认同，复杂而强大的市场响应压力，以及快速的技术创新使垄断竞争厂商趋向于选择外包化（Nelson and Winter，1982；周鹏，2004；曹虹剑，2010）⑦。模块化技术的应用使厂商由具有不同规模经济特征的模块联结而成，面对不确定的市场需求和强大的成本压力，厂商难以同时实现各模块的规模经济并保持供应弹性。这一矛盾在敏捷化和延迟生产过程中更趋尖锐，最终迫使厂商将难以实现规模经济的模块外包，以强化自身的核心竞争力和巩固市场地位⑧。模块企业间的内在联结性，使彼此形成灵活虚拟的网络组织⑨，这种由模块化到形成网络组织的过程即为模块网络化。

（4）模块化网络组织的运作使企业趋向异质化，并形成更大规模的异质产品需

① Panzar，J. C.，Willig，R. D.. Economics of Scope［J］. American Economic Review，1982（2）.

② Pine IIB. J.. Mass Customization：The New Frontier in Business Competition［M］. Boston：Harvard Business School Press，1992.

③ 青木昌彦，安藤晴彦．模块时代：新产业结构的本质［M］．周国荣，译．上海：上海远东出版社，2003.

④ 昝廷全．系统经济：新经济的本质——兼论模块化理论［J］．中国工业经济，2003（9）.

⑤ Chesbrough，H.. Making Sense of Corporate Venture Capital［J］. Harvard Business Review，2002，80（3）.

⑥ 胡晓鹏．模块化：经济分析新视角［M］．北京：人民出版社，2009.

⑦ Nelson，R. R.，Winter，S. G.. An Evolutionary Theory of Economic Change［M］. Cambridge：Harvard University Press，1982；周鹏. DIY：企业组织分析的另一个视角［J］．中国工业经济，2004（2）．曹虹剑．网络经济时代模块化组织治理机制研究［M］．北京：经济科学出版社，2010.

⑧ 刘文涛．基于大规模定制的重调度［M］．北京：社会科学文献出版社，2007.

⑨ Gereffi，G. et al.. The Value of Value Chains：Spreading the Gains from Globalization［J］. IDS Bulletin 32，2001：3.

求。模块化网络组织的运作，一方面使不同模块企业在“信息包裹”中走向不同的技术累积和规模发展道路，进而更加专业化；另一方面也使同一模块的不同企业在“背对背”的“淘汰赛”中呈现差异化，以及模块化组织方式使各差异企业得以不受牵制，实现自行演化（青木昌彦、安藤晴彦，2003；Baldwin and Clark，1997，2000）①，由此，这一过程也是企业走向异质化的过程（曹虹剑，2010）。在反应敏捷、富于弹性的网络组织中，趋于异质化的企业面临更加严峻的市场挑战，除必须加强专业化外，还需要具备高水平的柔性和弹性，由此，异质企业趋向收窄生产经营范围、强化核心竞争力，这使异质企业一方面对所投入生产要素的要求不断提高，另一方面又越来越无力靠自身来满足对初始生产要素，甚至中间产品的需求，继而，异质企业越来越趋向于从外部获得各类生产要素以及中间产品，也就是异质企业的发展产生更大规模的异质要素继而异质产品需求，这成为经济系统中大规模异质产品需求的强劲来源。

（5）生产过程被模块化方式打开，模块网络化成为自我累积强化的发展机制。生产分散化使网络成员面临供给必须与异质产品需求相连接、各模块必须紧密联结的硬约束，任何脱节都可能导致所有网络成员被市场淘汰。不同于普通的企业联盟，网络组织将时间串联的生产流程通过空间并立的方式相互联结，在分享异质产品需求信息后，网络成员并行运作，大大提高对市场的响应能力和敏捷程度，网络成员间相互协作以实现协同效应成为必然选择②。胡晓鹏指出，不同于斯密所分析的专业化劳动分工，通过模块化分解复杂系统后得到的模块本身仍然是复杂的系统。由此，当模块化网络组织一是衍生出异质企业，继而产生更大规模的异质产品需求，二是形成对市场的敏捷响应能力，继而产生对要素供给的更高时间要求时，模块化网络组织将面临更趋异质和快速变化的市场需求，并最终传导至子模块，使其面临同样的模块化分解过程，新一轮生产分散化即模块网络化开始。因此，模块网络化产生时间压缩、生产分散和各模块之间及与异质需求间强化联结的内生循环机制，从而成为自我累积强化的发展机制（如图2-10所示）。

总体来说，模块网络化是利用各模块的规模经济效应和模块间的协同效应来提高效率、深化分工的发展机制；与此同时，为发挥各模块的规模经济效应，模块网络化也产生聚集异质产品需求、扩大市场范围、促进市场一体化，乃至全球化的内生动力；反过来，市场通达程度的限制也会极大制约模块网络化的发展潜力和空间。

---

① Baldwin, C. Y., Clark, K. B.. Managing in an Age of Modularity [J]. Harvard Business Review, 1997, 75(5); Baldwin, C. Y., Clark, K. B.. Design Rules: The Power of Modularity [M]. Cambridge, MA: MIT Press, 2000.

② 克里斯托弗．物流与供应链管理（第3版）[M]．何明珂，等，译．北京：电子工业出版社，2006.

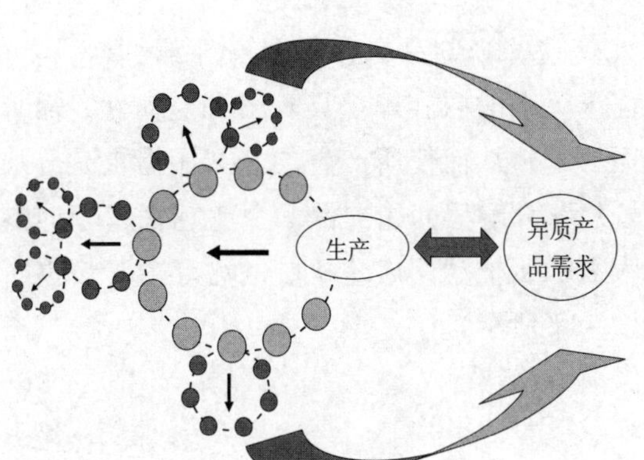

图 2－10 模块网络化机制的累积循环发展

三、延伸至公共服务的全产业链形成

模块网络化的发展使公共品需求，特别是人力资本累积导向的公共服务需求迅猛攀升，公共服务供给网络构成模块网络化机制下全产业链的必要组成部分。

1. 私人品向公共品的变型及异质公共服务需求加速攀升

奥斯特罗姆等指出，公共品是或供共同使用，或消费不具有排他性的物品和服务①，它与私人品不同，后者具有供单独使用且消费排他的特性，供求双方可直接连接；公共品因不具有竞争性或排他性，而需要中介来代表需求方或供给方整体，使供求相连接，政府基本上以直接供给公共品的方式兼顾履行这一中介职能。在模块网络化发展过程中，异质公共服务需求的繁衍成为内生结果并呈加速攀升态势。

首先，模块化分解使公共品能从私人品变型而来。在模块化生产网络中，不同模块的异质企业间有很大关联性、同一模块的异质企业间有很大相似性，这使越来越多的生产要素和设施，甚至中间产品在异质企业间或可共同使用或消费不排他，原本在模块化分解前供单独使用和排他消费的私人品，开始具有公共品属性。如泰普斯科特等指出（2007），研发、知识和技术标准等在对等生产的异质产消者之间“开始成为一种公共物品”。其次，异质企业为强化自身的专业化能力，将增加对公共品的需求。出于模块化生产网络中的生存压力，同时为获得更为持久的竞争优势，以及避免因模块化网络内部走向“路径依赖”和陷入“模块化陷阱”带来的风险，异质企业需要不断提高专业化能力与水平，这除了经营经验的累积、加强基础研发的投入之外，更需要获得外部的科学知识、高质素人力资源、市场环境和设施改善等支持，即增加对公共品的需求。再次，在成本和敏捷反应压力下，致力于提升专业化水平的异质企业趋向收窄专业范围，不断减少自我供给要素和中间产品的比重，特别是具有公共品属性的

① ［美］奥斯特罗姆．公共事物的治理之道——集体行动制度的演进［M］．余逊达，陈旭东，译．上海：上海三联书店，2000．［美］麦金尼斯．多中心体制与地方公共经济［M］．毛寿龙，译．上海：上海三联书店，2000．

要素和中间产品，由此使这些公共品更多转向由外部供给。复次，在模块化网络中，因需求群体的范围、需求关系的内容等都具有很大变动性，需求群体对变型而来的公共品的消费关系复杂而易变，从而使所产生的公共品需求是异质的，即属于异质公共品需求。最后，随着模块化分解程度的加深，企业越来越趋向专业化和异质化，从而对异质公共品产生更大需求，推动网络化机制的循环累积发展，使异质公共品需求呈加速攀升趋势（如图 2 - 11 所示）。

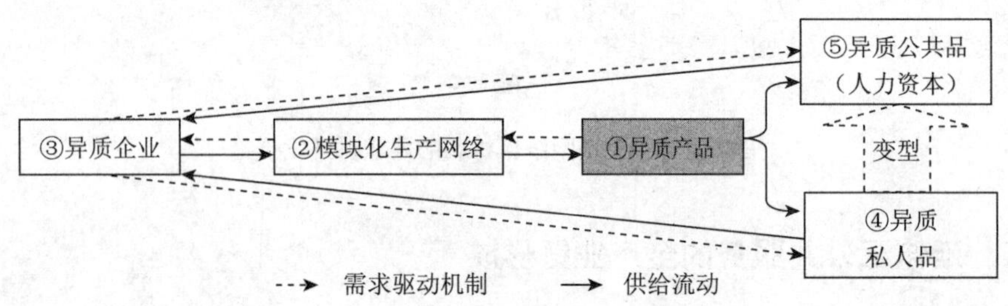

图 2 - 11　模块化生产网络的内生驱动机制

2. 累积人力资本成为占据核心地位的公共服务需求

为提高劳动要素的生产效率，需要对劳动者的“知识、技能、健康”等进行投资，即形成人力资本，模块网络化发展使累积人力资本成为日趋占据核心地位的公共服务需求。

首先，模块化生产组织方式和异质企业的可持续发展，归根结底取决于专业化水平的提升，即取决于创新，而创新的源泉来自于人力资源的心智开发和累积，即异质企业发展的核心在于异质人力资源的供给①；其次，虽然具有专业化技能的人力资源主要通过“干中学”累积而成，但是其越来越需要涉及个体发育成长整个过程的大力培养和开发，即企业内外需要协同加大异质人力资本投资②；再次，在模块化网络组织中，异质企业的变动性，以及企业之间的相似性，给人员流动提供便利，由此使异质人力资源本身具有很大外部性，异质人力资源渐趋具有公共品属性；最后，成本和弹性压力使异质企业越来越难以独自完成规模日益庞大的人力资本投资，而转向依赖于外部提供异质人力资源，异质人力资本成为需求加速攀升的公共品。总体而言，由于心智开发和创新在异质企业和模块化生产组织方式发展中占据核心地位，随着模块网络化发展，异质人力资本越趋成为最为重要的公共品。

---

① Jehn, K. A., Northcraft, G. B., Neale, M. A.. Why Differences Make A Difference: A Field Study in Diversity, Conflict, and Performance in Workgroups [J]. Administrative Science Quarterly, 1999, 44 (4); Gwendolyn, M. C., Luthans, F.. Diversity Training: Analysis of the Impact of Self - Efficacy [J]. Human Resource Development Quarterly, 2007, 18 (1).

② Courtney, L. H., Miguel A. Q.. Reactions to Diversity Training: an International Comparison [J]. Human Resource Development Quarterly, 2005, 4 (26).

3. 累积人力资本为核心的公共服务构成模块网络化系统内生组成部分

模块化技术的应用，使企业得以通过模块化、网络化的分工和协作，来应对复杂多变的异质产品需求，企业自身走向异质化和网络化；模块化生产组织方式下，越来越多生产要素和中间产品因可共同使用或消费不排他而渐具公共品属性；专业技能差异化的异质企业在产生独特要素需求的同时，保持自身运作灵活性和弹性使其不断转向从外部获得异质要素，特别是以异质人力资本为核心的异质公共品。因此，模块化通过层层分解，不断细化、拉长产业链，内生出异质公共品需求，使公共服务供给成为产业链上游，并构成网络化生产系统不可缺少、日益重要的组成部分。异质产品网络、私人品生产网络、以累积人力资本为核心的公共服务供给网络，共同构成内生演进的网络化系统。

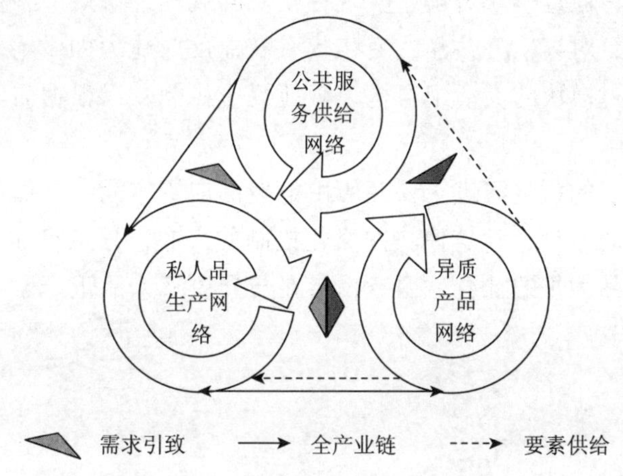

图 2－12　模块网络化系统的基本构成

在模块网络化系统中，公共服务需求的衍生路径决定公共服务供给的相应特征：①异质公共品需求实际上是异质企业参与网络化过程的派生需求，是模块层层分解的结果，公共服务供给属于模块化生产网络中的多级子模块之一或分支模块，位居整个产业链的上游；②与传统要素市场和最终产品市场相对隔绝有所不同，网络化系统中的公共服务供给必须与其他模块相互联结和协同，即不仅与需要异质公共品的异质生产企业相联结，更需要与整个模块化生产网络相联结，共同应对最终异质产品的需求变化，才能完成满足需求的使命；③公共服务模块与其他各层级模块的内生联结性和利益一致性决定其必须具备应对异质需求的敏捷反应能力。

总体来说，与传统公共服务供给有着根本性差别的地方在于，模块网络化机制下，公共服务需求内生于模块网络化的发展，这使公共服务供给不再与市场处于对立面，而是异质产品市场有效运行的必要组成部分和协同力量。

4. 转向公共服务模块化供给机制

面对不断攀升的异质公共品需求，传统的由政府集中提供公共服务的方式已不能满足社会经济对异质公共品，尤其以人力资本为核心的公共品的强大需求。由于模块化网络中，异质公共品供给作为多级子模块之一，需要与其他模块实现协同，才能共同对最终异质产品需求作出敏捷的市场响应；而模块化生产方式主要利用模块分解实现模块规模经济，再通过模块组合实现供给弹性，来提高供给能力和敏捷程度。因此，为适时、有效地对日益攀升且多变的异质公共品需求作出敏捷反应，公共服务模块化供给机制包括：

首先，直接与异质公共品需求，特别是最终异质产品需求相联结，由于公共服务生产者距离市场前沿相对遥远，难以把握需求变化，因而除尽力贴近市场之外，更重要的是建立信息沟通机制，将最终异质产品需求和异质公共品需求信息及时共享给公共服务生产者，使其据此组织生产和供给；其次，提高对异质公共品的供给能力，主要是深化内部分工，通过模块分解，实现各模块的规模经济效应，提高各模块和整体的生产效率；最后，对异质公共品的变化具有敏捷反应能力即供给弹性，主要是在模块分工基础上，通过模块的灵活组合构建敏捷反应机制，以根据需求变化来组织有效供给。

总而言之，分工的历史演进主要经历由消费品向资本品，继而向生产性服务以及社会性服务等转变的过程；随着模块网络化机制的兴起，分工将加速深化，特别是生产性服务及以公共品为主的社会性服务，将在与异质私人品生产紧密联结为全产业链的过程中迅猛发展。

2.4　中心城市与分工网络共生演化

人口和产业持续聚集占据不断扩张的地域空间，即为城市。产业的内生关联性使空间即使分散，亦相互联结，并呈现中心城市与分工网络共生演化的结构与特征。

一、代表性产业特征与区位生命周期

在生产分工不断滋生的过程中，相继衍生出生活消费品生产、流通性服务生产、资本品生产、生产性服务生产和消费性服务生产等类型的生产，像初级产品生产，当技术成熟时主要依靠自然资源的投入，其生产区位选择更趋向于自然资源生产地；像部分中间产品，当技术成熟、批量生产时，主要依靠劳动要素的投入，其区位生命周期与生活消费品较为相似，有所不同的是，生活消费品初始空间主要选择在消费聚集地，而中间产品的需求来源于生产，故初始空间选择主要在生产聚集地。而资本品生产、生产性服务生产和社会性服务生产具有相对独特的产业特征与区位生命周期。

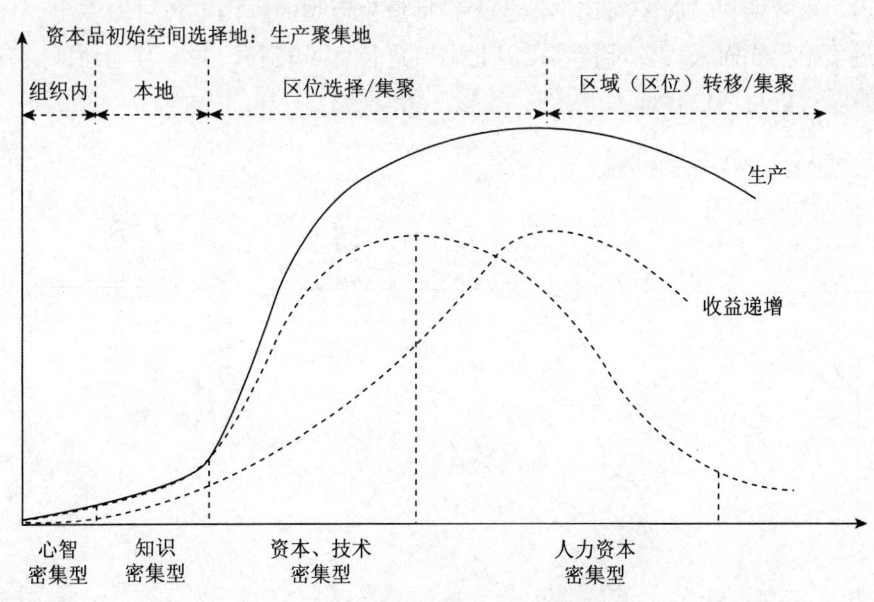

图 2－13　资本品的产业区位生命周期

首先，让我们来考察资本品，其生产的技术含量和复杂程度较高（如图 2－13 所示）。在产业成长过程中，对资本、技术的需求量较大，属于资本或技术密集型产品；当技术趋于成熟、进入批量生产时，劳动者往往需要经过专业知识和技能的培训，以及具备对复杂流程的管理与控制能力，因而资本品在批量生产期属于人力资本密集型产品。所以，从资本品区位生命周期来看，因需求产生自生产过程，初始空间选择是在生产聚集地；区位选择时，因对资本、技术的依赖性较强，集聚相对趋向资本和技术供应地；区位转移时，因对人力资本的依赖性较强，而人力资本主要在产业成长过程中累积而成，往往难以大规模迁移，因此主要趋向就近的区域转移，只有当外部存在人力资本供给时，才在相关因素比较后进行区位转移。

其次，来看生产性服务，它主要由生产者的心智活动及行为构成（如图2－14所示）。由于规模庞大的生产过程是生产性服务的需求方，其涉及人员、流程的复杂性和综合性，使生产性服务的创新需要更多初创者的心智投入和沟通交往，由此，试验期和培育期均相对较长。在成长成熟期，生产性服务往往需要根据需求提供定制化产品，技术的再开发与资本投入比重较大，属于资本、技术密集型产品。进入批量生产期后，因生产性服务存储于服务者体内，其服务的提供与个体感受和意识密切相关，而且往往需要服务提供者根据不同情境调整专业化方式，以使服务满足需要，这时，生产性服务提供者需要具备较强的群体资本，即分工协作的共识、意愿和制度，以确保服务产品的稳定性和提高满意度。服务提供者情境经历和协同行动的累积也将使分工协作的群体文化，继而群体资本得以产生。从生产性服务的区位生命周期来看，因服务过程往往需要直接靠近生产需求方，因此初始空间选择主要在生产聚集地，试验期主要在组织内，培育期和发展期均在本地集聚；批量生产期时，因群体资本在生产性服务业发展过程中累积而来，较难转移，因此主要进行区域转移，并在其他地区具备群体资本供给时再进行区位转移。

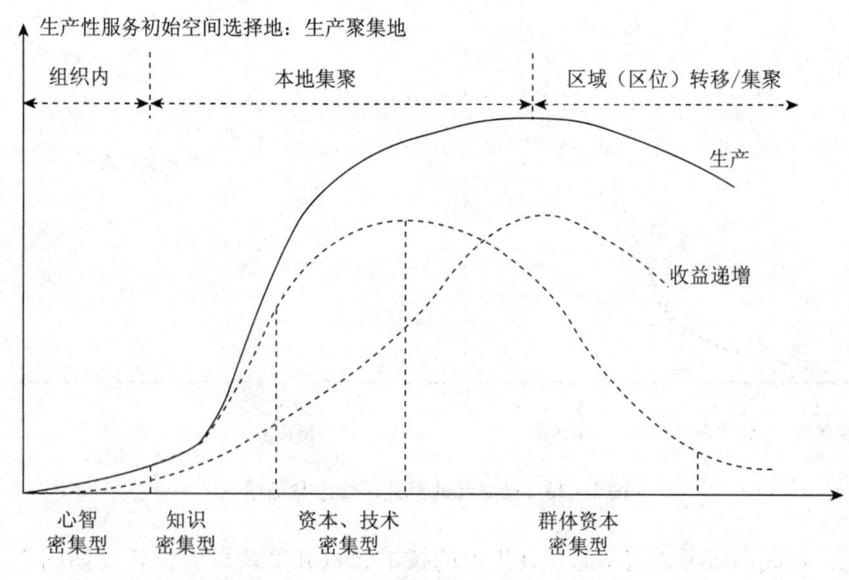

图2－14　生产性服务的产业区位生命周期

最后，看一下社会性服务，主要涉及人的心智服务、人本服务和系统协调等公共品供给（如图 2－15 所示）。在产品试验期，服务提供者需要与生产系统的各类服务需求者互动交流，以形成创新产品，系统规模的庞大性与个体的分散性使互动交往本身难度加大，故创新产品的试验期和培育期均相对较长；从社会性服务组织的衍生来看，呈现网络型发展特点，一方面，服务提供者需要加强与分散个体间的互动交往，另一方面，需要将分散信息进行集成，中心机构强化与分支机构网络化并行发展；在成长成熟期，因服务的定制性、变动性以及互动沟通量的需要，社会性服务业发展需要大量资本、技术投入，属于资本技术密集型产品；到批量生产期，这时不仅需要社会性服务提供者具备较强的群体资本，还需要生产系统中其他组织和个体共同参与信息分享、互动交往，以及行为协调，即社会性服务属于社会资本密集型产品。社会资本主要在社会性服务衍生、发展过程中形成，即通过系统内所有个体的频繁互动和行为累积，最终形成相互合作的共识、意愿、文化和制度。

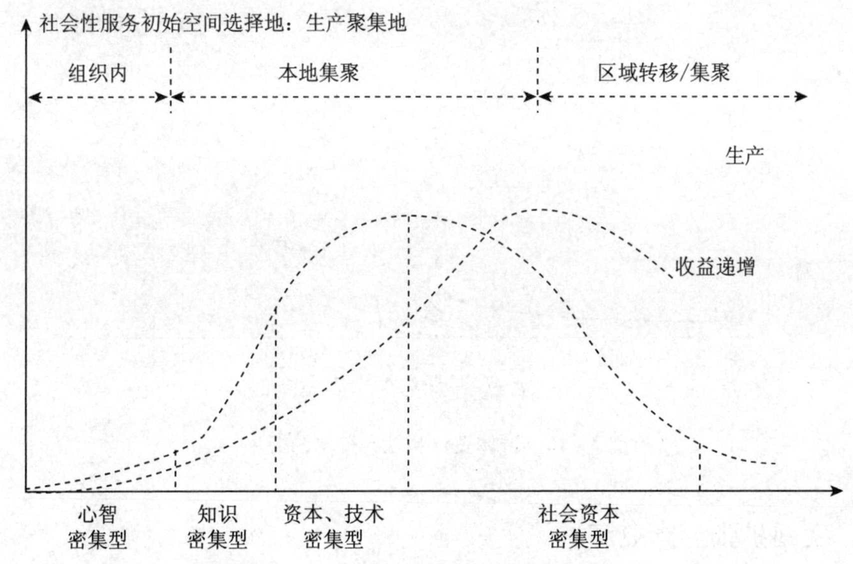

图 2－15　社会性服务的产业区位生命周期

从社会性服务的区位生命周期来看，社会性服务将从心智服务逐步向人本服务演进，心智服务需求者主要是生产企业，因此，社会性服务初始空间选择是生产聚集地，试验期社会性服务创生于组织内，同时需要频繁与需求主体互动交流；因服务更多要求物理邻近以及定制化，社会性服务的培育期和成熟期主要在本地集聚；进入批量生产期，因社会性服务属于社会资本密集型产品，而社会资本作为系统内群体长期互动交往的结果难以转移，故社会性服务主要进行区域转移。随着人本服务比重的上升，一方面对社会资本的高度依赖性使社会性服务组织的中心机构更趋集聚本地，另一方面对系统内各部分的互动需求上升使分支机构更趋分散。

由此可见，群体资本作为群体内相互合作的共识和原则，在群体互动的过程中就能产生，这在原始社会、农业社会、工业社会都已存在，但个体本身被专业化于不同的生产环节使个体间就合作达成共识的互动并不频繁，故群体资本的发展在后工业社会之前都较为有限。当生产性服务兴起，生产者需要不断改变专业化及改善自身行为，以提高组织的生产效率，生产者的合作趋于频繁，累积起来的合作共识、意愿与文化促使群体资本快速上升。当越来越多的社会性服务兴起，心智服务的需求，继而人本服务的需求，使社会合作的共识与文化不断累积，特别是分工促使社会生产系统联结为统一整体，即进入人本社会时代，生产系统的各组成部分倾向于共享个体认识、诚实守信、参与相互合作，社会资本快速发展，并超越群体资本的发展（如图 2－16 所示）。

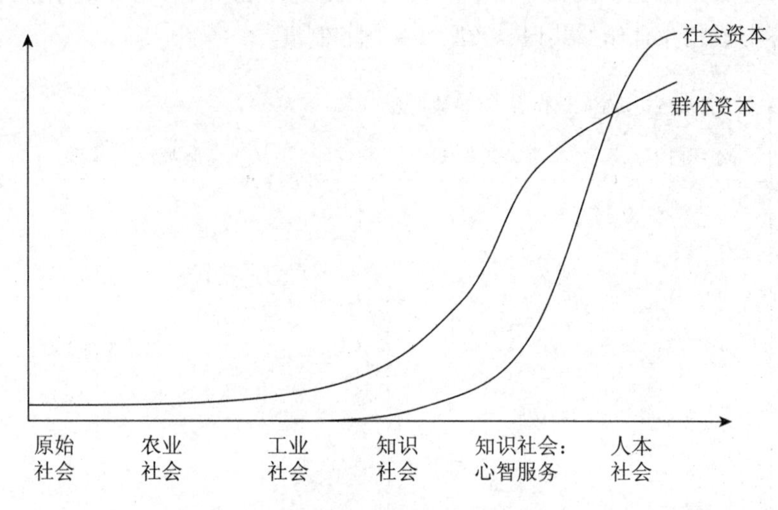

图 2－16　群体资本和社会资本的衍生

二、空间扩张与产业演进

由于各产业发展及区位生命周期的特点，分工深化与产业演进在空间扩张过程中实现。

1. 空间扩张与分工滋生

（1）集聚的空间传播

产品生产率先集聚的地区为创新地，后发集聚的地区为模仿地。由于空间集中，不同情境个体、组织在创新地率先因形成互动、制度文化等共识和协调行动而形成集聚效应，促进产品生产与产业兴起。

随着集聚所产生收益递增效应的扩大，产品生产成本下降，特定运输等条件下承担相应成本的能力提升，市场范围扩张，有关该产品消费与生产的情境向其他地区传播。情境传播促使该地区相关个体、组织间的互动加强，新一轮集聚过程逐步展开，形成模仿地。

在创新地产品的市场范围扩张过程中，基于向更多地区销售产品和相应生产调整等情境产生的群体互动逐渐形成并加强，使创新地不仅是基于产品具有不同思想的个体和组织的聚集地，也是围绕产品的多地区、具有多元文化的个体和组织的互动与聚集地。

（2）空间扩张与分工滋生机制

在创新地和模仿地的互动过程中，空间扩张与分工滋生机制逐步产生（如图2－17所示）。

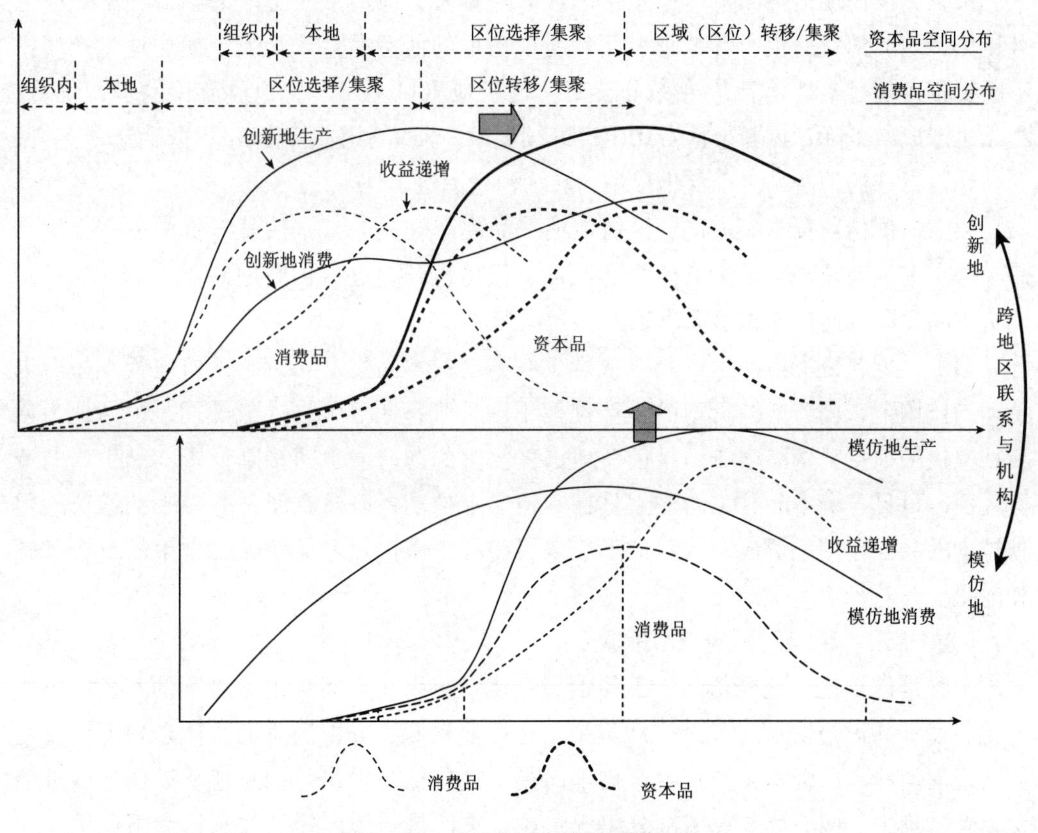

图2－17　空间扩张与资本品的滋生

第一，创新地的消费品生产与消费。创新地因生产与群体聚集而产生较大规模对消费品的需求，初创者起初在组织内试验并创新消费品，具备较高消费能力的消费者接受新产品，更多生产者参与新产品的培育，生产量开始增加。因对消费能力的依赖性，消费品生产在创新地吸聚大量资本进入，形成生产集聚；收益递增效应增加使生产效率提升，产量继续攀升，并超过创新地的消费能力，超出部分用于出口。

第二，模仿地进口与生产学习。创新地生产能力提升使产量超出消费需求量，多余产品开始向模仿地扩散，模仿地的消费量开始增长。随着产品在模仿地传播，以及技术扩散，模仿地开始学习消费品的生产。经过一定阶段的生产试验和培育，模仿地逐渐习得消费品生产技术，并增大生产投入、扩大生产规模。

第三，创新地资本品生产的出现。在创新地扩大消费品生产过程中，对资本品形成需求；随着消费品生产规模扩张，继而资本品需求增加，资本品起初在个别组织内试验，而后随着更多生产者的参与而进入培育和成长期。

第四，创新地消费品生产的转移。当创新地消费品进入批量生产阶段，大量生产者涌入而使拥挤效应增大，收益递增效应到达峰值后开始缩小，创新地消费品生产者开始区位转移，并为资本品生产聚集让渡空间。

第五，模仿地消费品生产扩张与出口。随着模仿地消费品生产的收益递增效应上升，创新地的消费品生产者被吸引而参与模仿地的消费品生产集聚，模仿地生产规模不断扩张，超过本地消费能力部分转而向创新地出口。因模仿地具有劳动资源优势，产品生产成本下降，创新地消费品生产继续萎缩，消费水平则因价格下降而有所上升，创新地由以往的消费品生产与出口地，转为消费品进口地。

第六，模仿地资本品进口。模仿地消费品生产规模的扩张使其对资本品产生较大需求，在本地缺乏资本品生产能力的时候，模仿地开始进口创新地的资本品，为创新地资本品生产走向成熟提供需求动力。

第七，创新地资本品生产趋于成熟。在本地资本品生产培育、模仿地资本品需求拉动的作用下，创新地的资本品生产规模不断扩张，并逐步进入成熟期；模仿地为创新地提供的廉价消费品，在满足创新地消费需求的同时，也间接降低资本品生产的资源耗费。可见，资本品分工的滋生是在本地需求拉动，以及空间扩张带来的模仿地需求拉动的共同作用下形成，空间扩张带来的需求规模扩张是促使分工滋生的重要基础和前提。

（3）集聚、跨地区机构与两地联系

不管是创新地还是模仿地，不同情境个体、组织在空间集中条件下的互动、形成文化制度等共识与协调行动——即集聚，是产业兴起、分工滋生的主体与根源。就在创新地的消费品、资本品及其生产技术向模仿地传播与输出，创新地从模仿地引进消费品等过程中，两地逐步集聚部分组织机构，它们是跨地区经济往来情境下群体互动的产物。特别是创新地组织机构在知识和技术累积方面具有绝对优势，它们在参与模仿地产业集聚时可以分享到收益递增效应增强所带来的收益，从而使创新地和模仿地之间表现出跨地区机构的空间分布和内在联系。

由此，创新地和模仿地之间形成的分工与联系为：第一，集聚是促使两地基于各自产品形成分工的基础与根源。第二，低端产品在空间扩张过程中，所形成的规模效应为高端产品在创新地滋生提供基础和条件。第三，两地分工格局的形成促使从事跨地区经济往来的组织机构及其业务行为不断发展，创新地因是知识和技术等创新和累积的源泉，而成为跨地区机构的原发地，模仿地更多地表现为其分支机构的聚集地；

第四，两地各自集聚所成的分工格局决定两地间商品和要素往来关系，跨地区机构因从事两地经济往来业务而成为这一经济联系的具体代表，它们从组织层面表征出两地间分工格局与往来联系；特别是代表性跨地区机构，它们一方面是创新地和模仿地各自产业集聚的产物，另一方面并未囊括两地间全部经济往来，因而仅是两地经济联系的表征，而不是其产生的根源。

2. 空间扩张中的产业演进

下面来考察四国、四类代表性产业的空间扩张与产业演进机制。

起初，消费品生产先在 A 国的消费聚集地聚集，生产增加到一定程度开始向 B 国扩散；B 国先是从 A 国进口消费品，并在产品与技术扩散过程中逐渐模仿习得生产技术，开始自主生产；A 国消费品生产规模扩张引发对资本品生产的需求，A 国开始培育资本品产业；A 国消费品生产趋于饱和，生产转向 B 国集聚，为 A 国资本品产业发展让渡出空间；B 国消费品生产规模的扩张，引发对 A 国资本品需求上升，由此促使 A 国资本品产业的发展成熟。

在 B 国消费品生产规模扩张的过程中，产品不仅向 A 国出口，并开始向 C 国扩散，本国则因资本品进口和技术扩散，开始新一轮技术模仿，转而进行资本品生产。

A 国资本品生产规模的扩张引发对生产性服务的需求，生产性服务业开始兴起并趋于集聚。而资本品生产到达收益递增效应的峰值后因拥挤问题而面临区位转移问题，由于资本品生产对人力资本的依赖性，以及生产性服务兴起为资本品生产提供专业服务，有利于资本品生产效率提升，资本品生产趋向于在原集聚中心周边进行区域转移，中心地空间主要让渡给需要更多人员互动交流的生产性服务业的发展与聚集。

随着资本品生产向 B 国扩散，B 国对 A 国的生产性服务产生需求，为 A 国生产性服务发展提供支撑。而 B 国自身随资本品生产规模扩张而逐渐引发对生产性服务的需求，继而基于自身资本品生产规模之上的生产性服务开始繁衍。

C 国在进口消费品的过程中，通过产品和技术扩散也逐步具备消费品生产能力，从产品进口转向自主生产，并在产量增长后由进口转为出口，D 国开始成为消费品扩散地。

就在 D 国消费品生产为 C 国资本品生产提供消费支撑，C 国资本品生产对 B 国生产性服务形成需求过程中，A 国一方面基于本国生产性服务产业发展引发对社会性服务的需求，另一方面面对 B 国生产性服务发展对社会性服务的需求，A 国的社会性服务开始兴起，并在生产系统扩张过程中不断生长发展。随着生产性服务在 A 国中心地的聚集趋于饱和，以及依赖于社会资本的社会性服务占用空间，生产性服务趋向区位转移。因对中心地所累积起来的群体资本具有较强依赖性，生产性服务主要在既往聚集地周边进行区域转移，中心地的空间继续让渡给对社会资本依赖性更强的社会性服务。

就这样，在生产一轮一轮的空间扩散和传播过程中，中低端产业的生产规模不断扩大，由此产生对高端产业的强大需求，继而支撑高端产业产生、生长、发展与成熟，分工深化、产业演进在生产系统的空间扩张和整体规模膨胀过程中逐步形成。

在每个国家的产业聚集中心地带，呈现的特点都是中心地聚集收益递增效应最为显著、最需要个体互动交流的产业，周围渐次聚集收益递增效应较小、对个体间互动交流要求略低的产业。因为资本品生产对于人力资本的要求、生产性服务业对于群体资本的要求，社会性服务业对于社会资本的要求，以及这些产业相互之间的高度依赖和紧密关联性，这些产业在中心区域相互交错，形成整体聚集特征（如图2－18所示）。

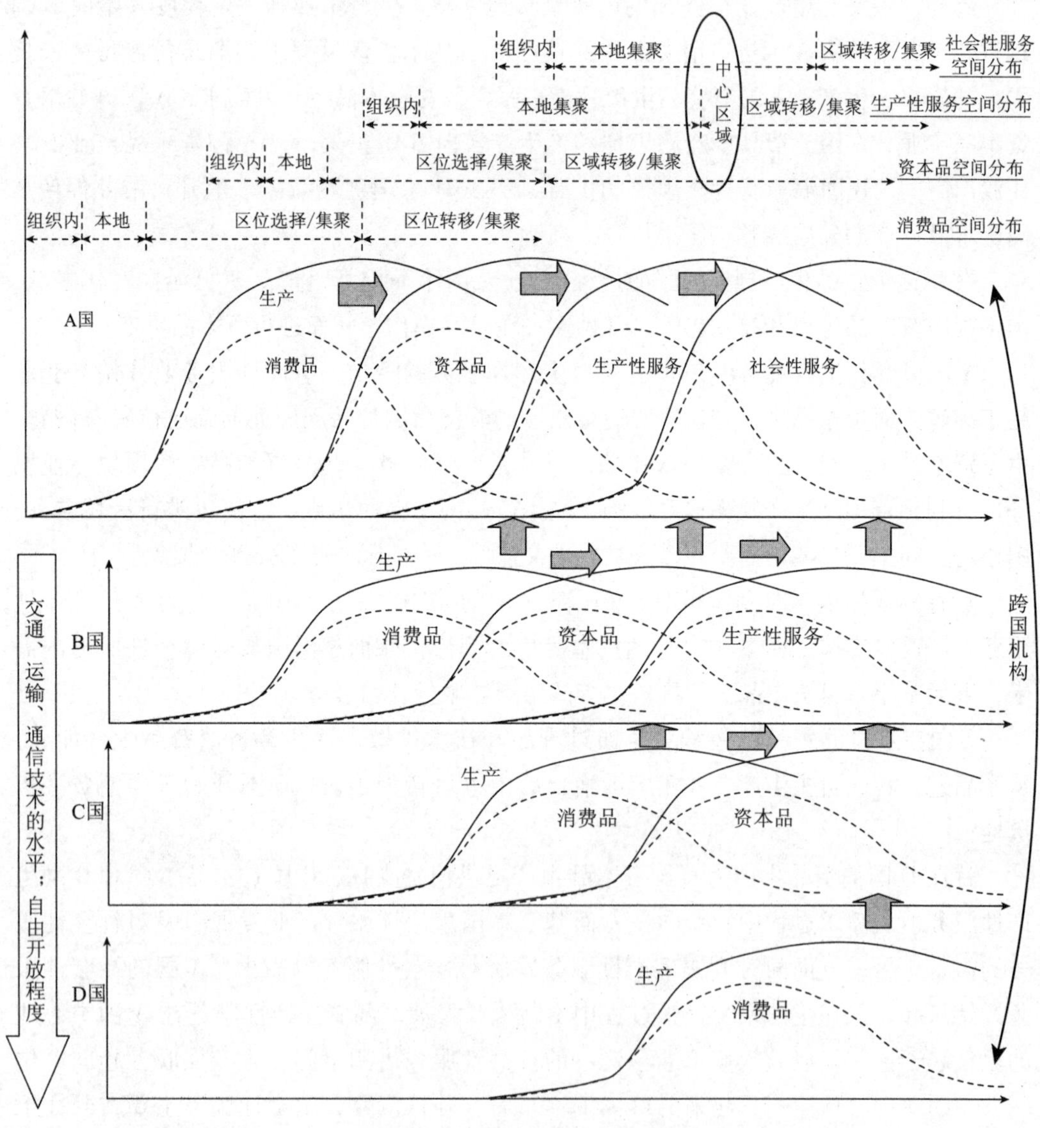

图2－18　空间扩张与产业演进

就在分工深化、产业演进过程中，源自交通、运输、通信等领域的生产技术变革

将大幅降低商品运输成本和个体间互动交流成本；自由开放程度的提高，使生产可流动性增强，它们深刻影响集聚地的区位选择，由此带来生产系统空间分布格局的重构。

就在后发地区通过集聚参与分工体系的时候，领先地区与后发地区间的分工格局逐步成型，并据此展开不同层面、不同内容的商品和要素往来联系，不同类型的跨国机构成为这些跨地区经济往来的主要组织载体，领先地区因更早及更大范围从事跨地区业务活动，而更多地聚集多元化跨国组织。此外，领先地区的跨国组织，因知识和技术等方面的优势而通过分支机构布局参与后发地区的产业集聚，以获取其带来的收益递增效应。由此，后发地区的集聚在促使分工空间扩张，继而领先地区产业演进的过程中，从组织层面又集中表现为领先地区的跨国机构向后发地区布局分支机构展开业务活动；虽然跨国机构在后发地区集聚初期往往作为起因发挥作用，但集聚—分工机制是基础和根源、跨国机构运作是结果和表现，而不是相反。

综上所述，在分工体系空间与规模扩张过程中，产业不断演进，其空间区位的选择和变迁使集聚所在地成为中心区域，并与诸多经济体产生密切的经济联系，这为剖析中心城市与分工网络关系奠定了理论基础。

三、中心城市与分工网络的内在联结

人口集中即为城市，它主要源自生产集聚带动的人口聚集。就在中心地所依托的分工体系不断扩张时，中心地所聚集产业和人口的攀升使之成为中心城市。当这个分工体系跨越国界，在国际，甚至全球范围分布时，中心城市联结起世界性经济联系，并成为联结区域经济参与全球分工体系的轴心或枢纽，即世界城市，这都是在中心城市与分工网络的共生演化中逐步形成。

1. 中心地的功能演进

中心地在分工体系扩张的支撑下，由产业升级与集聚格局调整演化而来。

在手工工场时期，对工具的需求使工具生产开始聚集于中心地；随着分工所依托的腹地规模扩张，机器等资本品生产占据中心地主导地位。资本品生产规模扩张，促使生产性服务开始在中心地聚集，并因所依托分工体系进一步延伸，而使知识生产逐步占据中心地主导地位。由于知识生产对人的心智产生巨大需求，心智服务开始在中心地聚集；最终在分工体系进一步扩张，以及系统协调分工体系过程中，人本服务渐趋占据中心地主导地位（如图 2－19 所示）。

就在分工体系扩张和创新产业演进的过程中，人类社会的经济特征从自然经济向工业经济、知识经济、心智经济，最终向人本经济不断演化，最初的自然分工状态也逐步由社会分工体系所取代，人类社会逐步重构。中心地的功能演进，就是依托渐趋庞大的生产规模，在分工体系的空间扩张过程中，通过中心地所集聚产业的不断升级而实现。从当前阶段来看，随着信息时代的到来，发达国家已进入心智经济的时代，而发展中国家正在由工业经济时代向知识经济时代演进。

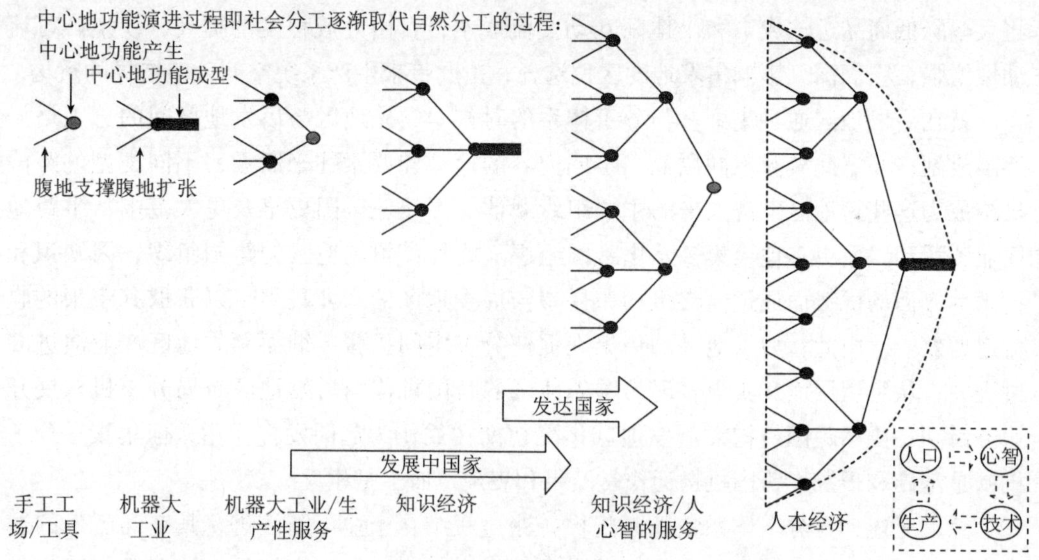

图 2－19　中心地功能演进

2. 城市系统

城市是产业和人口聚集的空间载体，根据阿朗索（1964）的城市竞租曲线，越是中心区，需要支付的租金成本越高，由此，收益递增效应越大的产业，更能占据中心地带，并将收益递增效应低、承受租金能力差的产业挤出中心区。然而，对于资本品产业、生产性服务产业、社会性服务产业等，即使到产业成熟阶段所依托的人力资本、群体资本、社会资本等生产要素往往难以随之转移，或者只有在其他地区具备这些要素供给时才有可能顺利转移；这些产业还是挤占中心地带的新兴产业发展所依托的需求来源，由此，它们即使转移，也往往不会距离中心地区太远，即聚集在中心地区周边。

就在集聚和分工扩张机制的作用下，产业和空间不是各自独立，而是在共生演化中互动发展，并形成城市系统的内部构造（如图 2－20 所示）。

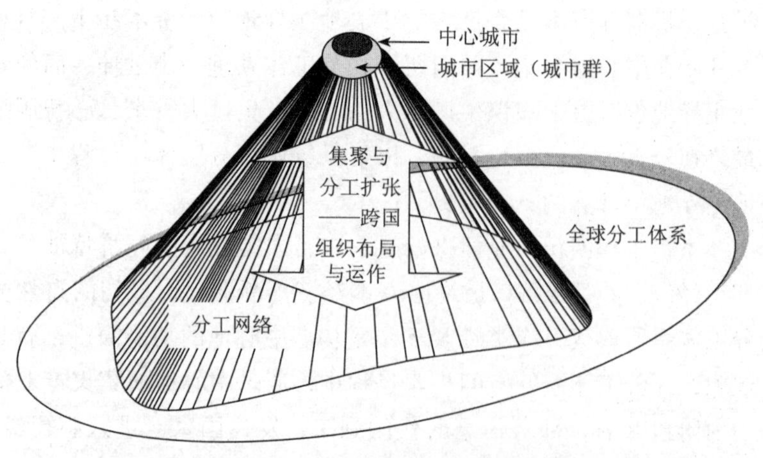

图 2－20　中心城市与分工网络构造图

一方面，中心地在创新产业的不断兴起、集聚、拥挤与空间转移的过程中演化而来，成为中心城市；当发展到一定阶段，被新兴产业挤出的成熟产业基于对中心地资源和服务的需求而趋向于向中心地周边转移，城市由单中心向多中心的城市区域或城市群方向发展，城市区域内产业为中心地产业提供强大需求支撑。另一方面，中心城市作为创新产业的集聚地，其存在发展依托于分工体系的空间扩张，由此，中心城市的功能无法独立存在，而与空间扩张的相关分工环节紧密联结，不可分割，构成自组织的城市系统。总体而言，当产业演进到一定高度，特别是以生产性服务、社会性服务为主导的时代。从城市系统的构造来看，主要包括三个层面，第一层是中心地，即创新产业的聚集地、中心城市所在地，它是城市所依托分工系统的核心和中枢，一方面在分工系统支撑下演进发展，另一方面引领分工系统不断扩张；第二层是城市区域或称城市群，聚集着因拥挤问题而从中心地转移出来的产业，曾是中心地产业孕育成长的母体，依赖于中心地的资源和服务，并为中心地产业提供近距离的需求支持；第三层是扩展到广泛区域甚至超越国界范围的贸易与分工腹地，主要为中心地及城市区域产业发展提供贸易品销售市场、要素资源供给，以及分工体系的支撑，决定中心地外部联系的范围。集聚和分工扩张机制决定，中心城市就是在分工网络的扩张过程中实现演进和升级的。

3. 世界城市的内涵

当中心城市所依托的分工网络跨越国界与更广阔的范围产业联结时，中心城市成为世界城市，它是分工扩张、产业演进到一定阶段的产物。

从城市系统的内部构造而言，世界城市作为联结区域经济参与全球分工体系的轴心或枢纽，其内涵包括：第一，区域经济包括两个层面的含义，一是世界城市区域内构成中心地核心腹地支撑的产业体系，二是世界城市系统内的分工支撑体系，世界城市通过贸易品输出入、分工体系支撑、货币金融等方式与世界系统内其他集聚地相互联结，形成网络结构，世界城市、世界城市区域、世界城市系统是不可分割的有机整体。第二，据世界城市系统所囊括的国家数量与范围，可以从绝对意义层面考量其“世界性”；但对于世界城市系统来说，作为共同参与并构成全球分工体系的组成部分，更为重要的是衡量其在全球分工体系中的地位，即其从相对意义层面决定世界城市的“世界性”程度。第三，世界城市通过自身将世界城市区域、世界城市系统连接进全球分工体系，并处于轴心或者枢纽的地位；相对于其他地区，世界城市是领先产业和企业组织、跨国机构、知识累积和多元制度与文化互动融合及聚集地。第四，集聚与分工扩张是驱使世界城市这种空间形态形成并发展的根源、机制与动力，跨国组织作为集聚与分工发展的产物，是世界城市系统内跨国经济往来的重要组织载体，它们通过分支机构的地区布局展开业务活动，成为集聚与分工扩张的参与力量、结果与具体表现。

第三章　建设丝绸之路经济带的时代背景和战略选择

3.1　20世纪末以来的全球分工网络

20世纪八九十年代以来，全球生产流通条件和环境发生深刻变革。第一，信息革命带来的信息爆炸使消费需求更趋多样化、小批量化和不断翻新；第二，模块化和大规模定制技术的出现，使生产流程空间分散成为可能；第三，现代信息技术、交通运输技术的发展与普及，大幅提高人员、要素和商品流动的通达性和联结能力；第四，新自由主义传播加快各国自由化进程，以及一系列国际协议的签署与实施，显著改善全球要素和商品流通的软环境。这一系列因素深刻改变"二战"后以垂直一体化和水平一体化为主导的跨国公司的竞争环境和策略，它们开始在更广阔的市场范围分散生产流程，并由内部分散逐步转向外部分散，模块网络化机制开始进入国际层面的运行。随着分工日益深化到生产过程内部并跨越国界，东亚产品内分工迅猛发展，并使全球分工格局发生显著变迁，这一系列变化深刻影响2008年危机后的全球及中国发展走向，并构成我国选择新丝绸之路的重要背景和环境。

一、实证研究方法

为揭示全球分工网络的变化及特征，以作为后续研究的基础，有必要利用相关研究方法和工具展开实证分析。

（1）各国经济发展的水平最明显地表现在各国参与国际分工的方式和程度上，随着生产分工的细化，迄今为止，不仅资本品生产从消费品生产过程中衍生出来，而且生产性服务、消费性服务、流通性服务等服务产品已从生产过程中衍生并独立出来，由此，可以通过对国际商品贸易和国际服务贸易的实证分析，考察各国在全球分工体系中的地位和相互关系。本研究主要基于联合国商品贸易统计数据库（UNCOMTRADE）提供的各国商品贸易数据，联合国贸易与发展会议统计数据库（UNCTADSTAT）提供的各国服务贸易数据展开实证分析。

（2）为把握全球分工格局主要特征，本研究选取37个代表性国家和地区作为研究对象，它们在2008年全球经济衰退前的贸易总额占到世界商品贸易总额的82.2%，

2010年商品贸易额比重升至83.4%，2010年服务贸易总额占到世界服务贸易总额的82.5%。① 其中，欧洲17国主要包括德国、法国、英国、意大利、比利时、荷兰、匈牙利、波兰、爱尔兰、捷克、奥地利、丹麦、瑞典、西班牙欧盟14国，2010年它们的商品贸易总额占到欧盟27国的93%，以及瑞士、挪威两个欧洲自由贸易联盟成员和中东欧最大贸易国俄罗斯；北美3国为美国、加拿大和墨西哥；东亚10国与地区为中国、中国香港、日本、韩国、新加坡、印度尼西亚、马来西亚、泰国、菲律宾和越南②；外围7国为巴西、阿根廷和智利3个南美洲国家，以及印度、澳大利亚、南非、土耳其4个相对外围区域的最大贸易国。对全球分工格局变迁的考察主要基于这些国家和地区1998—2010年商品与服务贸易变化的分析。

（3）21世纪以来，国际分工最显著的发展表现为国家间就同一产品不同生产环节和流程间的分工，称为产品内分工，③ 以区别于不同产品间的产业间分工和相似有差异产品间的产业内分工。虽然尚未有可靠方法准确测度产品内分工，但联合国推出的广义商品分类（Broad Economic Categories）统计，为估算国际分工格局提供技术手段。依据 Françoise Lemoine 和 Deniz Ünal - Kesenci（2002）提供的五阶段 BEC 分类，贸易商品可分为：初级产品（111 + 21 + 31），含半成品（121 + 22 + 32）和零部件（42 + 53）的中间产品，含资本品（41 + 521）和消费品（112 + 122 + 51 + 522 + 61 + 62 + 63）的最终产品。④ 由此，贸易国间主要进行中间产品贸易可界定为产品内分工。

（4）随着分工日益细化及服务业兴起，联合国统计署和各国统计机构不断更新服务统计方法，出于研究需要，具有代表性的分类是依据服务功能区分为生产性服务、流通性服务、个人消费性服务和社会消费性服务。其中，先进行业的演进主要表现为生产性服务的独立与专业化，测度生产性服务及其贸易状况，成为勾勒全球分工格局，特别是确定各国分工演进程度的重要工具与手段。本研究采用《国际收支手册》（第五版）对于服务和生产性服务的界定进行实证分析，其中，生产性服务包括通信、建筑、计算机信息、金融、保险服务、版权和许可证、其他商业服务共7个类别。

二、全球分工网络中的三大区域

1. 东亚产品内分工跻身重要地位

亚洲金融危机以后，随着跨国公司日益将劳动密集型环节转移至中国，东亚形成以中国为轴心的产品内分工网络。

首先，东亚区域内贸易规模不断扩张。同雁形分工格局下东亚各国竞相向发达国家出口不同，东亚各国因各司同一产品的不同环节而展开大规模往复进出口，区域内

① 非特别说明，本节数据均据 UNCOMTRADE 和 UNCTADSTAT 数据加工而成。

② 因2010年越南商品数据缺失，东亚9指不包含越南的东亚其他9个国家和地区。

③ 卢锋．产品内分工［J］．经济学（季刊），2004：55 - 81.

④ 邱斌，唐保庆，孙少勤．FDI、生产非一体化与美中贸易逆差［J］．世界经济，2007（5）：33 - 43.

贸易量大幅攀升。1998 年，东亚 10 国与地区区域内出口总额 4537 亿美元①，2008 年翻至 17287 亿美元，2010 年从危机中恢复为 19300 亿美元；进口总额从 1998 年的 4462 亿美元升至 2010 年的 17282 亿美元，1998—2008 年向区域内出口和从区域内进口的年均增速分别为 14.3% 和 13.5%，以 1998—2010 年平均增速计，分别为 12.8% 和 11.9%。东亚各国中除中国外更多承担起区域对外总出口和总进口的角色，区域内贸易比重相对下滑；越南加大对区域外产品出口，区域内出口比重下滑；除新加坡增加海外采购比重，区域内进口比重下滑显著外，东亚其他国家和地区区域内贸易占本国贸易比重均有较大幅度提升。总体来讲，东亚 10 国与地区向区域内出口占各国总出口的比重由 1998 年的 38% 升至 2008 年的 44.3%，2009 年继续升至 45.7%。从东亚区域内贸易和总贸易来看，均超过世界贸易增长，且占世界贸易的份额持续攀升，其中，东亚 10 国与地区区域内出口占世界总出口比重由 1998 年的 8.2% 升至 2009 年的 11.8%，区域内进口所占比重由 7.9% 升至 10.3%；东亚 10 国与地区总出口占世界出口比重由 1998 年的 21.7% 上升至 2009 年的 25.8%，总进口比重则从 16.9% 升至 22.8%。

其次，中国正取代日本，成为东亚区域内外贸易的轴心。1998 年，东亚区域外贸易中，最大的出口和进口国是日本，其对区域外出口占到东亚 10 国与地区对区域外总出口的 38%，进口比重为 36.5%。此后，日本地位不断为中国所取代，至 2008 年，中国对区域外出口占东亚 10 国与地区区域外总出口比重由 1998 年的 13.2% 快速升至 2008 年的 42.4%，2010 年为东亚 9 国与地区的 46.3%；进口比重由 1998 年的 14.9% 升至 2008 年的 36.7% 和 2010 年东亚 9 国与地区的 44.1%，中国成为东亚对区域外进出口贸易的总枢纽。从东亚各国对区域内贸易的主要对象来看，2010 年，东亚 9 国与地区区域内出口的 31% 流向中国，区域内进口的 27.7% 来自中国，中国为东亚区域的轴心采购销售市场；此外，日本为东亚层级分工网络中的次轴心采购销售市场，新加坡为渐次级采购市场，中国香港为渐次级销售市场。

再次，以零部件为代表的中间产品贸易占据东亚区域内贸易主导地位，而中国成为东亚零部件贸易的枢纽。在东亚各国区域内贸易品中，2010 年，除中国、印度尼西亚和泰国向区域内出口中间产品的比重略低于 60%，其余东亚国家该比重均超过 60%，其中新加坡的比重最高，占到 81.5%。从东亚区域内出口商品整体构成来看，2008 年中间产品出口占到区域总出口的 65.7%，分别高于 2002 年的 62.5% 和 2006 年的 64% 的水平，2010 年略降至 63.9%；其中零部件出口比重由 2002 年的 32.3% 升至 2010 年的 33.7%；而消费品贸易比重不断下滑，从 2002 年的 17.1% 降至 2008 年的 11.5%，2010 年则为 11.9%。从中间产品整体流向来看，2008 年东亚区域内半成品主要进口自中国（22.1%）、日本（21.7%）、韩国（14.9%）和新加坡（11.8%）；主要出口至中国（28.1%）、日本（14.9%）、韩国（13.7%）和中国香港（12.7%）；东亚区域

① 区域内出口为一国向区域内其他国家的出口总额，区域内贸易依此类推。

内零部件主要进口自中国（22.1%）、中国香港（21.7%）、日本（18.2%）、新加坡（16.3%）和韩国（10.8%）；主要出口至中国（36.5%）和中国香港（20.1%）。因中国香港半成品和零部件出口80%以上都流向内地，50%左右来自内地，中国事实上占据东亚零部件销售市场份额的一半、半成品销售市场份额的四成以上，中国成为区域内中间产品最大的进口与出口国。

最后，中国跻身区域内服务贸易领先国家。1998—2010年，中国服务出口额由239亿美元增至1712亿美元，年均增长17.8%，服务进口额由267亿美元增至1933亿美元，年均增长17.9%，为区域内增长最快的国家；到2010年，中国已经超越日本，成为区域内服务贸易规模最大的国家。从区域内生产性服务贸易发展来看，1998—2010年，中国生产性服务出口年度增长21.2%，至2010年，其出口额升至901亿美元，超过日本的865亿美元，成为区域内最大的生产性服务出口国；从生产性服务进口来看，2010年以737亿美元略低于日本的804亿美元。中国生产性服务的快速发展标志其在分工演进方面占据区域内领先地位。

可见，随着经贸关系的展开，东亚形成以中国为轴心、以中间产品为主导、以层级生产网络为表现形式的产品内分工格局，并且，中国因服务贸易，特别是生产性服务发展而占据区域内分工的首要地位。

2. 欧洲内向一体化占主导

20世纪末以来，在欧盟东扩浪潮中，欧洲经济一体化趋势不断加强，欧洲形成以德国为轴心、半成品和消费品贸易为主体、高度内向一体化的产业内分工格局。

首先，欧洲是全球最大贸易集团，且区域内贸易占绝对主导地位。1999年，欧洲17国贸易总额占到世界贸易的39.4%，其中，区域内贸易占到世界总贸易的25.7%。随着亚洲等新兴经济体的发展，欧洲17国贸易地位相对下降，1999—2009年，两比重分别小幅下降1.6%和2.2%，但总体没有改变欧洲贸易在世界贸易中的主导地位。此外，1999年，欧洲17国区域内贸易占各自贸易总额的比重平均为65.2%，其中奥地利、比利时、捷克、匈牙利、挪威、波兰、瑞士等国更在70%左右，俄罗斯的比重最小为41.3%。20世纪末以来，受外部经济体高速增长等影响，除荷兰、挪威、俄罗斯、德国、英国对区域内贸易比重小幅上升外，其余国家均加大对区域外出口，2008年欧洲17国平均的区域内贸易比重为63.7%，2010年降至61.8%。

其次，德国是欧洲区域内外贸易的轴心。其一，德国是欧洲各国区域外贸易的主导国家，1999年，德国的区域外贸易占到欧洲17国总和的23.1%；随后，该比重有所下滑，2010年仍为21.8%，远高于位居第二位的法国（10.6%）和英国（10.5%）。其二，德国是欧洲各国主要的出口对象国，2010年，除爱尔兰、挪威、俄罗斯、西班牙外，欧洲各国均将德国作为区域内第一大出口目的地。2010年区域内对德总出口6760亿美元，占到区域内总出口的19.9%；远高于法国（13%）、英国（10%）、荷兰（9.2%）、意大利（8.4%）和比利时（7.1%）等其他主要出口对象国。其三，德国是欧洲各国首要进口来源地。除爱尔兰、挪威分别以英国和瑞典为最大进口来源地，其余欧洲国家均以德国为第一大进口来源地；2010 年，欧洲 17 国共从德国进口 7943 亿美元，占到欧洲区域内总进口的 23.4%，高于荷兰（10.7%）、法国（9.2%）、比利时（8.6%）、英国（6.6%）和意大利（7.4%）等其他主要进口来源地。欧洲区域形成以德国为采购销售轴心国，法国、荷兰、英国、意大利和比利时为次级采购销售市场的分工网络结构。

再次，半成品和消费品贸易构成欧洲区域内贸易主要组成部分。在欧洲 17 国的区域内贸易产品构成中，除挪威和俄罗斯以能源及其半成品出口为主、捷克和匈牙利以零部件贸易占主导之外，其他欧洲国家均以较高比重的半成品和消费品展开彼此间贸易往来。其中 2010 年爱尔兰、比利时两类产品出口合计占比达到 85.6% 和 79.1%，欧洲 17 国平均合计占比 63.1%。从各类出口品的来源地看，俄罗斯、挪威和英国为区域内初级产品最大出口国；德国分别为半成品、零部件、资本品和消费品最大出口国；荷兰和法国在半成品和资本品出口方面，法国和意大利在零部件出口方面，法国、比利时和意大利在消费品出口方面位列德国之后。欧洲国家间主要就相似产品展开贸易表明，产业内分工为区域贸易核心特征。

最后，德国和英国占据区域内服务贸易领先地位。从欧洲主要国家的服务贸易发展来看，作为欧洲贸易轴心的德国在 1998—2010 年保持较快发展速度，因其服务贸易进口额和生产性服务进口额分别处于区域内最高水平，2010 年分别为 2632 亿美元和 1187 亿美元，德国的服务贸易和生产性服务的进出口总额位居欧洲之首。但就服务出口和生产性服务出口来看，仍位居英国之后，2010 年，英国服务出口 2379 亿美元，占欧洲服务出口总值的比重由 1998 年的 17.6% 降至 15.5%，但仍比德国服务出口高出 3 亿美元；而英国生产性服务出口比重由 1998 年的 24% 降至 2010 年的 19.6%，比位居其后的德国高出 248 亿美元，约 3.3 个百分点。作为老牌的工业国，英国在商品贸易层面地位不断下滑的情形下，仍然在服务出口，特别是生产性服务出口方面占据欧洲首要位置，表明英国主要依托于外部分工支撑体系实现自身产业演进和分工地位上升。

可见，在欧洲区域内，主要形成以德国为轴心，以英国和德国为生产性服务领先国、层级结构的产业内分工格局。

3. 美国引领北美的区域发展

随着美 + 墨自由贸易协定的推行以及东亚区域分工网络的兴起，北美逐步形成以美国为轴心、以中间产品贸易为主体、高度一体化且日益与东亚融合的多元化分工格局。

首先，区域内贸易仍占主导，但下滑显著，东亚成为主要区域外合作对象。1998 年，加拿大和墨西哥的区域内出口比重分别高达 85.2% 和 88.3%，2010 年，分别降至 76.1% 和 83.6%；区域内进口比重分别由 70.8% 和 76.3% 降至 2010 年的 55.8% 和 51.5%；美国则仍基本维持 1/3 的进出口比重源自区域内。从北美 3 国区域外贸易发展

的流向来看，主要与以中国为代表的东亚国家加强区域合作。1998 年，加拿大、墨西哥和美国从中国进口比重分别仅为 2.6%、1.3% 和 8%；到 2010 年，比重分别升至 11%、15.1% 和 19.5%；向中国出口也由 1998 年分别仅为 0.8%、0.2% 和 2.1% 升至 2010 年的 3.3%、1.4% 和 7.2%。

其次，美国是北美区域内外贸易的轴心。从区域外贸易来看，美国占到 3 国区域外贸易总额的绝对比重。1998 年，北美 3 国区域外出口的 90.8% 和区域外进口的 88.3% 由美国完成；2010 年，该比重仍维持 86% 和 81.9% 的高水平。从区域内主要出口对象国来看，2010 年，加拿大对区域内出口的 98.3%、墨西哥的 95.7% 均流向美国。从区域内主要进口来源地来看，2010 年，加拿大 95.9%、墨西哥 97.1% 的区域内进口源自美国。美国主要以加拿大和墨西哥为腹地，成为北美区域分工体系的轴心。

再次，以中间产品贸易为主的多元化分工格局。北美 3 国从区域内贸易整体情况看，中间产品贸易比重较高，2010 年占比 46.9%，高于最终产品 38.9% 的水平，从而具有产品内分工特征；然而从内部分工关系看，加拿大以初级产品和半成品出口为主，墨西哥以资本品和消费品出口为主，美国以半成品和零部件出口为主，彼此间形成一定程度的产业间分工关系；此外，三国还在消费品贸易层面展开水平分工，由此，从北美 3 国的区域分工特征来看，呈现多元化分工格局。

最后，美国占据北美服务贸易绝对主导地位。从北美 3 国的服务贸易发展来看，1998—2010 年，3 国平均保持 6.5% 的增长速度，服务贸易总额由 5381 亿美元增至 11478 亿美元；其中，美国服务贸易额占据绝对主导地位，1998—2010 年基本保持在 82% 左右的水平。从生产性服务贸易来看，美国的年均增速要高于区域内其他成员，1998—2010 年由 1605 亿美元增至 4973 亿美元，年均增长 9.9%；其占北美 3 国生产性服务贸易总额的比重也由 78.7% 上升至 84.8%。

综上所述，北美主要形成以美国为轴心、加拿大和墨西哥为腹地、中间产品贸易为主的多元化区域分工格局。

三、全球分工网络基本架构

1. 三大贸易区域以中美引领北美和东亚加强融合为显著特征

在中国、德国和美国分别引领东亚、欧洲和北美发展内向一体化过程中，三大轴心国通过相互间贸易成为引领区域间融合的主力，中国和美国引领两大区域间融合构成全球范围区域融合的主要组成部分，美国由此占据两大区域分工体系领先地位。

第一，以中德美为轴心的三大区域构成世界贸易主体，且三大轴心国引领世界贸易发展的作用有所加强。从各区域发展来看，2009 年，欧洲区域占世界贸易比重为 37%、东亚占比 24.2%、北美占比 15%，三大区域占世界商品贸易比重为 76.2%；2010 年，欧洲区域占世界服务贸易比重为 39.8%，东亚占比 19.4%，北美占比 15.6%，三大区域占世界服务贸易比重的 74.7%，欧洲仍然为第一大分工体系。从各轴心国来看，2009 年，中国占世界商品贸易总额的8.8%，德国占比8.2%，美国占比12.8%，三国占世界商品贸易比重为29.9%；2010年，中国占世界服务贸易比重为5%，德国占比6.8%，美国占比12.9%，三国占世界服务贸易比重为24.6%，美国位居世界首位。

第二，三大轴心国相互贸易以引领区域融合。中德美作为三大区域展开区域外贸易的核心国家，与其他两大区域展开重要贸易往来，且主要通过其他轴心国进行。2010年，中国总出口的34.3%流向东亚，20.5%流向北美（流至美国占比87.6%），20.4%流向欧洲（流至德国占比21.2%）；德国总出口的62.5%流向欧洲，10.4%流向东亚（流至中国占比53.6%），8.2%流向北美（流至美国占比83.1%）；美国总出口的32.2%流向北美，22.5%流向东亚（流至中国占比31.9%），20.4%流向欧洲（流至德国占比18.4%）。由于以德国为代表的欧洲更多侧重于内向贸易，其参与区域间融合的程度相对较低。

第三，中美引领两大区域强化融合。对比2000年和2010年三大轴心国间相互贸易往来，2000年，德美间贸易比重达49.8%，位居首位；2010年，中美间贸易比重由39.8%升至58.4%，遥遥领先于中德间贸易（21.7%），德美间贸易则位列最末，仅为19.9%。可见，20世纪末以来全球各区域融合的主要变化是，以中美为首的东亚和北美间的区域融合，正取代“二战”以来欧美发达国家间区域融合的主导地位。

第四，三大轴心国间以最终产品贸易为主，且中国成为生产供应基地。从三轴心国彼此间贸易整体情况来看，消费品和资本品为两大贸易产品，2010年三国合计出口1895亿美元和1782亿美元，占总出口的30.1%和28.3%，合计58.4%。从各类出口产品的来源分布看，除2010年有87.7%的初级产品源自美国外，69.9%的消费品、64.6%的资本品、46.6%的零部件和42.5%的半成品均出口自中国。在分工细化到生产过程内部的当前时代，从半成品到消费品等几乎所有生产环节都展开对外贸易，意味着中国集聚了庞大生产体系及其漫长生产过程的各个环节，中国成为三大轴心国中首要的生产供应基地。

第五，美国在分工体系演进程度方面占据显著领先地位。从三轴心国的服务贸易和生产性服务贸易发展来看，德国所占比重并无显著变化，而中国不论在服务贸易占比还是在生产性服务贸易占比方面，都有显著提高，前者从1998年占世界服务贸易总额的1.8%升至2010年的5%，后者从占三大区域生产性服务贸易总额的2.1%升至5%；而美国在服务贸易，特别是生产性服务贸易方面的领先优势十分显著，1998年分别占比15.8%和17.2%，2010年服务贸易比重小幅回落至12.9%，而生产性服务贸易小幅上升至17.4%，特别是生产性服务出口，2009年比重达18.9%。结合美国引领北美加速与以中国为首的东亚展开融合的表现，不难发现，美国正逐渐接合并依托于东亚的产品内分工生产体系，实现自身不断分工细化和产业演进，从而在先进服务业分工方面形成竞争优势，以及在东亚和北美两大区域分工系统中占据领先地位。

总而言之，东亚、欧洲、北美三大分工系统构成全球分工的主要组成部分，中国、德国和美国三个轴心国不仅成为区域内而且是三大区域间联系的枢纽，通过三大轴心国的相互贸易，三大区域不断融合。其中，欧洲占据世界贸易的比重最高，但区域间融合程度较低；东亚和北美间通过中美经贸往来加速两大分工系统的融合，美国依托更大规模的分工扩张，实现自身分工体系演进。三大贸易区域及其轴心国相互关系勾勒出全球分工基本格局。

2. 外围国家低端化走势显著

全球主要贸易国中的7个外围国家地处三大贸易区域之外，总体来看参与一体化程度不高，特别是20世纪末以来，其国际分工地位存在低端化和初级化的发展趋势。

首先，外围国家参与世界商品贸易比重较小。从2000—2008年占世界贸易比重的变化来看，印度的贸易占比提升0.8个百分点，相较其他外围国家表现突出。而阿根廷所占份额有0.001%的下滑，从整体来看，外围7国2008年占世界贸易的比重在2000年的4.2%的水平上微弱上升1.9个百分点。

其次，外围国家主要与各大区域展开贸易，但融入一体化并不显著。从外围7国进出口贸易的区域分布来看，除澳大利亚2010年63.8%的出口和50.2%的进口面向东亚，土耳其45.5%的出口和56.8%的进口面向欧洲，表现出分别融入东亚和欧洲区域一体化的趋势之外，其他国家进出口贸易的区域分布较为分散，与三大区域间贸易相对平衡。从2000—2010年的区域分布变化来看，外围7国均大幅增加与东亚的贸易，且中国取代日本，成为各外围国家在东亚的首要贸易对象。

再次，外围国家出口产品结构呈现初级化趋势。2000—2010年，除阿根廷和土耳其以外，其他外围国家针对各大贸易区域和针对世界的初级产品出口比重都有上升，其中，澳大利亚和巴西升幅最为显著，前者对三大区域初级产品出口比重上升28.4%、对世界的初级产品出口比重上升21.7%；巴西分别上升23.8%和20.5%。所有国家对东亚的出口中，初级产品出口比重上升更为显著，高加工程度产品的出口比重均有不同程度下滑。

最后，外围国家中除印度服务贸易规模相对较大且增长强劲以外，其他国家的发展都较为薄弱。2000年，外围7国服务贸易额共计1642亿美元，占世界服务贸易的比重仅为5.3%，其中，阿根廷、巴西、智利和南非都不足1%。至2010年，印度服务贸易以年均21%的增速攀升至2406亿美元，占世界服务贸易比重增至3.3%，巴西也以年均13.7%的速度占比升至1.3%。而阿根廷、土耳其的服务贸易占比却出现下滑，智利、澳大利亚和南非的比重也几乎没有上升。从生产性服务出口来看，除印度信息软件服务业发展迅猛外，其他国家的出口规模都非常微小，2010年，阿根廷、智利、南非和土耳其的生产性服务出口都不足100亿美元，且近10年变化很小，南非和土耳其还有显著下滑，表明这些外围国家在分工体系演进方面相对迟缓，甚至倒退。

可见，外围国家主要在全球分工体系的边缘和外围，通过各轴心国与三大贸易区域展开分工联系。

3. 全球分工网络总图谱

综上所述，通过对占世界商品和服务贸易绝对比重的37国和地区十余年贸易关系的实证分析，可以勾勒出20世纪末以来世界经济体系的新图谱：全球呈现以三大贸易区域为主体、三大轴心国为联结枢纽、北美和东亚加速融合、外围国相对分散的分工网络格局（如图3－1所示）。

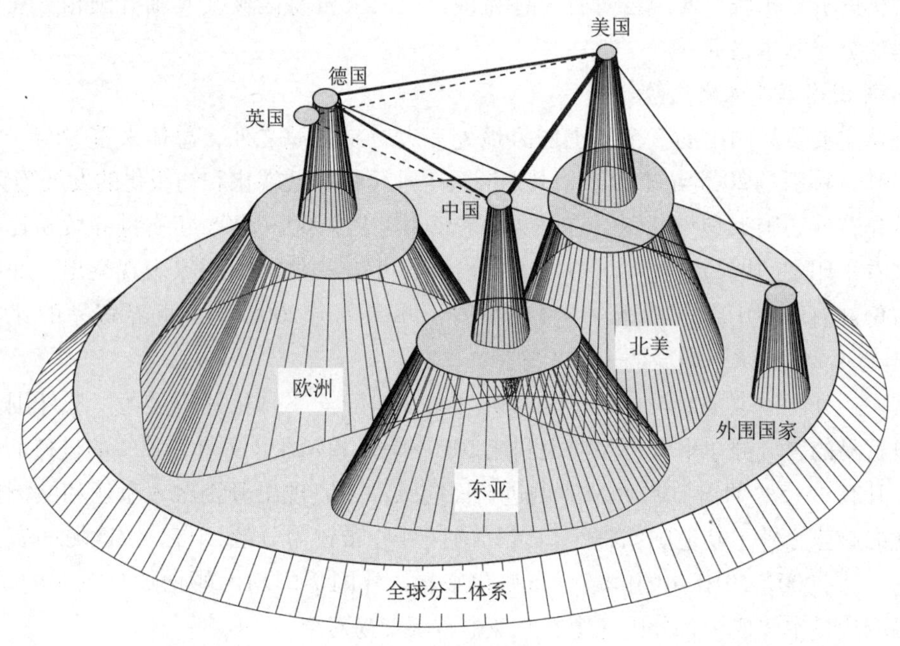

图3－1　全球分工网络

从全球分工网络的显著变化来看，主要是中美引领东亚和北美区域在产品内分工层面强化融合上升为主流；而备受关注的欧洲区域和部分新兴国家在分工演进方面进展有限。这主要因为，尽管产品的多样化和生产流程的碎片化使全球生产变得异常复杂，但串联生产流程、产出产品、满足消费的基本事实没有任何改变，所形成的只是更为复杂、规模更大的分工系统；更细的分工与更先进的产业要衍生并独立出来，并非仅取决于某一环节的创新，更重要的取决于分工系统扩张所能提供的支撑程度。美国正是将所依托的北美分工体系进一步扩张至东亚产品内分工体系，由此实现更高程度的产业演进；而欧洲分工系统以内向一体化为主导，尽管不断东扩，但在区域融合方面相对滞后，致使欧洲系统的分工细化程度、轴心国家产业演进程度、发展活力等都显著落后于北美—东亚系统。而中国的快速崛起也表明，正是深刻融入并促使所在分工体系规模扩张，中国在先进产业演进方面亦取得非凡成就。因此，后进国家只有促使分工的内向和外向深化，以及所在分工系统的扩张，才可能实现产业演进和可持续发展。

3.2　建设丝绸之路经济带的提出与挑战

20世纪末以来，东亚产品内分工网络的快速崛起以及全球分工格局的变迁，一定程度上与模块网络化的初步兴起密切相关。然而，从当前来看，这一新兴发展机制主要以扭曲的方式发挥作用，由此累积起全球经济中心—外围分化的深刻矛盾，并逐步激化。中国作为东亚产品内分工网络的核心国家，更显著地累积起诸多领域的矛盾与问题。挑战与机遇并存，使建设新丝绸之路成为中国的现实选择。

一、战略背景

目前，模块网络化机制主要在美国主导下产生并有所扭曲地发展起来，这一发展机制在促使全球经济快速发展的同时，亦埋下深刻隐患，中国的形势更加不容乐观。

1. 模块网络化的当前模式

模块网络化机制在20世纪末以来的独特的时代背景和国际环境下孕育和成长，由此决定其呈现在美国主导下产生并发展起来的当前模式。

第一，20世纪九十年代初，美国最先在“21世纪制造企业战略”中提出的“敏捷制造”理念是模块网络化机制的雏形；① 第二，以信息技术为核心的新一轮科技革命主要由美国引领；第三，惠普、微软等美国跨国公司是推进全球网络企业发展的主要力量；② 第四，美国政府作为新自由主义的主要倡导者，通过国内外政策竭力保障网络化生产组织方式的发展。

从模块网络化机制的自身特点来看，由于各国要素禀赋不平衡，自由市场作用易使生产流程的空间分布走向分化。一方面，实物生产环节因同步化和串联需要有向生产要素方聚集的要求，自然资源丰裕地区，易成为集聚中低端生产环节的主要地区。另一方面，同样在生产流程分化中繁衍出来的客户服务、研发、广告、品牌管理等环节，因快速响应、贴近客户等需要有向消费方聚集的要求；金融、信息技术等环节，因服务于网络组织整体运作而趋向管控中心聚集；在市场供求决定要素报酬的机制下，网络化使生产流程的空间分散，转变为高低端生产环节趋于空间分化。

然而，模块网络化原理同样揭示，只要具备一定的产业和消费能力，相对落后地区同样可以成为分工深化、产业升级的高端环节聚集地，空间两极分化并不是模块网络化的必然结果。

---

① 刘刚．从福特制到后福特制：资本主义经济新的形态演化［M］．北京：中国财政经济出版社，2010.

② 波特．国家竞争优势［M］．北京：华夏出版社，2002.

在美国主导发展的当前模式下，美国对内强化美元地位、鼓励新兴产业发展，对外以新自由主义理念推进全球化，特别是金融创新带动金融泡沫兴起并创造财富效应，由此使中高端服务环节主要向美国聚集；在公共品需求上升且渐趋多元化的形势下，美国的网络政府也发展迅猛，由此，模块网络化机制的当前模式在美欧发达国家拥有更多资源和运作能力的前提下，生产流程的空间分散走向单向的两极化，全球产业链呈现扭曲的发展态势。具体来说：其一，发达国家将生产链中所累积的财富，即消费能力不断向高端拉升，欧美因处于高端而获得庞大的消费支持，由此展开彼此间产业内分工和贸易；其二，在新兴科技和生产管理技术基础上，先进国家不断将中低端产品、生产环节的制造向下游转移，在分工迅猛扩张过程中获得中心地产业演进的动力；其三，发达国家在消费力和产业演进动力互动过程中，实现分工演进与产业升级，并使国际分工格局得以往复扩张；其四，面对加工制造环节对能源原材料的耗费，中国对巴西、澳大利亚、俄罗斯、中东等初级产品供给国的需求大幅攀升（如图3－2所示）。

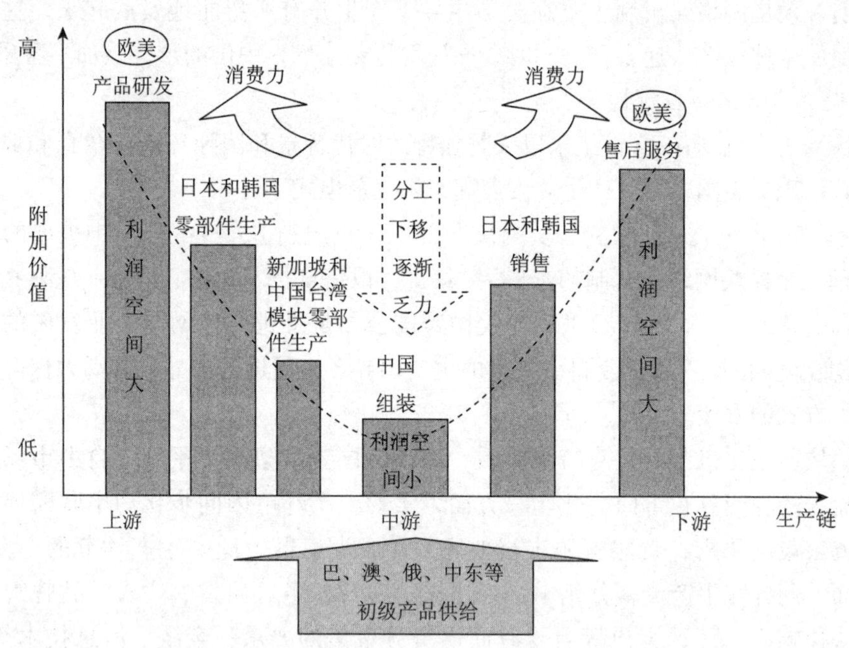

图3－2　产品内分工基础上的国际格局

因此，全球分工网络的价值链分布为：初级产品供给国提供能源矿产，东亚提供原材料及零部件，中国加工生产，中国集中面向欧美市场，欧美提供资金技术和消费拉动力。在模块网络化机制的当前模式作用下，中心—外围化成为显著特征。

2. 中心—外围化的不可持续性

在模块网络化释放巨大生产能力，但又受制于当前模式作用时，中心—外围化发展的内在矛盾是：后进国家因获利空间被挤压、消费力转移，而使自身分工深化的能力下降，由此使分工下移逐渐乏力，位居中高端环节的国家产业演进逐渐失去支撑力，国际分工体系发展趋缓。这一内在矛盾不仅易激化为经济危机，而且还不具有发展的可持续性。

21 世纪以来，在中心—外围化内在矛盾的累积过程中，美国金融创新的发展在消费力上移、科技创新的基础上，吸聚全球资本，通过金融市场的财富效应进一步放大消费能力；当金融创新逐步扩展到次级债等低信用产品时，金融市场泡沫兴起，并催生过度消费。2007 年美国次贷危机爆发，全球消费动力衰退，东亚国家实体经济直接遭受冲击，雷曼、冰岛等宣告破产，继而希腊、欧债危机蔓延，全球经济形势动荡。

为应对危机，各国接连出台改革方案和措施，需要看到的是，在信息技术革命开启一个新时代的时候，任由模块网络化当前模式和中心—外围化继续发展，将使国际分工体系的发展仍然陷入困局。当分工细化到生产过程内部时，各国根据各自产业升级进程不断向后进国家转移中低端生产环节或产业，相应按照产业演进顺序梯度分列在同一价值链的不同位置，各国生产专业化水平大幅提高。由于低端生产环节和产业已转移，所剩只有较高端生产环节，对于处于较低位置的国家来说，往往不具备承接高端生产环节所需要的人力资本、群体资本等要素和资源，因此，高度专业化使各国不得不主要向产业链附近国家进行分工扩张，而处于全球产业链底端的国家和地区则集聚大规模的相对落后生产环节和产业。当底端国家因消费约束无力再向后续国家产业扩张和转移的时候，其产业升级或承接高一层国家产业转移的能力衰竭。于是，中高端位置的国家一方面难以向产业链上的邻近国家转移产业，因后者也同样无力承接，另一方面也难以向产业链外未开发国家转移，因其不具备承接基础，而后者所需要的低端产业，先进国家已大多转移殆尽。国际分工体系在底端国家和地区无力进行分工扩张和产业升级的时候陷入发展困局，新技术也因缺乏大规模分工体系支撑而难以被产业化。可见，中心—外围化最终将因发展乏力而难以持续，破解中心—外围化趋势，实现外围的中心化，是联结日益紧密的各国，特别是欠发达国家的共同利益和发展选择所在。

3. 中国国家安全形势的变化

参与东亚产品内分工使中国实现快速的经济增长，但也逐渐埋下国家安全形势的隐患。

在中国市场体系尚未健全、实施东部率先发展等非均衡政策的形势下，模块网络化的兴起使廉价劳动力和经济资源不断流向对外经济部门以及东部地区，继而吸引劳动密集型加工制造环节的聚集。与附加值高的生产和服务环节不同，加工制造环节对生产技术要求低，产品相对标准化，市场进入成本低，且竞争激烈，由此导致产品利润空间小，处于价值链低端。在这样的分配格局下，模块网络化机制的作用使中国存在被锁定于中低端加工制造环节的趋势。第一，由于利润空间小，要素报酬水平低，居民消费能力不易大幅度提升，内部需求较难成为拉动经济增长的主要力量；第二，在同一网络化机制作用形成的价值链体系中，价值链高端环节因要素报酬相对较高而具有较大消费能力，并形成强劲需求，使处于价值链低端环节的中国对外部需求产生高度依赖；第三，从事加工制造环节难以累积资金、技术和高素质劳动力资源，来为产业升级服务，反而源源不断再生产出低技能的廉价劳动力，从而掉入“比较优势陷阱”。由此，在内部难以形成增长动力、外部网络化发展迅猛的形势下，中国日益累积地聚集全球加工制造环节。更为重要的是，在美国通过内外政策巩固自身竞争地位、加强对发展中国家的市场保护、扩大自由市场范围过程中，模块网络化机制更趋于单向化发展，高低端生产环节的空间分化不仅成为现实，而且被凝固化，中国亦被锁定在增长快速、效益低下、对外依赖的加工制造环节。

中国在集聚中低端加工制造的过程中，国家安全形势不断变化：第一，规模日益庞大的加工制造环节对能源原材料的消耗攀升，在国内资源供给乏力的背景下，能源安全问题凸显；第二，在外向型部门向东部聚集过程中，中、东、西部产业和人口分布的不平衡状态加剧，西部边远地区社会经济发展问题更为严峻，给这些地区本就相对复杂的政治矛盾、民族矛盾、宗教矛盾等的发展提供温床；第三，集聚大量中低端加工制造环节，使中国累积起庞大的生产能力，特别是全球经济衰退导致消费能力下降，中国过剩产能问题凸显；第四，大规模廉价劳动力进入工业化体系，主要被锁定为低技能、低收入群体，导致社会问题不断累积；第五，节能技术缺乏和环境保护不力，使外贸增长的同时，伴随着高消耗、高排放、高污染等问题，带来日益高昂的环境代价；第六，国家实力虽有提升，但经济资源和国家财力被不断引向粗放发展的对外经济部门，补偿发展代价的能力难以提升；第七，在这一系列矛盾和问题累积过程中，中国经济发展的动力逐步衰减，对改革开放中负面因素的批判和质疑声增多，甚至有扩大化趋势，如何坚持中国特色社会主义改革方向、增强改革开放的动力成为重大的实践课题；第八，全球分工网络以中国为枢纽加剧中心—外围分化，使发达国家与发展中国家的矛盾直接表现为中国与发展中国家间的矛盾，特别是中国与众多周边国家间的政治经济等关系变得更为复杂，甚至局部有所恶化，中国的国际安全形势不容乐观。

国家安全形势趋于严峻已成为中国不得不面对的现实，然而，这些不安全因素的产生，与中国参与模块网络化机制的特定方式有着密不可分的关系。不从根源上完善发展方式，国家安全形势不仅难以缓和，反而更可能走向恶化。

二、发展机遇与战略提出

随着世界经济不平衡矛盾不断累积并趋于激化，最先引爆的是美国次贷危机，随后欧洲陷入主权债务危机，继而中东、北非等被边缘化国家引发政治冲突和社会动荡，甚至局部战争。中国也在国际市场萎缩背景下，经济矛盾、地区矛盾、社会矛盾、民族矛盾等均有不同程度的激化表现，如何在全球化不可扭转的背景下实现可持续发展，

成为中国迫切需要面对的现实挑战。

1. 运用模块网络化机制的可行性与必要性

模块网络化的内生循环累积发展机制决定，生产系统的分工将更趋专业化，网络组织的联结与合作程度不断提高；公共服务供给将延伸为全产业链的上游，并构成其中必要组成部分；公共服务供给网络与私人品生产网络相互联结和协同，是模块网络化发展的内在要求和必然趋势。由于模块网络化衍生出来的公共品需求也是多样和快速变化的，统一由政府提供公共品势必难以满足敏捷供应的要求，政府组织和非政府组织将共同参与异质公共品的供给。总之，模块网络化是新兴的生产组织方式，它的诞生正开辟新的发展时代。

因此，模块网络化代表生产力发展的方向，发达国家在适应和调整过程中仍将继续发展，同时累积更高的生产社会化水平，全球经济一体化和生产社会化的趋势不可阻挡，任何不为之积极准备的国家都可能丧失发展机遇，而逆全球化等更不可能成为长久之计。作为一种自我累积强化的发展机制，只要构建起其启动运行的环境和条件，不仅发达国家，包括中国在内的欠发达国家也可以利用其实现产业演进和发展。

此轮全球经济动荡的首要根源在于美国主导的模块网络化的当前模式，它在通过强权维护国际垄断资本利益的同时，加速激化资本与劳动两极分化的矛盾，从而使全球分工深化机制自身陷入发展困境。由于当前模式是导致此次矛盾激化的首要根源，变革模块网络化当前模式，成为各国的现实选择。

从中国陷入粗放发展的教训来看，在当前模式难以扭转的形势下，模块网络化机制将导致对外经济部门畸形发展、内部经济系统受到抑制，转变对外经济发展方式，恰恰不在于将视野局限于对外经济部门，而在于促进模块网络化机制在国内经济系统繁衍发展，在内部产业演进的过程中，改变参与国际分工的地位和方式。目前，中国已累积起一定经济基础，通过构建适宜的环境和条件，可以通过驱动模块网络化机制来实现经济与外贸转型。

总之，区分模块网络化生产组织方式与当前模式的重要意义在于，前者代表生产力发展方向，后者具有历史局限性。作为一种自我累积强化的发展机制，只要构建起其启动运行的环境和条件，不仅发达国家，中国也可以利用其实现产业演进和发展。

2. 全球分工格局的可拓展空间

模块网络化是新兴的生产组织方式，当前仅处于初期发展阶段，从全球分工格局变化来看，具有广阔的可拓展空间。

首先，欧洲与东亚的合作前景广阔。全球分工网络的实证研究表明，除北美和东亚开始展开产品内分工层面的区域融合之外，欧洲区域和外国国家还远未纳入模块网络化发展体系，特别是作为全球最大经济体的欧洲，20 世纪末以来虽不断东扩，但市场整体规模仍小于北美和东亚的融合，亦未驱动起模块网络化机制以促进分工深化，由此，经济发展活力和产业演进高度相对走弱。面对日趋严峻的国际竞争，如何扩大市场规模、促进分工深化和产业演进成为摆在欧洲面前的重要任务。虽然欧盟东扩仍然是欧洲比较现实的发展选择，但中东欧国家，甚至毗邻亚洲国家不少已加入欧盟或与欧盟形成较为紧密的经济联系，再加上小国经济实力有限，欧盟东扩难以产生显著经济效应。而东亚作为全球迅猛崛起的经济区域，是模块网络化发展的核心，深化欧亚合作，对于同时扩大两地区的市场潜力，进而促进分工深化和产业演进，具有深远意义，是欧亚的共同利益所在。

其次，向外围国家拓展的潜力。由于亚非拉等外围国家普遍处于工业化的中低水平，在缺乏技术、管理经验等高端生产要素的背景下，主要依靠出口能源原材料等初级产品参与国际分工，且未显著地参与某一区域贸易集团。在中国日趋成为全球加工制造基地的过程中，外围国家普遍地加强与中国之间的初级产品贸易，中国和外围国家均以更依托于本国低端生产要素，继而更趋外围化的方式融入全球分工体系。模块网络化机制及其当前模式的差别表明，欠发达国家并不必然处于外围地位，且通过促进模块分解，同样有可能实现分工深化以及中心化。因此，面对危机后的调整形势，处于全球分工链条低端环节的中国和外围国家，具有巨大的合作潜力，以集聚有限的市场规模，驱动差异化发展，在加强协调过程中寻求去外围化的现实路径。

最后，向中国中西部地区的拓展。在国内经济发展水平低下、投资环境薄弱的前提下，中国采用东部沿海率先改革开放的转型策略。受海权时代的深刻影响，中国参与全球分工的产业和劳动人口等主要汇聚东部沿海地区，而中西部地区经济发展相对滞后，且成为主要的能源、原材料和廉价劳动力的国内来源地。在国内外矛盾趋于激化、迫切需要调整经济发展方式的形势下，促使模块网络化机制向中西部拓展，成为中国最为现实的选择；而且，统一主权和国家具有较强领导能力，也提高了在国内启动模块网络化机制的可行性。

3. 建设新丝绸之路战略的提出

在国内外形势趋于恶化背景下，为促使全球分工网络在深化分工的基础上继续向欧洲、外围国家和中国中西部地区扩张，并实现这些地区的共同发展，2013 年底，中国提出以共建丝绸之路经济带和“21 世纪海上丝绸之路”为核心的向西开放战略（如图 3 –3 所示）。

在新型开放战略中，最重要组成部分之一就是丝绸之路经济带。所谓丝绸之路经济带，根据习近平总书记在哈萨克斯坦倡议，就是通过加强“政策沟通、道路连通、贸易畅通、货币流通、民心相通”，实现合作共赢的发展目标。从 20 世纪末开始，中国已着手推动亚欧大陆桥的建设，规划设计中的三条亚欧大陆桥分别从毗邻太平洋的符拉迪沃斯托克、连云港和深圳出发，横贯中国东、中、西部，延伸经过中亚、西亚、南亚、中东欧，最终均抵达荷兰鹿特丹，实现横跨亚欧大陆、联结太平洋和大西洋的目标。

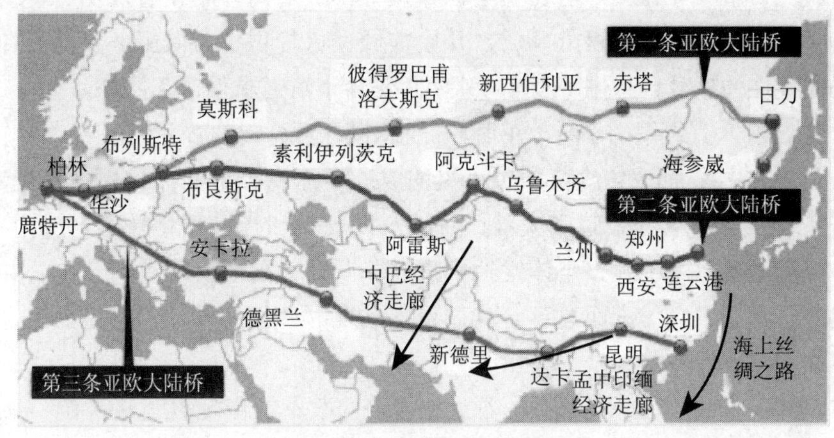

图 3-3 中国向西开放格局

可见，从丝绸之路经济带的战略内涵来看，就是在各参与国达成发展共识前提下，依托高速铁路等现代交通技术，以亚欧大陆桥等交通互联为基础，通过贸易畅通、货币流通等方式，提高沿线各地区市场潜力，促使产业集聚与转型，以实现各自发展与共同繁荣的带状开发开放和发展模式。

此外，除丝绸之路经济带之外，中国还相继提出建设深化中国与东盟合作的“21世纪海上丝绸之路”，联结中国西南和缅甸、孟加拉国和印度的“孟中印缅经济走廊”，联结中国新疆与巴基斯坦的“中巴经济走廊”，它们共同构成中国向西开放的总体格局。

4. 以创新理念建设新丝绸之路成为现实选择

由于模块网络化机制的当前模式在短期内难以扭转，也就是中心—外围化发展仍有强大惯性，从而使向西开发开放计划落空，因此，充分利用模块网络化机制，以创新的理念和方式推进向西开放，是中国的现实选择。

2013 年 11 月 12 日，中共十八届三中全会通过《中共中央关于全面深化改革若干重大问题的决定》（以下简称《决定》），《决定》提出很多具体的改革措施，但更为核心和关键的是指出下一阶段全面深化改革的基本思路和理念。具体来说，主要包括：

（1）《决定》的主旨是重构市场与政府关系，一方面肯定市场在资源配置中的决定性作用；另一方面以国家治理体系和治理能力现代化为总目标。

（2）《决定》指出，政府将退出因行政干预造成市场壁垒的领域，再加上市场体系建设等，中国正通过提升市场软硬件通达性，为微观主体集聚需求，继而通过实现规模化提升创新能力和水平创造条件，这是市场机制发挥决定性作用的重要体现。

（3）《决定》指出，“政府的职责和作用主要是保持宏观经济稳定、加强和优化公共服务、保障公平竞争”等，① 这意味着政府将以创新方式进入公共治理领域，从而为市场机制的决定性作用、新兴时代的产业演进提供必要的公共服务支撑。

（4）通过提高市场准入、自由贸易区建设等促进对内开放，通过发展丝绸之路经济带、海上丝绸之路等加强对外开放，开放领域也从货物贸易向服务贸易延伸，对内对外市场通达性的提升，将进一步为微观主体集聚市场需求创造条件。

（5）中国进入有组织的系统改革阶段。相对于前期“摸着石头过河”的“边探索边改革”的方式，全面深化改革领导小组的成立，标志改革领导机构将趋于专业化，从而扮演系统推进改革的眼睛和大脑，通过发挥决策和指挥中枢作用，协同各地区、各部门、市场力量等系统性、整体性地推进改革开放；国家安全委员会及公共安全体系等的建立，将积极应对全面改革开放过程中出现的内部和外部不稳定因素，为顺利推进改革提供切实保障。

（6）此外，财政、货币、城乡、社会领域等的改革都体现出与《决定》主旨的配套性。

《决定》中重构市场和政府关系，以及政府有进有退的全面改革思路，表现出中国对于模块网络化时代的适应性选择，从陆路和海路打开国际分工扩张的空间，成为中国及参与方实现产业演进的重要支撑。“共建丝绸之路经济带”成为当前阶段中国的重大发展战略之一。

三、建设丝绸之路经济带的严峻挑战

丝绸之路经济带是中国向西开放战略的陆路途径，沿线国家和地区发展与合作的复杂性对这一思路提出严峻挑战。

第一，安全形势不容乐观。近年来，境内外“恐怖主义、分裂主义、极端主义”相互勾结，对我国，特别是西北部新疆等地的安全形势构成一定威胁，近期更有蔓延恶化之势，仅2014年以来，就有3月1日云南昆明火车站恐怖袭击、4月30日乌鲁木齐火车南站爆炸、5月22日新疆暴恐案等恶性恐怖事件接连发生，严重影响到新疆及我国的局势稳定。作为向西开放的主要门户，新疆在联结丝绸之路经济带向中亚、西亚延伸过程中，发挥着促进经济交往、人员流动的重要作用，对外开放程度提高同时也使境外敌对势力趁虚而入，这给丝绸之路经济带建设带来两难选择。

第二，欠发达地区市场容量小，影响合作可行性。丝绸之路经济带在由中国向西延伸的过程中，主要涵盖中国西部以及中亚、西亚等国家和地区，这些地区发展水平比较低、经济总量小，除了能源天然气等初级产品往来，对于构筑统一的市场空间以支撑沿线国家和地区的产业聚集以及分工深化来说，难度相对较大，这将使各方合作的经济动力不足，从而影响丝绸之路经济带的经济一体化建设。

---

① 中共中央关于全面深化改革若干重大问题的决定［EB/OL］. 新华网，2013-11-15.

第三，建设成本高昂，影响经济可行性。丝绸之路经济带横跨欧亚地区，为促进经贸和人员往来，公路、铁路和管道等交通基础设施的互联互通是首要建设内容，其中，发展高速铁路等现代化的交通技术对于缩小时空距离意义重大。然而，这些地区地域广阔、人员稀少、自然地理条件较差，从而使交通基础设施的建设成本高昂；再加上沿线地区经贸活动的频繁度不足以形成规模效应，从经济可行性的角度将影响沿线国家的参与积极性。

第四，自由市场的惯性作用导致中心—外围风险加剧。地处中亚、西亚的欠发达国家普遍拥有较为丰富的石油、天然气、矿产等初级产品，从自由市场的自发作用来看，这些国家和地区普遍依赖初级产品出口来参与国际分工，从而走向外围化。在欠发达国家经济发展水平难以有较大起色的背景下，促进丝绸之路经济带沿线国家的市场开放，很可能使自由市场依旧发挥惯性作用，并呈现出把初级产品出口国锁定在外围地位的趋势。中心—外围趋势的强化无疑将侵蚀丝绸之路经济带的合作根基，难以使丝路沿线国家实现可持续交往和发展。

第五，欧亚合作形势复杂，增加诸多变数。丝绸之路沿线的欧亚国家大多历史悠久，是世界几大宗教和文明的诞生地与主要传播区域，由此也累积起复杂尖锐的国家、民族、宗教、文化、种族、政治、军事、领土等矛盾关系。近年来，“颜色革命”“阿拉伯之春”等使欧亚部分国家间的局部冲突加剧，“乌克兰危机”加剧使俄欧关系恶化，这些严重侵蚀着丝绸之路经济带沿线国家与地区的政治互信和合作根基，特别是囊括沿线更多国家时，欧亚合作的未来发展存在很多变数。

总体来说，当前时代的经济发展机制与走向、全球分工格局，以及中国所面对的国内外发展机遇与挑战，共同制约和影响着丝绸之路经济带建设的理念、思路和路径选择。

3.3 丝绸之路经济带的协同转型战略

丝绸之路经济带主要涉及交通不便利、经济发展水平较低、较多处于内陆的国家间的合作与发展，长久以来，这些国家和地区的社会发展问题错综复杂，不管是资源丰富还是贫瘠，都容易被全球分工机制外围化和边缘化，如何实现这些国家和地区的可持续合作与发展，成为重大的理论与现实课题，基于集聚—分工的产业和空间共生演化规律，以及信息时代的模块网络化机制一定程度上提供一种实践思路。①

一、促进中心城市与分工网络共生演化

产业发展在集聚和分工扩张过程中实现，并表现为中心城市在分工网络扩张基础上实现崛起，区域间的经济联系也更趋紧密，因此，促使集聚与分工扩张机制发挥作用是建设丝绸之路经济带的原则和宗旨。

首先，创造集聚的外部条件。有限的市场规模难以支撑产业聚集，以及发展到一定规模而引致的分工深化。对于发展水平较低的国家来说，国内市场容量小往往是制约产业发展和分工深化的重要原因，因此，扩大市场潜力，创造产业集聚的条件，是培育产业兴起的前提。创造集聚外部条件的主要内容包括：第一，通过建设交通基础设施实现硬件通达性，降低市场的硬件壁垒，以及通过签署贸易协议、减少规管等方式提高软件通达性，降低市场流通的软件壁垒；第二，引入先进的运输技术，以降低运输成本，提高运输的便捷性和速度，为产品流向更广阔的市场范围提供条件；第三，推进市场化改革，提高要素流动的自由程度，以便于生产集聚、产业集群的形成。

其次，通过情境转移发展新型产业。新产业的发展建基于情境的形成，若由经济体通过自身演化实现产业演进，这是一个漫长而艰难的过程；全球化使商品要素流动程度提高，以及现代信息技术发展，均加速情境转移，从而使相对落后国家和地区能够脱离原有产业演化路径，而直接发展更新型的产业。在丝绸之路经济带总体发展水平较低的现实状况下，更有必要通过加强开放，引进较为先进的资金、技术和管理经验，以嫁接新型产业发展的新情境，并随着情境的扩张培育新型产业，以及为后续分工深化创造初始推动力。

再次，促进群体互动和文化衍生，助推产业集聚。新产业的发展依赖于更大规模的群体在新情境下通过互动形成新的认知、新的共识，亦即衍生出新的文化，并通过

① 本节部分观点发表于马莉莉．丝绸之路经济带的发展和合作机制研究［J］．人文杂志，2014（5）．

分工协作，促进产业规模扩张、效率提升。新文化一旦形成，将对促进群体聚集、分工效率提升起到重大的推动作用，而这些新文化形成，又与产业演进密不可分。在新情境中引导新文化的衍生，成为各国实现转型发展的重要任务之一。

最后，在夯实分工网络基础上促进中心城市产业升级。对于经济发展水平较低的国家来说，依靠自身力量拓展分工网络、实现中心城市产业升级是一个艰难而漫长的过程，在此过程中，往往因为外部世界对自身初级产品的需求，而被锁定在全球产业链的外围，难以实现自主的产业演进。因此，欠发达国家需要与周边更为庞大成熟的分工网络实现对接，通过增大市场潜力、转移新情境，培育新兴产业，并将自身中心城市产业升级构筑在开放广阔的分工网络基础之上；自身的分工深化和产业发展，也将扩大分工网络的整体规模，从而亦为合作方提供更大的市场发展空间，以实现合作参与各方的共赢。

促进产业集聚的规模，以驱动分工实现自我累积循环发展，丝绸之路经济带的欠发达国家正需要利用合作以扩大市场空间和潜力的方式，促进集聚与分工扩张机制发挥作用，以逐步走向中心城市与分工网络共生演化的发展道路。

二、建构自主转型系统

丝绸之路经济带主要是转型或发展中国家间的合作，问题的复杂性和模块网络化机制的特殊性表明，丝绸之路成员方不仅可能，而且有必要建构自主转型系统，以符合自身及时代发展需要，这成为发展丝绸之路经济带的基本战略（如图 3 –4 所示）。

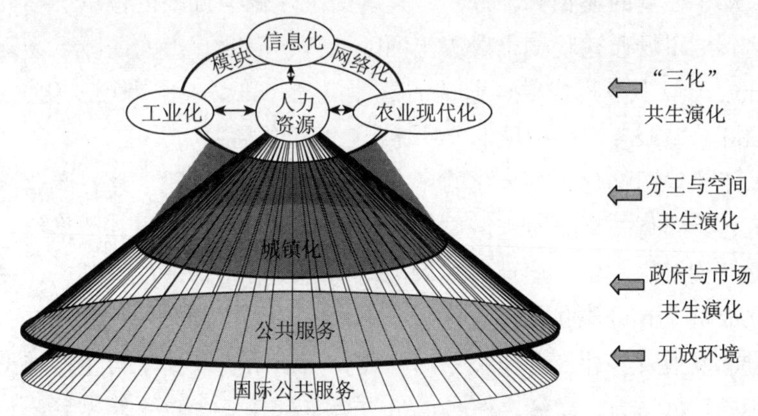

图 3 –4　基于模块网络化的自主转型系统

第一，模块网络化使生产系统对异质产品产生巨大需求，任何多样化、小批量的“长尾市场”① 都可能为模块网络化提供潜在发展空间，经济发展水平各异的丝绸之路国家和地区均能纳入模块网络化发展体系。

第二，模块网络化使生产过程的分工不断细化、专业化，不仅生产制造领域走向

① ［美］克里斯·安德森. 长尾理论［M］. 乔江涛，石晓燕，译. 北京：中信出版社，2012：5 –10.

技术升级，而且信息科技等生产性服务不断衍生，以及随着劳动者对农产品需求量和品质的提升，农业生产领域也走向现代化，即工业化、信息化和农业现代化在模块网络化机制下趋于共生演化；由于企业专业化和异质化的前提是创新，而这有赖于劳动者心智的开发，因此，高素质人力资源的供给成为“三化”共生演化的重要基础。模块网络化使生产系统越趋复杂，也为越来越多企业走上各自的异质化方向提供可能，由此，任何国家和地区都能在模块多层级分解中选择不同的专业化和异质化方向，并通过人力资源的培育和供给，继而通过技术创新来实现各自的产业升级与转型；而且，基于模块分解的网络内在联结性，各国和地区的异质化方向成为同一网络系统的不同组成部分，彼此只有通过密切合作实现联结才能共同发展。

第三，在模块网络化驱使生产分工不断细化过程中，能承受高租金的高新产业聚集在城市中心，租金承受能力下降的产业不断向外转移，空间调整过程产生内在联结的层级化产业聚集空间结构，即“三化”与城镇化趋于共生演进，模块网络化提供区域发展和转型的强大动力。

第四，不管是人力资源的培育，还是城镇空间的改造，在模块网络化发展中都日益表现出公共产品特性，需要由同样趋于网络化发展的公共服务生产和供给组织高效地提供相应服务，即公共服务成为全产业链的重要组成部分，政府与所服务的市场形成协同关系并共生演化，两者不可分割。

第五，模块网络化的发展对更大范围的市场开放存在巨大需求，对于转型或发展中国家来讲，幼稚产业的成长有个过程，其承受国际竞争挑战的范围会不断变化，而且各国能够达到的市场通达程度也取决于国际谈判，因此，影响国际市场运作的国际公共服务在开放环境下也构成全产业链的延伸部分，需要根据市场变化提供订制化、富有弹性的国际公共服务，以满足生产系统产业升级的需要。

可见，基于模块网络化，差异化的产业演进方向成为可能，且各产业演进方向内在联结；并且，异质化的产业演进需要依托于各自国内外公共服务的供给，即形成本地化、自主的转型升级系统。由此，模块网络化的发展特性表明，其一，发展水平各异的丝绸之路成员方有可能找到各自的转型方向，且各发展方向内在联结；其二，丝绸之路成员方的发展及与外部合作关系的拓展，归根结底取决于自主的转型升级；其三，面对强大的转型压力，丝绸之路各成员方只有依托于各自主转型系统，才能巩固各自可持续的分工地位，不至于陷入外围而难以自拔。总之，基于模块网络化的自主转型系统的建构，为各方自觉参与合作、实现共赢提供可能，是丝绸之路经济带得以可持续发展的根本。

三、驱动共生协同转型

古丝绸之路开辟了在陆权时代，由亚洲的汉朝和欧洲的罗马帝国两大经济中心驱使，彼此商贸、文化互通带动诸如撒马尔罕城等丝路沿线欧亚非各驿站、集市、居民点、城市共同兴起和发展的国际交往与合作模式①。在模块网络化时代，丝绸之路经济带同样需要在扩大市场通达范围的前提下，基于全新理念和逻辑建构共生协同转型机制，从而为发展丝绸之路经济带指明现实路径（如图3-5所示）。

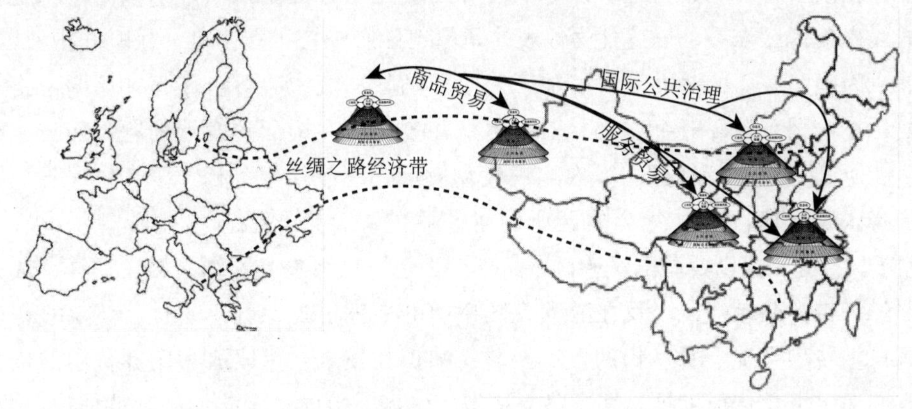

图3-5　丝绸之路经济带的共生协同转型机制

首先，丝绸之路经济带沿线各国、各地区建构自主转型系统是根基。其一，任何地区基于模块网络化而展开的分工细化、专业化、异质化，都有赖于各自以人力资本累积为核心的国内外公共服务供给，市场与政府不可分割，且具有区域独立性；其二，自主的转型系统为各国、各地区的主权独立奠定基础，从而使平等的国际交往和合作成为可能；其三，自主转型系统的构建使发展中国家和地区有可能突破外围陷阱，实现经济社会繁荣，由此为地区稳定和提升购买力创造条件，这有助于可持续地扩大国际市场规模以及夯实国际合作基础。

其次，提高延伸至欧亚的内外市场通达性是必要前提和条件。市场通达性水平的提升，使各国、各地区的微观主体和组织得以最大程度地集聚异质产品需求，从而可以参与模块分解，并实现各自模块的规模化生产，继而走向异质化和专业化。也就是说，提高市场软硬件通达水平为模块网络化的运作创造条件，也使各地区建构自主转型系统得以成为可能。由于欧洲和东亚两大经济圈之间的中间地带发展水平较低、经济规模较小，仅仅连通欧洲与中亚，或者东亚与中亚都难以达到集聚市场需求、重构生产系统的目的，所以连通欧亚变得确有必要，这使中亚在两大经济圈互通商贸过程中通过发挥联结功能参与其中，并逐步走向共同发展。而且，从模块网络化初步发展的20世纪末以来，北美和东亚因跨越太平洋的运输相对便利等因素作用，彼此一体化程度较高；而欧洲国家六成以上的贸易活动主要与区域内国家展开，这与欧洲和东亚间海洋运输路途较远、陆路通道并不通畅有一定关系②。由此，打通欧亚商贸通道，特

① 马可波罗. 马可波罗行纪［M］. 冯承钧，译. 北京：中华书局，2004：245.
② 马莉莉. 金砖国家合作机制发展基础与选择［J］. 国际问题研究，2012.

别是陆路通道后，欧亚两大经济体驱动丝绸之路经济带的商贸往来和合作仍有广阔发展空间。

再次，各地区走向差异化发展方向。由于各国、各地区的发展基础和地缘优势存在差异，在模块分解中，各地可以选择各异的专业化方向。如从中国参与丝绸之路经济带的代表性地区来看，以喀什为代表的新疆地区有一定工业基础，且毗邻中亚国家，可发展成为面向中亚的商品贸易、加工制造和国际物流中心等。作为古丝绸之路起点的陕西，在中国东向开放中发展相对缓慢，并累积起多层面的发展问题，如工业亟待升级、能源利用和可持续开发、农业现代化发展、生产性服务衍生、环境保护、城乡协调、跨区域政府间合作等，陕西所面对矛盾的综合性给创新自主转型系统、实现“四化同步发展”提供典型的试验区；虽然陕西已不能像在古丝绸之路中那样，成为丝绸之路经济带的驱动端，以及在亚欧大陆桥中的地理位置也并不占优，但陕西在创新和建构自主转型系统中所累积的发展经验、知识和技术，可以成为服务贸易的核心产品，它们通过文化传播助推丝绸之路经济带的发展，由此奠定陕西的独特地位。此外，上海在国际金融服务、生产制造基础、生产性服务供给等领域可以为丝绸之路经济带提供支撑；以及上海和北京分别作为上海合作组织的创立城市和秘书处所在地，为上海合作组织成员国协商合作提供了国际公共治理平台。

最后，丝绸之路经济带各参与方走向“共生协同转型”。一方面，在各国、各地区融入模块网络化并走向企业异质化、地区差异化过程中，模块分解与网络联结使企业、地区、国家成为国际全产业链的共同组成部分，彼此无法分割，只有不断强化合作，各参与方共同应对市场变化的弹性反应能力才能得以增强并实现共赢，否则或因网络体系无法有效联结而导致各方共同陷入发展困境。另一方面，各个自主转型系统的构建有利于扩大市场整体规模，在互联互通过程中，为丝绸之路经济带其他参与方提供更大的转型与发展空间。由此，基于自主转型系统的差异化发展，丝绸之路经济带成员方得以“共生协同转型”。

由于丝绸之路经济带主要是转型或发展中国家间的合作，初级产品相对丰富、开发便利很容易使这些国家感染“荷兰病”——初级产品部门繁荣并导致其他部门衰落，而这从根本上不利于各成员方以及丝绸之路经济带整体的可持续发展。虽然建构“共生协同转型”机制是一个需要各成员方均不断努力并艰难探索的过程，但为丝绸之路经济带的兴起指出现实可行的发展道路。

四、创新弹性合作模式

为促使“共生协同转型”机制在丝绸之路经济带得以建构，有必要从转型或发展中国家的国情出发，选择富于弹性的合作模式。

首先，构建“主权国家＋中心城市＋自由贸易区”三级合作框架。目前，从安全合作起步的上海合作组织已经建立起中国与中亚国家间越趋成熟的合作框架与机制；

2005—2006 年，上海合作组织将合作范围进一步扩展到经贸领域，通过在西安设立“欧亚论坛”和举行“‘丝绸之路’投资论坛”等促进各方的交流与磋商；2013 年 9 月，欧亚 9 国城市代表签署《共建“丝绸之路经济带”西安宣言》，就丝路沿线中心城市间合作达成共识；以及近来随着上海自由贸易区的设立，中塔喀什自由贸易区的规划也提上议事日程。由于丝绸之路经济带的探索尚处于起步阶段，各领域所取得的初步成果还较难看到其内在关联性，甚至引发是否冲突等质疑；但是，从共生协同转型的发展机制来看，由于自主转型系统建构的必要性，丝路各方需要根据各自国情和发展需要，循序开放合作，因此，构建三级合作框架成为各国的现实选择。其中，第一，以上海合作组织为主的主权国家间磋商和合作机制主要决定丝绸之路经济带发展的制度框架，是各方维护主权和国家根本利益的重要平台；第二，中心城市作为建构自主转型系统的主体，有必要构筑自我演进路径和维护独立性，更需要了解、学习、形成自主建构的方式和方法，因而，中心城市间主要构筑知识、信息、文化交流合作的载体和平台；第三，共生协同转型机制的运作一方面有赖于丝路各方尽力开放本国市场需求，并融入专业化分工，另一方面又需要减少国际竞争带来的冲击，因而各国可以选取条件成熟地区作为自由贸易区先行开放，并作为参与共生协同转型机制的合作与运作实体。总体来说，通过三级合作框架，丝绸之路经济带在整体欠发达的背景下，各国既可以维护自身根本利益，又能够促进发展经验的分享，丝路沿线自由贸易区网络的运作还能使先进生产方式在欠发达地区得以付诸实践。

其次，构筑从硬件通达到软件通达的多重互通互联环境。通过上海合作组织各方的努力，当前，新亚欧大陆桥沿线的交通运输通道建设正大力推进，硬件通达性将由铁路、公路、航空、能源管道等继续延伸至信息技术及网络建设。由于共生协同转型机制运作需要各模块化生产网络成员共享即时信息、同步运作以响应市场需求，因而，第一，在自由贸易区这些合作实体中，除需要多元的交通基础设施连通外，对信息网络通达性提出更高要求，以及在软环境建设中需要减少规管，保障企业运作效率；第二，在中心城市间合作层面，更侧重于知识信息文化传播快捷；第三，在国家层面，除各国达成互联互通的制度框架外，更主要是各国各自构筑中心城市与周边区域间的软硬件通达环境，以服务于自主转型系统中产业的空间调整，使本国落后地区得以分享中心城市发展成果。

再次，拓展从商品贸易到服务贸易的多层次合作领域。自主转型系统是建设与发展丝绸之路经济带的重中之重，提供国内外公共服务、开发人力资源、促进不同方向的专业化和异质化，不是与商品自由贸易相分割，而是需要同步推进。所以，不仅发达国家在适应生产方式的变革，逐步展开 TPP(《泛太平洋战略经济伙伴关系协定》)、TTIP（《跨大西洋贸易与投资伙伴协议》）和 PSA（《多边服务业协议》）等促进服务贸易自由化的磋商与谈判；发展中国家也有必要积极应对服务贸易自由化的发展形势。对于丝绸之路经济带来讲，主要适应分层开放格局，在不同的开发开放区开展交通、能源、农业到金融、投资、文化往来，从商品贸易到服务贸易，甚至公共服务领域等的多层次的合作，以适应自身和丝路经济带整体发展需要。

最后，引入订制化、弹性国际合作协议。对于转型或发展中国家来讲，各领域针对不同国家的开放程度和应对外部冲击的能力有很大差别，在利用开放环境实现自主转型升级的宗旨和目标下，各国不是用统一的开放标准来“一刀切”解决所有国际经贸合作问题，而需要“一国一策”，由“管理”“管治”转向“治理”“服务”理念，针对全产业链不同环节、不同需要订制相应的国际合作协议，并随着市场环境变化，进行弹性调整和敏捷响应。因而，形成多元化、多层次的国际合作协议网络并不一定是竞争关系，而是存在互补性，即共同满足于各国不同角度的发展需要与整体一体化的推进。如上海合作组织和丝绸之路经济带在主权国家间合作与经济领域合作之间形成互补关系，俄罗斯所倡导的“欧亚联盟”和丝绸之路经济带之间有可能在不同国家和区域合作之间形成一定互补性，即都有利于欧亚一体化的拓展。为适应达成弹性合作协议，丝路各国参与国际合作协议磋商的部门和机制均有待强化运作效率，即自身也需要充分利用模块网络化的潜在价值，通过多层次的模块分解，强化各领域、各方向的专业化研究；然后通过模块组合敏捷提供订制化的合作规则。参与国际公共治理部门的重构，是为丝绸之路经济带多层次国际合作协议网络的弹性制定和有效执行构筑组织基础。

五、战略方案的选择

对于中国来说，向西开放是全球分工发展到当前阶段的重大战略选择，丝绸之路经济带是主要的陆路实现方式。尽管从时代背景和发展趋势来看，实现沿线参与国家和地区的共生协同转型是各方实现可持续发展和合作的必由之路，但是，建设丝绸之路经济带的现实挑战同样考验着这一思路的可行性，由此，有必要选择具有可操作性的战略实施方案。

第一，丝绸之路经济带的建设需要分阶段进行，远景目标在于联结欧亚市场。南南合作由来已久，但是发展中国家经济发展规模小、彼此间政治经济等关系复杂，往往难以通过共享市场空间、驱动强劲的产业发展和经济增长，由此使南南合作一直未有突破性进展。从20世纪末以来欧洲分工体系的发展来看，欧盟主要采取东扩、吸收发展中国家或小国经济体来促进一体化，从实践结果来看，同样由于总体市场规模难以大幅度攀升，欧洲的分工深化程度进展有限。而亚太经济体，在以中国为核心的东亚和以美国为核心的北美加速融合过程中，整体市场规模快速扩大，从而使内部的分工深化得以实现。同样，古丝绸之路的强劲发展在于联结着罗马帝国和汉唐中国两大生产区域与消费市场。因此，实现市场规模的质变性扩张，一体化经济体内部才有可能切实地走向分工深化与产业演进。丝绸之路经济带沿途经过诸多欠发达国家，仅仅是发展中国家的联结，其经济规模并不足以拉动深刻的经济调整和分工发展；只有实现欧亚的互联互通，庞大的市场规模效应才可能促使两大区域的经济重构以及分工深化，以及沿线各国和区域也能在庞大的商品和经贸流通中分享到广阔市场给自身带来的发展机遇。而且，与东亚市场相联结，也符合当前欧洲社会经济发展的现实需要。因此，联结欧亚市场应当成为发展丝绸之路经济带的远景目标，沿途的东亚、中亚、西亚、中东欧国家成为丝绸之路经济带的重要共建方。然而，丝绸之路经济带沿线国家和地区间社会政治矛盾的复杂性，使这一路线的贯通并不容易，甚至可能旷日持久。由此，分阶段的推进丝绸之路经济带建设成为现实选择，并且从当前来看，只是处于初始建设阶段，且因尚未形成共识而将困难重重。

第二，初始阶段的建设重点在国内的西部地区，试验自主转型的区域代表成为战略核心。在国际合作具有不确定性的形势下，丝绸之路经济带的战略启动区主要在国内的西部，在主权范围之内以及国家较强的动员能力，使西部率先走上转型发展道路具有一定可行性。由于丝绸之路经济带可持续发展的前提是沿线地区各自走上转型升级道路，这需要以创新理念和模式构建起自主转型升级系统，然而，即使在中国，这也是需要创新和突破的领域；而且从发展条件来看，西部地区也较沿线其他国家和地区更为优越和充分。因此，率先在西部地区试验创建自主转型系统，而后将建设思路和经验传播到沿线国家和地区，是共建丝绸之路经济带的具有可操作性的发展路径。

第三，中亚国家是初始阶段的国外启动区域，寻找突破口成为主要工作方向。丝绸之路经济带是漫长的陆路通道，建设过程无疑需要由近及远逐步推进，俄罗斯和中亚五国作为中国的西北部邻国，成为首要拓展的国家，特别是俄罗斯、哈萨克斯坦、吉尔吉斯斯坦、塔吉克斯坦、乌兹别克斯坦等上海合作组织成员国，已经在安全、能源等领域形成一定的合作基础和机制，有条件在基础设施和经贸领域率先展开合作。近年来，俄罗斯和中亚国家社会政治趋于稳定，经济发展寻求突破的需求攀升，打开国际市场、拓展邻近大国，成为俄罗斯和不少中亚国家的普遍共识。由此，在合作阻力较小的区域率先建设，成为拓展丝绸之路经济带的现实路径。在此过程中，寻找最具合作诚意和潜力的国家展开重点建设，形成可资借鉴的突破口和示范效应，对于进一步推动丝绸之路经济带建设具有重要意义。因此，从当前的初始阶段来看，以俄罗斯和中亚国家作为启动区域，寻找合作突破口，致力于创新发展模式，形成示范效应，是近期工作的重中之重。

第四，推动自由贸易区或先行示范区模式的发展，促进理念、技术和信息交流，由点带面，培育共识。对于受传统文化习俗和经济制度束缚的国家来说，实现发展理念和方法的创新并不是容易的事情，因此，从可操作性角度来看，需要鼓励丝绸之路经济带沿线国家和地区发展自由贸易区或经济特区，以局部率先引入新情境、新理念的方式，培育新型产业和生产组织习惯，而后以点带面，逐步扩大新思想、新知识、新文化的传播，以启动思想意识和文化习俗的转型。在此过程中，不应任由市场机制发挥作用，以避免欠发达国家对拥有资源禀赋优势的初级产品出口形成依赖；而应当加强新型理念、技术、信息和资本的输入，以培植欠发达国家新型产业生长发育的条件，继而使之逐步走上自主转型升级的道路。在特殊发展区域引入先进产业和发展模式的过程中，可以由点带面，培育合作共识和文化，从而为后续展开更广阔范围的合作奠定基础、创造条件。

第五，积极应对非传统安全，求同存异，在寻求和扩大共同关切基础上推进合作，夯筑利益共同体，以走向共同繁荣和可持续发展。丝绸之路经济带沿线国家和地区间各领域矛盾错综复杂，再加上“三股势力”的现实考验，合作基础被严重侵蚀。然而，在欠发达国家普遍处于被外围化这一国际背景下，各国均面临严峻的经济安全、金融安全、生态环境安全、信息安全、资源安全、恐怖主义、疾病蔓延等非传统领域的安全问题，并且，这些问题正日益尖锐地挑战着各国政府和民众的应对能力，跨国合作、寻求发展成为各方无法回避的现实选择。因此，面对丝绸之路经济带沿线地区具有较广泛的应对非传统安全的共同关切和挑战，有必要求同存异，扩大共识，形成合作；并在加强沟通和经贸往来过程中，提高社会经济发展的内在联结性，培育共同利益，最终使合作和共赢走向可持续。

总而言之，丝绸之路经济带的构建还处于初始阶段，全球新兴生产组织方式的兴起为丝绸之路的创新发展创造有利条件，但重振路径如何规划，继而如何转变为现实等，还需要更多的共识和实践。

3.4　丝绸之路经济带的合作架构

丝绸之路经济带究竟应以怎样的合作架构来发挥其功能并实现战略目标？对合作架构的探讨，是将丝绸之路经济带这一现阶段停留在“抽象的构想”① 的“创新合作模式”② 进行具体化的重要基础和前提：“基础”和“前提”正是对合作架构这一用语的界定解释。所谓基础，是由架构（Framework）这一概念从构词角度所秉持的含义所确定的。由“架”与“构”组成，架构的中文释义为“构筑（动词解释）；事物的组织、结构、格局（名词解释）”③；英文由 Frame（结构）和 work（工作）组成，Framework 意为“项目的基础或结构规划”④、“本质的支撑结构；基础结构”⑤：合作架构的探讨是丝绸之路经济带发展的宏观基础。所谓前提，在于合作架构这一概念在当代国际关系实践中往往以合作架构（框架）协议（Cooperation Framework Agreement）⑥ 的签署作为合作机制化与制度化的开端，继而延伸到相关国际组织的建立。没有对合作架构的定位，合作协议便无从起草，相关国际组织的建立更是空中楼阁。而无论丝绸之路经济带的发展需要通过相关协议签署和机制建立与否，对其合作架构的

---

①　中国社会科学院俄罗斯东欧中亚研究所的李建民教授指出：“‘丝绸之路经济带’至今还是一个相对抽象的构想，对于该经济带覆盖的地理范围、合作领域和合作机制安排、具体实施路径、实施阶段及目标等都需要尽快具体化。”李建民．“丝路精神”下的区域合作创新模式——战略构想、国际比较和具体落实途径［J］．人民论坛·学术前沿，2013（23）．

②　中国国家主席习近平于2013 年9 月7 日在纳扎尔巴耶夫大学的演讲中指出：“为了使我们欧亚各国经济联系更加紧密，相互合作更加深入，发展空间更加广阔，我们可以用创新的合作模式，共同建设‘丝绸之路经济带’。这是一项造福沿途各国人民的事业。”参见弘扬人民友谊共创美好未来——在纳扎尔巴耶夫大学的演讲［N］．人民日报，2013 -09 -07.

③　现代汉语词典（第五版）［M］．北京：商务印书馆，2008.

④　Framework 一词在《柯林斯英语词典》中的解释为：a structural plan or basis of a project（项目的基础或结构规划）。Framework. Dictionary. com. Collins English Dictionary - Complete & Unabridged 10th Edition. Harper Collins Publishers. http：//dictionary. reference. com/browse/Framework（最后访问时间：2014 年4 月20 日）。

⑤　Framework 一词在《牛津词典》中的解释为：An essential supporting structure；A basic structure（本质的支撑结构；基础结构）。Framework. Oxforddictionaries. com. http：//www. oxforddictionaries. com/definition/english/framework（最后访问时间：2014 年4 月20 日）。

⑥　合作架构（框架）协议在国际关系实践中从政治、经济、文化等各个领域覆盖行为体之间双边、多边合作。例如：2010 年中国大陆同台湾签署的《海峡两岸经济合作架构（框架）协议》（*Cross - Straits Economic Cooperation Framework Agreement*），环孟加拉湾多部门技术经济合作成员国签署的《环孟加拉湾多部门技术经济合作自由贸易区域框架协议》（*BIMSTEC Free Trade Area Framework Agreement*），美国与伊拉克于2008 年签署的《战略框架协议》（*Strategic Framework Agreement*），菲律宾为寻求和平稳定而于 2012 年在马尼拉签署的《摩罗国框架协议》（*Framework Agreement on the Bangsamoro*）。架构（框架）协议是参与各方对某一议题的基础和框架性内容达成共识并启动合作的正式文件，它的签署代表着这一议题进入了有据可循的发展阶段。

研判都是给予丝绸之路经济带重要的理论准备与智力支持。为了厘清丝绸之路经济带发展的基础和前提，本节将基于国际关系理论和丝绸之路经济带发展的实践，考察并分析丝绸之路经济带的合作架构。第一部分考察丝绸之路经济带合作架构的三种模式，基于国际关系理论对合作模式的探讨，提出松散型合作、制度型合作、功能型合作三种类型。第二部分分析丝绸之路经济带合作架构三种模式的利弊，通过讨论 2013 年 9 月丝绸之路经济带概念提出至今的发展状况，对比合作架构三种模式与丝绸之路经济带的契合度。第三部分对丝绸之路经济带合作架构的讨论作以小结，并对本报告的研究范围作进一步的界定。本节认为，丝绸之路经济带合作架构当前处于从松散型向制度型发展的过渡阶段，为了顺利完成这一过渡，功能型合作架构能够起到重要的衔接与建构作用。

一、丝绸之路经济带合作架构的三种模式

习近平主席在 2013 年 9 月访问哈萨克斯坦时，在阿斯塔纳的纳扎尔巴耶夫大学的演讲中提出建设“丝绸之路经济带”的倡议，考察该倡议在演讲中具体的提出方式，对理解丝绸之路经济带合作架构的潜在模式颇为重要：

“当前，世界经济融合加速发展，区域合作方兴未艾。欧亚地区已经建立起多个区域合作组织，欧亚经济共同体和上海合作组织成员国、观察员国地跨欧亚南亚西亚，通过加强上海合作组织同欧亚经济共同体合作，我们可以获得更大发展空间。

女士们，先生们，朋友们！

为了使我们欧亚各国经济联系更加紧密，相互合作更加深入，发展空间更加广阔，我们可以用创新的合作模式，共同建设‘丝绸之路经济带’。这是一项造福沿途各国人民的事业。我们可以从以下几个方面先做起来，以点带面，从线到片，逐渐形成区域大合作”①。

这段讲话开启了丝绸之路经济带构建之门，其中提出的几个关键词，对考察其合作架构的内涵尤为重要。首先，从“区域合作”到“区域大合作”，体现一种地区主义（Regionalism）的思考和地区一体化（Regionalization）的愿景。这就要求丝绸之路经济带从地缘构成上以地区级别构建，地理范围大，覆盖国家多；而在这种情况下，统一且紧密的合作架构必然难以迅速实现。其次，谈“欧亚经济共同体”和“上海合作组织”，体现了对制度化国际组织（Institutionalized International Organization）的重视。欧亚经济共同体和上海合作组织都是完成制度化建设的国际组织，如果丝绸之路经济带以“欧亚经济共同体 + 上海合作组织”的方式发展，对其本身的制度化要求，就成为既定发展方向。再次，“以点带面，从线到片，逐渐形成”的发展构想，体现国际关系理论中功能主义（Functionalism）的方法特点。国际合作中

---

① 节选自中国国家主席习近平 2013 年 9 月 7 日在哈萨克斯坦首都阿斯塔纳的纳扎尔巴耶夫大学．弘扬人民友谊共创美好未来——在纳扎尔巴耶夫大学的演讲［N］．人民日报，2013 - 09 - 07.

功能主义的应用，主要体现在同一地缘框架下的多个具体且细节化的机构，同时功能性地释放溢出效应，为共同的框架提供联合、扩大的发展动力；即以多个点，带动整个面。基于以上关键词分析，可以为丝绸之路经济带的合作架构提出三种基本的发展模式以供讨论研究。

1. 松散型合作

松散型合作是丝绸之路经济带的第一种合作架构发展模式。在地区主义和地区一体化研究的语境下，松散型合作是指，依靠“非正式的协商机制”（Informal Consultative Mechanisms）和“共识构建手段”（Consensus - building Measures），而非“正式的、具有约束力的制度安排”（Formal and Binding Institutional Arrangements）①”所形成的合作架构。《东亚地区主义：范式转变》一书中说道：同世界其他地区比较，这种松散型合作尤其体现在东亚经济一体化发展进程中。除过东盟的努力之外，东亚地区的国家一直没能建立起类似欧洲的欧盟或美洲的北美自由贸易协定这种正式的经济合作架构②。究其原因，东亚地区经济发展水平有限是一方面制约因素；另一方面，一些研究东亚地区主义发展进程的学者认为，许多（东亚）地区国家依旧担心制度化会使亚太经济合作组织（及最终的东亚经济圈）最终由大国把持：例如美国或日本。这种“非正式的”或者“松散的”地区合作架构所带来的最大影响就是，经济方面不能通过溢出效应施惠其他功能领域，即便东盟亦是如此③。这种松散型合作架构附于丝绸之路经济带，将会体现出“两有两无”四种特征：第一，丝绸之路经济带有统一的发展概念；第二，丝绸之路经济带有推广和构建共识的手段；第三，丝绸之路经济带没有建立独立的运行机制；第四，丝绸之路经济带没有正式的制度安排。

2. 制度型合作

制度型合作是丝绸之路经济带的第二种合作架构发展模式。国际关系理论对制度型合作有专门的理论支持，新自由制度主义（Neo - liberal Institutionalism）即是国际合作“制度化”（Institutionalization）和“正式国际组织”（Formal International Organization）建立的理论基础。新自由制度主义认为，正式的国际制度、国际组织可以帮助提升国家间合作水平，从而达到各国间和平共处、合作共赢的发展状态。美国国际关系学者索仁森认为，新自由制度主义具有强烈的理想主义（Idealism）色彩④；而新自由制度主义理论发展的领军人物，美国学者罗伯特·基欧汉则认为这种理想主义或自由主义的标签并不确切，他在理论命名中倾向于使用制度主义（Institutionalism）或理性制度主义（Rational Institutionalism），就是为了强调该理论也是像政治现实主义（Political

---

① 参见《大英百科全书》在线 Loss Regionalism 词条：http：//www. britannica. com/EBchecked/topic/766776/loose - regionalism（最后访问时间：2014 年 5 月 30 日）。

②③ Liu Fu - kuo and Regnier. Regionalism in East Asia：Paradigm Shifting?［M］. Routledge. 2003：147.

④ Robert and Sorensen. Introduction to International Relations：Theories and Approaches［M］. Oxford，OUP，3rd ed，2006：108.

Realism）一样包含功利（Utilitarian）和理性（Rationalistic）因素的，是具有现实意义和操作价值的理论①。针对这个理论的命名种类繁多，但综合比较这些命名不难发现，始终保持不变的即是“制度”这一核心内容；实际上，新自由制度主义就是围绕制度的建立与维持而展开的。联合国是制度型合作在国际关系实践中的代表性体现，在联合国宪章这一基础制度框架下，联合国大会、安全理事会、经济及社会理事会、托管理事会、国际法院、秘书处组成联合国的主要机构，构成一个由全球主权国家组成的国际组织。而联合国从建立以来所贡献的成果，从新自由制度主义理论的视角看，是在“制度”框架下才能获得的成果，是通过成立“国际组织”才能起到的作用。这种制度型合作架构附于丝绸之路经济带，将要求建立一个统一的、正式的、制度化的丝绸之路经济带国际组织，并包含三方面特点：第一，有确定的成员（国家或非国家行为体）；第二，有规范的运行机制与机构安排；第三，有约束并服务该组织及其全体成员的组织制度。

3. 功能型合作

功能型合作是丝绸之路经济带的第三种合作架构发展模式。这是基于国际关系学功能主义（Functionalism）与新功能主义（Neo – functionalism）理论的合作架构。罗马尼亚出生的英国学者戴维·米特兰尼（David Mitrany）在其20世纪30—40年代的一系列著作中②，系统阐述了功能主义的理论基础、主要内容和应用途径；美国学者厄恩斯特·哈斯（Ernst Haas）则在“二战”后五六十年代欧洲一体化兴起的进程中，发展出新功能主义对原有的理论进行补充和优化③。功能主义与新功能主义共同形成一整套针对国际合作建立与发展的理论支持，它们在论点提出上存在区别，但相互之间并无矛盾④。为避免同一理论框架下多种分论可能形成的理解混淆，本节综合看待功能主义和新功能主义所提出的理论观点，统一使用功能主义这一名称作为丝绸之路经济带功能型合作的理论来源。功能主义理论采用“渐进方法”（Gradualist Approach），提出包含两种渐进逻辑（自下而上和碎片拼接）的两大关键概念：“超国家”（Supranational）和“溢出”（Spillover）。首先，功能主义认为

① Keohane Robert and Martin. The Promise of Institutionalist Theory［J］. International Security. 1995，20（1）：39.

② David Mitrany. 1943. The Progress of International Government［J］. Yale University Press，1933. A Working Peace System. London：Royal Institute of International Affairs，1943.

③ Ernst Haas. Beyond the Nation – state：Functionalism and International Organization［M］. Stanford University Press，1964.

④ 新功能主义是哈斯在功能主义的基础上发展而来的，主要强调了功能主义不能不考虑政治精英对经济、科技等非政治议题合作的影响。同时，新功能主义在继承功能主义对“超国家”合作模式的推崇中，强调了功能主义合作必须是以领土为基础的国家间合作。新功能主义的发展使之前功能主义为人诟病的“理想主义”缺陷得以弥补，使功能主义理论体系更加完整且富于实用性，成为几乎等同于区域一体化战略的理论体系。而功能主义之父戴维·米特兰尼在新功能主义提出后也在借鉴的基础上对自己原有的理论进行了反思，在随后的著作中将功能主义框架下的各个理论优点加以整合，予以完善。参见 David Mitrany. The Functional Theory of Politics［M］. New York：St. Martin's Press，1976.

经济、科技等非政治领域的国家间合作进程，可以使合作成员在共同应对一项专门议题时，产生一种超越“民族主义”（Nationalism）和“属地主义”（Territorialism）的合作意识，从而服务于它们共同建立的（针对这项专门议题的）“超国家”国际组织。其次，这些以经济、科技等非政治专门议题成立“超国家”国际组织在合作进程中所形成的合作意识，能够以“溢出”的方式自下而上地扩散到政治领域，形成一种通过多重合作成果而取得的全面合作效应。在这个自下而上的渐进发展中，如果将科技、经济领域的各类专门合作组织比喻为“碎片”（Pieces），那么功能主义最终追求的全面繁荣就是一种“碎片拼接的和平”（Peace by Pieces）。简而言之，功能主义推崇的即是一种“多点发展形成线面，暂离政治带动政治”的演化和扩散合作理念；需要注意的是，功能主义要求合作不先触碰政治议题，而通过非政治议题的“溢出”效应在时机适当的情况下自然形成对政治议题的接纳。这种功能型合作架构附于丝绸之路经济带，包含两方面要求：第一，不触碰政治议题。第二，大量发展经济、科技等非政治议题的“小而专”的合作组织。

二、丝绸之路经济带合作架构的模式评估

丝绸之路经济带的历史文化积淀深厚，但当前发展基础薄弱；对其展开的研究现状火热，但隐含信息多而不易把握。从2013年9月习近平主席提出以来，丝绸之路经济带已逐渐成为中国未来涵盖对内发展和对外交往双向建设的国家大战略，受到国内和国外政学各界的特别重视：2013年11月12日，党的十八届三中全会审议通过了《中共中央关于全面深化改革若干重大问题的决定》，提出“建立开发性金融机构，加快同周边国家和区域基础设施互联互通建设，推进丝绸之路经济带、海上丝绸之路建设，形成全方位开放新格局。”① 2014年3月5日，十二届全国人民代表大会第二次会议中，国务院总理李克强向大会作政府工作报告指出，“紧抓规划建设丝绸之路经济带、21世纪海上丝绸之路，推进孟中印缅、中巴经济走廊建设，推出一批重大支撑项目，加快基础设施互联互通，拓展国际经济基础合作新空间。”② 俄罗斯《独立报》2013年11月15日刊登由塔夫罗夫斯基撰写的《北京集纳山川大洋——“中国梦”战略得到两个新外交构想的补充》，称丝绸之路经济带和21世纪海上丝绸之路是“在欧亚空间同时开启两个新的一体化进程”③。一段时间内，日本、法国、美国、比利时等欧洲各国媒体，纷纷撰文讨论，对中国的丝绸之路经济带给予了上升至战略层面的深

① 参见《中共中央关于全面深化改革若干重大问题的决定》，2013年11月12日中国共产党第十八届中央委员会第三次会议。

② 参见《政府工作报告》，2014年3月5日第十二届全国人民代表大会第二次会议。

③ 俄报：海陆“丝绸之路”构想延伸“中国梦”战略［N］．参考消息，2013-11-20.

度关切①。

1. *存在已久的松散型合作：是否要继续*

松散型合作架构附于丝绸之路经济带，在之前的理论分析中提出了“两有两无”四种特征，即丝绸之路经济带有统一的发展概念，有推广和构建共识的手段；没有建立独立的运行机制，没有正式的制度安排。可以发现，这几乎是当前丝绸之路经济带发展的现实写照。首先，丝绸之路经济带概念提出以来，政学各界对这一名词不断进行探讨和解释，就概念形成一定共识：中国领衔的欧亚经济合作进程。其次，对这一概念的落实过程中，以西部为龙头的地方政府开启了如火如荼的配套建设，中国领导人在对外交往的各种场合所言必及“丝绸之路经济带”合作理念，对内对外形成一套构建和推广这一共识的手段。但是，对丝绸之路经济带宏大战略的落实目前还停步在“中国推广，世界观望”的阶段，概念走出去了，平台还没有出现。丝绸之路经济带的覆盖范围广泛，基于历史资料考察其所包含的国家，本身就是一组松散连接的网络（如图 3－6 所示）。

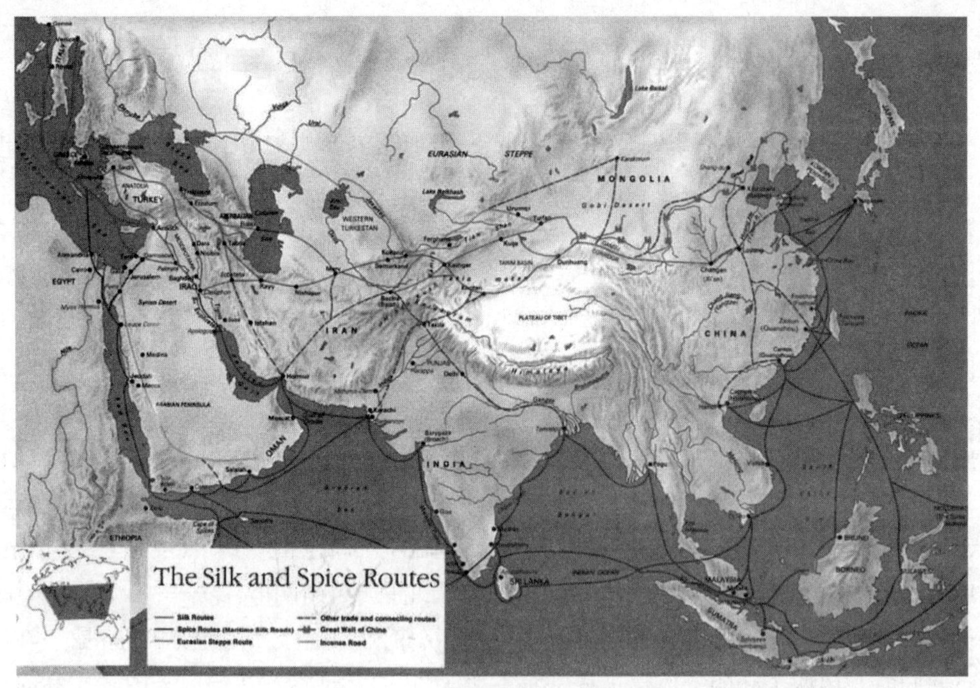

图 3－6　丝绸和香料之路

资料来源：联合国教科文组织：《丝绸之路的全面研究：对话之路》，2008 年。

① 人民网 2014 年 1 月 17 日刊文《日媒：中国推动西进战略寻求新的能源供应线》，2014 年 2 月 14 日《中国“海上丝绸之路”新提法引国际关注》和 2014 年 2 月 21 日《法媒：聚焦西亚中国的“新丝绸”战略》；新华网 2013 年 11 月 21 日转引比利时《欧盟观察家》11 月 20 日《欧洲是否将受益于中国新的宏大战略?》所作的文章《比利时媒体：中国宏大战略让欧洲受益》，和 2013 年 10 月 16 日转引美国《华盛顿邮报》10 月 14 日《中国用本国的两条丝绸之路绕过美国的“新丝绸之路”》所作的文章《美媒：中国用“两条丝绸之路”还击华盛顿》。

现阶段，丝绸之路经济带没有形成独立的运行机制，中国政府还没有出台关于丝绸之路经济带机制建设的专门方案；丝绸之路经济带范围内各国与中国合作发展的制度讨论更无从谈起。丝绸之路经济带目前所处的松散的概念推广和认同阶段，在中国积极布局的进程中，体现出一种类似美国“辐射状”（Hub and Spokes）联盟体系的特点。这种特点体现在丝绸之路经济带现阶段的发展进程中，由中国领衔的“中心”（Hub），分别连通丝绸之路经济带覆盖范围内的合作伙伴（国家和地区），这些合作伙伴就是“结点”（Spokes）；也就是说，中国和每个国家保持（丝绸之路经济带概念的）联系，而各个国家之间没有形成（丝绸之路经济带概念的）联系。虽然基于“中心”的丝绸之路经济带概念性合作已经展开，但对于“结点”各国来说，它们的丝绸之路经济带概念并没有在彼此之间形成，这种合作架构，即体现了松散型合作的特点。如果继续保持这种辐射状的合作架构，丝绸之路经济带同地区内各国间（中国之外）的经济合作将无大关系，各国只会在与中国的双边合作中涉及丝绸之路经济带内容，形成中国的“一头热”而无法全面开花；这显然不是丝绸之路经济带所期望达到的结果。因此，虽然松散型合作架构相对稳定且发展历久，但无法承载丝绸之路经济带所追求的战略目标。

2. 尚未提及的制度型合作：是否需开始

制度型合作架构附于丝绸之路经济带，在之前的理论分析中提出了建立统一的、正式的、制度化的丝绸之路经济带国际组织的三方面要求：有确定的成员（国家或非国家行为体）、有规范的运行机制与机构安排、有约束并服务该组织及其全体成员的制度。显然，当前丝绸之路经济带还没有涉及关于制度型合作架构的实践。制度型合作架构的实践，基本包含三个关键点：成员、组织、制度。

丝绸之路经济带基于古代丝绸之路的历史文化背景而提出，但丝绸之路经济带不是复原古代丝绸之路。因此在划定丝绸之路经济带覆盖范围时，既要尊重古代丝绸之路形成的历史网络，又要根据当前中国战略需求进行考量，对古代丝绸之路国家（地区）做加减法。亚洲开发银行的新丝绸之路研究选择了最大化的覆盖范围。亚洲开发银行赞助的FT研究显示，新丝绸之路在当代公路、铁路、海路、航空的连通下，已形成一个潜力巨大的一体化网络雏形，覆盖亚洲和欧洲的全部国家，以及非洲大部分国家，总共得到的国家数量将达到100个以上。考虑到丝绸之路经济带的战略目标会带来与欧盟经济体系重合和冲突的隐患，丝绸之路经济带可以与欧盟合作，但不应奢望与欧盟重合；甚至，部分重合都较难实现。如果丝绸之路经济带的机制与制度化进程开启，就难以避免与欧盟产生碰撞。这种碰撞，如果丝绸之路经济带发展成熟，可能带来中欧双方对欧亚交界国家如土耳其、塞浦路斯、白俄罗斯等的争夺（如图3－7所示）。

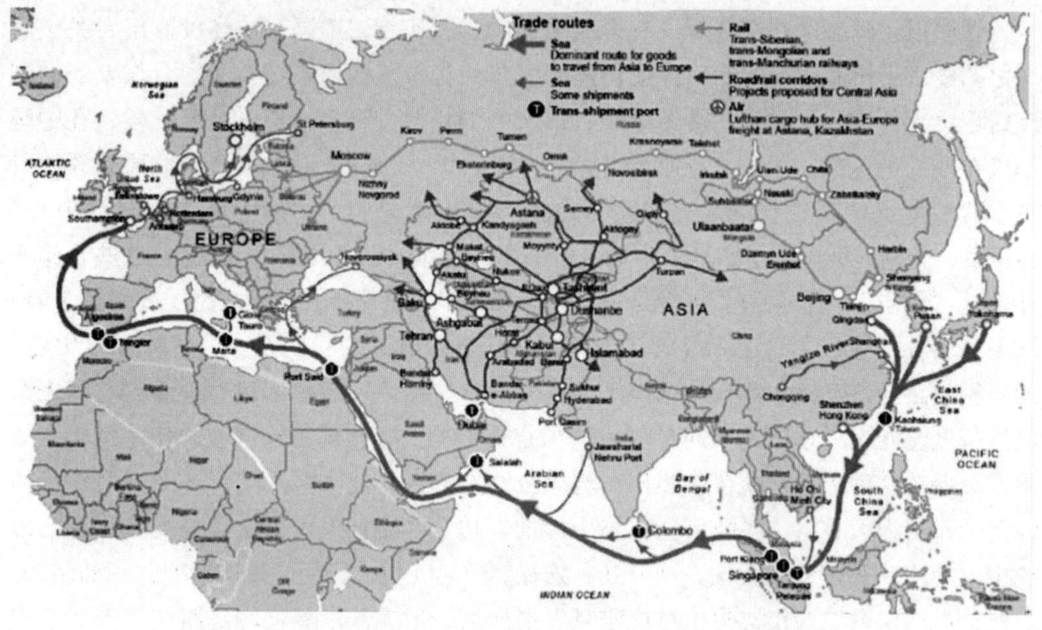

图3－7　新丝绸之路：公路、铁路、海路、航空

资料来源：亚洲开发银行Global Insight，FT研究。

基于最大化的丝绸之路可覆盖范围，去掉欧盟治下的大多数欧洲国家和非洲内陆国家后，就得到了一幅丝绸之路经济带覆盖范围65国列表。这个列表由两类国家构成：第一类国家是符合古代丝绸之路历史和考古依据的沿线国家；第二类国家是利于中国实现丝绸之路经济带战略目标的沿线周边国家①。而少数还未与中国建立外交关系的国家（如不丹），则暂时未计算在内。64＋1的覆盖方案在当前只是一种研究性探讨，尤其在非洲和欧洲地区覆盖国家的选择上仍然具有相当的弹性，真正的覆盖范围需要学者和政府共同努力尽早给出，从而为机制和制度化建设提供参与角色指导。但从目前对丝绸之路经济带所讨论的覆盖范围来看，庞大的国家数量将会给机制建立带来巨大的挑战，即便将欧盟领衔的欧洲国家暂时剥离出丝绸之路经济带国家名单，建立全新的合作平台以承载如此众多的地区国家也非常困难。这种困难不亚于将全球大半个“南南合作”统筹到同一个平台之上，并由中国主导管理。应知，丝绸之路经济带应当成为中国实现战略目标的布局，而非包袱（如表3－1所示）。

① 目前能够考虑纳入丝绸之路经济带覆盖范围的欧洲国家，应当按照丝绸之路历史依据进行选择，如意大利、希腊和塞浦路斯，以保证丝绸之路经济带历史标签的特点。它们的加入，文化参与性大于政经实用性。

表 3－1　丝绸之路经济带覆盖范围 64+1 国家概况

区域	序号	国家	人口（万）	面积（万平方公里）	国内生产总值（2012 年）美元	人均国内生产总值（2012 年）美元	对华建交时间	备注
东亚	1	中国	136072	960	8227102629831	6091	—	不包括中国香港、澳门
	2	日本	12730	37.8	5961065540384	46731	1972 年 9 月 29 日	邦交正常化
	3	韩国	5000	10.3	1129598273324	22590	1992 年 8 月 24 日	
	4	朝鲜	2405	12.3	—	—	1949 年 10 月 6 日	经济统计数据暂缺
	5	蒙古	294	156.65	10271393281	3673	1949 年 10 月 16 日	
中亚	6	哈萨克斯坦	1716	272.49	203520610288	12121	1992 年 1 月 3 日	
	7	吉尔吉斯斯坦	566.3	19.99	6474843799	1155	1992 年 1 月 5 日	
	8	塔吉克斯坦	798.48	14.31	7632614221	953	1992 年 1 月 4 日	
	9	乌兹别克斯坦	3007.5	44.74	51112745669	1717	1992 年 1 月 2 日	
	10	土库曼斯坦	684	49.12	35164210526	6798	1992 年 1 月 6 日	中立国
西亚	11	伊拉克	3280	44.89	215837906604	6625	1958 年 8 月 25 日	2003 年 7 月复馆
	12	伊朗	7717	164.5	552397273213	7228	1971 年 8 月 16 日	
	13	叙利亚	2240	18.518	—	—	1956 年 8 月 1 日	经济统计数据暂缺
	14	约旦	638.9	8.9	31015239496	4909	1977 年 4 月 7 日	
	15	黎巴嫩	588	10.452	42945273632	9705	1971 年 11 月 9 日	
	16	以色列	813.2	2.5	257621957027	32567	1992 年 1 月 24 日	
	17	巴勒斯坦	1100	0.25	—	—	1988 年 11 月 20 日	经济统计数据暂缺
	18	沙特阿拉伯	2920	225	711049600000	25136	1990 年 7 月 21 日	
	19	巴林	119.5	0.0767	30362317939	23040	1989 年 4 月 18 日	
	20	卡塔尔	212	1.1521	192390104345	93825	1988 年 7 月 9 日	
	21	科威特	382	1.7818	183242586638	56374	1971 年 3 月 22 日	
	22	阿联酋	840	8.36	383799194081	41692	1984 年 11 月 1 日	
	23	阿曼	396	30.95	78110793868	23570	1978 年 5 月 25 日	
	24	也门	2360	55.5	35737147702	1498	1956 年 5 月 24 日	
	25	格鲁吉亚	448.38	6.97	15747288816	3507	1992 年 6 月 9 日	
	26	亚美尼亚	327.43	2.98	9950522733	3351	1992 年 4 月 6 日	
	27	阿塞拜疆	948	8.66	66604589419	7165	1992 年 4 月 2 日	
	28	土耳其	7562	78.36	789257487307	10666	1971 年 8 月 4 日	
东南亚	29	菲律宾	9770	29.97	250182019476	2587	1975 年 6 月 9 日	
	30	越南	8878	32.9556	155820001920	1755	1950 年 1 月 18 日	
	31	老挝	638	23.68	9417665586	1417	1961 年 4 月 25 日	
	32	柬埔寨	1440	18.1035	14038383450	944	1958 年 7 月 19 日	
	33	缅甸	6112	67.6578	—	—	1950 年 6 月 8 日	经济统计数据暂缺
	34	泰国	6450	51.3	365965815820	5480	1975 年 7 月 1 日	

续表

区域	序号	国家	人口（万）	面积（万平方公里）	国内生产总值（2012年）美元	人均国内生产总值（2012年）美元	对华建交时间	备注
	35	马来西亚	2970	33	305032745225	10432	1974年5月31日	
	36	文莱	39.3	0.5765	16953952625	41127	1991年9月30日	
	37	新加坡	540	0.07143	276520028929	52052	1990年10月3日	
	38	印度尼西亚	23760	190.4443	878043027882	3557	1950年4月13日	
	39	东帝汶	117.6	1.4874	1293000000	1068	2002年5月20日	
南亚	40	阿富汗	2900	64.75	20496777409	687	1955年1月20日	
	41	尼泊尔	2660	14.7181	18962962963	690	1955年8月1日	
	42	孟加拉国	16000	14.757	116355057337	752	1975年10月4日	
	43	印度	121000	298	1858740105864	1503	1950年4月1日	
	44	巴基斯坦	19700	79.6095	225143266331	1257	1951年5月21日	
	45	斯里兰卡	2033	6.561	59423009404	2923	1957年2月7日	
	46	马尔代夫	32	9	2222429330	6567	1972年10月14日	
欧洲部分国家	47	白俄罗斯	946.24	20.76	63267017440	6685	1992年1月20日	
	48	俄罗斯	143000	1707.54	2014774938342	14037	1949年10月2日	继承苏联
	49	乌克兰	4555	60.37	176308825694	3867	1992年1月4日	
	50	塞浦路斯	86.2	0.9251	22766912960	26070	1971年12月14日	欧盟国家
	51	希腊	1081	13.1957	248938656856	22442	1972年6月5日	欧盟国家
	52	意大利	6087	30.1333	2013375304004	33816	1970年11月6日	欧盟国家
	53	摩尔多瓦	355.76	3.38	7252769934	2038	1992年1月30日	
马格里布和非洲东北沿海	54	埃及	9200	100.145	262831912587	3256	1956年5月30日	
	55	利比亚	660	176	—	—	1978年8月9日	经济统计数据暂缺
	56	苏丹	3420	188	58768800833	1580	1959年2月4日	
	57	突尼斯	1070	16.2155	45662043358	4237	1964年1月10日	
	58	阿尔及利亚	3790	238	205788796017	5348	1958年12月20日	
	59	毛里塔尼亚	390	103	4199051817	1106	1965年7月19日	
	60	摩洛哥	3290	45.9	95981572517	2902	1958年11月11日	
	61	埃塞俄比亚	9100	110.36	41717843026	455	1970年11月24日	
	62	厄立特里亚	609	12.4	3091837398	504	1993年5月24日	
	63	吉布提	90	2.32	—	—	1979年1月8日	经济统计数据暂缺
	64	肯尼亚	4100	58.2646	40697163224	943	1963年12月14日	
	65	索马里	1008	63.766	—	—	1960年12月14日	大使馆即将复馆

注：根据中华人民共和国外交部网站、世界银行网站数据整理。

了解了丝绸之路经济带需要覆盖的庞大地域范围之后，仅仅联合发展“欧亚经济共同体”和“上海合作组织”就显得不够了：即便“欧亚经济共同体＋上海合作组织”的合作机制形成，其所覆盖的成员范围也无法满足丝绸之路经济带的总体需要。更何况，欧亚经济共同体本身的发展并不成熟①，上海合作组织是以多边安全合作为主题的地区组织，其本身经济层面的开发程度有限②，两者联合所能带来的成果不容乐观。虽然习近平主席在提出丝绸之路经济带构想时谈到了加强这两个现有的机制化国际组织的合作，但近两年以来，两者的实质性连通并未有所进展。制度型合作架构的建立，基于丝绸之路经济带现有的发展状况而言，还具有相当长的距离。

3. 逐渐形成的功能型合作：怎样扩大化

功能型合作架构附于丝绸之路经济带，在之前的理论分析中提出了两方面要求：第一，不触碰政治议题。第二，大力发展经济、科技等非政治议题的“小而专”的合作组织。从功能理论出发，这是一个“自下而上”和“溢出功能”相结合的过程。《东亚地区主义：范式转变》一书中谈到了东亚地区一体化进程停滞不前的一个重要原因就在于地区各国对各自主权潜在的被侵犯可能感到担忧，从而形成一种对多边合作和地区一体化进程谨慎而勉强的态度，而这种情况在丝绸之路经济带发展的进程中也难以避免。因此而言，政治议题虽然不会在丝绸之路经济带建构中消失得无影无踪，但主动地尽量避免涉及政治议题而积极地促进非政治议题是非常有必要的。欧盟作为历史上最成功的多边合作和地区一体化范例，其形成的过程本身就反映功能主义理念在实践中的价值，欧盟的成立和发展，是功能型非政治组织长期正面溢出效应积累的成果。欧洲早在 19 世纪就开始功能型多边合作组织的建立，莱茵河委员会（Rhine River Commission，1804）、多瑙河委员会（Danube River Commission，1857）、国际电信联盟（International Telegraphic Union，1865）、万国邮政联盟（Universal Postal Union，1865）的发展，加强了欧洲国家之间在各个领域的联动，逐渐建立并强化了专业领域内的共同观念。虽然历经两次世界大战的摧残，欧洲作为欧洲国家认同的共用标签，相对于其他地区的认同状况更加聚合。“二战”之后的欧洲百废待兴，1952 年 7 月 25 日成立的欧洲煤钢共同体（European Coal and Steel Community）、1957 年 3 月 25 日成立的欧洲原子能共同体（EURATOM）都成为欧盟成立进程中自下而上、由非政治议题溢向政治议题的功能型组织。

虽然丝绸之路经济带的制度化建设无法凭空开启，但大量功能型的“小制度”建设则可以尽快展开。在丝绸之路经济带框架下筹划“能源俱乐部”就是重要的尝试，

① 欧亚经济共同体作为俄罗斯独联体政策下联合地区各国的关税协调机制，自 2001 年成立后少有建树，成员国乌兹别克斯坦还在 2008 年退出了该组织；即便该组织各方在 2012 年 3 月 19 日会议中同意于 2015 年 1 月 1 日前起草并签署关于建立欧亚经济联盟的条约，至少当前，欧亚经济共同体并不具备承载丝绸之路经济带落实的能力。而且，在欧亚经济共同体自身发展堪忧的情况下，其同上海合作组织的合作，在短期内恐难以有效成行，或形式大于实际。

② 上海合作组织作为地区性的多边安全合作组织，安全合作是其核心内容，经济、文化合作是辅助内容。而依托上海合作组织构建的丝绸之路经济带，虽然经济是其本身的核心内容，但框架内整体的战略服务目标，依然是作为上海合作组织核心内容的安全议题。

"能源俱乐部"的规划与当年欧洲煤钢共同体的设立有着异曲同工的相似性。"能源俱乐部"的雏形和发展始于上海合作组织，2011 年 9 月 23 日由中国、吉尔吉斯斯坦、俄罗斯、塔吉克斯坦四国能源部长在西安欧亚论坛上通过的《西安倡议》，成为在上海合作组织框架下推进成员国能源合作的重要文件。但是此后，在上海合作组织框架下发展"能源俱乐部"的进度并没有加快，而中国处于国家战略所进行的能源合作也无法限于上海合作组织框架之内。丝绸之路经济带提出以来，中国向包括阿拉伯国家在内的更多能源合作伙伴发出了新框架下"能源俱乐部"的邀请。2014 年 1 月 17 日海湾阿拉伯国家合作委员会代表团访华，海合会轮值主席国科威特第一副首相兼外交大臣萨巴赫在与习近平主席会谈中谈到，古老的丝绸之路曾把海湾国家与中国联系在一起，海合会各成员国愿积极参与丝绸之路经济带和 21 世纪海上丝绸之路建设，积极推进双方在各领域友好合作①。而当中国为打通印度洋方向能源输入而积极投建巴基斯坦瓜达尔港时，巴基斯坦作为中国友好邻邦也显示出对丝绸之路经济带框架下各项合作的参与热情②。"能源俱乐部"是建立丝绸之路经济带框架下功能型组织的一个良好开端，在这个宏大的框架下，更多潜在领域的多边"俱乐部"都可以提上讨论议程。在暂时搁置政治议题的基础上，经济、科技、文化领域的各个专门议题都是功能型"小制度化"组织建立的依托。值得一提的是，经济领域的分工研究，可以为划分功能型组织建立的类别提供可靠的智力支持：这个过程需要跨学科通力合作，才能为整体的功能型合作架构提供优化方案。

值得注意的是，功能主义作为丝绸之路经济带功能型合作架构的理论基础，也存在着需要避免的潜在弱点。其中，新功能主义指出的"溢回"（Spillback）"环溢"（Spillaround）"紧缩"（Retrenchment）"聚合"（Build－up）③，都是丝绸之路经济带功能型合作架构应用中需要警惕的情况。溢回是指"一个一体化组织的权威在范围和职能上都减少了，即它的功能范围和权力都收缩到外溢前的状况"；环溢是指"一个一体化组织所执行的功能范围有了增加，而在权威方面没有相应增加"；紧缩是指"一体化组织的权威减少，而成员国之间联合仲裁的水平提高"；聚合是指"一体化组织的决策自主性和权威增加，而它没有进入的新的课题领域"④。因此，丝绸之路经济带在功能型合作架构中，需要保持各类功能型组织的发展动力与活力以避免"溢回"；需要强调丝绸之路经济带本身独一无二的特殊性和权威性以避免"环溢"；需要强化中国作为丝绸之路经济带领导者的权威性以避免"紧缩"；需要促进丝绸之路经济带各国的能动性以避免"聚合"。需要注意，"紧缩"和"聚合"并不是悖论，只是进程控制中一个"度"的把握问题。处理好这些问题，在功能主义"溢出"效应的正面影响下，丝绸

① 习近平会见海湾阿拉伯国家合作委员会代表团［EB/OL］．新华网，2014－01－17.
② 习近平会见巴基斯坦总统侯赛因［EB/OL］．中国新闻网，2014－05－22.
③ David Mitrany. The Functional Theory of Politics［M］. New York：St. Martin's Press，1976.
④ 房乐宪．新功能主义理论与欧洲一体化［J］．欧洲，2001（1）.

之路经济带能够从松散型向制度型逐渐过渡，通过各种功能型的“小制度化”组织，自下而上地溢出至“大制度化”的丝绸之路经济带的统一机制。

三、报告范围的界定

基于国际关系理论对松散型、制度型、功能型合作模式的相关论述，以及结合丝绸之路经济带对三种合作架构的利弊分析可知，丝绸之路经济带合作架构当前处于从松散型向制度型发展的过渡阶段，为顺利完成这一过渡，功能型合作架构能够起到重要的衔接与建构作用。丝绸之路经济带究竟应以怎样的合作架构来发挥其功能并实现其战略目标？功能型合作是一种有意义的、值得深入探讨的、适合丝绸之路经济带当前发展状况的合作架构。

基于上述战略思路和方案，本报告把当前的研究对象主要限定在上海合作组织成员国和另一中亚国家土库曼斯坦的范围之内，着重从梳理各参与方的发展特点和现状入手，明晰丝绸之路经济带的合作起点，并以全球分工网络中参与方的分工地位、中国中心城市与省市分工网络发展、自由贸易试验区设计、各参与方合作领域以及古今借鉴等为分析架构，展开对丝绸之路经济带的初步研究。

第四章　主要成员方的发展和参与合作的形势

4.1　俄罗斯经济转型与丝绸之路经济带

苏联解体后，俄罗斯作为国民经济主要继承国开始采用“休克疗法”激进转型，国内外经济联系断裂使俄罗斯陷入长期的经济衰退，进入21世纪以来才开始缓慢复苏。通过成为“八国集团”成员、加入WTO等举措，俄罗斯努力融入西方世界，但美欧不断侵入俄传统战略空间、实行保持其弱而不乱的战略，使这个昔日强国的发展受到很大限制。于是，积极推行亚太战略，成为俄罗斯重塑大国地位的现实选择。俄罗斯社会经济转型及对外联系的变化，以及在欧亚地区的独特地位与作用，使其成为丝绸之路经济带的首要合作方之一。

一、俄罗斯经济发展基础与政治社会环境

1. 俄罗斯的经济发展基础

（1）丰富的自然资源

俄罗斯地大物博，各种资源储量均居世界前列，其中天然气已探明蕴藏量48万亿立方米，占世界探明储量的21%，居世界第一位；石油探明储量252亿吨，占世界探明储量的5%，居世界第二位；铁矿石蕴藏量650亿吨，约占40%，居世界第一位。除此之外，铝、铀、黄金，镍等金属矿藏和石棉、石墨等非金属矿藏的储量都十分大。除了可以自给的各种能源外，俄罗斯森林覆盖面积8.67亿公顷，占国土面积51%。水力和渔业资源十分丰富，境内有300万余条大小河流、280余万个湖泊。资源的不可替代性为俄罗斯的经济发展提供了重要保障。

（2）高素质的劳动人口

从人口数量来看，1993—2013年，俄罗斯人口从1.486亿人下降到1.433亿人；其中2012年70岁以上人口所占比重已上升到总人口的10%，老龄化现象超过大多数欧洲国家；此外，俄罗斯适龄劳动人口为7667.6万人，占总人口数的53.6%。虽然劳动人口较少，但得益于完善的医疗水平和发达的基础教育，俄罗斯人口素质相对较高，这为其提供了重要的发展空间和潜力。

（3）雄厚的科技实力

俄罗斯继承了苏联雄厚的军事科技实力，基础研究、军工和宇航技术都位居世界领先地位。在基础研究方面，俄罗斯科学院在微电子和毫微电子、电光绘图新工艺、高温超导、气象等领域取得了具有世界先进水平的研究成果；在军工方面，2013 年俄罗斯军品产品出口近 90 亿美元，位列世界第二，军品出口的成长成为国民经济发展的一个重要方面。在高技术研究方面，俄罗斯的航空航天技术、新材料技术等都保持领先地位，是目前世界上唯一能够全面掌控空间站制造、发射和回收技术的国家。① 有俄罗斯硅谷之称的大型现代化项目斯科尔科沃创新中心于 2010 年 5 月正式建立，该中心作为俄罗斯创新经济政策的试验基地，推动能源、信息技术、通信、生物医学和核技术五个重点领域的现代化进程。强大的科技潜力转化为现实的生产力后将为俄罗斯创造巨大财富。

（4）完善的交通体系

俄罗斯幅员辽阔，横跨亚欧大陆，交通四通八达。其中，铁路运输是最主要的交通方式，以首都莫斯科为中心形成了稠密的放射状铁路网，俄罗斯铁路公司正计划建成从乌拉尔地区到大西洋之滨的统一高铁网络，将主要城市由高速铁路连接起来；而在广大的西伯利亚地区，依托于传统的亚欧大陆桥，构成向太平洋国家的运输大动脉。此外，俄罗斯河流较多，有漫长的海岸线，圣彼得堡和海参崴都是重要的海港。管道运输也是运送俄罗斯丰富资源的重要通道。2013 年 7 月，俄罗斯总统普京推出扩大基础设施投资新政策，计划从国家福利基金中划拨 4500 亿卢布投资建设中央环形公路，对贝阿铁路和跨西伯大利亚大铁路进行现代化改造，拟新建莫斯科—喀山高速铁路。② 日益完善的交通体系为俄罗斯开展内外经贸活动提供了方便。

（5）充足的国际储备

俄罗斯是继中国和日本之后的国际储备大国，截至 2014 年 1 月，俄罗斯外汇储备达到 5095.95 亿卢布，占总储备的 95% 以上。根据世界黄金协会公布的数据来看，俄罗斯 2013 年拥有的黄金储备共 1015.1 公吨，较 2012 年上涨 8.1%，排世界第八位。近年，俄罗斯也提高了在 IMF 的特别提款权和储备头寸。充足的国际储备为俄罗斯经济发展提供资金保障，也增强了应对国内外市场和金融风险的能力。

2. 俄罗斯政治社会环境

20 世纪 90 年代以来，俄罗斯从根本上改变了斯大林时期建立起来的高度集权的社会主义政治制度，确立以议会民主、三权分立、自由选举等为主要特征的西方民主政治制度。政治转型是俄罗斯迈向现代化的重要一步，当前的政治社会环境主要表现为以下特点：

---

① 程亦军．俄罗斯科技现状与创新经济前景分析［J］．俄罗斯中亚东欧市场，2005（11）：8.

② 俄将动用国家福利基金加强基础设施建设［EB/OL］．新华网，2013 - 06 - 21，http：//news.xinhuanet.com/world/2013 - 06/22/c_ 124894359.htm.

（1）政治体系日益完善，腐败现象依然严重

俄罗斯于1993年12月12日以全民公决的方式通过《俄罗斯联邦宪法》，规定俄罗斯是共和制的民主联邦法制国家，实行的是以三权分立为主要特征的资产阶级议会民主制。具体来说，实行总统制的政权形式，总统由全民无记名投票选出。俄罗斯联邦会议是最高立法机关，由联邦委员会和国家杜马两院组成。司法体系独立，审判权只能由法院行使，法官只服从俄罗斯联邦宪法和联邦法律。此后，普京和梅德韦杰夫继续推进民主政治改革，俄罗斯的政治体系日益完善。

与此同时，俄罗斯存在着严重的腐败问题，根据透明国际评估的2013年全球腐败印象指数，俄罗斯在177个国家中排名127位。① 行政机关办事效率低并且权力大，官僚化现象严重阻碍经济社会的健康发展。

（2）一党独大、多党并存的政治格局难以动摇

俄罗斯拥有较多党派，截至2013年上半年，在俄司法部获准注册的政党已超过70个，其中统一俄罗斯党是最大的党派，公正俄罗斯党、自由民主党也在政治中发挥重要作用，“一党独大、多党并存”的政党格局已经形成和逐步固化。统一俄罗斯党作为政权党，与行政体系高度结合，一方面总统可以利用政党通过适合国家发展战略的法案，有利于国家政策的贯彻执行；同时政治垄断极易滋生腐败，不利于多党竞争。

（3）政局和社会总体稳定，局部仍存在宗教和民族冲突

2000年普京就任总统以来，坚持加强中央集权，强调自由、民主和市场经济制度，国家政策的连贯性保证了经济持续发展和社会整体稳定。但马里兰大学建立的恐怖主义数据库显示，1991—2012年，俄罗斯共发生1895起恐怖袭击事件，首都莫斯科2010年春的地铁连环爆炸、2013年索契奥运会期间无轨电车爆炸等事件，反映出俄罗斯民族和宗教冲突依然尖锐。车臣问题根深蒂固、失业率居高不下，以及贫困问题等是导致俄罗斯社会政治局势动荡的重要因素。

（4）推行全方位外交，经济合作进程加快

普京执政以来，俄罗斯推行全方位、多样化的外交，在努力构筑新型大国伙伴关系框架的同时，积极介入地区及国际事务，扩大国际影响。一方面，恢复与原苏联盟国的关系，与波兰等中东欧国家改善关系，与白俄罗斯和哈萨克斯坦的关税同盟正式过渡到统一经济空间，积极推进与独联体国家经济一体化和自由贸易区的建设。另一方面，俄罗斯努力加强与各个国际组织、地区组织的关系，积极推动建立以欧安组织为主体的欧洲集体安全，加入八国集团、亚太经济合作组织、东盟地区论坛、世界贸易组织等有重要影响的国际组织。这些都有利于俄罗斯引进外资，发展对外贸易，以及融入全球化进程。

（5）社会分化严重、贫富差距较大

俄罗斯的私有化进程加快居民在财产、资本、社会地位等方面的分化。根据俄罗

① 普京设立反腐局严打腐败，俄官员称十分必要［EB/OL］．环球网，2013－12－04，http：//world. huanqiu. com/exclusive/2013－12/4627143. html.

斯联邦统计局数据显示，2012 年俄罗斯人均月收入 45000 卢布以上的人数占到总居民的 13.3%，而人均月收入 5000 卢布以下的人数占到总居民的 4.2%，居民之间的收入差距进一步拉开。由此导致基尼系数从 1992 年的 0.289 上升到 2012 年的 0.42，已超过国际警戒线水平。贫富差距的扩大极易导致贫困居民尤其是青少年走上犯罪道路，造成社会的不稳定。

二、俄罗斯经济改革的历程

俄罗斯的经济改革经历十分艰难和曲折的过程，既受到苏联历史遗留问题的影响，又是国内外力量共同作用的产物。

1. *叶利钦时期（1992—1999 年）：实行休克疗法*

俄罗斯继承了苏联的大部分家底，以及巨额外债和畸形的产业结构。叶利钦认为，应该进行大刀阔斧的改革，才能完全改变僵化的社会经济模式。一场以休克疗法为模式的改革，在俄罗斯联邦全面展开。休克疗法主要有以下特点：

第一，私有化：通过大规模推行私有化，改变所有制结构和分配格局。俄罗斯政府试图打破单一的公有制格局，通过发行私有化证券的无偿私有化和竞标出售、拍卖等有偿方式打破国家对经济的垄断，形成私营、个体、集体、股份制等多种经济成分并存的多元化格局。起初在小私有化阶段，由于公民之间购买力差距不大，国有资产较均等地为私有者占有；到有偿私有化阶段，俄罗斯通过“股票换贷款”等方式将石油、冶金、电力、通信等垄断性公司的控股权抵押拍卖，波塔宁、霍多尔科夫斯基、别列佐夫斯基、古辛斯基、弗里德曼、阿文和斯摩棱斯基等新兴权贵迅速成长起来，并深度干预国家政治，俄罗斯转向寡头资本主义。

第二，自由化：主要包括经济自由化和外贸的自由化。①价格自由化：1992 年 1 月 2 日，俄罗斯放开了 90% 的消费品价格、80% 的生产资料价格；3 月底除房租、公共服务、公共交通外全部消费品价格放开；4 月除天然气、电力使用调节价外燃料价格放开。②对内和对外经营自由化：政府废除一切计划，取消国家订货，由企业自行决定经营活动。政府还废除了对外经济活动的国家垄断，减少对进出口的限制，规定任何企业可以自由从事对外经济活动。③金融自由化：俄罗斯建立两级银行体制，加快银行等金融机构的建立，实行利率市场化；同时开放外汇市场，实行经常项下统一浮动汇率制。由此，改革者确立市场机制为经济运行原则：金融和非金融企业成为市场微观主体，通过产品供求决定价格，并实现资源在市场主体间的流动与配置，国内市场与国际市场相连接。

第三，稳定化：实行紧缩的财政政策和货币政策，抑制通货膨胀。一方面从紧缩财政财政来看，首先是增税：政府规定恢复商品增值税，税率为 28%；提高法人财产税和自然人所得税税率；开征石油天然气税等。其次是减支：削减价格补贴、企业亏损补贴、国家投资、军费开支和管理机关经费；控制靠预算支付的工资增长率，同时不与通货膨胀进行指数化挂钩。另一方面从紧缩货币来看，货币政策以控制货币发行、抑制通货膨胀为目标，采取控制财政透支、紧缩信贷、提高贷款利率等措施。

总的来说，叶利钦摧毁了传统计划经济体制的基础，建立起市场经济体制的框架，在制度建设上取得一定成效。但是俄罗斯在不具备基础条件的情况下过度依赖市场力量，反而导致更为严重的经济危机。

2. 普京时期（2000—2008 年）：推行有秩序的自由经济

普京执政的第一任期，俄罗斯经济从严重的危机状态摆脱出来，进入经济恢复增长期，人民生活有显著提高，出现预算盈余。这些都得益于普京对国家政策的根本调整，通过建立强有力的政权体系保证俄罗斯的经济改革，强调民族主义和爱国精神，坚持把保持经济增长和解决社会问题放在首位。

普京针对叶利钦所造成的困境，主要强调以下几点：强化中央权利力，积极推进政党制度改革，实现政治的安定有序；重新使一部分战略行业国有化并加以股份化改造，在具有国民经济命脉的行业加强国家控制；实行稳健的财政政策和货币政策，一方面对内加紧推行税制改革，避免过多的行政干预。另一方面，从货币紧缩转为刺激经济发展，解决预算危机；提高职工工资、退休金和养老金，实施教育、医疗、住房和农业四大国家工程，切实加强社会保障，遏制人民生活贫困化过程；实行“既要重视西方，又要兼顾东方”的对外贸易政策，把发展与独联体国家的经贸关系放在优先位置，以积极姿态推进加入世贸组织的进程。

普京的第二任期，坚持主权民主的核心思想，抓住世界能源价格不断上涨的历史机遇，在能源领域组建国家控股的大型企业。对外推行能源外交，在积极吸引欧洲大国的能源投资，引进其先进的能源技术的同时，不断开拓东亚能源市场。国家政策的正确指引、有利的市场行情，以及投资和消费需求的日益扩大，使俄罗斯进入世界十大经济体之列。

普京实行的一切政策走向都旨在恢复俄罗斯的大国和强国地位。他实行的不是像叶利钦那样野蛮的资本主义市场经济，而是文明的、建立在法律与平等竞争基础上的市场经济，是在保持强有力中央控制下推行的市场经济。①

3. 梅普时期（2008 年至今）：通过创新推动经济走向全方位的现代化

2008 年 5 月，普京总统结束 8 年的任期，将国家最高权力顺利移交给梅德韦杰夫，但普京并未离开国家政权，8 月被批准为总理。梅德韦杰夫继续沿着普京的路线，经济现代化改革得以全面推行。

2008 年国际能源与原材料价格的下降给俄罗斯经济造成很大的负面影响。俄罗斯意识到改变自身产业结构、增强经济独立性的重要性。梅普先后推出《2020 年前俄罗斯社会经济长期发展战略》、反危机计划和“经济现代化”方案。这三者一脉相承，最终目标都是使俄罗斯从能源出口型的经济模式转向以高新技术、人力资本为基础的创新型经济发展模式。梅普政策中主要强调以下几点：增加人力资本投入，提升教育、科学和医疗卫生水平；集中俄罗斯现有科技力量，从新能源、核技术、超级计算机、

① 陆南泉. 俄罗斯经济二十年（1992—2011）[M]. 北京：社会科学文献出版社，2012：4.

空间和通信、医疗领域高新技术研发五大战略领域取得突破；摆脱依赖能源和矿产的产业结构，合理开发利用能源，推广节能设备，发展创新型经济；调整外交政策，稳步推进俄白哈经济一体化进程，创建世界范围内的"现代化联盟"。

2012年3月4日，普京毫无悬念地再次赢得总统选举，梅德韦杰夫改任总理。普京在竞选纲领中提出俄罗斯未来的目标是实现新经济，即实现高效低能耗的创新型经济，加大投资在经济增长中的作用，确保具有竞争力的工业和基础设施、发达的服务业、高效的农业实现协同发展。在对外方面将强化与其他国家的合作，更加积极地参与国际事务，提高俄罗斯在国际市场的话语权。

三、俄罗斯经济总量与结构的变迁

曲折的改革历程使俄罗斯的国民经济发展经历巨大的起伏，经济转型与升级的重任仍艰巨而漫长。

1. 俄罗斯经济总量的变迁

自苏联解体以来，俄罗斯经历了从大幅衰退到恢复性增长的发展过程。

20世纪90年代，激进改革造成一系列经济危机，GDP持续下降，1992—1999年GDP总量从4898亿美元下降到1957亿美元，年均下降14%。1999年，普京开始实行有秩序的市场经济，经济持续复苏，GDP总量从1999年的1957亿美元上升到2008年的16608亿美元，增长8倍多。俄罗斯在经历数年的经济衰落后实现GDP的恢复性增长，同时也产生一系列联动效应，外汇储备开始增加，失业人数明显减少，实现汇率稳定。与此同时，依靠能源出口拉动经济增长的俄罗斯很容易受到国际环境的影响。2009年金融危机的影响造成世界能源价格下降，俄罗斯经济一路下滑，当年GDP较2008年减少438亿美元，出现7.9%的负增长。2010年经济逐渐恢复，在欧债危机和国际能源安全受到威胁的外部环境下俄罗斯经济一度走强，实现V字转型，成为世界第六大经济体。2012年经济继续增长，GDP达到19779亿美元（如图4－1所示）。

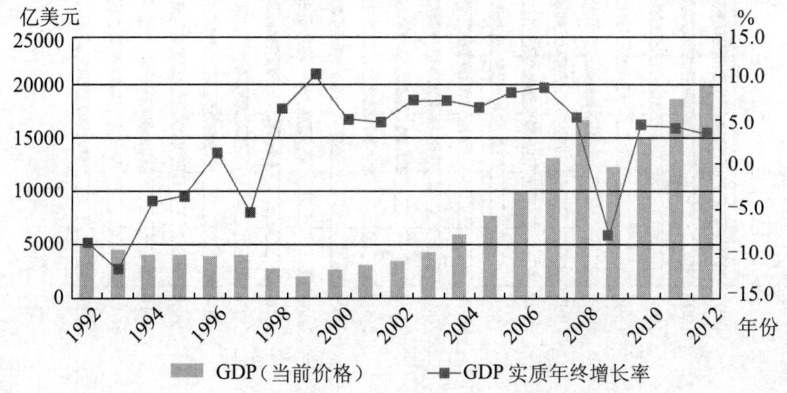

图4－1　1992—2012年俄罗斯GDP总量及增长率

资料来源：UNCTADSTAT数据库。

从 GDP 构成来看，俄罗斯经济增长主要由内需拉动，其中政府消费和居民消费的总额占 GDP 的60%以上；投资拉动比重 2012 年为 67.1%，较 2011 年有所上涨。此外，对外贸易也是拉动俄罗斯经济增长的重要因素，俄罗斯的对外贸易依存度相对较高且呈上升趋势，2012 年达到了 50.9%（如图 4－2 所示）。

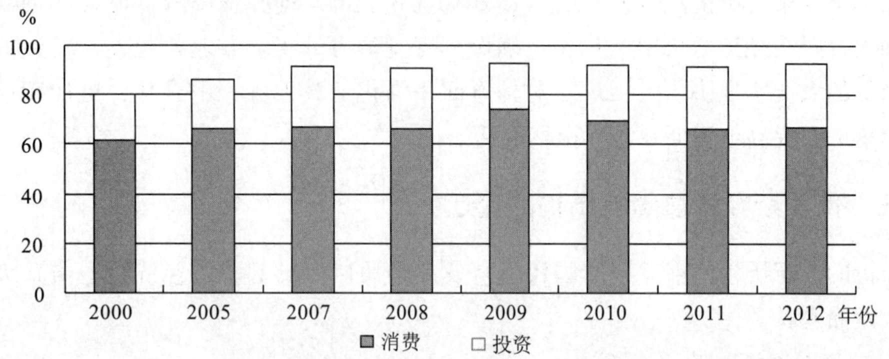

图 4－2　2000—2012 年俄罗斯 GDP 构成分析

资料来源：俄罗斯联邦统计局。

2. 俄罗斯经济结构的变迁

20 世界 90 年代以来，俄罗斯经济结构日趋合理，能源原材料部门占比较大是产业结构的突出特征。

从总的产业结构来看，俄罗斯第一产业产值占 GDP 的比重较小并持续下降，从 1990 年的 16.6% 降到 2012 年的 3.9%；第二产业比重在 1990 年比重最高，达到 48.4%，苏联解体后有所下降，基本保持在 30% ~40%。第三产业的比重则不断提高，从 1990 年的 35%升至 2012 年的 60%，上升 25 个百分点，逐渐接近发达国家第三产业的比重（如图 4－3 所示）。

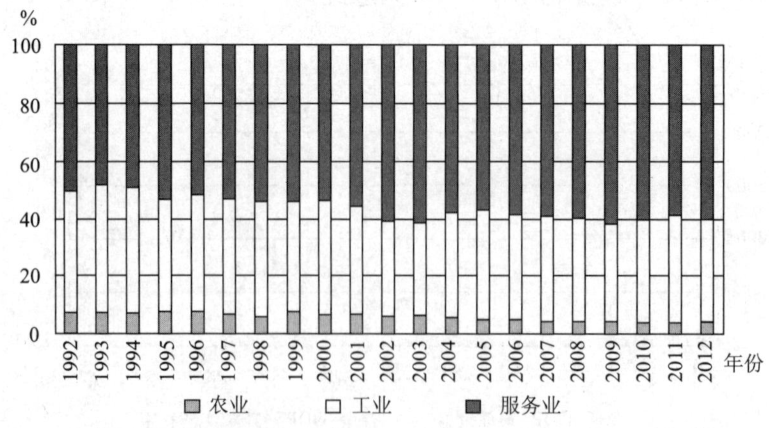

图 4－3　1992—2012 年俄罗斯三大产业占 GDP 的比重

资料来源：《国际统计年鉴》（2001—2013）。

从就业结构来看，1991—2011 年，第一产业和第二产业的劳动力占总劳动力的比重都有所下降，其中农业就业占比由 14.2% 下降到 9.7%，工业就业占比由 39.8% 下降到 27.8%，而第三产业的就业占比由 45.7% 增加到 63.7%，第三产业在吸纳劳动力上发挥积极作用，产业结构的优化导致就业结构的优化（如图 4－4 所示）。

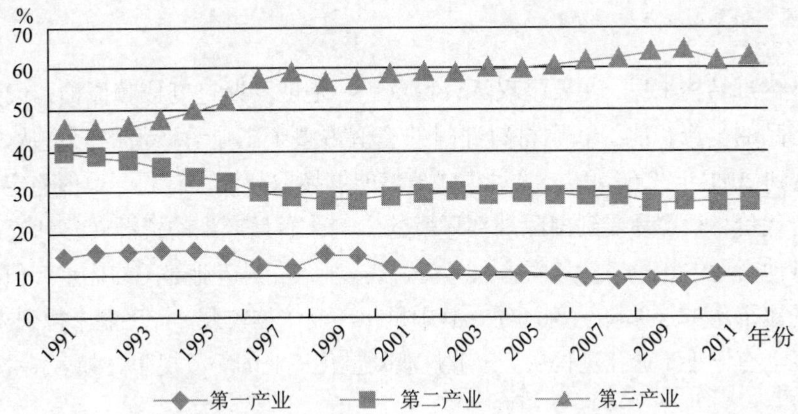

图 4－4　1991—2011 年俄罗斯三大产业就业人数占总就业人数的比重

资料来源：俄罗斯联邦统计局。

事实上，俄罗斯的产业结构虽然保持不断优化的状态，但在 2000 年以前，实际上是经济危机导致工农业产量下降从而引发的服务业的相对增长，是经济衰落状态下的虚假优化。2000 年以后，结构优化才取得实质性进展。

从农业内部结构来看，得益于以土地私有化和建立私人农场等为主要内容的农业改革，2000—2012 年俄罗斯农业产值都有较快增长。种植业从 3947 亿卢布增长到 14747 亿卢布，小麦、黑麦、玉米等是主要的粮食作物。而畜牧业也从 3477 亿卢布增长到 17157 亿卢布，肉、蛋、奶和羊毛是主要畜产品，但总体落后于种植业。此外，联邦政府不断加大对农业的资金和科研投入，加快农业产权改革，农业企业、居民副业，以及农场经济都成为农业的重要经营方式，农业不断朝着规模化和效益化的方向发展。但是，由于受到苏联时期挤压农业为重工业积累资金的影响，农业基础较为薄弱，俄罗斯农业产值仅仅占到世界 2% 左右，与发达国家的差距仍然很大（如表 4－1 所示）。

表 4－1　2000—2012 年不同经营方式下农产品的生产情况

按实际价格计算，单位：亿卢布

年份	农业企业		居民副业		农户（农场经济）		合计	
	种植业	畜牧业	种植业	畜牧业	种植业	畜牧业	种植业	畜牧业
2000	1890	1466	1885	1947	172	64	3947	3477
2004	3072	2663	2800	3207	634	156	6506	6026

续表

年份	农业企业		居民副业		农户（农场经济）		合计	
	种植业	畜牧业	种植业	畜牧业	种植业	畜牧业	种植业	畜牧业
2008	6376	5461	5015	5670	1673	419	13064	11550
2012	6313	8599	6478	7803	1956	755	14747	17157

资料来源：俄罗斯联邦统计局。

从工业内部结构来看，主要呈现两大特点：一是俄罗斯过度依赖原油、天然气和其他资源类产品的生产，能源和原材料部门的产值占整个工业总产值的比重从1996年的57.4%上升到2011年的66.4%。这种模式虽然能够换取外汇，有利于币值稳定，但它以牺牲资源为代价，很容易受到国际外部环境的影响；而且产生的资源转移和支出效应很容易削弱其他行业的竞争力，从而患上"荷兰病"。二是制造业部门的比重产值占整个工业总产值的比重从42.6%降至34.6%，其中重化工业比重较大，轻工业未得到充分发展，这一定程度上有悖于工业化进程从轻工业过渡到重化工业的一般规律（如表4-2所示）。

表4-2　1996—2011年俄罗斯工业结构变化

单位：%

年份	1996	2000	2001	2002	2003	2004	2006	2007	2008	2009	2010	2011
能源和原材料部门	57.4	58.4	56.3	57.2	57.6	60.6	67.8	66.1	65.4	66.0	66.2	66.4
制造业	42.6	41.6	43.7	42.8	42.4	39.4	32.2	33.9	34.6	34.0	33.8	34.6

注：其中2005年前，能源和原材料部门包括燃料、电力、黑色冶金、有色冶金、木材加工和建材工业；重型制造业包括机器制造、金属加工业和化学和石油化工；轻型制造业包括轻工业和食品工业。2005年之后，能源和原材料部门包括采掘业、木材加工和木制品生产、造纸和印刷、焦炭和石油制品生产、其他非金属矿产加工、冶金和金属制品生产；重型制造业包括化学工业、橡胶和塑料制品生产、机器和设备生产、电子设备和光电仪器生产，以及运输工业和设备的生产；轻型制造业包括食品生产、纺织工业和皮革与皮制品生产。

资料来源：俄罗斯联邦统计局。

从服务业内部结构来看，由于私有化的改革和市场型服务机构的建立，服务业得到快速发展，2002年主要服务业的增加值为5.8万亿卢布，2012年已上升至32万亿卢布，年均增速达到18.6%。其中，流通性服务所占比重最高，一直保持在50%左右，批发零售以及通信等传统服务业占据主导地位。作为衡量产业演进重要指标的生产性服务业产值所占比重相对较低，但增长最为迅速，从2000年的1.3万亿卢布增长到2012年的8.6万亿卢布，其中金融业等相关商业服务的增长表现最为明显，2000—2012年年均增速为23.6%，超过生产性服务业产值20.8%的总增速。此外，消费性服务和社会性服务等公共服务比重也有所增长。由此可以看出，俄罗斯的服务业虽然占据GDP较大的比重，但劳动密集型的批发零售贸易、餐馆和旅店业及交通和通信业比重较大，而资本密集和知识密集型的金融、保险等服务业比重较小，内部结构仍需要进一步调整（如表4-3所示）。

表 4－3　2002—2012 年俄罗斯服务业构成及占 GDP 的比重

单位：亿卢布，%

项目＼年份	2002		2004		2006		2008		2010		2012		2002—2012 年年均增速
	金额	比重	金额	比重	金额	比重	金额	比重	金额	比重	金额	比重	
主要服务业	58315	100	86256	100	133838	100	209256	100	235548	100	320398	100	18.6
流通型服务	31713	54.4	46546	54.0	69212	51.7	103960	49.7	110561	46.9	148647	46.4	16.7
批发和零售；汽车、摩托车及日用品维修	21926	37.6	30122	34.9	46736	34.9	71377	34.1	73291	31.1	105141	32.8	17
运输和通信业	9787	16.8	16424	35.3	22476	16.8	32583	15.6	37270	15.8	43506	13.6	16.1
生产性服务	13000	22.3	18821	21.8	32648	24.4	54972	26.3	65879	28.0	86141	26.9	20.8
金融业	2803	4.8	4741	5.5	9772	7.3	15378	7.4	17601	7.5	23285	7.3	23.6
房地产业	10197	17.5	14080	16.3	22876	17.1	39594	18.9	48278	20.5	62856	19.6	19.9
消费性服务	880	1.5	1399	1.6	2067	1.5	3580	1.7	3875	1.6	5143	1.6	19.3
餐饮及旅店业	880	1.5	1399	1.6	2067	1.5	3580	1.7	3875	1.6	5143	1.6	19.3
社会性服务	12722	21.8	19490	22.6	29911	22.3	46744	22.3	55233	23.4	80467	25.1	20.3
国家机关、保证战争安全、必要社会保障	4887	8.4	8025	9.3	11892	8.9	18844	9.0	23382	9.9	35208	11.0	21.8
教育	2800	4.8	4001	4.6	6193	4.6	9707	4.6	11575	4.9	15840	4.9	18.9
卫生社会服务业	3215	5.5	4726	5.5	7655	5.7	11978	5.7	14396	6.1	20819	6.5	20.5
其他公共和社会服务业	1820	3.1	2738	3.2	4171	3.1	6215	3.0	5880	2.5	8600	2.7	16.8

资料来源：俄罗斯联邦统计局。

四、俄罗斯贸易格局的变动

俄罗斯经济增长与产业状况深刻影响其外贸发展，依赖于能源、原材料等初级产品出口成为俄罗斯外贸发展的鲜明特征。

1. 从商品贸易规模来看，近年来增长迅猛，一直保持顺差

近年来，俄罗斯商品贸易总体呈现增长态势，期间受东南亚金融危机和美国次贷危机的影响稍有下降。1996—2012 年，俄罗斯对外贸易总额从 1493 亿美元增长到 8410 亿美元，平均增速 11.4%，其中出口额由 887 亿美元增长到 5248 亿美元，进口额由 606 亿美元增长到 3162 亿美元，贸易顺差从 231 亿美元增长到 2086 亿美元（如图 4－5 所示）。

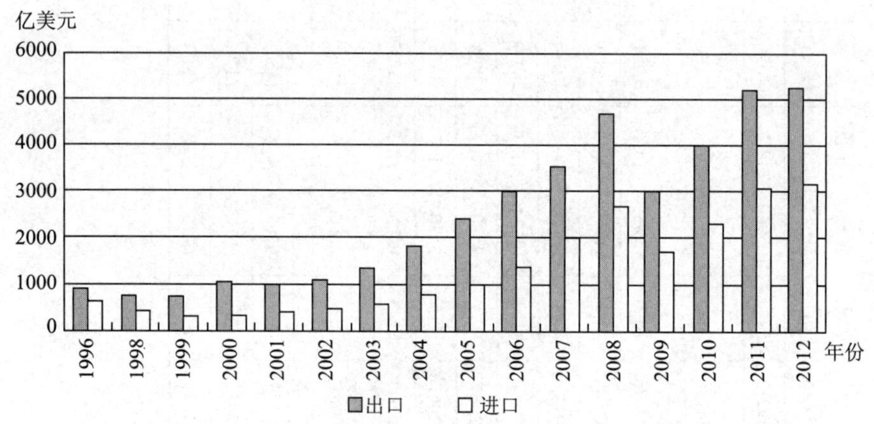

图 4－5　1996—2012 年俄罗斯商品贸易出口规模

资料来源：UNCOMTRADE 数据库。

从俄罗斯占世界商品贸易的比重来看，1992 年占比为 1.26%，2000 年衰落到 1.74%，此后逐年攀升，到 2012 年，俄罗斯商品贸易占到世界总额的 2.35%。

2. 从贸易结构来看，主要依靠能源和原材料出口

2000—2012 年，俄罗斯的贸易结构并未得到根本性改变。从出口方面来看，始终以初级产品和半成品的出口为主，其中初级产品的出口从 440 亿美元增加到 2757 亿美元，半成品的出口从 366 亿美元增加到 2034 亿美元，这两部分的出口比重一直保持在 90% 左右，同时它们也是出口增长最快的产品，2000—2012 年平均增速分别为 16.5% 和 15.4%。这显示出俄罗斯作为国际分工中初级产品供应者的显著地位。从进口看，2000 年俄罗斯进口是以半成品为主，为 101 亿美元，占总进口 33.8%。2012 年俄罗斯对半成品的进口比重下降 11.6 个百分点，而消费品成为最主要的进口商品，达到 1040 亿美元，占总进口的 33.1%。零部件成为进口增长最快的商品，2000—2012 年平均增速达到 28.7%（如表 4－4 所示）。

表4－4　2000年、2012年俄罗斯与中国及总贸易商品结构比较

单位：十亿美元，%

	出口至中国			总出口			进口自中国			总进口		
	贸易商品金额构成及年均增长率											
	2000年	2012年	年均增长	2000年	2012年	年均增长	2000年	2012年	年均增长	2000年	2012年	年均增长
初级产品	0.7	24.2	34.3	44.0	275.7	16.5	0.07	0.2	9.1	3.5	9.0	8.2
半成品	2.6	9.1	11.0	36.6	203.4	15.4	0.4	10	30.8	10.1	69.6	17.5
零部件	0.1	1.0	21.1	3.5	8.0	7.1	0.04	7.6	54.8	2.4	49.4	28.7
资本品	0.1	0.2	5.9	3.5	11.5	10.4	0.07	16.7	57.8	6.3	82.4	23.9
消费品	0.2	1.0	14.4	2.3	12.6	15.2	0.4	17.3	36.9	7.6	104.0	24.4
商品总额	3.7	35.5	20.7	89.9	511.2	15.6	0.98	51.8	39.2	29.9	314.4	21.7
贸易商品比重构成及增减幅度（2012年比重减2000年比重）												
	2000年	2012年	比重增减	2000年	2012年	比重增减	2000年	2012年	比重增减	2000年	2012年	比重增减
初级产品	18.9	68.2	49.3	48.9	53.9	5.0	7.1	0.4	－6.8	11.7	2.9	－8.9
半成品	70.3	25.6	－44.6	40.7	39.8	－0.9	40.8	19.3	－21.5	33.8	22.1	－11.6
零部件	2.7	2.8	0.1	3.9	1.6	－2.3	4.1	14.7	10.6	8.0	15.7	7.7
资本品	2.7	0.6	－2.1	3.9	2.3	－1.6	7.1	32.2	25.1	21.1	26.2	5.1
消费品	5.4	2.8	－2.6	2.6	2.5	－0.1	40.8	33.4	－7.4	25.4	33.1	7.7
商品总额	100	100	—	100	100	—	100	100	—	100	100	—

资料来源：UN COMTRADE数据库。

对于俄罗斯的最大贸易伙伴中国而言，这种现象表现得尤为突出。俄罗斯主要向中国输出初级产品和半成品，2012年分别达到242亿美元和91亿美元，占到该年出口中国商品总额的68%和25%。主要从中国进口消费品和资本品，2012年达到173亿美元和167亿美元，这两者占到进口总额的65%左右。中俄贸易主要处于产业间贸易的发展阶段。

俄罗斯产品结构单一导致进出口结构的畸形，这一现象在促进俄罗斯经济增长、增加外汇储备的同时，也造成发展后劲不足、对国际能源市场价格依赖较大等问题。俄罗斯必须通过发展创新经济，促进高科技产品的生产和出口，更高层次地参与国际分工，形成外贸和产业结构的良性互动。

3. 从地区结构来看，正从欧洲转向东亚

20世纪90年代，俄罗斯的对外贸易主要是在独联体范围内进行。随着俄罗斯对外经济联系的扩展，与欧洲的贸易占据主体地位。2000年，俄罗斯43.8%的出口和35.3%的进口主要与欧洲国家展开，出口这一比重到2006年达到峰值，50.5%的出口流向欧洲，40.3%的进口源自欧洲；随后，俄罗斯与欧洲的贸易份额有所下降，与东亚的贸易比重逐步上升。2012年，俄罗斯14.1%的出口流向东亚，从东亚的进口比重达到27.4%，为历史最高值（如表4－5所示）。

表4-5　2000—2012年俄罗斯进出口主要地区分布　单位:%

年份	俄罗斯主要出口地区占总出口比重			俄罗斯主要进口地区占总进口比重		
	欧洲16国和地区	北美3国和地区	东亚10国和地区	欧洲16国和地区	北美3国和地区	东亚10国和地区
2000	43.8	4.7	9.9	35.3	8.7	6.6
2002	43.9	3.9	10.8	42.6	7.1	11.1
2004	42.7	4.0	9.7	40.8	4.8	15.9
2006	50.5	3.1	8.4	40.3	5.5	22.0
2008	48.2	3.3	9.4	39.0	6.0	26.1
2010	45.2	3.2	12.5	34.6	4.6	25.0
2012	39.9	2.6	14.1	38.1	6.0	27.4

注：欧洲16国、北美3国、东亚10国在本报告3.1中注明，欧洲16国是俄罗斯以外的欧洲国家。

资料来源：UNCOMTRADE数据库。

在欧洲内部，俄罗斯的主要贸易伙伴是荷兰、德国、意大利，它们与俄罗斯的贸易额达到俄罗斯贸易总量的24.1%。在亚太经合组织内，俄罗斯主要与成员国中国、美国、日本发生贸易，中国是俄罗斯的第一大贸易伙伴和第一大出口市场，原料产品、初级加工产品、低附加值产品仍然占据主导地位。此外，俄罗斯与独联体有着共同的历史渊源，与各个国家都签署了自由贸易协定，欧亚经济共同体以及俄白哈关税同盟的形成都有利于贸易额的增加。其中，主要的伙伴国是乌克兰和白俄罗斯，贸易额为451.5亿美元和357.3亿美元，占俄罗斯贸易总额的5.4%和4.3%（如表4-6所示）。

表4-6　2012年俄罗斯前十大贸易伙伴

序号	国家	贸易额（亿美元）	占比（%）
1	中国	675.1	10.4
2	荷兰	827.4	9.8
3	德国	738.7	8.8
4	意大利	458.4	5.5
5	乌克兰	451.5	5.4
6	白俄罗斯	357.3	4.3
7	土耳其	342.2	4.1
8	日本	312.2	3.7
9	美国	282.8	3.4
10	波兰	273.5	3.3

资料来源：俄罗斯联邦统计局。

4. 从俄罗斯的服务贸易来看，表现为逆差

进入21世纪以来，俄罗斯的服务贸易规模随着经济的复苏逐年扩大，服务贸易总额从2000年的266.1亿美元增长到2013年的1937亿美元，其中出口额从97.6亿美元增长到677.2亿美元，平均增速为16.1%；进口额从168.5亿美元增长到1259.8亿美元，平均增速为16.7%，贸易逆差持续扩大（如图4-6所示）。从占世界服务贸易的比重来看，俄罗斯所占份额较小，1994年占比为1.1%，1997年升至1.3%，随后受金融危机影响下滑至1999年的0.8%，而后逐步回升，2012年，俄罗斯服务贸易总额占世界比重为1.9%。

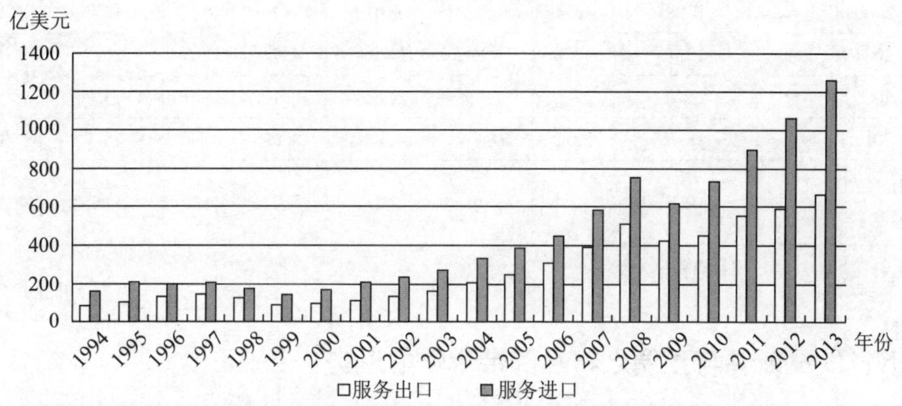

图4-6　1994—2013年俄罗斯服务贸易进出口总额

资料来源：UNCTADSTAT数据库。

从服务出口结构来看，流通性服务和消费性服务占有较大比重，生产性服务增长较快。其中，流通性服务主要由其他商业服务和运输构成，2012年服务出口分别占总出口的28.5%和32.1%。消费性服务主要由旅游构成，2012年服务出口占出口的18.91%。而由金融保险和建筑构成的生产性服务业虽然比重仍然较小，但增速较快。2000—2012年由3.05亿美元增加到63.92亿美元，平均增速为28.9%。进口贸易结构呈现与出口类似的特征。由此可以看出，目前俄罗斯的服务贸易仍以传统型服务为主，与发达国家仍有较大差距。但随着俄罗斯服务业的发展，金融保险、计算机等新兴服务业也已呈现较快的发展态势（如表4-7所示）。

表4-7　2000—2012年俄罗斯服务出口构成

	流通性服务			生产性服务			消费性服务	所有服务
	其他商业服务	运输	合计	金融和保险	建筑	合计	旅游	
	服务出口额（亿美元）及年均增速（%）							
2000年	17.4	35.55	52.95	1.35	1.70	3.05	34.29	97.58
2004年	39.4	77.92	117.32	5.12	15.77	20.89	55.30	205.95

续表

	流通性服务			生产性服务			消费性服务	所有服务
	其他商业服务	运输	合计	金融和保险	建筑	合计	旅游	
	服务出口额（亿美元）及年均增速（%）							
2008 年	131.02	150.24	281.26	19.64	46.63	66.27	118.42	511.78
2012 年	168.46	190.17	358.63	16.41	47.51	63.92	111.87	591.74
2000—2012 年年均增速（%）	20.8	15	17.3	23.1	32	28.9	10.4	16.2
	服务出口占总出口比重及增减幅度（%）							
2000 年	17.8	36.4	54.2	1.4	1.7	3.1	35.1	100
2004 年	19.1	37.8	56.9	24.9	7.7	32.6	26.9	100
2008 年	25.6	29.4	55	3.8	9.1	13.0	23.1	100
2012 年	28.5	32.1	60.6	2.8	8.0	10.8	18.9	100
2000—2012 年比重增减（%）	10.7	-4.3	6.4	1.4	6.3	7.7	-16.2	—

资料来源：UNCTADSTAT 数据库。

五、俄罗斯参与丝绸之路经济带合作的形势

丝绸之路经济带是中国提出的促进亚欧合作的发展构想，作为日益融入全球化进程的转型国家以及欧亚大国，俄罗斯有可能成为共建丝绸之路经济带的首要参与方。

首先，俄罗斯具有参与丝绸之路经济带合作的可能性。激进的转型过程使俄罗斯的国际地位有所下降，通过阶段性政策调整，俄罗斯逐步稳定国民经济，并确定《2020 年前俄罗斯社会经济长期发展战略》，致力于推动产业升级和社会转型，由此产生对参与丝绸之路经济带合作的需求。第一，俄罗斯先进产业衍生与发展需要庞大的市场需求，中国作为发展最为迅猛的新兴国家，能提供广阔的市场空间；第二，俄罗斯拥有显著的能源优势，中国经济发展对石油、天然气等初级产品的需求不断攀升，俄罗斯能够在与中国的能源合作中获得切实利益；第三，苏联解体以来，俄罗斯主要与欧洲深化经济合作，欧洲经济增长乏力，以及乌克兰危机等使俄罗斯与欧美的关系恶化，推动市场多元化、加强与亚太的合作，对于俄罗斯的经济安全具有重要意义；第四，非传统安全领域的问题同样考验着转型中的俄罗斯，这使中俄在诸多国际事务中有着共同的立场，作为同样谋求提升国际地位的地区大国、联合国常任理事国，以及上海合作组织创始成员国，双方合作有利于共同应对国际公共问题，以及提升国际影响力。

其次，俄罗斯参与丝绸之路经济带合作存在不确定性。第一，俄罗斯作为横跨欧亚的大国，苏联解体以后，一直致力于推动独联体国家间的合作，并强调自身主导权，比如俄白哈经济联盟、欧亚经济共同体等；参与中国主导的丝绸之路经济带合作，有

可能降低俄罗斯在中亚地区的影响力，从而增加俄罗斯参与的不确定性。第二，丝绸之路经济带的合作如果延续自由市场原则，很可能把能源优势国进一步锁定在外围地位，这不利于俄罗斯的经济转型，从而影响俄罗斯的参与热情。第三，俄罗斯参与丝绸之路经济带合作一定程度上与大国间关系状况密切相关，欧美作为全球最主要经济体，其对俄政策将深刻影响俄罗斯外交政策，从而使俄罗斯参与丝绸之路经济带合作具有一定变数。

最后，俄罗斯参与丝绸之路经济带合作取得初步进展。近年来，俄罗斯开始把更多的注意力转向亚太地区，加速远东西伯利亚的开发和现代化，扩大与亚太国家的经济合作。在 2013 年普京批准的《俄罗斯联邦外交政策构想》中，亚太地区被称作“发展最快的地缘政治空间，世界经济和政治中心正在向其转移”。其中，发展与中国的友好关系，成为俄罗斯外交政策的重要发展方向。面对中国的快速发展，俄罗斯抓住机遇，中俄战略协作取得突破性进展。政治上复杂而敏感的边界问题得以缓和；经济上两国贸易额逐步增加，中国成为俄罗斯第一大贸易伙伴，卢布和人民币在两国银行间外汇市场挂牌交易；文化上以互办国家年为标志，涉及经贸、文化、教育等多领域的合作，两国人民更加接近；外交上，两国同时在上海合作组织、金砖国家框架内保持密切联系，中俄两国的友好关系达到前所未有的高度。2014 年亚信峰会前后，中俄不仅举行高级别的联合军演，在联合国安理会有关利比亚问题上均行使否决权，而且还签署了总价值 4000 亿美元的俄罗斯向中国供应天然气协议。普京表示，俄方支持建设丝绸之路经济带，中俄战略协作伙伴关系正进入快速发展阶段。①

丝绸之路经济带的目标是建立沿线国家互联互通的市场纽带，加强各国之间能源、投资、技术、金融、基础设施等领域的合作，俄罗斯作为横跨欧亚最重要的经济体，必将在丝绸之路的建设中发挥不可忽视的重要作用。中国有必要夯实和扩大两国的共同利益，审慎应对两国合作的潜在不利因素，以争取俄罗斯对丝绸之路经济带的深度参与，以及实现共同的可持续发展。

① 普京：俄方支持建设丝绸之路经济带［EB/OL］. 证券时报网，2014－05－20.

4.2 哈萨克斯坦经济转型与丝绸之路经济带

独立后，凭借着得天独厚的资源优势和相对稳定的社会政治环境，哈萨克斯坦的社会经济发展取得举世瞩目的成就，并逐渐在地区和国际事务中发挥越发重要的作用。当前，哈萨克斯坦处于调整经济结构、实现可持续发展的关键时期，工业结构单一、外贸结构失调等问题亟待解决。作为与中国睦邻友好的全面战略伙伴，哈萨克斯坦对参与“丝绸之路经济带”建设既有内在需求，更存在着坚实的合作基础，与哈萨克斯坦合作共建“丝绸之路经济带”有可能取得率先的突破性进展。

一、哈萨克斯坦经济发展基础与社会政治环境

哈萨克斯坦横跨欧亚，国土面积272.49万平方公里，是世界上最大的内陆国家之一，西濒里海（海岸线长1730公里），北邻俄罗斯，东连中国，南与乌兹别克斯坦、土库曼斯坦、吉尔吉斯斯坦接壤。哈萨克斯坦原为苏联的加盟共和国之一，伴随着苏联领导人戈尔巴乔夫的一系列“新思维”的民主化改革，苏联逐渐土崩瓦解，哈萨克斯坦则于1991年12月16日在其通过苏维埃最高《哈萨克斯坦共和国独立法》之后正式宣告独立。

1. 哈萨克斯坦的经济发展基础

哈萨克斯坦有12个州、10个经济特区及5个工业园区。① 截至2014年1月1日，哈萨克斯坦国内人口达到1716万，其中城市人口为945万人，占55%；农村人口为771万人，占45%。近年来，哈萨克斯坦政局稳定，经济发展迅速，在世界经济论坛（WEF）发布的《2013年全球竞争力（GCR）报告》中，哈萨克斯坦成功进入世界前50行列；而在联合国开发计划署发布的《2013年人类发展报告》中，哈萨克斯坦在187个国家和地区的人类发展指数最新排名中位列第69位，属高人类发展指数组别。

丰富的自然资源尤其是矿产资源使得独立后的哈萨克斯坦经济发展具备得天独厚的优势。哈萨克斯坦境内有90多种矿藏，1200多种矿物原料，已探明的黑色、有色、稀有和贵重金属矿产地超过500处。钨、铀、铬矿、铅、锌约占全球储量50%、25%、23%、19%、13%，其已探明石油储量居世界第7位、独联体第2位，石油可采储量

① 10个经济特区分别是布拉拜经济特区（旅游）、巴甫洛达尔经济特区（石化）、国家工业石化技术园经济特区（石化）、阿斯塔纳—新城经济特区（建筑、工业）、阿克套海港经济特区（物流、交通）、萨雷阿尔卡经济特区（冶金、金属加工）、昂图斯季克经济特区（纺织）、塔拉斯化学园经济特区（化工）、创新科技经济特区（IT创新）、霍尔果斯东大门经济特区（贸易、物流）。

40亿吨，天然气可采储量3万亿立方米。基础设施建设是经济发展的必备条件，哈萨克斯坦通过制定和实施《哈萨克斯坦交通基础设施发展规划（2010—2014年）》《哈萨克斯坦信息和通信技术发展规划（2010—2014年）》等对其基础设施改造和建设等进行详细规划，为哈萨克斯坦经济发展提供较为充足的后劲，其交通、通信、电力等基础设施建设均位于独联体国家前列。2012年哈萨克斯坦全国货运总量为4752.7亿吨/公里,比2011年增加6.9%。根据世界银行2012年发布的全球“物流绩效指数”（LPI）调查排名显示，在收录的155个国家中，哈萨克斯坦名列第86位。① 而在世界银行发布的《2013年全球商业环境报告》（*Doing Business* 2013）中，哈萨克斯坦名列商业环境排行榜第49位，居前苏联国家前列。

2. 哈萨克斯坦的社会政治环境

独立后初期，哈萨克斯坦与中亚其他国家一样，基本上是在苏联时期的政治制度基础上勾画国家发展的蓝图，是对戈尔巴乔夫时期改革的扬弃。1995年新宪法颁布之后，哈萨克斯坦确立总统制，形成以纳扎尔巴耶夫为核心的领导集体，主要实行渐进式民主政治改革，国家政权以宪法和法律为基础，根据立法、司法、行政三权既分立又相互作用和制衡的原则行使职能。在此过程中，总统权力得到不断加强和巩固，议会和总统关系逐步走向和谐，经济社会稳定发展。2011年，纳扎尔巴耶夫在哈萨克斯坦提前举行的总统大选中获得连任，任期延续至2016年，为未来一段时间内国家经济社会稳定发展奠定基础。与此同时，哈萨克斯坦近年来频繁调整政府职能部门的设置及管理层，积极开展廉政建设，打击腐败，社会环境相对稳定。

在对外关系方面，哈萨克斯坦将外交关系的总体任务定位为“为国内改革、稳定和发展提供良好的外部国际环境”，从独立后一直奉行以维护国家独立与主权完整为核心的“积极、实用、平衡”的外交政策，开展“大国外交”“多边外交”“周边外交”及“能源外交”，主要在重视与中国之间的战略伙伴关系、深化与俄罗斯交往的同时积极谋求密切与西方之间的关系。此外，哈萨克斯坦积极发展并深化与日本、南亚、东南亚、中东、拉美等国家和地区之间的“发展伙伴关系”，活跃于欧亚经济共同体、集体安全条约、上海合作组织、亚信会议、欧安组织、伊斯兰会议组织等多边合作机制之中，为其在地区和国际事务中谋求更大话语权，以增强地区影响力。不过，随着国际恐怖组织的渗透，哈萨克斯坦国内恐怖事件频发，恐怖活动进入“活跃期”，2012哈萨克斯坦境内至少发生14起恐怖事件。不仅如此，阿富汗问题、在周边地区的一系列推翻现行政权的“颜色革命”等都给哈萨克斯坦经济社会的长效发展带来新的挑战和威胁。

二、哈萨克斯坦经济改革的历程

哈萨克斯坦独立后面临严重的经济危机，苏联时期高度集中的政治经济体制已经

---

① 哈萨克斯坦投资指南：2013［EB/OL］. 商务部网站，http：//www. fdi. gov. cn/1800000121_ 25_ 220_ 0_ 7. html.

无法适应社会生产发展的需要，实现由传统的计划经济体制向市场经济体制的转轨势在必行。贯穿着“市场化”和“私有化”两条主线，哈萨克斯坦在中亚五国中率先实现向自由竞争的市场经济体制的转型。美国传统基金会与华尔街周刊联合发布的2013年世界经济自由度排行榜显示，哈萨克斯坦位于第68位，得63分，得分高于世界和区域的平均值。具体来讲，哈萨克斯坦经济改革的措施主要包括以下三个方面。

第一，“私有化”浪潮下的所有制改革。所有制改革是哈萨克斯坦由计划经济体制向市场经济体制转轨的重中之重，事实上，其私有化改革于苏联末期就逐渐展开。从改革措施来讲，“私有化”改革分为“非国营化”和“私有化”两个方面：私有化强调将资产所有权从国家转归私人或者私营企业，而非国营化则是强调将国家资产转变为非国家所有或者非国家经营的财产，即国家对该资产不再享有所有权或者经营权，除完全卖给私人外，其形式还包括对国家资产出租、租赁等。根据资产转让方式，非国营化和私有化的主要方式有：无偿转让、以优惠价格转让、出售股权或者股份、委托或承包租赁、招标、拍卖、定向转让、“库邦”债券等。① 哈政府在1991—1999年先后通过并实施《关于1991—1992年国有资产非国营化和私有化法》《1993—1995年国家资产非国营化和私有化实施纲要》《1996—1998年国有资产的私有化和重组实施纲要》及《1990—2000年私有化及提高国有资产管理效率和实施纲要》等相关法律及规划，使得小企业及大中型企业的私有化有序展开。截至1998年底，共有2615个股份企业和合伙公司以及2905个社会领域的单位完成私有化。在进行企业私有化的同时，哈萨克斯坦还在独立后12年时间内逐渐实现土地私有化改革，为发展农业打下基础。

第二，放开价格管制，实现价格自由化。哈萨克斯坦的经济体制改革始于价格体制改革，希望通过主要依靠市场自发调节商品价格早日实现让市场主导资源分配，尽快恢复被计划经济体制扭曲的经济联系。在苏联解体之后，包括国际货币基金组织、世界银行等在内的国际金融机构向这些原苏联加盟共和国开出“休克疗法”这剂“良药”。受俄罗斯价格自由化的“休克疗法”的影响，哈萨克斯坦于1992年1月6日开始对绝大多数商品价格放开管制，而粮食和能源价格也于1994—1995年逐渐转向由市场进行调节，至此，哈萨克斯坦价格自由化基本上全部实现。与此同时，价格自由化改革的过程中，相应带来物价飞涨，哈萨克斯坦通货膨胀率一度飙升。据统计，1992—1995年哈萨克斯坦的CPI指数分别达到3060.8%、2265.0%、1258.3%和160.3%。

第三，“自由化”主导下的货币、贸易体制改革。独立后初期，为了防止经济出现大波动，哈萨克斯坦仍然使用苏联时期的货币——卢布。然而，“休克疗法”下的俄罗斯通货膨胀率不断飙升，俄罗斯被迫于1993年进行货币改革。然而，俄罗斯在发行新卢布时采取的诸如限制其他国家新卢布的发行量、将黄金储备存于俄罗斯等措施引起

① 张宁．哈萨克斯坦独立后的政治经济发展（1991—2011）［M］．上海：上海大学出版社，2012：171.

包括哈萨克斯坦在内的“卢布区”国家的强烈不满。1993 年 11 月 12 日，哈萨克斯坦总统签署《关于发行哈萨克斯坦货币》的总统令并发表电视讲话，哈萨克斯坦正式退出“卢布区”并开始发行本国货币“坚戈”。此后，哈萨克斯坦政府陆续通过一系列法令，不断保证和实现“坚戈”的自由兑换及充分的流通性，并于 1999 年正式实现本币和外币之间的自由兑换①，据哈萨克斯坦央行数据统计，2013 年上半年哈萨克斯坦基准汇率维持在 5.5%，平均汇率为 150.9 坚戈 1 美元。此外，哈萨克斯坦政府还放弃了传统的由国家垄断对外贸易的做法，积极开展对外经济活动，不仅对外贸易基本实现自由化而且投资环境不断改善，吸引了大量的外商进行投资，据联合国贸发会议发布的 2013 年《世界投资报告》显示，2012 年，哈萨克斯坦吸收外资流量为 140.2 亿美元；截至 2012 年底，哈萨克斯坦吸收外资存量为 1069.2 亿美元。

三、哈萨克斯坦经济总量与结构的变迁

随着哈萨克斯坦经济逐步走向复苏，其国民生产总值取得高速发展。但是，产业结构单一、工业结构内部失调的问题一直伴随着哈萨克斯坦的经济发展，迟迟未得到改善，这在很大程度上影响了哈萨克斯坦经济的可持续发展。

1. 哈萨克斯坦经济总量的变迁

独立后，哈萨克斯坦的经济发展历程可以大体分为两个阶段：一是从独立后至 1996 年，这是哈萨克斯坦独立后的适应期，也是克服经济危机、建立新的经济体制与经济关系的阶段；二是从 1996 年至今，哈萨克斯坦经济逐渐步入正轨，进入改革和发展阶段。

1992—1996 年，哈萨克斯坦经济发展遭遇极大挑战，并一度陷入衰退。独立后初期，哈萨克斯坦与前苏联国家之间的经济联系暂时中断，而与新的经济伙伴之间的交往尚处于建立之中，并且新经济体系的建立也需要一定周期，在此过程中，哈萨克斯坦经济一直处于下滑和衰退过程中。1992—1995 年哈萨克斯坦的 GDP 分别为 265 亿美元、245.8 亿美元、219.4 亿美元和 205.5 亿美元，1993—1995 年的 GDP 均为负增长，分别为 -9.2 %、-12.6% 和 -8.2%。以 1990 年为基础，1991 年的 GDP 仅相当于 1990 年的 89%、1995 年则仅相当于 1990 年的 61.4%，1995 年的职工实际工资相当于 1990 年的 69.9%。在这五年时间内，整个国家的生产能力下降约 40%，民众收入水平下降约 30%。为挽救经济颓势和保障居民生活，哈萨克斯坦政府于 1991—1995 年先后颁布和实施《稳定哈萨克苏维埃社会主义共和国经济以及向市场经济转变纲要》《作为主权国家的哈萨克斯坦的形成和发展战略》《深化改革及走出经济危机政府行动纲要》《1996—1998 年深化改革纲要》等一系列“反危机文件”，经过 5 年时间的努力，哈萨克斯坦终于迎来经济发展的转机，1996 年哈萨克斯坦 GDP 总量为 210.4 亿美元，同比

① 哈萨克斯坦实行的是有管理的浮动汇率，即经常项目和资本项目均实行有条件的自由兑换。

上涨0.5%，实现独立后经济总量的首次增长，经济下滑趋势得到遏制，进入复苏轨道（如图4－7所示）。①

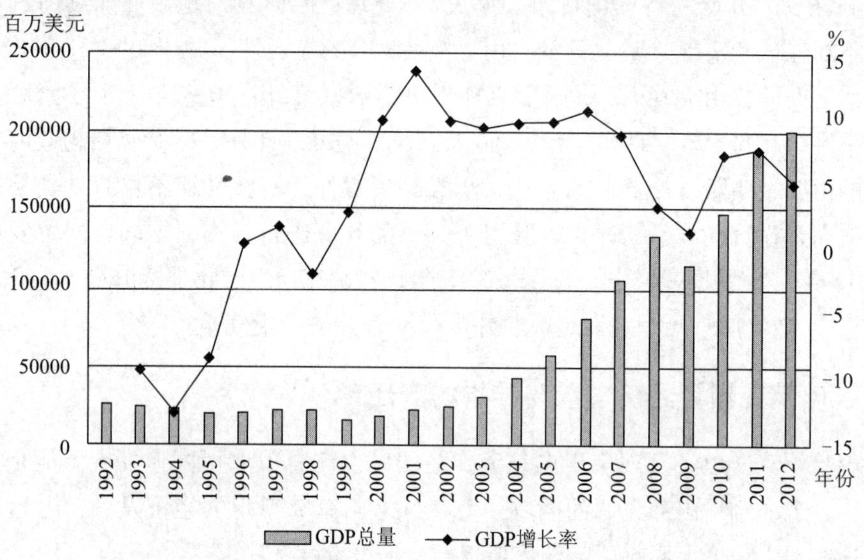

图4－7　1992—2012年哈萨克斯坦GDP总量及其增长率

资料来源：UNCOMTRADE数据库。

1996年开始，哈萨克斯经济逐渐步入正轨。这一时期，政府先后制定颁布《2030年前发展规划》及《2050年前发展规划》，为国家的经济社会改革及发展指明方向。在此基础上，政府成功实施工业创新、农业粮食、卫生教育、社会保障体系改革、居民住宅建设等一系列发展纲要。② 1998年俄罗斯金融危机以及由2007年美国次贷危机引发的全球经济危机曾一度给哈萨克斯坦造成较大冲击，但这并未影响哈萨克斯坦经济复苏及发展的总体趋势。经济发展在这一时期仍然实现高速增长，在社会经济发展方面取得令人瞩目的成就，1995—2010年，哈萨克斯坦经济年均增速达到7.5%。其中，2000—2005年是哈萨克斯坦经济高速发展的"黄金时期"，经济年均增速高达10.1%。2007年爆发新一轮经济危机之后，哈萨克斯坦采取了包括财政、货币、产业等政策手段在内的一揽子应对危机的方案，在全球经济不景气的背景下，哈萨克斯坦经济形势逐渐开始回升，2008—2012年GDP增长速度分别为3.3%、1.2%、7.3%、7.5%和5.6%。

2. 哈萨克斯坦经济结构的变迁

经过近20年的发展，从三次产业结构来看，哈萨克斯坦的农业、工业以及服务业绝对值都稳步增长，2011年分别达到96.17亿美元、716.36亿美元及964.37亿

① 张宁．哈萨克斯坦独立后的政治经济发展（1991—2011）［M］．上海：上海大学出版社，2012：104－105.

② 王雅静．哈萨克斯坦经济发展情况分析［J］．大陆桥视野，2012（7）.

美元。农业总产值在国民生产总值中的比例逐渐降低，由 1992 年的 22.3% 降至 2011 年的 5.4%，在 1998 年之后相对稳定，略有下降。工业生产总值和服务业生产总值在国民生产总值中一直占有较大比重，总体呈现上升趋势，约占 GDP 的 40% 和 50% 左右，2011 年工业和服务业总产值分别占 GDP 的 40.3% 和 54.3%（如图 4-8 所示）。

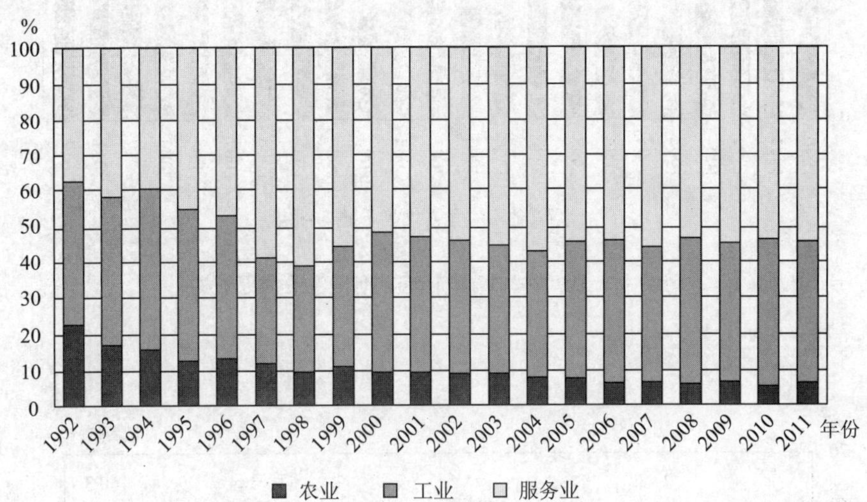

图 4-8　1992—2011 年哈萨克斯坦农业、工业及服务业占 GDP 比重

资料来源：UNCTADSTAT 数据库。

就每个产业的内部结构来看，虽然哈萨克斯坦在独立后逐渐完成土地的私有化改革，农业生产关系与苏联时期相比发生巨大变化，但由于农业技术落后和设备老化、国外农产品竞争等因素，哈萨克斯坦的农业发展仍然较为落后，农业现代化发展缓慢。从生产结构上来看，哈萨克斯坦农业以种植业和畜牧业为主，两者产值总和达到农业总产值的 90% 以上，林业和渔业的产值极低（如图 4-9 所示）。

此外，哈萨克斯坦的工业结构并不合理，采矿业在工业总产值中占有举足轻重的地位，特别是石油开采业发展迅速，而其他工业部门发展相对缓慢。2003—2012 年，采矿业占工业总产值的比重总体上呈上升趋势，从 2008 年开始，采矿业占工业总产值比重超过 60%，而这一比例在 2011 年上升到 63.3%，制造业则由于基础薄弱、设备老化及投入不足、竞争力下降等原因而发展受限（如图 4-10 所示）。

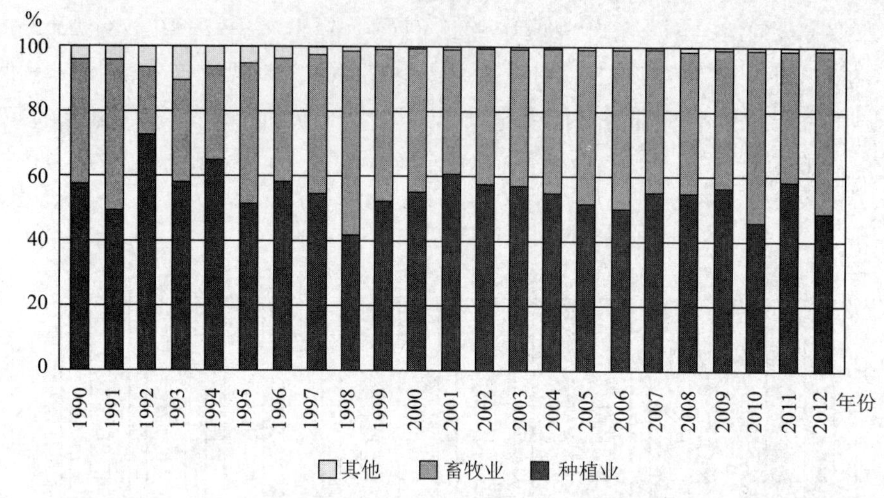

图 4-9 1990—2012 年哈萨克斯坦农业内部结构

资料来源：哈萨克斯坦统计署。

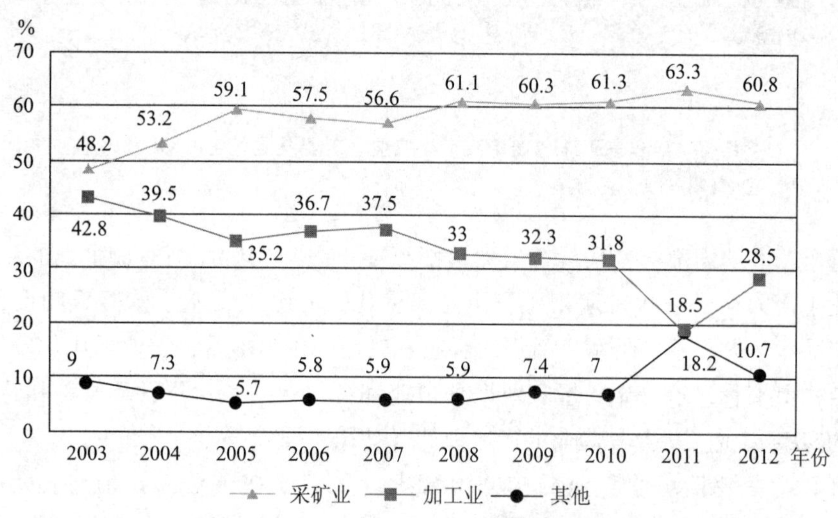

图 4-10 2003—2012 年哈萨克斯坦工业产值内部结构

资料来源：哈萨克斯坦统计署。

而就哈萨克斯坦服务业而言，哈萨克斯坦的服务业主要有商业、房地产、交通运输及通信业、教育培训、金融等，其中房地产业受哈萨克斯坦经济向好的影响，其产值增加较快，由 2000 年的 10.8% 增加至 2009 年的 15.9%。①

从国内生产总值的支出法来看，最终消费在哈萨克斯坦的国民生产总值中一直占

① 张宁. 哈萨克斯坦独立后的政治经济发展（1991—2011）[M]. 上海：上海大学出版社，2012：114.

有较大比重，但整体呈下降趋势。2006 年之前，消费占哈萨克斯坦 GDP 比重达到 60% 以上，1994 年达到最高水平 88.3%，2006 年以后这一比重略有下降。2011 年，消费支出占哈萨克斯坦 GDP 的 53.9%。随着哈萨克斯坦对外开放程度的不断增加和市场经济体系的逐渐建立和完善，货物和服务贸易净出口占 GDP 比重呈上升趋势，在 1999 年之后对经济发展的作用逐渐突出，2011 年货物和服务贸易净出口占比达到 21.9%。投资占哈萨克斯坦 GDP 的比重较小，基本上维持在 20% 左右。1997—2007 年这段时间内，投资比重略有上升，由 11.5% 增加至 35.53%。2007 年开始，受新一轮经济危机的影响，这一比重又呈现下降趋势，在 2011 年达到 22.4%（如图 4－11 所示）。

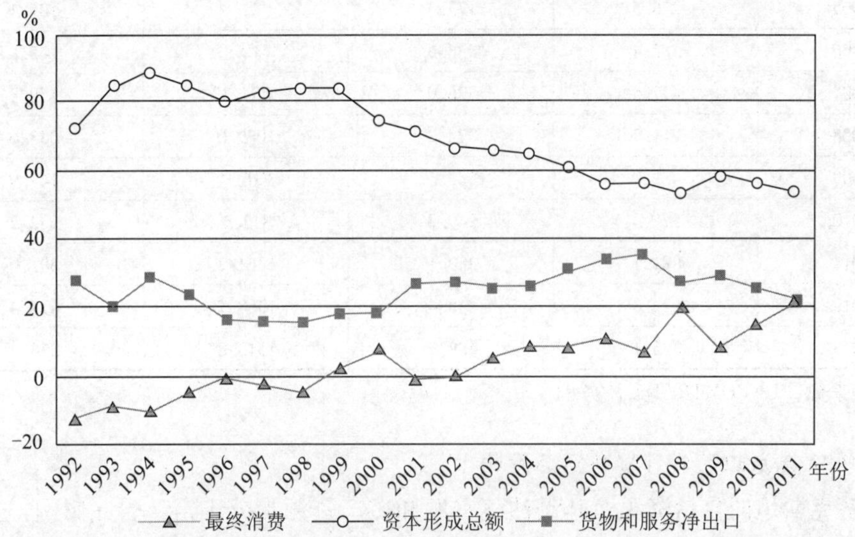

图 4－11　1992—2011 年哈萨克斯坦最终消费、投资及净出口占 GDP 比重

资料来源：UNCTADSTAT 数据库。

四、哈萨克斯坦贸易格局的变动

哈萨克斯坦外贸格局的变动是其经济改革历程和产业结构的外在反映，独立后，哈萨克斯坦的对外贸易取得快速增长，但是，单一的工业结构影响其对外贸易的长足发展。

1. 哈萨克斯坦的对外贸易规模

独立后，随着对外开放程度的不断提高，哈萨克斯坦的对外贸易取得长足发展。自 1995 年经济复苏以来，哈萨克斯坦的对外贸易除受到 1997 年亚洲金融危机、1998 年俄罗斯金融危机和 2008 年美国金融危机的影响而有所下滑外，其他年份都保持较高的增长速度，且保持较长时间的外贸顺差。目前，哈萨克斯坦已经与世界上 190 多个国家和地区建立贸易关系，在一系列自由对外贸易政策的推动下，从 2000 年至今，哈萨克斯坦的对外贸易额年均增长速度超过 30%。

2012 年，哈萨克斯坦对外贸易总额达到 1368.2 亿美元，达到历史最高值，其中出口贸易总额为922.8亿美元，进口贸易总额为445.4亿美元。1995—2012年，哈萨克斯坦对外贸易一直保持顺差，2011年达到历史最大值，为501亿美元。2013年，哈萨克斯坦进出口商品总额1313.8亿美元，其中出口额825.1亿美元，顺差336.4亿美元（如表4－8所示）。

表4－8　1995—2013年哈萨克斯坦对外贸易发展情况　　单位：亿美元

年份	出口	进口	贸易总额	顺差
1995	52.5	38.1	90.6	14.4
2000	86.5	49.3	135.8	37.3
2005	278.5	173.3	451.8	105.1
2006	382.4	236.6	619.1	145.8
2007	477.5	326.9	804.3	150.6
2008	711.7	378.2	1089.9	333.6
2009	432.0	284.1	716.0	147.9
2010	572.4	240.2	812.7	332.2
2011	881.1	380.1	1261.2	501.0
2012	922.8	445.4	1368.2	477.4
2013	825.1	488.7	1313.8	336.4

资料来源：UNCOMTRADE数据库。

2. 哈萨克斯坦的对外贸易商品结构

哈萨克斯坦的自然资源尤其是油气资源和矿产资源十分丰富。受此影响，在独立后相当长一段时期内，哈萨克斯坦自身的工业结构十分单一，油气资源开采、矿产采掘等发展迅速，其他产业活动则发展相对缓慢，产业内部发展失调。

对外贸易结构在一定程度上是产业结构在空间范围内的拓展，尽管近年来哈萨克斯坦逐渐认识到发展“非资源领域”、实现经济均衡发展的重要性，先后出台并逐步实施了《2003—2015年工业发展创新战略》《2020年商业路线图》《里海油气发展战略》《煤炭工业发展纲要》等一系列战略性文件，但出口结构单一的局面在短期内很难转变。哈萨克斯坦出口产品以附加值低、技术落后的初级产品为主，矿产品、非贵金属及其制品、化工产品、运输设备等往往占到其出口额的90%以上，而矿产品一直占到哈萨克斯坦出口总额的70%左右，成为哈萨克斯坦的主要收入来源。

2000年，哈萨克斯坦出口总额86.5亿美元，其中初级产品出口比重占到62.9%、半成品占到33.7%；2013年，出口总额年均增长19%，达到825.1亿美元，同时初级产品出口比重继续攀升至76.3%、半成品比重为21.3%，两者合计比2000年上升1个百分点。出口增长中，向中国的贸易增速最高，2000—2013年年均增长26.6%，由6.7亿美元增至143.3亿美元，其中初级产品比重达到70.6%、半成品占28.7%，两者合计占到99.3%（如表4－9所示）。

表 4-9　2000 年、2013 年哈萨克斯坦主要进出口商品构成　单位：十亿美元，%

	出口至中国			总出口			进口自中国			总进口		
	贸易商品金额构成及年均增长率											
	2000 年	2013 年	增长率	2000 年	2013 年	增长率	2000 年	2013 年	增长率	2000 年	2013 年	增长率
初级产品	0.22	10.12	34.4	5.44	62.93	20.7	0.01	0.2	18.3	0.40	4.05	19.5
半成品	0.44	4.10	18.9	2.92	17.52	14.8	0.06	2.36	32.6	1.72	16.18	18.8
零部件	0.01	0.00	-14.9	0.09	0.35	11.3	0.02	0.89	32.2	0.72	5.17	16.4
资本品	0.00	0.10	26.2	0.12	0.95	17.6	0.03	3.12	42.8	1.17	11.12	18.9
消费品	0.00	0.00	10.9	0.09	0.76	18.2	0.02	1.81	39.4	0.88	12.25	22.4
商品总额	0.67	14.33	26.6	8.65	82.51	19.0	0.14	8.19	36.3	4.90	48.77	19.3
贸易商品比重构成及增减幅度（2013 年比重减 2000 年比重）												
	2000 年	2013 年	增减	2000 年	2013 年	增减	2000 年	2013 年	增减	2000 年	2013 年	增减
初级产品	32.3	70.6	38.3	62.9	76.3	13.3	5.5	0.1	-5.4	8.2	8.3	0.2
半成品	64.9	28.7	-36.2	33.7	21.3	-12.5	41.2	28.8	-12.4	35.2	33.2	-2.0
零部件	1.9	0.01	-1.9	1.0	0.4	-0.6	16.0	10.8	-5.2	14.7	10.6	-4.1
资本品	0.7	0.7	-0.02	1.3	1.2	-0.2	20.8	38.1	17.4	23.9	22.8	-1.1
消费品	0.2	0.03	-0.1	0.1	0.9	-0.1	16.5	22.1	5.6	18.0	25.1	7.1
商品总额	100	100	—	100	100	—	100	100	—	100	100	—

资料来源：UNCOMTRADE 数据库。

近年来，哈萨克斯坦进口结构单一的局面未发生太大改变，高科技领域和加工工业的衰落，不仅促成了经济对原材料产品出口的依赖性，而且导致对进口高技术含量商品的依赖性。机电产品、运输设备和仪器仪表类产品进口一直位居首位，占到进口总额的40%左右。2012 年，哈萨克斯坦进口商品总额为 267.52 亿美元，同比上涨 24.9%，其中机电产品进口额为 82.61 亿美元，同比上涨 17.6%，占总进口额的 30.9%，运输设备进口额为 40.87 亿美元，同比上涨 15.3%，非贵金属及其制品进口额为 31.64 亿美元，同比增加 62.3%，占总进口额的 11.8%。从广义商品分类来看，哈萨克斯坦消费品进口比重有所上升，由 2000 年占总进口的 18%升至 2013 年的 25.1%；从中国进口增速为 36.3%，远高于哈萨克期坦总进口 19.3%的增长速度，其中，哈萨克斯坦加快从中国进口资本品和消费品，两者 2013 年进口比重分别达到 38.1%和 22.1%。

3. 哈萨克斯坦的对外贸易地理结构

欧洲是哈萨克斯坦最主要的贸易地区，2000 年，哈萨克斯坦 28.4%的出口流向欧洲 16 国，到 2006 年该比重攀升到 57.6%的最高值，随后下滑，2013 年仍维持在 52%的水平。在此期间，哈萨克斯坦同时加大向东亚国家的出口，所占比重由 2000 年的9.1%升至 2013 年的 18.6%。从进口结构看，哈萨克斯坦逐步缩减从欧洲和北美的进口，转向从东亚获得进口产品，2000 年，该比重为 7.1%，到 2013 年，哈萨克斯坦

23.3%的进口源自东亚（如表4－10所示）。

表4－10　2000—2013年哈萨克斯坦主要进出口商品构成　　单位：%

年份	哈萨克斯坦主要出口地区占总出口比重			哈萨克斯坦主要进口地区占总进口比重		
	欧洲16	北美3	东亚10	欧洲16	北美3	东亚10
2000	28.4	2.2	9.1	22.9	6.3	7.1
2002	26.8	1.3	11.9	26.0	7.9	9.3
2004	49.1	2.6	11.3	25.6	5.4	11.6
2006	57.6	2.0	10.8	24.8	5.5	14.5
2008	53.1	1.4	12.6	22.1	6.2	16.5
2010	48.5	5.8	19.1	28.0	6.7	22.2
2012	48.7	3.8	19.6	15.6	5.4	22.1
2013	52.0	3.7	18.6	18.0	5.6	23.3

资料来源：UNCOMTRADE数据库。

从国别来看，受地缘政治的影响，2012年之前，俄罗斯始终是哈萨克斯坦最大的贸易伙伴国，2004年，哈萨克斯坦对俄罗斯的贸易总额分别为76.5亿美元，到2011年为238亿美元，分别占哈萨克斯坦对外贸易总额的23.3%和18.9%，总体上呈现下降趋势。2012年，中国成为哈萨克斯坦最大的贸易伙伴国，也是哈萨克斯坦第一大出口市场和第二大进口来源地。哈萨克斯坦和中国的进出口贸易总值达239.8亿美元，与2011年相比增长12.5%，占哈萨克斯坦进出口总值的17.5%；其中，哈萨克斯坦向中国出口164.8亿美元，同比增长1.2%，占其出口总值的17.9%；自中国进口75.0亿美元，同比增长49.3%，占其进口总值的10.9%（如表4－11所示）。

表4－11　2012年哈萨克斯坦对外贸易地理结构　　单位：亿美元，%

排序	主要贸易伙伴国			主要进口来源国			主要出口国		
	国家	金额	占比	国家	金额	占比	国家	金额	占比
1	中国	239.8	17.5	俄罗斯	171.1	16.8	中国	164.8	17.9
2	俄罗斯	238.6	17.4	中国	75.0	10.9	意大利	154.7	16.8
3	意大利	164.2	12.0	乌克兰	29.2	6.6	荷兰	74.8	8.1
4	荷兰	77.6	5.7	德国	22.7	5.1	俄罗斯	67.5	7.3
5	法国	62.2	4.5	美国	21.2	4.8	法国	56.3	6.1
6	乌克兰	54.7	4.0	意大利	9.6	2.2	瑞士	49.7	5.4
7	奥地利	52.2	3.8	韩国	9.6	2.2	奥地利	49.6	5.4
8	瑞士	51.8	3.6	日本	9.0	2.0	土耳其	32.3	3.5
9	德国	41.1	3.0	乌兹别克斯坦	8.2	1.8	加拿大	30.8	3.3
10	土耳其	40.2	2.9	土耳其	7.9	1.8	罗马尼亚	30.3	3.3

资料来源：哈萨克斯坦统计署。

就中哈双边贸易的商品结构来看，哈萨克斯坦对中国出口的主要产品是矿产品，2012 年出口额为 115.7 亿美元，同比下降 0.2%，占哈萨克斯坦对中国出口总额的 70.2%；2013 年 1—9 月出口额为 72.2 亿美元，下降 13.2%，占哈萨克斯坦对中国出口总额的 70.5%，成为哈萨克斯坦对中国出口的第一大商品。哈萨克斯坦自中国进口的主要商品为机电产品，2012 年进口额为 30.7 亿美元，增长 38.9%，占哈萨克斯坦自中国进口总额的 41%；2013 年 1—9 月进口额为 24.2 亿美元，增长 7.8%，占哈萨克斯坦自中国进口总额的 39.9%。

总体来说，哈萨克斯坦的出口主要面向欧洲市场，进口主要来源于周边地区，并且对外贸易结构的特征是“出口以原料为主、进口以制成品为主”。①

4. 哈萨克斯坦服务贸易发展现状

进入 21 世纪以来，随着投资环境的不断改善以及对外开放程度的提高，哈萨克斯坦服务贸易总额保持较快增长，但长期保持逆差。2000—2013 年，哈萨克斯坦的服务贸易总额由 29 亿美元增长至 172.1 亿美元，平均增长速度达到 14.7%。不过，哈萨克斯坦服务贸易领域的逆差格局没有太大改善，在 2000—2013 年这 14 年时间里始终表现为逆差，2013 年其服务贸易逆差达到了 71.8 亿美元。从占世界服务贸易总额的比重来看，哈萨克斯坦的发展水平仍然非常低下，2000 年，哈萨克斯坦服务贸易额占世界比重为 0.095%，2006 年以后超过 0.2%，2012 年为 0.215%，比 2000 年上升仅 0.12 个百分点（如图 4－12 所示）。

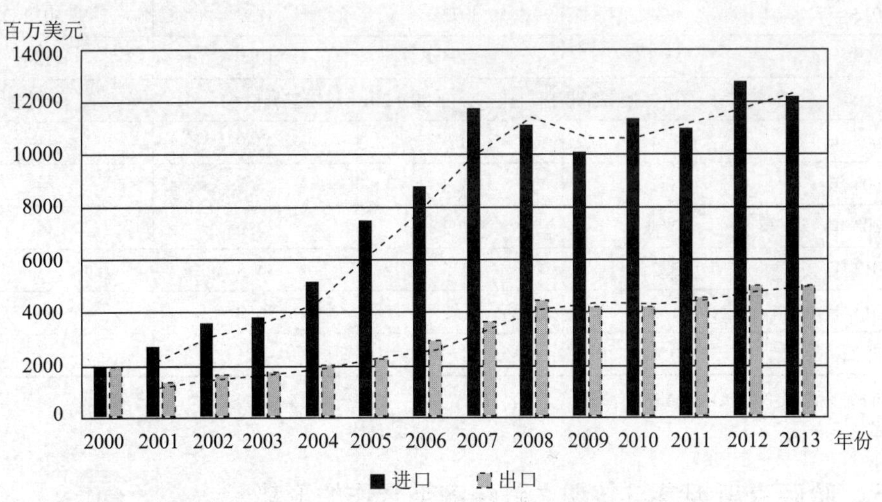

图 4－12　2000—2013 年哈萨克斯坦服务贸易进出口状况

资料来源：UNCTADSTAT 数据库。

从服务贸易出口结构来看，流通性服务和消费性服务在哈萨克斯坦服务贸易出口

① 张宁. 哈萨克斯坦独立后的政治经济发展（1991—2011）［M］. 上海：上海大学出版社，2012：276.

中始终占有很大比重，两者共占哈萨克斯坦服务贸易的90%以上，而生产性服务所占比例很小，该结构一直未有太大变动。2000 年，哈萨克斯坦生产性服务、流通性服务和消费性服务出口额分别为0.15 亿美元、53.34 亿美元和5.04 亿美元，2013 年则分别达到0.93 亿美元、30.73 亿美元和18.52 亿美元，其增长速度分别为15.1%、14.4%和10.5%。在流通性服务中，交通服务占有较大比重，2013 年其贸易额达到12.74 亿美元；在消费性服务领域，旅游和政府服务占比重较大，2013 年贸易额分别为14.72 亿美元和3.79 亿美元。此外，生产性服务和流通性服务所占比重略有增长，分别由2000 年的1.4%和50.7%增加至2013 年的1.9%和61.2%。而消费性服务所占比重总体上呈现下降趋势，由2000 年的47.9%下降至2013 年的36.9%，减少了11%（如表4－12 所示）。

表4－12　2000—2012 年哈萨克斯坦各类服务出口额及所占比重

单位：百万美元，%

	生产性服务	流通性服务	消费性服务	总额
	服务贸易出口额及2000—2013 年年均增速			
2000 年	15	5334	504	1053
2004 年	26	1073	910	2009
2008 年	214	2755	1457	4426
2012 年	160	3088	1709	4957
2013 年	93	3073	1852	5018
增速	15.1	14.4	10.5	13
服务贸易出口比重及2000—2013 年增减幅度				
2000 年	1.4	50.7	47.9	—
2004 年	12.7	53.4	45.3	—
2008 年	4.8	62.3	32.9	—
2012 年	3.2	62.3	34.5	—
2013 年	1.9	61.2	36.9	—
增减	0.4	0.1	−11	—

资料来源：UNCTADSTAT 数据库。

五、哈萨克斯坦参与丝绸之路经济带合作的形势

哈萨克斯坦是中亚发展最为迅猛的国家之一，在现政府提出的2050 年远景规划中，将致力于推动本国跻身全球重要经济体之列，扩大与外部世界的经贸联系成为必要选择。作为快速崛起的内陆国，哈萨克斯坦亦积极推动欧亚之间的互联互通，以加快自身融入全球化进程；并且，哈萨克斯坦在推动上海合作组织和亚洲相互协作与信任措施会议等亚洲合作机制方面有卓越贡献，共同的利益关切使哈萨克斯坦成为丝绸

之路经济带建设的另一首要合作方。

1. *哈萨克斯坦参与丝绸之路经济带的进展*

自2013年9月中国国家主席习近平在哈萨克斯坦纳扎尔巴耶夫大学演讲时提出建设“丝绸之路经济带”这一战略构想并针对该构想提出加强“五通”倡议之后，作为中亚地区经济发展速度最快、在地区事务中发挥着举足轻重的大国，哈萨克斯坦进行了积极回应。

哈萨克斯坦驻华大使叶尔梅克巴耶夫在接受媒体采访时表示：“中国领导人提议努力加强政治协作，建设统一路网，巩固贸易往来，加强货币流通，扩大民间交流。这一系列项目的实施将使欧亚国家与拥有很大潜力的中国中西部省份的经贸合作变得更加密切。这将增加双边贸易额、投资额，促进交通物流基础设施发展，并且扩大人文交流。我们认为，这将放宽货物运输、人员迁徙及商品流通的条件，减少行政壁垒。”① 2014年1月10日，哈萨克斯坦副外长萨雷拜在会见中国驻哈萨克斯坦大使乐玉成时表示，习近平主席关于共建“丝绸之路经济带”的倡议正是在访哈萨克斯坦期间提出的，当即得到纳扎尔巴耶夫总统的积极响应，这对哈萨克斯坦而言意义重大，哈萨克斯坦方对此高度重视。这一宏大的战略构想涵盖经贸、投资、人文和战略互信等各个方面，将把本地区合作提升至新的高度。“丝绸之路经济带”与哈萨克斯坦打造“欧亚大陆桥”的国家战略高度契合，哈萨克斯坦方愿积极支持、参与经济带建设，以此为契机，通过全面深化对华合作促进本国社会经济更快更好发展。②

目前，中哈两国之间已经围绕“丝绸之路经济带”建设开展一系列经济、社会、文化领域的交流活动。2013年12月23日，中国与哈萨克斯坦巴克图—巴克特口岸试点开通农产品快速通关“绿色通道”，这成为中国与周边国家第一个农产品进出口的快速通道。2014年3月11日，围绕“进一步深化中哈合作、共建丝绸之路经济带”这一主题，来自中哈两国企业的近百名代表参加在哈萨克斯坦首都阿斯塔纳举行的中哈企业家委员会首次工作会议暨丝绸之路经贸研讨会，就中哈两国之间的能源、化工、基础设施、制造、投资、展览、物流等行业的经济交流展开热烈探讨。2014年3月27日，“中哈共建丝绸之路经济带”文艺会演和商品展览活动在新疆塔城市举行，活动期间，哈萨克斯坦东哈州政府代表团在塔城市举办文艺会演及哈萨克斯坦农产品、手工艺品展览等系列活动，以促进两国之间的文化交流合作。2014年4月14日，西安国际港务区与哈萨克斯坦国家铁路公司在哈萨克斯坦阿斯塔纳达成合作协议，哈萨克斯坦将把西安作为中国发往该国货物及过境货物集散地，这进一步拓展了中哈两国在投资合作领域的发展空间。此外，“首届丝绸之路经济带全球智库峰会”于2014年5月23

---

① 白俄总理和三国驻华大使谈丝绸之路经济带［EB/OL］. 中国网，http：//news. china. com. cn/world/2014 -02/26/content_ 31607342. htm.

② 哈萨克斯坦积极支持并参与丝绸之路经济带建设［EB/OL］. 新华网，http：//news. xinhuanet. com/world/2014 -01/11/c_ 125989527. htm.

日在哈萨克斯坦首都阿斯塔纳独立宫举行，围绕“携手、共赢、创新、繁荣”这一主题，与会成员将深入分析和探讨丝绸之路经济带的发展前景和现实目标，进一步梳理共同面临的机遇与挑战，探讨加强彼此经贸合作的方向、路径与措施，从而推动丝绸之路经济带国家和地区间的经济交流与合作。

2. 哈萨克斯坦参与丝绸之路经济带的前景

建设丝绸之路经济带，是要在丝绸之路经济带沿线国家既有的合作基础上继续深化彼此之间的合作领域，实现互利合作、共同繁荣。作为睦邻友好的战略伙伴国，多年来，中哈之间通过上海合作组织等机制不断深化双方互信与合作，两国在经贸、能源、基础设施建设、文化及旅游等领域进行一系列互利性战略合作，促进地区经济的可持续发展和社会安全。2012 年 1 月 17 日，哈萨克斯坦“独立日”前夕，哈萨克斯坦总统纳扎尔巴耶夫在首都阿斯塔纳发表国情咨文，就哈萨克斯坦 2050 年前的政治、经济、社会等各领域国家发展战略的实现途径与具体任务进行全面阐释，为哈萨克斯坦在未来一段时间内社会经济的发展提出更高的要求和目标，对于“丝绸之路经济带”，哈萨克斯坦有参与其中的内在需求和可依靠的合作基础①。

一方面，哈萨克斯坦有参与丝绸之路经济带的内在需求。当前，哈萨克斯坦处于进行经济结构转型升级、实现可持续发展的关键时期。哈萨克斯坦自身经济发展相对落后，国民经济以能源行业为主，造成经济结构失衡问题严重。依赖于资源开发的单一的经济结构使得经济的脆弱性增大，难以抵御较大的经济波动，且容易造成对外来日用品工业制成品的进口依赖，国家经济安全存在隐患，哈萨克斯坦迫切需要改变这一不利局面。因此，哈萨克斯坦总统纳扎尔巴耶夫在《哈萨克斯坦 2050 年前发展战略》中提出“加速推进创新工业化发展，促进传统矿产、油气等资源开采领域的发展；实现农工综合体的创新转变；建立知识密集型经济，提高哈萨克斯坦的科技发展潜力；保障城市化、交通和能源三大板块的基础设施建设”等七个优先发展方向，而在本国经济结构尚未真正成熟以及中亚一体化步伐陷入瓶颈的背景下，哈萨克斯坦需要进一步加强地区经济的合作，实现与外部经济的紧密联系。“丝绸之路经济带”两端连接着东亚和欧洲两大全球经济增长极，这无疑为哈萨克斯坦实现经济社会的可持续发展提供一个新的契机。

另一方面，哈萨克斯坦参与丝绸之路经济带有着坚实的合作基础。第一，从合作框架和机制来看，多年来，中哈之间通过上海合作组织不断深化双方互信与合作，积极探索出多元化的合作机制与模式。早在 1996 年，中哈两国就在上海合作组织框架内建立边境地区相互信任和裁减军事力量的合作机制；2002 年，中哈两国签订《睦邻友好合作协约》并于 2005 年建立“战略伙伴关系”，这标志着中哈两国之间的合作迈上一个新台阶，并在 2011 年升级为“全面战略伙伴关系”；在 2012 年中哈建交 20 周年

① 图列绍夫．哈萨克斯坦参与“丝绸之路经济带”建设条件成熟［EB/OL］．中国社会科学在线，http://www.csstoday.net/xueshuzixun/guoneixinwen/87257.html.

之际，两国总理在北京举行第一次定期友好会晤。中哈两国就双边合作、地区政治经济形式发展所展开的密切沟通与交流已经成为双方关系发展的一大特色。第二，从经济合作基础来看，中哈双方修建了经新疆阿拉山口和霍尔果斯口岸的两条跨境铁路，该线始于重庆，横贯哈萨克斯坦全境，直抵德国杜伊斯堡的渝新欧铁路正在全线运行，充分保证中哈经济交往的通达性；中国与哈萨克斯坦的结构具有很强的互补性，中国西北五省尤其是新疆地区与哈萨克斯坦有着密切的历史与现实联系，双方就能源与管道建设、展会经济与口岸建设、交通技术设施建设等领域的合作蓬勃发展；此外，中哈双边贸易发展迅速，目前，中国已经成为哈萨克斯坦最大的贸易伙伴国和进口来源国，双方共建的霍尔果斯国际边境合作中心是中国陆地边界线上第一个跨境贸易和投资合作中心，也是目前中国唯一跨境经济合作区。双方还在努力改善投资和贸易环境，简化两国人员往来程序，这为哈萨克斯坦进一步参与“丝绸之路经济带”建设打下了建设的经济基础。第三，哈萨克斯坦具备承接“丝绸之路经济带建设”的能力。独立后，哈萨克斯坦在政治经济领域展开一系列改革，经济社会发展成效显著，其国民生产总值约占整个中亚五国的一半以上，对外开放程度和质量也得到显著提升，具备承接“丝绸之路经济带”建设的条件。随着中哈两国双方政治互信的不断深化以及合作领域的不断扩展，哈萨克斯坦参与“丝绸之路经济带”的条件越发成熟。

4.3 吉尔吉斯斯坦经济转型与丝绸之路经济带

吉尔吉斯斯坦独立后进行激进改革，成为中亚最为开放的国家之一，资源丰富，是中亚地区的交通枢纽，发展潜力巨大。但由于国内政局动荡、经济基础薄弱，发展水平落后于其他中亚国家。要扭转这一局面，吉尔吉斯斯坦需加强与周边国家合作，实现国家经济转型升级和社会政治稳定，由此，吉尔吉斯斯坦有可能成为参与丝绸之路经济带合作的重要参与方。

一、吉尔吉斯斯坦经济发展基础与政治社会环境

吉尔吉斯斯坦经济发展基础薄弱，独立后进行激进经济改革与政治改革，但受传统思想的影响，加之与发展水平不相符，自由市场经济与民主政治没能为其带来经济繁荣。

1. 经济发展基础

吉尔吉斯斯坦地处欧亚大陆腹地，自然资源较为丰富，人力资源水平较高，但交通基础设施落后，总体而言其经济发展基础相对薄弱。

（1）地理条件

吉尔吉斯斯坦北部毗邻哈萨克斯坦，南部与塔吉克斯坦相连，西南与乌兹别克斯坦交界，东部、东南部与中国接壤，地处内陆，没有直接的出口通道和出海口，距离世界市场遥远，东亚、欧洲、北美等经济中心难以辐射。首都比什凯克地处中亚中心，是中亚重要的物流集散地和交通枢纽。①

吉尔吉斯斯坦为高山国家，东北部有天山山脉西段，西南部有帕米尔—阿赖山脉，仅西南部和北部有低地分布。纳伦河横贯全境，在境内长540公里，楚河在境内长220公里。伊塞克湖作为著名的疗养区和旅游避暑胜地，近年来带动旅游业迅速增长。土地利用方面，耕地占53.3%，水域占4.4%，森林占5.8%，其他类型土地占36.5%。②

（2）自然资源

吉尔吉斯斯坦部分有色金属如金、汞、锡、锑储量较大，有一些世界级的大型矿床，如库姆托尔金矿、哈伊达尔干汞矿、卡达姆詹锑矿。黄金在吉尔吉斯斯坦经济地位十分重要，吉尔吉斯斯坦黄金已探明工业储量560吨，地质储量约2500～3000吨。最大的金矿库姆托尔金矿2011年开采黄金18.1吨，产值约19亿美元，占吉尔吉斯斯

① 孙力，吴宏伟．中亚国家发展报告（2013）［M］．北京：社会科学文献出版社，2013：8.

② 张宁，李雪．吉尔吉斯斯坦独立后的政治经济发展［M］．上海：上海大学出版社，2013：1.

坦当年 GDP 的 11.7%，工业总产值的 26.1%，出口总值的 51.1%。2012 年开采黄金 9.8 吨，产量下滑明显，一定程度上导致当年吉尔吉斯斯坦 GDP 增长速度放缓。①

不同于哈萨克斯坦、乌兹别克斯坦和土库曼斯坦石油天然气资源储量丰富，吉尔吉斯斯坦缺乏油气资源，经济发展相对困难。吉尔吉斯斯坦每年开采石油约 8 万 ~10 万吨，进口石油约 1 万 ~2 万吨，成品油主要用于出口。每年开采天然气约 1000 万 ~3000 万立方米，消费天然气约 8 亿立方米，供给不足部分几乎都依赖进口。

与油气资源的分布相反，吉尔吉斯斯坦境内河流湖泊众多，水资源丰富。由于缺少化石能源供给，吉尔吉斯斯坦大力发展水电以满足对能源的需求，同时把水电和水资源作为商品向周边国家出售。② 水能资源具有季节性，在冬季水电不足的情况下吉尔吉斯斯坦需要大量进口天然气以满足发电与供暖需求。

（3）人口

2012 年，吉尔吉斯斯坦人口 560.7 万人③，劳动人口为 388.93 万人，约占总人口的 69.4%，享有人口红利。同时人口文化素质不断提高，2012 年劳动人口中有 56.75 万人受过高等教育④，高素质的劳动力为吉尔吉斯斯坦未来的经济发展提供了重要条件。

（4）交通基础设施

吉尔吉斯斯坦公路总长 3.4 万公里，其中硬面公路 21%。公路运输是最主要运输方式，承担着全国 94% 的货运量和 85% 的客运量。但公路运输的规模效应低，物流几乎完全依赖公路运输。铁路干线总长 424.6 公里，老化严重，运输状况紧张。全国共有 28 个机场，只有比什凯克和奥什两个国际机场。河流众多，但因季节性与地势影响，水运并不发达，最大的港口是伊塞克湖西北岸的巴雷克奇市。目前有布哈拉—塔什干—比什凯克—阿拉木图的天然气管道，负责将乌兹别克斯坦的天然气输送到吉尔吉斯斯坦北部和哈萨克斯坦南部地区。⑤ 吉尔吉斯斯坦是丝绸之路经济带的重要过境国，落后的交通基础设施成为制约吉尔吉斯斯坦参与丝绸之路经济带的主要障碍。

2. 政治环境

吉尔吉斯斯坦有漫长的游牧社会历史，由此产生的部族主义根深蒂固，加之多次遭受外来势力的统治，使其缺乏自己的核心民族文化价值观。因此，吉尔吉斯斯坦的政治转型历程显得极其艰难而复杂：现代性与传统性、西方化与本土化，既相融共生，又相互排斥与博弈。⑥ 从 1991 年独立后至今，吉尔吉斯斯坦共经历 3 任总统和 20 任总

---

① 孙力，吴宏伟．中亚国家发展报告（2013）［M］．北京：社会科学文献出版社，2013：42.

② 梁超．中亚博弈新视角［M］．北京：社会科学文献出版社，2011：48.

③ 世界银行数据库：http：//data. worldbank. org. cn/country/kyrgyz – republic.

④ 世界劳工组织数据库：http：//www. ilo. org/ilostat/.

⑤ 张宁，李雪．吉尔吉斯斯坦独立后的政治经济发展［M］．上海：上海大学出版社，2013：2.

⑥ 焦一强．从“民主岛”到“郁金香革命”：吉尔吉斯斯坦政治转型研究［M］．兰州：兰州大学出版社，2010：2.

理，政权更迭频繁，南北派系间的政治斗争激烈。

独立后首任总统为阿卡耶夫，他先后五次以全民公决方式对宪法进行修改，调整议会组织方式和总统权力，确定总统制政体。阿卡耶夫多次连任，在执政后期不断集权扩权，走向威权统治，引发人民不满。最终在2005年以议会选举舞弊为导火索爆发“郁金香革命”，阿卡耶夫被迫辞职，反对派领导人巴基耶夫上台。

巴基耶夫上台后在一定程度上扩大了议会权力，以缓解总统与议会间的矛盾，建立总统—议会制政体。但巴基耶夫逐步清理革命同路人，然后再将其他南方派系排斥出权力中心，任人唯亲，通过宪政改革组建政权党，控制立法、行政和司法系统，独揽大权。民众对政府和总统巴基耶夫的不满导致2010年4月发生骚乱即“四七事件”，巴基耶夫离国，奥通巴耶娃担任过渡时期的临时总统，但新政府没能控制局势，6月南部发生骚乱，吉尔吉斯族与乌兹别克族发生严重冲突。

2011年10月，总统选举产生新一任总统阿坦巴耶夫，此时议会权力进一步加大，确立议会制政体。① 但新政体下的联合政府不断被迫改组，如2014年3月19日阿坦巴耶夫签署总统令解散以萨特巴尔季耶夫领导的现政府，这是阿坦巴耶夫执政时期的第三次政府改组。同时新政府面临的国内形势不容乐观，2012年10月吉尔吉斯斯坦部分民众要求将库姆托尔金矿收归国有而发生骚乱，奥什—比什凯克高速公路被反对派支持者封锁。

在外交上，中亚国家间边界问题摩擦不断，个别国家极端民族主义膨胀，亦可能引发国家间暴力冲突。2012年1—11月，吉塔边界发生19起冲突。2012年7月17日，吉乌边防军在两国间一处未划定边界地带发生交火，双方各有人员伤亡报告。

吉尔吉斯斯坦腐败严重，政治权力斗争不断，新总统的上台伴随着政权非正常更迭，同时政府改组频繁，总统与议会间的摩擦不断。由于南北间的冲突，吉尔吉斯斯坦总统与总理往往分别由南北领导人担任。吉尔吉斯斯坦政权稳定性差，权威弱，根源在于吉尔吉斯斯坦独立后经济发展缓慢，而不稳定的政治环境又进一步加剧经济的落后从而陷入恶性循环。

3. 社会环境

吉尔吉斯斯坦共有80多个民族，其中吉尔吉斯族占73%，乌兹别克族占14.3%，俄罗斯族占7.8%，东干族占1.1%，此外还有维吾尔族、塔吉克族、哈萨克族、乌克兰族、土耳其族、阿塞拜疆族等。88%以上居民信仰伊斯兰教，多数属逊尼派。

吉尔吉斯斯坦不仅民族成分复杂多样，而且地理分布极不平衡，俄罗斯族大多居住在经济较发达的北部，而在南部经济落后地区吉尔吉斯族和乌兹别克族所占比例较大，民族间的矛盾与冲突不断。苏联时期的民族划界将历史上原本作为经济和政治统一体的费尔干纳盆地人为划割给乌兹别克斯坦、吉尔吉斯斯坦、塔吉克斯坦三国，导

---

① 薛福岐．吉尔吉斯斯坦独立以来的两度政变与政治发展前景［J］．新疆师范大学学报（哲学社会科学版），2010（4）：49.

致不少民族跨界而居，使民族关系变得更加错综复杂。①

吉尔吉斯人受游牧生活方式的影响，常年生活在部族制度下，缺乏对民族的认同，更强调身为部族的一员。从部族划分来看，主要分为三大集团（或称三大翼、三大系）：左翼、右翼以及伊其基利克。左翼部族位于吉尔吉斯斯坦北部和西部的平原地区，右翼部族位居吉尔吉斯斯坦南部山地地区，伊其基利克是位于吉尔吉斯斯坦南部地区的一个中间部族集团。部族分布与地理的南北差异相对应，南部农业发达，宗教观念相对浓厚；北部以畜牧业为主，游牧生活方式下宗教观念比较淡薄。②

部族主义对吉尔吉斯斯坦政治转型有一系列消极影响，狭隘的部族政治忠诚与认同不仅会对国家统一造成危害，严重影响民族国家的构建过程，同时也易于产生裙带关系，导致政权的腐败；部族间的权力斗争对政局稳定产生负面影响；对部族首领人物的崇拜是吉尔吉斯斯坦总统集权、政治转型回归权威的重要历史渊源之一。

二、吉尔吉斯斯坦经济改革的历程

吉尔吉斯斯坦独立后进行经济改革，从行政指令性的中央计划经济向市场经济过渡，从单一的公有制经济向多种所有制形式并存的混合经济过渡。改革实行休克疗法，通过激进的改革迅速建立自由市场经济体制。2012 年欧洲复兴开发银行对中亚国家转轨改革进程的评价报告中指出，独立 20 年来，吉尔吉斯斯坦基本完成市场经济转轨进程，私有化与价格自由化改革比较彻底，但基础设施、政府管理和金融领域略显落后。③

1. 经济改革的三个阶段

（1）独立后至 1995 年，打破旧制度从计划经济向市场经济转型，初步建立市场经济体制。具体措施一是建立健全经济管理机构，二是建立相关的制度和法律体系，三是发行本国货币。

（2）1996—2000 年，市场经济体制得到进一步巩固和发展，制定本国的经济发展战略。随总统权力的加强，逐渐放弃完全自由化的经济改革路线，重视国家在经济运行中的调控作用，实行具有稳定导向的宏观经济政策，在财政、社会保障方面作出相应安排。

（3）2001 年至今，积极参与国际合作，经济发展从区域内转向区域外，得益于国内经济好转和国际市场原料价格上涨及出口增加，经济稳步增长。

2. 经济改革的内容与措施

（1）私有化

私有化是经济改革的核心内容。1991 年 12 月 20 日，吉尔吉斯斯坦通过《私有

---

① 焦一强. 从“民主岛”到“郁金香革命”：吉尔吉斯斯坦政治转型研究［M］. 兰州：兰州大学出版社，2010：216.

② 张宁，李雪. 吉尔吉斯斯坦独立后的政治经济发展［M］. 上海：上海大学出版社，2013：88.

③ 张宁，李雪. 吉尔吉斯斯坦独立后的政治经济发展［M］. 上海：上海大学出版社，2013：2.

法》，同时设立负责私有化工作的国有资产委员会。1992 年 1 月 17 日，吉尔吉斯斯坦通过《非国有化、私有化和企业主活动总则法》，1 月 27 日，总统发布《关于加速国家和公共财产非国有化和私有化的紧急措施的命令》。上述法规为吉尔吉斯斯坦从计划经济走向市场经济奠定法律基础。

私有化过程中，根据行业特点，工业企业采取股份制方式，农业部门采取集体购买方式，商业部门采取拍卖方式。对一些特殊的国有资产如土地、地下矿藏、森林、水域、自然资源与历史珍品等不实行私有化。私有化有两个特点：一是分阶段、循序渐进地进行。前一阶段是中小企业私有化，被称作小私有化，后一阶段是大型企业非国有化和私有化，被称作大私有化；二是从农村开始。①

通过激进式改革，2000 年私有制成分在吉尔吉斯斯坦已占主导地位，私有化改革基本完成。政府对经济的干预减少，但政府管理机构却膨胀起来。1991—2001 年，吉尔吉斯斯坦国家管理机构公务员由 3. 66 万人增加到 7. 58 万人，增长 1. 1 倍。② 私有化是在市场条件准备不足的情况下进行的，大规模私有化带来经济急剧衰退，绝大多数人的贫困以及由此产生的两极分化，造就“影子经济”横行、腐败丛生的官僚寡头资本主义。③

（2）放开物价

1992 年 1 月 4 日，吉尔吉斯斯坦在中亚地区首先全面放开物价，但对重要商品特别是居民生活必需品，采取最高限价或保留价格补贴。1994—1995 年取消直接或间接的价格控制，实行由经济作杠杆的自由贸易政策，全面实行价格自由化。1995 年所有商品的价格几乎全部放开，基本上完成价格体系改革。

通过私有化与放开物价，吉尔吉斯斯坦成为中亚地区自由化程度最高的国家之一。但由于吉尔吉斯斯坦在缺乏原始积累的条件下推行大规模私有化，在商品短缺的情形下一次性全面开放物价，更重要的是缺乏市场经济的经验，许多企业被迫停产，经济急剧衰退。

（3）产业政策

吉尔吉斯斯坦大力调整产业结构。第一，发展农业，减少低效牧草的种植，扩大粮食作物的种植面积，争取粮食自给。第二，解决能源问题，依靠本国丰富的水能资源，大力发展水电事业。修建炼油厂，减少能源进口。第三，发展食品工业和轻工业，开发绿色食品和旅游资源。2013—2017 年稳定发展战略明确指出优先发展领域为交通、电力、采矿、农业、轻工业、服务业等。

---

① 梁超．中亚博弈新视角［M］．北京：社会科学文献出版社，2011：215.

② 林治华．“颜色革命”爆发的经济学分析——吉尔吉斯斯坦与乌兹别克斯坦转轨经济比较［J］．俄罗斯中亚东欧研究，2006（1）：53.

③ 焦一强．从“民主岛”到“郁金香革命”：吉尔吉斯斯坦政治转型研究［M］．兰州：兰州大学出版社，2010：192.

（4）货币金融

1993 年 5 月 3 日，吉尔吉斯斯坦最先决定退出卢布区，发行本国货币索姆，并实行国内货币自由兑换与自由浮动汇率制。吉尔吉斯斯坦建立了本国金融体系，由中央银行和商业银行组成二级银行体系，中央银行为一级银行，负责发行货币和制定银行政策；商业银行和其他专业银行为二级银行，负责具体的存贷业务。建立向国内外发行国家和企业债券的有价证券市场，建立以行政手段为主的统一监管机制。后期对金融体系的改革主要体现为建立证券交易所、发行私有化证券。提高贷款利率并缩短贷款期限，严格规定贷款使用方向并采取竞争方式发放贷款。通过减税和部分税种实现零税率等措施推动加工业发展。

（5）招商引资

独立后，吉尔斯斯坦提高对外开放度，大力吸引外资以推动本国经济发展，先后通过《外国人投资法》《外商租赁企业经营法》《自由经济区法》等一系列招商引资的法令，明确投资保障与扩大投资者权限，承认投资者在吉尔斯斯坦的土地所有权、使用权、知识产权。此外，吉尔吉斯斯坦还建立纳伦、卡拉阔尔、比什凯克和玛依玛克 4 个自由经济区，为来吉尔吉斯斯坦投资办厂的外商提供一系列优惠的条件，如免征进出口关税及其他税、费。① 2013—2017 年吉尔吉斯斯坦稳定发展战略指明，为进入全球营商环境排行榜前 30 位，吉尔吉斯斯坦要进一步改善投资环境、吸引外资。

（6）对外贸易

摒弃苏联时期由国家垄断外贸的做法，将对外贸易自由化与非集中化，实施全面对外开放政策，赋予国内法人和自然人从事贸易活动的权利。吉尔吉斯斯坦将对外开放视为其融入世界经济的重要措施之一，以加速融入全球化的浪潮。前总统阿卡耶夫发表《丝绸之路外交》一文，全面阐述经济外交理念，表示愿与世界各国建立和发展富有成效的双边和多边联系与合作，并把加强与外国联系和开展对外贸易视为实现本国经济振兴的重要选择之一。② 1998 年 12 月 20 日，吉尔吉斯斯坦成为中亚地区第一个加入世界贸易组织的国家。

三、吉尔吉斯斯坦经济总量与结构的变迁

1. 吉尔吉斯斯坦经济总量的变迁

独立后，吉尔吉斯斯坦实行休克疗法，进行激进的经济改革，由于改革过快过急，加之改革中的腐败等影响，吉尔吉斯斯坦内生产总值从 1991 年开始衰退一直到 1999 年达到最低值 12 亿美元，仅为 1990 年 26 亿美元的 48%，经济衰退十分明显（如图4－13 所示）。

---

① 徐海燕．论吉尔吉斯斯坦共和国的政治、经济与对外关系［D］．新疆大学硕士研究生学位论文，17.

② 张宁，李雪．吉尔吉斯斯坦独立后的政治经济发展［M］．上海：上海大学出版社，2013：109.

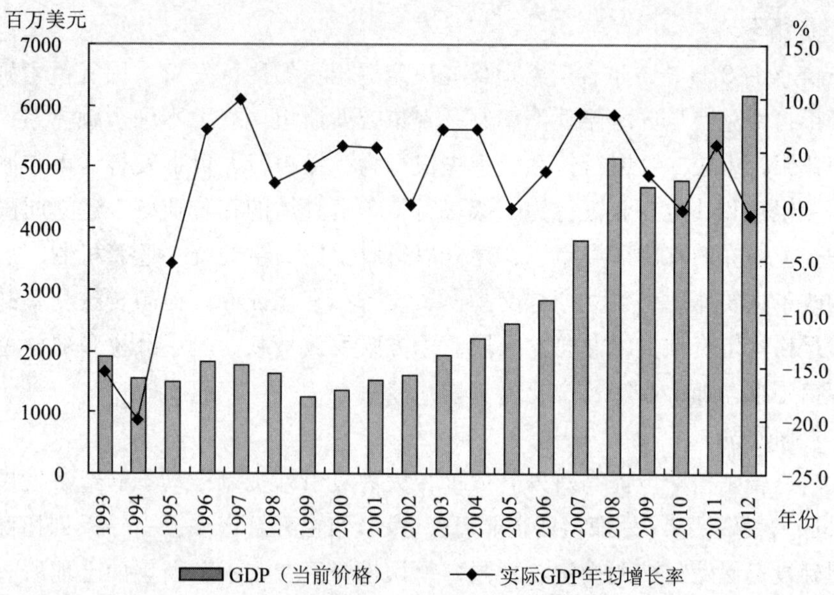

图 4－13　1993—2012 年吉尔吉斯斯坦 GDP 及其实际增长率

资料来源：UNCTADSTAT 数据库。

2000 年市场经济体制得到进一步巩固和发展，吉尔吉斯斯坦重视国家在经济运行中的调控作用，实行具有稳定导向的宏观经济政策，从而走上恢复性增长道路，但直到 2006 年国内生产总值达到 28 亿美元才恢复独立前水平。此后 GDP 增长速度加快，在 2012 年国内生产总值达 61. 8 亿美元，在 1990 年水平上增加 1. 5 倍。增长速度最快的是 2007 年和 2008 年，年均增速为 8. 5% 和 8. 4% 。值得注意的是 2009 年、2010 年经济趋于下滑，其主要原因一方面是国际金融危机的影响，另一方面是国内局势动荡不安，特别是在 2010 年 4 月和 10 月发生骚乱，干扰了正常的生产秩序。

从人均国内生产总值来看，其走势与国内生产总值走势基本一致。1990 年人均国内生产总值为 593 美元，2012 年为 1130 美元，按世界银行的分类属于中等偏下收入国家。

2. 吉尔吉斯斯坦经济结构的变迁

从国内生产总值的支出法来看，吉尔吉斯斯坦经济增长几乎完全依靠最终消费拉动，长期保持 100% 左右的水平，在 2012 年最终消费占国内生产总值的比重为 111. 47% 。资本形成总额有一定的正效应，但相比最终消费而言所占比例较小，在 20% 左右波动，总体呈增长趋势，这与吉尔吉斯斯坦政府大力吸引外资有关。由于长期保持贸易逆差，净出口一直起负效应，尤其在独立初期与 2006—2012 年，净出口占国内生产总值的 －30% 左右，在 2012 年净出口占国内生产总值的 －41. 89% ，是独立以来的最高水平（如图 4－14 所示）。

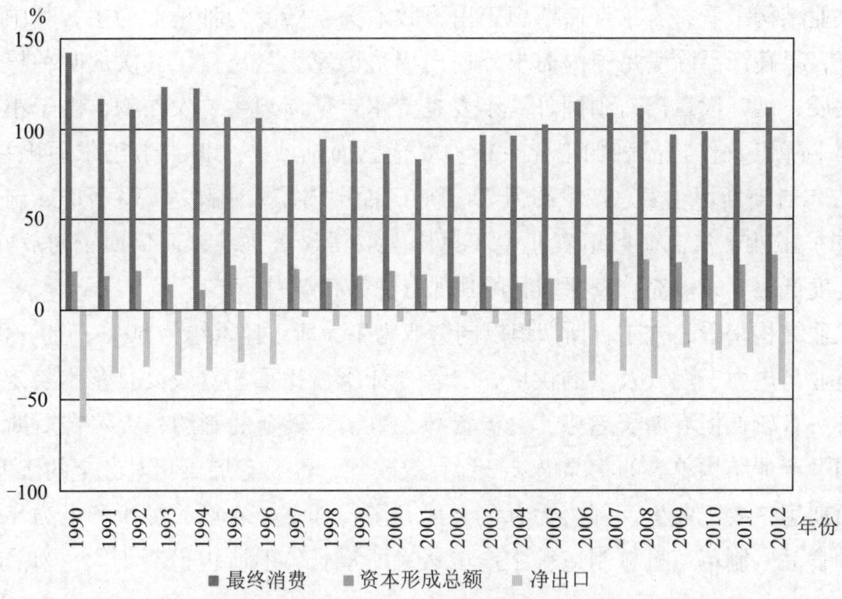

图 4－14　1990—2012 年吉尔吉斯斯坦 GDP 构成

资料来源：UNCTADSTAT 数据库。

从产业结构来看，其演进的特点是：第一产业比重不断下降，从 1991 年的 33. 6% 下降到 2012 年的 19. 5%；第二产业比重波动不大，总体呈下降趋势，从 37. 7% 下降到 25. 1%；第三产业比重稳步上升，由 28. 7% 上升到 55. 5%。由于吉尔吉斯斯坦工业基础薄弱，所以第三产业因第二产业比重低而占据较高比重，吉尔吉斯斯坦仍然是工业化仍然有待推进的国家（如图 4－15 所示）。

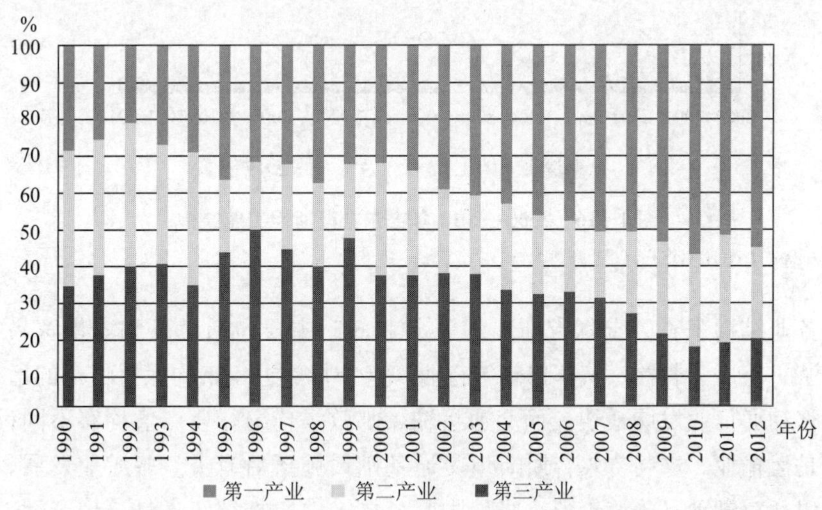

图 4－15　1990—2012 年吉尔吉斯斯坦三次产业构成

资料来源：UNCTADSTAT 数据库。

从农业结构来看，吉尔吉斯斯坦正由畜牧业为主转变为种植业为主，其中果蔬业发展最好，果蔬产品除满足国内需求外还向周边国家大量出口；其次烟叶种植业也得到较大发展，烟叶大量出口到国外。小麦是吉尔吉斯斯坦主要农作物，由于小麦播种面积大幅下降以及作物品种的退化，粮食安全已面临威胁。据吉卡巴尔通讯社报道，2007 年吉尔吉斯斯坦小麦总产量约为 72 万吨，而国内需求则高达 110 万吨，自给率仅为 64.1%。虽然吉尔吉斯斯坦农业生产总体上取得显著进步，但仍属于粗放式经营，产业化程度低下，未能充分发挥和利用其现有优势和潜力。

从工业结构来看，吉尔吉斯斯坦以制造业为主，所占比重约为 60%，且变化不大，其次建筑业与电力、燃气及水的供应，二者合计所占比重相对较高且基本稳定。采矿业的比重一直较低但有增长趋势。由于资源、市场、资金的制约，吉尔吉斯斯坦工业基础薄弱、产业结构单一的状况仍未得到有效改善，也没有形成相对健全的工业体系。吉尔吉斯斯坦主要工业生产部门为有色金属开采与加工、农产品加工和电力工业。其他部门如食品、制革、机械制造等生产虽然有所增长，但所占份额不大（如图 4 - 16 所示）。

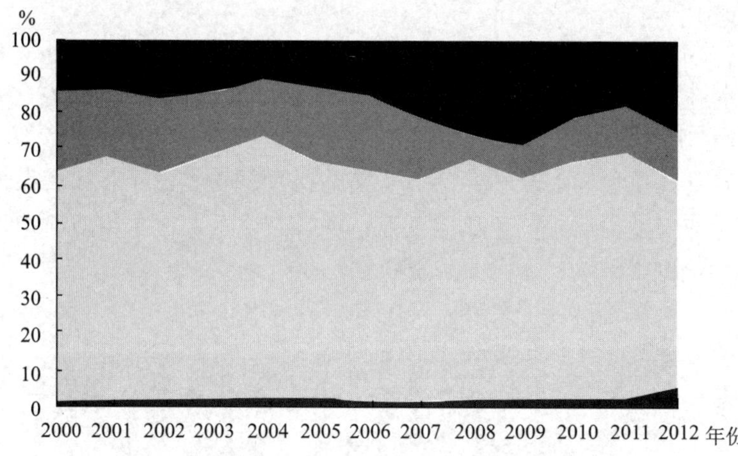

图 4 - 16　2000—2012 年吉尔吉斯斯坦工业结构

资料来源：UNCTADSTAT 数据库。

从服务业结构来看，吉尔吉斯斯坦服务业部门主要包括批发和零售贸易、金融、电信、旅游、旅店、餐饮、汽车修理等行业。这些行业近年来均保持稳定的增长态势，其中尤以移动通信业发展最快。而交通运输、邮政等传统行业产值均有不同程度的下降，尤其是运输业，这与吉尔吉斯斯坦交通基础设施落后有关。旅游业发展较快，高山湖泊如伊塞克湖独具旅游价值，吸引大量外国游客。按照流通性、生产性、消费性服务的分类来看，三者比例基本稳定，始终以消费性服务为主，基本保持在 70% 左右。流通性和生产性服务所占比例大致相当约各占 15%（如图 4 - 17 所示）。

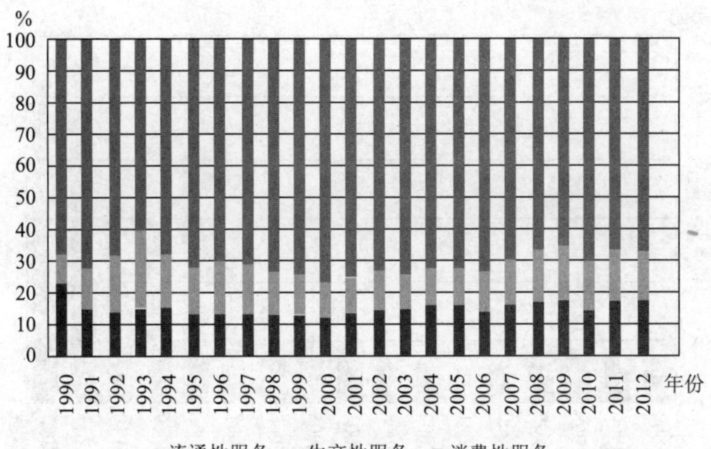

图 4 – 17　1990—2012 年吉尔吉斯斯坦服务业结构

资料来源：UNDATA 数据库。

四、吉尔吉斯斯坦贸易格局的变动

从总规模上看，吉尔吉斯斯坦 2000 年以来对外贸易额不断增长，尤其是 2005 年后增长速度加快，但贸易逆差不断扩大。从贸易结构来看，始终以与周边国家尤其是俄罗斯、哈萨克斯坦展开贸易为主，集中于半成品出口；旅游成为主要的服务出口商品。

1. 商品贸易规模的变动

21 世纪以后，吉尔吉斯斯坦进口与出口总体呈增长趋势，进口额由 2001 年的 4.67 亿美元增长到 2012 年的 53.73 亿美元，出口额由 4.76 亿美元增长到 16.83 亿美元。进出口的快速增长得益于本国实行自由贸易政策、国内自然资源出口，以及经济发展对国外制成品的需求。在此过程中，吉尔吉斯斯坦的贸易逆差不断扩大，2000 年的逆差为 5000 万美元，2012 年扩大到 36.9 亿美元，逆差扩大原因是本国经济结构单一发展落后，出口额总体增长缓慢，而粮食和工业制成品及能源高度依赖进口，特别在国际粮价与石油价格居高不下的形势下。2009 年受金融危机影响，吉尔吉斯斯坦进出口都显著下滑。2012 年受库姆托尔金矿产量下滑等因素影响，出口再次下降（如图 4 – 18 所示）。

从占世界贸易的比重来看，吉尔吉斯斯坦 1992 年仅占世界商品贸易总额的 0.01%。独立以来，这一比重有所下滑，直到 2006 年后进入持续上升阶段，2012 年达到历史最高水平，占到世界商品贸易总额的 0.02%，并且，进口在其中扮演重要作用。吉尔吉斯斯坦参与国际分工的能力仍然非常薄弱。

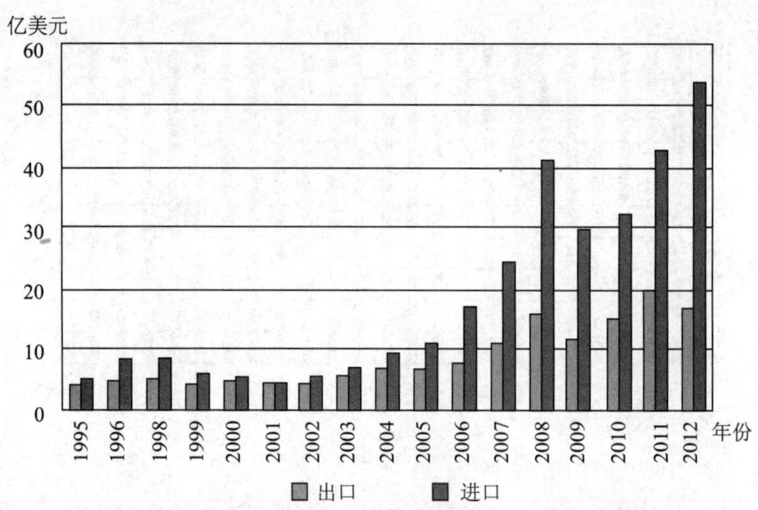

图 4 - 18　1995—2012 年吉尔吉斯斯坦进出口贸易额

资料来源：UNCOMTRADE 数据库。

2. 进出口商品结构

从商品贸易结构来看，吉尔吉斯斯坦主要以出口半成品为主，2000—2012 年基本占到总出口的50%以上，2011 年占到67.5%历史最高比重；零部件、资本品和消费品所占比例有所上升，特别是消费品出口增长迅速，但总体而言所占比例仍然不高。吉尔吉斯斯坦出口商品还是以加工程度不高的中间产品为主，单一的出口结构导致经济发展后劲不足，制成品高度依赖进口，这导致贸易逆差不断扩大（如图 4 - 19 所示）。

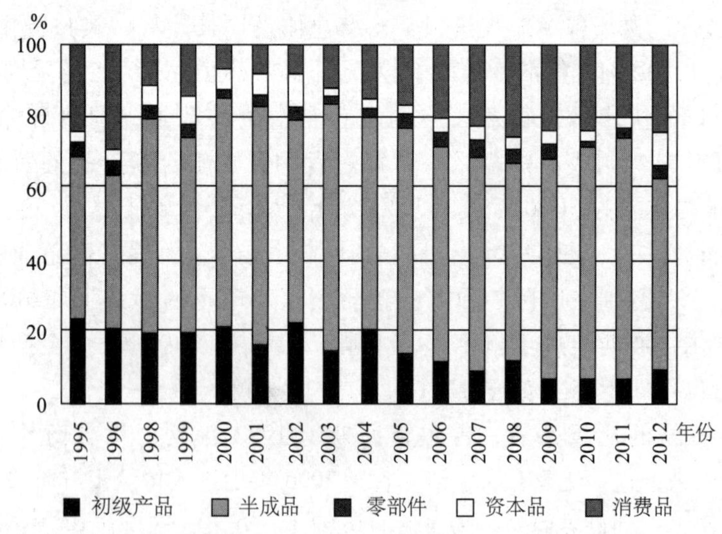

图 4 - 19　1995—2012 年吉尔吉斯斯坦出口商品结构

资料来源：UNCOMTRADE 数据库。

从进口商品结构来看，吉尔吉斯斯坦的最终消费品进口比重不断攀升，2009 年，资本品和消费品进口占比达到52.9%，其中消费品进口比重达到37.4%的历史最高水平（如图4－20所示）。

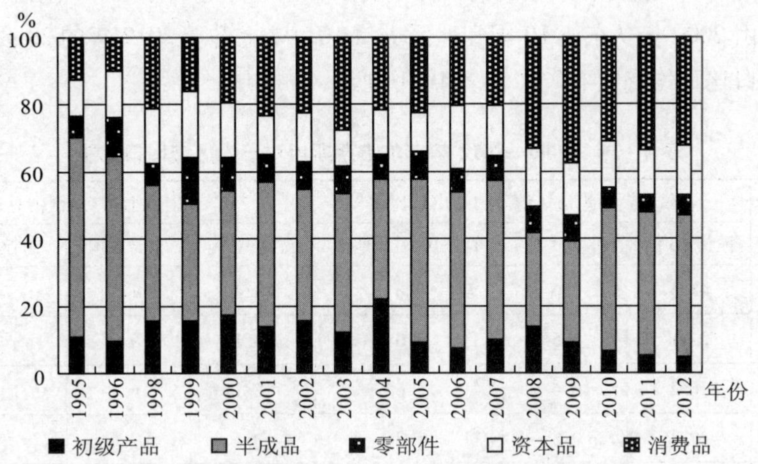

图4－20　1995—2012年吉尔吉斯斯坦进口商品结构

资料来源：UNCOMTRADE数据库。

从国别来看，吉尔吉斯斯坦的初级产品主要出口到中国、俄罗斯与哈萨克斯坦，其中出口到哈萨克斯坦的初级产品比例由2000年的1.7%上升到2012年的20.5%。半成品在2000年主要出口到德国与乌兹别克斯坦，分别占半成品总出口的44.1%与21.3%，2012年主要出口到瑞士占62.9%。零部件的主要出口对象为俄罗斯与乌兹别克斯坦。资本品的主要出口对象为乌兹别克斯坦，消费品的主要出口对象为俄罗斯与哈萨克斯坦（如表4－13所示）。

表4－13　2000年、2012年吉尔吉斯斯坦对主要出口国出口商品所占比重　　单位：%

2000年	中国	德国	哈萨克斯坦	俄罗斯	乌兹别克斯坦	合计	世界
初级产品	29.0	2.3	1.7	37.1	1.7	71.8	100
半成品	3.8	44	6.7	1.6	21.3	77.4	100
零部件	0.0	0.9	9.2	37.9	32.7	80.7	100
资本品	3.7	1.0	11.1	12.7	49.0	77.5	100
消费品	0.8	0.8	16.3	37.8	4.5	60.2	100
2012年	中国	哈萨克斯坦	俄罗斯	瑞士	乌兹别克斯坦	合计	100
初级产品	26.0	20.5	26.2	0.0	10.7	83.4	100
半成品	1.3	12.6	6.4	62.9	5.1	88.3	100
零部件	0.4	4.9	19.0	0.1	44.1	68.5	100
资本品	5.8	10.1	2.9	0.1	63.8	82.7	100
消费品	0.4	52.5	25.4	0.02	2.5	80.8	100

资料来源：UNCOMTRADE数据库。

3. 进出口地区结构

吉尔吉斯斯坦对世界三大贸易区域的进出口比重并不大，其中向欧洲的出口比重约占总出口的1/3，北美和东亚的出口比重有所下滑；从进口来看，从东亚的进口比重有所攀升，由2000年从东亚10国和地区进口10.4%上升至2012年的28.8%，从欧洲和北美的进口比重均有所下降（如表4－14所示）。

表4－14　2000—2012年吉尔吉斯斯坦对三大区域出口比重　单位：%

年份	吉尔吉斯斯坦出口地区占总出口比重			吉尔吉斯斯坦进口地区占总进口比重		
	欧洲16国	北美3国	东亚10国和地区	欧洲16国	北美3国	东亚10国和地区
2000	41.3	0.6	9.0	13.4	11.7	10.4
2002	24.1	6.5	9.0	14.1	9.7	12.7
2004	16.2	6.4	5.6	12.1	6.1	12.6
2006	29.3	0.8	5.2	10.6	7.6	17.0
2008	36.3	0.3	3.0	13.6	3.7	23.4
2010	30.6	7.2	2.0	8.6	6.6	25.4
2012	34.9	0.3	3.7	9.3	5.4	28.8

资料来源：UNCOMTRADE数据库。

从主要出口国来看，吉尔吉斯斯坦的出口主要流向俄罗斯及其他中亚国家，其贸易比例占到约一半，其中又以俄罗斯、乌兹别克斯坦和哈萨克斯坦为主。2000—2012年，欧洲的主要出口对象国有所变化，2000年，吉尔吉斯斯坦向德国出口占到29%；到2012年，欧洲最大的出口国为瑞士，占到总出口的33%，原因主要是库姆托尔金矿开采，绝大部分出口至瑞士进行加工与消费（如图4－21、图4－22所示）。

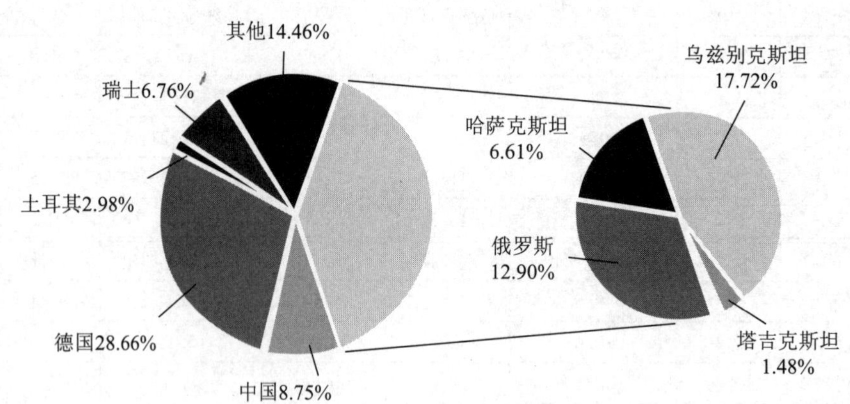

图4－21　2000年吉尔吉斯斯坦出口的国别分布

资料来源：UNCOMTRADE数据库。

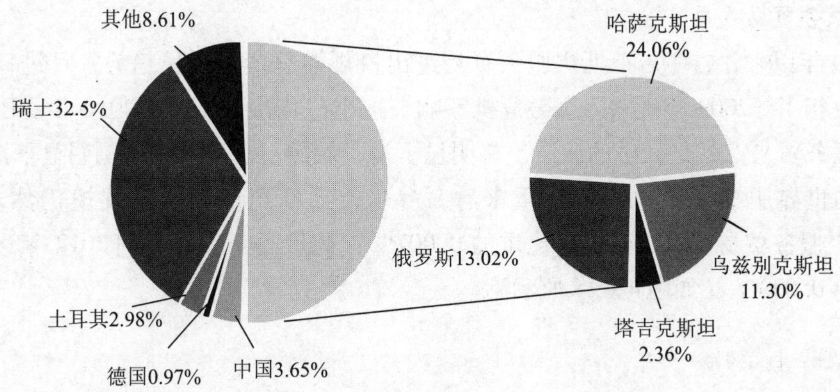

图 4－22　2012 年吉尔吉斯斯坦出口的国别分布

资料来源：UNCOMTRADE 数据库。

从进口国来看，同样以俄罗斯及其他中亚国家为主，进口量超过 50%，其中以俄罗斯和哈萨克斯坦为主。而中国在 2000 年仅占吉尔吉斯斯坦进口的 7%，到 2012 年提高到 23%，成为仅次于俄罗斯的吉尔吉斯斯坦第二大进口来源国（如图 4－23、图 4－24 所示）。

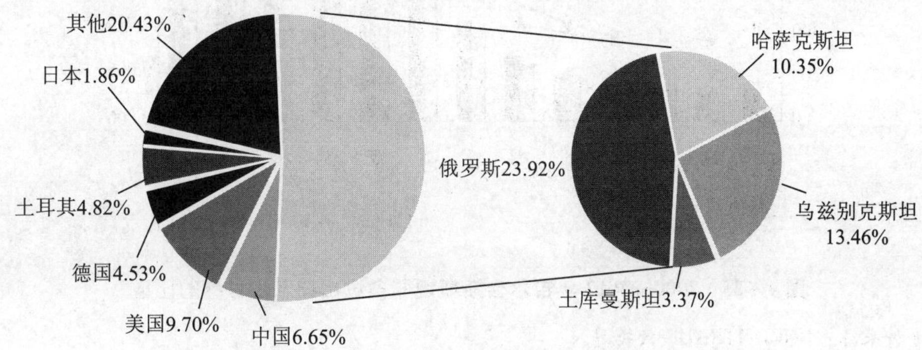

图 4－23　2000 年吉尔吉斯斯坦进口的国别分布

资料来源：UNCOMTRADE 数据库。

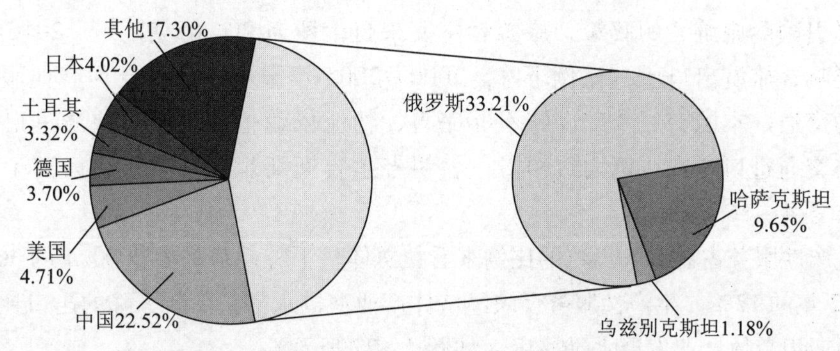

图 4－24　2012 年吉尔吉斯斯坦进口的国别分布

资料来源：UNCOMTRADE 数据库。

4. 服务贸易发展

2000 年以来，吉尔吉斯斯坦服务贸易进出口规模总体呈增长趋势，且进口与出口规模大致相当。2009 年受国际金融危机影响，进出口均出现下滑；2010 年受国内骚乱影响，服务贸易尤其是其中的旅游出口明显下滑，旅游占总出口的比例明显下滑。

从占世界服务贸易总额的比重来看，吉尔吉斯斯坦服务贸易规模仍然非常小，2000 年，服务贸易总额占到世界比重的 0.007%；此后逐年攀升，到 2012 年达到最高水平，为 0.033%（如图 4－25 所示）。

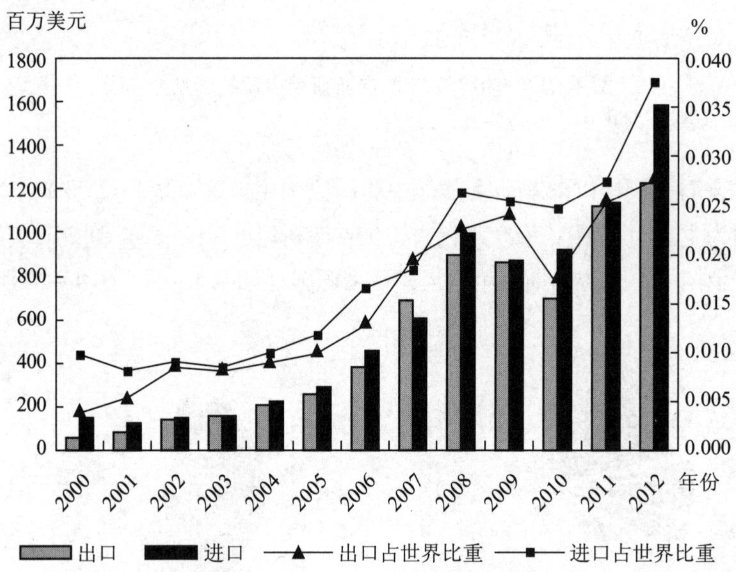

图 4－25　2000—2012 年吉尔吉斯斯坦服务进出口及占世界的比重

资料来源：UNCOMTRADE 数据库。

从进出口结构来看，2000—2005 年服务出口主要为其他服务，之后旅游所占比例超过其他服务。旅游比例的提高得益于伊塞克湖等高山湖泊旅游资源的开发和本国大力吸引国际旅游者的政策，旅游者主要来自俄罗斯和哈萨克斯坦。2010 年受国内骚乱影响，旅游出口所占比例下降。2000—2005 年服务进口主要为其他服务，之后主要为交通，本国交通基础设施不够完善，物流依赖他国。同时旅游进口呈增长趋势，与交通进口所占比例大致相当，表明吉尔吉斯斯坦经济发展，人民生活水平提高（如图 4－26 所示）。

从生产性服务占总服务出口的比例来看，总体呈下降趋势，由 2000 年的 36.3% 下降到 2012 年的 17%。生产性服务反映经济体产业演进水平，不断下降的出口比例说明吉尔吉斯斯坦总体产业发展水平落后（如图 4－27 所示）。

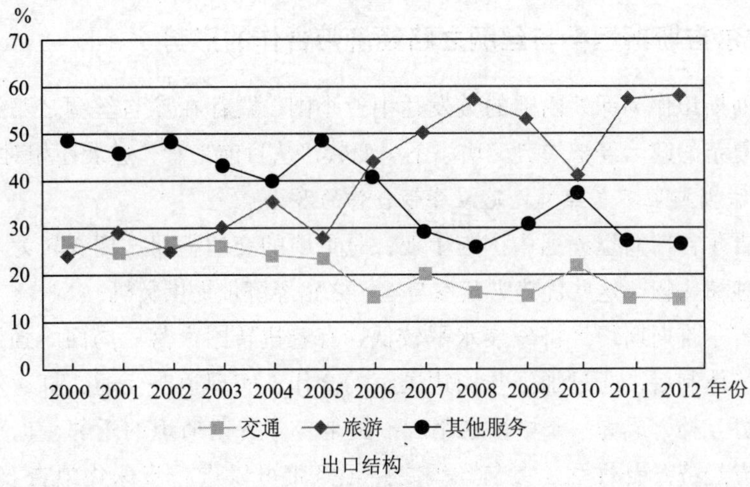

出口结构

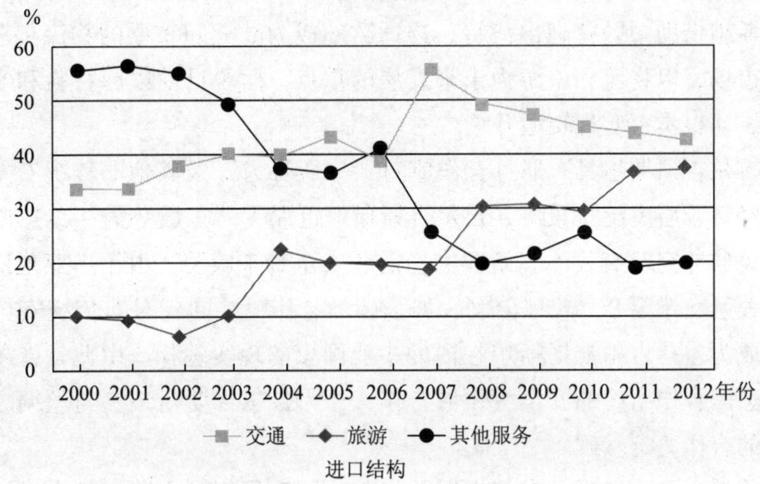

进口结构

图 4－26　2000—2012 年吉尔吉斯斯坦服务进出口结构变化

资料来源：UNCTADSTAT 数据库。

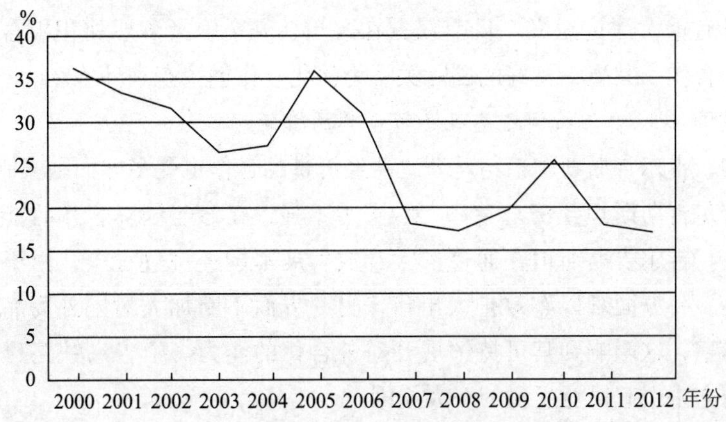

图 4－27　2000—2012 年吉尔吉斯斯坦生产性服务出口占服务出口比重变化

资料来源：UNCTADSTAT 数据库。

五、吉尔吉斯斯坦参与丝绸之路经济带合作的形势

吉尔吉斯斯坦作为深处内陆的欠发达中亚小国，既存在参与丝绸之路经济带合作的潜力，但复杂的政治经济局势又增添不少变数，从目前来看，进展还相对有限。

1. 吉尔吉斯斯坦参与丝绸之路经济带合作的潜力

首先，吉尔吉斯斯坦连通中国与中亚，是重要的交通枢纽，拥有较为丰富的水资源，旅游业独树一帜，这些优势为其参与丝绸之路经济带提供契机。

其次，吉尔吉斯斯坦经济发展水平较低，有着扭转国家落后局面的强烈需求，在转向市场经济体制后，通过加强与周边国家的合作，实现道路互通，打通对外贸易通道，实现优势互补，成为一条可行之路。中国是吉尔吉斯斯坦的近邻，也是其主要贸易伙伴，双方经济互补性强，参与丝绸之路经济带可以进一步深化中吉双方的合作，使吉尔吉斯斯坦借助中国打通出海口，连通欧洲成为欧亚间重要的物流集散地，借助中国巨大的市场，以物流和旅游为未来发展的重点，摆脱目前以原材料和半成品生产为主的局面，从根本上实现转型升级。

再次，吉尔吉斯斯坦具有通过合作应对“三股势力”及其他非传统安全挑战的需求。在社会经济矛盾突出背景下，吉尔吉斯斯坦也深受“三股势力”的影响，国内政治、部族、民族冲突时有发生，给国家稳定和安全带来威胁。由于中亚地区边界、民族、宗教等关系交错复杂、难以分割，加强国际合作，共同应对非传统安全领域的问题与挑战，成为包括吉尔吉斯斯坦在内的中亚国家的现实选择。由此，吉尔吉斯斯坦也深入参与上海合作组织的安全等领域合作，这为吉尔吉斯斯坦参与丝绸之路经济带更广泛领域的合作奠定基础。

最后，从外交关系来看，吉尔吉斯斯坦与中国高层互访不断，各个领域的友好合作关系和政治互信都取得长足发展。中国是吉尔吉斯斯坦的重要邻邦，两国唇齿相依、休戚与共。在习近平访问吉尔吉斯斯坦后，两国建立战略伙伴关系，这是中吉关系新的里程碑，具有重大深远意义。目前双方在政治、安全、经济层面积极合作，以实现平等、信任、合作、共赢，良好的国际关系为深化合作创造有利环境。

2. 吉尔吉斯斯坦参与丝绸之路经济带合作的障碍

不容小觑，吉尔吉斯斯坦参与丝绸之路经济带的合作也受多方面因素制约：

第一，吉尔吉斯斯坦经济总量小、购买力不强，在参与国际合作时能力不足、存在外围化风险。吉尔吉斯斯坦在通过扩大开放发展本国经济过程中，由于资源和生产能力相对匮乏，一方面难以有效扩大出口，另一方面不断加大对国外商品的需求，由此累积贸易赤字，这影响到其可持续展开对外合作的能力。中吉乌铁路建设计划提出后，资金问题亦是引起民意反对的一大原因。

第二，吉尔吉斯斯坦的传统经贸合作国是独联体国家，由此影响到经济区域主要分布于北部；展开丝绸之路经济带的合作，意味着吉尔吉斯斯坦需要加大力度开发南

部偏远地区，并且建设成本高昂，这对于本身财力有限的吉尔吉斯斯坦政府而言并不容易。

第三，吉尔吉斯斯坦近年来社会政治局势并不安定，“颜色革命”、政治动荡等产生诸多负面影响，它们可能通过丝绸之路经济带传播给别国，以及缺乏稳定连贯的政策制定与执行等，都会制约吉尔吉斯斯坦参与丝绸之路经济带的合作。

第四，作为中亚小国，吉尔吉斯斯坦参与国际合作不仅取决于国内的政策选择，还会受到外部关系的制约，特别是丝绸之路经济带将中亚与东亚相连接，打破了独联体国家间的传统联系，取得对吉尔吉斯斯坦有较大影响力的俄罗斯的谅解，成为吉尔吉斯斯坦参与丝绸之路经济带合作的重要考虑因素之一。

3. 吉尔吉斯斯坦参与丝绸之路经济带合作的进展

2013 年 9 月，习近平主席访问吉尔吉斯斯坦，吉尔吉斯斯坦总统阿坦巴耶夫表示支持建设丝绸之路经济带，愿与中方扩大经贸、能源、互联互通等领域合作。吉尔吉斯斯坦外交部长阿卜杜勒达耶夫接受专访时表示吉尔吉斯斯坦珍惜这个与中国合作的机会，希望通过丝绸之路经济带实现互利共赢。吉尔吉斯斯坦驻华大使巴克特古洛娃表示 2013 年吉尔吉斯和中国关系发展卓有成效，吉尔吉斯共和国高度重视和关心中国新倡议的在加强“丝绸之路经济区域”和“海上丝绸之路”项目框架内的经济合作。①

在访吉尔吉斯斯坦后双方签署了一系列经贸合作协议，2013 年 12 月吉尔吉斯斯坦总统签署法案，批准吉尔吉斯斯坦议会审议通过《吉财政部与中国进出口银行关于用于实施“比什凯克热电站改造项目”的优买贷款协议》和《中吉政府间关于建设与运营“吉尔吉斯—中国”天然气管线协议》。2014 年 4 月，吉尔吉斯经济部北方地区局局长朱玛里耶娃率团访问新疆维吾尔自治区喀什市和阿图什市，吉中双方签署了《纳伦自由经济区与喀什经济特区签署经贸合作协议》。这些协议表明吉尔吉斯斯坦希望通过丝绸之路经济带积极加强与中国在经贸领域的合作。

但同时，交通基础设施尤其是铁路是制约吉尔吉斯斯坦参与丝绸之路经济带的主要障碍，吉中双方在 2013 年 9 月会谈期间却未提及铁路，双方签署的协议没有涉及铁路建设领域。早在 1997 年中吉乌三方就修建连通三国的中吉乌铁路签署了备忘录。中吉乌铁路是新亚欧大陆桥的重要组成部分，它的修建不仅将改变新疆乃至整个中国西部的交通格局，还将构成第二亚欧大陆桥的南部通道，形成东亚通往中亚、西亚和南欧新的便捷通道。乌兹别克斯坦方面对修建这条铁路早已有定夺，但吉尔吉斯斯坦一直受困于资金问题，过去曾倾向于用“资源换铁路”的方式解决资金筹措问题，但国内存在中国威胁论，传言官方将把 23 个矿区和 45% 的冰川以 25 亿美元的价格出售给中国换取铁路修建费用，这在国内引起争议，② 该项目遭到吉尔吉斯斯坦民意反对，处于搁浅状态。

① 人民网：http：//world. people. com. cn/GB/8212/191616/372465/373148/index. html.

② 孙力，吴宏伟. 中亚国家发展报告（2013）［M］. 北京：社会科学文献出版社，2013：70.

后来阿坦巴耶夫称中吉乌铁路将无法解决国内任何问题，因为该方案仅经过吉尔吉斯斯坦南部地区，而吉尔吉斯斯坦的经济重心在北部，吉尔吉斯斯坦转而寻求与俄罗斯的合作。现在俄罗斯撇开中国提出“俄—哈—吉—塔铁路”方案，参与方案讨论的吉尔吉斯铁路公司铁路干线设计与建设部主任阿卜德克利莫夫称，目前对俄—哈—吉—塔铁路项目的研究仍处于初级阶段，不过其预可研报告已接近编制完成，俄哈吉塔四国元首将决定该项目未来的命运。

目前中吉双方在能源、贸易领域积极加强合作，吉尔吉斯斯坦表示出参与丝绸之路经济带的意向，但却未在至关重要的铁路建设上达成共识，在选择与中国还是俄罗斯合作之间摇摆不定，吉尔吉斯斯坦参与丝绸之路经济带的未来选择还是变数。

4.4　塔吉克斯坦经济转型与丝绸之路经济带

塔吉克斯坦是中亚地区的小国，经济基础薄弱，结构单一。独立以后的民主化进程中，塔吉克斯坦爆发内战，民族和解后又频发武装叛乱，和平相对脆弱。为医治战争创伤、克服经济危机，塔吉克斯坦选择渐进式改革道路。2001 年以后，塔吉克斯坦结束长期的经济衰退，进入恢复性增长过程，并于 2013 年加入世贸组织。快速成长的塔吉克斯坦，对参与丝绸之路经济带的合作具有一定需求，但也存在不少制约因素。

一、塔吉克斯坦经济发展基础与政治社会环境

塔吉克斯坦地处中亚东南部，面积 14.3 万平方公里，西部和北部分别与乌兹别克斯坦、吉尔吉斯斯坦接壤，东邻新疆，南接阿富汗。境内山地和高原占到 90% 以上，海拔较高。塔吉克斯坦虽然拥有较为丰富的自然资源，但基础设施落后，国内政治局势动荡，严重影响到社会经济发展。

1. 塔吉克斯坦经济发展基础

（1）丰富的自然资源

塔吉克斯坦水资源丰富，人均拥有量位居世界前列，占整个中亚的一半左右，但开发量不足实际的 10%。同时，塔吉克斯坦矿产资源种类全、储量大。经过 1979—1990 年大规模的勘探，发掘出 400 多个矿带，已探明有铀、铅、锌、铋、钨、锑、锶和金、银、锡、铜等贵重金属，油气和石盐、硼、煤、石灰石等 50 多种矿物质，其中铀矿储量占独联体首位；金矿有 30 余处，总储量达 600 多吨；银矿多与铅、锌伴生，储量近 10 万吨，有世界上第二大银矿区；锑矿在独联体占领先地位，在亚洲占第三位，仅次于中国和泰国。此外，塔吉克斯坦煤炭资源较为丰富，目前探明储量为 46 亿吨。

（2）基础设施建设

塔吉克斯坦处于苏联的边远地区，基础设施较为落后，独立后受内战影响政府投资不足，落后的基础设施严重制约经济发展。1997 年开启和平进程后，塔吉克斯坦政府在国际社会帮助下，积极推进基础设施建设，并将交通作为国民经济优先发展领域，实施公路战略规划，完成了 4 条公路主干线的修复。2012 年，塔吉克斯坦公路货运量为 5987 万吨，同比增长 11.2%；客运量为 5.2 亿人次，比 2011 年增加 7%。塔吉克斯坦还开通多条国际航线，2012 年航空货运量为 248 吨，较 2011 年增长 4.4%；客运量为 97.5 万人次，较 2011 年增长 15.6%。

（3）人口状况

2012 年，塔吉克斯坦总人口 800 万人，约 80% 为塔吉克族，8.5% 为乌兹别克族，

俄罗斯族约占1%，居民多信奉逊尼派伊斯兰教。塔吉克斯坦是个农业国，全国73%以上的人口和64.8%的劳动力资源集中在农村，以及将近40%的人口在17岁以下，使工业化、城市化，以及提高教育、卫生和社会保障等公共服务部门质量等成为国家发展战略的重要组成部分。

2. 政治社会环境

1991年9月9日，塔吉克斯坦宣布独立；1994年11月6日，塔吉克斯坦通过独立后的第一部宪法，明确塔吉克斯坦的国体性质是主权的、民主的、法制的、非宗教的单一制国家，实施立法、行政和司法三权分立原则。然而，民主的发展并没有带来安定团结的社会政治局面，塔吉克斯坦频繁陷入武装叛乱和局势动荡。

（1）总统集权制不断加强

塔吉克斯坦独立后实行总统制，议会由上下两院构成，1999年解除对反对派政党活动的禁令，发展多党制。内战时期，塔吉克斯坦的总统制一度中断；1997年，拉赫莫诺夫与联合反对派首领签订《关于在塔实现和平和民族和解总协定》，总统制也随之恢复。国内局势稳定后，塔吉克斯坦不断加强总统权力，1999年的修宪全民公决中，修改条款包括保持世俗国体、允许建立宗教性质政党、实行议会两院制、总统任期七年等；2003年修宪中，塔吉克斯坦再次延长总统任期，总统被赋予更大特权。不可否认，总统集权在恢复和巩固国家政治、社会、经济中起到重要作用；但是过于集权的总统政体也为个人崇拜和腐败等提供温床，对政体的长久稳定构成一定威胁。

（2）内战和武装叛乱频起

独立以后，塔吉克斯坦因各种政治、宗教、地方利益集团斗争激烈，导致政局持续动荡。1992年，在纳比耶夫再次成为总统后，苏联后期政治多元化浪潮中成立的伊斯兰复兴党等反对派举行大规模集会，要求解散议会、政府辞职，后转为武装夺权；1992年底，在俄罗斯、乌兹别克斯坦等国帮助下，塔吉克斯坦基本恢复秩序，但失去合法地位的部分伊斯兰反对派在阿富汗成立伊斯兰复兴运动，组建流亡政府，与政府军时常发生武装冲突，塔吉克斯坦陷入长达六年的内战。1997年，在国际力量干预下，塔吉克斯坦政府和反对派达成和解，然而政府军内部、反对派武装内部仍不时发生冲突，特别是伊斯兰极端分子采取一系列恐怖行动，破坏政局稳定和民族和解进程。1998年，塔吉克斯坦发生武装叛乱；2000年，阿富汗的塔利班又发动新攻势，直接进攻靠近塔吉克斯坦边境的北方联盟控制区；2012年7月，政府军与反政府武装在塔吉克斯坦与阿富汗边境城市霍罗格发生激烈冲突。由于塔吉克斯坦位于从阿富汗通向中亚的毒品私运通道上，加上两国边境线漫长，塔吉克斯坦军方难以有效控制反政府武装或伊斯兰极端分子活动，这严重影响到塔吉克斯坦的国家和平和社会安全。

（3）地区发展不平衡与社会分化严重

就塔吉克斯坦国内而言，威胁政治稳定的最大问题是地区发展不平衡以及社会的严重分化导致的对立情绪。据世界银行数据，塔吉克斯坦46.7%的人口生活在贫困线以下，即每日生活费用低于2美元；塔吉克斯坦全国平均月工资水平为110美元，最低仅为17美元；2012年人均GDP为948美元，塔吉克斯坦目前是世界上最穷的国家之一。其中，戈尔诺—巴达赫尚自治州是塔吉克斯坦最贫困地区，聚集不少反政府武装，常常是引发国内战争的策源地。国内局势不稳、经济发展乏力使大量劳动力外流，主要的流入国是俄罗斯，这也给塔吉克斯坦带来不少侨汇收入。根据世界银行的统计数据，在2008年金融危机时，从俄罗斯汇入塔吉克斯坦的侨汇为25亿美元，占塔吉克斯坦国内生产总值的60%；2012年俄罗斯境内有113万塔吉克斯坦的劳动移民，移民的汇款额达到约30亿美元，几乎占塔吉克斯坦GDP的一半。

（4）毒品危机潜伏

塔吉克斯坦是阿富汗的北方邻国，两国在民族、宗教、经济、文化等方面有诸多联系，特别是塔吉克斯坦人占数约阿富汗人口总数的1/4，其中超过300万居住在与塔吉克斯坦毗邻的东北地区，这成为两国关系中的一个特殊因素，也成为阿富汗毒品经塔吉克斯坦转运的重要基础。1990年以前塔吉克斯坦吸毒者甚少，但由于内战导致政局动荡，毒品危害蔓延，1997年来吸毒者数量不断上升，艾滋病发病率随之上升。尽管近年来塔吉克斯坦不断开展禁毒活动，加强监管力度，但毒品危害仍是国家政治安全的一大威胁。

二、塔吉克斯坦经济改革的历程

塔吉克斯坦独立以后为内战所困扰，经济改革直到20世纪90年代后半期才逐步推进；随着国内局势趋于稳定，塔吉克斯坦加快向市场经济转型，21世纪以来实现较长时期的恢复性增长。从塔吉克斯坦的经济改革历程来看，可以划分为三个阶段：

（1）内战与改革方案的探索

20世纪90年代初，由于割裂了与苏联其他共和国长期形成的经济联系，塔吉克斯坦的经济不断下滑，政局不稳和持续内战更加雪上加霜，混乱的局势给宗教极端势力向中亚地区渗透、毒品泛滥以及武器走私提供温床，塔吉克斯坦国民经济陷入全面危机之中。由于战乱不断，塔吉克斯坦政府对于本国的经济改革和发展模式的选择一直处于探索阶段，最终选择的是建立灵活有效的国家经济管理体制，也就是采纳介于自由竞争模式和政府主导模式之间的“社会市场经济体制”,① 主要内容包括放弃指令性计划经济体制，建立市场经济；对国有资产进行非国有化和私有化改制，建立以非国有制为主体的、多种经济成分并存的所有制结构；实行价格和贸易自由化等。

（2）改革的初步推进

内战使塔吉克斯坦国民经济和人民生活蒙受重大损失，面对持续经济下滑，1995年，塔吉克斯坦开始实施《深化改革和加快向市场关系过渡的紧急措施》和《1995—2000年

① 高爱玲．塔吉克斯坦的社会转型［J］．理论观察，2009（5）：59－60.

经济改革纲要》，确立以市场经济为导向的国家经济政策，并推行私有化改制。然而，由于战局影响，改革断断续续，难以有效推行。1997 年，民族和解结束了长达 6 年的内战，塔吉克斯坦政府随即颁发《关于国家财产私有化法》，大幅度扩大私有化规模，并强调加快完成的速度，但从总体来看，塔吉克斯坦经济过渡方式仍以渐进式为主。

1997 年，塔吉克斯坦经济取得自独立以来的第一次回升，走出低谷，GDP 较 1996 年增长 1.7%。然而，随着亚洲金融危机、俄罗斯金融危机，以及局部武装叛乱的影响，20 世纪末，塔吉克斯坦国民经济再次陷入衰退。

（3）深化改革与恢复增长时期

2000 年以后，随着国际市场环境的好转，塔吉克斯坦政府深化推进经济改革和扩大开放，使得新经济领域不断发展，宏观经济的各项政策目标得以稳定，为新的经济增长注入了活力。这一阶段，塔吉克斯坦主要依靠国内的经济积累和与其他国家的联系实现国民经济现代化建设。

2003 年，塔吉克斯坦政府制定国家工业发展政策，有效利用国家资源优势，加大生产技术革新力度，逐步提高产品加工水平和产品竞争力。2005 年新一届议会选举之后，经济继续保持平稳的态势，连续多年的通货紧缩局面得到改善，人均收入开始有所增加，各项经济指标均有回升。

在发展工业经济的同时，塔吉克斯坦政府致力于推进教育、健康、社会保障等公共服务领域的改革，加大公共服务部门的投入。2002 年，塔吉克斯坦颁布并落实“贫困人口减少战略”，贫困人口由 2000 年的 80% 下降至 30% 左右。

在扩大对外联系方面，塔吉克斯坦积极与多国建立合作关系，参加区域经济合作，并于 2013 年 3 月加入 WTO。塔吉克斯坦政府主张与世界各国建立良好合作关系，提倡自由贸易，在经济发展的同时，加强基础设施建设的复兴和改良，提供外资吸引力，这一系列措施都使得塔吉克斯坦的市场经济改革进程不断加快，以及国民经济在 2000—2008 年实现较长期持续增长。

2008 年受全球金融危机影响，塔吉克斯坦出现经济下滑，但 2009—2012 年，塔吉克斯坦又很快恢复经济的增长趋势，并着力于推动更全面深入的社会经济转型。

三、塔吉克斯坦经济总量与结构的变迁

整个 20 世纪 90 年代，塔吉克斯坦基本处于持续衰退过程；21 世纪以来，塔吉克斯坦经济总量不断增长，但工业化进展相对有限。

1. 经济总量变化

1992 年，塔吉克斯坦的 GDP 为 19.8 亿美元；经过连年经济下滑，到 1997 年内战结束、民族和解时，GDP 规模仅为 9.1 亿美元，不及转型初期经济总量的一半；2000 年，GDP 再次跌落到历史最低点，仅为 8.6 亿美元。此后，随着深化改革政策的持续推进，塔吉克斯坦进入恢复性增长时期，到 2004 年基本达到独立前经济水平，2012 年

GDP 为 75.9 亿美元，超过中亚另一欠发达国家吉尔吉斯斯坦（如图 4－28 所示）。

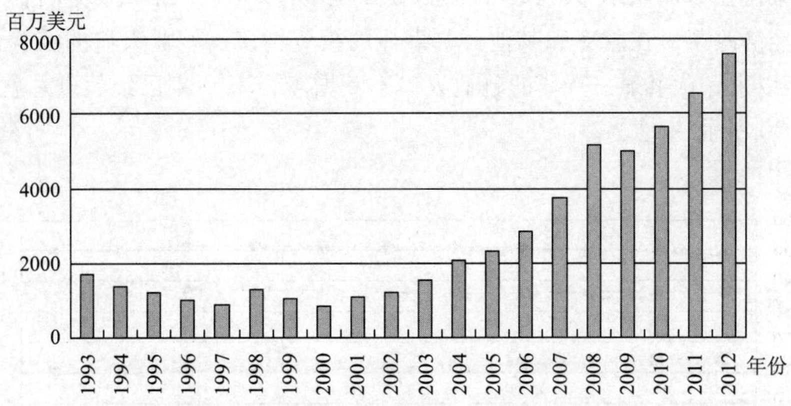

图 4－28　1993—2012 年塔吉克斯坦 GDP 增长

资料来源：UNCTADSTAT 数据库。

从人均 GDP 增长率来看，1992—2012 年，塔吉克斯坦的增长率为 6.2%，高于中亚的乌兹别克斯坦 5.7% 和吉尔吉斯斯坦 5.3% 的增长水平，但是从绝对值来看，塔吉克斯坦 2012 年的人均 GDP 仅为 948 美元，低于吉尔吉斯斯坦 1130 美元和乌兹别克斯坦 1796 美元的水平，属于中亚最为贫穷的国家。

2. 塔吉克斯坦经济结构变迁

在经济结构方面，塔吉克斯坦虽然不断推进改革和工业化进程，但仍然是农业占很大比重的国家，截至 2012 年，塔吉克斯坦农业比重基本维持在 20% 以上。

苏联时期的工业化累积，使塔吉克斯坦在独立之初保留较高比重的第二产业，1993 年工业产出比重在 53.6%。由于内外部经济联系中断、内战影响，以及塔吉克斯坦工业竞争力薄弱，面对国际商品的竞争，塔吉克斯坦传统工业受到严重冲击并大幅萎缩。到 2011 年，塔吉克斯坦第二产业占比已滑落到 27.6% 的水平，一定呈现逆工业化过程。

在工业衰落过程中，服务业成为得到相对发展的部门，1995—2012 年，服务业占 GDP 比重持续攀升，2012 年达到 50.7% 的历史最高水平（如图 4－29 所示）。

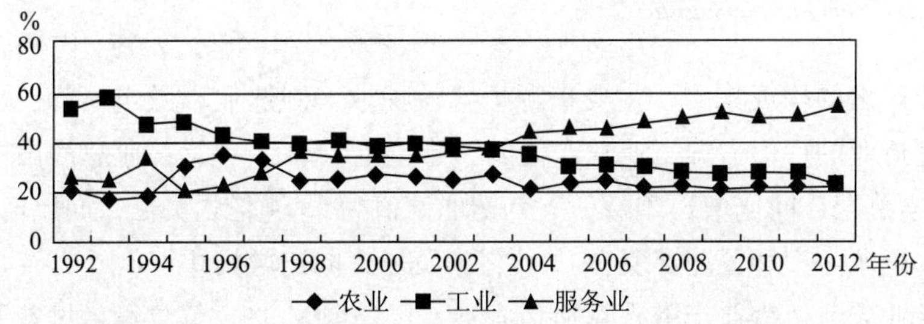

图 4－29　1992—2012 年塔吉克斯坦三次产业比重

资料来源：塔吉克斯坦统计署。

从就业结构上看，作为传统农业国，塔吉克斯坦大部分劳动人口从事第一产业，就业比重维持在50%的水平。第二产业的就业比重自2000年以来持续下降。随着政府实施市场经济改革，在教育和其他公共事业的投资增多，就业人口的综合素质提高，自2000年以来，从事第三产业的就业人口不断增多，2010年已经超过总就业的40%（如图4－30所示）。

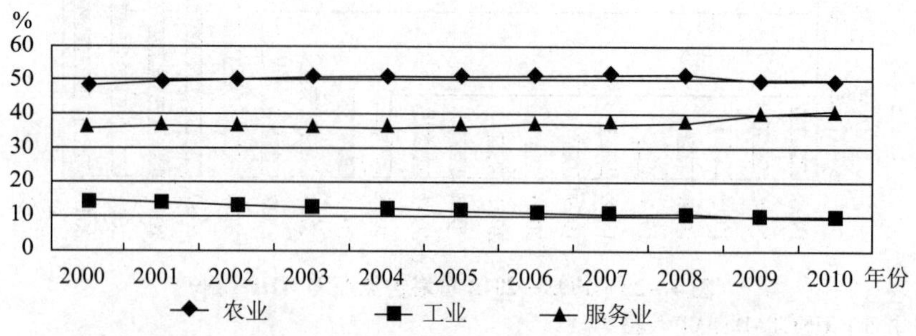

图4－30　2000—2010年塔吉克斯坦三次产业就业比重

资料来源：塔吉克斯坦统计署。

就农业部门来说，2002年以来，塔吉克斯坦政府主张土地私有化，将国有土地分配给人民，促进农业私有部门的发展。家庭和私有农场产出成为农业产值主要来源，2012年，家庭经营私有化农场产出占塔吉克斯坦农业部门总产出的93.6%；此外，农业总产值中，种植业产值比重基本维持在70%的水平（如图4－31所示）。

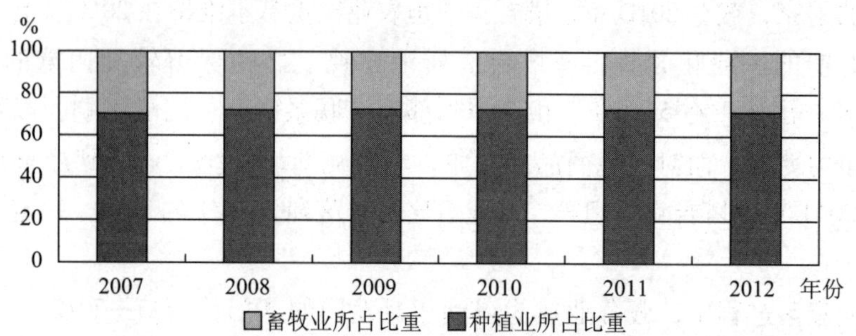

图4－31　2007—2012年塔吉克斯坦农业部门产值结构

资料来源：*Tajikistan in statistics* 2013。

从工业产出的构成来看，主要来源于能源提取、制造业以及电、气、水资源生产和分配；制造业的产值占据工业总产值的一半以上。2012年，工业总产出中能源提取为12.3亿索莫尼，同比增长21.2%，制造业产值为65.4亿索莫尼，同比增长10.2%；电、气、水资源生产和分配产值为17.4亿索莫尼，同比增长6.4%。

就服务业来看，得益于塔吉克斯坦发展新经济领域的改革政策，付费服务业总量自1997年后持续上升，2012年总值达到86.6亿索莫尼。服务产值主要来源是个人消费、医疗和交通，而通信、教育和旅游等部门占比重相对较小；其中个人消费性服务比重持续上升，2012 年占付费服务业的 38.2%（如表 4-15 所示）。

表 4-15 2007—2012 年塔吉克斯坦服务业产值分布 单位：百万索莫尼

年份	2007	2008	2009	2010	2011	2012
家庭付费服务总量	2390.2	4011.0	4635.3	5374.5	6773.2	8661.6
个人消费	991.3	1403.9	1796.8	2105.2	2587.2	3310.6
运输	489.8	865.1	729.2	1073.5	1620.2	2130.1
通信	293.0	811.3	943.1	1036.9	1166.9	1244.6
房地产及商业部门	124.8	190.0	269.7	22.0	31.9	46.7
教育	213.6	328.1	395.6	512.0	602.6	732.5
文化	14.0	15.2	19.2	19.6	18.9	38.8
旅游观光	1.0	1.0	0.9	0.8	1.3	1.5
体育教育	0.8	0.07	0.3	0.7	1.1	1.4
医疗	88.9	111.9	127.2	164.7	193.7	252.5
卫生健康保障	7.7	12.0	13.0	14.9	19.1	23.4
银行法务	63.9	192.1	245.4	183.7	318.6	710.6
其他	101.4	80.3	94.9	240.5	211.7	168.9

资料来源：*Tajikistan in statistics* 2013。

四、塔吉克斯坦贸易格局的变动

在不断扩大对外开放过程中，塔吉克斯坦参与国际分工的程度加深，但总体来看，贸易逆差不断扩大，外围化趋势凸显。

1. 贸易规模不断增大，逆差加剧

独立初期，在与苏联加盟共和国经济联系断裂、国内生产陷入停滞形势下，塔吉克斯坦扩大对外开放程度，通过加大进出口缓解国内市场的商品短缺。1992 年，塔吉克斯坦进出口贸易总额仅为 2.4 亿美元，1995 年快速攀升至 15.6 亿美元。随后，因国内经济衰退，出口和进口均趋于乏力，1998 年贸易总额为 13 亿美元（如图 4-32 所示）。

21 世纪以来，塔吉克斯坦经济形势趋于好转，呈现较长时期的持续增长，国内建设需要加大对国外商品的需求，塔吉克斯坦进口规模快速攀升，由 1999 年的 6.6 亿美元，增加至 2012 年的 37.8 亿美元；然而，外部竞争使民族工业遭受较大冲击，出口增长渐趋乏力，与进口不断攀升相反的是，塔吉克斯坦的出口规模增长缓慢，在 2008 年金融危机后，出现较大幅度下降，2008 年出口总额为 14.1 亿美元，2009 年降至 10.1 亿美元，2012 年恢复到 13.6 亿美元。进出口贸易的不同走向使塔吉克斯坦贸易逆差不断扩大，2012 年为 24.1 亿美元。

从塔吉克斯坦商品贸易占世界贸易的比重来看，塔吉克斯坦进出口呈现截然相反的发展走势，其中，出口比重自1995年后不断下滑，进口比重则在2000年后快速攀升，这一定程度也表明塔吉克斯坦国内产品的竞争力不足，民族工业受到了国际市场的较大冲击。

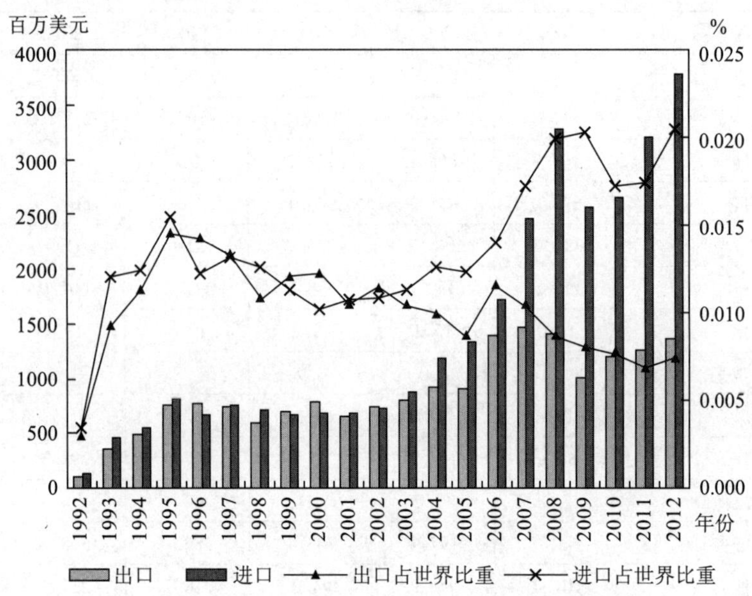

图4-32　1992—2012年塔吉克斯坦进出口商品总额及占世界比重

资料来源：UNCTADSTAT数据库。

2. 贸易往来主要集中在独联体国家

自经济改革开始，塔吉克斯坦不断加强与世界各国之间的贸易联系，但与独联体国家之间的贸易份额仍旧占据塔吉克斯坦进出口的很大比重，尤其是从独联体进口占到总进口的50%以上。2012年，与独联体国家间的贸易额为23.1亿美元，占塔吉克斯坦总贸易量的45%（如表4-16所示）。

表4-16　2007—2012年塔吉克斯坦贸易的地区分布　　单位：百万美元，%

年份		2007	2008	2009	2010	2011	2012
独联体国家贸易	总额	1840	2064	1681	1724	2017	2311
	所占比重	45.8	57.7	47	44.8	45.4	45
非独联体国家		2175	2617	1899	2128	2446	2827
向独联体国家出口	总额	228	228	210	161	180	240
	所占比重	15.6	16.1	20.7	13.5	14.3	17.6
向非独联体国家		1239	1181	801	1033	1077	1120
从独联体国家进口	总额	1611	1836	1471	1563	1837	2072
	所占比重	63.3	56.1	57.3	58.8	57.3	54.8

从非独联体国家进口	936	1436	1098	1094	1369	1707

资料来源：塔吉克斯坦统计委员会数据库。

从出口国别来看，土耳其成为塔吉克斯坦最大出口国；其他的主要十大出口伙伴国按照贸易量排名分别为中国、俄罗斯、哈萨克斯坦、瑞士、伊朗、立陶宛、意大利、吉尔吉斯斯坦、乌兹别克斯坦（如图4－33所示）。

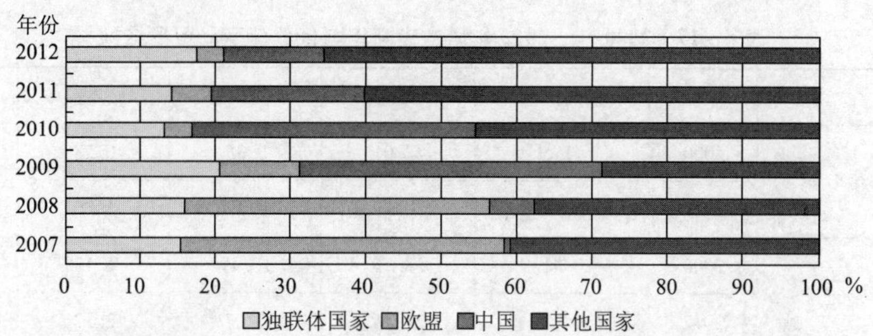

图4－33　2007—2012年塔吉克斯坦出口地区分布

资料来源：塔吉克斯坦统计署。

从进口国别来看，俄罗斯成为塔吉克斯坦的最大进口国，其他的主要进口伙伴国按照贸易总量排名分别为哈萨克斯坦、中国、美国、土库曼斯坦、伊朗、乌克兰、吉尔吉斯斯坦、白俄罗斯、阿塞拜疆（如图4－34所示）。

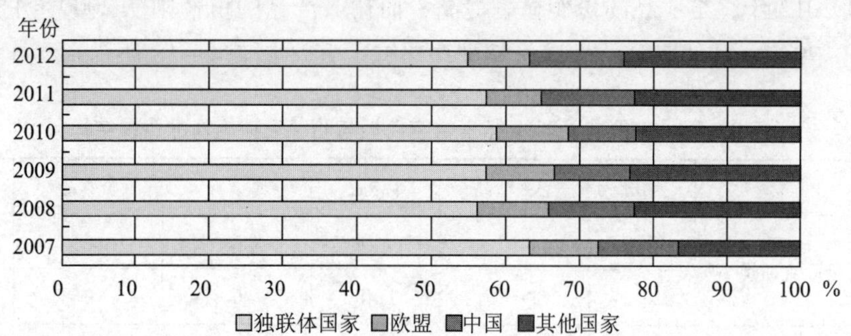

图4－34　2007—2012年塔吉克斯坦进口地区分布

资料来源：塔吉克斯坦统计署。

3. 商品贸易主要以初级产品和半成品为主

从商品出口结构来看，塔吉克斯坦主要出口初级产品和半成品，其构成出口的份额一直保持在70%以上，且持续增长。塔吉克斯坦主要出口的初级产品主要是水果蔬菜、酒精及不含酒精饮料、棉纺织品等，主要商品进口为半成品和消费品；其半成产品中主要以黏土、石油产品、小麦为主。

从塔吉克斯坦与俄罗斯的商品贸易结构来看，塔吉克斯坦出口至俄罗斯的商品主要是初级产品和半成品，其出口商品结构有所优化，到2012年，消费品的份额已远超过半成品的份额，成为继初级产品之后的第二大出口商品。从进口结构来看，塔吉克斯坦从俄罗斯进口的主要是半成品、零部件、资本品和消费品；半成品份额常年占据60%以上；且半成品和资本品的份额逐年上升，而资本品和零部件的进口略有下降（如表4－17所示）。

表4－17　2000年、2012年塔吉克斯坦与俄罗斯商品贸易结构　　单位：%

	年份	初级产品	半成品	零部件	资本品	消费品
出口至俄罗斯	2000	11.5	72.01	0.35	0.28	15.87
	2012	69.56	7.06	0.12	1.26	22.00
从俄罗斯进口	2000	0.41	63.75	10.49	6.13	19.22
	2012	0.77	71.46	3.07	2.32	22.38

资料来源：UNCOMTRADE数据库。

从塔吉克斯坦与哈萨克斯坦的商品贸易结构来看，塔吉克斯坦出口至哈萨克斯坦的商品主要以初级产品和消费品为主。2000年以前，初级产品和半成品在出口中的份额占据90%左右，而随着贸易结构不断优化，消费品出口到2012年增长至59.28%。从进口结构来看，2000年，塔吉克斯坦从哈萨克斯坦进口的主要商品为初级产品和半成品，到2012年，半成品的份额显著提高，而初级产品的份额则从2000年的63.81%下降至30.79%；其他商品的进口份额则均略有上升（如表4－18所示）。

表4－18　2000年、2012年塔吉克斯坦与哈萨克斯坦商品贸易结构　　单位：%

	年份	初级产品	半成品	零部件	资本品	消费品
出口至哈萨克斯坦	2000	8.61	82.08	0.21	0.75	8.35
	2012	39.24	1.48	0	0	59.28
从哈萨克斯坦进口	2000	63.81	32.75	0.10	1.42	1.92
	2012	30.79	56.96	0.41	4.27	7.57

资料来源：UNCOMTRADE数据库。

从塔吉克斯坦与中国的商品贸易来看，塔吉克斯坦出口至中国的商品主要为初级产品和半成品，2000年以来初级产品的份额不断增大，到2012年初级产品份额占92.74%。2000年以来塔吉克斯坦发展新经济领域，改善出口结构，在零部件以及消费品的出口上迈出新步伐。塔吉克斯坦从中国进口的产品则主要是本国所缺的半成品、零部件、资本品和消费品，今年来，半成品占进口份额越来越小，资本品和消费品的份额在不断增大。到2012年，消费品的进口占据了进口的一半，达50.07%，而半成品的份额由2000年的57.93%下降至30.33%（如表4－19所示）。

表4－19　2000年、2012年塔吉克斯坦与中国商品贸易结构　　单位:%

	年份	初级产品	半成品	零部件	资本品	消费品
出口至中国	2000	34.89	65.11	0	0	0
	2012	92.74	7.21	0.03	0	0.01
从中国进口	2000	0.57	57.93	7.18	25.07	9.25
	2012	0.37	30.33	5.00	14.58	50.07

资料来源：UNCOMTRADE 数据库。

4. 近年来服务贸易不断增长

21世纪以来，塔吉克斯坦的服务贸易发展较快，特别是服务贸易进口增长迅猛，2009年以后，塔吉克斯坦服务贸易进出口均不断攀升，2013年，服务贸易出口额为9.48亿美元，服务贸易进口额为13.46亿美元，都为历史最高水平（如图4－35所示）。

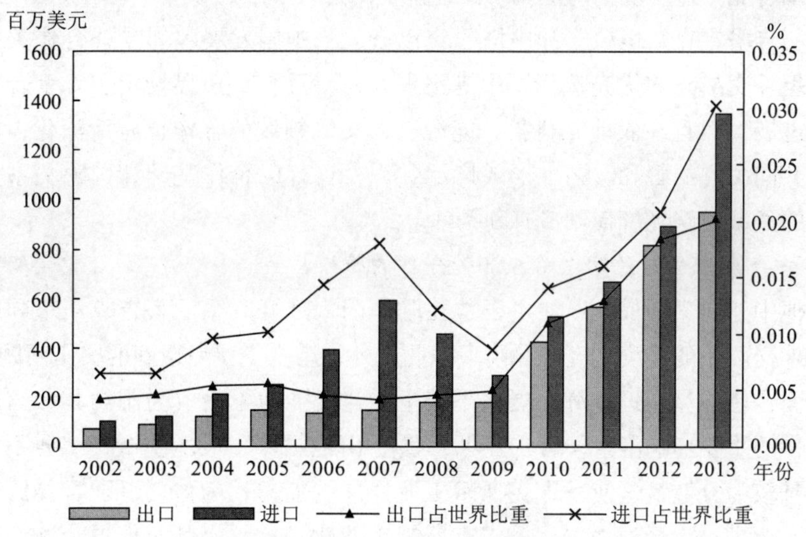

图4－35　2002—2013年塔吉克斯坦服务贸易额及占世界比重

资料来源：UNCTADSTAT 数据库。

然而，由于经济发展水平低下，塔吉克斯坦的服务贸易额占世界比重到2009年一直低于0.01%，近年来有所攀升，2013年出口和进口分别占世界服务贸易出口总额和进口总额的0.02%与0.03%。与商品贸易类似，逆差成为塔吉克斯坦服务贸易发展的主要特点，且两者差距也有扩大趋势。

五、塔吉克斯坦参与丝绸之路经济带合作的形势

塔吉克斯坦是中亚最为贫困的国家之一，受“三股势力”影响而国内局势动荡，通过国际合作实现社会经济发展与维护国家安全，成为塔吉克斯坦的现实选择。作为上海合作组织的创始成员国之一，塔吉克斯坦有可能成为共建丝绸之路经济带的重要合作方。

1. 塔吉克斯坦参与丝绸之路经济带合作的潜力

首先，塔吉克斯坦具有较为丰富的自然资源，水资源充沛，具有一定农业基础，有条件参与丝绸之路经济带的国际分工和合作。

其次，塔吉克斯坦经济基础薄弱，农业比重高，工业化任务艰巨，由此产生对外部资金、技术和市场的巨大需求，成为塔吉克斯坦参与丝绸之路经济带合作的积极因素。

再次，频受武装叛乱侵扰的塔吉克斯坦面对更多来自非传统安全领域的挑战，由此对亚洲合作互信、维护地区安全具有内在需求，塔吉克斯坦在上海合作组织框架上的合作基础有利于进一步参与丝绸之路经济带的建设。

最后，自塔吉克斯坦独立和中塔建交以来，与中国发展睦邻友好合作关系一直是塔吉克斯坦外交战略的优先选择，中塔不仅在政治互信、边界勘定、安全合作等领域取得较大进展，而且在农业、科技、能源、人文等领域的合作也有所深化，以及在地区形势和共同关心的国际问题上形成广泛共识，良好的合作基础和国家关系为共建由中方提出的丝绸之路经济带创造有利条件。

2. 塔吉克斯坦参与丝绸之路经济带合作的障碍

和其他中亚国家类似，以往主要与独联体国家展开联系的塔吉克斯坦同样面对改变经贸和外交联系的建设难度与风险，除此之外，塔吉克斯坦遇到的突出问题包括：

一方面，塔吉克斯坦经济发展水平低下，建设能力不足成为制约其参与丝绸之路经济带合作的重要影响因素。塔吉克斯坦属于山地国家，地形复杂、交通不便，农业人口众多且较为分散，这使塔吉克斯坦工业发展的能力较为薄弱。随着开放程度的提高，相关产业进一步受到冲击，塔吉克斯坦工业化进展缓慢甚至倒退，这都降低了塔吉克斯坦参与丝绸之路经济带建设的能力。

另一方面，塔吉克斯坦是中亚联结西亚的枢纽国家，与阿富汗复杂的宗教、政治、民族、社群、文化等联系，使塔吉克斯坦成为西亚“三股势力”以及毒品等向中亚渗透的一大渠道，这使通过塔吉克斯坦连通中亚和西亚存在较大安全风险。

从目前形势来看，充分挖掘塔吉克斯坦既有资源优势、加大资金与技术投入、培育塔吉克斯坦产业发展和竞争能力、共同应对非传统安全挑战，实现互助互惠，成为联合塔吉克斯坦参与丝绸之路经济带合作的现实选择。

占比重最高是2005年的9.2%，其余年份进出口基本保持平衡（如图4－38所示）。

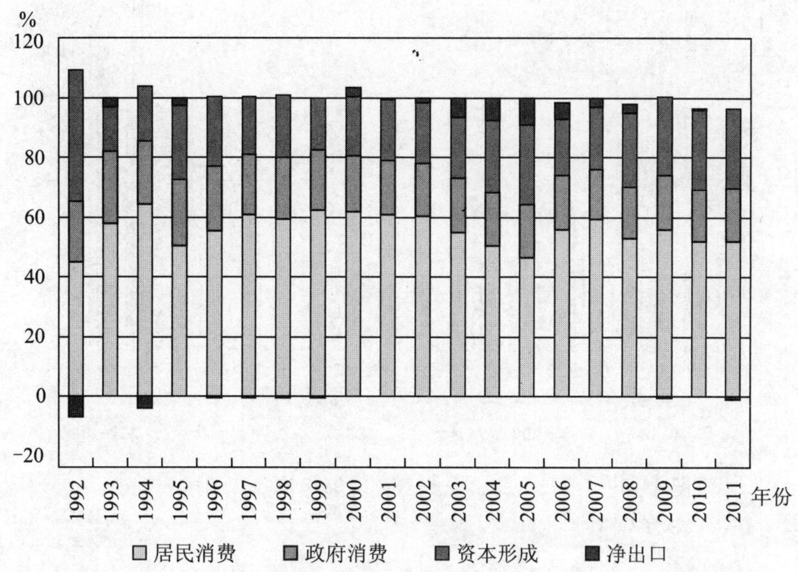

图4－38　1992—2011年乌兹别克斯坦国内生产总值支出法构成

资料来源：UNCTADSTAT数据库。

从地区结构和发展程度看，乌兹别克斯坦北部地区最为发达，东部地区和南部地区次之，西部地区和中部地区比较落后。乌兹别克斯坦国共划分为1个自治共和国（卡拉卡尔帕克斯坦共和国）、12个州和1个直辖市（塔什干市）。2011年各州产值及占乌GDP总值从高到低依次为：塔什干市109932亿苏姆，占比14.14%；塔什干州72944亿苏姆，占比9.38%；卡什卡达里亚州58795亿苏姆，占比7.56%；费尔干纳州52992亿苏姆，占比6.82%；撒马尔罕州48104亿苏姆，占比6.19%；安集延州44240亿苏姆，占比5.69%；布哈拉州45137亿苏姆，占比5.81%；纳沃伊州40169亿苏姆，占比5.17%；纳曼干州29962亿苏姆，占比3.85%；苏尔汉河州29117亿苏姆，占比3.74%；花拉子模州23065亿苏姆，占比2.97%；卡拉卡尔帕克斯坦共和国17719亿苏姆，占比2.28%；吉扎克州17865亿苏姆，占比2.30%；锡尔河州12666亿苏姆，占比1.63%。

四、乌兹别克斯坦贸易格局的变动

经过长期发展，乌兹别克斯坦对外贸易总量、商品贸易量和服务贸易量均不断增加，贸易进出口结构、贸易地区结构和出口产品结构逐步调整，主要贸易伙伴则基本维持不变。

1. 乌兹别克斯坦对外贸易的规模变动

乌兹别克斯坦的商品贸易是其对外贸易发展的核心。整个20世纪90年代，乌兹别克斯坦商品出口和进口均无显著增长，1996年以后呈现逐步萎缩趋势，2002年，乌兹别克斯坦商品出口仅为25.1亿美元、进口24.3亿美元，为独立以来最低点（如图4－39所示）。

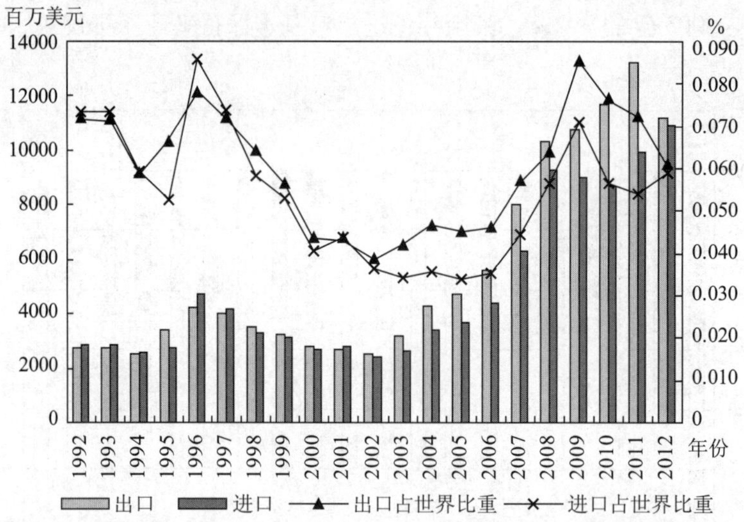

图4－39　1992—2012年乌兹别克斯坦商品贸易规模变动

资料来源：UNCTADSTAT数据库。

21世纪以后，乌兹别克斯坦加快商品贸易发展，进出口规模均呈快速增长态势，2011年，乌兹别克斯坦商品出口达132.5亿美元，为历史最高值；2012年进口109亿美元，同样达到峰值。

服务贸易方面，乌兹别克斯坦也取得很大发展。1994年，乌兹别克斯坦服务贸易进出口总额只有1.5亿美元。到2012年，乌兹别克斯坦服务贸易进出口总额上升至28.1亿美元，其中进口额为6.6亿美元，出口额为21.5亿美元，均达到乌兹别克斯坦自1994年以来的最高水平（如图4－40所示）。

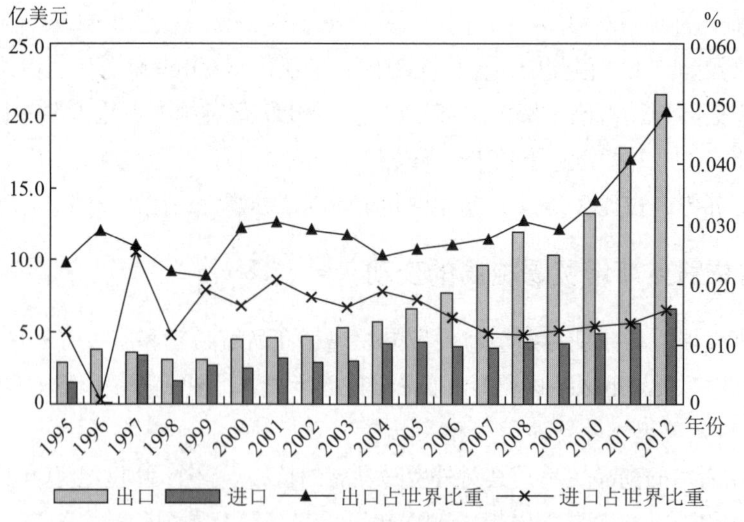

图4－40　1995—2012年乌兹别克斯坦服务贸易规模变动

资料来源：UNCTADSTAT数据库。

乌兹别克斯坦服务贸易一直保持顺差，贸易顺差额在 2001 年以前波动较大，自 2001 年以后呈现逐年增加的趋势，至 2012 年乌兹别克斯坦对外服务贸易顺差达到 14.9 亿美元，为乌兹别克斯坦自 1994 年后的最高水平。

2. 乌兹别克斯坦的主要贸易伙伴

目前，乌兹别克斯坦与世界 150 个国家和地区建立了贸易关系，产品出口到 138 个国家，给予 44 个国家最惠国待遇。① 乌兹别克斯坦的主要贸易伙伴是俄罗斯、中国、哈萨克斯坦、韩国、土耳其等。2005 年，乌兹别克斯坦的主要五大贸易伙伴按其占乌兹别克斯坦外贸总额比例的大小依次为：俄罗斯（21.7%）、韩国（5.9%）、土耳其（5.5%）、哈萨克斯坦（5.4%）、中国（5.1%）。到 2012 年，乌兹别克斯坦的主要五大贸易伙伴按其占乌兹别克斯坦外贸总额比例的大小依次调整为：俄罗斯（29.0%）、中国（12.3%）、哈萨克斯坦（10.5%）、韩国（8.1%）、土耳其（4.6%）。乌兹别克斯坦五大贸易伙伴基本没有变化，除土耳其外，其他四国占乌兹别克斯坦外贸比重均有所上升。同时，乌兹别克斯坦五大贸易伙伴占其外贸总额比例也由 43.6% 上升至 64.5%（如图 4－41 所示）。

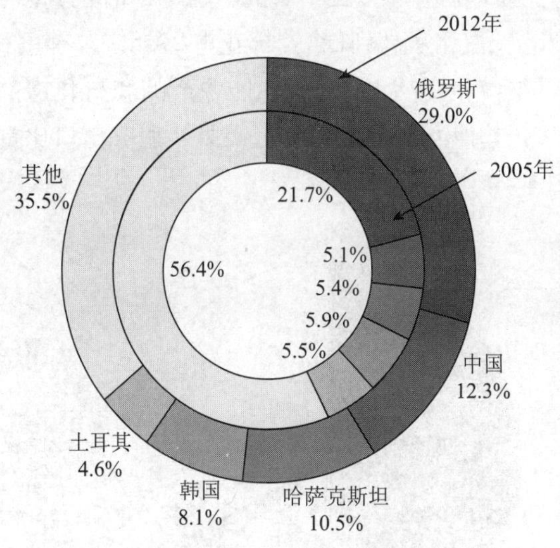

4－41　2005 年、2012 年主要贸易伙伴占乌兹别克斯坦外贸中的比重

资料来源：2005 年主要贸易伙伴占乌兹别克斯坦外贸比重数据来自 www.stat.uz.reports/。2012 年主要贸易伙伴占乌兹别克斯坦外贸比重数据来自《2013 年对外投资合作国别（地区）报告》。

独立以来，俄罗斯始终是乌兹别克斯坦最大贸易伙伴。据 2013 年俄罗斯统计年鉴数据显示，2012 年乌兹别克斯坦与俄罗斯双边贸易额 37.15 亿美元，其中乌兹别克斯坦对俄罗斯出口 13.90 亿美元，自俄罗斯进口 23.25 亿美元。据乌兹别克斯坦当地媒体报道，2013 年，乌兹别克斯坦与俄罗斯贸易额创乌俄贸易史上新纪录，同比增

① 《对外投资合作国别（地区）指南 2013》。

长9.4%。

中国从2009年起成为乌兹别克斯坦第大二贸易伙伴，2011年中国下滑至第三位，2012年又恢复至第二位。2009年双方贸易总额为19.10亿美元，其中乌兹别克斯坦向中国出口3.50亿美元，乌兹别克斯坦从中国进口15.60亿美元。2012年贸易总额为28.75亿美元，其中乌兹别克斯坦向中国出口10.91亿美元，乌兹别克斯坦从中国进口17.84亿美元。2013年双边贸易额首次突破40亿美元大关。①

在与中亚其他国家的贸易往来方面，2012年，向哈萨克斯坦、土库曼斯坦和吉尔吉斯斯坦出口占乌兹别克斯坦总出口的比重从高到低占比依次为7.5%、1.5%、0.6%。从进口来看，从土库曼斯坦进口由2000年的0.06亿美元大幅增长至2012年的26.01亿美元，复合增长高达83.7%，占乌兹别克斯坦商品进口总额的比重从0.2%上升到23%。2012年乌兹别克斯坦总进口中，哈萨克斯坦占比11.9%，吉尔吉斯斯坦占比仍为最低，仅达1.7%。

3. 乌兹别克斯坦对外贸易的结构变迁

(1) 对外总体贸易结构变迁

2000年，乌兹别克斯坦对外主要出口棉花、服务、有色和黑色金属及机械和设备。2000年出口商品结构是（占比从高到低）：棉花占27.5%，有色和黑色金属占10.3%，机械和设备占6.6%，粮食和食品占5.4%，能源产品和石化产品占3.4%，化工产品和塑料制品等占2.9%，其他商品占30.2%。另外，服务出口比重也相对较高，占到总出口的13.7%（如图4-42所示）。

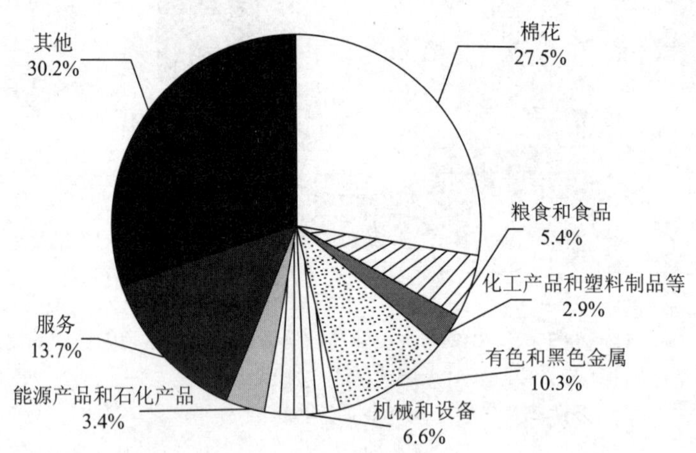

图4-42 2000年乌兹别克斯坦出口结构

资料来源：www. stat. uz. reports/.

2011年，乌兹别克斯坦对外主要出口有色和黑色金属、粮食和食品、服务及棉花。

① 资料来源：中国海关。

2011 年出口商品结构是：出口有色和黑色金属占 18.5%，粮食和食品占 13.2%，棉花占 9.0%，机械和设备占 7.4%，能源产品和石化产品占 6.7%，化工产品和塑料制品等占 5.6%，其他商品占 27.8%。另外服务出口占到 11.8%（如图 4－43 所示）。

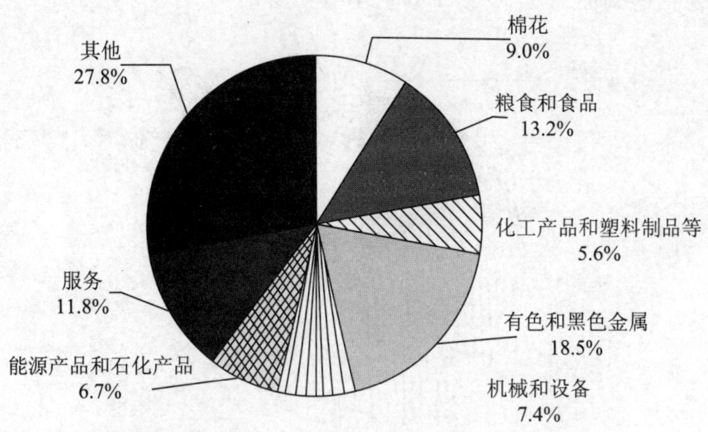

图 4－43　2011 年乌兹别克斯坦出口结构

资料来源：www. stat. uz. reports/.

相比 2000 年，乌兹别克斯坦对外出口棉花的比重下降 18.5%，下降幅度较大，有色和黑色金属上升至第一大出口商品，粮食和食品也由第五位跃至第二大出口商品，对外出口的服务比重有所减少。

2000 年，乌兹别克斯坦主要进口机械和设备、化工产品和塑料制品及粮食和食品。2000 年进口结构是：机械和设备占 35.4%，化工产品和塑料制品等占 13.6%，粮食和食品占 12.3%，有色和黑色金属占 8.6%，服务占 8.5%，能源产品和石化产品占 3.8%，其他商品占 17.8%（如图 4－44 所示）。

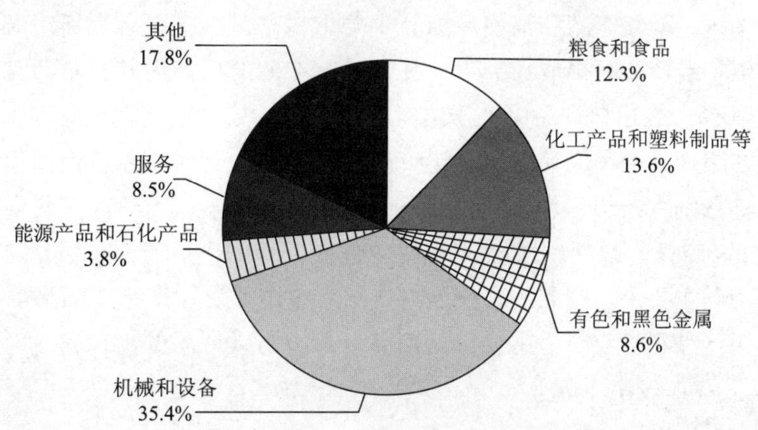

图 4－44　2000 年乌兹别克斯坦进口结构

资料来源：www. stat. uz. reports/.

2011 年，乌兹别克斯坦主要进口能源产品和石化产品、化工产品和塑料制品及粮食和食品。2011 年进口结构是：能源产品和石化产品占 41.3%，化工产品和塑料制品等占 13.3%，粮食和食品占 12.4%，机械和设备占 8.1%，有色和黑色金属占 8.1%，服务占 5.3%，其他商品占 11.5%（如图 4-45 所示）。

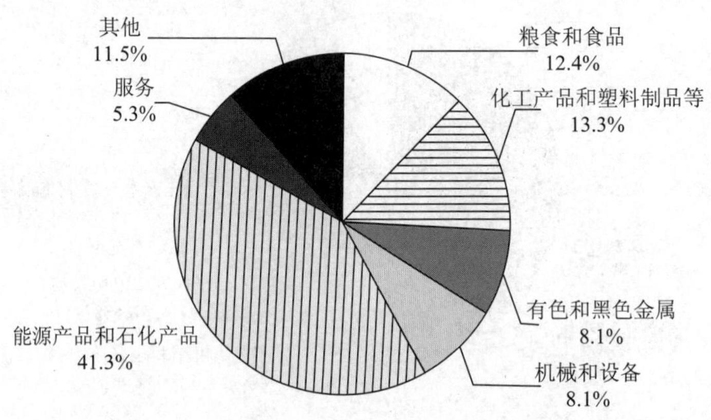

图 4-45　2011 年乌兹别克斯坦进口结构

资料来源：www. stat. uz. reports/.

相比 2000 年，能源产品和石化产品上升至乌兹别克斯坦第一大进口商品，从 2000 年的 3.8% 提高至 41.3%，增幅高达 37.5%。机械和设备降幅最大，从 2000 年的 35.4% 降至 8.1%，由乌兹别克斯坦第一大进口商品变为第四大进口商品。化工产品和塑料制品及粮食和食品仍分别为乌兹别克斯坦第二大和第三大进口商品，对外进口的服务比重也有所减少。

（2）乌兹别克斯坦向俄罗斯、中国和中亚国家的出口商品结构

2000 年，乌兹别克斯坦对俄罗斯的出口产品总额高达为 5.8 亿美元，远高于其他中亚四国和中国，初级产品和消费品为其主要出口产品。乌兹别克斯坦对哈萨克斯坦的出口产品以初级产品和半成品为主，其中初级产品的出口占其对哈萨克斯坦产品出口总额的近 70%，在出口产品中处于绝对领先地位。乌兹别克斯坦对吉尔吉斯斯坦的出口产品以初级产品和半成品为主，初级产品的出口占其对吉尔吉斯斯坦产品出口的一半以上。乌兹别克斯坦对塔吉克斯坦的出口产品总额较高，为 1.8 亿美元，半成品占到 98.3% 的绝对比重。乌兹别克斯坦对土库曼斯坦的出口产品总额相对较少，半成品和资本品为其主要出口产品。乌兹别克斯坦对中国的出口产品总额最少，仅为 0.12 亿美元，初级产品和半成品为主要出口产品，其中初级产品的出口占其对中国产品出口的 80% 以上（如表 4-20 所示）。

表 4－20　2000 年乌兹别克斯坦出口的产品结构　　单位：百万美元，%

产品＼国别	哈萨克斯坦		吉尔吉斯斯坦		塔吉克斯坦		土库曼斯坦		俄罗斯		中国	
	金额	比重	金额	比重	金额	比重	金额	比重	金额	比重	金额	比重
初级产品	49.2	69.9	37.4	50.1	0.1	0.1	0.6	1.6	301.5	52.0	9.7	80.8
半成品	15.1	21.5	28.1	37.7	180.9	98.3	22.1	62.7	0.0	0.0	2.2	18.6
零部件	0.3	0.4	0.2	0.3	0.5	0.2	3.5	9.8	12.5	2.2	0.0	0.0
资本品	2.2	3.1	6.4	8.6	1.5	0.8	5.0	14.3	31.9	5.5	0.0	0.0
消费品	3.6	5.1	2.5	3.3	1.0	0.5	4.1	11.7	234.2	40.4	0.1	0.6
合计	70.4	100.0	74.6	100.0	184.0	99.9	35.3	100.1	580.1	100.1	12.0	100.0

注：表中所有数据均由 2000 年哈萨克斯坦、吉尔吉斯斯坦、塔吉克斯坦、土库曼斯坦、俄罗斯和中国从乌兹别克斯坦进口的产品数据计算而得。

资料来源：UNCOMTRADE 数据库。

经过十年的发展，到 2012 年，乌兹别克斯坦对中亚四国、俄罗斯及中国的出口产品总额有较大上升，出口产品结构也有一定的调整和改变。

乌兹别克斯坦对哈萨克斯坦的出口产品总额从 0.7 亿美元增至 8.2 亿美元，消费品出口大幅上升，占其对哈萨克斯坦产品出口总额的 50% 以上，一跃成为第一大出口产品，初级产品比重显著下降，但仍为第二大出口产品。乌兹别克斯坦对吉尔吉斯斯坦的出口产品总额从 0.75 亿美元降至 0.63 亿美元，半成品和初级产品仍为其主要出口产品，半成品的出口占其对吉尔吉斯斯坦产品出口的近 60%，成为乌兹别克斯坦对吉尔吉斯斯坦的第一大出口产品。乌兹别克斯坦对俄罗斯的出口产品总额上升至 13.5 亿美元，初级产品比重下降，消费品和半成品为其主要出口产品，消费品的出口占其对俄罗斯产品出口的近 70%。乌兹别克斯坦与中国的贸易取得极大发展，出口产品总额从 0.12 亿美元攀升到 10.92 亿美元，但出口产品结构并未有所改变，仍以初级产品和半成品为主（如表 4－21 所示）。

表 4－21　2012 年乌兹别克斯坦出口的产品结构　　单位：百万美元，%

产品＼国别	哈萨克斯坦		吉尔吉斯斯坦		俄罗斯		中国	
	金额	比重	金额	比重	金额	比重	金额	比重
初级产品	201.5	24.7	15.0	23.7	46.1	3.4	767.8	70.3
半成品	184.9	22.6	37.1	58.8	315.1	23.3	316.4	29.0
零部件	5.8	0.7	0.2	0.3	25.5	1.9	0.0	0.0
资本品	4.8	0.6	3.4	5.4	37.6	2.8	0.0	0.0
消费品	420.1	51.4	7.4	11.7	927.6	68.6	7.6	0.7
合计	817.1	100.0	63.1	99.9	1351.9	100.0	1091.8	100.0

注：表中所有数据均由 2012 年哈萨克斯坦、吉尔吉斯斯坦、俄罗斯和中国从乌兹别克斯坦进口的产品数据计算而得。

资料来源：UNCCOTRADE 数据库。

总体而言，乌兹别克斯坦消费品出口总额及比重较2000年有较大提升，但对外出口仍以初级产品和半成品为主，出口结构单一，出口产品层次低。虽然进行一段时间的经济改革，但仍未改变国家以低价位出口原料、初级产品，高价位进口工业制成品、消费品的贸易结构。

五、乌兹别克斯坦参与丝绸之路经济带合作的形势

在中国倡议共建丝绸之路经济带的背景下，作为寻求转型和发展的中亚国家之一，乌兹别克斯坦在参与丝绸之路经济带合作中有所进展，但同时还存在不少困难与障碍。

1. 乌兹别克斯坦参与丝绸之路经济带合作的进展

近年来，中国、乌兹别克斯坦经济快速增长，经贸关系长足发展，中国目前是乌兹别克斯坦第二大贸易伙伴，也是乌兹别克斯坦第一大投资来源国，双方经济互补性强，需求关系匹配度高。相对于中亚其他国家，它们大多经济结构相似，少数国家经济或政治还处于不稳定状态，因此对乌兹别克斯坦来说，中国的需求最为旺盛和稳定，乌兹别克斯坦参与“丝绸之路经济带”契合其发展诉求。

从邦交关系和历史文化层面看，中国是乌兹别克斯坦的重要邻邦，1992年1月2日，中国在乌兹别克斯坦独立不久后即与其正式建立外交关系，成为最早与乌兹别克斯坦建交的国家之一。20多年来，双方一直保持着友好、稳定的外交关系，外交历史根基深厚。两国共建“新丝路”也有很深的历史支撑，位于中亚心脏地带的乌兹别克斯坦，在古代“丝绸之路”上发挥着不可忽视的枢纽作用，乌兹别克斯坦的首都塔什干为中亚著名古城，曾是古丝绸之路上的重要商业和手工业中心之一，西汉的张骞和唐代的玄奘都到过此地。

在实践层面上，自共建丝绸之路经济带的倡议提出以来，乌兹别克斯坦一些媒体、商会等积极响应。“扎洪”通讯社前主编谢尔盖·库尔班诺夫认为：丝绸之路的复兴，在这个区域内建设公路、铁路，会极大地降低贸易领域的时间及成本，因此发展这条商路在经济上非常有利，这将续写中乌两国自古丝绸之路起就结下的深厚友谊，丝绸之路经济带的构想有助于实现乌兹别克斯坦人复兴丝绸之路的梦想，更将带动中乌合作的各领域全面合作的升级，造福两国人民。

2014年3月12日，由中国贸促会和乌兹别克斯坦工商会共同举办的中乌“丝绸之路”经贸合作论坛在塔什干举行。中国贸促会副会长张伟、中国驻乌兹别克斯坦大使孙立杰、乌兹别克斯坦工商会主席沙伊霍夫以及中乌企业家100余人出席本次论坛。张伟副会长还就未来中乌经贸合作提出四点建议。沙伊霍夫主席表示，乌兹别克斯坦工商会赞赏和支持共建丝绸之路经济带的倡议，将以此为契机，积极参与丝绸之路博览会和相关专业展会，推介乌兹别克斯坦优势产品。乌兹别克斯坦工商会还将及时发布乌兹别克斯坦工业园区以及相关投资项目的信息，积极支持和帮助中国企业参与乌

兹别克斯坦相关建设。此次中乌丝绸之路经贸论坛是推动双边经贸关系发展、落实“丝绸之路经济带”伟大战略构想的具体步骤，希望两国工商届人士广泛接触，增进了解，扩大合作，共创商机。①此外，为进一步落实丝绸之路经济带，推动两国经贸发展，中乌之间最短的铁路干线将在不久建成。

2. 乌兹别克斯坦参与丝绸之路经济带合作仍有较长过程

丝绸之路经济带依托于古丝绸之路而形成，是一个新的经济发展区域。相比其他比较成熟的发展区域，中亚地区普遍存在经济发展层次较低、基础设施不完善、法律法规不健全等诸多问题。因此，乌兹别克斯坦参与经济带建设并在其中发挥作用还需要很长一段时间。

第一，乌兹别克斯坦尚未正式加入 WTO，“渐进式”的经济改革虽取得一定成效，但改革步伐较小，改革的政策也不稳定，国内经济转轨尚未完成，市场经济体制还未充分建立，经济开放度不高，经济活力不足，国内市场还很不规范，诸多行业的进入门槛较高，部分行业甚至禁止进入。

第二，伴随乌兹别克斯坦经济的增长，国家加大基础设施的建设力度，但总体看来，乌兹别克斯坦基础设施仍比较落后，相关配套设施建设也很不完善。目前乌兹别克斯坦尚无高速公路，干线公路路况较差，亟待改造。铁路经过的许多地方都是荒漠，目前正逐步对铁路进行电气化改造。中国铁路使用标准轨距（1435 毫米），而乌兹别克斯坦原有的交通运输通道基本建于苏联时期，轨距为 1520 毫米，造成中乌铁路轨距不统一，增加列车过境的时间和成本，不利于大运量运输。此外，乌兹别克斯坦为内陆国家，无海港，内陆河流水量小，无水运。②这都不利于乌兹别克斯坦与丝绸之路沿线国家展开更高程度的经贸往来。

第三，公共治理相对落后。乌兹别克斯坦的法律体系不健全，随意性大，有法不依，执法不严现象时有发生；政府管理方面，带有浓厚“计划经济”色彩，高度集权，办事不透明，官僚作风盛行，贪污腐败严重，服务意识不足。据 2012 年透明国际清廉指数，乌兹别克斯坦在 176 个国家中排名 170 位；2013 年，乌兹别克斯坦在 177 个国家中排名 168 位，虽然排名有所上升，但位次依然十分靠后，反映乌兹别克斯坦国内贪腐严重、清廉度低的事实。

第四，安全形势不容乐观。乌兹别克斯坦，特别是费尔干纳地区是“三股势力”的重要盘踞地位，非传统安全威胁大，这也对“丝路”建设构成潜在威胁。与此同时，乌兹别克斯坦国内普遍存在排外心理，部分政府官员、学者及新闻工作媒体经常宣扬反华言论，敌视中国情绪较为严重。

---

① 资料来源：中国国际贸易促进委员会。

② 资料来源：《对外投资合作国别（地区）指南乌兹别克斯坦 2013》。

第五，国际力量博弈带来的不确定性。基于丰富的能源资源和独特的战略地理位置，中亚成为各种力量“博弈”的舞台。近年来，美国正式提出“新丝绸之路”计划，前国务卿希拉里更对塔吉克斯坦、乌兹别克斯坦等中亚国家进行巡回访问；伊朗、阿富汗、印度也分别提出过各自的“丝绸之路”蓝图。① 在中乌共建“丝绸之路经济带”过程中，如何处理大国间关系成为双方面临的一大挑战。

① 毛丽冰. 建设丝绸之路经济带任重而道远［J］. 时局，29.

4.6　土库曼斯坦经济转型与丝绸之路经济带

土库曼斯坦是中国的重要近邻，位于中亚地区西南部。近几年来，土库曼斯坦在政治、经济、外交等各个领域都取得较大发展，国内发展也未受到中东、北非局势影响，社会经济发展迅速，国际地位不断提升，中土关系也进一步深化。虽然土库曼斯坦并不是上海合作组织成员国，但在构建丝绸之路经济带的大局上，土库曼斯坦亦将发挥重要作用。

一、土库曼斯坦经济发展基础与社会政治环境

1. 土库曼斯坦经济发展基础

（1）地缘优势

土库曼斯坦位于欧亚大陆的中心地带，为内陆国家。北部和东北部与哈萨克斯坦、乌兹别克斯坦接壤，西濒里海与阿塞拜疆，与俄罗斯相望，南邻伊朗，东南与阿富汗交界。它可以方便地与俄罗斯、乌克兰、高加索地区连通，进入土耳其和欧洲。土库曼斯坦国土面积共计 49.12 万平方公里，在中亚国家中仅次于哈萨克斯坦，全境位于干旱地区，沙漠广布，除南部山区外，其余地区年降水量小于 200 毫米，有些地区甚至少于 80 毫米，80% 土地被沙漠覆盖，有“沙漠牧场”之称。

（2）人口充足

土库曼斯坦人口将近 600 万人，人口密度约 14.25 人/平方公里。除首都阿什哈巴德（约 100 万人）外，土库曼斯坦纳巴特、马雷等城市人口也较为集中。据世界银行公布的数据显示，土库曼斯坦 15 ~64 岁的劳动人口比重从 1990 年的 55% 升至 2012 年的 67%。适龄劳动人口中，男性就业率约为 66%，女性约 42%。但是，土库曼斯坦劳动力素质普遍不高，高级技工短缺。

（3）资源禀赋

土库曼斯坦自然资源丰富，其中尤以石油、天然气等矿产资源最为突出。据 BP 世界能源统计 2012 年数据，土库曼斯坦石油和天然气的资源量为 27.54 亿吨和 26 万亿立方米，石油和天然气探明储量分别为 1 亿吨和 24.3 万亿立方米。其中天然气储量居世界第三位，位列中东和俄罗斯之后，约占全球天然气剩余储量的 15.8%，① 主要蕴藏在东部和中部的阿姆达利亚油气区。土库曼斯坦每年国内消费天然气不足 200 亿立方米，其余全部出口，主要对象是独联体国家、中国和伊朗。除此之外，石灰石、砂石、黏土等非金属矿藏和黄金白银等金属矿藏也十分丰富。

① 艾莱提·托洪巴依．中亚五国发展现状［M］．北京：科学出版社，2014：207.

（4）基础设施日益完善

别尔德穆哈梅多夫就任总统以来，土库曼斯坦加强基础设施建设，逐步改善苏联时期基础设施建设落后的状况，能源设施、交通设施均有较大改善。目前土库曼斯坦铁路总长约3500公里、公路总长1.4万公里、内河航道654公里。主要港口有里海沿岸的元首市港和贝克达什港，阿什哈巴德已与13个国家的17个城市开通直航。此外，2009年底以来开通三条中土天然气管道，从此土库曼斯坦丰富的天然气资源更方便地进入国际市场。

2. 土库曼斯坦政治社会环境

（1）实行三权分立的政治制度，政局基本稳定

土库曼斯坦实行立法、司法和行政三权分立的政治制度，是总统制的共和国。总统为国家元首和最高行政首脑，由全民选举产生，每届任期五年。人民委员会为国家最高权力机关，立法权和司法权分属国民议会和法院。2008年土库曼斯坦人民委员会通过新宪法，撤销人民委员会，将其职能转由总统、国民议会和最高法院履行，实际上加强了集权。总的来说，土库曼斯坦政局基本保持稳定，但与阿富汗、巴基斯坦等恐怖袭击多发的国家毗邻，一些威胁土库曼斯坦内政局稳定的因素仍然存在。

（2）土库曼斯坦民主党“一党独大”的地位不可动摇

1985年，出任当时土库曼斯坦共产党中央第一书记的尼亚佐夫，在1991年12月继任土库曼斯坦总统，随即将拥护其执政的共产党改名为土库曼斯坦民主党。民主党现约有党员13余万人，在全国各州、市、区设有委员会，共有3598个基层组织。其宗旨是维护国家独立、主权和中立，建设民主、法制和公正社会，提高人民福利，推动民主进程。实际上，民主党在落实和配合土库曼斯坦政府的施政和政治立场，下令禁止境内其他政党活动，使土库曼斯坦成为名义上由“民主党”执政，但在民主化方面进展有限的国家。2012年1月，土库曼斯坦议会通过政党法法案，开始鼓励多党竞争。但是，土库曼斯坦民主党一党独大的局面在今后很长一个时间还很难改变。

（3）土库曼斯坦族是土库曼斯坦的主体民族

土库曼斯坦是一个多民族国家，截至2014年3月，土库曼斯坦人口约684万人，共有100多个民族，主要民族有土库曼斯坦族（94.7%）、乌兹别克族（2%）、俄罗斯族（1.8%），此外，还有哈萨克、亚美尼亚、鞑靼、阿塞拜疆等120多个民族（1.5%）。绝大多数民族信仰伊斯兰教（逊尼派），俄罗斯族和亚美尼亚族信仰东正教。土库曼斯坦宪法规定总统候选人的条件之一必须是土库曼斯坦族，其在政治中也占据主导地位。

（4）实行永久中立和对外开放的外交战略

土库曼斯坦奉行永久中立战略，承诺不与任何国家结盟，不参与军事同盟。这是一种现实的地缘政治选择。一方面，土库曼斯坦地处交通枢纽，永久中立将搭建起亚欧合作的桥梁。另一方面，土库曼斯坦拥有丰富的能源，中立国地位也使土库曼斯坦

避免直接利益冲突，为参与国际经济合作创造有利条件。从地缘政治角度看，土库曼斯坦虽相对远离大国却与阿富汗和伊朗接壤，使其丰富资源的出口成为难题。在此形势下，选择中立战略对国家和地区稳定有着极其重要的作用。

此外，土库曼斯坦还积极参与国际事务，加入联合国、独联体（作为联系国）、欧安组织、不结盟运动、国际货币基金组织、世界银行等40余个国际和地区组织。截至2010年，土库曼斯坦与129个国家建交，在中国、美国、法国、俄罗斯等20多个国家设有领事馆。

二、土库曼斯坦经济改革的历程

1991年底苏联解体，中亚国家宣布独立，并开始向市场经济过渡和转型。土库曼斯坦作为中亚五国之一，其社会经济条件与其他独联体国家差异较大，主要表现在远离世界经济中心，处于边缘化地位，自然环境差，经济发展水平较低，产业结构不合理，市场经济的基础设施落后等方面，这些因素使土库曼斯坦经济改革任重而道远。

土库曼斯坦的改革主要是由计划经济向市场经济转型，最终建立国家强有力宏观调控下的、以社会为优先取向的混合型市场经济，土库曼斯坦主张循序渐进、分阶段地进行改革。

1. 土库曼斯坦改革阶段

（1）1991—1995年改革初始，经济低谷期

土库曼斯坦独立后开始向市场经济转型，然而在苏联时期形成的高度专业化分工使土库曼斯坦国民经济体系相当脆弱，土库曼斯坦争取经济独立的努力持续了相当长时间。土库曼斯坦独立初期，在苏联时期已出现的经济危机进一步加剧，重要工农产品大幅减产，物价飞涨，人民生活水平明显倒退。仅1991年8月至1992年8月这段时间中，物价上涨指数超过居民收入的增长，物价上涨6.5倍，而收入只增加4.8倍。① 商品零售额1992年比1991年下降36.2%。货币也发生剧烈贬值，马纳特与美元的比价从1993年发行时的2∶1贬至1995年的200∶1。生产停滞、货币贬值和通货膨胀加剧，形成恶性循环，经济陷入低谷。

（2）1996—2000年稳定调整，经济复苏期

从1996年起，土库曼斯坦经济止跌回升，开始走上良性发展道路。1996—1999年，土库曼斯坦的国内生产总值分别比上年增长53.8%、0.3%、7%和16%，五年间经济平均增长15.4%。经济形势好转还表现为通货膨胀率下降，1999年通货膨胀率为23.5%，从1993年的千位数降到十位数。

（3）2000年以来经济高速增长期

进入21世纪以来，土库曼斯坦经济逐步实现低通胀、高增长，2001—2008年，国

① 尼亚佐夫．永世中立 世代安宁［M］．北京：东方出版社，1996：52.

内生产总值的增长率持续保持两位数，其增速居世界前列。经济结构也有所转变，比如纺织业方面，2000 年起土库曼斯坦所产的棉花 50% 以上可以在本国加工；农业方面，粮食实现持续丰产，传统的经济作物继续发展，籽棉、蚕茧产量可观。人民的生活水平也随经济状况的好转而得到改善。

2. 土库曼斯坦经济改革措施

（1）放开物价

作为迈向市场经济第一步的价格自由化于 1992 年开始，土库曼斯坦和其他国家相比，政府采取的政策更为稳健，商品价格在很长的时间里并没有完全放开。在推进价格改革过程中，土库曼斯坦逐步放开除了棉花、谷物、畜禽和牛奶以外的所有农产品以及许多工业品的价格，结果大多数产品的价格急剧上升。为应对价格改革冲击，土库曼斯坦政府对食品等生活必需品给予补贴，在最高时，土库曼斯坦预算收入的 60% 以上用于对社会和文化设施的拨款，其中 11% 用于居民必需消费品的价格补贴。土库曼斯坦居民在水、电、天然气和食盐方面都免费享用，低收入者还能低价得到定量的面粉、肉类、黄油等食品。在经历高通胀后，现在土库曼斯坦基本实现价格自由化。

（2）非国有化和私有化进程

非国有化和私有化是向市场经济过渡过程中的一项重要内容，土库曼斯坦于 1992 年初通过《土库曼斯坦国有财产非国有化和私有化法》，之后陆续颁布《企业法》《商业活动法》《商品交易法》《股份公司法》《破产法》《国家银行法》等法律，规定非国有化和私有化的方向。① 土库曼斯坦的私有化是分阶段进行的，第一阶段的私有化开始于 1993 年底，仅限于商业和饮食服务业，1996 年开始实施第二阶段的私有化，主要针对大中型企业。总体看来，土库曼斯坦的私有化进展较为缓慢。到 1998 年底，在 4300 家有资格私有化的企业中，仅有 1948 家完成私有化，而且这一过程集中在宣布实行私有化的早期。其中 75% 直接出售给企业原来的管理人员和职工，其余大多通过拍卖的方式售出，仅有很少一部分企业是直接向外出售。

（3）货币自由化

发行本国货币是国家经济走向独立的开始，与俄罗斯建立统一卢布区的谈判失败后，1993 年 11 月土库曼斯坦发行本国货币马纳特（与美元比价为 2 ∶1），同时退出卢布区。土库曼斯坦建立的金融体制非常特殊，它规定由政府分配银行职能，中央银行履行国家中央银行的职能，行使管理职权。其余皆为国有商业银行，由 8 家银行和近 70 家分行负责经营日常业务。政府拥有所有银行的大部分股份，并且直接或间接地操纵控制金融业。

（4）产业结构调整

由于历史原因，土库曼斯坦独立初期的经济结构极其不平衡，轻重工业比例、大

① 吴宏伟．中亚地区发展与国际合作机制［M］．北京：社会科学文献出版社，2011：74.

农业内部比例都严重失调。因而，独立后的经济改革中就包含对轻工业的加大投入以及提高粮食作物的种植。① 此外在能源开发的基础上积极发展加工业，以期改变长久以来仅靠原材料的单一出口结构。

独立后，土库曼斯坦在经济改革方面取得初步进展，如通过一大批推动经济改革向市场经济转轨的法令法规，所有制改革初见成效，确定了价格由市场调节的新机制等。但与此同时，土库曼斯坦现行法律不完善，领导干部中贪污腐化严重等问题也影响了改革的效果。

三、土库曼斯坦经济总量与结构的变迁

1. 土库曼斯坦经济总量变化

20 世纪 90 年代以来，土库曼斯坦的经济总量在经过几年衰退后，逐步复苏并保持较快增长速度。1991—1997 年由于与周围的国家经济联系被破坏，引发国内通货膨胀，货币贬值，各个经济指标持续下降，GDP 基本保持负增长，尤其以 1994 年和 1997 年表现最为突出，GDP 增长率分别为 -17.3% 和 -11.4%。1998 年以来，土库曼斯坦经济逐步复苏，尤其是实行能源强国的经济政策之后，得益于石油与天然气能源价格的攀升，土库曼斯坦经济出现较快增长，GDP 总量从 1998 年的 28.62 亿美元增长到 2012 年的 334.7 亿美元，增长 10 倍多，GDP 持续保持两位数增幅（如图 4-46 所示）。

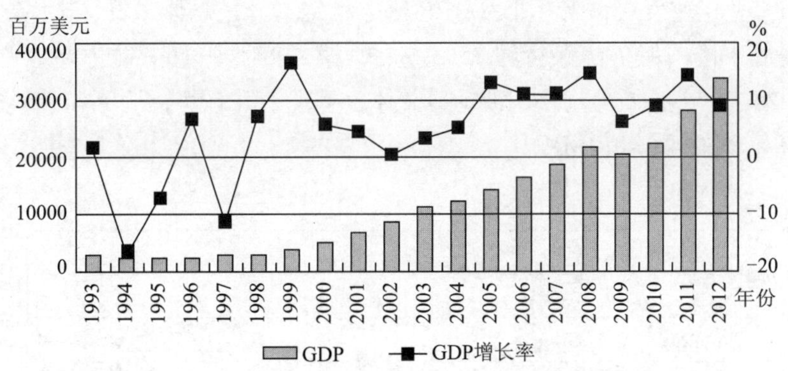

图 4-46　1993—2012 年土库曼斯坦 GDP 总量及增长率

资料来源：UNCTADSTAT 数据库。

从 GDP 构成来看，1992—2012 年，居民消费占 GDP 的比重逐渐降低，由 52.3% 下降到 7.8%，政府消费占 GDP 的比重变化不大，基本保持在 10% 左右。固定资本投资所占比重逐渐提高，由 33.5% 攀升至 51.2%。净出口所占比重也由 2002 年的负值变为正值，并逐步攀升。土库曼斯坦经济增长由靠消费拉动转变为靠投资和出口拉动（如图 4-47 所示）。

① 陈江生，毛慧青．中亚的转轨：土库曼斯坦的经济改革［J］．中共石家庄市委党校学报，2007（2）．

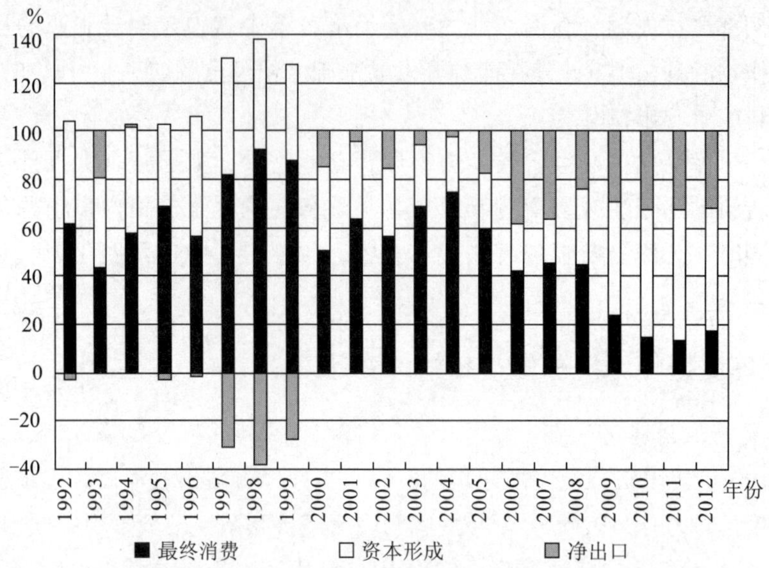

图4-47　1992—2012年土库曼斯坦GDP构成分析

资料来源：UNCTADSTAT数据库。

2. 土库曼斯坦经济结构变化

近年来，土库曼斯坦粮食产量连年增长，石油、天然气资源开采和加工能力不断增强，纺织工业迅速发展，服务业占GDP比重稳定上升。总体来看，土库曼斯坦第一产业比重缓慢下降，但仍然保持在15%左右；第二产业一直占据主要地位，保持在50%左右；第三产业比重经历小幅波动后总体也呈现上升趋势，从1992年的10.7%增加到36.1%（如图4-48所示）。

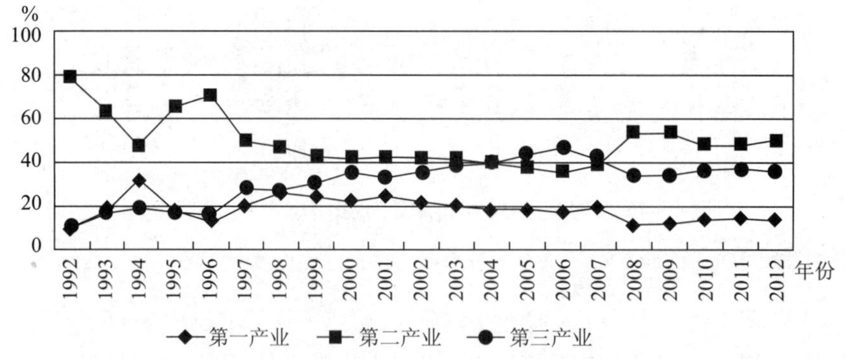

图4-48　1992—2012年土库曼斯坦三大产业占GDP比重

资料来源：UNCTADSTAT数据库。

农业始终是土库曼斯坦经济发展的薄弱环节，土库曼斯坦主要以棉花和小麦种植业为主，其次是畜牧业，主要养殖卡拉库尔绵羊，用羊毛制成的地毯闻名遐迩，远销世界 50 多个国家。土库曼斯坦独立初期农业产量下降，1996 年开始积极调整种植业结构，扩大粮食种植面积，把棉花生产和加工作为土库曼斯坦经济增长点，逐步摆脱农业衰退局面，实现大幅度增长。2012 年，小麦产量 120 万吨，棉花产量 123.5 万吨，农业总产值同比增长 4%。目前，土库曼斯坦已经基本实现粮食自给。

工业是土库曼斯坦国民经济的主要部门。在实行能源强国的经济政策之后，石油、天然气产业成为国家支柱产业。2008—2011 年，天然气工业分别占全国工业生产总值的 40.7%、35.7%、41.3%、51.4%，90% 的天然气可供出口。石油工业是另一重要工业部门，石油产量仅次于哈萨克斯坦，年石油开采量在 1000 吨左右。另外，轻工业在土库曼斯坦独立后也获得较快发展，主要以纺织业和食品工业为主。2012 年土库曼斯坦纺织品年产值达到 3.8 亿美元，增长 3.7%，大型纺织企业的产品中 90% 都用于出口，远销到美国、英国、法国等发达国家（如图 4－49 所示）。

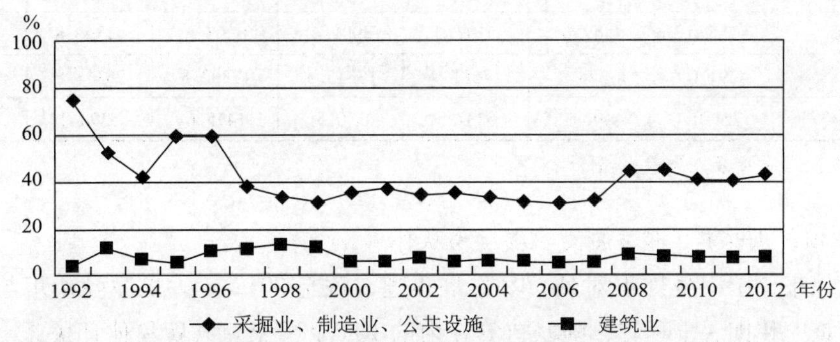

图 4－49　1992—2012 年工业增加值比重结构分析

资料来源：UNCTADSTAT 数据库。

土库曼斯坦近年来积极推动商业私有化改革，使得服务业也有显著地发展。批发、零售、旅馆餐饮等传统行业得到恢复和发展，交通运输、仓储、通信是发展最快的服务类型。但是，真正代表服务业发展水平的金融保险、咨询等服务业发展相对缓慢，总体来说服务业发展水平仍然不高（如图 4－50 所示）。

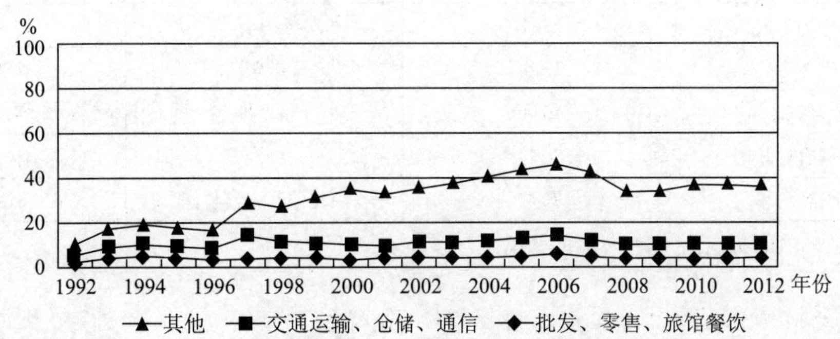

图 4－50　1992—2012 年服务业增加值比重结构分析

资料来源：UNCTADSTAT 数据库。

四、土库曼斯坦贸易格局的变动

1. 商品贸易额不断增加，稳定保持着贸易顺差

土库曼斯坦积极发展对外贸易，2000—2012 年，土库曼斯坦的出口额由 25.06 亿美元增加到 199.8 亿美元，增长 8.0 倍，进口额则由 17.85 亿美元增加到 141.4 亿美元，增长 7.9 倍，贸易顺差也由 7.21 亿美元增加到 58.5 亿美元。2012 年，土库曼斯坦进出口总额 341.2 亿美元，比 2011 年增长 21.4%，其中出口增长 19.3%，进口增长 24.4%（如表 4－22 所示）。

表 4－22　2000—2012 年土库曼斯坦贸易额　单位：百万美元

年份	2000	2007	2008	2009	2010	2011	2012
出口额	2506.0	8932.1	11944.7	9322.9	9679.2	16751.0	19986.6
进口额	1785.0	4442.0	5707.2	8992.4	8203.6	11360.8	14138.2
总额	4291.0	13374.1	17651.9	18315.3	17882.8	28111.8	34110
贸易顺差	721.0	4490.1	6237.5	330.5	1475.6	5390.2	5848.4

资料来源：土库曼斯坦统计署。

2. 中国、土耳其、俄罗斯是主要贸易伙伴

独立以来，土库曼斯坦对外贸易发展迅速，截至 2012 年，土库曼斯坦与包括中国、俄罗斯、伊朗、土耳其、阿联酋等在内的 103 个国家建立贸易伙伴关系。中国是土库曼斯坦最大的出口贸易伙伴国，占出口额的 28.4%。土耳其是土库曼斯坦最大的进口贸易伙伴国，占进口额的 22.3%。土库曼斯坦的主要贸易伙伴国西为欧盟、东为中国、北为俄罗斯，还有土耳其、阿富汗等周边国家（如表 4－23 所示）。

表 4－23　2011 年土库曼斯坦的主要进出口伙伴

主要出口贸易伙伴国		主要进口贸易伙伴国	
国家	占出口额百分比（%）	国家	占进口额百分比（%）
中国	28.4	土耳其	22.3
欧盟	13.1	欧盟	17.9
土耳其	10.4	俄罗斯	14.2
阿拉伯联合酋长国	7.1	中国	10.2
阿富汗	6.4	阿拉伯联合酋长国	8.5

资料来源：DG TRADE　21 March 2012。

3. 主要依靠初级产品和半成品出口

土库曼斯坦当前出口主要依赖于国内丰富的天然气资源，以及由天然气加工而成的各类半成品，出口结构较为单一。2000 年，天然气、原油等初级产品出口占到出口

总额的71%，其次是半成品，占26.8%。土库曼斯坦主要进口资本品、半成品、消费品，如机械设备、交通工具、日用消费品和食品等，2000年土库曼斯坦进口商品中半成品占29%、资本品占28%、消费品占24%、零部件占18%（如图4－51、图4－52所示）。

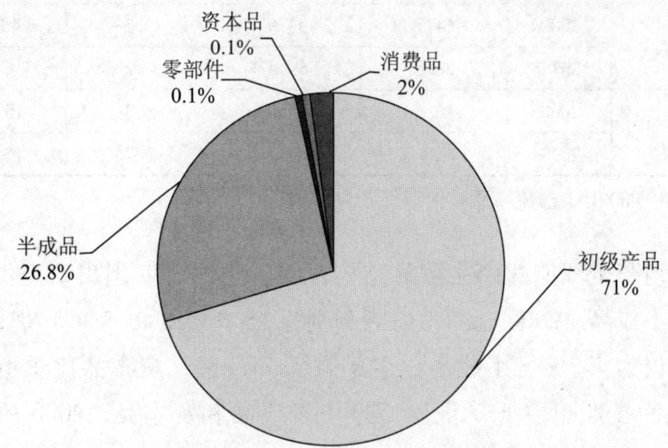

图4－51　2000年土库曼斯坦出口商品结构

资料来源：UNCOMTRADE数据库。

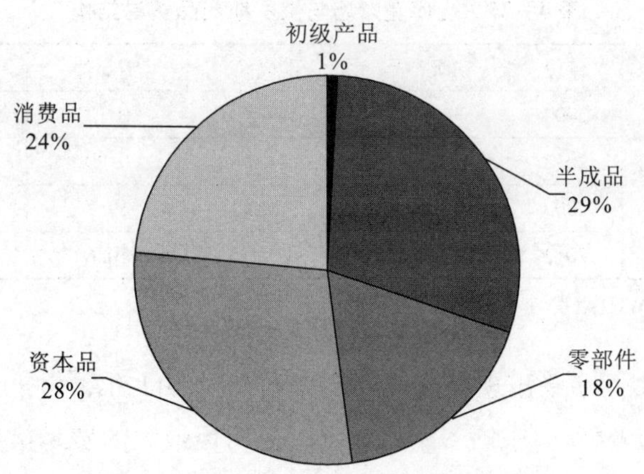

图4－52　2000年土库曼斯坦进口商品结构

资料来源：UNCOMTRADE数据库。

4. 与主要贸易国的进出口商品结构各有特色

土耳其与土库曼斯坦同属突厥系，始终保持着传统经济关系。土耳其是土库曼斯坦最大的进口贸易伙伴国，进口以半成品为主，并且所占份额逐渐增加，2000年半成品的进口为48.4%，2012年上升到56.1%。初级产品的进口从2000年16.0%下降到2012年的0.7%，零部件、资本品、消费品的进口变化不大。从出口来看，土库曼斯坦主要以出口初级产品和半成品为主，两者所占比重保持在95%左右。2000年与2012

年相比较而言，零部件的出口变化不大，资本品的出口从4.0%下降到0.1%，消费品的出口从0.8%上升到1.4%（如表4-24所示）。

表4-24　土库曼斯坦与土耳其商品贸易结构　　单位：%

	年份	初级产品	半成品	零部件	资本品	消费品
出口至土耳其	2000	64.7	33.9	0.3	4.0	0.8
	2012	28.8	69.5	0.2	0.1	1.4
从土耳其进口	2000	16.0	48.4	8.0	15.6	26.4
	2012	0.7	56.1	7.7	16.0	19.5

资料来源：UNCOMTRADE数据库。

从土库曼斯坦与俄罗斯的商品贸易结构来看，土库曼斯坦出口至俄罗斯的商品主要是初级产品和半成品，2000年所占份额分别为35.6%和48.3%。2012年，初级产品所占比重下降，仅为4.2%，半成品比重攀升到77.4%，资本品比重也由0.89%上升到了5.36%。土库曼斯坦主要从俄罗斯进口半成品和资本品，2000所占份额分别为42.3%和26.0%。2012年半成品比重有所上升，为60.6%，资本品比重下降到14.2%（如表4-25所示）。

表4-25　土库曼斯坦与俄罗斯商品贸易结构　　单位：%

	年份	初级产品	半成品	零部件	资本品	消费品
出口至俄罗斯	2000	35.6	48.3	0.13	0.89	15.0
	2012	4.2	77.4	0.29	5.36	12.8
从俄罗斯进口	2000	0.1	42.3	19.7	26.0	11.9
	2012	0.6	60.6	10.6	14.2	14.0

资料来源：UNCOMTRADE数据库。

近年来，中土双边贸易出现跨越式的高速增长。2011年，中土双边贸易额占土库曼斯坦贸易总额的19.5%。中国一跃成为土库曼斯坦最大的贸易伙伴。2012年，中土双边贸易总额达到103.7亿美元，同比增长89.3%，再创历史新高，其中，中国对土库曼斯坦出口额为16.9亿美元，同比增长116.4%。这一时期，中土双边贸易大幅增长的主要原因是两国签署的各项天然气合作协议。2009年12月，随着土库曼斯坦—乌兹别克斯坦—哈萨克斯坦—中国天然气管道的正式运营，土库曼斯坦对中国的出口额大幅增加。

从贸易结构来看，土库曼斯坦出口至中国的商品90%以上是天然气等初级产品，并且这一比例在不断提升，到2012年已达到98.5%。土库曼斯坦从中国进口的商品主要以半成品和资本品为主，2000—2012年，半成品所占份额由16.5%上升到37.4%，资本品所占份额由50.7%下降到39.8%，但仍然是最主要的商品类别。零部件和消费品的比重都有所提升，2012 年分别占总进口的 17.0% 和 5.7%。初级产品比重下降，2012 年仅为 0.2%（如表 4－26 所示）。

表 4－26　土库曼斯坦与中国商品贸易结构　　单位：%

	年份	初级产品	半成品	零部件	资本品	消费品
出口至中国	2000	91.4	8.6	—	—	—
	2012	98.5	1.5	0.001	—	0.002
从中国进口	2000	4.7	16.5	6.5	50.7	21.6
	2012	0.2	37.4	17.0	39.8	5.7

资料来源：UNCOMTRADE 数据库。

五、土库曼斯坦参与丝绸之路经济带合作的形势

土库曼斯坦地处亚欧大陆连接处，对于联结丝绸之路经济带具有重要的现实价值与战略意义。由于石油、天然气等矿产资源丰富，棉花、畜牧等农业也相对发达，土库曼斯坦与中国之间具有显著的互补关系。随着中国经济总量和市场规模的攀升，利用中国市场、引入中国资金与相对廉价技术，对于促进土库曼斯坦的经济转型与社会发展来说意义重大。由此，土库曼斯坦在参与丝绸之路经济带合作中具有一定潜力。

土库曼斯坦独立以来，中土两国于 1992 年 1 月 6 日建交，1998 年 8 月、2007 年 7 月、2011 年 11 月，两国分别签订进一步巩固和发展两国友好合作关系的联合声明，还签署一系列关于开展经贸合作的双边协议，如《经济贸易协定》《鼓励和相互保护投资协定》等，这些双边协议为双方开展经贸合作奠定了法律基础。2006 年 4 月，中土两国元首签订《实施土—中天然气管道建设项目和土库曼斯坦向中国出售天然气总协议》，标志着中国对土库曼斯坦陆上油、气资源开发的起步。土库曼斯坦相继颁布《投资法》等法律，积极鼓励外商到本国投资，并制定吸引外资的众多优惠政策，中土的相关协议为双边合作提供充分的法律保障。

对于“丝绸之路”的设计与发展，作为中立国，土库曼斯坦是积极推动方之一。根据土库曼斯坦 2010 年以前社会经济发展战略，[①] 国际运输走廊和通信基础工程的建设将作为国家建设的优先和重点项目，同时阿什哈巴德也向国际社会承诺为国际能源的运输提供安全畅通的保证。在建设丝绸之路经济带倡议提出之前，土库曼斯坦是中亚国家中率先采用现实铁路方案（伊斯坦布尔—德黑兰—梅什赫德—谢拉赫斯—元首市—塔什干—阿尔玛德—友谊城—乌鲁木齐—北京）修复“丝绸之路”的国家之一，

① 杨恕．转型的中亚和中国［M］．北京：北京大学出版社，2005：149.

旨在服务于全面发展与途经国家间的相互关系。① 2013 年 3 月，土库曼斯坦邀请 20 多个国家参与一个名为《丝绸之路外交：从历史到未来》的国际研讨会。2013 年 9 月 3 日，习近平主席在访问土库曼斯坦期间，两国元首共同签署《中土关于建立战略伙伴关系的联合宣言》，习主席还与土库曼斯坦总统别尔德穆哈梅多夫共同出席中国石油天然气集团公司承建的土库曼斯坦“复兴”气田一期工程竣工投产仪式，这是世界第二大单体气田，也是中土天然气合作重要气源地，目前探明储量 4 万 ~6 万亿立方米。②

共建丝绸之路经济带倡议提出以后，2013 年 9 月 13 日，在两国元首的共同见证下，陕西省西安市与土库曼斯坦马雷市签署合作协议，明确双方将在经贸、旅游、文化、科技、教育、体育等方面开展合作。2014 年 5 月，中土两国元首共同签署友好合作条约，以及《关于通过〈中华人民共和国与土库曼斯坦战略伙伴关系发展规划(2014 年至 2018 年)〉的声明》，双方在天然气、农业、交通、金融、文化、地方等领域签署多项合作文件。

可见，参与丝绸之路经济带合作顺应土库曼斯坦自身发展要求，中土两国合作将为丝绸之路复兴带来新的经济增长点。

① 土库曼斯坦运输系统概况［EB/OL］. 新疆商务厅 . http：//www. xjftec. gov. cn：7001/DataSupport/Family/zhongyaxinxiTL/tukumanST/tukumanST－Guojiagaikuang/4028c284139098fd011390b1efec001f. html，2012－05－15.

② 专访中国驻土库曼斯坦原大使殷松龄［J］. 世界博览，2013（19）：45.

第五章　中国主要区域与丝绸之路经济带

5.1　中国经济格局的变迁与丝绸之路经济带

在渐进式改革过程中，中国逐步向市场经济转型，对外开放程度不断提高。随着加入世界贸易组织，中国融入全球化进程，并以庞大的廉价劳动力资源优势促进产品内分工在东亚迅猛崛起，同时成为东亚乃至全球的加工制造中心。在此过程中，中国经济呈现粗放式发展，以及东中西部分化格局。国内外矛盾的累积使中国选择建设“新丝绸之路”，各区域亦面对不同的发展机遇、挑战与选择。

一、中国改革开放的历程与方式

社会经济转型牵涉到人口的生产行为模式、组织制度、习惯习俗、文化认知等的系统变革，是一个演进过程，无法一步跨越，中国的改革开放就是遵循这一特点，采取渐进的转型方式。

1. 中国改革开放的历程

新中国成立后，在马列主义理论指导下，通过社会主义改造，中国构建起国家所有制和集体所有制基础上的高度集中的计划经济体制，这一体制对于动员有限资源建立独立完备的工业体系发挥了积极作用，但是，随着生产体系日益庞大、社会经济关系渐趋复杂，计划体制忽视商品生产、价值规律作用，难以调动企业和劳动者积极性等弊端不断凸显，改革被提上议事日程。

自十一届三中全会以来，中国的改革开放大致经历五个阶段：

第一阶段，1978—1984 年，改革的启动和局部试验时期。① 通过实践是检验真理唯一标准的大讨论，全国展开一场声势浩大的思想解放运动，为改革的启动作了思想准备。在农村，随着安徽省凤阳县小岗村开始实行“农村家庭联产承包责任制”，中国的农村经济体制改革率先取得显著成果。在城市，改革从国有企业放权让利入手，通过综合和专项改革试点，积累初步经验；对于非国有经济的发展也得到认可和政策支持，个体经济很快恢复并发展起来，私营经济进入萌芽起步阶段；在财政体制方面，

① 国家发展改革委经济体制与管理研究所编．改革开放三十年：从历史走向未来——中国经济体制改革若干历史经验研究［M］．北京：人民出版社，2008.

为调动企业和地方发展积极性，开始实行“分灶吃饭”，即中央和地方划分收支、分级包干，大大增加地方的财政权限；在对外开放方面，设立深圳、珠海等经济特区，颁布引进外资政策，鼓励加工贸易的发展。改革在这一阶段完成了初步探索和思想准备的过程，社会主义建设的指导思想从以阶级斗争为纲转变到以经济建设为中心，从封闭转变到开放，从固守成规转变到大胆改革。①

第二阶段，1984—1992 年，改革目标的不懈探索阶段。1984 年 10 月，中共十二届三中全会通过《中共中央关于经济体制改革的决定》，提出有计划的商品经济作为经济体制改革的目标；1987 年 10 月，中共十三大比较系统地论述了社会主义初级阶段理论，概括出党在当前阶段的基本路线，以及阐明政治体制改革的方针、内容和实施方案。由此，这一阶段的改革重点从农村转移到城市，从经济领域扩展到政治、科技、教育及其他社会生活领域。从经济改革的主要内容来看，首先是国有企业改革成为经济体制改革的中心环节；其次，实行价格“双轨制”，并于 1988 年进行价格闯关；再次，配合价格机制的改革，计划、物资、投资及金融体制等改革并行推进；最后，对外开放的范围和领域进一步扩大。20 世纪 80 年代末，由于改革进程的复杂性，出现价格波动较大、市场秩序混乱等问题，1988 年 9 月，中共十三届三中全会作出《关于治理经济环境、整顿经济秩序、全面深化改革的决定》，提出坚决抵制通货膨胀、深化改革的若干重要政策建议。在整顿调整和总结经验过程中，全面改革思路逐步形成。

第三阶段，1992—2002 年，社会主义市场经济体制初步建立阶段。1992 年初，邓小平发表南方谈话，深刻回答了许多重要的思想理论问题。邓小平指出，“发展是硬道理”，“计划和市场都是经济手段”，应该以“是否有利于发展社会主义社会的生产力，是否有利于增强社会主义国家的综合国力，是否有利于提高人民的生活水平”为标准，坚持改革开放的路线、方针与政策，“大胆地试，大胆地闯”。1992 年 10 月，中国共产党十四次全国代表大会召开，明确提出经济体制改革的目标是建立社会主义市场经济体制，明确在所有制结构上，以公有制为主体，个体经济、私营经济、外资经济为补充，多种经济成分长期共同发展。1993 年 11 月，《中共中央关于建立社会主义市场经济体制若干问题的决定》颁布，系统提出国有企业改革的方向是建立现代企业制度。随着非国有经济的快速发展以及国有经济的改革，1997 年十五大对我国社会主义初级阶段的基本特征、发展过程、主要矛盾和根本任务，作了更加系统的论述，明确指出：“公有制为主体，多种所有制经济共同发展，是我国社会主义初级阶段的一项基本经济制度”；由此，除鼓励、引导个体、私营等非公有经济加快发展之外，明确提出国有企业通过“抓大放小”等方式进行战略性调整。为促进市场经济的孕育发展，这一阶段还着力加快市场体系建设，初步建立宏观管理体制框架，确立社会保障制度框架，改革行政管理体制，同时，随着 2001 年底中国加入世界贸易组织，中国的开放型经济格局基本形成。

---

① 王怀超．中国改革开放的历史进程与基本经验［J］．科学社会主义，2009（6）：32－37.

第四阶段，2003—2011 年，社会主义市场经济体制的巩固与完善阶段。2003 年 10 月，中共中央召开十六届三中全会，通过《中共中央关于完善社会主义市场经济体制若干问题的决定》，提出社会主义发展的科学发展观，以及把以人为本作为发展观的核心。这一阶段，改革主要围绕完善多种所有制并存的基本经济制度，健全要素市场体系，完善宏观调控体制、社会保障制度，以及深化行政管理体制等领域展开。随着庞大的廉价劳动力资源进入市场，参与国际与国内分工，中国经济增长迅猛，国家综合实力和国际地位大幅攀升。2008 年全球经济金融危机爆发，中国实体经济遭受严重冲击，由此也暴露出依靠廉价劳动力资源参与国际分工所带来的深层次矛盾与问题，深化经济体制改革、转变经济发展方式的战略任务被提上议事日程。

第五阶段，2012 年至今，全面深化改革新阶段。2012 年 11 月，党的十八大确立科学发展观的指导思想，制定坚持走中国特色社会主义政治发展道路和推进政治体制改革前进方向，提出全面建成小康社会的目标。2013 年 11 月，中共十八届三中全会召开，通过《中共中央关于全面深化改革若干重大问题的决定》，会议提出政府和市场关系的调整将成为下一阶段改革的重心，明确由市场在资源配置中发挥决定性作用，并提出以国家治理体系和治理能力现代化为总目标，着力在经济体制、政治体制、文化体制、生态文明体制展开全面系统的改革，建设“丝绸之路经济带”和“21 世纪海上丝绸之路”成为对外开放的战略构想，中国的改革与发展向更广范围、更深层次不断推进。

2. 中国渐进式改革的特点

20 世纪 70 年代末，中国的改革是在生产力水平十分低下，工业化、城市化、现代化任务艰巨，社会主义制度及其实现形式与生产力发展间的矛盾关系有待深化认识等背景下展开的，同时明确了以坚持、完善社会主义制度为宗旨和目标。在面对团结全国各族人民、同时改造主观世界和客观世界的严峻挑战时，中国选择了独特的改革方式。

第一，增量带动存量。在发展生产力作为基本要求、民众对改革走向缺乏明确认知的前提下，中国的改革并没有采取推倒重来的方式，而是选择在保持原有体制继续运转的同时，由体制外或体制内增长部分引入新生产组织方式，而后带动存量部分的变革。在所有制改革方面，首先是允许个体、私营经济在体制外先行发展；其次引进外资，继而学习其技术、管理经验及经营方式；最后在市场化运作主体的示范效应下，逐步推动国有经济的改革。在对外开放方面，主要是计划体制管理越薄弱、越靠近国际市场的东部地区率先开放，而后不断扩大开放地区、开放领域和提高开放程度。诸如最早的经济特区深圳，70 年代末仅是偏于珠三角一隅的小渔村，并未在国家或地方计划体系中占有重要地位，由于毗邻中国香港而成为改革开放的试验田。随后，中国逐步放开东部沿海、沿江、沿边等城市，并在加入世界贸易组织后扩大到内陆城市的开发开放；开放领域也从商品贸易自由化向服务贸易、投资便利化等扩展。

第二，试点先行。改革是培育新生事物的过程，在对改革路径与方法缺乏认识和经验的情况下，中国选择部分企业、部门、地区等作为试点，设置不同的改革内容和任务，根据所取得经验和教训，而后逐步推广，以提高改革的成功率。如深圳经济特区的设立从蛇口开发区的试验开始。在转变发展方式的任务日益严峻的形势下，国家在不同地区设立了不同内容的综合配套改革试验区，如 2005 年 6 月设立的上海浦东新区试验的内容是政府职能转变；2006 年 5 月设立的天津滨海新区试验的核心内容是新型工业化道路；2007 年 6 月设立的成渝试验区主要应对城乡协调发展问题；2010 年 12 月将山西省纳入建设资源节约型、环境友好型社会试验；2011 年 3 月设立的义乌市国际贸易综合改革试点侧重转变外贸发展方式；2012 年 3 月设立的温州市金融综合改革试验区着重金融改革试验。在一系列试点试验的基础上，指导性的全国性改革方案逐步推广实施。

第三，局部推进。中国人口众多、社会经济关系复杂，在体制转轨任务仍未完成的情况下，企业与社会缺乏对全盘开发开放的承受能力，由此，选择条件相对成熟的部门、区域先行开发开放，成为中国的现实选择。1981 年，经国务院批准在沿海开放城市建立经济技术开发区；1988 年，中国国家高新技术产业化发展计划——火炬计划开始实施，创办高新技术产业开发区和高新技术创业服务中心被明确列入火炬计划；1990 年，国务院批准设立全国第一个保税区——上海外高桥保税区；2000 年，全国第一个出口加工区——昆山出口加工区设立；2003 年，上海外高桥保税物流园区设立；2005 年，上海洋山保税港区成为全国第一个保税港区；2006 年，苏州工业园区综合保税区率先设立；2013 年，全国第一个区域性自由贸易园区在上海设立。这些区域有着较为优越的自然条件、政策环境等，相对有利于新经济运作模式的孕育生长，继而成为带动周边经济发展的驱动中心。

第四，发展中深化改革。改革并非仅涉及一部分人、企业和地区，而是要实现人口经济行为模式的变迁，这就需要在持续发展的环境中实现。改革开放以来，中国在增量改革、试点先行、局部启动的示范效应下，带动相关群体、行业、地区的发展，形成制度变迁的井喷效应，一方面实现经济较长时期的快速增长，工业化、城市化的推进，以及产业结构的逐步升级；另一方面产生新的发展问题和要求，为更大规模的人口经济行为模式变迁创造有利的环境和条件。

第五，实践引领认知。中国的改革在没有成熟结论、成功经验的背景下展开，是一个实践与理论探索并进的过程。受传统思维束缚的影响，中国的改革采取局部引进新试验、新实践的方式，先试先行，通过改革前后引起的传统和新兴思想、正反观点的尖锐交锋，推动理论认识的发展，以及让更多民众习得新的生产组织方式、形成新的认知和习惯。在关于社会主义是否能发展市场经济、私营经济在社会主义当前阶段扮演什么角色、国有经济的地位和该如何改革等牵涉社会主义生死存亡的重大问题上，中国的改革都是大胆尝试、不断反思、与时俱进。

总体而言，中国的改革开放是在引入和扩大新型实践的基础上，改造和形成新的认知和共识，引起人们经济行为的调整，重构经济发展环境，继而实现转型的持续推进。

二、中国经济格局的变迁

对于一个贫穷落后的人口大国来说，从极低的经济发展水平启动改革，中国现实的选择就是在计划体制发展相对薄弱、更靠近国际市场的东部沿海率先推进，而后不断带动存量，以在保持稳定、增长和发展中实现渐进转型。由于生产力水平低下，在通过参与国际分工启动转型的过程中，中国陷入粗放式发展，经济格局也呈现东中西部的中心外围分化。

1. 粗放式发展机制的形成

改革开放就是释放既有要素资源优势，借助参与国际分工，拉动国内经济体制转轨、产业结构升级。由于农业人口众多，大多分布于内陆省份，为了配合东部沿海地区率先改革开放，中国通过逐步放开农民工流动、经济特区政策、廉价公共产品等倾斜政策，极力吸引国外资金、技术，促进加工制造业集聚。

在低层次劳动要素聚集、高层次劳动要素匮乏的背景下，中国从20世纪八九十年代东亚雁形分工格局时期聚集劳动密集型产品的生产，到21世纪以来产品内分工兴起聚集劳动密集型生产环节，集聚的循环累积作用使大量人口进入城市，刺激基础设施建设，工业化和城市化相应启动。中国走上一条开放化带动工业化，进而带动城市化的道路（如图5－1所示）。

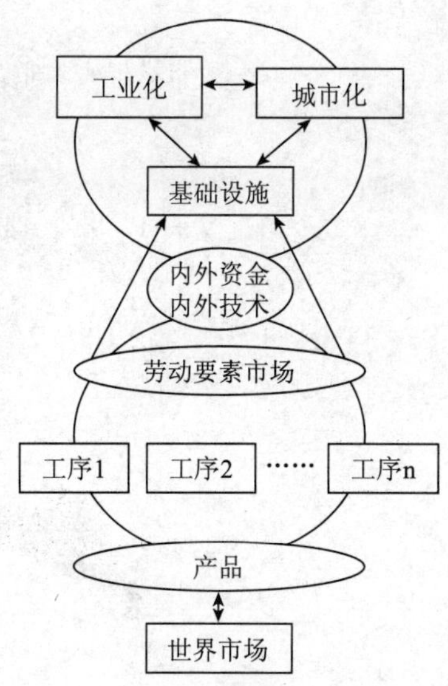

图5－1　中国的粗放式发展机制

由于人口红利作用，廉价劳动力不断涌入国际市场，使中国成为全球加工制造基地，并不断产生对低层次劳动要素的庞大需求；产业关联效应和人口聚集对城市设施的需求相互作用，为工业化和城市化提供强大动力。然而，生产技术水平低下使工业化和城市化主要以规模扩张、加大投入的方式实现增长。由此，参与国际分工的强大吸引力一方面使中国经济快速增长，吸纳更多农业人口进入工业体系，对外贸易呈现大进大出的特征；另一方面出现高投入、高消耗、要素效率低下、资源耗费严重、环境问题凸显等结果，中国经济陷入粗放式增长模式。

2. 外贸发展集中于东部地区

由于中国的渐进式改革采用非平衡的发展战略，从体制外到体制内逐步引入市场经济体制，从沿海到沿边、沿江逐步扩大开放，由此，东部沿海地区从市场体制的引入、开发开放程度、基础设施建设等各方面都走在全国前沿；再加上这些地区毗邻东南亚国家，便于国际贸易的展开，因此，东部成为外向化程度最高的地区。① 2012 年，广东的外贸依赖度为 133.1%，位居其次的是长三角的上海（115.2%）、江苏（63.1%）和浙江（54.6%）；东部沿海的天津（48.1%）、福建（44.6%）、北京（39.8%）、山东（33.3%）和海南（32.2%）的外向化程度亦相对较高（如图 5－2 所示）。

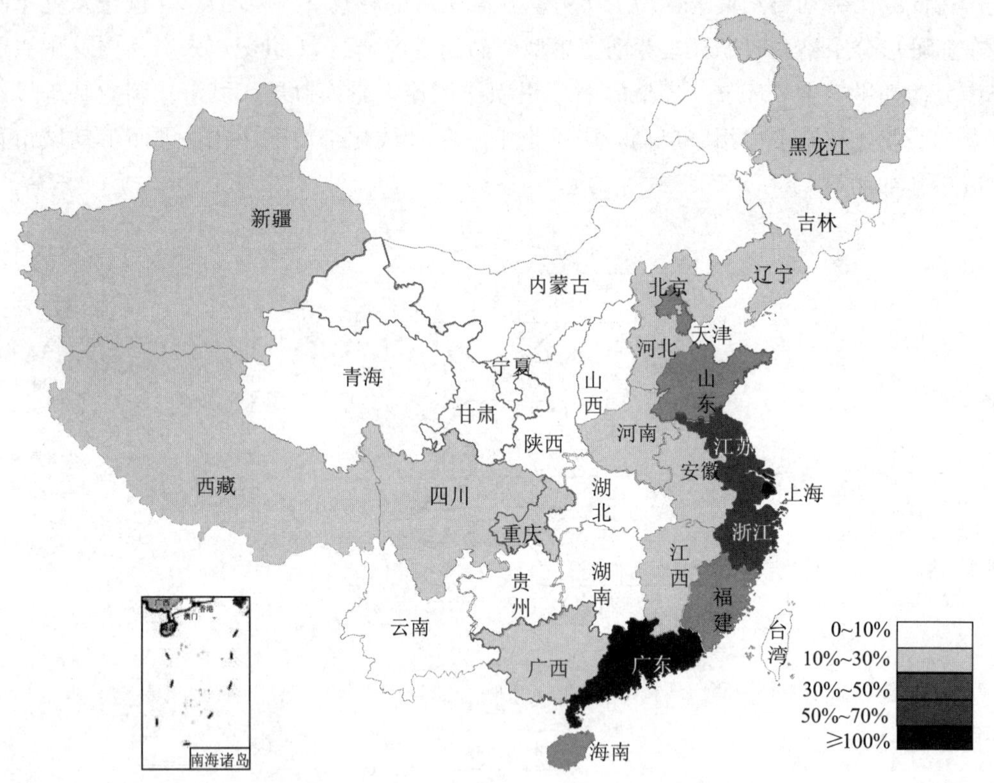

图 5－2　2012 年中国各省市的外贸依赖度

资料来源：《中国统计年鉴》（2013）。

① 本报告东部包括：广东、上海、江苏、浙江、北京、天津、山东、河北、辽宁、福建、广西、海南共 12 个省市；中部包括：河南、湖北、湖南、安徽、江西、内蒙古、山西、黑龙江、吉林共 9 个省份；西部包括：重庆、四川、贵州、云南、西藏西南 5 省市，和陕西、新疆、甘肃、青海、宁夏西北 5 省市。

东部省份外向型经济的发展使其成为中国外贸活动的主要聚集地，改革开放以来，全国80%以上的外贸额由东部省份完成，2005年，这一比重达到92.4%的历史最高水平，2008年金融危机后比重有所下滑，2012年为88.8%。中西部省份自2000年以来，外贸比重有所下滑，2005年后逐步上升，2012年中部外贸比重为7.5%，西部为5.6%（如图5-3所示）。

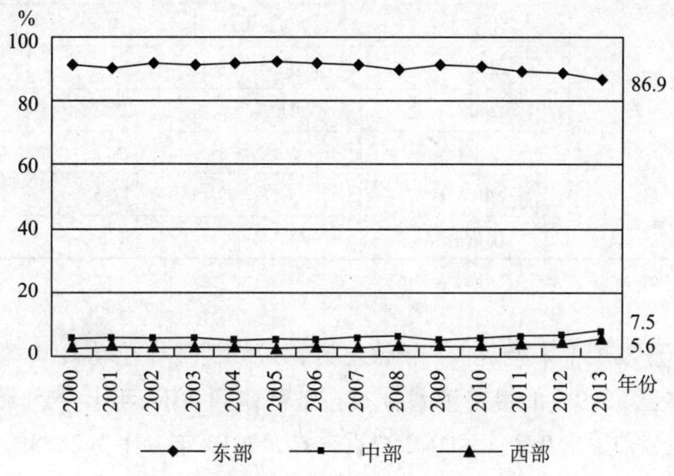

图5-3　2000—2013年中国东中西部外贸比重

资料来源：《中国统计年鉴》（2000—2013）。

3. 东中西部增长驱动力量的分化

外贸活动在东部地区的聚集使投资大量流向东部地区，21世纪初，全国61.7%的资本形成分布在东部，中部和西部分别为24.3%和14%；随着东部产业发展对上下游产品需求的增长，中部和西部的投资不断攀升；特别是2008年全球经济萧条，东部外向型产业受到很大冲击，2012年资本形成比重下滑到占全国比重的52.5%，在承接东部产业转移过程中，中部成为投资增长最快的地区，占全国资本形成比重的30.8%，比2000年上升6.5个百分点；西部也攀升到16.7%（如表5-1所示）。

表5-1　2000—2012年资本形成、最终消费与GDP在东中西部的分布　单位：%

		东部	中部	西部
资本形成分布	2000年	61.7	24.3	14.0
	2004年	61.2	24.2	14.7
	2008年	55.8	29.0	15.2
	2012年	52.5	30.8	16.7
	比重变化	-9.2	6.5	2.7

续表

		东部	中部	西部
最终消费分布	2000 年	55.9	27.6	16.6
	2004 年	57.5	26.9	15.6
	2008 年	57.7	26.3	15.9
	2012 年	56.8	26.8	16.4
	比重变化	0.9	-0.8	-0.2
GDP 分布	2000 年	60.4	26.0	13.7
	2004 年	61.5	25.3	13.3
	2008 年	60.2	26.2	13.7
	2012 年	57.8	27.5	14.7
	比重变化	-2.6	1.5	1.0

资料来源：《中国统计年鉴》(2000—2013)。

由于东部产业发展带来消费水平较快上升，最终消费在拉动 GDP 增长中发挥较大作用，2000 年全国 55.9% 的最终消费分布在东部，到 2012 年上升到 56.8%；中部和西部所占比重则分别下滑 0.8 个和 0.2 个百分点，2012 年占比为 26.8% 和 16.4%。

由于外向型产业聚集带来投资和消费的共同增长，东部地区生产总值占全国比重在 2000—2008 年一直维持在 60% 以上的水平，受金融危机影响，该比重才有所下滑，2012 年占比为 57.8%；以及中部和西部 GDP 在全国的比重小幅上升至 27.5% 和 14.7%。

从东中西部 GDP 的支出构成来看，东中西部地区最终消费驱动 GDP 增长的作用均有所下滑，其中中部和西部降幅最为显著，2000—2012 年分别下降 12.7% 和 13.9%；而资本形成所发挥的作用均显著上升，东部地区资本形成占 GDP 的比重由 2000 年的 43.3% 升至 2012 年的 56.5%，中部地区由 39.4% 攀升至 63.6%，西部地区由 48.5% 上升至 73.7%，投资均已成为东中西部经济增长的首要驱动力量。在本地商品供给不足的情况下，西部和中部对外部商品服务的需求加速增长（如表 5-2 所示）。

表 5-2　2000—2012 年东中西部 GDP 支出法构成

单位：%

		东部	中部	西部
最终消费占 GDP 比重	2000 年	52.1	58.2	68.3
	2004 年	48.8	53.9	63.9
	2008 年	45.7	46.9	56.7
	2012 年	46.4	45.5	54.4
	比重变化	-5.7	-12.7	-13.9

续表

		东部	中部	西部
资本形成占 GDP 比重	2000 年	43.3	39.4	48.5
	2004 年	46.8	46.1	59.1
	2008 年	49.9	56.7	60.7
	2012 年	56.5	63.6	73.7
	比重变化	13.2	24.2	25.2
净出口占 GDP 比重	2000 年	4.6	2.4	-16.8
	2004 年	4.3	0.0	-23.0
	2008 年	5.3	-3.6	-17.5
	2012 年	-3.0	-9.1	-28.1

资料来源：《中国统计年鉴》(2000—2013)。

总体来说，外向型经济的发展使东部更多依靠消费驱动，而中西部地区主要在投资拉动下实现经济增长；全球金融危机后，东中西部均渐趋依赖投资的增长，并对外部商品服务产生较大需求。

4. 东中西部产业与就业分布的中心外围分化

在外贸、投资主要驱动经济增长过程中，工业生产的聚集使中国第二产业比重稳步上升，由 1994 年 GDP 的 47% 升至 2011 年历史最高水平 50.4%，2012 年回落到 49.4%；工业化带动生产、流通领域的服务业以及城市服务业相应快速发展，第三产业占 GDP 的比重由 1994 年的 32.9% 上升至 2012 年的 41.3%；第一产业在总量不断增加的过程中，占 GDP 比重逐年下降，由 1994 年占 GDP 的 20.3% 降至 2012 年的 9.1%，中国基本由农业国转变为工业国（如图 5-4 所示）。

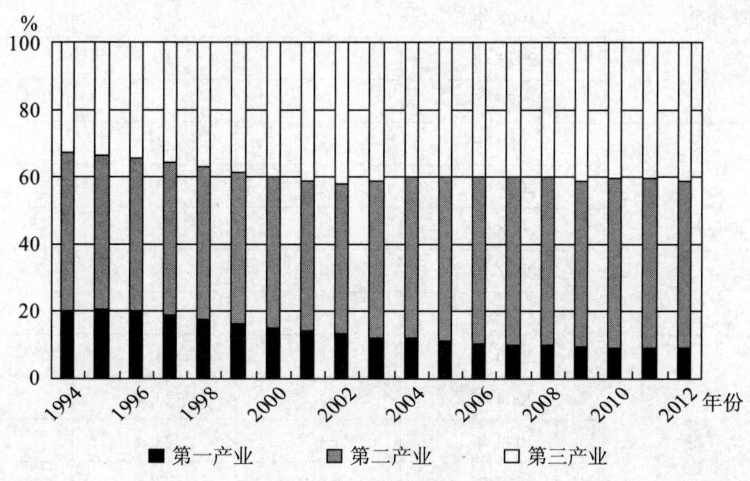

图 5-4　1994—2012 年中国三次产业结构

资料来源：《中国统计年鉴》(2000—2013)。

在东部沿海地区加快融入全球分工体系过程中，其产业聚集与演进相对领先于中西部地区，从三次产业在东中西部的空间分布来看：

首先，东部地区仍然在第一产业生产中占有重要地位，但农业正由东部向中西部地区转移。21 世纪以来，全国 40% 以上的农业生产由东部完成，但这一比重由 2000 年的 46.4% 降至 2012 年的 43.3%；中部是农业的第二大分布区域，所占比重由 2000 年的 34.7% 上升至 2012 年的 36.3%；西部的农业生产占全国的比重上升幅度最大，2012 年为 20.5%（如表 5－3 所示）。

其次，东部是中国工业聚集地，但金融危机后，中部成为工业发展的首要地区。2000 年，全国 63.7% 的工业聚集在东部，2012 年为 56.3%。金融危机对东部外向型工业造成冲击，以及受东部土地供应紧张、劳动力成本攀升等影响，中低端加工制造业开始向区域外转移，中部成为最主要的承接地区，2000 年，中部工业占全国的比重为 24.1%，2012 年攀升到 28.9%。西部第二产业发展仍然在全国占较小比重，危机后有所攀升，2012 年占全国比重为 14.7%。

最后，东部不断聚集第三产业，成为全国产业演进的中心区域。21 世纪以来，全国 60% 以上的服务业聚集于东部，并且，该比重由 2000 年的 61.7% 持续攀升到 2008 年的 63.7%，以及 2012 年仍维持在 63% 的水平；相反中部和西部在全国服务业分布中所占比重较小，并且呈现下降趋势。东部成为先进产业的聚集地以及全国产业演进的引领地区。

表 5－3　2000—2012 年三次产业在东中西部的分布　　单位：%

		东部	中部	西部
第一产业分布	2000 年	46.4	34.7	18.9
	2004 年	45.6	35.0	19.3
	2008 年	44.5	35.9	19.5
	2012 年	43.3	36.3	20.5
	比重变化	－3.1	1.6	1.6
第二产业分布	2000 年	63.7	24.1	12.2
	2004 年	64.2	23.8	11.9
	2008 年	60.8	26.4	12.8
	2012 年	56.3	28.9	14.7
	比重变化	－7.4	4.8	2.5
第三产业分布	2000 年	61.7	24.6	13.7
	2004 年	62.7	24.1	13.2
	2008 年	63.7	23.4	12.8
	2012 年	63.0	23.5	13.5
	比重变化	1.3	－1.1	－0.2

资料来源：《中国统计年鉴》（2000—2013）。

从三次产业的就业分布来看，东部亦表现为先进产业就业人口的聚集地。第一，中部取代东部成为农业就业人口聚集的首要地区，2012 年吸聚全国 50.7% 的农业人口；第二，工业就业人口持续向东部聚集，中部就业人口比重由 2000 年占全国工业就业的 30.7% 降至 2012 年的 26.7%，西部工业就业人口在危机后小幅增加，但基本维持在 15% 左右的水平；第三，服务业就业人口从中西部继续向东部聚集，2000 年东部服务业就业比重占到全国的 45.5%，2012 年攀升至 51.3%（如表 5－4 所示）。

表 5－4　2000—2012 年三次产业就业在东中西部的分布　　单位：%

		东部	中部	西部
第一产业就业分布	2000 年	35.2	37.4	27.4
	2004 年	34.5	37.5	28.0
	2008 年	34.4	37.2	28.3
	2012 年	23.9	50.7	25.4
	比重变化	－11.3	13.3	－2.0
第二产业就业分布	2000 年	53.8	30.7	15.5
	2004 年	55.3	29.4	15.3
	2008 年	55.7	29.1	15.2
	2012 年	57.6	26.7	15.7
	比重变化	3.8	－4.0	0.2
第三产业就业分布	2000 年	45.5	33.2	21.2
	2004 年	46.4	31.8	21.8
	2008 年	47.5	30.2	22.3
	2012 年	51.3	29.1	19.6
	比重变化	5.8	－4.1	－1.6

资料来源：《中国统计年鉴》(2000—2013)。

总而言之，在外向型经济在东部沿海聚集发展，进而带动全国经济增长过程中，中国形成东部是先进产业聚集中心，中西部相对处于外围地位的空间分布特征。

三、共建丝绸之路经济带的地区角色

市场潜力增大与要素自由流动等使集聚机制得以发挥作用，中国渐进式改革路径使东部更大程度参与国际分工，特别是东亚产品内分工，而率先成为全国的经济集聚与产业演进中心，西部地处偏远、交通不便、市场化改革相对滞后，而成为全国产业体系的外围地区。

2008 年全球金融危机后，中国经济发展潜在不平衡的矛盾在国内外形势发生变化的背景下有所激化。首先，对东部外向型经济的依赖，使中国经济更容易受到国际市场波动的影响，可持续增长与发展相对脆弱，存在经济安全隐患。其次，东部地区因外向型加工制造业集聚到一定程度，而引起土地资源紧张、要素成本攀升、环境污染严重等拥挤问题，经济增长趋于乏力，相对落后产业的向外转移与先进产业衍生成为重要挑战。再次，在中国快速崛起的同时，日本、菲律宾等国在参与东亚产品内分工过程中的国际地位相对下滑，引起它们对中国的不满甚至敌视，再加上美国实施重返亚太的再平衡战略，东海、南海热点纷争不断，并且愈演愈烈，这对于经济重心分布于东部沿海的中国来说，直接构成对国家经济安全的威胁。最后，渐趋外围化的西部地区与东部地区之间的经济发展水平差距不断拉大，给社会不稳定因素的发酵埋下隐患，“三股势力”在新疆、西藏等地的泛滥虽有其深刻的国际国内政治、宗教、文化等背景，但发展水平低下、贫困问题凸显等也成为重要的经济根源。由此，深化改革、转变经济发展方式，成为摆在中国面前的日益紧迫的现实任务。

从中国改革开放的经验可知，在有序可控的前提下，扩大市场作用范围、提高要素流动性，有利于形成集聚和分工演化的中心，以带动区域经济发展和产业升级；特别是模块网络化机制的兴起，给中国加速分工深化和经济转型提供重要的可行路径。由此，从以往依赖向东开放转向东西并行开放，从以往倚重东部经济中心转向东西部共同开发，成为中国必要的战略选择；2013 年末，中国提出建设“丝绸之路经济带”和“21 世纪海上丝绸之路”正是新兴战略在拓展对外关系方面的体现；其中，共建“丝绸之路经济带”作为向西开放的实现形式，成为中国应对内部不平衡矛盾、寻求战略突围的重中之重。

在当前的海权时代，共建“丝绸之路经济带”要实现政治、经济、外交、宗教、文化等复杂矛盾聚集的陆路国家间的市场连通，这无疑是一个艰难而漫长的过程。一方面，在全球两极分化和一体化正在同步前行的形势下，积极应对这一难题具有长久和深远的战略意义；另一方面，在整体局势复杂、局部有望突破的背景下，充分利用有利条件，由点到面、循序推进合作和发展成为“丝绸之路经济带”建设的可行路径。因此，对于中国来说，除了在“丝绸之路经济带”沿线地区寻求战略突破之外，更重要的是展开内部建设、创新发展模式，为外围国家和地区实现发展转型探索路径、提供示范。

面对艰巨的战略任务与挑战，发展条件和特点各异的东中西部需要从自身实际情况出发，扮演不同角色，发挥各自功能。

其一，中国西部是“丝绸之路经济带”的对外连接区和前沿地带，且在国家主权领土范围之内，外围化的形势同样是西部和全国面对的严峻挑战，由此，从西部的创新建设出发、寻求“丝绸之路经济带”建设的破局，成为中国实施新兴发展战略在当前阶段的、具有可操作性的首要任务，西部各省份成为共建“丝绸之路经济带”的重点区域。

其二，虽然西向市场距离中东部较远，但新兴市场的开拓，不仅对西部，对中东部也意味着发展机遇；而且，在全国分工网络内在联结的背景下，相对落后的西部地区寻求发展模式创新，无法离开其他地区的协同配合，因此，中东部地区在共建“丝绸之路经济带”中既可以也需要积极作为。

5.2　陕西经济转型和参与丝绸之路经济带建设

作为丝绸之路经济带“腹心”地带的陕西，在长期发展过程中，累积起产业升级、城乡协调、能源可持续发展、农业现代化、生态经济、经济发展内向化等系统性矛盾。如何破解当前陕西的发展困境，更好地参与丝绸之路经济带建设，实现其经济协同转型与发展，是陕西的战略机遇和任务。本文在厘清陕西经济发展基础和参与丝绸之路经济带优劣势的基础上，梳理其参与丝绸之路经济带的形势与进展，并研判陕西参与丝绸之路经济带建设的路径选择。

一、陕西的经济基础和发展历程

加快陕西经济转型和参与丝绸之路经济带建设，必须努力认清和着力消除资源禀赋、空间地理、历史文化等原发性因素的支撑和制约，也要突破基础设施、市场体系、经济体制等后发性因素的限制，充分结合自身比较优势，挖掘经济发展潜力。

1. 陕西的经济发展基础

（1）自然资源

虽然自然资源丰裕程度与经济发展之间并不存在直接因果关系，但从各国经济发展史看，自然资源禀赋仍是社会生产的自然基础，是发挥比较优势和促进经济增长的重要驱动力，是形成劳动区域分工与生产率水平差异的重要原因。

陕西地处中国西北地区东部的黄河中游，自然条件较为复杂，地域南北长约880公里，东西宽160～490公里，土地总面积20.6万平方公里，占全国土地面积的2.1%，其中耕地面积398.8万公顷、园地面积84.3万公顷、林地面积1121.9万公顷、草地面积288.1万公顷①。陕西森林面积853.2万公顷，林木蓄积量4.2亿立方米，南部的秦巴地区是中国生物资源异常富集的地区之一，该区共有药用植物2000余种，占全国的40%；高等植物4200余种，约占全国52%；兽类和鸟类500余种，约占全国的30%，动植物资源丰富，蕴藏着巨大的经济开发价值。

陕西的水资源相当贫乏，年均降水量为674.4毫米，全省水资源按人口和耕地平均分别为1290立方米和850立方米，是全国平均水平的50%和46%，关中地区人均水资源占有量仅为全国平均水平的17.3%②。

陕西因自然景观旅游资源和人文旅游资源极为丰富而享誉世界，目前省内有世界遗产1处；国家级风景名胜区5处，自然保护区5处，森林公园15处，地质公园3处，

---

① 参见《陕西统计年鉴》(2013)。

② 高新才，曹子坚主编．西北地区经济发展蓝皮书［M］．北京：人民出版社，2008：3－4.

历史文化名城6个；各类文物保护点3.6万处，重点文物保护单位2500多处，全国重点文物保护单位57处，位居全国之冠，极大的旅游开发价值使得陕西的旅游产业发展蕴藏着巨大的后发优势。

陕西是中国矿产资源最富集的省份之一，矿产资源种类多、储量丰富，主要矿产资源保有储量在全国位居前列，煤、天然气、水泥用石灰岩、钼、汞、石棉、镁盐等都具有全国性的开发优势，铅、锌、铜、铁、石油等具有省区级开发优势。在国民经济赖以发展的15种支柱性矿产资源中，陕西的盐矿位居全国首位，煤、石油、天然气、水泥用石灰岩均位居全国第四、西部前列。丰富的矿产资源为陕西的工业发展奠定坚实的物质基础，也为陕西经济可持续发展提供可靠的资源保证（如表5-5、表5-6所示）。

表5-5 2012年陕西省主要矿产保有储量

矿种	储量单位	保有储量	矿种	储量单位	保有储量
钠盐	亿吨	8828.70	铅	金属万吨	153.13
煤	亿吨	1641.60	锌	金属万吨	335.41
石油（剩余可采储量）	万吨	31397.94	汞	金属吨	1952.00
天然气（剩余可采储量）	亿立方米	6376.26	锑	金属吨	27547.48
岩金	金属吨	292.73	水泥用石灰岩	矿石亿吨	74.74
砂金	金属吨	14.82	玻璃用石英岩	矿石亿吨	1.87
伴生金	金属吨	4.67	铁	矿石亿吨	7.68
钼	金属万吨	98.46			

资料来源：《陕西统计年鉴》(2013)，经作者整理所得。

表5-6 2012年陕西矿产保有储量居全国前十位的矿种

位次	矿种	矿种数
1	盐矿、水泥配料用黄土、片麻岩、透辉石	4
2	煤层气、铼矿、毒重石、石榴子石（矿物）、海泡石黏土等	9
3	钛矿、锶矿、镁盐、碲矿、高岭土、蓝石棉、蛭石	8
4	煤炭、石油、天然气、钒矿、矽线石、重晶石、长石、水泥用石灰岩等	10
5	油页岩、岩金、化肥用蛇纹岩、石墨（隐晶质）、陶粒页岩	5
6	汞矿、铌矿、锗矿、伴生硫、石榴子石（矿石）、石棉、饰面用大理岩	7
7	钼矿、磷矿、镍矿、冶金用石英岩、钛矿（原生钛［磁］铁矿）、石煤等	8
8	砂金、钛矿（钛铁砂矿矿物）、铍矿（绿柱石矿物）、云母（片云母）	4
9	冶金用白云岩、冶金用脉石英、自然硫	3
10	锑矿、红柱石、玻璃用白云岩、滑石	4

资料来源：《陕西统计年鉴》(2013)，经作者整理所得。

(2) 区位优势

陕西位于中国的地理中心，是连接中国东部、中部以及西北、西南地区的重要枢纽和西北地区的东大门，具有良好区位优势。在西部大开发的战略布局上，陕西扮演西部地区的“沿海”和“桥头堡”角色，是西部大开发的“第一阶梯”和重点区域。一方面，多方位多层次吸收资金、技术、资源等生产要素的能力和可能性，使得陕西成为生产要素由东向西转移的首选承接地，同时成为东部产业转向大西北和整个西部地区的起点；另一方面，与东部沿海地区相比，陕西具有廉价的土地、劳动力以及能源和原材料供应，项目投资建设及生产成本更为低廉，与西部其他省份相比，陕西有较方便的交通基础设施条件和极具优势的科技、教育资源，有条件通过消化、吸收、创新技术来促进西北地区发展，为东、西部经济均衡发展作出应有贡献。

陕西西安自古以来就是丝绸之路的起点，是欧亚大陆桥中国段和黄河流域最大的中心城市，是西北的金融中心、商贸和物流中心、科教中心、制造中心以及旅游中心。陕西关中是丝绸之路经济带最大的经济增长带，分布着西安、宝鸡、杨凌等四个国家级高新技术产业开发区和经济技术开发区，成为中西亚国家进入中国东部发达市场的东大门和中国向中亚、西亚及欧洲市场开放的西大门，其拥有的特殊区位优势毋庸置疑。

2. 陕西的经济发展历程

陕西的经济发展从新中国成立初期至今，大致经历从工业化基础初步建立到步入平稳运行，继而艰难的结构调整，再到近年来的高速增长四个阶段。与全国总体相比，改革开放30多年以来，其经济总量和三次产业增加值的增长大体上呈现出“U”形发展轨迹，即从改革初期至20世纪90年代中期下降至触底，到1998年企稳回升，2007年步入快速发展，特别是近年来陕西人均GDP表现出高于全国平均水平的良好发展势头。

第一阶段，陕西工业化基础初步建立阶段（1950—1978年）。新中国成立初期到改革开放前夕，陕西工业的发展和变化与国家“一五”计划和“三线”建设紧密相关，国家强力度地直接投资使陕西工业“跳跃”式进入现代工业化行列①。这一时期陕西的国防工业、能源工业、民用机械工业以及冶金工业得到快速发展，到1978年，其工业总产值为96.48亿元，是1965年工业总产值的3.25倍②。

① 孙燕京，岳珑．论二十世纪六七十年代“三线”建设与陕西工业［J］．西北大学学报（哲学社会科学版），2005（2）：36.

② 国家统计局综合司编．全国各省、自治区、直辖市历史统计资料汇编（1949—1989）［M］．北京：中国统计出版社，1990.

第二阶段，陕西经济处于平稳运行阶段（1978—1990 年）。虽然“三线”建设使陕西的工业比重明显加强，计划经济的产物使得陕西的工业结构和布局不尽合理，国防工业效益低下，国民经济服务性很差，并且与地方工业呈现出显著的“二元结构”。因此，改革开放以来，陕西的经济总量虽然有所增长，但其 GDP、人均 GDP 以及三次产业增加值占全国总体比重变化不大，基本处于平稳运行阶段。

第三阶段，陕西经济结构步入艰难调整阶段（1990—2001 年）。这一阶段陕西的生产总值和三次产业占全国总体比重不断下滑，并于 1995 年探入谷底，但其产业结构不断优化调整，以第一产业为基础、第二产业为主导、第三产业蓬勃发展的产业格局初步形成，并于 1992 年前后进入工业化初期阶段，1997 年进入工业化中期阶段①，为日后陕西经济的高速发展奠定坚实基础。

第四阶段，陕西经济发展进入“后起飞跃”的全新阶段（2001 年至今）。经过多年的市场化改革和产业结构调整，陕西经济进入高速增长阶段，三次产业结构也渐趋优化。生产总值和人均生产总值分别由 1995 年占全国比重的 1.7% 和 58.8% 逐渐提升至 2012 年的 2.8% 和 100.4%；第一、第二、第三产业增加值之比由 1995 年的 1∶2∶1.74 提升为 2012 年的 1∶5.89∶3.66，表明陕西进入工业化中期发展阶段，产业结构得到明显的优化和改善，经济综合实力显著增强②。

二、陕西的经济总量及结构变迁

1. 经济增长：时序变化和地区差异

改革开放以来，陕西的国内生产总值以年均约 11% 的速度高速增长，高于同期全国约 0.7 个百分点，其国内生产总值、人均国内生产总值及三次产业增加值占全国比重也呈现出明显的“U”形轨迹。此外，1978—1995 年，陕西的经济增长速度除 1984 年、1985 年和 1988 年高于全国平均水平外，其余年份基本和全国增速持平；1995 年至今，陕西省的经济增长速度明显高于全国平均水平，但在 2001 年以前，陕西和全国经济增速表现出下降态势，随着中国 2001 年加入 WTO 和中央实施西部大开发战略以来，陕西和全国的经济增速企稳回升，增长态势明显向好，尤其是 2007 年以来，其生产总值一直位列全国前 7 位，陕西已步入经济强势增长、体量快速上升的历史阶段，但 2008 年的全球金融危机带来的冲击又将陕西和全国经济拉入较为明显的下行区间（如图 5－5 所示）。

---

① 赵俊民．改革开放 30 年陕西省经济增长因素研究［M］．西安：陕西人民出版社，2011.

② 资料来源：《陕西统计年鉴》（2013）、《中国统计年鉴》（2013），经作者计算整理所得。

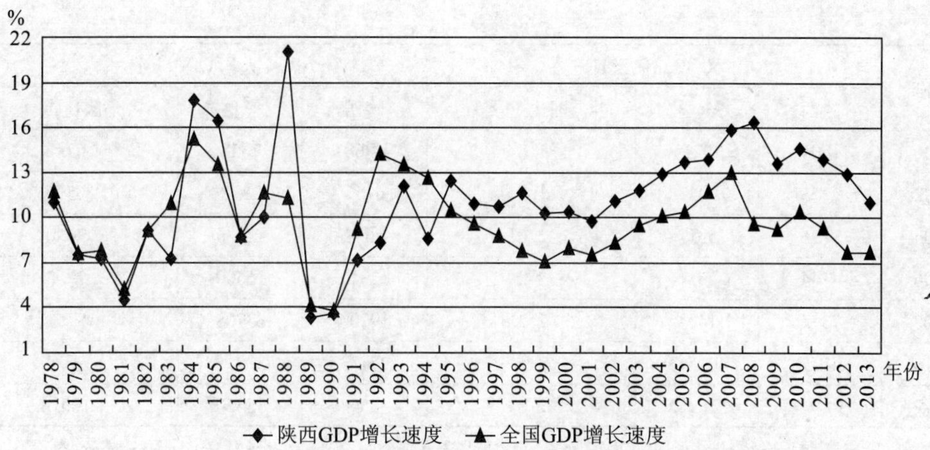

图5－5　1978年以来陕西与全国GDP增长速度比较

资料来源：陕西省统计局，2013年陕西经济社会发展报告；国家统计局，历年国民经济和社会发展统计公报；经作者计算整理所得。

从GDP规模及占全国比重来看，陕西GDP从1978年的81亿元增长至2012年的14454亿元，同期全国GDP从3645亿元增长至518942亿元，陕西GDP总量占全国比重由1978年的2.2%先降低至1998年的1.7%，而后逐渐攀升至2012年的2.8%。总体上看，陕西占全国GDP总量比重呈现先降后升的趋势。从人均GDP规模来看，这种趋势更为明显，陕西人均GDP从1978年的291元增加至2012年的38564元，占全国比重由76.4%升至2012年的100.4%，这表明陕西省人均GDP已经超过全国平均水平(如表5－7所示)。

表5－7　1978—2012年陕西GDP及人均GDP占全国比重变化

年份	GDP（亿元）			人均GDP（元）		
	陕西	全国	占全国比重（%）	陕西	全国	占全国比重（%）
1978	81	3645	2.2	291	381	76.4
1980	95	4546	2.1	334	463	72.1
1982	112	5323	2.1	385	528	72.9
1984	149	7208	2.1	504	695	72.5
1986	208	10275	2.0	688	963	71.4
1988	314	15043	2.1	1004	1366	73.5
1990	404	18668	2.2	1241	1644	75.5
1992	532	26924	2.0	1571	2311	68.0
1994	839	48198	1.7	2424	4044	59.9
1996	1216	71177	1.7	3446	5846	58.9
1998	1458	84402	1.7	4070	6796	59.9

续表

年份	GDP（亿元）			人均 GDP（元）		
	陕西	全国	占全国比重（%）	陕西	全国	占全国比重（%）
2000	1804	99215	1.8	4968	7858	63.2
2002	2253	120333	1.9	6161	9398	65.6
2004	3176	159878	2.0	8638	12336	70.0
2006	4744	216314	2.2	12840	16500	77.8
2008	7315	314045	2.3	19700	23708	83.1
2010	10123	401513	2.5	27133	30015	90.4
2012	14454	518942	2.8	38564	38420	100.4

资料来源：《陕西统计年鉴》（2013）、《中国统计年鉴》（2013），经作者计算整理所得。

从陕西各地区经济增长水平来看，2000—2012 年，陕西省各地区国内生产总值呈现出强劲的增长态势，各地区名义 GDP 增长速度普遍保持在 16.6% ~31% 的增长区间。其中，西安市地区生产总值由 2000 年的 646.13 亿元增长至 2012 年的 4366.1 亿元，名义年均 GDP 增长率为 17.3%，地区生产总值稳居陕西第一，表现出明显的"一超独大"态势；榆林地区生产总值增长态势迅猛，已由 2000 年的 105.05 亿元排名陕西第六位快速升至 2012 年的 2669.9 亿元，位居陕西第二位，其名义年均 GDP 增速高达 31%；紧随其后的分别是咸阳、宝鸡、延安和渭南地区，2012 年其国内生产总值分别增长至 1573.7 亿元、1374.3 亿元、1271 亿元和 1153.8 亿元，但延安地区的名义年均 GDP 增速更快，为 20.9%（如图 5-6 所示）。

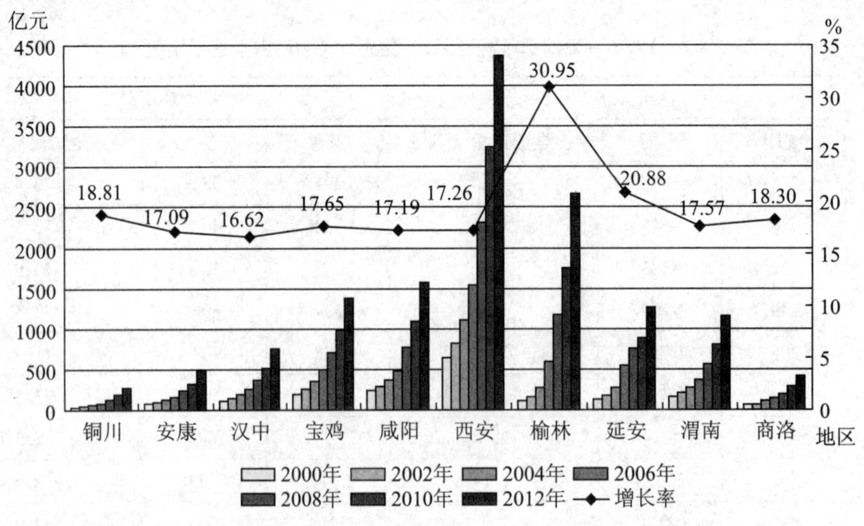

图 5-6　2000—2012 年陕西各地区国内生产总值变化及年均名义增长率

资料来源：陕西历年统计年鉴，经作者计算整理所得。

从陕西各地区所占份额来看，2000 年陕西十个地区国内生产总值中，西安所占比重为 38%，咸阳、宝鸡和渭南分别占 13%、11% 和 9%，榆林仅占 6%，而 2012 年西安所占比重降至 30%，咸阳、宝鸡和渭南分别下滑至 11%、10% 和 8%，而榆林所占比重升至 19%，西安和榆林约占到陕西国内生产总值的半壁江山，延安地区生产总值所占比重由 2000 年的 7% 升至 2012 年的 9%；陕西和榆林经济的崛起与近年来榆林地区能源及其化工产业的异军突起密不可分，这也表明陕西产业结构调整进程明显加快，陕北能源工业生产对经济增长贡献率迅速提升（如图 5－7、图 5－8 所示）。

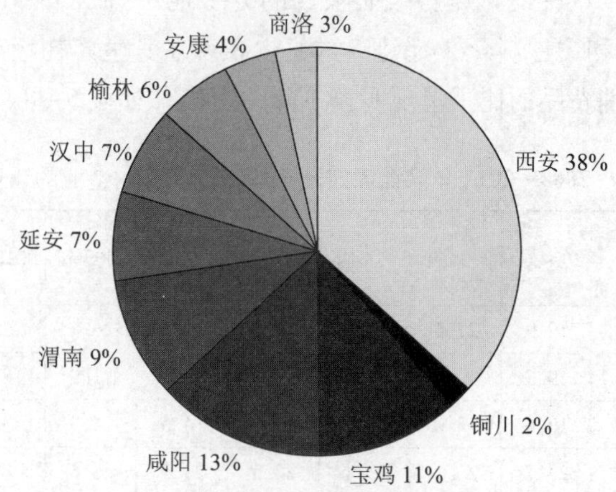

图 5－7　2000 年陕西各地区国内生产总值

资料来源：《陕西统计年鉴》（2001），经作者整理所得。

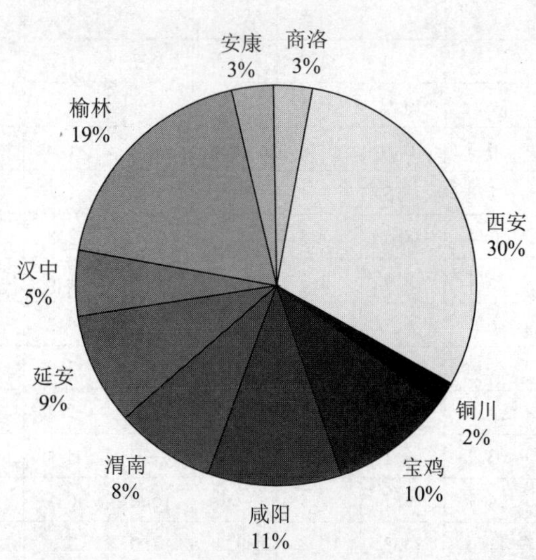

图 5－8　2012 年陕西各地区国内生产总值

资料来源：《陕西统计年鉴》（2013），经作者整理所得。

此外，制造业作为陕西国民经济的重要支柱产业，一直是经济增长的主导部门和转型基础。从2004—2011年陕西固定资产投资流向各制造业的比重变化来看，其流向初级产品制造的比重大致呈现出倒“U”形的变化趋势：由2004年占比19.9%逐步升高至2008年的27.2%，而后再降至2011年的23.6%，但总体升高3.7%；固定资产投资流向中间产品的比重由2004年的24.7%逐步升至2011年的28.9%，总体升高4.1%；流向资本品的比重变化基本不大，总体升高1.6%；固定资产投资流向消费品制造行业的比重呈现出显著的下降态势，由2004年的24.2%逐步下降至2011年的14.7%，降幅达9.4%。从产品内分工视角看，这种变化趋势表明陕西的分工地位有所下降，呈现出较为明显的“外围化”“边缘化”和“原料化”趋势，这集中表现在其生产初级产品和中间产品的比重不断上升，而最终消费品的比重呈现明显下降的态势（如表5-8所示）。

表5-8 2004—2011年陕西固定资产投资流向各制造业的比重变化　　单位：%

类别	2004年	2005年	2006年	2007年	2008年	2009年	2010年	2011年	2004—2011年变化
初级产品	19.9	22.4	18.6	19.2	27.2	26.8	22.0	23.6	3.7
石油、炼焦及核燃料加工业	9.3	9.5	5.4	7.2	12.7	11.9	8.9	8.5	-0.8
化学原料及化学制品制造业	10.6	13.0	13.2	12.0	14.5	14.9	13.1	15.1	4.5
中间产品	24.7	25.1	23.1	25.5	23.5	26.6	28.1	28.9	4.2
皮革、毛皮、羽毛（绒）及其制品业	0.1	0.0	0.2	0.4	0.3	0.3	0.2	0.1	0.0
木材加工及木、竹、藤、棕、草制品业	0.2	1.4	0.5	0.8	0.8	0.4	0.8	1.3	1.1
造纸及纸制品业	2.1	2.0	2.7	1.2	0.7	1.0	1.0	1.0	-1.1
化学纤维制造业	0.0	0.6	0.5	0.1	0.1	0.1	0.0	0.1	0.1
橡胶制品业	0.5	0.5	0.6	0.6	0.2	1.3	1.8	1.2	0.7
塑料制品业	1.6	1.5	1.1	1.5	0.9	1.0	1.3	1.3	-0.3
非金属矿物制品业	7.4	8.5	7.3	9.4	9.4	12.8	11.5	8.7	1.3
黑色金属冶炼及压延加工业	5.1	2.4	2.3	1.9	1.8	1.6	2.4	4.6	-0.5
有色金属冶炼及压延加工业	6.1	6.2	4.6	6.0	5.6	5.2	7.1	8.1	2.0
金属制品业	1.6	2.0	3.3	3.4	3.5	2.9	2.0	2.5	0.9
资本品	31.2	32.3	33.7	34.3	31.2	32.2	33.0	32.8	1.6
通用设备制造业	3.7	4.1	5.1	6.3	7.9	5.4	5.0	4.6	0.9
专用设备制造业	4.7	6.1	7.4	7.6	6.2	6.1	6.0	7.0	2.3
交通运输设备制造业	11.4	13.3	10.8	9.4	7.0	7.1	8.7	7.3	-4.1
电气机械及器材制造业	4.5	2.6	4.1	5.0	5.2	5.5	4.9	8.0	3.5
通信设备、计算机及其他电子设备制造业	5.4	4.0	3.6	3.6	3.4	6.3	6.6	3.2	-2.2

续表

类别	2004 年	2005 年	2006 年	2007 年	2008 年	2009 年	2010 年	2011 年	2004—2011 年变化
仪器仪表及文化、办公用机械制造业	1.0	1.5	1.9	1.3	0.8	1.1	0.9	1.6	0.6
工艺品及其他制造业	0.3	0.6	0.5	0.4	0.2	0.5	0.7	0.8	0.5
废弃资源回收加工业	0.3	0.2	0.4	0.7	0.4	0.1	0.1	0.2	-0.1
消费品	24.2	20.2	24.6	21.1	18.2	14.4	16.9	14.7	-9.5
农副食品加工业	2.3	2.7	3.4	3.2	3.8	4.5	5.5	5.0	2.7
食品制造业	3.3	1.7	3.0	2.1	2.1	2.0	2.4	2.6	-0.7
饮料制造业	4.2	5.0	5.7	4.2	2.6	1.7	1.7	1.8	-2.4
烟草制品业	0.3	0.1	2.2	3.2	1.6	0.8	0.6	0.1	-0.2
纺织业	2.4	3.0	2.5	2.0	1.9	1.7	2.1	1.4	-1.0
纺织服装、鞋、帽制造业	0.1	0.5	0.7	0.7	0.8	0.4	0.6	0.4	0.3
家具制造业	0.3	0.4	1.4	0.7	0.5	0.5	1.0	0.9	0.6
印刷业和记录媒介的复制	1.8	1.2	1.9	1.9	2.0	1.1	0.8	0.6	-1.2
文教体育用品制造业	0.1	0.1	0.2	0.1	0.1	0.1	0.0	0.0	-0.1
医药制造业	9.3	5.5	3.6	3.0	2.6	1.7	2.2	1.9	-7.4
制造业	100.0	100.0	100.0	100.0	100.0	100.0	100.0	100.0	0.0

资料来源：陕西历年统计年鉴，经作者计算整理所得。

2. 产业结构的变迁

（1）三次产业结构总体演进

从陕西三次产业总体发展来看，1999—2012 年，陕西经济结构调整取得显著成效，三次产业比重从 1994 年的 20.5：43.4：36.1 调整为 2012 年的 9.5：55.9：34.7，第二、第三产业增加值比重达到 90.5%，第一产业稳步减少。第二产业对经济支撑作用明显增强，已由 1994 年所占国内生产总值的 43.4% 上升至 2012 年的 55.9%。陕西初步形成以新型能源化工、先进装备制造、食品、医药、航空航天制造产业为主的新型工业体系。第三产业稳步发展，对陕西经济贡献率始终保持在较高水平，并且总体上呈现出先升高后降低的态势，旅游业和文化产业增势迅猛，从业人员比重趋高，效益显著提高，对国民经济发展和社会就业发挥重要作用（如图 5-9 所示）。

从总量来看，改革开放以来，陕西三次产业增加值占全国比重均呈现出先降后升的趋势。其中，第一产业增加值占全国第一产业增加值比重由 1980 年的 2.1% 降至 2004 年的 1.7%，而后逐渐递增至 2012 年的 2.6%；第二产业增加值规模从 1980 年的 2.2% 先降至 1996 年的 1.5%，后逐渐增加到 2012 年的 3.4%，增幅显著；第三产业增加值从 1980 年的 1.9% 增加到 2012 年的 2.2%（如表 5-9 所示）。

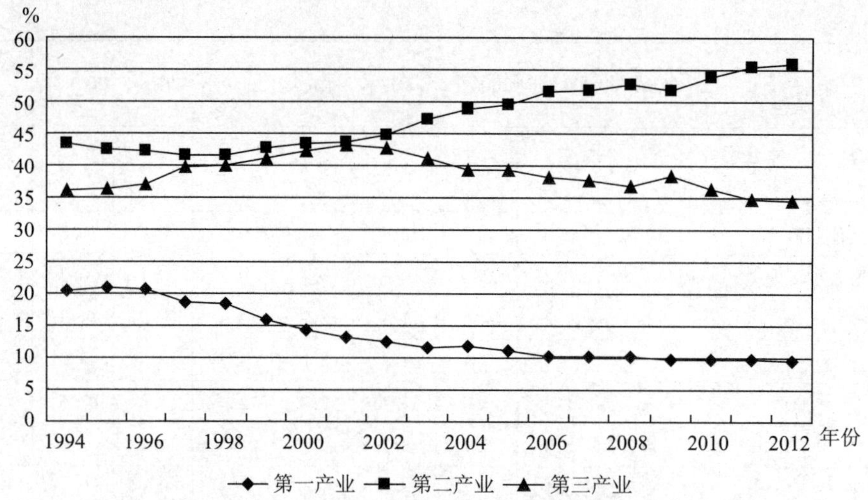

图5－9　1994—2012年陕西三次产业增加值比重变化

资料来源：陕西历年统计年鉴，经作者计算整理所得。

表5－9　1980—2012年陕西三次产业增加值规模及占全国比重变化

年份	第一产业		第二产业		第三产业	
	增加值（亿元）	占全国比重（%）	增加值（亿元）	占全国比重（%）	增加值（亿元）	占全国比重（%）
1980	28	2.1	48	2.2	19	1.9
1984	51	2.2	63	2.0	35	2.0
1988	83	2.1	139	2.1	93	2.0
1992	117	2.0	232	2.0	183	2.0
1996	251	1.8	514	1.5	451	1.9
2000	258	1.7	783	1.7	763	2.0
2004	372	1.7	1553	2.1	1250	1.9
2008	754	2.2	3861	2.6	2700	2.1
2012	1370	2.6	8074	3.4	5010	2.2

资料来源：《陕西统计年鉴》（2013）、《中国统计年鉴》（2013），经作者计算整理所得。

（2）固定资产投资及基础设施

固定资产投资状况是衡量一个国家或地区经济发展基础和增长潜力的重要指标。改革开放以来，陕西全社会固定资产投资保持较高增长速度。1978年，陕西全社会固定资产投资仅为20.35亿元，1998年增长到544.89亿元，增加26.8倍，2008年全社会固定资产投资为4851.41亿元，2012年增长至12840.15亿元，是2008年的2.65倍。

从各城市的固定资产投资来看，2009—2012年投资额排名前五位的分别是西安、榆林、咸阳、宝鸡和渭南，增长率排名前五位的分别为杨凌示范区、渭南、铜川、汉中和榆林，增幅分别为50.6%、32%、31.8%、30.9%和27.7%（如表5－10所示）。

表5－10　2009—2012年陕西各地区全社会固定资产投资

地区	投资额（亿元）				比上年增长（%）				2009—2012年年均增长率（%）
	2009年	2010年	2011年	2012年	2009年	2010年	2011年	2012年	
西安市	2500	3251	3352	4243	31.2	30.0	30.2	26.6	19.3
铜川市	88	117	146	202	39.0	33.0	32.6	38.3	31.8
宝鸡市	639	835	1008	1312	41.7	30.7	31.9	30.1	27.1
咸阳市	802	1051	1263	1616	40.7	31.2	31.3	28.0	26.3
渭南市	509	742	913	1172	52.7	45.7	30.2	28.4	32.0
延安市	557	725	815	1032	37.2	30.0	29.2	26.6	22.8
汉中市	238	313	411	535	45.7	31.2	30.2	30.0	30.9
榆林市	850	1105	1379	1771	41.6	30.0	32.1	28.5	27.7
安康市	273	360	304	380	35.9	32.0	29.2	24.9	11.7
商洛市	220	290	308	392	33.8	31.6	30.9	27.0	21.1
杨凌示范区	22	36	55	76	38.7	63.2	45.5	38.3	50.6

资料来源：《陕西统计年鉴》(2013)，经作者计算整理所得。

从投资的产业结构来看，自2002年以来，固定资产投资投入第二产业的比重呈上升趋势，投入第三产业比重呈下降态势，而2012年投入第一产业资金所占比重明显上升，为6.1%（如表5－11所示）。

表5－11　1997年、2012年陕西固定资产投资三次产业的结构

年份	第一产业（亿元）	所占比重（%）	第二产业（亿元）	所占比重（%）	第三产业（亿元）	所占比重（%）
1997	14	3.4	165	39.0	244	57.6
2002	37	3.8	312	32.1	625	64.1
2007	79	2.2	1359	37.3	2204	60.5
2012	786	6.1	4833	37.6	7222	56.2

资料来源：《陕西统计年鉴》(1998，2003，2008，2013)，经作者计算整理所得。

从对基础设施等固定资产投资来看，近年来陕西的基础设施投资稳步上升，其中，交通运输、仓储和邮政业投资占基础设施投资比重由2009年的47.4%逐渐上升至2012年的49.5%，而2011年、2012年铁路运输业较2009年、2010年大幅下降；道路运输业、仓储业、水利管理业呈现出明显的上升趋势，为陕西的交通运输、通信、水利相关产业发展和人民生活水平的提高提供了坚实物质基础（如表5－12所示）。

表5-12 2009—2012年陕西固定资产投资流向基础设施建设金额及比重

行业	2009年		2010年		2011年		2012年	
	投资额（万元）	比重（%）	投资额（万元）	比重（%）	投资额（万元）	比重（%）	投资额（万元）	比重（%）
基础设施投资合计	15407273	100.0	20577715	100.0	21601383	100	21114203	100
交通运输、仓储、邮政业	7299730	47.4	10044909	48.8	10507907	48.6	10449870	49.5
铁路运输业	2286595	14.8	3391902	16.5	1965948	9.1	2038572	9.7
道路运输业	3959566	25.7	5391524	26.2	6128097	28.4	6586858	31.2
城市公共交通业	417373	2.7	485834	2.4	597184	2.8	—	—
水上运输业	—	—	—	—	4580	0	4800	0
航空运输业	115129	0.7	120970	0.6	1047283	4.8	209349	1
管道运输业	97802	0.6	104495	0.5	117398	0.5	146770	0.7
装卸搬运和其他运输服务业	51361	0.3	106122	0.5	87399	0.4	337811	1.6
仓储业	370473	2.4	439853	2.1	510626	2.4	1088895	5.2
邮政业	1431	—	1924	—	49392	0.2	36815	0.2
电信和信息传输服务业	520132	3.4	712517	3.5	382705	1.8	858846	4.1
电网建设	371811	2.4	376108	1.8	406242	1.9	26755	0.1
水利、环境和公共设施管理业	7215600	46.8	9444181	45.9	10304529	47.7	9778732	46.3
水利管理业	872695	5.7	977705	4.8	1592922	7.4	2005344	9.5
环境管理业	299381	1.9	763790	3.7	647118	3	355112	1.7
公共设施管理业	6043524	39.2	7702686	37.4	8064489	37.3	7418276	35.1

资料来源：《陕西统计年鉴》（2010，2011，2012，2013），经作者计算整理所得。

三、陕西对外经贸格局的变动

1. 对外贸易规模

（1）对外贸易总额变化

1994—2013 年，陕西对外贸易总额由 1994 年的 26 亿美元回落到 1997 年的 14 亿美元，以及 1999—2002 年徘徊在 25 亿美元；加入世贸组织后，陕西外贸增长较快，2013 年达到 186 亿美元。然而，从陕西外贸占全国的比重来看，2002 年以来，陕西外贸地位并没有显著上升，除 2008 年，陕西贸易总额占到全国的 0. 63% 以外，其余年份均徘徊在全国贸易总额的 0. 5% 以下，2013 年，陕西外贸占到全国比重的 0. 48%（如图 5 - 10 所示）。

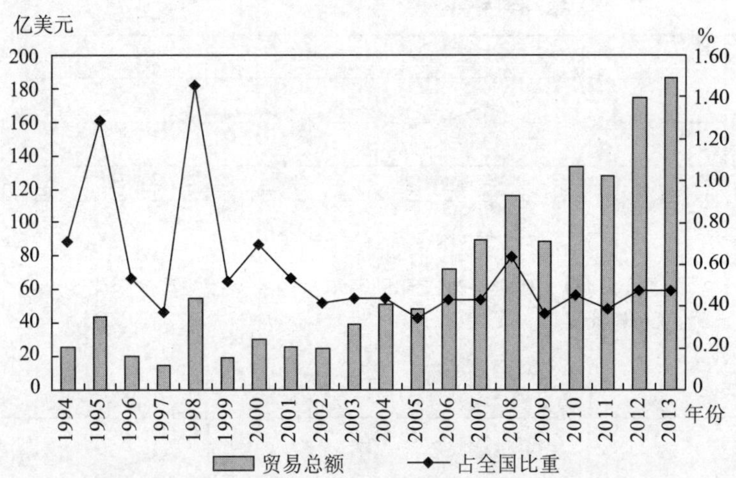

图 5 - 10　1994—2013 年陕西外贸总额及占全国的比重

资料来源：CEIC 数据库。

（2）对外贸易依存度

对外贸易依存度是指一个国家或地区外贸进出口总额占其国内生产总值的比重。1994 年至今，陕西省对外贸易依存度呈现出下降趋势，由 1994 年的 26. 6% 逐年下降至 2012 年的 7. 6%，同期全国对外贸易依存度平均水平从 1994 年的 69. 1% 逐渐降至 2012 年的 40. 1%，与全国平均水平相比，陕西对外贸易依存度和经济开放程度依然很低，由国际市场拉动经济增长的作用持续下降（如图 5 - 11 所示）。

（3）外商直接投资

21 世纪以来，陕西不断改善投资环境以促进对外开放，招商引资成效较为显著，2002—2013 年，陕西引进外商直接投资和内资的年均增长率分别为 25. 3% 和 20. 6%①，其中外商直接投资金额从 2000 年的 2. 9 亿美元稳步提高至 2013 年的 36. 8 亿美元。从

① 参见 2013 年《陕西经济社会发展报告》。

占全国的比重来看，陕西吸引外资也不断攀升，由2000年占全国的0.7%逐年提升到2013年吸引全国3.1%的外商直接投资。但总体来看，陕西深处中国内陆地区，经济开放水平较低，利用外商投资远不如东部沿海省份和中西部经济强省，再加上市场发育程度偏低，对外开放意识薄弱，政府部门的服务意识较差等，导致未能借助外资形成对经济发展具有明显拉动效应的项目群和产业链①（如图5-12所示）。

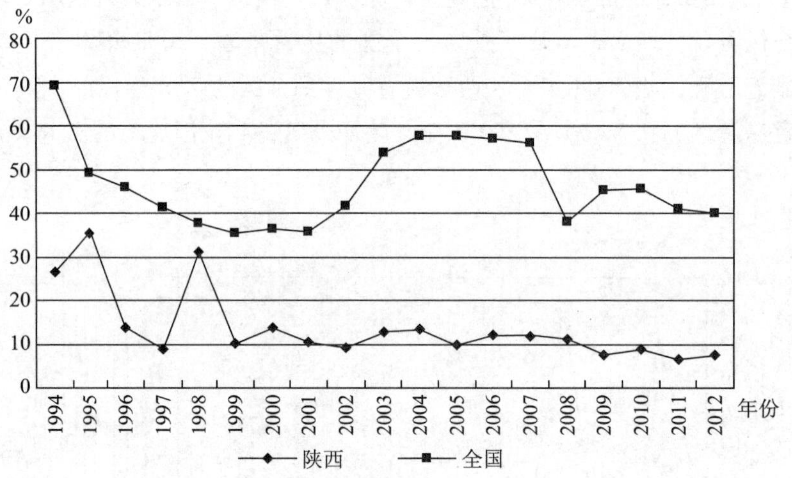

图5-11 1994—2012年陕西和全国的外贸依存度变化

资料来源：CEIC数据库。

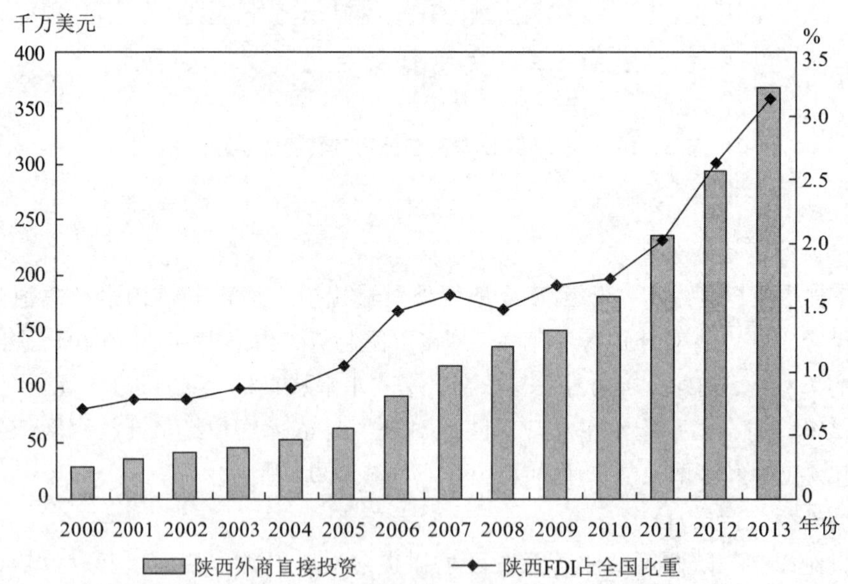

图5-12 2000—2013年陕西外商直接投资及占全国比重变化

资料来源：CEIC数据库。

① 高新才，曹子坚主编．西北地区经济发展蓝皮书［M］．北京：人民出版社，2008：374-376.

2. 对外贸易结构

(1) 贸易方式

从出口贸易方式来看，陕西主要为一般贸易、进料加工贸易、来料加工装配贸易、对外承包工程出口货物等。2010年，陕西出口总值比2009年增长55.7%，而2012年比2011年增长速度回落至23%；一般贸易2010年比2009年增长38.2%，而2012年比2011年增长速度回落为25.3%；来料加工装配贸易2010年比2009年增长4.7%，而2012年比2011年增长速度提升至35.2%；进料加工贸易较2010年的64.9%的增速回落至2012年的3.7%；对外承包工程出口货物增速进一步放缓至2012年36.4%的负增长；保税监管场所进出境货物和海关特殊监管区域物流货物增长强劲，2012年分别增长59.7%和67.5%。从进口贸易方式来看，陕西主要是一般贸易、来料加工装配贸易、进料加工贸易、外商投资企业作为投资进口的设备及物品、保税仓库进出境货物等（如表5-13所示）。

表5-13　2009—2012年陕西按贸易方式分外贸进出口值

贸易方式类别		2009年（万美元）	2010年（万美元）	2010年比2009年增长（%）	2011年（万美元）	2012年（万美元）	2012年比2011年增长（%）
出口	出口总值	398815	620773	55.7	701085	865178	23
	一般贸易	249530	344750	38.2	432703	542450	25.3
	国家间、国际组织无偿援助和赠送的物资	64	297	362.5	488	5519	1031.3
	来料加工装配贸易	3333	3491	4.7	6066	8206	35.2
	进料加工贸易	132560	218628	64.9	170480	177779	3.7
	对外承包工程出口货物	7026	6754	-3.9	18877	12005	-36.4
	租赁贸易	47	418	795.7	133	190	43
	易货贸易	—	1	—	—	—	—
	出料加工贸易	237	2	-99.3	—	—	—
	保税监管场所进出境货物	5711	3666	-35.8	2685	4288	59.7
	海关特殊监管区域物流货物	—	42361	—	65916	112209	67.5
	其他	307	406	32.4	3738	2532	-32.3
进口	进口总值	441724	587510	33.0	761258	614677	-19.3
	一般贸易	309932	337704	9.0	480578	286209	-40.5
	国家间、国际组织无偿援助和赠送的物资	—	15	—	2	—	—
	华侨、港澳台同胞、外籍华人捐赠物资	3	7	116.7	12	1	-90
	来料加工装配贸易	3877	2835	-26.9	4932	7077	43.5
	租赁贸易	—	—	—	5	704	15525.7

续表

贸易方式类别	2009年（万美元）	2010年（万美元）	2010年比2009年增长（%）	2011年（万美元）	2012年（万美元）	2012年比2011年增长（%）
外商投资企业作为投资进口的设备、物品	3429	8232	140.1	3489	3819	9.5
出料加工贸易	75	3	-95.6	—	—	—
易货贸易	—	2	—	—	—	—
保税监管场所进出境货物	18208	14331	-21.3	15928	19871	24.8
海关特殊监管区域物流货物	—	7115	—	12256	26327	116.2
海关特殊监管区域进口设备	9454	12981	37.3	16993	23163	36.4
其他	977	900	-7.9	1227	1480	20.6

资料来源：《陕西统计年鉴》（2012，2013），经作者计算整理所得。

（2）商品结构

2011年陕西出口贸易额为70.1亿美元，2012年陕西出口贸易额为86.5亿美元。其中，2011年出口贸易额最多商品类别为机器、机械器具、电气设备及其零件类，占到总出口额的37.2%，这一比例在2012年上升为38.4%；其次是车辆、航空器、船舶及有关运输设备类，占总出口贸易额的15.7%，这一比例在2012年下降至13.4%；出口额排名第三的是贱金属及其制品类，占总出口贸易额的15.1%，这一比例在2012年下降至11.1%；出口额排名第四的是化学工业及其相关工业产品，占总出口贸易额的8.2%，这一比例在2012年下降至6.4%，且出口额下降为第五位；出口额排名第五的是食品、饮料、酒及醋、烟草、烟草及烟草代用品的制品类，占总出口贸易额的7.6%，这一比例在2012年下降至7.3%，但出口额排在第四位（如表5-14所示）。

表5-14 2011年、2012年陕西省进出口商品结构

商品分类	2011年		2012年	
	出口（百万美元）	进口（百万美元）	出口（百万美元）	进口（百万美元）
	7011（100%）	7613（100%）	8652（100%）	6147（100%）
活动物；动物产品；植物产品	158（2.3%）	111（1.5%）	175（2.0%）	51（0.7%）
食品；饮料、酒及醋；烟草、烟草及烟草代用品的制品	529（7.6%）	18（0.2%）	631（7.3%）	7（0.1%）
矿产品	76（1.1%）	1054（13.8%）	51（0.6%）	681（11.1%）
化学工业及其相关工业产品	573（8.2%）	574（7.6%）	549（6.4%）	426（6.9%）
塑料及其制品；橡胶及其制品	48（0.7%）	46（0.6%）	158（1.8%）	43（0.7%）
纺织原料及纺织制品	331（4.7%）	22（0.3%）	494（5.7%）	19（0.3%）

续表

商品分类	2011 年		2012 年	
	出口（百万美元）	进口（百万美元）	出口（百万美元）	进口（百万美元）
	7011（100%）	7613（100%）	8652（100%）	6147（100%）
石料、石膏、水泥、石棉、云母及类似材料的制品；陶瓷产品；玻璃及其制品	118（1.7%）	37（0.5%）	231（2.7%）	28（0.5%）
天然或养殖珍珠、宝石或半宝石、贵金属、包贵金属及其制品；仿首饰；硬币	13（0.2%）	149（2.0%）	9（0.1%）	24（0.4%）
贱金属及其制品	1056（15.1%）	1008（13.2%）	963（11.1%）	455（7.4%）
机器、机械器具、电气设备及其零件；录音机及放声机、电视图像	2611（37.2%）	4018（52.8%）	3325（38.4%）	3733（60.7%）
车辆、航空器、船舶及有关运输设备	1103（15.7%）	79（1.0%）	1157（13.4%）	114（1.9%）
光学、照相、电影、计量、检验、医疗或外科用仪器及设备、精密仪器及设备；钟表；乐器；上述物品的零件、附件	127（1.8%）	431（5.7%）	180（2.1%）	511（8.3%）

资料来源：《陕西统计年鉴》（2012，2013），经作者计算整理所得，括号内为各项金额所占进、出口总值比重。

相比较农副产品的出口额，近年来陕西机械产品类和车辆运输设备类占比超过陕西外贸出口的半壁江山，贱金属及其制品类、化学工业及其相关工业产品以及食品烟草类制品大约占陕西出口金额的1/4。因此，不难看出，陕西出口商品结构的变化，一是逐渐由单一结构转变为多元化结构；二是一直以机械制造和化工、矿产类产品为主。

（3）地区结构的时序差异

2004—2012 年，陕西出口主要集中在西安、宝鸡、咸阳、渭南等地市，其中，西安的出口额除 2009 年受全球金融危机的影响由 2008 年的 44.5 亿美元下降到 33.3 亿美元，其余年份均保持快速增长，2012 年出口额达到 72.99 亿美元，占全省出口额的绝大部分，为 84.3%；西安、宝鸡、咸阳和渭南四个地市的出口额占全省的 96.75%，其余六个地市出口额总和仅占全省出口总值的 3.25%。

不难看出，这种区域结构极不平衡的现状有不断拉大的趋势，这对陕西对外贸易发展潜力形成严重制约。造成近年来陕西外贸总体规模偏小、区域发展失衡①和经济的内向化趋势，形成在西部地区甚至全国外贸发展严重滞后的不良局面，既有地处内陆

① 任宗哲，石英，裴成荣主编．陕西经济发展报告 2013［M］．北京：社会科学文献出版社，2013.

腹地、交通不够便利、信息不畅等客观因素，也有企业国际市场竞争力弱、市场开拓意思不强和管理水平不高等主观原因影响。

由此可见，陕西亟须构建新时期对外开放新格局，通过积极构建丝绸之路经济带重要战略机遇，发挥陕西各地区产业优势，改善投资环境，破解地区发展不平衡现状；扩大利用外资规模，提高利用外资绩效和水平；努力扩大陕西各地区对外开放水平，并且对外开放的方向应从传统的单向开放转向全方位开放，包括对外贸易、吸引外资、横向经济协作、主动迎接东部产业转移、加速向西开放、积极开展与中亚国家产业合作等全方位开放；通过抓住对外开放重点产业和对外开放重点地区，带动和辐射全省所有产业和多数地区对外开放水平的提高。

四、陕西参与丝绸之路经济带建设的形势与进展

1. 陕西的机遇与定位

当前，亚太经济圈和欧洲经济圈之间存在互联互通的巨大战略需求，中国正处于绝佳的地缘位置和建设丝绸之路经济带的最佳历史机遇期。2013 年 9 月，习近平主席在出访哈撒克斯坦时提出建设丝绸之路经济带，这也为陕西及西安的发展带来了重大发展机遇。陕西作为中国与亚欧合作的承接地和聚合点①，与中国西北、中亚国家间资源和经济结构的互补性很强，沿线国家有丰富的矿产、能源、土地和旅游等资源，陕西的能源化工、装备制造、现代农业、科技教育等方面优势明显②。因此，陕西可以抓住中国加快向西开放的重要机遇，继续扩大和加强亚欧合作，把西安建成亚欧合作的国际化大都市，把关中—天水经济区建设成为丝绸之路经济带的重要支柱，把陕西建设成为中国西北地区向西开放的门户。

西安作为古丝绸之路的起点，被赋予丝绸之路经济带建设排头兵的新角色。作为西安国际化大都市建设的关键，关中城市群建设的核心地带，刚刚成立的西咸新区欲借力丝绸之路经济带，发展成一个向西开放的重要板块。目前已策划包装多个与丝绸之路相关项目，其中空港新城将打造国家级航空城试验区，成为向西开放的空中起点；依托西咸新区信息产业园，西咸新区将推动信息丝绸之路的建设。更有专家学者不断呼吁，争取国家先行先试，在西安建立“上合组织自由贸易区”③。

为共建丝绸之路经济带，陕西提出着力建设“五个新起点”：交通物流新起点、科技创新新起点、产业合作新起点、文化旅游新起点和金融合作新起点。西安市也已出台《关于加快建设丝绸之路经济带新起点的实施方案》，着力打造丝绸之路经济带开发开放高地和金融商贸物流中心、机械制造业中心、能源储运交易中心、文化旅游中心、科技研发中心、高端人才培养中心。

① 地方争抢丝绸之路经济带发展新机［EB/OL］. 丝路网，2014－01－10.

② 樊维斌. 陕西建设丝路经济“五个新起点”［EB/OL］. 丝路网，2014－01－22.

③ 丝路经济：让西安向西“丝绸之路经济带”［N］. 陕西日报，2013－09－26.

2. 陕西的战略思路

在陕西所提出建设丝绸之路经济带方案中，基本战略思路包括：

第一，以建设西安国际化大都市为核心，构建欧亚立体大通道，建立交流平台和健全合作机制，以文化旅游合作为先导，以商贸物流、先进制造、科技教育、现代农业等领域为重点，加强与中亚各国全方位合作，提升陕西对外开放水平①。

第二，陕西在建设丝绸之路经济带中应遵循“五通”原则路径：①深化亚欧合作，促进政策沟通，落实《共建丝绸之路经济带西安宣言》，制定具体实施意见，着力办好欧亚经济论坛、丝绸之路经济带沿线城市市长论坛，深化各领域务实合作。②建好西安枢纽港，促进道路连通，构建以西安为中心的丝绸之路经济带综合立体交通体系和国际中转枢纽港。③聚集生产要素，促进贸易畅通。以西安科技创新大市场为平台，打造具有世界影响力的科技资源集聚中心、科技创新交流中心和科技成果国际交易中心，吸引中亚、西亚乃至欧洲现代服务业向西安聚集。④构建丝路金融中心，促进货币流通，打造丝绸之路经济带金融中心。⑤注重弘扬丝绸之路文化，促进民心相通，发挥陕西文化优势，加强与沿线城市交流与合作，彰显陕西文化软实力。②

第三，通过在西安设立亚欧经济与贸易合作组织，成立一个能够协调、决策新欧亚大陆桥沿线通关问题的国际协调机构，使其成为大陆桥的首脑机构，相当于亚欧大陆经贸领域的“小联合国”，使其所在城市发展成为亚欧大陆的经济首都③。通过设立西安自由贸易试验区，使之成为连通欧亚、承东启西的丝绸之路经济带第一枢纽，从而达到以点连线、以线带面的效应，实现丝绸之路经济带沿线的 8 个城市群之间，以及丝绸之路经济带与长江经济带、沿海经济带之间的互融互通、协同发展，为构建开放型经济新格局、打造中国经济升级版提供更为有力的支撑。

此外，陕西民营企业亦提出用不同项目推动丝绸之路经济带建设，如建设“丝网”，即“网上丝绸之路”，用来打造便捷、高效的公共信息服务平台、国际化电子商务平台和国际文化交流平台；“丝街”，即“丝绸之路风情街”；“丝博”，即“丝绸之路商旅文化博览会”；“丝书”，即“丝绸之路丛书”，记录丝绸之路经济带沿线的经济文化历史；“丝园”，即“丝绸之路博览园”，旨在全面整合丝绸之路丰富的科技、文化、教育、旅游、商贸等资源，打造“永不谢幕的丝绸之路国家博览园”④。

3. 政策与举措

在习总书记提出建设丝绸之路经济带以前，陕西社会各界已积极行动，着手推动新丝绸之路的发展。

---

① 樊维斌．陕西建设丝路经济“五个新起点”［EB/OL］．丝路网，2014－01－22.

② 魏民洲．围绕“五通”推进丝绸之路经济带建设［N］．人民日报，2013－12－10.

③ 把西安建成丝路经济带的“经济首都”［EB/OL］．中国丝路网，2013－10－31.

④ 让丝路经济重振雄风［EB/OL］．新华网，2014－03－08.

（1）各方政策的实施

早在2001年10月，由外经贸部、信息产业部、联合国开发计划署主办，西安市人民政府承办的“2001新亚欧大陆桥区域合作国际研讨会”在西安国际会议中心隆重召开。会上，龙永图代表“协调组”将“新亚欧大陆桥管理人员国际培训中心”标牌授予西安市市长，这标志着“新丝绸之路”开发运行进入到实质性阶段①。

2005年11月，首届欧亚经济论坛在西安成功举行，来自中国、中亚以及俄罗斯等部分国家领导人、相关企业界人士及专家学者在大会上就能源开发、丝绸之路旅游、开放性金融合作、中国中西部地方政府与中亚及俄罗斯地方政府合作等议题进行富有成效的讨论。从2007年第二届欧亚经济论坛开始，这个论坛经国务院批准，每两年举办一次，至今已经举办四届，永久会址设在西安。

2012年5月，来自丝绸之路沿线12个国家、20余个城市在西安签署《2012“丝绸之路”城市市长会晤宣言》。宣言称，“丝绸之路”沿线城市将加强在商贸、文化、旅游、科技等领域的交流与合作。这种新的国际合作模式以探索新的共同发展路径为目的，开启丝绸之路沿线城市发展合作的新篇章，为沿线城市未来的经济繁荣发展提供良好的合作框架。这次市长会晤中，西安市与俄罗斯的乌兰乌德市等10个城市建立友好合作关系。

2013年9月3日，在习近平主席和土库曼斯坦总统别尔德穆哈梅多夫见证下，陕西省委常委、西安市委书记魏民洲与土库曼斯坦马雷市市长纳扎罗夫共同签署《中国西安市与土库曼斯坦马雷市建立友好交流与合作关系协议书》，双方明确将在经贸、旅游、文化、科技、教育、体育等方面开展合作。西安作为古丝绸之路的起点，已然被赋予新丝绸之路经济带建设排头兵的新角色②。

2013年9月27日，丝绸之路沿线欧亚9个城市代表签署《共建丝绸之路经济带西安宣言》（以下简称《宣言》）。由意大利庞贝市、乌兹别克斯坦撒马尔罕市、土库曼斯坦马雷市、亚美尼亚久姆里市，以及中国的西安市、宝鸡市、咸阳市、兰州市、天水市等丝路沿线的城市代表共同签署《宣言》。《宣言》倡议各个城市之间在商贸、旅游、农业、教育、科技、文化等领域要深化合作，以实现共建“丝绸之路经济带”的愿望，以及建立城市间共享的信息平台，促进城市间信息的有效传播③。《宣言》指导合作的核心原则是“政策沟通、道路连通、贸易畅通、货币流通、民心相通”④。

（2）目前已采取的主要措施

在发展规划方面，陕西省正在编制《陕西省丝绸之路经济带新起点规划》，目前已

---

① 曹鸿，严国荣，席平．“新丝绸之路”开发的近期目标——关于建立“连云港西安港务区”的可行性研究［J］．唐都学刊，2002（2）：23－26.

② 丝路经济：让西安向西“丝绸之路经济带”展望［N］．陕西日报，2013－09－26.

③ 共建“丝绸之路经济带”西安宣言［N］．新华社，2013－09－27.

④ 李伯牙．欧亚9国城市展开合作，共建“丝绸之路经济带”［J］．21世纪经济报道，2013－10－01.

初步完成《西安内陆开放型经济战略高地规划》《西安国家航空城实验区发展规划》。2014 年 2 月 24 日，《陕西西咸新区总体方案》获得国务院原则同意，方案赋予西咸新区“创新城市发展方式先行先试权”的政策支持及“建设西北地区能源金融和物流中心”备受关注。西咸新区作为关中—天水经济区的核心区域，在深入实施西部大开发战略、推进西咸一体化、引领大西北发展、建设丝绸之路经济带重要支点、打造向西开放重要枢纽等方面具有重要作用，在探索中国特色新型城镇化道路、健全城乡发展一体化体制机制等方面具有示范和引领作用。

在交通合作方面，西咸新区获得国务院批复，空港新城作为西北地区最重要的航空、铁路、高速公路汇集的核心交通枢纽，拥有陕西唯一的国家一类对外开放口岸，是陕西发展临空经济的重要承载区。依托门户优势，空港新城快速搭建与国内外重要经济区间的空中通道，着力打造一流国际航空物流枢纽和空中丝绸之路新起点，建设我国向西开放和辐射西北亚的战略门户。目前，“长安号”国际班列于 2013 年 11 月 28 日正式开通，西安—莫斯科、西安—乌鲁木齐—阿拉木图（哈萨克斯坦）等航线有望 2014 年上半年开通。

在企业合作方面，陕煤集团在吉尔吉斯斯坦建成大型炼油项目，陕汽集团海外第一大市场是中亚地区和俄罗斯，西电集团在乌兹别克斯坦设立区域服务中心。2013 年 6 月，陕西代表团与哈萨克斯坦在矿产资源开发、电力能源、现代农业等领域达成广泛合作事宜，目前新能源、节水农业等一批重点合作项目正加快推进。

在教育和技术合作方面，陕西依托杨凌中国旱作农业技术援外培训基地，正在建设丝绸之路经济带现代农业国际合作中心，其将成为中亚国家农业技术重要来源地①。为给丝绸之路经济带建设提供智力支撑，西北大学成立中亚学院、丝绸之路研究院，西安外国语大学成立中亚学院，旨在为加强陕西和中亚国家合作培养人才的重要平台建设；在整体层面上，国家汉办今年将结合孔子学院十周年、孔子学院日、中俄青年友好交流年的举办，支持俄各孔院（课题）大力开展各项友好交流活动，加强中亚地区孔子学院融入大学、融入社区，并设汉语学分学历课程。

五、陕西参与丝绸之路经济带建设的角色与路径选择

陕西处在欧亚大陆腹心地带，是古丝绸之路的起点和文化交流、贸易往来的中心，但在海权时代，全球贸易主要通过海路实现，其发展实力和地位相对下降。在经济全球化和区域经济一体化快速发展的当前时代，国内市场国际化，国内竞争国际化，跨国公司本土化，生产要素全球流动趋势加剧。陕西地处中国东西接合地带，承东启西，居于欧亚大陆的中点，在中国统筹东中西部区域协调发展和向中亚、西亚及欧洲开放过程中，具有特殊的重要地位。因此，无论从区位优势还是从经济发展基础和条件来

① 樊维斌．陕西建设丝路经济“五个新起点”[EB/OL]．丝路网，2014－01－22.

看，陕西都应在丝绸之路经济带上担负起“心脏”角色。

由于陕西目前是产业升级、城乡协调、能源可持续发展、农业现代化、生态经济、循环发展等系统性矛盾比较集中的省份，陕西更应注重系统破解城乡发展不协调、能源、农业、交通运输、工业、新型城镇化以及信息化如何协同发展的问题，这就需要陕西具备大眼光、大市场、大思路的发展战略。

陕西应结合自身经济条件，充分利用国家各种政策优势，牢牢抓住建设丝绸之路经济带、西部大开发、建设关中—天水经济圈、省市共建大西安等重大战略机遇，通过产业聚集和城市基础设施的完善配套，带动企业总部、资本、金融机构的集聚，利用旅游、历史文化资源来提升西安的国际影响力；西安作为亚欧大陆桥经济带的“心脏城市”和关中—天水经济区的“内核”，陕西各地市应创新公共治理，举省市之力实现“小西安”的换位，建设以大西安为中心的大关中城市群，提升西安和关中城市群在丝绸之路经济带上的辐射带动作用；西安国际化大都市正处在全面建设的关键阶段，作为丝绸之路起点城市及欧亚经济论坛承办城市，其有基础、有条件将其建设成为中国与欧亚各国的交通枢纽、贸易通道和经济走廊。

陕西自身拥有的资源禀赋条件和装备制造、能源化工、现代农业、科技教育等产业优势可以与中国西北、中亚地区形成良性互补，其良好的区位优势和产业基础又可以承接中东部和沿海地区产业，因此，陕西必须调整产业结构，面向大西北和中亚、南亚、西亚、东欧、西欧市场发展经济①，将部分产业向中国西北和中亚国家进行梯度转移，从而利用丝绸之路经济带提供一个更为广阔的市场和产品价值链，更好地融入全球分工网络，实现自身经济与西北地区及中亚国家的协同转型。

① 张宝通．丝绸之路经济带上的陕西思路［N］．陕西日报，2013－10－21．

5.3　新疆经济转型和参与丝绸之路经济带建设

新疆具有发展经济的良好自然、资源、文化等基础条件和地理优势，随着对外开放的展开以及协调区域经济发展的一系列战略、政策的出台，新疆经济获得快速发展，并形成较完善的Y字形生产力布局。与此同时，新疆在发展中存在第一产业比重较大、第二产业相对落后、第三产业内部结构不合理、外贸出口产品以低附加值的轻工产品为主等问题以及外贸以中亚国家为主要贸易伙伴、贸易形势以边贸为主等特点。在向西开放的大形势下，新疆成为面向中亚的桥头堡和发展前沿，充分利用发展机遇，积极参与丝绸之路经济带建设，成为处于转型阶段的新疆的战略选择。

一、新疆的经济基础和发展历程

新疆维吾尔自治区，位于中国西北边陲，面积166.49万平方公里，约占中国国土面积的1/6，陆地边界线5600公里，占中国陆地边境总长度的1/4，周边与8个国家接壤，是古丝绸之路的重要通道。2012年新疆总人口2232.78万人，占中国总人口1.7%；其中汉族847.29万人，占新疆总人口38%；少数民族以维吾尔族为主，人口1052.86万人，占新疆总人口47.2%，占新疆少数民族总人口76%。新疆现有47个民族成分，主要居住有维吾尔族、汉族、哈萨克族、回族、蒙古族、柯尔克孜族、锡伯族、塔吉克族、乌孜别克族、满族、达斡尔族、塔塔尔族、俄罗斯族等民族。由于自然、历史、社会、经济等多方面因素，新疆呈现出多民族、多种文化兼容并蓄，同时自治区内各地区经济发展不平衡、地域差异明显等特点。

1. 新疆的经济基础

（1）自然环境独特，能源资源品种和储量丰富

第一，新疆气候资源独特，由于深居亚欧大陆内部，四周高山阻隔，海洋湿气不易进入，形成明显的温带大陆性气候，光热资源丰富。其中，年日照时间长达2800.4小时，居全国首位，年平均日照百分率为60%～80%；平原区年平均气温南疆在10℃以上，北疆比南疆低2℃～3℃；无霜期南疆达200～220天，北疆一般为150天；年平均降水量150毫米左右（但各地降水量相差很大）；春夏和秋冬之交昼夜温差极大，这一气候条件使新疆的农作物品质独特。

第二，草地广阔，野生生物资源丰富多样。新疆天然草地资源面积大、类型多，牧草种类丰富，优良牧草较多，四季草场齐全。草地毛面积达5725.88万平方公里，

占全疆土地总面积的34.4%，其中可利用草地4800万平方公里，占草地总面积的83.8%，仅次于西藏和内蒙古，为全国三大草原牧区之一①。新疆有野生动物699种，野生植物已查明有4000余种，其中有特殊经济价值的如罗布麻、橡胶草等1000余种②。

第三，旅游资源丰富、独具特色。新疆境内分布着长达5000多公里的古丝绸之路南道、北道、新北道三条主干线，遗存数以百计的古城、石窟群、佛塔、屯田遗址、古墓、清真寺等，与中国最长冰川音苏盖提冰川、世界第二高峰乔戈里峰、中国最长内陆河塔里木河、最大内陆淡水湖博斯腾湖、神秘的雅丹地貌产物“魔鬼城”“风城”等气势磅礴的原始自然景观以及20多个不同类型的省、区级以上自然保护区，如阿尔金山自然保护区、巴音布鲁克天鹅自然保护区、卡拉麦里山蹄类动物自然保护区、天池自然景观保护区等，共同构成别具一格的旅游资源，加之新疆多民族的文化相互吸收、相互交融，但又各自保持特色，最终构成丰富多彩的民族风情和历史文化资源，吸引着国内外众多游客观光、探险。

第四，能源和矿藏丰富，可再生能源开发潜力巨大。新疆水能资源丰富，水力资源理论蕴藏量3355万千瓦，占全国5%，仅次于四川、西藏、云南居全国第四位，居西北各省区之首；且开发利用条件好，径流年际平稳，需调节库容小，保证率较高，在上中游地形地质条件好，淹没损失小。新疆风能蕴藏量丰富，经计算，全国平均有效风能为260千瓦小时/平方米，新疆则可达9000亿千瓦小时，若减半后，还有4000亿千瓦小时，再扣除山区、戈壁、沙漠目前暂无法利用的风力资源，全年尚可提供1000亿千瓦小时，开发潜力极大③。在不可再生能源中，新疆石油储备、天然气、煤炭也相当丰富，塔里木盆地蕴藏着极具开采潜力的石油资源。据勘探，石油资源量为208.6亿吨，占全国陆上石油资源量的30%左右，局全国第二；天然气资源量为13万亿立方米，占全国陆上天然气资源量的34%左右，居全国第一；煤炭资源量为2.2万亿吨，占全国煤炭资源总量的40%，居全国第一。

截至2005年底，新疆已发现矿产138种，占全国已发现171种矿产的80.7%，已探明有资源储量的矿种81种，矿产地1088处，其中油气田87处。从分类来看，一是新疆黑色金属及有色金属矿产在全国占有一定地位，锰、铬、铜、铅、锌等具有分布多、富矿多、伴生矿多的特点，有利于综合开发利用；二是贵金属及稀有金属矿产位

---

① 韩德麟，高志刚，樊自立，等．新疆资源优势及开发利用［M］．北京：商务印书馆，2003：8．

② 朱晓，等．人口、资源、环境与经济协同发展研究：以新疆为例［M］．大连：东北财经大学出版社，2010：37．

③ 韩德麟，高志刚，樊自立，等．新疆资源优势及开发利用［M］．北京：商务印书馆，2003．

居全国前列，如新疆黄金资源比较丰富，有资料显示，新疆全区59个县市探明有黄金资源；三是工业原料的矿产较为丰富，其中，钠硝石储量全国第一，芒硝储量全国第五；四是其他非金属矿产和建材矿产也较多，有云母、石棉、膨润土等①。因此，新疆极具潜力成为中国21世纪重要的能源接替区。但同时也应看到，新疆深居亚欧大陆腹地，气候干旱严酷，生态系统脆弱，一旦破坏将不易恢复，必将深刻影响经济、社会的良好运行和发展。

（2）区位优势

新疆深处亚欧大陆腹地，远离海洋，陆上交通不便，在海权时代其地理位置的优越性和重要性没有被引起足够的重视。随着中国探寻海陆安全的良性互动以及经济发展产业结构调整的要求，新疆的地理优势开始凸显。新疆北临蒙古、俄罗斯，西接哈萨克斯坦、吉尔吉斯斯坦、塔吉克斯坦，南靠阿富汗、巴基斯坦、印度，面向中西亚人口达13亿人，同时背靠中国内地人口13亿人，处于26亿人口的巨大市场的中心，成为继北美、欧盟、东亚经济圈后世界第四大经济圈——中西南亚经济圈重心；是丝绸之路经济带中国段东连西出的战略高地，是从中国东海岸连云港到达荷兰鹿特丹的第二亚欧大陆桥的必经之地，是连接俄罗斯、哈萨克斯坦等国家的国际能源安全大通道。

（3）人力资源

在经济发展中，人力资源的质量对技术创新、管理创新和制度创新起着至关重要的作用。从人力资源质量看，依据2010年第六次人口普查数据，从教育发展水平看，新疆每万人大专及以上学历1064人，文盲率2.4%，在校大学生26万人，每万人在校大学生数121人；从科技人力资源看，新疆各类专业技术人员41万人，每万人专业技术人员187人，专业技术人员占从业人员比重4.6%，除在校大学生人数低于全国水平外，其他指标均高于全国。尽管新疆的人力资源数据高于全国平均水平，但由于新疆人力资源的教育以本地为主，且整体教育质量不高，加之近年来大批优秀教育工作者流向内地以及高考录取机制下优秀学生为内地院校优秀录取使留下的生源质量难以保证，新疆的人力资源质量事实上不容乐观。从人力资源的核心——专业技术人员来看，2012年新疆拥有专业技术人员45.5万人，其中工程技术、农业技术、卫生技术、科学研究和教学人员占比分别为10.5%、6.7%、18.8%、0.5%和63.5%，在工程、农业、卫生技术尤其是科学研究方面比例过小，意味着其技术创新能力弱。新疆人力资源质量有待提高（如表5－15、表5－16所示）。

---

① 麦勇．中国新疆的特色产业选择与发展战略——与中亚五国的比较研究［M］．上海：上海财经大学出版社，2010：18.

表 5 - 15　1990 年、2000 年、2010 年新疆人力资源质量状况

项目	新疆			全国		
	1990 年	2000 年	2010 年	1990 年	2000 年	2010 年
每万人大专及以上学历人数（人）	185	514	1064	142	361	893
文盲率（%）	12.8	5.6	2.4	15.9	6.8	4.1
在校大学生数（万人）	3	7	26	206	556	2232
每万人在校大学生数（人）	20	40	121	18	44	166
每万人专业技术人员数（人）	158	199	187	144	171	169
专业技术人员占从业人员的比重（%）	3.9	5.5	4.6	3.0	3.0	3.0

资料来源：《新疆统计年鉴》(2013) 和《中国统计年鉴》(2013)。

表 5 - 16　1985—2012 年新疆人才（专业技术人员）构成情况

年份	专业技术人员总数（人）	构成（%）				
		工程技术	农业技术	卫生技术	科学研究	教学
1985	158709	32.5	13.1	36.3	2.2	16.0
1990	241524	38.3	10.4	29.8	1.8	19.8
2000	368262	15.9	7.5	16.9	0.7	59.0
2005	402404	12.9	8.1	16.9	0, 61	61.5
2010	407651	11.7	7.0	19.0	0.5	61.8
2012	454975	10.5	6.7	18.8	0.5	63.5

资料来源：《新疆统计年鉴》(2013)。

（4）文化因素

新疆自古以来就是多民族聚居地区，同时又是如袄教、佛教、道教、摩尼教、景教、伊斯兰教、基督教、天主教等多宗教信仰地区，随着古丝绸之路的开辟和发展，成为古代东西方文化交流的主要通道和枢纽，新中国成立后在宗教信仰自由的国策下，多种宗教在新疆并存与传播，呈现多元、开放、融合的特点，为各民族安居乐业和经济发展打下坚实基础。境内众多少数民族跨国界而居，与毗邻国俄罗斯、印度、哈萨克斯坦等在文化、民族、宗教等方面有着相似性，传统友谊源远流长，有着广泛的文化认同，为新疆对外经济发展和该区域的一体化提供文化动力。然而由于历史、自然、经济和社会发展的复杂性和非平衡性，“三股势力”打着民族、宗教的幌子，煽动民族仇视，大搞暴力恐怖活动，妄图把新疆从中国版图分裂出去，对新疆乃至全国的经济和社会发展产生严重破坏，成为经济发展的不稳定因素。

2. *新疆的发展历程*

新中国成立后的 30 年间，为解决旧社会遗留下来的地区发展不平衡问题，内地大力开展重点工程建设和“三线”建设，边远民族地区展开大生产运动和初步工业建设。

全国实行的均衡发展战略，在一定程度上缩小了内地和沿海、西部民族地区与全国发展的差距。1949 年新疆 GDP 为 7.91 亿元，到 1978 年为 39.07 亿元，经济年均增长速度为 5.8%。

党的十一届三中全会后，国家按照“效率优先，兼顾公平”的原则，实施向沿海地区倾斜的区域非均衡发展战略。20 世纪 80 年代初，邓小平等中央领导同志先后来疆视察，提出积极开发新疆、开发大西北，使新疆和整个大西北成为中国在 21 世纪的一个重要基地的战略设想。

邓小平对新疆战略部署要点主要体现在以下方面：①开发大西北，新疆处于优先地位，应作为一个单独的经济区来考虑；②开发建设新疆的方针是，积极开发，突出重点，循序渐进；③分两个阶段：80 年代主要进行一些投资省、周期短、效益好、国家和人民生活急需的重点建设，90 年代逐步拓展建设规模，加快建设步伐；④重点建设五大支柱产业（农业、石油和石油加工业、食品工业和纺织工业、动力工业、建筑材料工业）、一个命脉（水利）、一个动脉（交通）；⑤做好大开发的准备工作：一要制定规划，二要做好资源的重大项目的前期工作和一些必要建设，三要培养人才，四要讲求经济效益；⑥注意生态平衡，保护环境，发展对外贸易，开拓中亚、海湾市场；⑦加强民族团结[①]。据此新疆提出发挥资源优势、发展特色产业、建立独特经济体系的优势资源转换战略和 Y 字形开发战略。

在“七五”和“八五”时期，围绕优势资源转换战略，新疆先后提出建设农牧业基地的大农业战略，振兴石油和石化工业、轻纺和食品工业、建筑业和建材工业三大支柱产业的战略规划。伴随国家对外开放的展开，新疆依据其得天独厚的地理位置优势，于 1986 年实行“全方位开放，向西倾斜”“外联内引，东联西出”的方针，1986 年国家正式批准新疆开展地方边境贸易，1987 年已与 50 多个国家和地区建立贸易联系。20 世纪 90 年代初以后，鉴于东西部发展差距明显扩大，引发社会矛盾日渐凸显，党的十四届三中全会提出区域经济协调发展的战略思想，中国发展战略重点西移。

随着国家实施沿边开放战略、第二亚欧大陆桥贯通运营和沿桥全线开发开放，新疆实施“西线开放，贸易先行”“建设西部国际大通道”的开放战略。目前新疆已与 119 个国家和地区建成贸易往来关系，拥有国家批准的一类开放口岸 18 个，其中陆路口岸 16 个，航空口岸 2 个；二类开放口岸 11 个。作为国家实施沿边开放战略的重点省区，新疆已经逐步形成沿边、沿桥（亚欧大陆桥）和沿交通干线向国际、国内拓展的全方位、多层次、宽领域的对外开放格局，成为中国向西开放的前沿。在调整生产力布局方面，先后实施“依托中部，发展两翼，突出重点，有序展开”的全面推进的区域发展战略。全面推进，就是在继续开发中部兰新铁路沿线同时，积极开发南疆、北

① 马海霞，等. 天山南北坡经济协调发展研究［M］. 北京：中国经济出版社，2007.

疆和东疆地区，即Y字形经济带开发战略，又称“一带两翼”开发战略、“三带三点”开发战略、“三点两线、双向倾斜”战略等。其中，“一带两翼”是指中部沿兰新线一带集中开发从而带动南北疆两翼全面开发；“三点”一指乌鲁木齐、喀什、伊宁这三个新疆最早发展的区域中心，二指重点地区、重点城市（乌鲁木齐、喀什、伊宁）、重点产业（轻纺工业、食品工业、石油及开发）；“两线”指312、314国道干线和兰新铁路线。“双向倾斜”指按有关地区主义开发指向，进行产业开发和地区开发的不同方向倾斜。这些战略规划在地区和产业开发中有所侧重，同时反映出强势区域开发的展开，对新疆区域经济整体发展有重要影响。

20世纪90年代，随着区域经济协调发展成为热点，1991年《新疆维吾尔自治区国民经济和社会发展十年规划和第八个五年规划纲要》提出把新疆划分为五个经济区域：北疆中部经济区，包括乌鲁木齐、昌吉州、石河子市和沙洲县；北疆西北经济区，包括克拉玛依市、伊犁州和博尔塔拉州、塔城和阿尔泰地区；南疆东北部经济区，包括阿克苏地区、巴州；南疆西南部经济区，包括喀什、克孜勒苏、和田三地州；东疆经济区，包括吐鲁番、哈密。随后各时期以此为基础进行适当调整和完善。

2000年，党中央开始实施西部大开发，中国区域经济发展进入新阶段，《新疆维吾尔自治区“十五”计划纲要》提出“遵循依托比较优势、培养竞争优势、实施区域突进、构建特色经济、发展融合经济、实现共同进步”的原则，突出重点，扶优扶强，率先发展基础较强、区位优越、增长潜力巨大的天山北坡经济带，辐射带动全疆经济发展，其他地区应从实际出发，发展各具特色、充满活力的区域经济。在“十一五”规划中再次肯定，形成五大经济区划：天山北坡经济区、北疆西北部经济区、东疆经济区、南疆东北部经济区、南疆西南部经济区。该战略规划率先发展重点区域，从而带动其他地区的发展。《新疆维吾尔自治区“十一五”计划纲要》提出要坚定不移地走适合区情的新型工业化道路，充分发挥资源优势，做大做强特色支柱产业，实现工业超常规、高速度、跨越式发展，在推进新型工业化上取得重大突破；加快以向西开放为重点的对外开放步伐，坚持“东联西出、西来东去”“引进来、走出去”，充分发挥地缘优势，建立向西出口加工基地、商品集散地和国家能源、资源陆上安全大通道，在加快对外开放上取得重大突破。

目前，新疆已成为全国最大商品棉、啤酒花和番茄酱生产基地，全国重要的畜牧业和甜菜糖生产基地；中国重要的能源基地和煤电、煤化工基地；已形成一个包括钢铁、煤炭、石油、机械、建材、纺织、皮革、制糖等门类基本齐全，具有一定规模的现代工业体系。

二、新疆的经济总量及结构变迁

1. 新疆的经济总量变化

1978年新疆GDP总额为39.07亿元，占中国当年GDP的1.1%。改革开放后中国实行从沿海开始的对外开放战略，新疆因深居西北内陆地区而在经济发展中相对滞后，1979—1990 年年均 GDP 增长率高达 17.3%，但因其 GDP 基数小，1990 年新疆 GDP 总额 261.44 亿元，占中国当年 GDP 总额的 1.4%（如图 5－13 所示）。

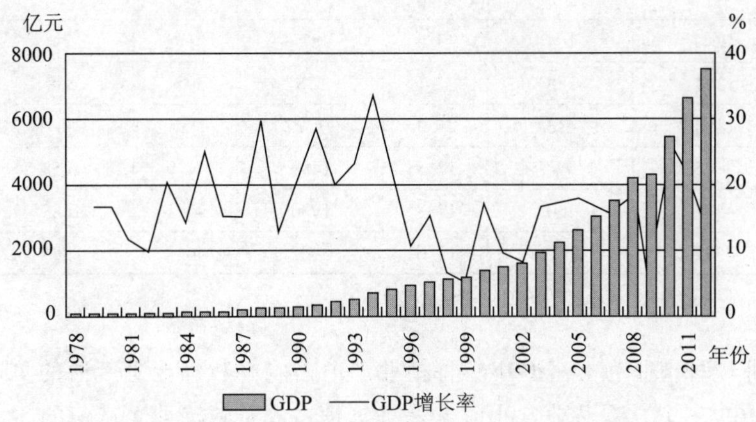

图 5－13　1978—2012 年新疆 GDP 及其增长率

资料来源：《新疆统计年鉴》(2013)、《中国统计年鉴》(2013)。

进入 20 世纪 90 年代，随着对外开放从沿海向内地深入和国家发展战略重点西移，新疆经济获得一定发展，但仍相对缓慢，1999 年新疆 GDP 达到 1163.17 亿元，占当年中国 GDP 总额 1.3%。

2000 年中国实施西部大开发以来，新疆经济获得较快发展。2000—2012 年，GDP 从 1363.56 亿元增长到 7505.31 亿元，年均增长率 15.6%，2012 年新疆 GDP 占中国当年 GDP 总额的 1.5%。可以看到，新疆经济总体是保持较快发展，1990—2012 年年均 GDP 增长率 17.0%，远远高于同期中国年均 GDP 增长率，但同时新疆 GDP 占全国很小，不足 2%。

2. 新疆的经济结构变迁

1978 年，新疆的产业结构以第二产业和第一产业为主，第二、第一产业比重分别为 47.0% 和 35.8%，第三产业比重为 17.2%。经过 30 多年的发展，到 2012 年，新疆的产业结构以第二产业和第三产业为主，增加值分别为 1929.59 亿元和 1587.72 亿元，分别占 GDP 的 46.4% 和 36%，贡献率分别为 54.4% 和 34.5%。与 1978 年相比，第二产业比重基本保持不变，第三产业增长 18.8 个百分点，第一产业则下降 18.2 个百分点，占比为 17.6%，对 GDP 贡献率为 11.1%。1978 年，新疆的就业人口总计为 481.25 万人，第一、第二、第三产业就业人口分别占 72.1%、14.3%、13.6%。2012 年，新疆 1010.44 万就业人口中，第一产业就业人口占比下降到 48.7%，仍高于全国平均水平，第二产业就业人员占比基本保持不变为 15.6%，发展空间很大，第三产业就业人员占比则上升 22 个百分点，为 35.7%（如表 5－17 所示）。

表 5-17 1978—2012 年新疆 GDP 产值及构成

年份	GDP（亿元）	第一产业		第二产业		第三产业	
		产值（亿元）	比重（%）	产值（亿元）	比重（%）	产值（亿元）	比重（%）
1978	39	14	35.8	18	47.0	7	17.2
1990	261	104	39.8	83	31.8	74	28.4
2000	1364	288	21.1	538	39.4	538	39.5
2003	1886	413	21.9	720	38.1	754	40.0
2006	3045	528	17.3	1459	47.9	1058	34.8
2009	4277	760	17.8	1930	45.1	1588	37.1
2012	7505	1321	17.6	3482	46.4	2703	36.0

资料来源：《新疆统计年鉴》（1991，2004，2013）。

第一产业以种植业为主，2001 年种植业产值占农林牧渔业总产值的 70.2%，2012 年上升到 73.6%；其次是牧业，2012 年牧业产值占农林牧渔业总产值的 21.3%，林业和渔业、农林牧渔服务业的比重之和不足 6%。新疆属于绿洲经济，水土资源的制约不适宜发展种植业，而发展林业、牧业具有得天独厚的优势，但新疆种植业比重最大，高于全国平均水平 21.3 个百分点。随着绿洲农业先进生产方式的推行、农业从粗放式向集约型转变，农业的生产率得到提高，水土资源得到更充分的利用，新疆成为中国重要的商品棉、商品粮基地，番茄、甜菜等产量居全国前列，但是农业劳动生产率低，商品率低，农业仍旧是吸收劳动力最多的部门，促进农村剩余劳动力转移必须加速新疆产业结构调整（如表 5-18 所示）。

表 5-18 2012 年新疆第一产业内部产值结构

单位：%

地区	农业	林业	牧业	渔业
新疆	73.6	1.9	21.3	0.7
全国	52.5	3.9	30.4	9.7

资料来源：《新疆统计年鉴》（2013）和《中国统计年鉴》（2013）。

第二产业以工业为主，其中，工业主要以能源、原材料企业等重型工业为主，轻工业比例很低。2000 年工业总产值占第二产业总产值 77.9%，2012 年工业占第二产业比重上升到 81.9%，建筑业仅占 18.1%，其中工业又以采矿业为主，2012 年规模以上工业企业工业增加值中采矿业占 55.8%，制造业占 33.7%，同时新疆的工业以能源资源和矿产资源的开采与加工为主。2012 年煤炭开采和洗选业、石油和天然气开采业、黑色金属矿采选业、有色金属矿采选业、非金属矿采选业等能源资源矿产资源开采业和石油加工炼焦及核燃料加工业、非金属矿物制品业、黑色金属冶炼及压延加工业、有色金属冶炼及压延加工业、金属制品业等能源资源和矿产资源加工业的增加值之和占规模以上工业企业工业增加值的 72.3%，其从业人员占全部从业人员的 52.1%，大

中型企业占全部企业数 43.7%。新疆已形成以化石能源为主的支柱产业，这一以能源、原材料企业为主的重型工业结构决定了新疆低层次采掘工业和原材料工业比重持续加大，而加工工业比重增长迟缓，主要产业产品大部分属于基础性上游产品，导致产业链较短，而由于新疆新兴产业和高技术产业发展缓慢，导致其与石油开采、炼化、初级化工、精细化工的产值比与国际惯例不符，主要产业产品加工程度低、附加值低，使新疆经济遭受价值与利润损失。此外，新疆轻工业发展总体水平较低，主要依托农业发展和农业资源转移，轻工业内部以农产品为原料的工业占比达 90% 以上。与全国相比，新疆工业化程度较低，工业化底子相对薄弱。

第三产业由于其投入少、收入好等特点，近年来成为新疆社会经济发展中最具活力的产业，但第三产业内部以传统的交通运输、仓储和邮政业、批发和零售业等流通性服务为主。2000 年交通运输、仓储和邮政业占 27.6%，批发和零售业占 20.5%，2012 年分别下降到 13.2% 和 15.8%，但仍占重要地位。随着新疆作为中国商品棉、粮基地和能源化工基地的建设，以及内地各省市援疆建设、与内地日益密切的经济联系，生产性服务业得以发展起来。生产性服务业从 2000 年 12.9% 增长到 2006 年的 26.0%，2012 年增长到 27.1%，但发展缓慢，尤其是金融保险业、房地产业、信息咨询业等新兴行业发展相对落后。由于经济增长、人口集聚、政府加大社会服务供给等，新疆的社会与个人服务业发展较快，社会与个人服务业从 2000 年的 39% 增长到 2012 年的 43.9%，但仍低于全国平均水平，新疆第三产业发展的多是劳动力密集型产业。

总体看来，新疆产业结构变迁趋势基本符合国际产业变化趋势，但到目前为止，新疆产业结构层次较低，第一产业比重过高，第二产业发展较落后，第三产业比重上升快，但发展不全面，产业层次相对较低，三次产业产值比例结构、就业结构与全国平均水平差距大，新疆产业结构和就业结构调整有待加速。

三、新疆对外经贸格局的变动

20 世纪末以来，新疆对外贸易发生很大变化，主要呈现以下特点：

1. 商品贸易规模：增长迅猛，边境贸易占据重要地位

随着国家发展战略重点西移和对外开放沿边发展阶段的到来，新疆对外贸易发展迅猛，边境贸易成为主要组成部分。新疆贸易总量 1990 年为 4.1 亿美元，2000 年为 22.6 亿美元，2012 年增长到 251.71 亿美元，2000—2012 年除去 2001 年和 2009 年 -21.8% 和 -37.8% 的负增长外，贸易总量年均增长率为 37.4%。其中 2001 年外贸大幅下滑主要是受世界经济增速下滑和中国外贸核销体制变化的影响，呈现的特点为：①原棉、纺织、服装等大宗商品出口降幅较大，使一般贸易出口下降 46.4%；②边境贸易大幅下降，边境贸易出口下降 68.3%；③国际市场番茄酱价格上升使加工贸易出口增长 89.3%。2009 年外贸下降则是由于新疆周边国家企业受国际金融危

机影响，货币大幅贬值，支付能力不足，以及乌鲁木齐“7·5”打砸抢严重暴力事件后入境采购外商明显减少，以及通信和网络管制造成对外经贸联络中断，继而贸易合同的签订和履约中断。2012 年边境贸易 130.0 亿美元，边境贸易占贸易总量 51.7%，在 2008 年更是达到历史最高水平，边境贸易占贸易总量 79.4%，2000—2012 年，除 2001 年和 2009 年分别为 -25.7% 和 -48.3% 的负增长外，其余年份边境贸易年均增长率的 40.3%，高于货物贸易总量年均增长率 2.9 个百分点（如表 5-19 所示）。

表 5-19　1995—2012 年新疆商品贸易进出口额和边境贸易进出口额

年份	货物贸易						边境贸易					
	进出口		出口		进口		进出口		出口		进口	
	总额（亿美元）	增长率（%）	总额（亿美元）	增长率（%）	总额（亿美元）	增长率（%）	总额（亿美元）	增长率（%）	总额（亿美元）	增长率（%）	总额（亿美元）	增长率（%）
1995	14.3	37.2	7.7	33.5	6.6	42.0	6.9	35.5	2.8	15.5	4.2	53.5
2000	22.6	28.2	12.0	17.2	10.6	43.6	13.2	29.0	5.8	1.2	7.4	64.4
2002	26.9	52.0	13.1	95.7	13.8	25.4	15.4	57.4	4.7	156.4	10.7	34.5
2004	56.4	18.1	30.5	19.8	25.9	16.1	37.1	22.0	22.4	39.5	14.7	2.5
2006	91.0	14.6	71.4	41.6	19.6	-32.3	64.8	17.1	52.2	35.2	12.6	-24.6
2008	222.2	62.0	193.0	67.8	29.2	31.8	176.4	87.3	157.7	95.4	18.7	39.0
2010	171.3	23.9	129.7	19.8	41.6	38.4	100.4	10.2	76.7	1.8	23.7	50.4
2012	251.7	10.3	193.5	15.0	58.2	-2.8	130.0	1.3	89.2	1.1	40.8	1.6

资料来源：《新疆统计年鉴》(1996，2013)。

2. 地区结构：与中亚地区贸易占主导

新疆与各国（地区）海关进出口总额在 2004 年总计 56.36 亿美元，其中哈萨克斯坦 32.86 亿美元，占 58.3%，远远高于第二位的吉尔吉斯斯坦的 4.62 亿美元；同时与前二十位的哈萨克斯坦、吉尔吉斯斯坦、巴基斯坦、乌兹别克斯坦、塔吉克斯坦等中亚国家海关进出口额之和占 71.5%。2008 年哈萨克斯坦、吉尔吉斯斯坦和塔吉克斯坦以及乌兹别克斯坦分别占新疆外贸的前一、二、三、六名，它们的海关进出口总额加上第七的巴基斯坦和第十四的土库曼斯坦的海关总额，共占新疆海关进出口总额的 86.5%，2012 年下降到 70.4%，仍占据主导地位。在与中亚地区的贸易中，又以哈萨克斯坦和吉尔吉斯斯坦为主，哈萨克斯坦和吉尔吉斯斯坦一直占据新疆海关进出口总额的前两位，新疆与这两国海关进出口总额的占比高达 60% 以上。其次则是与周边的蒙古、俄罗斯和贸易距离较近的阿塞拜疆、乌克兰、印度以及在中亚争夺势力范围的美国、德国、日本、韩国、英国等发达经济体国家（如表 5-20 所示）。

表 5－20　2004—2012 年新疆与各国海关进出口总额及前 20 名国家（地区）

2012 年（亿美元）		2008 年（亿美元）		2004 年（亿美元）	
哈萨克斯坦	111.67	哈萨克斯坦	90.71	哈萨克斯坦	32.86
吉尔吉斯斯坦	40.39	吉尔吉斯斯坦	79.73	吉尔吉斯斯坦	4.62
塔吉克斯坦	14.07	塔吉克斯坦	12.54	美国	2.28
美国	10.20	俄罗斯	7.19	俄罗斯	2.23
乌兹别克斯坦	8.31	阿塞拜疆	4.46	巴基斯坦	1.63
俄罗斯联邦	6.44	乌兹别克斯坦	4.36	智利	1.55
马来西亚	3.54	巴基斯坦	4.12	意大利	1.04
蒙古	3.44	美国	2.24	阿塞拜疆	0.91
德国	3.15	德国	1.68	日本	0.90
阿塞拜疆	2.61	日本	1.38	德国	0.88
韩国	2.47	蒙古	1.25	乌兹别克斯坦	0.86
日本	2.29	韩国	1.07	中国台湾	0.49
印度尼西亚	2.01	意大利	1.07	韩国	0.47
印度	1.95	土库曼斯坦	0.77	中国香港	0.47
乌克兰	1.71	芬兰	0.52	菲律宾	0.41
英国	1.66	南非	0.40	塔吉克斯坦	0.31
巴基斯坦	1.40	阿拉伯联合酋长国	0.38	苏丹	0.29
土库曼斯坦	1.38	印度	0.38	英国	0.24
荷兰	1.36	中国香港	0.38	加拿大	0.22
南非	1.36	英国	0.38	瑞士	0.20
总计	251.71	总计	222.17	总计	56.36

资料来源：《新疆统计年鉴》(2005，2009，2013)。

3. 产品结构：主要出口低附加值的轻工产品

1990 年，新疆出口的产品以棉花、棉纱、棉布、羊毛衫、肠衣以及啤酒花、甘草等为主，2012 年主要出口产品仍以轻工产品包括鞋类、番茄酱、棉机织物、肠衣、地毯、棉纱、家用电器电视机和药材为主，主要出口产品共出口 29 亿美元，占 2012 年出口总额的 15%；主要出口产品中鞋类出口 21.4 亿美元，占 73.8%，番茄酱出口 4.4 亿美元，占 15.3%，棉机织物出口 2.6 亿美元，占 9.1%，肠衣出口 0.26 亿美元，占 0.9%，地毯、棉纱、电视机、药材出口额分别占比不足 1%。这些工业制成品档次较低，缺少品牌商品和主导产品，且鞋类、服装等产品主要由浙江、福建、广东等省区企业生产，后经中亚商人过新疆运到中亚，新疆自主生产产品出口较少。

机电产品、化工产品、石油制成品等高附加值产品出口较少。新疆进口产品以原油、成品油、钢材等原材料以及轻工器械和医疗仪器、牛皮革及马皮革和化肥为主，1990 年进口化肥和钢材分别为 3693 万美元、1906 万美元，共占进口总额 74.7%；2012 年原油、成品油、钢材、医疗仪器、牛皮革及马皮革进口占进口总额的 60.7%（如图 5－14 所示）。

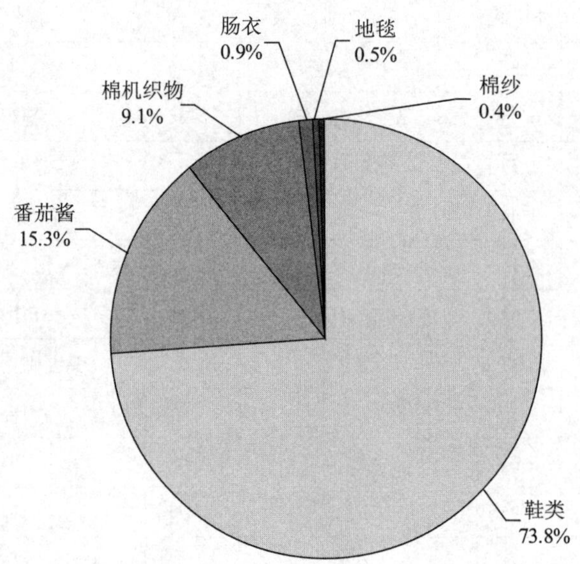

图 5－14　2012 年新疆主要出口产品构成

资料来源：据《新疆统计年鉴》(2013)，整理。

4. 服务贸易：规模不断扩大，传统服务贸易仍占主导地位

2008 年新疆服务贸易进出口额 10.41 亿美元，同比增长 80% 以上，高于同期货物贸易 62% 的增长率，也高于全国服务贸易 21.3% 的增长率。2009 年受国际金融危机影响而出现波动，2010 年已回升至 10.52 亿美元，增长 33%，其中出口 5.89 亿美元，进口 4.63 亿美元，实现顺差，2012 年增长到 15.32 亿美元，同比增长 26.8%，其中出口 8.83 亿美元，增长 24.3%，进口 6.50 亿美元，增长 30.3%。

新疆传统服务贸易仍占主导地位。旅游、国际物流、批发零售三大传统服务业进出口额占服务贸易总额的比重在 2009 年为 75%，2010 年略下降至 71%，2012 年又出现上升，其中旅游服务进出口额 8.67 亿美元，占服务贸易总额 56.6%，运输服务进出口额 2.98 亿美元，占服务贸易总额 19.5%，旅游服务和运输服务进出口之和占 76.1%。同时新兴服务贸易行业增速加快，其中计算机和信息服务、其他商业服务、广告宣传分别增长 508.3%、151%、45.6%（如表 5－21 所示）。

表 5－21　2012 年新疆服务贸易各行业进出口情况

指标 服务类别	进出口		出口		进口		贸易差额（万美元）
	金额（万美元）	同比增长（%）	金额（万美元）	同比增长（%）	金额（万美元）	同比增长（%）	
运输服务	29846	32.6	7429	－21.8	22418	72.2	－14989
旅游	86649	24.4	55057	18.4	31592	36.4	23465
通信服务	40	－29.6	8	－5.3	32	－33.9	－24
建筑服务	9888	67.4	8074	72.8	1814	47.1	6260
保险服务	509	－72.6	163	780.0	346	－81.2	－183
金融服务	1980	－52.7	765	－77.1	1215	45.1	－450
计算和信息服务	921	508.3	819	1809.6	102	－6.0	717
专有权利使用费和特许费	1524	－42.7	6	－32.7	1518	－42.7	－1512
咨询	6892	－11.3	5001	－4.7	1891	－24.9	3110
广告、宣传	263	45.6	99	47.4	164	44.5	－65
电影、音像	11	－49.5	9	221.3	1	－92.6	8
其他商业服务	14643	151.0	10829	593.7	3815	－10.7	7014
总计	153166	26.8	88259	24.3	64908	30.3	23351

资料来源：新疆商务厅。

四、新疆参与丝绸之路经济带建设的形势与进展

1. 新疆参与丝绸之路经济带建设的形势

自 2013 年 9 月中国国家主席习近平在哈萨克斯坦纳扎尔巴耶夫大学演讲时提出构建“丝绸之路经济带”这一战略构想，新疆便依据其得天独厚的优势积极参与丝绸之路经济带建设，分别于 2013 年底和 2014 年初时，积极对新疆角色进行定位，致力于成为在丝绸之路经济带中的核心区（如表 5－22 所示）。

表 5－22　新疆在丝绸之路经济带中的定位

时间	会议	新疆在丝绸之路经济带中的定位
2013 年 11 月 16 日	自治区党委八届六次全委（扩大）会议	努力将新疆建设成丝绸之路经济带上重要的交通枢纽中心、商贸物流中心、金融中心、文化科技中心和医疗服务中心，建设成国家大型油气生产加工和储备基地、大型煤炭煤电煤化工基地、大型风电基地和国家能源资源陆上大通道，建设成丝绸之路经济带上的核心区；积极推进新疆与丝绸之路经济带沿线国家的全方位务实合作，拓展新的开放合作空间，加大“引进来，走出去”力度，切实当好建设丝绸之路经济带的主力军和排头兵

续表

时间	会议	新疆在丝绸之路经济带中的定位
2014年1月16日	新疆维吾尔自治区第十二届人民代表大会第二次会议	紧紧围绕建设丝绸之路经济带核心区推进全方位开放：要加大对外开放力度。科学谋划新疆丝绸之路经济带产业发展规划，深化与沿线国家展开区域经济技术合作。抓好交通等基础设施互联互通，推进贸易投资便利化，争取国家从战略层面推进与沿线国家的自由贸易区建设。充分发挥国家级经济技术开发区、高新技术产业开发区、边境经济合作区和综合保税区平台窗口作用，加快走出去、引进来步伐，加强能源、矿产、农牧业、旅游、文化等领域深度合作。抓好进出口加工制造基地建设 做好境外加工制造园区、资源利用园区、商贸物流园区落地服务，推动服务贸易发展和先进技术设备出口。切实扩大对内开放，高水平承接东部地区产业转移。发挥地缘人文优势，努力把新疆建设成为丝绸之路经济带上重要交通枢纽中心、商贸物流中心、金融中心、文化科技中心、医疗服务中心，积极推动能源、农业、商贸、科技、金融和基础设施互联互通全方位合作。充分发挥国家向西开放战略核心区作用，实现丝绸之路经济带国家和地区互利共赢
2014年2月22日	自治区党委常委（扩大）会议，通过中共新疆维吾尔自治区委员会贯彻落实《中共中央关于全面深化改革若干重大问题的决定》的实施意见	以建设丝绸之路经济带为契机，积极构建开放型经济体制： 1. 努力把新疆建成丝绸之路经济带的核心区。充分发挥地缘、人文、资源等比较优势，努力建设丝绸之路经济带重要的交通枢纽中心、商贸物流中心、金融中心、文化科教中心和医疗服务中心，及早启动规划编制。加快建成国家大型油气生产加工基地、大型煤炭煤电煤化工基地、大型风电光伏基地和国家能源资源陆上大通道。积极统筹谋划区域经济发展，充分发挥天山北坡经济带引领跨越、天山南坡产业带拓展延伸、交通干线经济带辐射提升、沿边开放经济带开放带动功能，为打造核心区发挥基础作用。充分发挥乌鲁木齐中心城市的辐射带动作用。积极试行特别机制和特殊政策，进一步加快中哈霍尔果斯国际边境合作中心和喀什、霍尔果斯经济开发区的建设。主动参与中国与中亚国家自贸区谈判，争取在新疆设立中国—中亚自由贸易园区。深化拓展中国—亚欧博览会平台机制。积极服务和参与上海合作组织多层次经贸合作。加快发展面向丝绸之路经济带沿线国家的农业经贸合作。加强面向周边国家的对外文化交流，打造对外文化交流品牌。积极推进健康服务业发展，提升对外医疗服务的质量与水平 2. 积极推进新疆与丝绸之路经济带沿线国家的全方位务实合作。加快推进丝绸之路经济带政策沟通、道路连通、贸易畅通、货币流通、民心相通，显著提升我国与中亚地区合作水平。加快新疆向西开放基础设施的互联互通，建设面向中西南亚和欧洲的大通道。加大沿边开放力度，重点加强喀什、霍尔果斯经济开发区及口岸基础设施建设，力争开通新疆向俄罗斯开放的口岸。完善口岸管理体制，推进通关便利化改革。加快发展边境贸易和边境旅游，简化过境通关手续，为境外游客提供更加方便的签证、通行等便利条件，促进经贸合作和人文交流。积极建设中巴经济走廊。推进亚欧国家通信网络一体化建设。加快国际现代物流业发展，完善区域性国际营销网络，积极发展跨境电子商务，推进欧亚现代物流网络一体化发展 3. 加大“引进来，走出去”力度，构建全方位开放格局。用好差别化产业政策，提升招商引资水平，既要高水平承接产业转移，更要大力度引进战略性新兴产业。加大产业援疆力度，建立产业援疆长效机制，真正实现优势互补，园区共享，合作共融，深化新疆经济与内地经济的联系和共赢。鼓励企业依托资源、地缘和区位优势，发展境外投资、服务贸易、跨境贸易、工程承包和劳务输出。大力发展面向中西南亚乃至欧洲的出口加工基地。大规模推进进口资源在疆落地加工，促进特色优势产品出口。支持具备条件的新疆企业参与境外经贸合作区建设。健全“引进来，走出去”的政策措施，研究制定新疆全方位开放的战略规划

2. 新疆参与丝绸之路经济带建设的进展

丝绸之路经济带的建设，可以通过综合交通通道来拓展空间，依托沿线交通基础设施和中心、节点城市，对域内贸易和生产要素进行优化配置，促进区域经济一体化，最终实现区域经济和社会同步发展。推进贸易投资便利化、深化经济技术合作、建立自由贸易区是“丝绸之路经济带”建设的三部曲。

（1）交通基础设施建设

新疆建设成丝绸之路经济带的交通枢纽中心与商贸物流中心都与交通建设紧密相关，由此新疆的交通建设获得快速发展，加快了向西开放基础设施的互联互通以及面向中西南亚和欧洲大通道的建设。2013 年 11 月 16 日，兰新铁路第二双线新疆段正线 710 公里铺轨完工，标志着新疆首条高速铁路已具雏形，该高铁 2014 年底开通运营，设计时速 200 公里/小时以上，提速大大缩短新疆与内地的“距离”，新疆到北京、上海、广州的运行时间将减少 3/4，实现夕发朝至，新疆首条高速铁路开通运营后，现有兰新铁路将转为以货运为主，运送能力也将提高 2 倍以上，这两条铁路与陇海、兰渝、包兰、青藏线相连接共同构成较为完善的西部铁路网络，对增进西部地区与华北、华东和西南区经济文化交流，提升新丝绸之路经济带的运输能力产生深远影响。

根据新疆交通运输厅的统计资料，截至 2013 年底，新疆公路里程超过 17 万公里，铁路营运里程 4915 公里。2014 年 1—3 月，新疆共有 6 个交通项目获得国家批复：批复哈密至明水（新甘界）高速公路、和田机场改扩建 2 个项目的可研报告，批复莎车机场、若羌机场、图木舒克机场 3 个项目的立项，核准批复红柳河至淖毛湖铁路等，其中乌鲁木齐地铁 1 号线将获得中央预算内补助资金 3 亿元，是近年来全国轨道交通唯一获国家补助支持的项目。根据自治区发展改革委消息，2014 年新疆重点交通项目计划新开工项目 23 个，计划完成投资 187.7 亿元。其中：铁路项目 5 个，计划完成投资 92 亿元，分别是红柳河至淖毛湖地方铁路、北通道将军庙至哈密（三塘湖、淖毛湖）至安北、哈密至额济纳铁路、克拉玛依至塔城、北屯至阿勒泰 5 条铁路；公路项目 14 个，计划完成投资 64.3 亿元，分别是明水（甘新界）至哈密高速公路、墨玉至和田高速公路、农村公路“畅通富民”工程、G312 线昌吉过境段等 11 条国省道项目；民航项目 3 个，计划完成投资 4.4 亿元，分别是且末机场迁建项目、和田机场改扩建项目、哈密机场改扩建项目；轨道交通 1 个，计划完成投资 27 亿元，即乌鲁木齐地铁 1 号线。

此外，还有 13 个重点交通项目前期工作正抓紧推进。其中：铁路项目 6 个，分别是库尔勒至格尔木铁路、北屯至富蕴至准东铁路、阿克苏至喀什增建复线、精伊霍铁路伊宁至霍尔果斯段电气化改造、乌鲁木齐集装箱中心站、乌鲁木齐铁路枢纽新建乌西至乌北联络线；公路项目 2 个，分别是喀什至疏勒高速公路、吐鲁番至小草湖高速公路；民航项目 5 个，分别是库尔勒机场改扩建、莎车机场、若羌机场、轮台机场、乌鲁木齐新机场。乌鲁木齐和喀什积极谋划打通“空中丝绸之路”。2014 年 2 月，乌鲁木齐铁路集装箱中心站初步设计审查会在北京召开，为项目的开工建设奠定基础。在大通道的西向方向，新疆重点推动中吉乌铁路国内段前期工作，以及中巴铁路项目的前期工作等。目前新疆已经初步形成以乌鲁木齐为中心，以铁路为主骨架，公路为骨干，民航和油气管道相配合，东连甘肃、青海，通往内陆，南接西藏，西出中西亚，北通蒙古、俄罗斯的综合交通运输网络。中共新疆维吾尔自治区委员会贯穿落实《中共中央关于全面深化改革若干重大问题的决定》的实施意见将推动改革措施的推进，以逐步解决新疆对外铁路、公路、空港、通信和信息传输等通道目前尚不够畅通的问题。

（2）节点城市的建设

吐鲁番、哈密、乌鲁木齐经济技术开发区等节点城市和区域正积极进行定位，发展优势产业。吐鲁番市通过建设现代文化引领产业示范园重现古丝绸之路重镇的风采，积极打造“国际旅游名城”，以成为丝绸之路经济带文化产业发展先行区的重要增长极；2014 年木垒县投入 1000 万元旅游专项资金打造“丝绸之路经济带”旅游创新区，提出打造“丝路旅游城、世界休闲家”，将木垒演绎成为“丝路文化、丝路历史、丝路旅游、丝路风情”的体验中心；塔城与巴克图口岸相距仅 12 公里，口岸通商历史已有 200 多年，2013 年 6 月，国家旅游局批准开通塔城哈萨克斯坦边境旅游线路，入境游客可享受“三日免签”待遇，塔城提出建设成丝绸之路经济带的战略节点；2013 年新疆旅游局联合多家专业旅行社自主组团，先后赴西亚、东南亚等穆斯林市场开展宣传促销活动，举办多场专项推介会，根据新疆旅游局消息，新疆还将与国家旅游局一起，努力推动中国西北省区与周边国家共同打造丝绸之路经济带旅游区域合作联盟，同时中哈霍尔果斯国际边境合作中心以边民互市为前提的“团进团出”旅游团队正式运行，新疆通过边境游助推丝绸之路经济带旅游合作，2014 年 3 月新疆旅游展团赴德国参加第 48 届德国柏林国际旅游展，推介丝绸之路旅游品牌。

乌苏市是通往霍尔果斯、巴克图、阿拉山口口岸的必经之路，在丝绸之路经济带战略的指引下，乌苏市强力推进商贸物流产业，全力打造辐射南北疆，连接内地，面向中、西亚的物流基地；哈密是国家和自治区公路运输枢纽城市，形成了以国道 G30，省道 S303、S302 等干线公路和众多县乡公路组成的区域公路网，2013 年国家给新疆新增九条国道，其中有三条在哈密落户，哈密提出打造丝绸之路经济带上的综合交通枢纽体系。

2014 年 2 月 26 日，双河市正式成立，将建成面向中亚、西亚以及欧洲的进出口加工基地、商品中转集散地、进口能源资源大通道和具有国际影响力的商贸物流中心。

伊犁依托与哈萨克斯坦接壤、沿边设有三个国家一类口岸的区位优势，提出发挥国际大通道作用，巩固“四位一体”的综合交通运输体系，把伊犁建设成连通内地、向西开放的新亚欧大陆桥关键节点和丝绸之路经济带上向西开放的交通运输枢纽中心，并全力推进国际物流港、国际金融港、国际航空港、国际旅游目的地和信息网重要节

点城市建设。

伊宁市紧邻霍尔果斯、都拉塔和木扎尔特三个国家一类口岸，经国务院批准，已成为霍尔果斯经济特区的一部分，利用区位及通道优势，提出着力打造丝绸之路经济带上重要的交通枢纽中心、商贸物流中心、区域金融中心、旅游集散中心和文化交流中心。

阜康市深入推动“景城互动，产城融合，城乡一体化”发展，以一池（天山天池）、两翼（准东、甘泉堡）、六大服务业功能区为抓手，全力打造“丝绸之路经济带”上重要的新型城镇化先行区、城乡一体化示范区和现代服务业重点区。新疆生产建设兵团则提出加快城镇化，积极参与“丝绸之路经济带”建设。

乌鲁木齐经济技术开发区（头屯河区）进行全面深化改革，以打造先进制造业基地、交通物流综合枢纽、现代信息科技高地、国际化生态新区，努力成为首府建设丝绸之路经济带“五大中心”的重要承载区。2013 年 11 月 28 日，“中国 · 新疆乌鲁木齐 2013 丝绸之路经济带城市合作发展论坛”在乌鲁木齐开幕，来自中国、哈萨克斯坦、吉尔吉斯斯坦、塔吉克斯坦、土库曼斯坦、格鲁吉亚、土耳其、伊朗 8 个国家、24 个城市的 300 多位代表和专家学者就丝绸之路经济带城市间加强城市建设管理、金融、经贸、产业、交通、科技、文化、旅游、教育、医疗等方面合作进行交流探讨，达成《丝绸之路经济带城市合作发展乌鲁木齐共识》，并在科技、文化、教育、卫生及城市建设、货物通关等领域签署五个意向书，为促进丝绸之路经济带中外城市间的合作与发展，带动区域共同繁荣发展奠定基础。根据《乌鲁木齐共识》，各城市和地区之间将加强城市之间政府交往，开展合作对话，增进友谊和相互了解，彼此确定成为伙伴城市，推动务实友好合作；加强城市建设和管理方面经验的交流和借鉴，取长补短，共同提高，增强各城市的发展能力；加强经贸往来，促进共同发展；加强人文交流，促进民心相通。充分发挥经济带沿线城市的重要作用，做到以点带面，从线到片，逐步形成丝绸之路经济带的大合作、大发展、大繁荣。五个意向书包括：《关于在丝绸之路经济带城市间设立联络机构的意向书》《关于丝绸之路经济带城市间建设管理和交通发展合作意向书》《关于丝绸之路经济带城市间经贸合作意向书》《关于丝绸之路经济带城市间经济科技合作意向书》和《关于丝绸之路经济带城市间文化体育教育卫生交流合作意向书》。当日，企业间签约合作项目 15 个，项目总投资金额达 8.58 亿美元。

（3）推进贸易投资便利化、深化经济技术合作与建立自由贸易区

第一，促进贸易和投资便利化。2013 年 9 月，霍尔果斯经济开发区内的中哈撒克斯坦际边境合作中心管委会与中国建设银行、农业银行等五大银行签署合作协议，设立机构开展跨境人民币融资业务，同时五大银行与八家企业签订 83.1 亿元人民币的融资协议，10 月 21 日，总投资 19 亿元的霍尔果斯铁路口岸站“一关两检、边检站、宽轨场、准轨场、换装场、客站站房、调车场”等新建扩能改造工程全面竣工，建成后的霍尔果斯铁路口岸站年过货能力将达到 2000 万吨。12 月 24 日，乌鲁木齐至霍尔果

斯间开始每日双向开行旅客列车，结束新疆边贸重镇霍尔果斯不通旅客列车的历史。2014年起，自治区每年各安排补助资金5000万元以支持两个经济开发区的基础设施建设；在金融政策支持方面，积极推进金融产品、融资工具、金融服务等各类创新试点，推进两个经济开发区跨境人民币创新试点和金融贸易区建设。2013年10月21日，由新疆维吾尔自治区人民政府批准设立的、全疆唯一的区域性股权交易市场新疆股权交易中心有限公司（简称“新疆股权交易中心”）正式开市，根据《新疆维吾尔自治区企业上市政策引导专项资金管理办法》，在新疆股权交易中心成功挂牌的企业可享受40万元中介费用财政补助，交易中心挂牌企业成功转板至全国新三板可再享受财政补助20万元，以鼓励企业挂牌并上市。

第二，深化经济技术合作。南疆首个产值突破200亿元的重点园区之一库车经济技术开发区正加紧建设，2013年底已入驻中石化塔河炼化、国电、中国兵器集团等企业108家；喀什经济开发区的重要组成部分——乌恰县加快推进伊尔克什坦口岸园区建设步伐，2013年底已吸引中建集团、新疆帕米尔国际物流、前海国际物流、广济和盛等10余家企业入驻。2014年3月27日，“中哈共建丝绸之路经济带”项目座谈会在塔城召开，并签订塔城和哈萨克斯坦共和国东哈州阿亚古兹县在经济、贸易、科学、技术、人文方面友好合作协议；2014年3月29日，由亚美尼亚国家发展署、吉尔吉斯斯坦工商会、塔吉克斯坦工商会、乌克兰基辅工商会、哈萨克斯坦阿拉木图工商会、哈萨克斯坦卡拉干达工商会6家国外民间机构和上海进出口商会、新疆生产建设兵团国际商会、新疆华和国际商务咨询有限公司3家中方民间机构共同发起的丝绸之路经济联盟在乌鲁木齐成立并签署倡议书，要求各方积极探讨“丝绸之路经济带”建设中存在的问题，协助企业寻求政府和金融、法律、咨询机构的支持；帮助企业拓宽经营领域和流通渠道，举办商务洽谈会、市场研讨会、展销会、博览会，协助交流先进技术、经营管理方法；开展对外交流合作，帮助协会会员及企业寻找合作伙伴，该联盟以一种松散的形式，把中亚国家联系在一起，打造各方企业在经济、政策、法律方面沟通交流服务的平台，促进各方货物贸易流通更加便捷。2014年4月3日，自治区召开计划于9月1—6日在乌鲁木齐举行、主题是“开发合作共建丝绸之路经济带”的第四届中国—亚欧博览会筹备工作动员会，以中国—亚欧博览会促进各国间的文化交流与经济合作。

第三，建立自由贸易区。目前新疆已申请在喀什、霍尔果斯经济开发区，乌鲁木齐出口加工区和阿拉山口、吉木乃、巴克图、伊尔克什坦、塔克什肯等重点口岸设立综合保税区，通过加快体制、机制、政策创新，将这8个“支点”建设成为我国向西开放的重要窗口和对外开放的示范区，为构建“中国—中亚自由贸易区”奠定基础。

与此同时，新疆在文化、教育、医疗、科技等方面积极展开合作。新疆凭借地缘优势已在4个国家开办7所孔子学院，2014年将启动第二批丝绸之路经济带沿线国家孔子学院开建工作，完成4~6所孔子学院的布点建设，进一步提升“软实力”。新疆

维吾尔自治区卫生厅宣布，2014 年开始将探索建立丝绸之路经济带医疗服务中心，加强与周边国家医学领域的广泛交流与合作。新疆维吾尔自治区科技厅 2014 年将凭借地缘优势面向丝绸之路经济带沿线国家开展科技合作，与中亚国家进一步推动能源大通道建设，加强资源、生态问题合作研究，推动技术输出与成果转化，加大科技园区、野外监测台站、农业示范基地、科研中心、信息网络建设。目前，新疆与中亚各国的科技合作包括科技培训、技术交流、合作研究、信息共享、项目建设等。自治区科技厅国际合作处处长董平说："新疆与中亚国家科技合作的量占到了全国的 80% 左右，从一开始的农业畜牧业，到地震、矿产资源勘探，到后来发展到高新技术领域。"在共建"丝绸之路经济带"的战略构想下，国家提出在新疆建立中国—中亚科技合作中心，使其成为国内外科技资源开放、服务、共享的平台，一站式国际科技交流合作中心。

五、新疆参与丝绸之路经济带建设的角色与路径选择

新疆提出建设五中心、三基地、一通道，建设成丝绸之路经济带上的核心区，新疆参与丝绸之路经济带建设，需要与中国内地和中亚国家多层次各方面展开交流与合作，以产业为关键点，具体来说，以产业在中国东中西部、中亚国家梯度转移和本地集聚带动工业化、信息化、城镇化、农业化，同时以四化催生产业带和中心城镇，借助自贸区、经济开发区、工业园顺势打造经济重心，以新疆政府深化改革和基础设施现代化建设打通丝绸之路经济带上新疆与中国内地、中亚的连通，构建新疆开放性经济体制。

1. 合理构建产业在中国东、西部，中亚国家梯度转移和本地集聚，实现经济转型并带动四化建设

深入调查中国东西部和中亚国家发展现状，依据比较优势和产业价值链全球布局特征，结合产业转出地和接收地的实际情况，合理选择产业从中国东部向中国西部和中亚国家、中国东西部向中亚国家进行转移。新疆需要在高质量承接东部产业，积极引进大企业进入新疆和中亚市场，并加大与中国东部、中亚国家在经济、交通等各方面合作的基础上，充分挖掘本地优势农业资源、矿产资源、能源资源和提高人力资源，以分工细化、深化和向关联产业发展延长产业链，深度发展油气、煤炭、风电产业，重点发展先进制造业和现代服务业，落实差别化产业政策，以输血和造血相结合的强大的资金、人才、技术、优惠政策、相关产业的汇集实现特色产业在本地集聚，建设国家大型油气生产加工和储备基地、大型煤炭煤电煤化工基地、大型风电基地和国家能源资源陆上大通道，打造先进制造业和现代服务业产业体系，实现经济转型，以农工业集聚产生对原料、生产过程、销售和人才的易得性、便捷化的需求带动农业现代化、新型工业化、信息化、新型城镇化。

2. 以四化建设构筑中心城镇，借助园区平台打造多中心

在产业集聚带动四化的基础上，政府需要推进四化建设，完善公共服务，对产业

发展提供政策支持，在产业集聚基础上打造各具产业特色的大城市、中小城镇等中心节点城市和产业城市群、城市带，与内地和中亚国家展开各层次多方面合作和经贸往来，借助自由贸易区、经济开发区、综合保税区、工业园助推产业和城市发展壮大，培育具有国际竞争力，集科工贸于一体的外向型大企业，在更大空间范围产生辐射带动作用，增强出口能力，发展境外加工贸易、建立境外生产基地，盘活新疆和周边市场资源，以中心城市重点产业和开发区的强大吸引带动作用顺势打造交通枢纽中心、商贸物流中心、金融中心、文化科技中心和医疗服务中心。

3. 以深化改革、加强与中亚国家政策沟通和基础设施现代化建设贯通中亚、新疆和内地之间的联结

丝绸之路经济带建设的构建在“通”，政府加大能源管道、公路、铁路、口岸、机场等基础设施现代化建设，不仅实现能源大通道建设，而且依托交通通道和中心城市对域内贸易和生产要素进行优化配置，促进区域经济一体化。同时要深化改革，简政放权，提高公共服务质量，加快经济开发区建设，促进贸易投资便利化，深化经济技术合作，实现更开放的政策，加强与中亚国家在政策方面的沟通，逐步消除通关口岸、检验检疫、统一标准、交通运输环节的非关税壁垒，彻底实现五通，贯通中亚、新疆、内地之间的联结。

5.4 甘肃经济转型和参与丝绸之路经济带建设

甘肃作为丝绸之路经济带中重要的西部省份，其突出的区位优势、特色产业优势、丰富的自然资源、厚重的文化底蕴、多民族融合的特点，为甘肃的经济转型和跨越式发展奠定坚实基础。然而当前，甘肃仍然存在经济总量小、基础设施落后、产业结构不合理、经济增长动力单一、“三化”进程缓慢等问题。如何把握丝绸之路经济带发展机遇，更快更好地完成甘肃省经济转型及跨越式发展，是当前甘肃省亟须解决的重要问题。

一、甘肃的经济基础

甘肃位于中国西北部，东邻陕西省，南与四川省、青海省接壤，西与新疆维吾尔自治区相邻，北与内蒙古自治区和蒙古国交界，东北部与宁夏回族自治区连接。甘肃地形狭长，东西长1655公里，南北宽530公里，最窄处仅为25公里，总土地面积为42.58万平方公里，具有“座中七联”“涉藏临疆”的区位特点，是西部地区具有承东启西、南拓北展区位优势的省份。

1. 自然与人文资源

甘肃位于黄土高原、青藏高原、内蒙古高原三大高原和西北干旱区、青藏高寒区、东部季风区三大自然区域的交会处，地貌复杂多样，山地、高原、平川、河谷、沙漠、戈壁，交错分布，地势自西南向东北倾斜，大致可分为陇南山地、陇中黄土高原、甘南高原、河西走廊、祁连山脉、河西走廊以北地带六大地形区域。

从土地总面积来看，甘肃居全国第七位，人均占用土地量居全国第五，耕地面积居全国第十一位。其中，全省土地利用率为62.2%，农用地2544.87万公顷，占土地总面积的59.8%，包括耕地465.93万公顷、园地20.43万公顷、林地518.27万公顷、草地1410.99万公顷、其他农用地129.25万公顷；建设用地101.43万公顷，包括城镇村及工矿用地90.94万公顷，交通运输用地7.61万公顷。

甘肃有着深厚的文化积淀，其历史遗存、经典文化、民族民俗文化、旅游观光文化四类文化资源丰富。甘肃现有各类不可移动文物点1.8万处，国家级历史文化名城4座，国家级历史文化名镇4座，馆藏各类文物40多万件，其中国家一级文物1000多件，国宝级文物16件。甘肃非物质文化资源丰富，其中57项列入国家非物质文化遗产保护名录，一项列入世界非物质文化遗产名录。

甘肃矿产资源丰富，目前全省已发现各类矿产118种，其中已查明资源储量74种，占已发现矿种的37%；已查明矿产资源有12种储量位居全国第一，居前五位的有29种，位居前十的56种。能源种类及储量方面，石油累计探明可开采储量8061.5万吨；煤炭保有资源储量140.46亿吨，在全国排名第十三位；风能储量为2.37亿千瓦，可利用量为2667万千瓦；省内年均太阳辐射总量为4800～6400兆焦/平方米。

丰富的土地、矿产、能源及旅游文化资源蕴含着极大的后发优势，为甘肃的产业发展和经济腾飞奠定重要物质基础。

2. 区位优势

古丝绸之路和新亚欧大陆桥横贯全境，使甘肃成为西北地区连接中、东部地区的桥梁和纽带，是贯通东亚与亚洲中部、西亚与欧洲之间的陆上交通通道。省会兰州是西北地区重要的交通枢纽，处于承东启西、连接南北的地理中心，是中国交通大动脉的重要控制点，同时也是亚欧大陆桥的重要连接点。兰州处于新亚欧大陆桥的中心节点（离连云港1577公里处），4大铁路干线、7条国道、4条省道、5条高速及高等级公路贯穿全境，是西部与中部的交通枢纽，辐射新疆、青海、西藏、宁夏等地，兰青线、包兰线、兰新线、陇海线在此交会，兰州同时也是石油天然气管道运输中转枢纽、国家级西北商贸中心。全国七大运输通道，经兰州的就有两条：兰州—沈阳，阿拉山口—连云港。①

优越的区位条件，为甘肃的产业转型升级提供良好机会。一方面，便利的区位条件利于承接东部省份产业转移所引致的资本、技术转移，从而促进自身产业升级；另一方面，东部产业的承接，要求甘肃在基础设施建设、人才的引进、相关产业政策方面作出更多努力，这也间接增强甘肃加快基础设施建设、制定相对优惠的政策促进本省产业升级的动力。

二、甘肃的经济总量及结构变迁

在西部大开发驱动下，甘肃经济较快增长，工业化程度不断提高。

1. 经济增长：时序变化

1994—2012年，甘肃省经济总量增长迅速，其中2012年GDP总量5650亿元，较1994年454亿元增长近12倍，特别是21世纪初国家实施西部大开发战略以来，增长速度加快趋势明显。2008年受国际金融危机影响，甘肃经济增长也下滑显著，但恢复性增长领先于全国增速，2009—2012年，甘肃GDP增长率一直高于10%，而2012年全国增长率仅为7.7%（如图5-15所示）。

---

① 资料来源：《甘肃发展年鉴》(2011)。

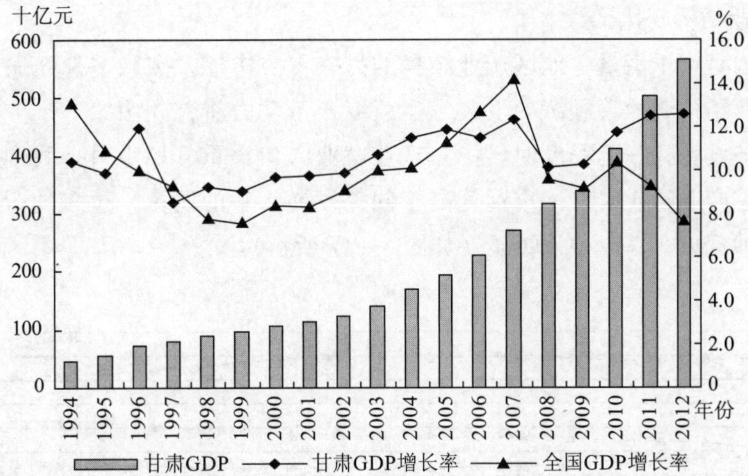

图 5－15　1994—2012 年甘肃 GDP 增长及与全国增长率的比较

资料来源：CEIC 数据库。

2. 产业结构的变迁

（1）三次产业结构总体演进

甘肃自然条件差，农业基础薄弱，以种植业为主，林牧渔业不发达，产业化水平很低。第二产业是甘肃的主导产业，但其工业发展不是农业发展支撑的结果，而是在农业发展水平异常落后的前提下，起步于 20 世纪 60 年代国家工业化布局时的“三线建设”，依靠国家政策外部力量的强力推动，虽历经 40 年的发展，对资源的过度依赖和发展模式的过度单一使得重、轻工业比例严重失调，产值比例长期在 3 左右，重工业内部以能源、原材料为主，技术含量和附加值较高的加工工业还很薄弱。第三产业虽然发展较快，但主要以商品流通和一般性服务业为主，与知识、信息相关的产业只是刚刚起步，专业化与社会化水平较低有关。

改革开放以来，甘肃的产业结构经历一定程度的调整，三次产业比重从“二、一、三”变为“二、三、一”，目前甘肃处于工业化初期向中期过渡的阶段，第一产业比重下降较为明显，第二产业比重存在一定程度的增加，但第三产业略有下降（如图 5－16 所示）。

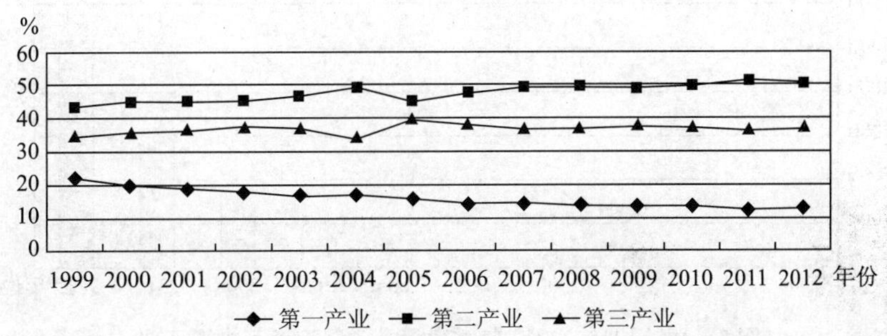

图 5－16　1999—2012 年甘肃三次产业比重变化

资料来源：《甘肃发展年鉴》。

（2）就业结构变化

就业结构是用于衡量一地区产业结构的另一重要指标。按照“佩蒂—克拉克”定理，地区就业结构会随着经济的发展发生改变，劳动力将首先由第一产业向第二产业转移，当经济发展到一定程度时，第三产业就业人口比重开始上升。我国目前存在的问题在于第一产业就业人口比重远远高于同等发展水平的国家，过多的劳动力滞留在农村，而这种现象在甘肃尤为明显（如图5－17所示）。

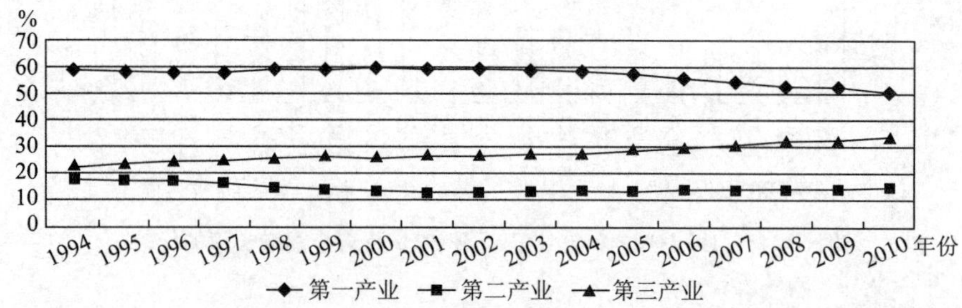

图5－17 1994—2010年甘肃就业人口占比变化

资料来源：《甘肃发展年鉴》，经作者计算整理所得。

甘肃三次产业就业人口占比相对变化较小，截至2010年，甘肃第一产业占比从1994年的59%下降到51%，第二产业占比从1994年的18%下降到15%，第三产业增长较快，从1994年的23%增长到34%。总体来说，甘肃大量的劳动力滞留在农村，第二、第三产业就业人口比重虽稍有上升，但劳动力整体吸纳能力不强，甘肃省的就业人员素质仍有待进一步提高。

3. 固定资产投资及基础设施建设

20世纪90年代中期以来，甘肃全社会固定资产投资保持较高的增长速度，投资总额从1994年的135亿元增长到2012年的5145亿元，同比增长了37倍。特别是西部大开发以后，国家加大西部地区投资，再加上甘肃叠加的政策支持，2000—2012年，甘肃固定资产投资年均复合增长率达23.8%（如图5－18所示）。

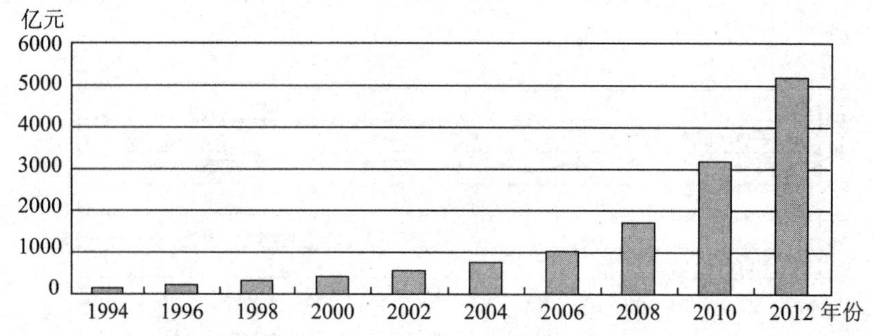

图5－18 1994—2012年甘肃全社会固定资产投资变化

资料来源：《甘肃发展年鉴》。

从固定资产投资的产业分布来看，自1994年以来，第一产业的投资比重呈逐年下降趋势，由1994年的22.9%降至2012年的13.8%；第二产业固定资产投资比重稳步提升，从1994年的43.8%增长至2012年的46%；第三产业投资比重增幅最为显著，从1994年的33.3%增长到40.1%（如表5－23所示）。

表5－23　1994年、2006年、2012年甘肃固定资产投资在三次产业的分布

年份	第一产业		第二产业		第三产业	
	投资额（亿元）	比重（%）	投资额（亿元）	比重（%）	投资额（亿元）	比重（%）
1994	104	22.9	199	43.8	151	33.3
2006	334	14.7	1043	45.8	900	39.5
2012	780	13.8	2600	46.0	2270	40.1

资料来源：《甘肃发展年鉴》，经作者计算整理所得。

从固定资产的行业分布来看，农林牧渔业在固定资产投资总额中占比缩小，建筑业、房地产业所获得的固定资产投资逐年上升，并占比越来越大，至2012年，建筑业、房地产业所占比重已达到33.4%，而在2006年仅为18%。金融业、租赁商务服务业等生产性服务业的投资占比较低，仅为1%左右，交通运输等流通性服务占比从2006年的13.4%下降到2012年的6%（如表5－24所示）。

表5－24　2006—2012年甘肃固定资产投资行业分布

行业	2006年		2008年		2010年		2012年	
	投资额（百万元）	比重（%）	投资额（百万元）	比重（%）	投资额（百万元）	比重（%）	投资额（百万元）	比重（%）
农林牧渔业	6075	6.0	8424	4.9	13936	4.4	17106	3.4
采矿业	4079	4.0	8406	4.9	13594	4.3	33951	6.7
制造业	22373	22.0	31734	18.6	52166	16.6	97087	19.0
电力、燃气及水的生产和供应业	12144	11.9	26570	15.6	55474	17.6	63424	12.4
建筑业	7273	7.2	13913	8.2	32518	10.3	79320	15.5
交通运输、仓储和邮政业	13592	13.4	11571	6.8	20862	6.6	30659	6.0
信息传输、计算机服务和软件业	1961	1.9	1497	0.9	2314	0.7	3217	0.6
批发和零售业	2743	2.7	3871	2.3	6433	2.0	13870	2.7
住宿和餐饮业	1132	1.1	1282	0.8	2678	0.9	6189	1.2
金融业	420	0.4	121	0.1	334	0.1	1100	0.2
房地产业	11024	10.8	30892	18.1	50503	16.1	91517	17.9
租赁和商务服务业	990	1.0	869	0.5	2589	0.8	2864	0.6

续表

行业	2006年		2008年		2010年		2012年	
	投资额（百万元）	比重（%）	投资额（百万元）	比重（%）	投资额（百万元）	比重（%）	投资额（百万元）	比重（%）
科学研究、技术服务和地质勘查	595	0.6	896	0.5	2476	0.8	3257	0.6
水利、环境和公共设施管理业	5043	5.0	8072	4.7	14062	4.5	36748	7.2
教育	2627	2.6	3332	2.0	6837	2.2	6476	1.3
卫生、社会保障和社会福利业	1099	1.1	1425	0.8	4249	1.4	3817	0.7
文化、体育和娱乐业	696	0.7	1121	0.7	2670	0.8	5260	1.0
公共管理和社会组织	7776	7.7	16573	9.7	30698	9.8	14270	2.8

资料来源：《甘肃发展年鉴》（2006，2008，2010，2012），经作者计算整理所得。

制造业作为甘肃省发展的重要支柱产业，不仅是第二产业的重要组成部分，也是甘肃省经济转型及结构调整的基础。自2004年以来，甘肃初级产品的固定资产投资比重在2009年达到最高，随后逐年下降，整体呈现倒U形趋势，至2011年，与2004年相比较，初级产品比重下降4.3%。中间产品在制造业固定资产投资比重最高，主要是因为甘肃省资源型城市较多，其制造业主要以金属、非金属冶炼及加工业为主。至2011年，中间产品在整个制造业的比重为49%，较2004年下降4%。资本品比重增长较快，2011年占比为18%，较2004年增长9.6%，呈现良好的发展态势。整体来看，甘肃具有典型的西部省份以资源生产与加工为主导的特点，中间产品的比重相对较高，目前在全国分工体系中，主要以资源、原材料供给为主。但可以看见的是，对于资本品的生产投资，2011年较2004年增长了近一倍（如表5－25所示）。

表5－25　2004—2011年甘肃固定资产投资流向各制造业的比重变化　单位：%

类别	2004年	2006年	2008年	2010年	2011年	2004—2011年变化
初级产品	17.9	23.7	17.5	25.7	13.7	－4.2
石油、炼焦及核燃料加工业	9.6	17.5	7.5	13.5	6.6	－3.0
化学原料及化学制品制造业	8.3	6.2	10.0	12.2	7.1	－1.2
中间产品	52.9	50.4	49.4	42.8	49	－3.9
皮革、毛皮、羽毛（绒）及其制品业	0.5	0.1	0.2	0.2	0.3	－0.2
木材加工及木、竹、藤、棕、草制品业	0.1	0.4	0.4	0.2	0.2	0.1
造纸及纸制品业	1.7	1.6	1.0	1.2	1.0	－0.7
化学纤维制造业	0.2	0.1	0.0	0.0	0.2	0.0
橡胶制品业	0.3	0.9	0.2	0.8	0.3	0.0

续表

类别	2004 年	2006 年	2008 年	2010 年	2011 年	2004—2011 年变化
塑料制品业	2.3	3.0	2.4	1.9	1.8	-0.5
非金属矿物制品业	6.2	3.7	8.6	14.2	17.6	11.4
黑色金属冶炼及压延加工业	22.8	16.8	14.2	6.2	12.1	-10.7
有色金属冶炼及压延加工业	15.7	22.2	20.5	15.8	12.0	-3.7
金属制品业	3.1	1.6	1.9	2.3	3.5	0.4
资本品	8.4	6.7	14.1	12.7	18	9.6
通用设备制造业	1.8	1.3	1.8	3.6	3.3	1.5
专用设备制造业	3.3	2.0	5.7	2.6	3.8	0.5
交通运输设备制造业	0.4	1.5	0.9	1.4	2.1	1.7
电气机械及器材制造业	0.8	0.7	2.4	3.7	4.4	3.6
通信设备、计算机及其他电子设备制造业	1.0	0.6	1.9	0.5	1.2	0.2
仪器仪表及文化、办公用机械制造业	0.9	0.3	0.0	0.4	0.5	-0.4
工艺品及其他制造业	0.1	0.2	0.8	0.3	0.8	0.7
废弃资源回收加工业	0.1	0.1	0.6	0.2	1.9	1.8
消费品	20.7	18.4	18.8	18.8	19.3	-1.4
农副食品加工业	8.0	6.8	8.4	6.6	7.4	-0.6
食品制造业	3.0	3.0	3.4	2.8	4.2	1.2
饮料制造业	2.8	3.7	3.5	3.0	2.6	-0.2
烟草制品业	2.6	1.0	0.3	0.3	0.1	-2.5
纺织业	0.7	0.4	0.5	1.8	1.1	0.4
纺织服装、鞋、帽制造业	0.8	0.1	0.1	0.3	0.4	-0.4
家具制造业	0.5	0.1	0.2	0.2	0.3	-0.2
印刷业和记录媒介的复制	0.2	0.7	0.4	0.5	0.2	0.0
文教体育用品制造业	0.0	0.0	0.0	0.0	0.0	0.0
医药制造业	2.1	2.6	2.0	3.3	3.0	0.9
制造业	100.0	100.0	100.0	100.0	100.0	0.0

资料来源：《甘肃发展年鉴》。

三、甘肃对外经贸格局的变动

由于深处内陆，随着中国全面开放格局的形成，甘肃外贸虽有所发展，但在全国的地位不断下降，外向化程度有所萎缩。

1. 对外贸易规模上升

20 世纪 90 年代后半期，甘肃对外贸易逐年下降，1999 年仅为 5.4 亿美元。随着中国加入世贸组织以及全方位开放格局的形成，甘肃外贸总额开始增长，2010 年达到峰值为 72.7 亿美元。随后因国际金融危机导致外部市场萎缩，2013 年进出口总额回落到

44.4 亿美元（如图 5－19 所示）。

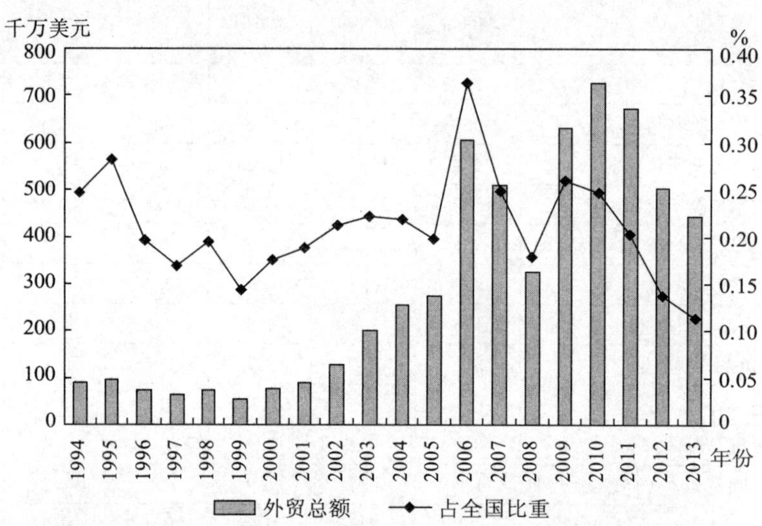

图 5－19 1994—2013 年甘肃对外贸易总额及占全国比重变化

资料来源：CEIC 数据库。

然而，从甘肃外贸在全国的地位来看，21 世纪以来，虽有 2006 年曾达到占全国总贸易额的 0.36% 的最高水平，但此后就逐年下滑，到 2013 年仅占全国总额的 0.11%。甘肃外贸在全国的地位不仅极低，而且滑至谷底。

2. 近年来外贸依赖度下降明显

甘肃对外贸易受国际市场影响显著，在 20 世纪 90 年代和 2008 年全球经济衰退的背景下，甘肃的外贸萎缩显著，并使外贸依赖度于 1999 年和 2013 年两次跌至 5% 左右的历史低点。甘肃在利用国际市场拉动本地产业集聚和经济增长方面相对滞后（如图 5－20 所示）。

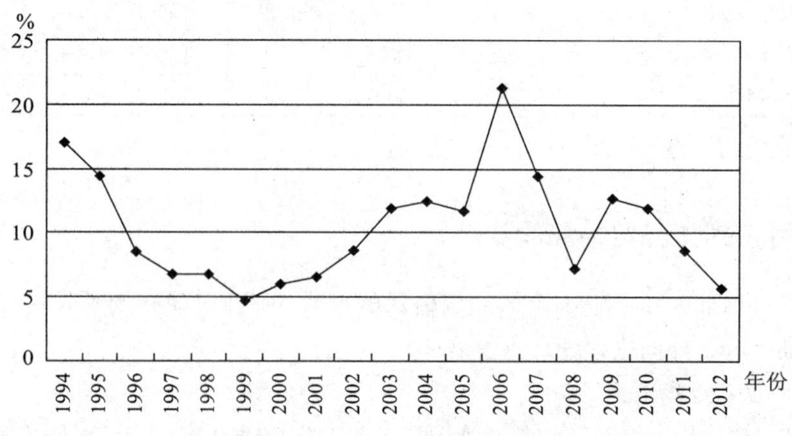

图 5－20 1994—2012 年甘肃对外贸易依存度

资料来源：CEIC 数据库。

3. 以资源性商品为主要贸易品

根据2009年上半年数据，美国是甘肃第一大出口国，主要出口钴及其制成品；澳大利亚是第一大进口国，占到全省进口总额的26.1%，主要进口镍锍及其制成品等矿产品。

2009年1—5月，甘肃出口农产品7114万美元、机电产品5992万美元和贱金属及其制成品4995万美元，分别占到总出口额的24.1%、20.3%和16.8%；进口镍钴原料8.5亿美元、镍钴制成品1.5亿美元，以及机电产品1.7亿美元，分别占到总进口的69.4%、12%和13.9%。农产品出口中，主要出口苹果及其制成品、葵花子、中药材等初级农产品，约占全国农产品出口的0.43%。

总体来说，甘肃外贸以资源性产品为主，进出口商品结构较为单一，且比较优势并不显著。①

4. 外商直接投资水平低

从甘肃吸引外商直接投资来看，除了2008年金融危机前后，较多外资流向内陆投资，使甘肃吸引外资总额从2007—2010年大幅攀升，并达到2010年1.35亿美元的历史高点外，1994—2012年的绝大部分年份，甘肃吸引外资规模都不断萎缩（如图5-21所示）。

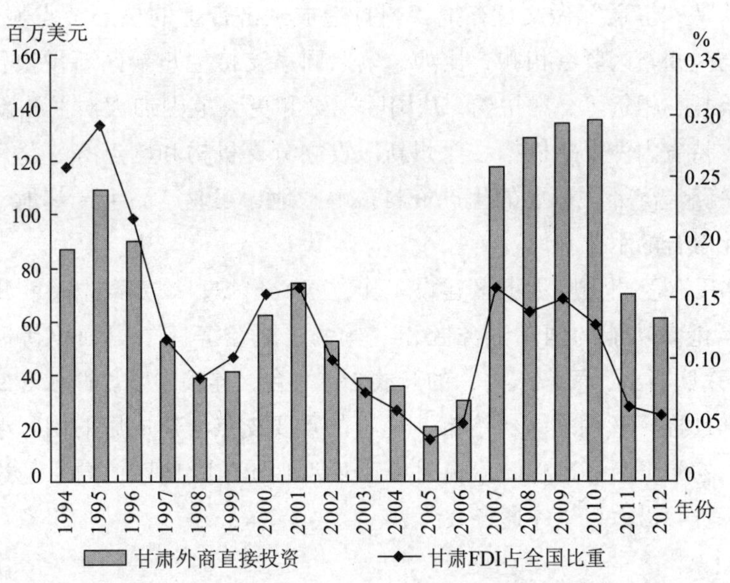

图5-21　1994—2012年甘肃外商直接投资及占全国的比重

资料来源：CEIC数据库。

从甘肃吸引外资在全国的比重来看，1995年曾达到占全国0.29%的历史高位，此

① 李桃．甘肃省对外贸易现状及对策［J］．时代金融，2011（9）．

后一路走低，2005年仅吸收全国外资的0.03%；2007—2010年有所攀升后，2012年又跌至占全国0.05%的较低水平。

四、甘肃参与丝绸之路经济带建设的形势与进展

面对建设丝绸之路经济带的发展机遇，外向化程度不断下降的甘肃拟充分利用国际市场，以提升经济发展水平。

1. 战略定位

丝绸之路经济带提出以后，甘肃积极响应，并提出自身定位。甘肃一方面提出打造成为丝绸之路经济带的黄金段，以走高质量、高效益的发展新路①；另一方面提出将兰州打造成丝绸之路经济带黄金段上的"钻石节点"②。甘肃省委党校张建君教授认为，甘肃，特别是兰州新区有必要成为丝绸之路经济带的现代出发点，主要在于兰州新区的国家级新区地位，可以担负起向西开放桥头堡的重任，以及促进甘肃转型跨越发展，可以保证西北边疆稳定。③

2. 发展方案

甘肃建设丝绸之路经济带的发展方案主要围绕兰州市的开发开放而展开。

2013年10月，《建设"丝绸之路经济"兰州市实施方案》被审议并通过。方案提出，兰州市将从"五通"做文章，把兰州打造成经济带上的核心节点城市。"五通"中每一环又与兰州新区紧密相扣，比如，争取国家支持兰州新区新设银行、证券、期货、保险、信托、租赁等金融机构，从国际视野和更大范围加大对兰州新区的信贷投入；引导和支持省内外金融机构在兰州新区设立分支机构和网点等；兰州新区计划打造成为丝绸之路经济带"重要的生产资料疏解基地、工业产品生产基地、职教人才培训基地和文化融合的示范基地"等。

2014年初，《兰州国际港务区建设工作方案》出炉，该方案拟将兰州国际港务区建成多式联运港口功能的国际港务区和"丝绸之路经济带"国际贸易枢纽港，成为"外引内联、东联西出、西来东去"的开放合作平台，连接中亚、西亚和欧洲市场的综合物流中心和助推"丝绸之路经济带"建设的重要支点。建成后的国际港务区向西通过阿拉山口、霍尔果斯等边境口岸辐射中亚、西亚和东欧地区，向东通过青岛、连云港、上海、深圳等沿海口岸连通各大洲。④

3. 主要进展

在重大发展机遇面前，甘肃也从不同环节积极推进，以取得切实进展。

在交通设施建设方面，兰州至乌鲁木齐的兰新第二双线预计于年底全线开通运行，

① 孟妮．地方争抢丝绸之路经济带发展新机［EB/OL］．丝路网，2014-01-10.

② 胡建．兰州新区起步又见古丝路：经济带"钻石节点"渴盼国家政策［N］．每日经济新闻，2013-11-26.

③ 张建君．打造新丝绸之路的现代出发点［EB/OL］．丝路网，2013-12-02.

④ 中国丝路网，2014年2月18日。

这条长1700多公里的高速铁路将使两地旅行时间由原来的20小时缩短到8小时。

在项目推进方面，甘肃定西提出大力发展现代物流业，建设“丝绸之路·国际商贸物流城”项目，并于2014年2月18日，由中国物流与采购联合会副会长贺登才携专家到定西市进行项目论证。①

在课题研究方面，甘肃省内成立丝绸之路经济带建设研究课题组，展开对全省各个市州的实地调研，结合实际情况，研究对接丝绸之路经济带建设思路；另外，委托国务院发展研究中心课题组开展专题研究，针对甘肃自身地理特点，研究制定新丝绸之路经济带发展的总体方案。针对甘肃提出在兰州新区设立自贸区的设想，各个市州也在积极行动，谋划对接方案。②

在研讨交流方面，2014年5月，外交部与甘肃省政府在兰州共同主办“亚洲合作对话——丝绸之路务实合作论坛”，主题为“振兴陆上海上丝绸之路，构建亚洲区域经济一体化格局”，这也是全国举办的首次针对“一带一路”倡议的大型国际性专题论坛。此外，甘肃省还计划与全国友协、中国友好城市联合会共同主办“丝绸之路经济带省州长国际论坛”。此类国际会议的召开，对于推动丝绸之路经济带建设，特别是甘肃黄金段建设和扩大甘肃影响力起到重要作用。③

五、甘肃参与丝绸之路经济带建设的角色与路径选择

甘肃是多民族交会融合聚集区，位于西北地区的中心地带，在保障国家生态安全、促进民族团结繁荣发展和边疆稳固等方面，具有不可替代的战略地位。甘肃地域辽阔，自然资源丰富，不仅有良好的土地资源、气候资源，更有在全国占据重要地位的矿产资源、能源资源和生物资源。独特的地理区位优势、丰富的新能源资源禀赋、相对完善的交通基础设施网络、连续出台的促进发展政策的叠加效应，为甘肃在发挥中外交流与合作、促进民族团结融合方面提供重要基础条件，也是甘肃参与“丝绸之路经济带”建设的关键比较优势。

作为全国重要的新能源基地、有色冶金新材料基地和特色农产品生产加工基地，以及与中西亚及中东欧地区经济上有高度互补性的西部重省，甘肃在“丝绸之路经济带”中有必要作为连接欧亚大陆桥的战略通道和沟通西南、西北的交通枢纽，中国内陆向西开发开放的第一平台，与俄罗斯、白俄罗斯、中亚、西亚进行经济技术和贸易交流的主通道。

为实现甘肃在“丝绸之路经济带”建设中的战略目标，主要发展选择包括：

第一，发挥甘肃在“丝绸之路经济带”的地域优势。将甘肃放在全球化和全国加快发展的大背景中，结合国家宏观战略调整和区域发展格局的形成，依据甘肃所处的

① 参见定西日报，中国丝路网，2014-02-20。

② 参见陕西传媒网，2014-03-19。

③ “亚洲合作对话——丝绸之路务实合作论坛”在甘肃兰州举行［N］. 人民日报，2014-05-28.

区位、资源和产业优势，突出战略定位，明确发展导向。抓住“丝绸之路经济带”建设机遇，积极开拓中亚、中东、俄罗斯等新兴出口市场；着力实施好“中心带动、两翼齐飞、组团发展、整体推进”的区域发展战略；以优势资源开发转化为重点的产业发展战略。

第二，积极谋划向西开放。深化区域协作和全面推进向西开放，积极发展内陆开放型经济，以银川—兰州—西宁经济带和庆阳—平凉—天水—成县徽县—武都经济带为主纵轴，以西陇海—兰新经济带为主横轴，沿新的交通轴线推进多线型、城乡一体化的开放带动城镇化发展新格局；增强转型跨越发展战略的实施力度，把“西陇海—兰新经济带”“华夏文明传承创新示范区”“兰—西（宁）—格（尔木）经济区”建设融入“丝绸之路经济带”建设；将“丝绸之路经济带”甘肃段打造成实力比较雄厚的产业平台、科技高地，努力走出一条具有甘肃特色的科学发展之路。

第三，将新型城镇化与“丝绸之路经济带”建设紧密结合起来。通过“丝绸之路经济带”建设，提升甘肃省各城镇容纳人口、吸纳就业和承接产业功能，逐步完善全省东、中、西三大城市群通道，促进各城市群产业配套协作，融合发展。同时进一步加快兰州老城区改造提升、高新区及经济区增容扩区和新区开发建设步伐，把兰州建设成为全国有影响力的向西开放的区域性特大城市。紧紧抓住国家实施关—天经济区发展规划和陕甘宁革命老区振兴规划的有利时机，支持天水、平凉、庆阳先一步发展，并辐射带动省内东南部地区发展。在大力发展大中城市规模的同时，以加大职业教育、提升劳动力素质为着力点，在大中城市周边、主要公路铁路沿线、大型矿区、重点景区等区域，建设一批特色鲜明、承载力和容纳力强的中小城镇。

第四，把握敦煌文化、丝路文化等地域民族文化资源优势，着力打造华夏文明保护传承和创新发展示范区，增强力度推进文化改革发展，全面提升甘肃文化的凝聚力、影响力和竞争力。正确处理好经济建设、资源利用和环境保护之间的关系，努力走出一条具有甘肃特色的生态文明发展之路。在此基础上，全面提升立体化交通通达能力，按照骨干道路高速化、省内交通网络化、运输方式立体化的要求，抓好公路、铁路、机场等重大项目建设，实现主要出省通道、省会与各市州所在地之间高速公路连接，县县通高等级公路，力争14个市州全部通铁路，大幅度提升兰州机场枢纽地位，加快改造和建设支线机场，鼓励发展通用航空，努力形成内通外畅、运能充分、布局合理、安全便捷的综合交通运输体系①。

① 罗哲甘肃参与“丝绸之路经济带”的战略选择与对策［N］. 甘肃日报，2013-11-01.

5.5 宁夏与青海经济转型和参与丝绸之路经济带建设

丝绸之路经济带的建设，是继西部大开发之后向西开放的重大举措。宁夏和青海作为全国少数民族聚集区，地处中国西部内陆，经济基础薄弱，发展水平相对较低。随着开放格局由沿海深入内地，宁夏与青海作为丝绸之路经济带沿线上的中间地带，应该把握机遇，加紧步伐，有所作为，努力打造其成为丝绸之路经济带建设的战略支点和战略基地，实现经济的跨越式发展。

一、宁夏与青海的经济基础和发展历程

1. 宁夏的经济基础与发展历程

素有“塞上江南”之称的宁夏，地处东亚大陆和中国北部几何中心、新亚欧大陆桥中国段的重要位置，是全国最大的回族聚居区。下设5个地级市、9个市辖区、2个县级市、11个县①。

（1）宁夏的自然资源基础

宁夏光热资源丰富，太阳辐射强，日照时间长，是全国日照和太阳辐射最充足的地区之一；能源资源丰富，品质优良，可利用的有石油、天然气、煤层气、水能、风能、光能等，煤炭储量303亿吨，居全国第六，矿产资源主要有能源矿产和非金属矿产两大类；旅游资源丰富且独特，既有南国水乡的特色，又有塞外边陲的壮丽，在全国5A级旅游景区中，两个以沙漠旅游为主的景区都在宁夏。但是宁夏的土地资源质量不高，全区总面积5.2万平方公里，耕地占总面积的21.2%，旱耕地占耕地面积的70%以上，旱耕地中基本农田不到30%；水资源贫乏，且空间分布不均，时间上变化大，只有引黄灌区水资源相对丰富，而占全区面积69%的黄土丘陵、低缓丘陵地区地下水量贫乏。

（2）宁夏经济发展历程

改革开放以来，宁夏的社会经济得到快速的发展，从发展历程来看，大致可以分为以下三个时期：②

第一个时期：改革启动、经济社会快速发展时期（1978—1990年）。这十几年是改革开放探索阶段，也是宁夏经济社会发展最快的十几年。十一届三中全会后，农业生产逐渐形成以家庭联产承包经营为基础、统分结合的双层经营体制，工业化、城市化

① 参见：宁夏行政区域划分。

② 余登波．宁夏经济社会发展成就和经验［EB/OL］．宁夏党史网，2009-12-07.

进程加快，服务业进入稳步快速发展阶段。1990 年，第三产业生产总值达到 22.66 亿元，比 1978 年增加 19.33 亿元，年均增长 1.6 亿元。

第二个时期：改革推动、经济社会稳步发展时期（1990—2000 年）。这十年是宁夏经济社会改革的艰难推进时期。这一时期的特点是农村经济发展相对缓慢，工业经济成为改革的重点。随着市场经济体制的建立，企业体制改革和对外开放步伐加快，到 2000 年底，在自治区 409 户规模以上工业企业产值中，国有及国有控股企业产值的比重为 59.4%，集体企业产值占 4.8%，其他非公有制企业产值占 35.8%，同时服务业生产总值达到 127.5 亿元，其所占的比重由 1980 年的 27.7% 提高到 2000 年的 43.2%，提高 15.5 个百分点。这一时期虽取得不少成就，但各类社会矛盾日益凸显，困扰经济社会发展的困难明显增多。

第三个时期：综合改革、经济社会蓬勃发展时期（2000 年以后）。21 世纪以来，宁夏经济社会进入发展最快的时期，农村加快综合改革和社会主义新农村建设，工业经济发展也出现新的变化，经济增长一直保持在两位数的速度，社会事业蓬勃发展，生态恶化的趋势得到遏制，局部地区开始好转。

近年来，虽然宁夏经济发展取得巨大成就，实现较快增长，但其 GDP、固定资产投资和财政收入等总量过小，经济基础依然较弱，总体上处于我国发展落后地区，在西部地区则属于中下游水平。

2. 青海的经济基础与发展历程

青海省地处我国西部大通道，人口总量少，是个多民族聚居的省份，下设 6 个民族自治州、7 个民族自治县，实行民族自治的地区占青海省总面积 98%。①

（1）青海的自然资源基础

青海是长江、黄河、澜沧江的发源地，水资源丰富，水能总储量居西北五省之首，人均水能总储量是全国人均水平的 8 倍；矿产资源品种比较齐全，分布集中，有很高的开采价值，现已被发现的各类矿产 125 种，人称“聚宝盆”的柴达木盆地，其盐湖资源具有储量大、类型全、组合好的特点，盆地内石油天然气有很好的成矿条件，石棉、电石用石灰石、蛇纹岩、石英岩等非金属矿产资源的储量在全国也名列前茅，尤其是石棉储量，据全国第一；旅游资源丰富，具有青藏高原特色和民族风情；拥有丰富的草场资源，是中国五大牧业区之一，全省可利用草原面积 3160 万公顷，占全国的 15%；太阳辐射强，日照时间长，光热资源丰富；经济动物和经济植物种类多，有不少属于国家保护的稀有珍贵品种。

（2）青海经济发展历程

新中国成立以来，青海省在极为薄弱的初始条件和基础上实现较快发展，主要经

① 参见：青海行政区域划分。

历以下几个阶段：①

第一阶段（1949—1977年）：这一时期经济增长较快，但有明显波动。其GDP增长8.26倍，年平均增长率8.5%，高于全国平均水平（6.2%）2.3个百分点，但呈现出经济增长的大起大落，其中在“大跃进”时期表现最为显著。并且人均收入极低、社会经济发展水平也比较低，以农业为主，生活水平属于贫困型。

第二阶段（1978—1995年）：缓慢增长时期。这一阶段，青海经济年增长率6.8%，低于1952—1978年的年增长率，还明显低于全国平均年增长率9.9%的水平，占全国GDP的比重持续下降。但是这一时期虽然人均收入低、社会经济发展缓慢，但人民生活水平基本上进入温饱型阶段。

第三阶段（1996年以后）：高速增长阶段。1995—2010年，青海GDP增长4倍，年平均增长率达到10.5%，高于全国平均9.6%的水平。这一时期人均收入有所提高，开始进入小康水平，但总体来讲社会经济发展仍然不平衡、不全面。

二、宁夏与青海的经济总量及结构变迁

经济总量和结构是否合理是一个地区经济发展的基础，合理的经济结构能够促进资源的有效配置和经济的快速增长。

1. 宁夏的经济总量及结构变迁

（1）宁夏经济总量的变迁

宁夏经济总量虽较小，但是民族团结、社会稳定，具有良好的发展基础。进入21世纪以来，宁夏运用本省的优势以及国家的扶持政策，努力进行经济改革，使得经济发展迈上新台阶，GDP总量持续上升。从总值上看，2000年的时候仅仅只有295亿元，而到2013年时达到2565亿元，2000—2012年年均增长速度达到11.5%，除2005年、2007年落后于全国平均增长率，其余年份均超过全国增长水平；人均GDP更是从2000年的5376元提升至2013年的39420元（如图5－22所示）。

从宁夏经济占全国的比重来看，2000年，宁夏地区生产总值占到全国的0.3%，此后逐年攀升，2013年达到占比0.45%的历史高位。宁夏在全国经济中的地位虽然较低，但正逐步提升。

（2）宁夏经济结构的变迁

随着社会经济的发展，宁夏在经济结构变迁方面也取得一定进展，主要是农业基础地位进一步加强，工业经济在调整改革中迈上一个新的台阶，长期落后的第三产业得到较快发展，产业结构呈现向工业化演进的特征（如图5－23所示）。

① 胡鞍钢，童旭光．青海省经济发展历程与发展阶段研究［J］．青海社会科学，2011（6）：1－5.

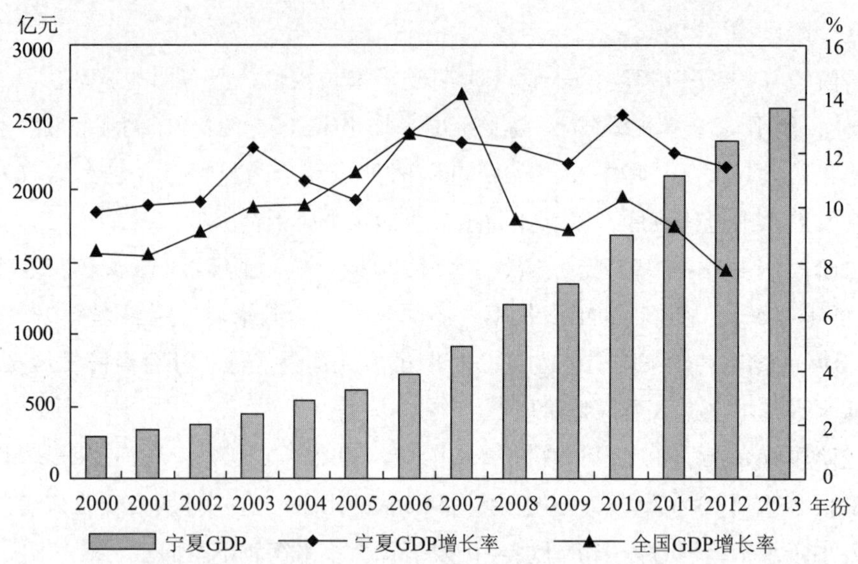

图 5-22 2000—2013 年宁夏地区生产总值及其增长率

资料来源：中国经济与社会发展统计数据库。

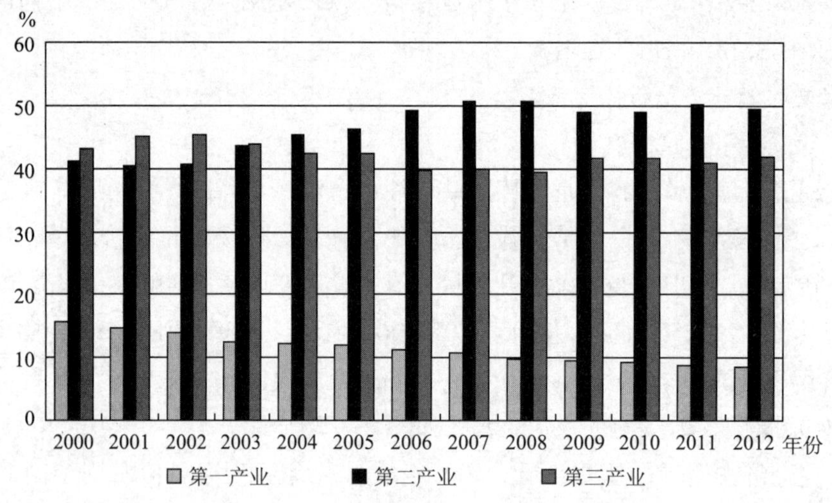

图 5-23 2000—2012 年宁夏三次产业结构

资料来源：中国经济与社会发展统计数据库。

具体表现为：①第一产业占地区生产总值的比重逐步下降，由 2000 年的 15.6% 下降到 2012 年的 8.5%，下降 7 个百分点；②第二产业在三大产业结构中所占比重总体上处于上升趋势，从 2000 年的 41.2% 上升到 2012 年的 49.5%，2007 年达到 50.8% 的历史最高水平；③第三产业一直处于不稳定发展状态，所占 GDP 比重还有所下降，2000 年占比为 43.2%，2006 年曾降至 39.6%，此后有所回升，2012 年占 GDP 的 42%，仍低于 2000 年水平。

从第二产业内部构成来看，工业占据绝对主导地位，其中，2000 年重工业占工业比重为 76.7%；此后，该比重逐年攀升，到 2012 年达到 86%，宁夏重工业化的程度不断提高。此外，2012 年建筑业的增长速度较快，同比增长 17.3%（如表 5－26 所示）。

表 5－26　2011 年、2012 年宁夏主要产业规模及增长率

类别	指标	2011 年（亿元）	2012 年（亿元）	比同比增长（%）
第一产业	农业	184	199	8.3
第二产业	工业	817	879	7.6
	建筑业	239	281	17.3
第三产业	运输、仓储、邮政业	174	197	12.9
	批发和零售业	110	125	13.4
	金融业	134	168	24.8
	房地产业	79	88	10.8
	其他服务业	365	406	11.5

资料来源：宁夏回族自治区 2012 年《国民经济和社会发展统计公报》。

从第三产业内部构成来看，运输、仓储和邮政业，以及批发零售等流通性服务业占据主导地位，前者 2012 年占第三产业比重为 20%，后者占比 12.7%；生产性服务业方面，2012 年金融业在第三产业中的比重比上年有所上升，由 2011 年的 15.5% 增至 2012 年的 17.1%，同比增速也是所有细分行业中最快的；房地产业 2012 年比重为 8.9%，在服务业中增幅相对较小。

2. 青海的经济总量及结构变迁

（1）青海经济总量的变迁

作为一个以农牧业为基础，资源初级开发为特点的省份，青海省的经济水平相对落后。

21 世纪以来，青海 GDP 增长率除 2007 年以来，一直高于全国平均水平，2000—2013 年平均增长率达到 12.4%。2000 年，青海经济总量为 264 亿元，到 2013 年全省生产总值达到 2101 亿元，年均增长率基本在 10% 以上的高位运行。从青海省 GDP 占全国的比重来看，虽然占比一直相对较低，2000 年占到全国的 0.27%；但比重持续上升，2013 年达到 0.37%。从人均 GDP 来看，2000 年，青海省为 5138 元，2012 年增至 33181 元，平均涨幅也在 10% 以上。但总体来说，青海在全国经济中的地位相对较低（如图 5－24 所示）。

（2）青海经济结构的变迁

实施西部大开发政策以来，青海第一产业增长速度较为缓慢，第二产业增速较快，第三产业总体上也处于不断增加状态，总体来说，青海正处于工业化进程之中（如图 5－25 所示）。

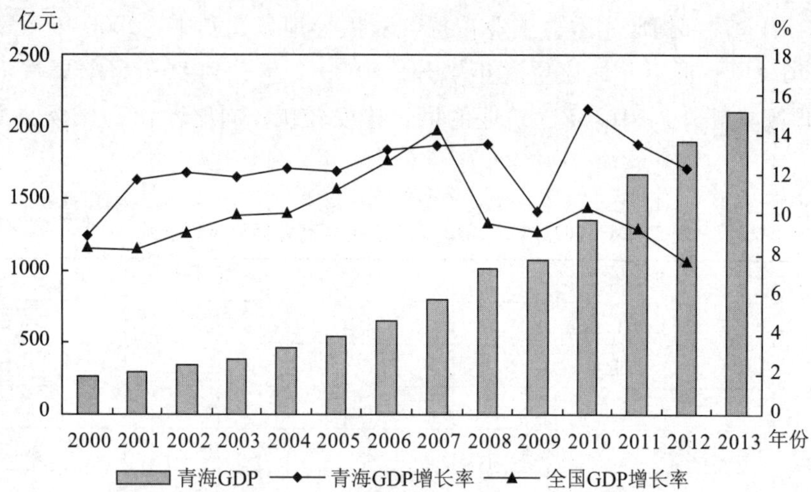

图 5－24　2000—2013 年青海地区生产总值及其增长率

资料来源：中国经济与社会发展统计数据库。

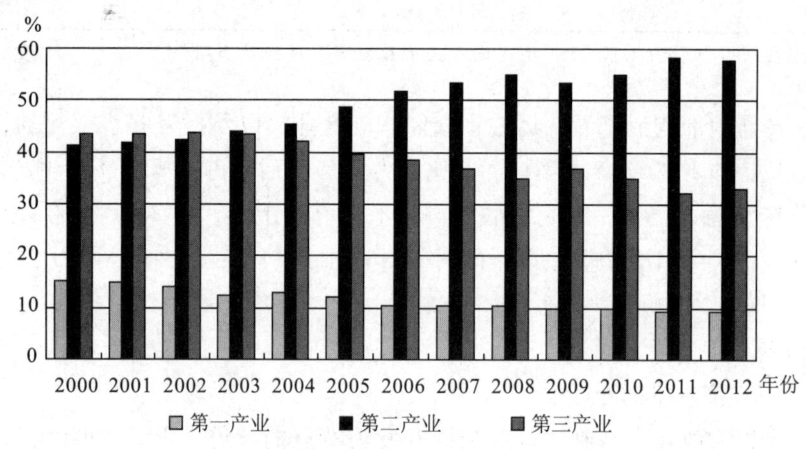

图 5－25　2000—2012 年青海三次产业结构

资料来源：中国经济与社会发展统计数据库。

在三大产业结构中，第一产业所占比重有所下降，从 2000 年的 15.2% 下降为 2012 年的 9.3%，下降幅度接近 6 个百分点；第二产业所占比重稳步增加，从 2000 年的 41.2% 增加到 2012 年的 57.7%，增加幅度达到 16.5%；第三产业虽然产值持续增加，但其所占比重有所下降，从 2000 年的 43.5% 下降到 2012 年的 33%，降幅达到 10% 左右。

在第二产业内部，2012 年建筑业的增加幅度超过工业，增幅达到 20.1%；但工业占据第二产业主导地位。其中，2007 年规模以上工业的 94.1% 为重工业，2012 年该比例下降至 90.9%（如表 5－27 所示）。

表 5-27　2011 年、2012 年青海主要产业规模及增长率

类别	指标	2011 年（亿元）	2012 年（亿元）	比同比增长（%）
第一产业	农业	155	177	14.1
第二产业	工业	812	896	10.4
	建筑业	164	196	20.1
第三产业	运输、仓储、邮政业	68	72	6.5
	批发和零售业	94	109	16.8
	金融业	63	84	33.7
	房地产业	29	31	7.9
	其他服务业	287	328	14.1

资料来源：青海统计局，作者整理所得。

在第三产业内部，2013 年批发零售业占比达到 17.5%，相对来说是最大的服务部门。生产性服务中，金融业所占比重由 2011 年的 11.6% 上升至 2012 年的 13.5%；房地产业则由 5.4% 降至 5%，所占比重相对较小。

从宁夏与青海经济总量与结构变迁可以看出，近年来，虽然两省的国内生产总值逐年持续增长，工业化发展取得显著进展，但两省经济总量整体较小，自我发展能力不强，市场化程度不高，制约发展的结构性矛盾依然突出，科技创新能力薄弱，经济转型的任务仍然十分艰巨。

三、宁夏与青海对外经贸格局的变动

对外经贸格局是经济全球化与国家开放战略相互作用的结果。积极参与国际区域经济合作，合理有效地利用外资，引进先进技术和管理经验，能够有效促进经济的发展

1. 宁夏对外经贸格局的变动

宁夏作为西北内陆欠发达省份，对外经贸起步晚、起点低，但是发展势头较好。自 20 世纪 80 年代改革开放以来，宁夏对外贸易每年都以 20% 以上速度迅猛发展，是西北五省区中增速最快的①。

（1）对外经贸活动的发展

西部大开发政策实施以来，宁夏对外经贸活动进展较大，贸易总量持续增长，贸易顺差有所扩大，外商直接投资稳步提高。

第一，1994—2000 年，宁夏外贸总额在 3 亿～5 亿美元徘徊，增长较为有限；21 世纪以来，宁夏外贸增长迅猛，2003 年突破 10 亿美元；从 2006 年开始，外贸各项指标总体上处于上升趋势，由于受金融危机的影响，在 2009 年有所下降，但从 2010 年开

① 牛小翠. 宁夏对外贸易与经济增长关系实证研究［D］. 中南大学硕士学位论文，2009.

始又恢复增长趋势，2012 年为 22.2 亿美元。

第二，贸易顺差有所扩大。2006 年，宁夏实现 4.5 亿美元的贸易逆差，此后始终保持顺差，2012 年实现进出口总额 22.2 亿美元，其中出口总额 16.4 亿美元，进口总额 5.8 亿美元，全年累计实现贸易顺差 10.6 亿美元。

第三，在全国的贸易地位有所下滑。1994 年，宁夏外贸总额占到全国的 0.09%，该比重在 1999 年达到 0.117% 的历史高位，随后不断走低，2013 年，宁夏外贸总额仅为全国的 0.047%。

第四，外贸依赖度趋于下降。1994 年，宁夏的外贸依赖度为 20.5%；21 世纪以来，在 2004 年达到 19.8% 的水平以后不断下滑，到 2012 年，仅为 6.2%，为 20 世纪 90 年代中期以来的历史最低点。宁夏利用国际市场拉动经济增长相对乏力。

第五，外资流入不断增长。2000 年，宁夏吸引外商直接投资 1283 万美元，占到全国的 0.03%，签订投资项目 32 个；到 2012 年，宁夏虽然仅签订 11 个外商直接投资项目，但吸引外资 2.18 亿美元，占到全国的 0.2%，高于 2000 年 0.17 个百分点（如表 5 -28 所示）。

表 5-28　2006—2012 年宁夏对外经贸活动

年份	进出口总额（亿美元）	进口总额（亿美元）	出口总额（亿美元）	进出口差额（亿美元）	外贸依赖度（%）	FDI（亿美元）
2006	14.4	4.9	9.4	4.5	16.6	0.4
2007	15.8	5.0	10.9	5.9	16.3	0.5
2008	18.8	6.2	12.6	6.4	10.8	0.6
2009	12.0	4.6	7.4	2.8	8.3	0.7
2010	19.6	7.9	11.7	3.8	9.1	0.8
2011	22.9	6.9	16.0	9.1	7.4	2.0
2012	22.2	5.8	16.4	10.6	6.2	2.2

资料来源：《宁夏统计年鉴》(2013)。

（2）主要出口商品结构

近年来，宁夏对外贸易方式以一般贸易为主，加工贸易进出口只占很小的比重。从贸易地理方向来说，贸易主要伙伴主要集中在日本、美国、韩国、中国香港、澳大利亚、德国、荷兰、英国、意大利、印度十个国家和地区。① 而对外贸易主体结构的特点是国有企业所占比例下降，外资和国营企业的比重有所上升，民营企业在外贸发展中的作用日益突出。对于出口商品主要是以初级产品为主，2006 年以前大多集中在农副产品、轻纺产品和工矿产品上。从 2007 年开始出口商品结构逐渐多元化。

2013 年 1—11 月，宁夏全区重点商品出口 8.76 亿美元，比 2012 年前 11 个月下降约

① 牛小翠．宁夏对外贸易与经济增长关系实证研究［D］．中南大学硕士学位论文，2009.

10%。出口额居前三位的商品分别为钽铌铍及制品、羊绒衫和羊绒纱线。出口额分别为1.20亿美元、1.17亿美元和1.11亿美元。增速分别为-9.5%、51.6%和75.3%。虽然19种出口产品中多数与2012年相比处于下降趋势，但是总体保持平稳，轻纺产品出口始终保持稳步上升趋势，出口商品品种不断增加（如表5-29所示）。

表5-29 2013年1—11月宁夏重点出口商品

商品名称	出口总值（百万美元）		增减（%）	商品名称	出口总值（百万美元）		增减（%）
	2013年	2012年			2013年	2012年	
合计	876.1	974.9	-10.1	无毛绒	35.9	83.4	-43.2
钽铌铍及制品	120.4	133.0	-9.5	碳化硅	30.4	37.6	-11.8
羊绒衫	117.0	76.9	51.6	石墨制品	27.0	42.8	-37.2
羊绒纱线	111.4	63.7	75.3	铁合金	21.1	68.1	-69.1
双氰胺	71.1	94.8	-24.8	四环素及盐	18.4	20.6	-10.5
机床及铸件	68.7	63.0	9.3	增炭剂	14.5	30.8	-52.7
活性炭	61.8	51.1	20.9	金属镁	14.0	13.7	2.3
饲料添加剂	58.2	77.6	-24.8	味精	9.3	11.1	-15.7
泰乐菌素	51.7	44.9	14.9	除草杀虫剂	8.6	16.8	-49.4
红霉素	36.2	44.7	-23.9	轮胎	0.7	0.5	62.9

资料来源：2013年数据来自宁夏统计信息网；2012年数据由《宁夏统计年鉴》（2013）整理所得。

2. 青海对外经贸格局的变动

“立足服务全省结构调整的战略方向，把扩大进出口与培育特色优势产业紧密结合起来，加强出口基地建设，培育新的出口增长点，不断提高出口贡献率。优化进出口主体结构、产品结构、贸易结构和市场结构，加快外贸发展方式转变。”这是青海省在国民经济“十二五”规划中对外经贸的发展目标。近年来，青海省的对外经贸虽然有一定发展，但与全国其他省份相比还是相去甚远。

（1）对外贸易总额及利用外资情况

21世纪以来，青海虽然加大对外开放力度，进出口贸易和吸引外资取得显著进展，但近年来青海的外向化程度相对来说持续走低。

第一，外贸总额有所增长，但外贸依赖度下降。20世纪90年代后半期，青海的贸易总额不断下滑，由1994年的3.3亿美元下降至1998年的1.8亿美元。随着全面开放格局形成以及西部大开发的推进，青海进出口贸易快速增长，2012年贸易总额达到11.4亿美元，顺差达3亿美元。然而，从外贸依赖度看，对外贸易相当于地区生产总值的比重并没有显著提升，除2004年和2006年高于14%以外，2006年后持续走低，2010年，青海外贸依赖度跌至2.8%的历史低位，2012年回升至3.8%，外贸活动对青海经济带拉动作用极其乏力（如图5－26所示）。

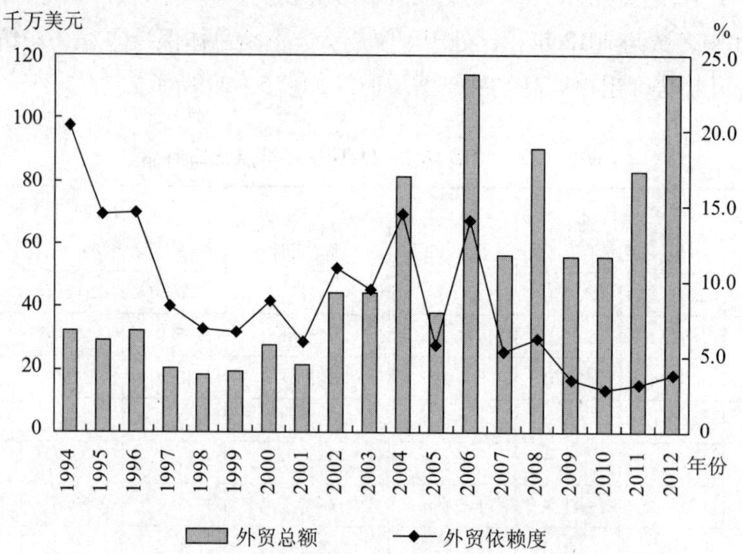

图5－26　1994—2012年青海外贸总额及外贸依赖度变化

资料来源：中国经济与社会发展统计数据库。

第二，吸收外资有所波动。2000年，青海省吸收外商直接投资5309万美元；2000—2007年，外资流入量持续增加，2007年为3.1亿美元；此后逐年下滑，2011年为1.69亿美元，2012年回升至2.06亿美元。从外资合同项目数量来看，2000—2005年，基本徘徊在30～40个，2009年以后，均不足20个，2011年仅有6个外商直接投资项目落户青海。①

第三，对外经贸活动在全国地位下降。虽然青海的进出口贸易额和吸引外商直接投资额从绝对值上有所上升，然而从全国的地位来看，近年来的下滑趋势非常显著。2000—2006年，青海外贸总额占全国的比重在0.05%～0.07%的范围徘徊；2013年，该比重已下滑至0.02%的水平。从吸引外资占全国的比重看，2005年曾占到全国外资总额的0.44%，而后不断下降，2011年仅为0.15%。青海在中国对外经贸活动中的影响力极其微弱（如图5－27所示）。

（2）主要出口商品结构

青海省的出口方式以一般贸易为主，加工贸易所占比重较小。从贸易地理方向上来说，2012年十大主要出口国或地区包括日本、美国、巴基斯坦、中国香港、沙特阿拉伯、韩国、马来西亚、德国、加拿大、新加坡，大多数都是亚洲国家或地区②。出口产品大多也都是一些初级产品，高新技术产品较少，但是出口商品品种逐渐增多（如

① 资料来源：中国经济与社会发展统计数据库。

② 《青海统计年鉴》（2013）。

表 5－30 所示）。

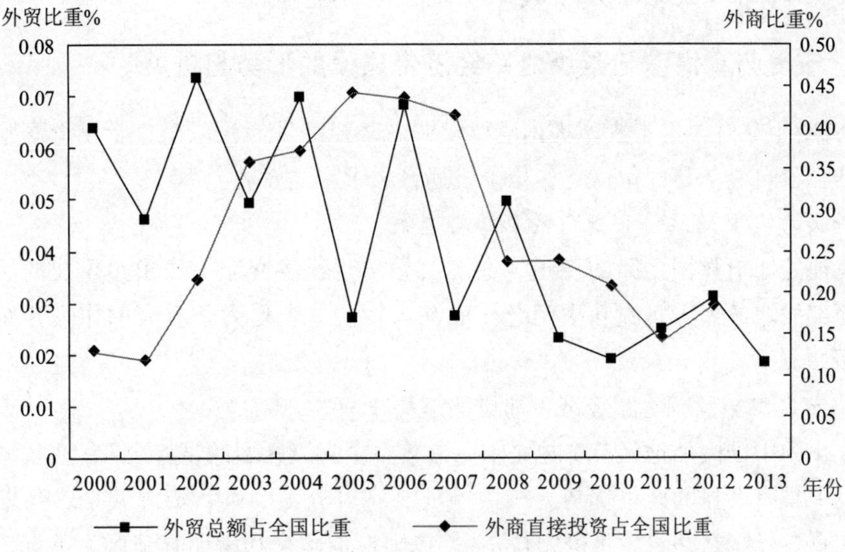

图 5－27　2000—2013 年青海外贸与吸引外资占全国比重变化

资料来源：中国经济与社会发展统计数据库。

表 5－30　2011 年、2012 年青海主要出口商品对比

商品名称	出口总值（百万美元）		增减（%）	商品名称	出口总值（百万美元）		增减（%）
	2011 年	2012 年			2011 年	2012 年	
合计	512.3	829.9	62	干豆	1.9	1.7	12.4
硅铁	247.8	199.0	－19.7	鞋	0.3	3.5	969.7
未锻造铝及铝材	2.0	34.7	1610.8	针织或钩编服装	31.2	42.7	36.3
钢材	6.3	4.4	－30.6	织物制服装	44.4	63.0	41.9
人造花	2.1	4.7	129.6	药材	6.7	8.3	95.2
汽车零件	5.0	2.0	－60.4	纺织纱线织物及制品	122.4	132.9	8.6
机电产品	—	112.9	—	玻璃制品	6.2	6.2	0.2
山羊绒	20.0	—	—	皮革手套	0.9	0.4	－52.9
碳化硅	10.7	—	—	塑料制品	4.3	12.9	197
铁合金	—	200.6	—				

资料来源：根据《青海统计年鉴》（2013）整理所得。注："—"表示未找到数据。

2012 年全省重点出口商品 8.3 亿美元，比 2011 年的 5.1 亿美元增加 62%，重点出口商品中虽然有些商品处于下降趋势，但是大多数商品持续增长，居前三位的分别是未锻造的铝及铝材、鞋和塑料制品，分别比2011年增长达到17.1倍、10.7倍和2.97倍。主要出口产品中还是以纺织品居多，而且持续稳步增长。

四、宁夏与青海参与丝绸之路经济带建设的形势与进展

自2013年9月习近平主席提出建设丝绸之路经济带倡议以来，宁夏青海紧跟国家步伐，结合各自经济与区位优势，抢争机遇，寻求率先发展。

1. 宁夏参与丝路经济带建设的形势与进展

宁夏地处历史丝绸之路的要道，在东西方文化经济交流上作出过重要的贡献。随着国家西部战略的深入实施和中阿合作的深入发展，宁夏力争有大的作为并发挥重大带头作用。

（1）宁夏参与丝绸之路经济带建设的形势

宁夏作为中国内陆地区首个也是唯一覆盖整个省级区域的试验区①，在丝绸之路经济带建设中具有明显的区位优势。按照因地制宜、分工明确、资源共享、互惠互利的原则，宁夏在丝绸之路经济带的定位是："以阿拉伯国家和穆斯林地区为重点，以实现习近平主席提出的'五通'为目标，加快建设中阿空中丝绸之路、中阿互联网经济试验区、中阿金融合作试验区和中阿博览会战略平台，促进中阿全方位的交流合作和产业发展，构建中阿合作的桥头堡，打造丝绸之路经济带的战略支点。"②

在参加丝路建设进程中，宁夏可利用的发展资源包括：第一，向西开放的战略高地。宁夏作为首个内陆开放型经济试验区，可以充分发挥先行先试优势，拓展向西开放的深度广度，努力打造成中国向西开放的战略高地。第二，人文交流的桥梁纽带。宁夏可以发挥其作为回族自治区的特殊窗口作用，促进丝绸之路沿线国家人文交流，架起中国与沿线国家的友谊桥梁。第三，承东启西的交通枢纽。通过位于新亚欧大陆桥中段、连接东西交通要道的优越地理位置，运用其已建成的各种交通网络，宁夏可以充分发挥其交通优势，密切国内国际间的经贸往来。第四，能源合作的重要基地。宁夏可以运用其区内丰富的资源和主要消费市场中间地带的区位优势以及能源加工、储备、中转优势，加快丝绸之路经济带的建设。③

（2）宁夏参与丝绸之路经济带的进展

通过初步的规划设计，宁夏形成大致建设思路，主要是利用特定优势，力争丝绸之路经济建设战略支点的新突破。

第一，加快内陆开放型经济试验区建设步伐。④ 宁夏将通过成立内陆开放型经济试验区发展基金、积极利用政府融资平台、加大发挥资本市场的作用、主动吸引保险资

① 宁夏加快内陆开放型试验区建设，看好丝绸之路经济带［EB/OL］．中证网，2014－01－08.

② 徐运平，朱磊．宁夏：打造"丝绸之路经济带"战略支点［N］．人民日报，2014－03－05.

③ 刘慧．加快建设向西开放战略高地［EB/OL］．宁夏回族自治区人民政府网站，2013－11－08.

④ 王见见．宁夏加快内陆开放型经济试验区建设步伐［N］．证券日报，2013－07－29.

金等多种方式拓宽融资渠道，紧跟国家层面上的丝绸之路经济带建设。

第二，突破构建中阿合作“桥头堡”。为进一步加强宁夏与中阿方面的合作，宁夏致力于打造中阿空中丝绸之路、建设中阿互联网经济试验区、建设中阿金融合作试验区、构筑中阿博览会战略平台。

第三，向西开放，对标迪拜①。随着中阿博览会影响范围的扩大，宁夏向西开放的价值日益显现，并且试图打起“中阿自贸区”大旗。借助其与迪拜相似之处，以迪拜为目标，宁夏力推“陆上通道”和“空中丝绸之路”建设，希望成为我国中、东部地区与阿拉伯世界乃至西方世界的贸易中心。

2. 青海参与丝路经济带建设的进展

历史上有名的“青海道”，又称“南丝绸之路”，是唐朝丝绸之路最繁荣的干道之一，它曾为构建经亚欧大陆腹地一直延伸至地中海沿岸的诸多贸易通道联结而成的经济社会文化网络发挥了重要作用。如今，建设丝绸之路经济带，对青海来说，是历史的重现，更是打开开放发展之门的新机遇。

（1）青海参与丝路经济带建设的形势

青海省地处中国西部大通道，是丝绸之路经济带上不可或缺的重要组成部分，具有独特的区位优势、战略通道、特色资源。其在丝绸之路经济带建设上的定位是“交通经济带”，主要是利用建设丝绸之路经济带营造的有利周边环境，加快推进全方位区域经济协作，努力把青海打造成新丝绸之路经济带的战略基地和重要支点②。

在参与丝绸之路经济带建设中，青海的地域优势和战略价值主要体现为：第一，拥有两个开放平台，即中国（青海）国际清真食品及用品展览会和中国（青海）藏毯国际展览会。青海可以借助这两个开放平台的作用，大力推进青海与丝绸之路沿线国家的进一步合作，扩大向西开放的力度。第二，拥有丰富的资源优势。利用其在矿产、太阳能、高原特色动植物的资源方面的优势发展独特产业，打造丝绸之路经济带战略基地建立基础，进一步加强与中亚国家的经贸合作。第三，拥有民族和文化优势。全省大多数穆斯林人口在文化习俗、宗教信仰等方面与中亚国家有很大的互通性，是建立与中亚国家友好交流合作的宝贵资源。

（2）青海参与丝路经济带建设的进展

在提出打造丝绸之路经济带的战略基地和重要的支点定位基础上，青海着力于初步推进相关建设，主要体现为：

第一，建设交通基础设施，构建互联互通的对外交通新格局。这是青海省建设丝绸之路经济带的主要着力点，因此，青海省力争国家有关部门支持，加快交通建设步伐。在铁路建设方面，拟建设西宁至成都、格尔木至成都、西宁至玉树等路线；在公路建设方面：主要打通省际间的断头路，特别是实现省际间的公路高速化；在民航建

① 李正豪．宁夏向西：东方迪拜的“丝路”机遇［N］．中国经营报，2014－03－15.

② 青海：打造丝绸之路经济带的战略基地［EB/OL］．和讯股票，2014－04－18.

设方面：着力加强机场建设，重点建设通用机场，加密航线，开通至西亚、南亚地区的航班①。

第二，加大沿线文化产业项目建设。目前青海省已确定文化产业“一核辐射、三带贯通、四区协同、七大支点”的总体布局②，主要积极筹备建设丝绸之路经济带沿线的文化产业项目，依托现有的文化产业，提升唐蕃古道文化的拉动作用，围绕黄河文化，实现对青海文化旅游产业的深度开发，推动丝绸之路南线文化的进一步发展。

第三，加快绿色经济贸易区建设。青海具有高原特色的农牧产品和工业制品，为此，青海计划利用其独具一格的地理资源优势，打造特色产业链，实施“青海精品”战略。并且，为积极融入丝路经济带建设，青海争取在土库曼斯坦建立“中国撒拉尔大巴扎（商贸城）”，③ 加快建立“中国青海精品之窗”的工作进度，促进青海外向型产业经贸格局的发展。

五、宁夏与青海参与丝绸之路经济带建设的角色与路径选择

在古丝绸之路的基础上打造丝绸之路经济带，有利于促进中国向西开放，实现全方位对外开放的格局。宁夏和青海作为多元文化相互融合的西北省份，有可能也有必要充分发挥各自优势，切实推进丝绸之路经济带建设，以实现区域和国家的经济社会发展。

1. 宁夏与青海在丝绸之路经济带建设中的角色

宁夏作为首个内陆开放型经济试验区，西北地区最大的商品农业基地，有着率先发展经济的政策优势与农业支撑，其在丝绸之路经济带建设中将定位为丝绸之路经济带上重要的战略支点。因此，宁夏在“新丝绸之路经济带”建设中需要有全局的定位，紧紧抓住自治区内的民族特色以及区位优势，建立清真食品和能源的产业基地。在此基础上，充分发挥银川在“新丝绸之路经济带”建设中的领头羊作用，展现银川的人文、通道和平台优势，做好信息、金融基础设施建设服务，让中东部的企业家及阿拉伯国家的商人愿意将产业转移到银川来，打造出宁夏的特色产业以促进宁夏整体经济的发展④。

青海省作为古丝绸之路的重要组成部分，在丝绸之路经济带建设中，需紧抓其作为西部交通的战略枢纽、能源开发的战略基地和稳藏固疆的战略要地的独特角色，加快产业结构的调整；利用与新疆、西藏以及与中亚相似的人文、资源、风俗优势，积极开拓中亚、中东、俄罗斯等市场，实现出口市场多元化。

2. 宁夏与青海参与丝绸之路建设的路向选择

从建设丝绸之路经济带的宗旨和条件出发，沿线省市和地区基本的发展路径可以

---

① 徐顺凯．建立丝绸之路经济带，青海将与西亚南亚直接对话［N］．西宁晚报，2014－04－21.

② 李琳海．青海加大丝绸之路沿线文化产业项目建设［EB/OL］．新华网，2014－03－06.

③ 王雅琳．融入丝绸之路经济带，青海拟在中亚建“大巴扎”［EB/OL］．华夏经纬网，2014－02－10.

④ 杨占武．宁夏在新丝绸之路经济带建设中的角色定位［N］．银川日报，2014－05－01.

概括为：以上合组织作为基本依托，以构建睦邻友好带和战略稳定带作为主要支撑，以双边及大小多边合作项目为基本载体，以打造“现代丝绸之路”、实现互联互通为基本内容，推动开发投资、商品贸易、能源合作、人文交流，“以点带面、从线到片，逐步形成区域大合作”①。

对于宁夏来说，具体的路向选择包括：

其一，经贸合作方面，主要是适应国际贸易发展新趋势，加快调整对外贸易产品结构，以特色优势产业为重点，积极吸引外商直接投资。在巩固深化与欧、美、日、韩等国家和地区经贸合作的基础上，充分发挥宁夏回族穆斯林文化优势以及与阿拉伯世界先行交往优势，发展面向穆斯林世界的经贸文化合作，以建设中阿（宁夏）论坛银川永久会址、举办中国（宁夏）—阿拉伯国家博览会为契机，推动形成中阿国际经贸合作交流平台、高层对话合作机制，把宁夏打造成最具国际影响力的清真食品穆斯林用品集散地、中国面向阿拉伯国家和穆斯林地区开放合作的人才培育基地，努力把宁夏建成我国丝绸之路经济带建设中向西开放的前沿阵地。

其二，在产业方面。第一，建设现代产业聚集区。推进国家大型煤炭生产基地、国家重要的“西电东送”火电基地、国家重要的煤化工产业基地建设。第二，建设清真食品和穆斯林用品产业集聚区。加快中国（吴忠）清真食品和穆斯林用品产业园区建设，促进清真食品和穆斯林用品产业发展，形成我国重要的清真食品和穆斯林用品产业集聚区。第三，实施旅游品牌战略和国际化战略，重点拓展与阿拉伯国家的旅游合作。充分发挥银川市区域性中心城市的作用，进一步提升城市旅游功能，使其成为辐射周边省区的旅游中心。

对于青海来说，具体的路向选择包括：

第一，打造交通互联互通网络。青海省南连川藏、西接新疆、东邻甘肃，地处丝绸之路经济带和中巴经济走廊的十字要道，是陆上丝绸之路在我国西部的通道和东西南北的枢纽，因此，青海可以利用其优越的区位优势打造其成为交通枢纽，为经济产业的快速发展奠定基础。

第二，充分利用国际市场发展对外联系。主要是借助省内富集的自然资源、独特的生态环境，紧紧围绕循环经济、特色旅游业、现代服务业等重点领域，推进招商引资；稳定农畜、机电等传统出口产品，扩大新能源材料、特色纺织等产品出口，提高出口商品的档次和附加值；以循环经济先行区这个品牌，在新一轮的绿色发展中赢得主动权，与丝绸之路沿线的国家和城市建立资源合作关系；结合省内多民族、多宗教的文化背景，与沿线国家开展文化交流；深度开发各民族民间手工产品、清真食品等，与沿线国家进行商业贸易联系。

第三，促进产业转型。青海省内少数民族地区畜牧业经济发达，畜产品资源丰富，

---

① 丝绸之路经济带的建设路径［N］. 东方早报，2013－10－18.

因此，有必要大力发展轻纺工业，让农牧业和轻纺工业成为青海省的支柱产业，以建立具有青海地方特色的经济结构；利用省内丰富的水资源和特色的高原气候，发展特色高原绿色农牧业；充分利用三江源国家生态保护综合试验区发展生态产业，以实现独特高原稀缺资源的经济形态，通过组织大型的经贸会展活动模式与丝绸之路经济带建立密切联系，建立结构优化、技术先进、清洁安全、附加值高、吸纳就业能力强的现代产业体系。

总之，宁夏和青海作为丝绸之路经济带上的中间地带，同处中国西部欠发达地区，经济水平相对都比较落后，都是少数民族聚居地。因此，在丝绸之路经济带的建设上，宁夏与青海有必要抓住历史机遇，根据各自特点，培育特色发展路径，以顺应丝绸之路大局需要，促进经济发展。

5.6　西南省市经济转型和参与丝绸之路经济带建设

西南省市主要包括重庆市、四川、云南、贵州、西藏，是中国经济社会发展过程中的重要战略地带，该区域既跨沿海地带，又踞长江上游，还处于沿边地区，是唯一的“三沿”兼备区域。建设丝绸之路经济带倡议的提出，为西南地区进一步实现对外开放带来契机。

一、西南省市的经济基础和发展历程

1. 西南省市的经济基础

（1）资源丰富

第一，矿产资源丰富。全世界已探明的矿产140多种，西南有130余种。其中钒、钛、锡储量居世界首位，铅、锌、铝、铜等几十种居全国前列。贵州省西南部煤的储量已探明约100亿吨，远景储量是已探明储量的2.5倍，有“江南煤海”之称。云南省磷矿石的储量达200亿吨，居全国第一。西南地区还是中国第二大林区和两大热带作物基地之一。

第二，旅游资源丰富。大西南旅游资源的等级和品位非常高，各具特色，其中有些在世界范围内具有代表性和垄断性：如云南境内的香格里拉、昆明世博园、西藏境内的“佛教文化”和雪域风情、四川境内的卧龙大熊猫等。加之少数民族众多，可实现文化与旅游相结合，更显异域风情。

第三，茶树资源丰富。西南地区多为丘陵山区，周边环境宜人、土质肥沃、远离城市和工厂、较少环境和化学物质污染，具有发展有机茶、无公害茶的理想条件。云贵高原及其向北、向南的斜坡地带，光热充足，年初气温回升快，茶树芽叶萌动较早，茶叶开采期早，是茶树生长和绿茶生产的最适宜区域。其中云南的茶园面积位居全国第一，云南和四川的茶叶产量也分别高居全国茶叶产量的第三和第四。而在此基础上孕育出的西部茶文化，不仅特色明显，而且形式多样，既有富有各民族特色的茶诗、茶画、茶书、茶艺、茶俗、茶歌、茶舞等，也有在中国历史上沟通各族人民之间的经济文化联系方面发挥巨大作用的茶马古道。

（2）具备加强发展外向型经济的条件

第一，交通基础设施条件极大改善。渝新欧、蓉欧快铁已明显加强中国内陆地区与中亚和欧洲的经济联系；泛亚铁路和曼昆公路的修建，成为西南地区两条出口大通道；渝怀铁路、南昆铁路、内昆铁路、成昆铁路等铁路的通车和修建，将促使西南省

市内部联系更为紧密。

第二，地理位置相对优越。云南、西藏沿边边境线较长，具有口岸利用的优势，利于开展边境贸易，加强与南亚、东南亚的联系；重庆、四川处于长江上游，既可利用长江这一黄金水道与东部省市尤其是长三角联系，又能利用铁路、公路与其他西南省市联系，进而与东亚、南亚及其他地区加强联系。

第三，经济具有较强互补性。相对于沿海地区，西南地区经济不发达；但是相对于周边南亚等区域，西南地区的工业化水平较高，因而与周边国家经济互补性较强，有助于形成垂直产业分工关系。

第四，沿海地区外资跨地区转移的机遇。受国际金融危机等诸多因素影响，沿海地区较多企业利润率下降。面对着土地、水、电、劳动力等要素成本上升的压力，迫切需要寻求新的投资区位以降低成本。而西南地区要素价格成本低，各类资源丰富，对外资企业的吸引力明显增强。在新一轮跨地区的产业转移中会成为目标投资区域。

第五，有利政策条件。伴随“一路一带”战略提出，西南地区优势明显。既可在丝绸之路经济带建设中发挥作用，享受政策优惠，成都等城市作为南方丝绸之路起点，向南也可带动西南整体经济发展。

2. 发展历程

新中国成立初期，西南地区一片烂摊子，邓小平主持工作，开始对西南地区经济各方面恢复发展，西南地区经济平稳过渡步入正轨，逐步呈现平稳发展。

2000 年，西部大开发战略提出；2001 年部署具体工作实施西部大开发，西南省市全部被囊括，并依托长江水道、西南出海通道等交通干线，发挥中心城市作用，以线串点，以点带面，逐步形成长江上游、南（宁）贵、成昆（明）等跨行政区域的经济带。

2003 年国家编制“十一五”规划时，成渝经济区的概念被提出。2007 年，川渝两省市签订《重庆市人民政府四川省人民政府关于推进川渝合作共建成渝经济区的协议》，将川渝城市群的发展推上新台阶。2011 年 5 月，国务院正式批复《成渝经济区区域规划》。在当前环境下，东部地区产业向中西部地区转移的趋势不断加强，国家深入实施西部大开发战略，国家在重庆、成都设立统筹城乡综合配套改革试验区，一系列国内外环境和政策给予成渝城市群前所未有的发展机遇。在《成渝经济区区域规划》中，成渝城市群定位为西部地区重要的经济中心、全国重要的现代产业基地、辐射西部的现代服务业高地、深化内陆开放的试验区、统筹城乡发展的示范区、长江上游生态安全的保障区。总体布局规划为以重庆和成都的双核为中心，发展服务业和先进制造业，带动沿长江发展带、成绵乐发展带、成内渝发展带、成南（遂）渝发展带、渝广达发展带的发展。2013 年“一带一路”战略提出，成渝经济区优势更为明显。

2009 年 10 月，云南省发展改革委编制的《云南省滇中城市经济圈区域协调发展规划（2009—2020 年）》于 2011 年 5 月 27 日正式获云南省政府批复，该规划的批准实施，将对滇中区域乃至云南省经济社会全面可持续发展起到明显的推动作用。近几年滇中城市群经济发展较快，是云南省发展基础最牢、发展水平最高、继续开发前景最好的地区。2008 年，滇中城市群的 GDP 占全省总量的 58.2%，已成为云南省经济核心区，并且形成以烟草、有色金属冶炼、装备制造业等为主的产业发展框架，同时大力发展高新技术产业，推进产业结构升级。从总体来说，滇中城市群的现状是以资源经济型产业为主。这主要是由于云南是资源大省，而滇中城市群腹地辽阔，自然资源类型多样，矿产、生物、水能、旅游和气候等资源都十分丰富，近年迅速崛起的冶金、磷化工、煤化工、电力、生物制药等产业都是依托资源禀赋而得以迅速发展。

2010 年 11 月召开的贵州省城镇化推进大会提出，贵州将力争把黔中经济区建设成为全国重要的能源原材料基地、以航天航空为重点的装备制造业基地、烟草工业基地和南方绿色食品基地，西南联结华南、华北地区的陆路交通枢纽和全国的商贸物流中心。地处核心圈的贵阳市将建设成为西南区重要交通枢纽及物流集散基地、西部地区重要中心城市及具有国际影响力的生态休闲度假旅游城市①。

二、西南省市的经济总量及结构变迁

1. 经济总量的变迁

（1）GDP 不断增长且增速有小幅波动，各省市 GDP 增速有差异

1994—2012 年，西南五省市 GDP 快速增长，从 1994 年的 4312 亿元增长到 2012 年的 53145 亿元，年均增速 15.0%。其中，2001 年和 2009 年受国际金融危机影响，五省市 GDP 增幅放慢，在整个增长过程中出现年增长率的低谷。

西南五省市中，四川始终占据五省市 GDP 的近半壁江山，产值从 1994 年的 2001 亿元到 2012 年的 23873 亿元，占比从 1994 年的 46.4% 稍降到 44.9%；重庆作为西部唯一的直辖市，GDP 增速在西南五省市中最为明显，占五省市 GDP 比重自 1994 年的 17.5% 上升至 2012 年的 21.5%，GDP 从 1994 年的 756 亿元增长到 2012 年的 1141 亿美元；云南 GDP 占比也小幅下降，从 1994 年的 22.8% 降至 19.4%（如图 5-28 所示）。

（2）最终消费、资本形成总额占比较大且呈一增一减趋势，净出口占比始终为负

1994—2012 年，按支出法西南省市 GDP 构成具有明显特点：最终消费、资本形成总额占比较大，而最终消费占比 1994—2005 年增减幅度不大且均保持占比 60%（1994 年占比 65.6%）以上，2006—2012 年占比明显降低（2012 年占比 52.7%）；相反资本形成总额一路飙升，占比从 1994 年的 36.0% 上升至 2012 年的 60.8%；净出口 1994—2005 年占比不断呈现负增长，2006—2012 年占比基本保持在 -10.0% 以上。最终消费的减少小于资本形成总额的上升幅度，两者占比总额超过 100% 且呈不断上升趋势，上升部分由净出口一直以来负方向的增加来抵消（如图 5-29 所示）。

① 张学良．中国区域经济发展报告 2013——中国城市群的崛起与协调发展［M］．北京：人民出版社，2013.

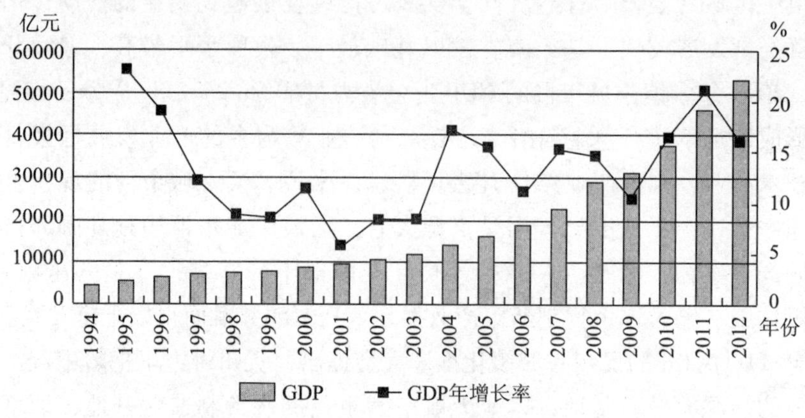

图 5－28　1994—2012 年西南省市 GDP 及 GDP 年增长率

资料来源：《中国统计年鉴》（1994—2013）。

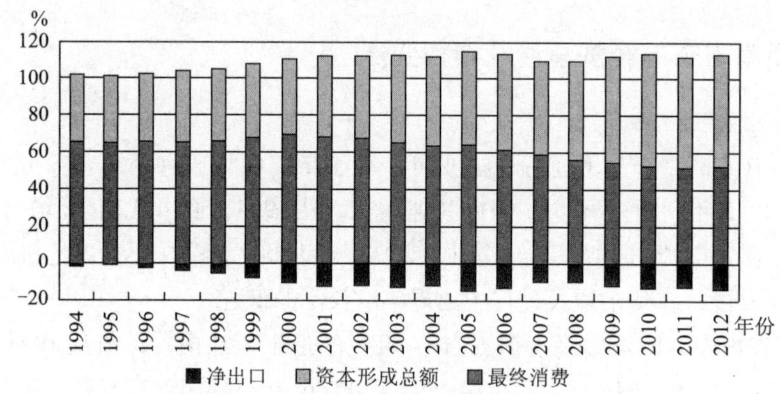

图 5－29　1994—2012 年支出法西南省市 GDP 构成

资料来源：《中国统计年鉴》（1994—2013）。

就净出口而言，1992—2012 年各省市中，云南是净出口占比负方向增长的主要省份，1994 年占净出口负值总额 41.8%，2012 年达到－4574 亿元，占西南五省市净出口负值来源的 63.8%。在将跨国贸易差额与省际贸易差额相加之后，云南出现所谓巨额"总体逆差"现象，年平均值为 1000 亿元人民币左右。究其原因，主要是云南省在国内属于经济相对落后的西部地区，以农副产品加工和资源开发为主导的工业结构无法形成高附加值产业链，生产过程中所需的大量中间消耗物资只能通过省外调入来满足。在投资所需产品中，除水泥、部分钢材、玻璃等由本省提供外，多数建筑装饰材料、大型机械设备、光纤电缆等要依靠省外调入。在消费品中，除一些低端的食品及生活用品外，大到汽车、家电，小到牙刷、香皂、饮料等轻工产品多是省外产品。在考虑省域经济因素后，跨省贸易的负值拖累经济表现，体现出云南省亟须调整的低附加值

产业链与产业结构的不完善。①

2. 产业结构的演进

（1）三大产业协调发展，第二、第三产业占比上升对应第一产业占比下降

1994—2012 年，西南省市三大产业协调发展。第一产业占比明显下降，从 1994 年的 28.5% 降到 2012 年的 12.9%。第二产业和第三产业占比均有所上升，其中第二产业占比由 1994 年的 41.7% 上升到 2012 年的 48.3%，第三产业占比由 1994 年的 29.8% 上升到 2012 年的 38.8%（如图 5－30 所示）。

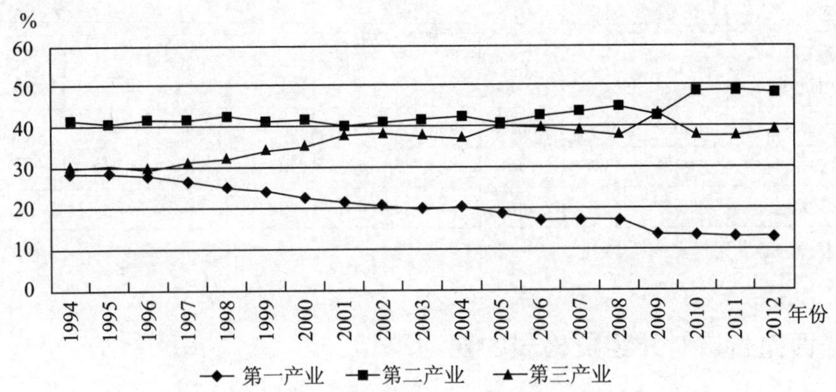

图 5－30　1994—2012 年西南省市三次产业结构

资料来源：《中国统计年鉴》（1994—2013）。

西南地区总体来说产业结构正向更高层次演进，但也表现出其薄弱的基础。第一产业占比仍然相对较高，第三产业占比较低，基本上还处于工业化进程，第二产业是其支柱。四川和重庆第二产业较其他省市具有产值和占比上的相对优势，2012 年四川、重庆第二产业分别达 12333 亿元、5975 亿元，占自身 GDP 的 51.7% 和 52.4%，均高于西南省市平均水平。

（2）就业结构与产业结构

第三产业是吸纳就业的最主要来源，西南省市第三产业相对落后，但仅消费性服务业项下的批发和零售业一项就占就业人数总额的 40% 以上，且呈不断上升趋势，由 2008 年的占比 40.8% 到 2012 年的 45.1%，但其他服务业就业人数占比均较低，体现其第三产业发展程度较低且产业结构不完善；第二产业项下的制造业占比次之，从 2008 年占比 18.0% 下降至 2012 年的 13.2%，第二产业产值的上升并未带来第二产业就业人数占比的上升，说明西南地区整体上第二产业不够发达，产业结构需进一步优化（如表 5－31 所示）。

① 明辨云南净出口负拉动［J］. 中国经济周刊，2012－05－03.

表5-31　2008—2012年西南省市主要行业就业情况

	2008年		2009年		2010年		2011年		2012年	
	人数（万人）	占比（%）	人数（万人）	占比（%）	人数（万人）	占比（%）	人数（万人）	占比（%）	人数（万人）	占比（%）
全国就业总额	13680	—	15192	—	16425	—	18298	—	19924	—
西南省市就业总额	1471	100	1632	100	1740	100	2015	100	2323	100
主要行业就业总额	1160	78.9	1266	77.6	1358	78.0	1588	78.8	1817	78.2
制造业	265	18.0	269	16.5	278	16.0	289	14.3	307	13.2
建筑业	58	3.9	67	4.1	73	4.2	87	4.3	95	4.1
交通运输、仓储和邮政业	43	2.9	48	2.9	50	2.9	49	2.4	53	2.3
批发和零售业	600	40.8	662	40.6	716	41.1	899	44.6	1048	45.1
住宿和餐饮业	128	8.7	140	8.6	148	8.5	165	8.2	190	8.2
租赁和商务服务业	66	4.5	80	4.9	93	5.3	99	4.9	124	5.3

资料来源：《中国统计年鉴》（2009—2013）。

三、西南省市对外经贸格局的变动

1. 贸易规模：贸易总量不断扩大，重庆逐渐成为西南地区对外贸易领头雁

2004—2013年，西南地区进出口贸易不断增长，从2004年的145亿美元增长到2012年的1674亿美元。其中，出口增长势头强劲，从2004年的83亿美元增长到2013年的1116亿美元。除2009年受国际金融危机影响，较上年贸易额出现下滑外，其余年份多以20%以上的速度增长。随着湄公河次区域合作的开展和东盟市场的开放、内陆地区对其他边境国家的开放以及东部对中西部进行产业转移力度加大，位于中国与东南亚、南亚边境地区及丝绸之路经济带和长江经济带节点地区的西南省市在外贸出口方面表现出强大活力（如图5-31所示）。

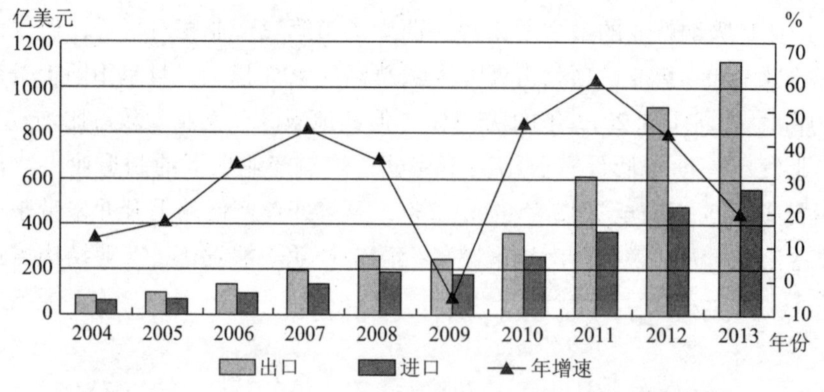

图5-31　2004—2013年西南省市对外贸易规模及增长情况

资料来源：2004—2013年西南各省市统计年鉴及国民经济与社会发展统计公报。

西南五省市中，重庆、四川、云南三省市对外贸易总额占五省市总贸易额的90%以上，且有不断上升趋势，从2008年占比92.2%上升到2013年的95%。具体而言，这种占比的上升主要来源于重庆对外贸易额的迅速增长。西南省市中重庆作为西部唯一的直辖市，地理位置优越，产业基础较好，2011年“渝新欧”铁路的开通，更加带动重庆对外贸易迅速增长，重庆成为长江经济带上游地区最重要的商品集散和供应地。相反，四川、云南占比均出现下滑，这种贸易额的不断增长和占比的下滑反映出西南省市贸易不断发展的同时，内部四川、云南两省的外贸增长速度慢于重庆，有待进一步发挥自身优势，调整产业和贸易结构，增强对外贸易能力（如表5－32所示）。

表5－32　2008—2013年西南主要省市进出口情况

	2008年		2009年		2010年		2011年		2012年		2013年	
	进出口额（亿美元）	比重（%）	进出口额（亿美元）	比重（%）	进出口额（亿美元）	比重（%）	进出口额（亿美元）	比重（%）	进出口额（亿美元）	比重（%）	进出口额（亿美元）	比重（%）
西南省市总额	446	100	423	100	618	100	980	100	1400	100	1675	100
重庆	95.2	21.3	77.1	18.2	124.3	20.1	292.2	29.8	532.0	38.0	687.0	41.0
四川	220.4	49.4	242.3	57.3	327.8	53.1	477.8	48.8	591.3	42.2	645.9	38.6
云南	96.0	21.5	80.2	19.0	133.7	21.6	160.5	16.4	210.1	15.0	258.3	15.4
三省市总计	411.6	92.2	399.6	94.5	585.8	94.8	930.5	95.0	1333.4	95.2	1591.2	95.0

资料来源：2004—2013年西南各省市统计年鉴及国民经济与社会发展统计公报。

2. 贸易地区结构：欧美、东盟是主要贸易国家及地区

总体而言，西南省市贸易地区结构因地缘和发展程度不同而有所差异。其中，云南、西藏等地进出口主要面向东南亚、南亚；而成渝地区进出口范围较广，除面向东亚的进出口外，欧美占据其进出口贸易的主要地位。

以重庆为例，2007—2012年，美国、德国均是其进出口贸易主要国家，出口伙伴国地位尤为突出。重庆对美德两国出口分别由2007年的5.8亿美元、2.2亿美元上升到2012年的80.8亿美元和25.6亿美元。荷兰作为重庆对欧出口增速最快的国家，由2007年的0.9亿美元增长到2012年的23.6亿美元，成为重庆对外出口第三大国。在进口方面，由于贸易结构互补性等原因，马来西亚是重庆最大进口国且增速极高，由2007年的0.3亿美元上升到2012年的30.2亿美元，2011年是其实现重大转折的一年。相较重庆，2013年云南对欧盟进出口总额仅17.4亿美元，而对东盟进出口2013年达109亿美元，占云南对外出口的80%左右（如表5－33、表5－34所示）。

表 5-33 2007—2012 年重庆对外贸易主要伙伴国　　单位：亿美元

	国别	2007 年	2008 年	2009 年	2010 年	2011 年	2012 年
出口	美国	5.8	5.7	5.3	10.5	32.7	80.8
	德国	2.2	2.3	1.9	3.1	7.5	25.6
	荷兰	0.9	1.0	0.5	3.0	10.4	23.6
	韩国	1.3	1.1	1.2	1.9	2.2	4.1
进口	马来西亚	0.3	0.55	0.50	1.8	13.7	30.2
	日本	7.7	7.8	7.4	12.7	15.0	13.4
	美国	3.6	6.1	5.6	6.7	7.9	12.3
	德国	4.9	5.8	4.0	4.6	7.8	11.1
	韩国	0.9	1.60	1.59	3.4	6.0	8.7

资料来源：《重庆统计年鉴》（2008—2012）。

表 5-34 2004—2013 年云南对前三大贸易伙伴进出口情况　　单位：亿美元

年份	2004	2005	2006	2007	2008	2009	2010	2011	2012	2013
欧盟	2.3	2.9	3.4	4.2	11.3	11.3	14.6	17.9	11.1	17.4
东盟	9.6	10.9	16.4	21.8	27.6	31.5	45.8	59.5	67.6	109.0
南亚	—	—	—	—	9.0	5.4	9.3	10.9	5.8	7.8

资料来源：云南省 2004—2013 年国民经济与社会发展统计公报。

3. 贸易商品结构：以机电产品和农产品为主，高新技术产品增长迅速，地区内部产品结构存在差异

现阶段西南省市商品贸易大部分以机电产品和加工程度较低的初级产品为主。云南作为中国对东南亚和南亚地区开放的桥头堡，机电产品出口由 2008 年的 9.8 亿美元增长到 2013 年的 50.8 亿美元，进口由 6.7 亿美元上升到 2013 年的 20.1 亿美元，2010 年农产品出口成为云南第二大出口产品，2012 年达到 24.1 亿美元。除此之外，纺织品和服装、磷化工产品、电力、有色金属也是云南出口的主要产品。进口产品除机电产品外，金属原材料、农产品等也是主要进口产品①。

较云南相比，重庆、四川对外贸易商品结构更为优化，机电产品是其主要产品，但高新技术产品贸易增长异常迅速。以重庆为例，2009—2013 年，机电产品出口占比由 68.5% 上升为 74.8%，而高新技术产品出口由 2009 年的 1.8 亿美元上升到 248.4 亿美元，占比由 2009 年的 4.2% 跃进到占比 53.1%，进口占比由 2009 年的 12.5% 上升到 2013 年的 52.4%，其增长速度远大于机电产品总额增长，反映其贸易产品内部结构在逐步优化（如表 5-35 所示）。

① 相关数据来源于 2008—2013 年云南省国民经济与社会发展统计公报。

表 5－35　2009—2013 年重庆市货物进出口情况及占进出口总额比重

单位：亿美元，%

年份		2009		2010		2011		2012		2013	
出口额		42.8	100	74.9	100	198.4	100	385.7	100	468.0	100
贸易方式	一般贸易	36.4	85.0	58.6	78.2	92.4	46.6	217.2	56.3	188.6	40.0
	加工贸易	5.8	13.6	12.0	16.0	61.7	31.1	153.6	39.8	266.6	57.0
出口商品	机电产品	29.3	68.5	50.0	66.8	131.9	66.5	259.3	67.2	350.2	74.8
	高新技术产品	1.8	4.2	8.0	10.7	58.9	29.7	148.7	38.6	248.4	53.1
经营主体	国有企业	9.1	21.3	12.1	16.2	13.0	6.6	10.9	2.8	10.9	2.3
	外商投资企业	7.9	18.5	16.5	22.0	68.6	34.6	161.7	41.9	258.1	55.1
	其他企业	22.8	53.3	43.3	57.8	113.7	57.3	210.0	54.4	195.9	41.9
进口额		34.3	100	44.0	100	93.8	100	146.3	100	219.1	100
贸易方式	一般贸易	31.2	91.0	43.1	98.0	55.5	59.2	62.3	42.6	75.6	34.5
	加工贸易	1.3	3.7	3.9	8.9	7.4	7.9	19.4	13.3	61.6	28.1
进口商品	机电产品	19.6	57.1	29.5	67.0	68.5	73.0	114.3	78.1	154.2	70.4
	高新技术产品	4.3	12.5	9.7	22.0	39.4	42.0	83.7	57.2	114.8	52.4
经营主体	国有企业	8.6	25.1	10.1	23.0	2.1	2.2	21.6	14.8	32.89	15.0
	外商投资企业	21.6	63.0	31.1	70.7	65.8	70.1	87.8	60.0	118.4	54.0
	其他企业	3.8	11.1	8.1	18.4	15.9	17.0	36.9	25.2	46.2	21.1

资料来源：《重庆市统计年鉴》（2009—2013）及《国民经济与社会发展统计公报》。

另外，作为西南省市发展较快的重庆，就出口而言，贸易方式中一般贸易占比降低较快，加工贸易增长迅速，占比由 2009 年的 5.8% 上升到 2013 年的 57%；经营主体中外商投资占比增长异常明显。就进口而言，贸易方式中一般贸易变化不大，加工贸易有一定幅度上升；经营主体中私人企业是进口主力。究其原因，主要是面对国际和东部省市产业转移的机遇，重庆、四川承担部分类似中部省市产业转移的任务，并加大对外开放和吸引外资，努力改善外贸出口商品结构，提升自身在中国甚至全球分工中的地位。

4. 重庆、四川服务贸易发展迅速

西南地区对外贸易主要以货物贸易为主，但近几年四川、重庆服务贸易规模不断扩大，服务外包发展迅速。

四川已初步形成错位发展、优势互补的区域服务贸易体系。旅游、其他商业服务、建筑安装及劳务承包服务以及计算机和信息服务 4 项是四川省服务贸易进出口的主要领域。成都市以技术密集、人力资本密集为特色，重点发展信息技术外包、业务流程外包、动漫、软件、医药研发和金融服务，已呈集聚发展态势，并逐渐向绵阳、遂宁等周边城市辐射。自贡、乐山、阿坝等地则在文化贸易等传统服务贸易领域取得较大进展。2011 年 12 月，《四川省“十二五”服务业发展规划》首次将服务业单列五年规划，并纳入省政府目标考核体系。服务业战略地位提升、外向度增强，根据规划，到2015年，四川服务贸易进出口总额将超过100亿美元，年均增长15%以上。①

重庆市服务贸易结构不断优化，现代服务贸易占比上升。2000年时，服务贸易仅为8000万美元，2012年服务贸易达65.1亿美元，同比增长62.8%。重庆市确立服务贸易发展四条新路径，依次为云计算及离岸数据处理、依托目前已有的1亿台电子产品加工基地发展与加工贸易有关的服务贸易、依托此基地拓展“国际贸易口岸高地”衍生出的国际物流，以及侧重发展的电子商务和离岸金融等业务。这与此前传统服务贸易主要倚重运输、旅游等资源型和劳动密集型产业有较大区别。②

四、西南省市参与丝绸之路经济带建设的形势与进展

西南省市虽然距离西北部的丝绸之路经济带相对略远，但是面对向西开放的大好机遇，西南省市也积极筹划，以促进地区经济发展。

1. 重庆

（1）定位：两带枢纽

重庆处于中部和西部、南方和北方的连接地，是丝绸之路经济带与长江经济带的交汇点。在向西开放新形势下，重庆提出向西北通过“渝新欧”国际铁路联运大通道，为打造丝绸之路经济带提供有效平台；向东通过长江黄金水道贯通长江经济带；向西南通过云南和滇缅公路直达中印孟缅经济走廊，连接21世纪海上丝绸之路。加上国家级开放开发新区——两江新区和西永综合保税区、两路寸滩保税港区等对外开放平台，重庆在两带战略中着力发挥左右传递、联动东西的枢纽功能。

（2）举措

2011年1月28日，渝新欧铁路开出首趟列车，由此打通重庆通往欧洲的通道。该线路是从重庆出发到欧洲的国际铁路货运专线，经新疆阿拉山口出境，途经哈萨克斯坦、俄罗斯、白俄罗斯、波兰，最后到达德国的杜伊斯堡，全程11000公里，历时16天，比长江水运到上海再海运至欧洲节约30～40天，运行成本只是空运的1/5，未来两三年兰渝铁路修通，可实现12天到达杜伊斯堡。重庆方也在进行新的分拨点的选择，拟采取“1+N”的发展模式，即在现有线路的基础上，从沿线和杜伊斯堡延伸出去，发展N个分拨点。③

目前，渝新欧已实现每周3班去程的常态化，正在开行回程每周两班的计划。从货物运输量来看已达到10000标箱，进出口贸易40亿美元。据国家海关总署统计，重庆通过渝新欧运出的货物，占用全国铁路运输到欧洲货物总量的73%。

“渝新欧”铁路的开通彻底改变重庆货运对传统昂贵空运及耗时水运方式的依赖，

---

① 四川服务贸易领跑中西部［N］. 人民日报，2012-06-13.

② 重庆服务贸易独辟四条新路径［EB/OL］. 一财网，2012-11-28.

③ 重庆拓展国际大通道“渝新欧”有望上升国家战略［N］. 21世纪经济报道，2014-05-16.

为世界企业走进重庆，为“重庆制造”走向世界创造全新路径。渝新欧打破中国各省市、中西部地区不同经济板块之间，以及不同国家与地区之间的地域限制，在沿线各国家和地区，激活有别于海洋、航空物流业的内陆经济流通版图，进而引发沿线不同经济体产业格局变化。

2014 年 5 月 15 日，第十七届渝洽会拉开帷幕，本届渝洽会客商范围广，46 个国家（地区）的 1600 多家跨国公司、6500 多家企业（机构）报名参会，特别是丝绸之路沿线国家增多。

此外，2013 年 3 月的全国两会期间，重庆启动自贸区的申报，这对于提高重庆对外经贸活动自由度将有很大助益。①

（3）战略规划

重庆要建成内陆开放高地、西部开发开放的重要战略支撑、长江上游经济带的西部中心枢纽，就需要更加自觉服从、服务、融入到国家对外开放和区域发展战略，积极参与长江经济带、丝绸之路经济带、成渝经济区建设，在贸易流通一体化、城市交通一体化、金融融通一体化、产业配套一体化、城市功能服务一体化中发挥更大的作用。

根据规划，重庆要建成重庆东盟国际物流大通道的战略基地，以成为未来“一江两翼三洋”国际贸易大通道的汇集点。其中，“一江”是指通过长江黄金水道直达上海进入太平洋；“两翼”分为西北翼和西南翼，西北翼是指经现代丝绸之路渝新欧大通道穿越欧洲通达大西洋，西南翼是指经重庆东盟国际物流大通道，通过渝黔高速、渝昆铁路，由云南瑞丽出境，经缅甸石兑港通达印度洋和中东及非洲地区，通过渝黔高速经广西南宁、北海，连接越南、老挝、泰国、马来西亚和新加坡等东盟地区。②

2. 四川

（1）定位：战略支撑

四川地处丝绸之路经济带、长江经济带和中巴经济走廊、中印缅孟经济走廊的腹心地带，发挥着承南接北、通东达西的重要作用。作为北丝绸之路的重要原料供应地和南丝绸之路的开端，四川是扩大内陆开放、沿江开放、沿边开放和实施向西开放，打造西部大开发升级版的战略纽带，在丝绸之路经济带建设中具有重要的战略支撑地位。

（2）战略规划

面对“两带”机遇，四川立足现有基础，计划与中亚国家和西北各省进行充分的合作，大力发展能源资源、旅游文化、加工制造、现代服务等产业，以成为经济带上的重要战略支撑和强大后盾。从发展思路方面，可以加强与甘肃、新疆等省区和中亚国家在石油、煤炭、天然气、有色金属、化工原料等方面合作，促进四川水电与经济带上火电互补，水电与风能互补，共建中国能源的战略通道；与西北地区和中亚国家合作发展农产品深加工，发展特色农业、绿色农业等，开发中高端农产品市场。

---

① 重庆欲打造新丝绸之路桥头堡［N］. 中国证券报，2013－12－20.

② 丝绸之路经济带起点、两带建设中枢纽［N］. 重庆日报，2014－03－05.

按照最新规划，泸州港多式联运的交通基础条件日趋完善，园区承载能力不断增强，对于全省物流将起到带动牵引作用。依托港口优势，泸州规划建设总面积310平方公里的泸州临港产业物流园区。这个园区将突出“临港”概念，最终将其打造成以物流业为引领的现代制造业、现代服务业示范园区，将泸州临港产业园区打造成为全省最大、西部领先、全国一流的“港产城”互动发展示范区。

（3）举措

2013年4月，蓉新欧铁路开通。虽然成都组织的集装箱费用达11000美元，企业仅能够承担7500美元，给蓉新欧铁路发展带来挑战，但蓉新欧快铁已成为成都打造“中国向西开放前哨”的动力引擎。

在对外合作方面，四川以西南出海大通道和丝绸之路经济带等为依托，不断扩大与阿拉伯国家的合作。2012年四川与阿拉伯国家进出口总额为18亿美元，2013年前10月，这一数字升至20亿美元，同比增长31.3%。截至2012年末，阿拉伯国家在川投资项目9个，川企累计在阿拉伯国家投资设立8家企业，阿拉伯地区能源丰富，对电力、石油设备需求巨大，四川在发电等能源设备制造方面实力强，双方产业互补性强，合作空间巨大。①

此外，四川拟就促进文化旅游深度融合发展出台专门政策，并以雅安为核心共建“国家生态文化旅游融合发展试验区”。主要为推动旅游与文化融合发展，打好“组合拳”，打造有力载体，依托藏羌彝文化产业走廊、丝绸之路经济带、长江经济带，促进区域生态、文化与旅游业交融发展；充分挖掘利用优质文博资源、非遗资源，推动文旅产品创意孵化园尽快落地②。

3. 云南

（1）定位

云南主要将自身定位为“一带一路”的战略支点，沟通南亚、东南亚国家的通道枢纽。从古时的茶马古道、南方丝绸之路，再到昆曼公路、泛亚铁路，让云南在中国与“两亚”交往中占据重要的位置。

（2）举措

云南高速公路建设不断加速，连接各省区与周边国家的公路网络正在全面形成。同时，“八入省、四出境”铁路建设加快，中越铁路、中缅铁路、中老泰铁路的境内段建设不断推进，走向南亚的铁路也正在积极筹备当中。到“十二五”末，全省铁路运营里程将增加到5000公里。

云南省将沿边金改试验区作为丝绸之路经济带发展的重点之一，吸引东南亚及南亚国家的银行、证券等金融机构入驻云南，全面提升跨境金融服务。试验区要推动金融合作，放宽外资企业的准入条件，全面提升跨境金融服务，并优先支持在云南省设

① 川阿合作演绎丝绸之路新篇章［N］. 四川日报，2013-12-09.

② 四川推动文化旅游融合发展［N］. 四川日报，2014-05-06.

立泛亚沿边开发银行，在边境口岸城市设立边贸银行等。①

在交流研讨方面，2014 年 6 月，第十二届东盟华商投资西南项目推介会暨亚太华商论坛在昆明举行，论坛以“互联互通—构建新南方丝绸之路”为主题，邀请来自中国以及南亚、东南亚等相关国家和地区的著名研究机构、高校的资深专家学者和政府官员 150 多人参会和讨论。同月，第二届中国—南亚智库论坛在昆明开幕。围绕“丝绸之路与周边国家”和“新丝绸之路与经济走廊”等问题展开深入研讨。其中，“丝绸之路与周边国家”主题主要讨论历史上南、北方和海上丝绸之路沿线国家与地区的沟通与交流，及由此建立的良好关系；“新丝绸之路与经济走廊”主题集中讨论在全球化背景下，丝绸之路沿线国家如何通过经济走廊建设，加强经济合作、文化交流，共享地区发展成果。

五、西南省市参与丝绸之路经济带建设的角色与路径选择

1. 西南省市参与丝绸之路经济带的角色

西南地区发展程度不同，重庆、四川是丝绸之路经济带和长江经济带上游地区战略支撑点，就承接产业转移而言，扮演与中部省市相似的角色；就地理区位而言，优势和重要性更为明显，引领西南地区发展并将西南省市与东西南北各个方向其他地区相连通。云南、贵州、西藏经济发展相对滞后，但边境线长，是丝绸之路经济带实现向南开放的重要“桥头堡”，对进一步促进中国与东盟国家的合作发展，推动中巴经济走廊、孟中印缅经济走廊建设具有重大意义。

2. 西南省市的路径选择

西南地区的对外开放应该强调重点突出，充分利用沿边区域的区位、岸线和港口优势，充分利用内陆中心城市基础设施完善、交通运输枢纽、城市吸纳和扩散功能与作用较强的优势，发挥重点区域的带动作用，建立开放型经济体系。

各省市自身条件存在差异，内陆地区的重庆、贵州和四川应该以重点城市的主要园区为依托，加快建设出口加工区，积极引导加工贸易转型升级，鼓励有条件的企业采取跨国并购、股权置换、境外上市等方式，开展跨国投资经营，促进技术、设备和劳务出口，强化国际经济联系，将自身生产体系纳入全球产业链条中，进一步实现和提升产业结构和贸易结构，继续与欧美等国和地区加强联系，提高内陆省份经济外向度水平。沿边省区的云南、西藏等省区应继续利用与东南亚和南亚国家相邻的优势，加快推进跨境经济合作区、边境经济合作区、综合保税区等海关特殊监管区建设，强化与周边国家的产业分工与合作。但在加强合作中需进一步强化自身产业和地区优势，扬长避短，形成优势互补。

① 云南丝绸之路经济带已上报发改委，重点推延边金改试验区［N］. 大智慧阿斯迈克通讯社，2014.

5.7 中部地区经济转型和参与丝绸之路经济带建设

中部地区的黑龙江、吉林、内蒙古、山西、河南、安徽、湖北、湖南和江西9省，是中国的自然资源、人口的聚集区，历史文化资源丰富，科教和工业基础良好，交通体系比较完备，特别是农业资源优势突出，产业门类比较齐全，生态环境容量大，有较强的产业集聚和承载能力。近年来，中部地区作为东部沿海地区产业转移的主要承接地区，经济转型取得一定进展，集聚起较大的第二产业规模，提升了地区经济增长水平。然而，中部地区经济转型却还面临诸多困难，克服这些障碍仍有很长的路要走。习近平主席提出建设“丝绸之路经济带”的战略构想，为中部地区“向西看”提供契机，从而成为中部崛起的又一个战略支点。

一、中部地区的发展历程与产业承接

中部省份承东启西，连南接北，位于中国地理、交通、经济版图的“十字路口”地带；其中，黑龙江、吉林是全国重要的农业、工业基地；山西、河南等六省矿产资源丰富，是全国的能源基地、原材料基地、粮食生产基地、交通运输枢纽，有着深厚的文化底蕴。然而，改革开放以来，中国渐进式改革从东部沿海启动，作为计划体制的主体组成部分，以及处于内陆的区位特征，中部与东部的差距不断拉大；以及在西部大开发启动后，中部沦为塌陷区。

21世纪以来，中国的全面改革开放有所推进。2003年10月，《关于实施东北地区等老工业基地振兴战略的若干意见》出台，东北发展获得新的政策机遇；2004年3月，温家宝总理提出河南、湖北、湖南、江西、安徽和山西6省共同崛起的中部崛起计划；2006年4月印发的《中共中央国务院关于促进中部地区崛起的若干意见》，明确提出促进中部地区崛起的总体要求、基本原则、工作重点和政策措施；2009年9月，《促进中部地区崛起规划》获国务院批准。一系列有利于中部地区发展的政策方针相继出台（如表5-36所示）。

表 5－36　国家有关部门促进中部地区崛起的相关政策

时间	促进中部地区崛起的相关政策文件	主要内容
2005 年 12 月 28 日	商务部办公厅关于扩大开放、提高吸收外资水平、促进中部崛起的指导意见（商资字［2005］130 号）	积极合理有效利用外资，促进中部地区全面提高开放水平
2006 年 5 月 9 日	国务院办公厅关于落实中共中央国务院关于促进中部地区崛起若干意见有关政策措施的通知（国办函［2006］38 号）	建设全国重要粮食生产基地，推进社会主义新农村建设；加强能源原材料基地和现代装备制造及高技术产业基地建设；发展商贸流通旅游业；增强中心城市辐射功能；促进城市群和县域发展
2006 年 10 月 26 日	国家人口计生委关于切实加强中部地区人口和计划生育工作促进中部崛起的意见	稳定低生育水平，统筹解决人口问题，为中部地区崛起创造良好的人口环境
2006 年 12 月 22 日	国家知识产权局关于加强知识产权工作促进中部地区崛起的决定（国知发管字［2006］145 号）	提高自主知识产权水平，开展区域知识产权合作
2007 年 1 月 1 日	国务院办公厅关于中部 6 省比照实施振兴东北地区等老工业基地和西部大开发有关政策范围的通知（国办函［2007］2 号）	中部 6 省 26 个城市比照实施振兴东北地区等老工业基地有关政策，243 个县（市、区）比照实施西部大开发有关政策
2008 年 1 月 11 日	关于同意建立促进中部地区崛起工作部际联席会议制度的批复（国函［2008］2 号）	贯彻落实党中央、国务院关于促进中部地区崛起的重大部署，协调促进中部地区崛起的重大政策，推动部门间沟通与交流
2009 年 9 月 23 日	促进中部地区崛起规划（国家发展和改革委员会）	到 2015 年，将中部地区打造成为粮食生产基地、能源原材料基地、现代装备制造及高技术产业基地和综合交通枢纽
2009 年 12 月 11 日	促进中部地区原材料工业结构调整和优化升级方案（工信部原［2009］664 号）	促进中部地区原材料工业结构调整和优化升级
2010 年 8 月 12 日	促进中部地区崛起规划实施意见（发改地区［2010］1827 号）	指导地方搞好有关专项规划编制、政策实施、项目安排、体制机制创新等方面的工作
2010 年 5 月 9 日	关于促进中部地区城市群发展的指导意见（发改地区［2010］967 号）	把城市群建成支撑中部地区崛起的核心经济增长极和促进东中西部良性互动、带动全国又好又快发展的重要区域

资料来源：作者根据公开资料整理所得。

2008 年金融危机前后，东部沿海地区产业面临外部需求萎缩、内部成本攀升的压力，再加上广东等地“腾笼换鸟”等政策的实施，新一轮国际国内产业转型开始兴起。在此背景下，中部地区因为地缘优势，再加上良好的产业发展基础，成为东部沿海产业的重要承接区，由此带动中部地区经济转型与发展。

1. 中部地区承接产业转移规模

近年来，中部地区承接产业转移规模越来越大。河南省自2005年之后，获得大量外商投资，在“十一五”期间总共获得198亿美元的投资，其中2008年金融危机之后的外资投资量达148亿美元。“十一五”期间利用省外资金规模达9276.7亿元人民币，其中2008年金融危机之后利用省外资金达6751亿元。2011年河南召开的产业转移招商会上，河南省洽谈成功1800亿元的项目。2010年，第六届徽商大会上，安徽总共签约124个项目，其中外资项目54个，签约资金70亿美元，内资项目70个，签约资金701亿美元；特别是从沿海地区承接产业转移相对显著，长江三角洲向中部转移项目46个，总金额335亿元，珠江三角洲转移项目10个，117.6亿元。据山西省投资促进局资料显示，2006—2010年山西省通过10次大型招商引资会，共实际签约项目2739项，吸引资金总额8841亿元，平均规模达到3.2亿元。2011年湖北省承接产业转移总共达到2000亿元，利用外资达到40亿美元。湖南省2010年承接产业转移项目2795个，其中区域产业转移项目达2264个，富士康、至德集团等落户衡阳。2010年，江西省引进产业转移项目金额超过1000亿元，利用外资超过10亿美元。

2. 中部地区承接产业转移方向

中部地区承接产业转移的方向以第二产业为主。2009年河南省引进外资企业共274家，其中第二产业有167家，总共利用外资32.73亿美元，占总利用外资数量的68.2%。2011年河南召开的产业转移招商会上，汽车、电子信息、食品加工、装备制造、轻工、建材产业共120个项目，总投资额927.7亿元，占总比54.1%，新能源、生物制药、新材料和新能源汽车产业共45个项目，总投资额379亿元，占总比21.1%。安徽省2010年承接产业转移项目，主要是以原材料加工、汽车零部件、装备制造、新能源、环保和电子信息产业为主。山西省承接产业转移项目，主要集中在材料、能源、化工、农产品深加工、装备制造、商业物流、冶金、轻工纺织等第二产业。湖北省在2011年承接产业转移的主要项目是汽车零部件、生物制药、农产品加工、白色家电和石化产业等。湖南省的产业转移项目集中在能源、装备制造、电子信息及新能源行业等。江西省引进的产业转移项目大多集中在第二产业，其中以太阳能光伏产业、半导体照明、金属加工制造、汽车及零部件制造业等为主。

3. 中部地区承接产业转移地区

中部地区承接产业转移的地区主要集中在中部地区的城市带。河南省主要依托以郑州为中心的中原经济区，2011年召开的招商会中，郑州一市就取得270亿元的产业转移。安徽省主要集中在皖江城市带承接产业转移示范区，在2010年徽商招商会中获得的124个项目中，皖江城市带承接产业转移示范区承接其中78个项目。山西省的产业承接主要集中在产业转移承接区，其中重要的两个承接区是阳泉产业转移承接区和临汾市经济技术开发区甘亭工业园。湖北省的产业转移地区主要是以武汉为中心的湖北城市圈，如台湾沪士电子整体转移到湖北黄石；华为、中兴等也签约在武汉投巨资

建设战略基地。湖南省的产业转移项目主要是在湘南地区，以充分发挥其离珠江三角洲近的优势，湘南地区已经被列为国家级承接产业转移示范区。江西省承接产业转移的地区主要是依托南昌、九江等鄱阳湖城市带，以及具有资源基础的赣南地区。

二、中部地区经济发展特征

在老工业基地振兴和中部崛起规划，特别是承接东部产业转移背景下，中部加速第二产业和第一产业的聚集，并呈现快速增长态势。

1. 经济总量不断攀升

2011 年，中部地区 9 个省份均已进入“GDP 万亿俱乐部”，其中河南省一马当先，2012 年以 2.96 万亿元的经济规模成为中部地区领头羊；湖北省与湖南省经济总量不相上下，分别为 2.26 万亿元和 2.22 万亿元；安徽省经济规模 1.72 万亿元，居于中间水平；江西、吉林和山西分别是 GDP 规模最小的中部省份，均超过 1.2 万亿元但不到 1.3 万亿元（如图 5－32 所示）。

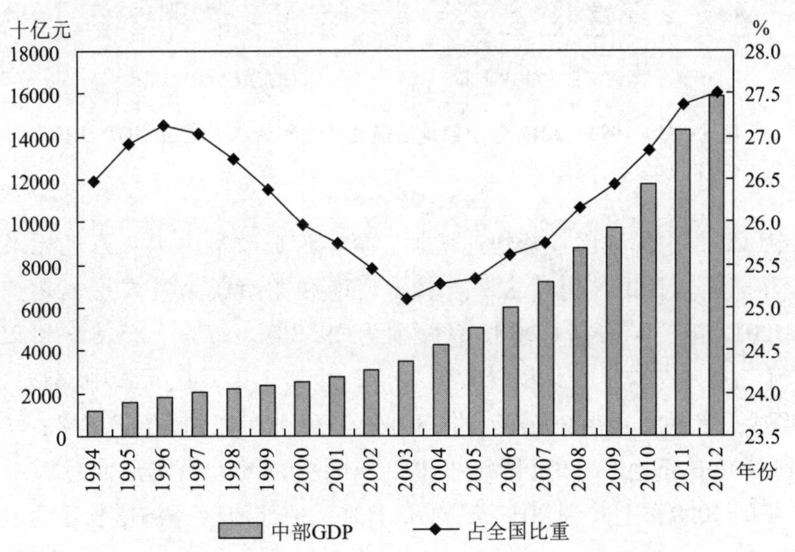

图 5－32　1994—2012 年中部地区 GDP 及占全国比重

资料来源：CEIC 数据库。

从中部整体情况来看，自 1994 年以来中部地区 GDP 份额占全国的比重呈现先上升后下降再上升的小幅“∽”形变化趋势，表明近年来中部地区承接东部沿海地区的产业转移，引致中部地区的经济发展速度加快，经济发展水平提升。2003 年，中部 9 省 GDP 总量 3.5 万亿元，占到全国比重的 25.1%；此后逐年攀升；2012 年 15.9 万亿元，占到全国总量的 27.5%。

2. 增长驱动力的转换

从中部地区经济增长的驱动因素来看，20 世纪 90 年代中期到中部崛起政策实施之前，中部主要由最终消费拉动经济增长，投资拉动效应相对较小。1994—2003 年，最终消费占 GDP 比重基本徘徊在 58% 左右，资本形成占 GDP 比重在 40% 上下小幅浮动（如图 5－33 所示）。

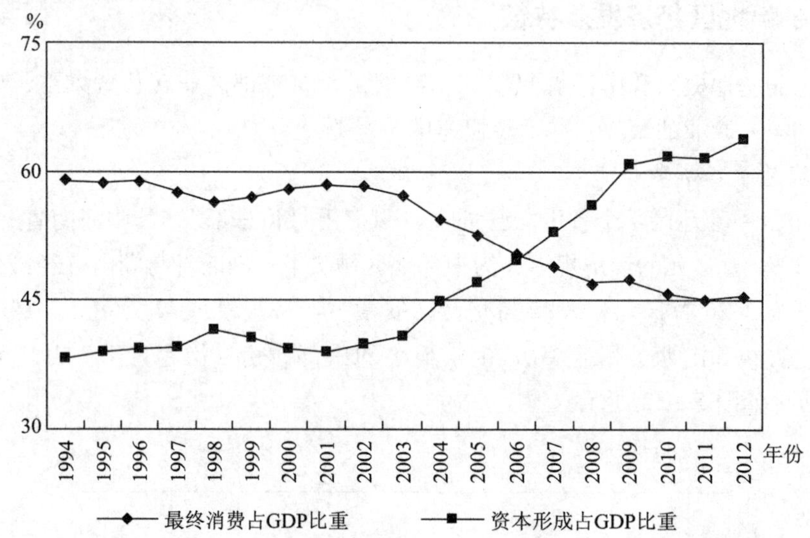

图 5－33　1994—2012 年中部地区最终消费和资本形成占 GDP 比重

资料来源：CEIC 数据库。

2003 年以后，中部地区投资快速增加，资本形成总额由 1.4 万亿元攀升至 2012 年的 10.1 万亿元。其中，内蒙古、吉林、河南和湖南成为资本形成增速最快的省份，2003—2012 年，年均复合增长率分别为 29.2%、27%、25.8% 和 25.7%；到 2012 年，河南成为资本形成总额最大的省份，达到 2.2 万亿元。中部地区整体占到全国资本形成总额的比重由 2003 年的 23.1% 上升到 2012 年的 30.8%；中部地区最终消费占到 GDP 比重由 57.2% 下降到 2012 年的 45.4%；资本形成总额占 GDP 比重则由 2003 年的 40.9% 上升到 2012 年的 63.8%。中部地区经济增长已由消费驱动转换为投资驱动。

3. 产业就业结构的演进

20 世纪 90 年代中期到中部开发开放以前，中部地区的工业化并没有取得显著进展，农业产值比重虽然有所下降，由 1994 年占 GDP 的 26% 下降到 2003 年的 16.6%；以及表现出第三产业产值比重的攀升，由 30.3% 升至 2003 年的 39.3%；然而，第二产业产值比重并没有显著上升，基本维持在 42% 的水平（如图 5－34 所示）。

从就业结构变化来看，在中部开发以前，中部就业人口主要仍以第一产业为主，1994 年占总就业比重为 58.7%，到 2002 年仍维持在 56.1% 的水平；第三产业吸纳就业相对有限，占总就业比重由 1994 年的 22% 提升至 2002 年的 26.1%；第二产业就业比重还有所下降，由 19.3% 降至 2002 年的 17.8%（如图 5－35 所示）。

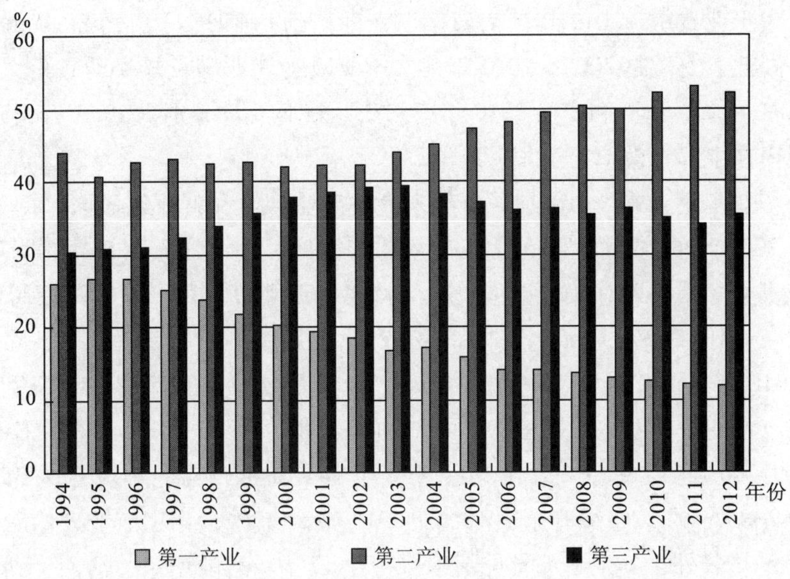

图 5－34　1994—2012 年中部地区三次产业产值结构

资料来源：CEIC 数据库。

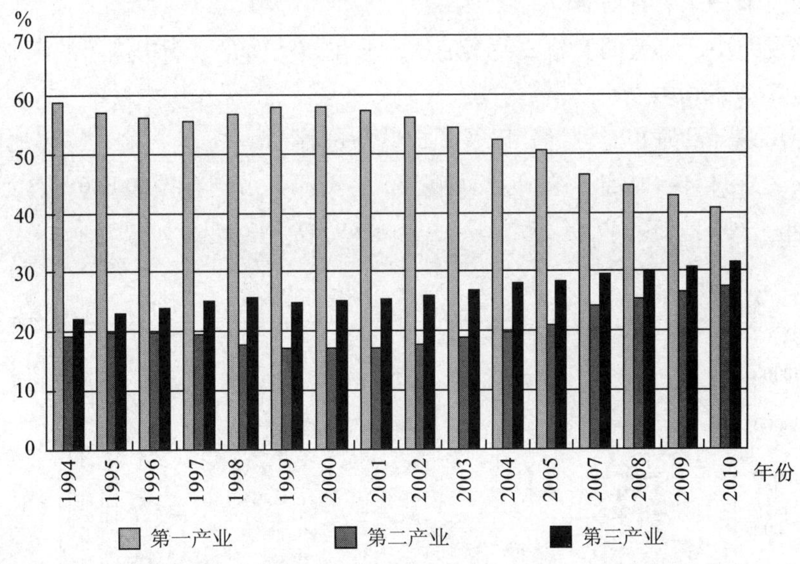

图 5－35　1994—2010 年中部地区三次产业就业结构

资料来源：CEIC 数据库。

2003 年以后，中部地区产业结构呈现快速变化，最为显著的是第二产业的产值和就业结构的攀升。2003 年开始，中部第二产业产值比重开始显著上升，由占 GDP 的 44% 增至 2012 年的 52%，占全国的比重由 23.7% 升至 28.9%；就业比重由 18.8% 升至 2010 年的 27.5%。其中，内蒙古因为第二产业起点低，2003—2012 年呈现出最快的增长速度，第二产业产值年均复合增长率为 27.8%；河南、湖北和湖南成为产值超过万亿元的三大工业省份，2012 年河南省第二产业产值达到 1.7 万亿元。从就业增长来看，江西、湖北、安徽是 2003—2010 年第二产业吸纳就业增长最快的省份，年均复合增长率在 10% 左右；河南和安徽 2010 年第二产业就业人口分别为 1753 万人和 1132 万人，就业规模在中部省份中处于领先地位。

从第一产业变化来看，中部地区近年来第一产业产值和就业比重均保持下降趋势，产值比重由 2003 年的 16.6% 下降到 2012 年的 11.9%，就业比重由 54.3% 降至 2010 年的 40.7%。其中，黑龙江作为农业大省，保持第一产业高速增长，2003—2012 年的年均复合增长率达到 17.2%，高于第二和第三产业增速。第一产业就业中，除内蒙古在 2003 年至 2010 年间仍有年均 0.6% 的小幅增长外，其余省份的就业人口都逐步减少。

从第三产业变化来看，中部虽然不断增加其就业，但第三产业产值占 GDP 比重呈现下降趋势，2003 年为 39.3%，到 2011 年降至 34.2% 的低点，2012 年为 35.2%；就业比重则由 2003 年的 27% 攀升至 2010 年的 31.7%。其中，第三产业产值除内蒙古有年均 21.2% 的增长外，其余中部省份基本保持在 17% 左右的增速，河南、湖南和湖北的产值分别为 9157 亿元、8644 亿元和 8209 亿元，位列中部前列；河南吸纳第三产业就业增速也相对最快，2003—2010 年年均增长 5%，2010 年达到 1576 万人，是中部地区第三产业就业最多的省份。

总体来说，中部崛起的实施，使其加速工业化，从而正成为中国新的工业聚集区。

4. 外向程度相对较低

由于距离东部沿海相对较远，以及开放政策的滞后，21 世纪前，中部地区外贸规模相对较小，1994 年，中部 9 省外贸总额 315 亿美元，占到全国的 8.6%；到“入世”前的 2000 年，外贸总额 247 亿美元，仅占全国的 5.7%（如图 5－36 所示）。

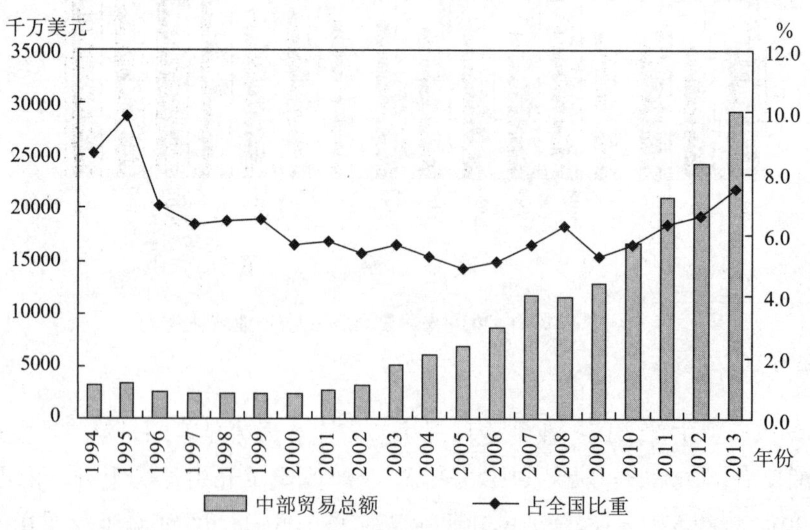

图 5－36　1994—2013 年中部地区贸易总额及占全国的比重

资料来源：CEIC 数据库。

随着全面开放政策的展开，中部地区的外贸额开始加速攀升，2001—2013年，年均复合增长率达到21.9%，超过31个省市19.3%的平均水平，其中，河南省、江西省年均增长均达到31.4%，成为中部外贸增长最为迅速的省份。而从外贸规模来看，吉林、山西和内蒙古是中部地区的进出口大省，2013年外贸总额分别达到209亿美元、176亿美元和125亿美元。从占全国外贸总额的比重来看，21世纪以来也逐步回升，2013年占到全国的7.5%。

然而，从外贸总额占GDP比重所衡量的外向化程度来看，中部地区仍然处于较低水平，且21世纪以来增幅不明显，部分省份甚至外贸依赖度继续下滑（如图5－37所示）。

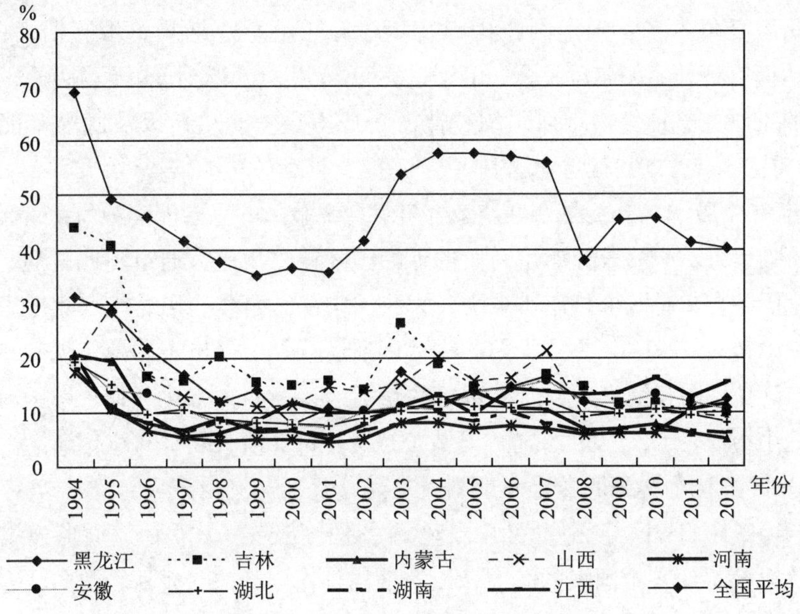

图5－37　1994—2012年中部省份和全国平均的外贸依赖度

资料来源：CEIC数据库。

中国“入世”后，全国的外贸依赖度普遍有上升过程，2004年、2005年达到峰值均为57.6%；此后受国际市场萎缩和金融危机的影响，不断下降，2013年仍然维持在40.1%的水平。而中部地区的外贸依赖度基本维持在10%上下的水平，2012年，江西、黑龙江成为外贸依赖度最高的省份，分别为15.6%和12.5%；2001—2012年，外贸依赖度有所上升的省份分别是江西、河南、安徽、黑龙江、湖北和湖南，吉林、山西和内蒙古的外贸依赖度还有5%的下降。

综上所述，中部地区自实施东北老工业基地振兴、中部崛起战略以来，各方面取得巨大进展，特别是以东部产业转移为契机，经济结构发生较大变化。但同时也应该看到，中部正处于工业化进程中，依托国际市场拉动产业集聚和经济增长相对乏力，中部发展仍有较大潜力。

三、中部地区参与丝绸之路经济带建设的角色和进展

作为中国的第一产业、第二产业的重要集聚带，中部地区在建设丝绸之路经济的大趋势下，有着东引西联、为东西部提供产业支撑的重要作用。虽然，从目前进展来看，河南、湖北、内蒙古相对积极，在筹划丝绸之路经济带建设方面有所进展，但中部特殊的地理位置、渐趋强大的产业集聚规模，使其将在建设丝绸之路经济带中扮演重要的分工支撑体系和市场联结枢纽等角色。

1. 开通国际班列

2012 年 10 月 24 日，从湖北武汉出发的汉新欧铁路开通，该线从武汉，路经安康、西安、兰州、乌鲁木齐，到达阿拉山口出境，穿越哈萨克斯坦、俄罗斯、白俄罗斯、波兰，到达捷克梅林克帕尔杜比采，行程 10863 公里，运行约 23 天。然而，该路线运行后遇到的难题主要是货物难以组织，比海运成本还贵一倍，以及武汉未能进入中欧“安智贸”项目试点，使其运行受阻。

2013 年 7 月 19 日，作为郑州航空港经济综合试验区的重要配套项目，首趟郑欧国际铁路货运班列运行，这标志着郑州沟通世界的国际铁路物流大通道由此打通，河南省拟充分利用全国综合交通枢纽的有利地位成为我国中部、西北、华北、东北地区货物的主要集散地和中转站。2014 年，除了郑欧货运班列运行外，郑州还计划实现到哈萨克斯坦第一大城市阿拉木图和俄罗斯莫斯科两条铁路货运线路的常态化开行。中国海关总署国际司司长陈小颖曾表示，“郑欧贯通，让中原成为中部亚欧大陆桥的新起点”。

2. 召开“丝绸之路经济带”中欧物流通道建设国际交流会

2013 年 12 月 11 日，河南省召开“丝绸之路经济带”中欧物流通道建设国际交流会，亚欧大陆桥沿线 8 个国家的海关，以及境内外铁路部门、企业界等 300 多名代表和专家学者聚集，探讨研究中欧物流通道建设合作机制。这次举办“丝绸之路经济带”中欧物流通道建设国际交流会，以信息交流、项目推介、合作洽谈、专题研讨为主，探讨研究中欧物流通道建设合作机制，商议建立郑欧国际铁路货运班列境外通关合作机制、运行合作机制，与境内外企业加强经贸合作，进一步扩大郑欧班列的辐射带动力和国际影响力。这对于共享“丝绸之路经济带”建设机遇，实现国内外市场、资本、资源的全面对接和互联互通，推动沿线国家地区间经贸合作和文化交流将发挥重要作用。

3. 河南打造丝绸之路经济带支撑区

在 2014 年全国政协十二届二次会议上，全国政协委员、民建河南省副主委省科协副主席梁留科、河南大学校长娄源功联合提出，打造河南丝绸之路经济带支撑区的提案。河南省政协上述委员联合建议，做好丝绸之路经济带的规划，尽早划定这个带的范围；支持河南强抓机遇，全力打造丝绸之路经济带的综合支撑区；建立适应丝绸之路经济带经贸需求的产业结构；积极与丝绸之路沿线的国家和西安、乌鲁木齐、上海

等城市协调，形成区域合作新机制；河南沿线城市是“丝绸之路经济带”重要支点和支撑，努力把河南段建成最具发展活力、最具创新能力、最具辐射带动作用的“丝绸之路经济带”高地。

此外，内蒙古的满洲里市提出，计划通过环境的打造、人气的提升，基础设施的改造，把满洲里打造成面向东北亚的区域性国际贸易基地、跨境旅游基地、进出口加工制造基地、能源开发基地、国际物流中心、科技孵化合作平台、让满洲里成为丝绸之路经济带上的重要节点城市。

虽然相对西部省份来说，中部地区并没有在丝绸之路经济带建设中大举规划，然而，西部地区产业聚集规模和可行空间相对有限，不与东中部实现联结，西部难以在向西开放中发挥巨大作用。由此，中部作为交通联结、产业承接与支撑的重要区域，其在丝绸之路经济带建设中的作用将逐步显现。

四、借力丝绸之路经济带助推经济转型的路径选择

国际金融危机之后，推动中国经济持续30多年高速增长的出口贸易骤然下降，给中国经济发展带来巨大的威胁，中国经济发展战略面临由“外贸”向“内需”的重大转型。而中部地区以其得天独厚的交通区位、独特的资源禀赋、雄厚的产业基础、丰富的人文资源和庞大的市场需求，无疑将成为扩大内需的主战场。同时，在向西开放的新形势下，全国新一轮经济发展和经济结构转换将逐步兴起，客观上也需要把中部地区建设成为新的增长极。面对东西向全方位开放时代的到来，中部地区有必要抓住机遇，充分利用国际、国内两个市场，促使自身的转型升级。

1. 强化交通联结，积极拓展东西向国际市场

市场潜力很大程度上影响产业聚集的规模与程度，中部地区在地处相对内陆的形势下，正演化为东部地区的工业基地、能源原材料供给基地、农产品供给基地，这也是东部率先崛起的必然结果。然而在此过程中，中部还可通过拓展国际市场，提高市场潜力，进一步促使相关产业聚集，加速内部分工，提升生产效率，由此巩固全国工农业聚集区的稳固地位。在丝绸之路经济带建设中，西部虽然处于毗邻中亚的有利位置，但产业基础薄弱，难以提供进行国际交换的大量产品，即西部需要依托于庞大的分工体系，才可能在向西开放中奠定自身地位，由此也对中部的产业集群产生巨大需求；而东部地区在产业升级过程中，需要腾出空间促使新兴分工和新兴产业的衍生，并有赖于强大的分工支撑，这都为中部地区崛起创造重要机遇。因此，中部地区有必要提高东西向开放的软硬件通达性，特别是促进硬件设施的互联互通，为本地产业集聚创造有利的环境和条件，也为东西部产业转型提供强大支撑。

2. 利用各省现有区位优势分工合作，形成几大优势产业集群

河南、安徽、湖北可以利用各省的土地资源优势、运输优势以及现有的龙头企业如宇通、江铃、奇瑞、东风等发展生态农业、现代仓储物流业以及现代先进制造业产

业基地；山西、河南、内蒙古应利用已有的煤炭产业、钢铁产业优势发展能源产业、原材料产业集群；湖南、湖北应利用有色金属产业优势继续发展有色金属深加工产业，发展壮大金属制品产业；河南、黑龙江等农业大省，有必要促进现代农业发展，为保障全国粮食和农业安全发挥积极作用；山西、江西曾是革命圣地，可发展红色旅游业，河南的历史名城云集，大可发展历史文化旅游业，安徽、湖南与湖北自然风景优美，如果整合中部的旅游资源，就可以形成一条集历史文化、革命圣地、自然风光于一体的旅游产业链；郑州、武汉、长沙、洛阳等城市的高新产业园区基本建设完成，配套服务完善，如果能吸引生物制药、电子信息新材料、新能源、创意产业入驻这些产业园区，发展高新技术产业及现代物流业，则中部地区就可以形成以生态农业、采矿业、制造业为塔基，以物流业、仓储业、旅游业为塔身，以高科技产业为塔尖的产业梯度。在这一过程中，既要注意品牌意识，培养区域主导品牌，又要注意地区间分工合作，建立长效的区域协作机构与体系，在政府的积极引导下发挥企业的主动性，形成以区域性要素为纽带的区域协作局面（如图5－38所示）。

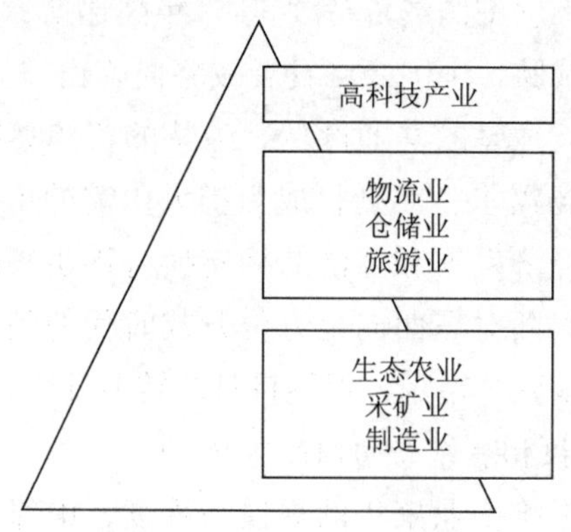

图5－38　中部地区产业梯度

3. 加大开放力度和优惠幅度，吸引具备条件的企业入驻各大产业园区

东部外向型经济发展的路径依赖和锁定使企业掉头向内的成本也较大，只有给出较大幅度的优惠并做好基础配套设施建设，它们转向中部才有可能。相关资料显示，大型企业在进行投资选址时，除了考虑劳动力成本、运输成本等的节约以及中部市场不断上升的规模外，还会兼顾当地政府给出的政策优惠及持续的配套服务。因此，中部地区需着力于公共治理创新，加强园区服务，优化投资政策，为入驻企业顺利展开经营创造条件，最终吸引更多外向型企业集聚中部。

4. 把农业产业化作为中部发展的重心

中部地区的区位条件决定农业是其重要产业。农业产业化的核心是市场化和信息化。市场化解决的是农业产业化的机制问题，信息化解决的是农业产业化的效率问题。为提高市场化程度，首先要本着依法、有偿、自愿的原则推进土地制度改革；其次要鼓励发展各种新型的农民专业合作组织、行业协会等中介组织，积极培养市场营销大户、商贸流通大户、运输大户，并发挥大户的示范带动作用；最后，把现代流通业引入农村，积极发展直供直销、代理配送、连锁超市、电子商务等新型流通业态，加强流通网络建设，鼓励龙头企业在省内外大中城市建立展销、批发和配送中心、发展连锁经营，逐步建立辐射中部地区的农产品市场的营销网络和农产品现代物流体系。为提高信息化程度，一方面要加强信息基础设施建设，加大末端信息站的建设力度，使广大农民能及时获得政策、市场、科技等致富信息；另一方面，要加强农业信息队伍建设，对基层农业科技人员和农户进行远程多媒体教学和培训，提高农户接受信息、识别信息的能力。

5.8 东部省市经济转型和参与丝绸之路经济带建设

改革开放过程中，东部省市承接国际产业转移，在内外因素共同作用下，迅猛发展，逐步成为我国经济发展的领头雁。同时，在新的国际分工背景下，东部省市也面临产业和贸易结构优化升级与东中西部统筹发展的艰巨任务。建设丝绸之路经济带，再一次为东部省市带来机遇与挑战。

一、东部省市的经济基础和发展历程

1. 东部省市的经济基础

（1）区位优势明显

一方面，独特的地缘优势。环渤海经济区处于东北亚经济圈的中心地带，环渤海而居，向南联系长江三角洲、珠江三角洲、东亚各国，向东沟通韩国和日本，向北联结着蒙古国和俄罗斯远东地区；长三角地区扼长江入海的出海口，有大陆海岸线近千公里，长江优良岸线600公里，集“千公里海岸”和“千里水道”于一身，上海港、宁波港、舟山港、张家港、南通港等组成中国特色明显的沿海沿江港口群，拥有广阔的流域经济腹地，可通过水陆交通与我国南北相连，海运可与世界各大海港相通；珠三角地区由西江、北江和东江冲积的三个小三角洲组成，靠近港澳，改革开放后逐渐与港澳之间在制造业领域形成“前店后厂”式产业体系。泛珠三角地区还包括广西、云南、湖南、福建、海南等更大范围，辐射内地并进一步加强与东亚、东南亚地区联系。

另一方面，发达海陆空交通条件。环渤海地区一直是国家交通建设的重点地区，经过60多年建设，铁路方面初步形成以北京为中心，以京津为主轴，以石家庄、秦皇岛为两翼的城际轨道交通网络，覆盖京津冀地区的主要城市。计划到2020年，京津冀地区城际轨道交通总里程达到710公里，线网布局满足区域经济社会发展要求，主要技术装备达到国际先进水平。建设内容包括北京—天津—塘沽城际轨道交通、北京—石家庄城际轨道交通线、北京—唐山—秦皇岛城际轨道交通线。① 水运方面已形成以天津港、秦皇岛港为中心，黄骅、京唐等专业港口为补充的沿海港口体系。民航方面已形成以首都机场为核心，天津、石家庄等机场为补充的区域民航机场格局；长三角铁路网是我国铁路运输负荷最大、运输效率最高的铁路网之一，目前已形成由沪

① 张学良．2013中国区域经济发展报告——中国城市群的崛起和协调发展［M］．北京：人民出版社，2013：222.

宁、沪杭、杭甬、浙赣、宣杭等铁路组成的国家干线运输网，并规划形成以上海、南京、杭州为中心的“1～2 小时交通圈”。当前长三角已初步形成并将进一步强化“两纵三横一圈”① 的综合运输通道，长三角有 12 个民航机场，覆盖全国各个地区以及海外主要国家及城市；珠三角地区以广州为中心，以京广、京九、广深、广茂、广梅汕为主的铁路网络骨架。有四通八达的公路网和中国三大枢纽机场之一的广州白云国际机场，并已基本形成分工合理的港口体系：以中国香港为国家航运中心，重点开展国际集装箱中转业务；以广州、深圳为主枢纽港，广州港重点开展煤炭、油品、粮食、钢材等大宗货类以及近洋外贸、内贸集装箱运输，是我国华南地区最大的综合性港口；深圳港重点发展远洋集装箱运输，是我国集装箱运输的干线港；另外珠海、东莞、中山、虎门、江门和肇庆等中小港口则凭借毗邻港澳的有利条件，成为三大枢纽港口的支线港或喂给港。

（2）制度政策因素

改革开放过程中，我国采取东部优先发展战略，对外开放的政策采取区域推进方式，主要体现在给予东部地区发展制度的创新和优惠的政策。20 世纪 70 年代末开始，我国借鉴国外经验，实施一系列制度创新，设立各类经济开发区。从各类国家级开发区的分布看，东部有 360 个，中西部只有 62 个。② 各类开发区特别是经济特区，在区域内实行有别于区外的特殊政策和管理方式，以吸引外商投资为主，从事高新技术产业的开发、出口加工以及开展进出口贸易；同时，按市场经济法则和国际原则创办和经营企业。这种制度创新为开发区所在地区创立了新的增长点，从而为该地区经济带来传统计划经济体制所不具备的强大发展活力和推动力。国家除给予特区、开放城市、开发区等不同层次、不同等级的政策优惠外，还给予东部地区减少财政上缴比例、扩大项目审批、外汇留成、信贷等权限。这些举措对东部地区吸引外资和技术、筹措资金和资本积累起到巨大作用，实现我国经济发展第一步“引进来”的目标，外商投资企业对经济增长和出口贡献率很大。

（3）民营经济的崛起

东部地区顺应经济发展规律，积极鼓励引导个体、私营等非公有制经济健康发展，比较早地形成企业产权多元化的格局。目前，民营经济以前所未有的势头蓬勃兴起。2000 年，江苏省对个体经营经济的发展提出“六个放”：放心、放胆、放手、放开、放宽、放活。2001 年，江苏私营企业户数已居全国第一位。这种经济结构使民众成为创业主体、经营主体、产权主体，真正做到谁投资谁受益，谁投资谁承担风险。这种

---

① “两纵”分别是由京沪铁路、京杭运河、高速公路等构成的南北向综合运输大通道；海运、沿海铁路、高速公路等构成的南北向综合运输大通道。“三横”分别为由长江、沿江铁路、高速公路、管道组成的沿江综合运输大通道；由陇海铁路、高速公路等组成的东西向综合运输大通道；由浙赣铁路、高速公路等组成的舟山—宁波—杭州—金华—江西的综合运输大通道。“一圈”指由高速公路、轨道交通构成的快速交通网。

② 程志强．论我国东部地区经济的再发展［J］．观经济管理，2004（12）．

来自民间和基层的经济发展原动力，极大地调动了人民群众的积极性、创造性，表现出很强的自我组织协调能力、市场适应能力、抗风险能力和资本增值能力。

（4）对经济结构进行自觉、适时的调整

东部地区以市场规律和产业发展规律为基础，凭借对经济的强烈敏感适时地调整经济结构，按产业关联关系进行技术和资金的重组，有所为有所不为，取长补短，在互惠互利的条件下，形成相互支撑、相互补充、相互推动的产业链条。例如，长三角地区中上海对制造业进行调整，提高加工水平、深化科技含量，重点加快发展以金融、证券、信息为代表的高层次服务业和以信息、汽车、电子、生物工程为代表的新兴工业；而江苏以产业升级为目标，凭借轻纺、机械、机电工业的雄厚基础，提高产业集中度和竞争力，在电子信息、生物工程和新医药、新材料等领域寻求突破，促进资本、技术、人才的有机结合，加快形成高新技术产业发展的规模优势；浙江杭嘉湖地区呼应上海加速国际化进程、创造地区生产力的合理结构，在通信、电子、机电一体化、环境设备、旅游等方面形成特色和优势，使长三角城市群成为我国最具发展潜力的地区。

2. 东部省市发展历程

20 世纪 50 年代至 70 年代，中国内地实行计划经济体制，加上西方国家的经济封锁，内地经济整体上几乎与外界无联系，发展缓慢。1979 年，中央决定设立深圳、珠海、汕头、厦门四个经济特区。1984 年，大连、秦皇岛、天津、烟台、青岛、连云港、南通、上海、宁波、温州、福州、广州、湛江、北海 14 个沿海港口城市被确定为开放地区。1985 年，珠江三角洲、长江三角洲、闽南三角洲被确定为经济开发区，随后又扩大到山东半岛、辽东半岛。沿海经济开发区的开辟，把经济特区、沿海开放港口城市连成一片，1991 年，东部沿海由北向南 1.8 万公里海岸线的边缘地带，形成了一大片新月形的狭长前沿开放地带。沿海开放带来沿海经济发展。①

（1）环渤海地区

环渤海经济区形成与我国改革开放的进程和社会经济发展规划中区域战略布局的思路关系密切。自 1984 年天津、秦皇岛等沿海城市开放和 1985 年长三角、珠三角开放后，北方沿海地区与南方东部地区差距拉大，1985 年底，李文彦提出京津唐地区加邻近的山东半岛和辽东半岛以及河北中南部有较大的资源与经济实力，环渤海经济圈统筹发展观点诞生。

历史上天津既有河海运通航条件，又有很接近首都的特殊区位优势，曾被多个西方资本主义国家占领，在此进行不平等贸易，辛亥革命后，天津成为仅次于上海的全国第二大工商业城市。北京因相对封闭，至 70 年代初，城市人口和经济规模才超过天津成为全国第二大城市。改革开放以来，天津经济实力日益增强。随着天津市落实

① 陈勇勤. 中国经济史［M］. 北京：中国人民大学出版社，2012：373.

"环渤海经济圈"战略计划的推进，天津已是继珠江三角洲、长江三角洲之后的新一轮投资热点。但整个环渤海地区早期经济的发展，国家干预较多，市场发挥作用相对较小。

（2）长三角地区

第一阶段：改革开放到20世纪80年代末。20世纪80年代初期，中央推出分权改革的一系列措施，一再提出要搞"横向联合"，搞区域经济协作，以打破"条块分割"所带来的弊端。在这一背景下，1982年12月国务院发出通知，决定成立上海经济区。此时改革和发展沿着"地方分权+市场化竞争"的路径推进，地方权力较国家而言在增大，上海经济区在长三角主要省市经济生活中的地位不断被边缘化。1988年上海经济区无疾而终。

上海经济区的实践在组织形式上不能说成功，但在内容上，对江浙地区的发展起到积极作用，体现在江浙地区乡镇企业大发展。上海国有企业品牌在浙江找到零部件生产厂家和"OEM"。另外，上海经济区也为江浙和上海不同企业间的正式和非正式制度的经济技术联系提供制度支持和合法依据。这一时期，上海和周边的江浙地区之间的产业分工开始从垂直分工向水平分工方向发展。

第二阶段：20世纪80年代末90年代初。上海在总结前10年有关改革开放的经验教训基础上提出以浦东开发开放为突破口，浦东浦西联动，加速上海改革开放步伐的战略思路。进而引发以浦东开发开放为契机的长三角区域经济一体化浪潮，长三角区域经济一体化因此进入新的阶段。上海经济发展从长期低于全国平均水平一跃成为增长领先地区。

浦东开发开放以后，中央政府不再提供类似像上海经济区这样的组织和制度框架，中央政府对一体化的贡献主要在于向上海注入新的政策资源，区域经济合作对上海周边地区来说，是利用上海的区位优势、政策优惠和其他资源优势加快本地区发展模式转型，外资和国际产业转移出现，民营企业进一步发展。

第三阶段：20世纪90年代以后。国际化和市场化进程的加速，由此导致国内外企业主导的要素跨区域流动的深化和广化，推动着区域间产业分工的形成。这一时期长三角地区由企业主导的地区间的产业分工开始明朗化。经济一体化进展在基础设施层面和制度层面的表现也非常突出，1998年沪杭高速的通车是标志性事件，制度层面在推动区域经济一体化方面达成共识。

（3）珠三角地区

由于新中国成立伊始即遭帝国主义封锁，因而国家强调珠三角的国防前线地位，深圳、珠海被列为边防禁区，经济上实行闭关政策，国家投资较少，广东工农业总产值连续14年在全国平均水平以下，导致珠江三角洲城镇发展比较缓慢。当时国家的中心城市是北京、天津、沈阳、长春、上海、武汉、重庆等。这期间，城镇人口主要靠自然增长。1978年与1949年相比，城市数量只增加佛山、江门、肇庆、惠州4个，10

万~20万人口的中等城市只有佛山、江门、肇庆和石岐。

第一，起步阶段（1979—1991年），此时期我国改革开放的探索开始在局部地区试点推进，加工装配业务、经济特区政策、引进外资政策、允许私营经济发展等一系列政策法规相继颁布与实施，率先成为改革试验田的珠三角经济开始起步。此时期，珠三角城镇结构和布局发生根本性变化：深圳、珠海、中山、东莞、顺德、台山、番禺等相继设市，城市数从5座增至12座，其中9座为省辖地级市，3座为县级市，占全省23座城市的52.2%。五大经济特区，三个在广东，毗邻港澳的深圳和珠海更是引人注目，使珠江三角洲由过去的国防前线、边远地区变成我国对外开放的前沿，区位条件发生根本性转变。粤港“前店后厂”式分工的开始确立，极大地促进了珠三角的工业化和城市化进程。这一时期，广州非农业人口增至280多万人，佛山、深圳迈入中等城市行列。小城镇发展迅速，涌现了一批具有专业化职能的新兴工业城镇，如“服装城”九江、“内衣城”盐步、“冰箱城”容奇等。但是，由于对改革目标、路径等认识远未清晰，再加上经济基础薄弱与市场机制刚开始发育，珠三角除深圳特区增长迅猛外，其他城市的增长并不突出。

第二，高速增长及逐步回落阶段（1992—2000年）。邓小平南方谈话坚定了我国向市场经济体制转轨的改革方向与目标，也使外商投资信心大增，随着引进外资政策的完善和各项体制改革的推进，珠三角成为外资推动下发展加工贸易的聚集地，珠三角各市经济与外贸亦进入高速增长时期，并随着亚洲金融危机的爆发与蔓延而逐步回落。

第三，稳步增长阶段（21世纪以来）。亚洲金融危机以后，国际产业布局开始变迁，特别是中国对社会主义市场经济体制的认识和建设趋于成熟以及正式加入WTO，使劳动密集型生产环节集聚中国从而重构全球产业链成为现实。顺应这一潮流，珠三角作为全球重要的加工制造基地实现新一轮较快增长，并在美国次贷危机引发全球衰退的过程中增速放缓。

二、东部省市的经济总量及结构变迁

1. 经济总量变迁

（1）东部省市GDP、人均GDP不断增长

1994—2012年，东部省市GDP均以7%以上的增长率逐年上升。从1994年的26903亿元，增长到2012年的333774亿元，年均增长率达15.0%，但各年增长幅度波动较大。受两次金融危机影响，在1999年、2009年出现两次增长的低谷期，总体上共经历1995—1999年的下降、1999—2009年的回升、2009—2012的波动三个阶段。其中，广东、江苏、山东稳居东部省市GDP前三位，1994年产值依次为4619亿元、4057亿元、3845亿元，三省共计占东部省市GDP的46.5%，2012年产值依次为57068亿元、54058亿元、50013亿元，共计占东部12省市GDP的48.3%，浙江、河北、辽宁次之（如图5-39所示）。

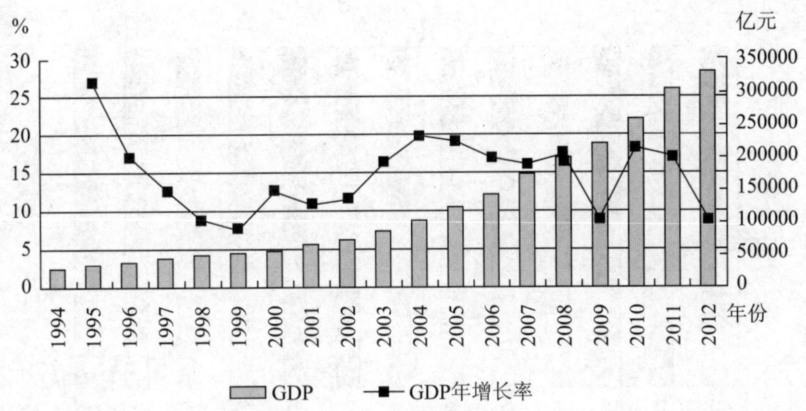

图5-39　1994—2012年东部省市GDP及年增长率

资料来源：《中国统计年鉴》(1994—2013)。

人均GDP经常与购买力平价结合，以衡量各国或地区人民真实生活水平。1994—2012年各省市人均GDP增量明显，但增幅有所差别。1994年，上海、北京人均GDP已过万元，分别达14328元和10240元，是东部乃至全国人均GDP最高的两市，天津次之。由于大量外来人口的流入拉低北京、上海的人均GDP，2011年天津人均GDP首次超过上海和北京，成为东部人均GDP最高的省市，达85213元；2012年，这种趋势依然保持，天津人均GDP首次过9万元。而广东、江苏、山东、浙江、河北、辽宁等GDP较靠前的省份中，作为目前GDP稳居全国第一且人口最多的广东，人均GDP在东部省市中居于中间水平，表明其生产效率较高。

(2) 消费占比相对偏低且趋缓，投资①占比逐步增加而净出口下降

按照支出法，东部省市GDP构成中最终消费总额虽占40%以上，但仍相对其他国家较小，资本形成总额占比较大。其中，最终消费总额相对稳定，基本保持占GDP 45%的水平且近几年略有下降；资本形成总额始终是GDP构成的最主要部分，实现其占比从1994年的48.2%到2012年的51.9%的小幅上升；净出口表现出自1994—2008年的小幅增长，到金融危机后出口退减加之受转型时期中国产业和外贸结构升级的影响，自2009年后占比逐渐减少，净出口占GDP比重较小但始终为正，体现其对我国经济发展的作用不容忽视。不难看出，在GDP不断增长的前提下，表征中国经济的东部省市在维持消费比例不变前提下当受到外部环境影响时，资本形成总额是弥补GDP增长的主要途径（如图5-40所示）。

① 本文不对资本形成总额构成部分作细致说明和划分，为方便起见，图表中的消费指最终消费总额，投资指资本形成总额，净出口指贸易净流出。

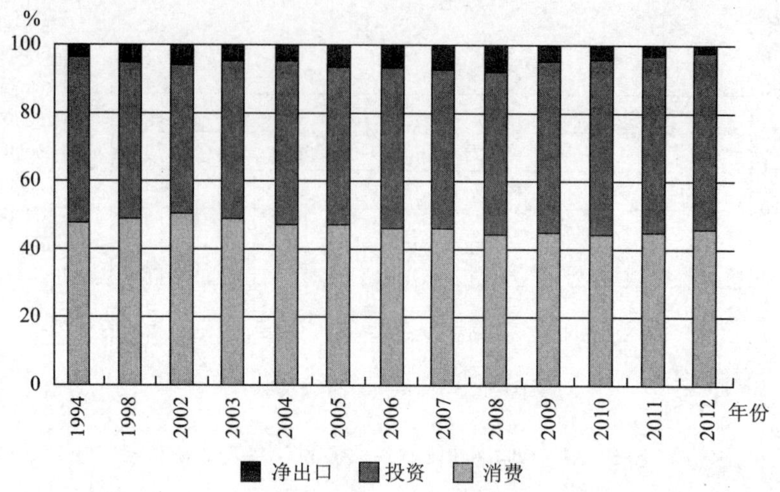

图5－40　1994—2012年支出法东部省市GDP构成分析

资料来源：《中国统计年鉴》（1994—2013）。

具体而言，山东、江苏、广东是最终消费总额和资本形成总额均为前三位的省份。广东作为全国人口最多的省份，其最终消费总额在东部省市中最多，2012年达29264亿元；山东省资本形成总额居东部省市之首，2012年达27552亿元，最终消费总额较投资略低，居第三位。贸易净流出各年虽均为正，但这种总额上的正值主要是江苏和广东两省较高的正外贸净流出对广西、天津、辽宁等省市负外贸净流出的抵消，实际上各省市内部对外贸易存在较大差异。这种差异来源于统计口径的不同以及省市自身经济发展状况和自身地理位置（是否是中转港等）的差异。

2. 产业结构的演进

（1）三大产业协调发展，第二产业基础较好，第三产业发展迅速

东部省市三大产业占GDP比重具有明显区分，第二产业基本占据GDP的半壁江山，第三产业占比次之并呈逐步上升趋势，由1996年的35.3%增长至2012年的45.0%，相反第一产业出现与第三产业基本对应程度的下降，由1996年的16.1%降至2012年的6.8%（如图5－41所示）。

第三产业的兴旺是第二产业发展到一定阶段的产物，在全国最为发达的东部省市中，2012年，北京、上海第三产业占GDP比重分别为76.5%和60.4%，均大幅超过东部省市平均水平，而作为政治、文化中心的北京第二产业占比仅22.7%，上海为38.9%，两者均明显低于东部其他省市。但在1994年，北京、上海第二产业占GDP比重分别已达到46.1%和58.0%。而海南第三产业占比从1994年的42.2%上升到2012年的46.5%，第二产业占比从1994年的25.3%到2012年的28.2%，两者均无明显变化。这种第三产业与第二产业的强烈对比是海南现有自身条件下以旅游为主的消费性服务业的发展与工业基础薄弱的体现，与北京、上海发达工业支撑基础下生产性服务业的繁荣有根本不同。

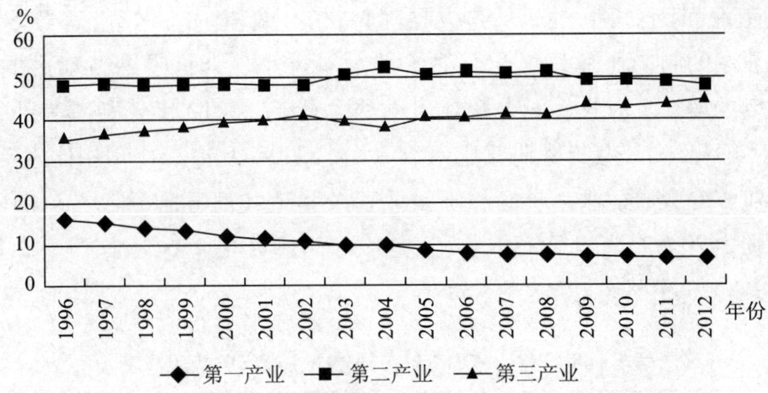

图 5－41　1996—2012 年东部省市三大产业分别占 GDP 比重

资料来源：《中国统计年鉴》(1996—2013)。

(2) 第三产业向更高层次演进，金融业和物流业发展迅速

2005—2012 年东部省市第三产业发展迅速，年均增长率达到 20.4%，明显高于年均 GDP 的增长速度。其中，增长最显著的是生产性服务业中的金融业，由 2005 年占第三产业总额的 9.6% 增至 2012 年的 13.7%，年均增长率达到 27.7%。房地产业虽有 19.7% 的年均增长率，但占第三产业总额比重 2005 年和 2012 年分别为 11.9% 和 11.5%，并无实质性改变。需要指出的是：2012 年东部省市总体上房地产市场已经出现下滑，由 2010 年占比 12.2% 降至 2012 年的 11.5%；流通性服务业中的交通运输、仓储和邮政业从 2005—2012 年产值占第三产业总产值比重从 12.9% 降至 2012 年的 10.8%。消费性服务业中的住宿和餐饮业因国家政策有所改变而出现从 2005 年占比 4.9% 至 2012 年的 4.4% 的小额降幅（如表 5－37 所示）。

表 5－37　2005—2012 年东部省市第三产业产值分布情况

		2005 年		2008 年		2010 年		2012 年		2005—2012 年年均增长率（%）
		数值（亿元）	占比（%）	数值（亿元）	占比（%）	数值（亿元）	占比（%）	数值（亿元）	占比（%）	
第三产业总额		49396	100	81035	100	113084	100	150179	100	20.4
生产性服务业	金融业	4756	9.6	10764	13.3	15325	13.6	20598	13.7	27.7
	房地产业	5852	11.9	8775	10.8	13746	12.2	17189	11.5	19.7
流通性服务业	交通运输、仓储和邮政业	6384	12.9	10091	12.5	12899	11.4	16269	10.8	16.9
	批发和零售业	11130	22.5	17454	21.5	26942	23.8	36600	24.4	21.9
消费性服务业	住宿和餐饮业	2434	4.9	3886	4.8	4934	4.4	6641	4.4	18.2
其他		18840	38.2	30064	37.1	39238	34.6	52882	35.2	18.8

资料来源：《中国统计年鉴》(2006—2013)。

（3）制造业和批发零售业依然是吸收就业最多的行业

第二产业中的制造业和第三产业中的批发零售业一直是吸纳劳动力的主要力量，均有不同程度的增长。吸收就业人数最多的两大行业，2012 年分别占东部省市就业人数的 28.2% 和 34.8%，但制造业就业人数占比与 2008 年的 32.8% 相比逐年小幅降低。另外，服务业中的交通运输、仓储和邮政业以及租赁和商务服务业占东部省市就业总额的比重分别由 2008 年的 3.2% 和 4.7% 上升至 2012 年的 4.6% 和 6.1%；住宿和餐饮业就业占比具有小幅下降（如表 5－38 所示）。

表 5－38　2008—2012 年东部省市主要行业就业情况

	2008 年		2009 年		2010 年		2011 年		2012 年	
	数值（万人）	占比（%）	数值（万人）	占比（%）	数值（万人）	占比（%）	数值（万人）	占比（%）	数值（万人）	占比（%）
全国就业总额	13680	—	15192	—	16425	—	18298	—	19924	—
东部省市就业总额	8210	100	9159	100	9601	100	10435	100	11111	100
主要行业就业总额	6956	84.7	7775	84.9	8108	84.4	8775	84.1	9186	82.7
制造业	2686	32.7	2796	30.5	2975	31.0	3082	29.5	3136	28.2
建筑业	388	4.7	435	4.7	460	4.8	491	4.7	529	4.8
交通运输、仓储和邮政业	262	3.2	303	3.3	289	3.0	304	2.9	515	4.6
批发和零售业	2850	34.7	3340	36.5	3444	35.9	3849	36.9	3868	34.8
住宿和餐饮业	384	4.7	438	4.8	436	4.5	457	4.4	459	4.1
租赁和商务服务业	386	4.7	463	5.1	504	5.2	592	5.7	679	6.1

注：由于数据搜集原因，只统计了东部省市私人企业和个体就业情况。

资料来源：《中国统计年鉴》（2009—2013）。

三、东部省市对外经贸格局的变动

1. 贸易规模不断增大，年增长率波动较大且呈下降趋势

东部省市进出口额 2003—2012 年呈逐年递增趋势，进出口总额从 7919.3 亿美元增长到 2012 年的 39536.6 亿美元。其中，出口额从 2003 年的 4057.2 亿美元增长到 21619.7 亿美元，进口额从 3862.1 亿美元增长至 2013 年的 17916.9 亿美元，净出口始终为正。增幅整体处于下降状态，受金融危机影响 2009 年大幅减少（如图 5－42 所示）。

东部各省市内部贸易有较大差异。就贸易规模而言，山东、江苏、上海、浙江、广东五省市进出口总额占东部省市进出口总额的 80% 左右。2013 年出口总额达 18476.9 亿美元，占东部省市出口总额的 85.5%，进口总额达 12098.1 亿美元，占东部省市进口总额的 67.5%。就贸易差额而言，浙江、广东出口额远大于进口额，是我国东部省市贸易顺差的主要来源地；相反，由于实体经济相对较弱，人口和消费集中，

流通性商贸产业和内外贸易中转物流发达等因素，北京对外贸易逆差较大，从2003年的347.6亿美元增大到2013年的3026.1亿美元（如表5-39所示）。

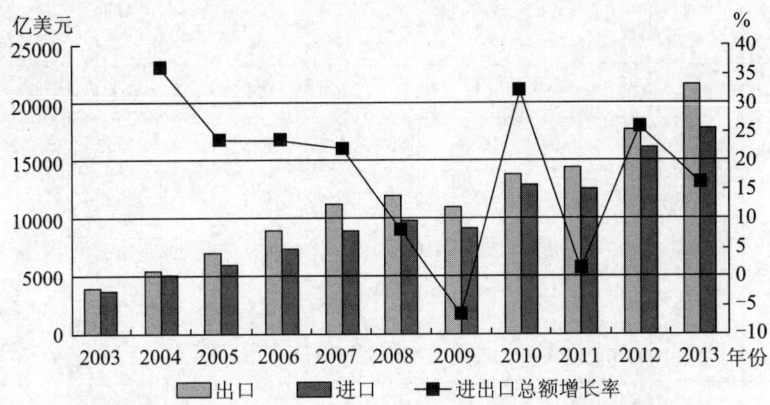

图5-42　2003—2013年东部省市对外贸易规模及增长率变化

资料来源：2003—2006年、2013年数据来自各省市国民经济与社会发展统计公报，2007—2012年数据来自中国海关总署。

表5-39　2003—2013年东部主要省市出口情况

	2003年		2008年		2009年		2011年		2013年	
	出口额（亿美元）	占比（%）	出口额（亿美元）	占比（%）	出口额（亿美元）	占比（%）	出口额（亿美元）	占比（%）	出口额（亿美元）	占比（%）
东部省市总额	4057	100	11914	100	11030	100	14313	100	21620	100
山东	266	6.5	861	7.2	795	7.2	1043	7.3	1345	6.2
江苏	591	14.6	2207	18.5	1419	12.9	1807	12.6	3289	15.2
上海	485	11.9	1569	13.2	1992	18.1	2706	18.9	4991	23.1
浙江	416	10.3	1424	12.0	1330	12.1	1805	12.6	2488	11.5
广东	1529	37.7	3717	31.2	3590	32.5	4532	31.7	6364	29.4
五省市总计	3287	81.0	9778	82.1	9126	82.7	11892	83.1	18476.9	85.5

资料来源：2003—2013年各省市国民经济与社会发展统计公报。

2. 贸易伙伴更趋多元化，欧美日传统市场份额下滑，新兴市场成为外贸新增长点

中国香港、美国、欧盟、东盟、日本是东部省市①前五大贸易伙伴。其中，对美国出口占比逐年下降，从2003年的21.7%到2013年的15.0%；对欧盟出口逐年也有小幅下降，从2003年的16.2%到2013年的13.8%；对日本出口绝对值增长较少，占对外出口总额比重降幅明显，从2003年的12.0%到2013年的5.2%；对东盟、俄罗斯和中国香港等新兴国家和地区增幅稳定，有增无减（如表5-40所示）。

① 因统计数据不足问题，这里只包括主要省市，即山东、江苏、上海、浙江、广东。

表 5－40　2003—2013 年东部省市对外贸易出口地区结构

	2003 年		2005 年		2008 年		2009 年		2011 年		2013 年	
	总额（亿美元）	占比（%）	总额（亿美元）	占比（%）	总额（亿美元）	占比（%）	总额（亿美元）	占比（%）	总额（亿美元）	占比（%）	总额（亿美元）	占比（%）
东部省市	4057	100	7086	100	11914	100	11030	100	14313	100	21620	100
中国香港	839	20.7	1192	16.8	1150	9.7	1488	13.5	2358	16.5	3575	16.5
美国	881	21.7	1654	23.3	2631	22.1	1891	17.1	2551	17.8	3235	15.0
欧盟	656	16.2	1451	20.5	2329	19.5	1974	17.9	2616	18.3	2985	13.8
东盟	303	7.5	475	6.7	749	6.3	819	7.4	1095	7.7	1454	6.7
日本	485	12.0	764	10.8	881	7.4	752	6.8	1105	7.7	1131	5.2
韩国	145	3.6	275	3.9	469	3.9	404	3.7	570	4.0	660	3.1
俄罗斯	28	0.7	118	1.7	108	0.9	67	0.6	244	1.7	364	1.7
合计	3337	82.3	5929	83.7	8317	69.8	7395	67.0	10539	73.6	13404	62.0

资料来源：2003—2013 年东部各省市统计年鉴及各省市国民经济与社会发展统计公报。

2003—2013 年东部省市对这五大贸易伙伴外加韩国和俄罗斯的双边贸易绝对值不断增长，出口额从 2003 年的 3335.7 亿美元到 2013 年的 11753.4 亿美元，但占东部省市出口总额比重下降较多，从 2003 年 83.1% 到 2013 年 61.6%。其原因在于我国整体贸易区域布局更趋协调：一方面，广东、江苏等东部省市对外贸易比重下降，中西部地区贸易活跃。2013 年，广东、江苏、上海、北京、浙江、山东和福建等 7 个省市合计进出口值达 3.29 万亿美元，占全国进出口总值的 79%，比上年回落了 0.9 个百分点。而中西部地区的重庆、河南、安徽、云南、陕西、甘肃、贵州等 7 个省市外贸增速都在 15% 以上，合计进出口占进口总值的 5.7%，比上年提升了 0.6 个百分点。① 另一方面，我国对外贸易伙伴更加多元，对拉美、非洲、中亚、中东贸易额不断增长，2012 年向中东地区出口额达 73.08 亿美元，较 2011 年上升 7.3%，2013 年出口额达 75.49 亿美元。

3. 对外贸易自主发展能力不断增强，一般贸易比重增加，加工贸易比重减少

东部省市对外贸易自主发展水平不段增强、贸易结构优化，2005—2013 年我国产业链长、附加值较高的一般贸易进出口不断增长。以东部第一外贸大省广东为例，2013 年一般贸易额达 3687.7 亿美元，占我国东部省市进出口总额比重从 2005 年的 26.5% 上升至 2013 年的 33.8%。其中，出口占比从 2005 年的 22.4% 上升到 33.7%；加工贸易进出口绝对值仍然相对较大，2013 年达 5267.6 亿美元，占比由 2005 年的

① 郑跃声. 2013 年我国外贸进出口呈五大特点［EB/OL］. 中国行业研究网，2014－01－10.

69%下降至2013年的48.3%（如表5-41所示）。

表5-41　2005—2013年广东省对外贸易进出口及各类别占出口总额比重

		2005年		2008年		2013年	
		总额（亿美元）	比重（%）	总额（亿美元）	比重（%）	总额（亿美元）	比重（%）
出口		2381.6	100	4041.0	100	6364.0	100
贸易方式	一般贸易	533.2	22.4	1163.0	28.8	2145.8	33.7
	加工贸易	1750.7	73.5	2612.6	64.7	3234.4	50.8
出口商品	机电产品	1644.2	69.0	2835.6	70.2	4396.0	69.1
	高新技术产品	835.8	35.1	1486.2	36.8	2564.3	40.3
经营主体	国有企业	—	—	607.8	15.0	504.8	7.9
	外商投资企业	1546.8	64.9	2556.4	63.3	3573.3	56.1
	其他企业	299.5	12.6	876.8	21.7	2286.0	35.9
进口		907.4	100	2791.6	100	4551.7	100
贸易方式	一般贸易	339.1	37.4	23.6	29.5	1541.9	33.9
	加工贸易	518.8	57.2	1557.9	55.8	2033.2	44.7
出口商品	机电产品	602.5	66.4	1739.6	62.3	2836.7	62.3
	高新技术产品	362.5	39.9	1243.1	44.5	2186.7	48.1
经营主体	国有企业	206.9	22.8	504.1	18.1	398.7	8.8
	外商投资企业	615.9	67.9	1831.4	65.6	2347.8	51.6
	其他企业	84.6	9.3	456.1	16.3	1805.1	39.7

资料来源：广东省2005—2013年国民经济与社会发展统计公报。

4. 进出口商品结构进一步优化：机电产品增长趋稳，高新技术产品增长迅速

机电产品一直是我国外贸的拳头产品，占据全部外贸总额的半壁江山。目前在中国外贸领域，特别是占比较大的机电行业中，如何占据研发、品牌以及销售渠道等微笑曲线的上方，而非密集处于下方的加工制造是最核心的问题。近十年东部省市机电产品外贸总额不断增长，占外贸总额的60%以上且趋于稳定。以广东省为例，2005—2013年机电产品出口总额增长较快，占比趋于稳定，而高新技术产品进出口从2005年的1198.3亿美元到2013年的4751亿美元，占比从2005年的36.4%上升到43.5%。

为促进贸易和产业结构升级，"十二五"加强对重点行业出口的分类指导，加快重点行业出口基地和出口基地企业建设。实施更加积极的进口战略，重点抓好清洁能源、高档数控机床、船舶、铁路机车、汽车、航空、通信以及战略性新兴产业等具有突破性带动作用产业的引进消化吸收再创新工作。①

① 机电和高新技术进出"十二五"发展规划［EB/OL］. 商务部网站，2012-06-06.

5. 外贸主体结构更趋合理：民营企业占比提升，外资依赖减轻

近十年东部省市进出口经营主体发生很大变化。以广东省为例，出口的经营主体中，外商投资企业占外贸进出口总额从64.9%下降至56.1%，其他企业包括民营企业等占比明显增强，由2005年占比12.6%至2013年占比35.9%；进口的经营主体中，民营企业占比从2005年的9.3%增长至39.7%，年均增长率达22.3%，同时外商投资企业占比年均下降4.0%。

四、东部省市参与丝绸之路经济带建设的进展

建设丝绸之路经济带倡议提出以后，东部部分省市以积极谋划，力图在打通丝绸之路经济带海上通道、继而带动自身发展方面寻求突破。

1. 山东

（1）山东与丝绸之路经济带

①两湾论坛：开辟中阿经贸合作“新丝绸之路”

2013年8月28日至31日，由建设创新型国家战略推进委员会与山东省潍坊市政府共同举办的首届两湾合作论坛在山东潍坊市隆重开幕。中国环渤海湾地区与阿拉伯海湾地区之间巨大的投资、贸易互补性吸引中国和海湾阿拉伯国家官员与企业的高度重视与参与热情，论坛也创新性地提出国际间区域经济战略合作的发展趋势与合作潜力。

论坛在中阿经贸合作、投融资、石油机械装备出口、旅游开发、多领域贸易合作方面达成了数十项合作意向成果。

②高端商务对话会

2014年3月18日，由山东贸促会、省经信委、省机械协会共同主办的“丝绸之路经济带高端商务对话会”在济南国际会展中心举行。为更好地抓住“一带一路”机遇，山东拟成立山东—东盟、山东—中东欧两个项目合作办公室，加速推动项目投资交流和落地。①

③东亚海上合作平台“落户”山东，建设模式为“1+X”模式

2014年3月6日，东亚海上合作平台“落户”山东，目前建设模式为“1+X”模式，“1”是青岛，“X”是周边沿海城市，以青岛为龙头，以日照、滨州、潍坊、烟台、威海等沿海6市为腹地。“丝绸之路经济带”和“海上丝绸之路”，前者促使欧亚各国经济联系更加紧密，后者促进中国与东盟国家的合作发展。

④对口援疆，“山东企业喀什行”

21家山东有较强投资意向的规模化企业对口援疆，投资方向涉及医药、交通物流、纺织服装、建筑建材、装备制造、生物科技、农业开发与深加工等领域。2013年9月召开的第四次全国对口援疆工作会议提出，要将就业、教育、人才等作为对口援疆的重点。

---

① 齐鲁晚报，2014-03-19.

（2）青岛

①定位：21 世纪丝路经济枢纽城市

作为我国东部沿海重要出海口，青岛处于海陆丝绸之路“十”字节点位置，向西可连接中西部地区及中亚五国；向南可通达经济最发达的长三角及我国东南沿海发达城市；向东出海与东北亚各国临近，直面东亚及整个环太平洋地区，具有深化国际国内合作、聚集生产要素、吸引各方投资和带动区域发展的良好区位条件。在地理位置上，是距国际三大主干航线中西行航线最近的北方港口，与日本九州、福冈、下关和长崎及韩国釜山、仁川等港口海上运距短，航线丰富，班期密度大，更有利于吸引亚欧大陆桥国际集装箱的运输，是陆上丝绸之路向东延伸、海上丝绸之路向西拓展的重要门户。

另外，分析法显文化在“丝绸之路经济带”发展过程中的作用和对青岛社会经济文化诸方面的影响，提出相应的理论支持和对策，对青岛市成为丝绸之路经济带枢纽城市具有重要的历史和现实意义。

②战略规划

基于青岛的优势和条件，青岛市政府已经初步考虑并提出打造面向韩日、辐射东南亚、陆联中亚欧的“一路一带”综合枢纽城市的战略构想，并力争 2020 年将其规划建设成四大功能载体。一是打造“一路一带”双向开放桥头堡，青岛将整合海陆要素资源，加快海陆双向衔接，深化与乌鲁木齐、霍尔果斯等西部口岸合作，搭建“青新欧”跨国货运铁路直达通道，加快面向日、韩的门户机场建设，打造与韩国贸易交往快速通道，推动丝绸之路经济带向东部沿海延伸；二是建设东亚海洋合作平台；三是构建“一路一带”经贸合作枢纽，以申建自贸港区为引擎，加快建设财富管理综合金融改革示范区，推动贸易投资便利化，实施国际货物贸易提升发展、国际转口贸易突破发展、国际服务贸易跨越发展、国内外贸易融合发展、电子商务引领发展；四是打造“一路一带”综合保障服务基地。

③举措

青岛与陆上丝绸之路经过地甘肃、宁夏等 18 个省市签署口岸战略合作框架协议，与西安、郑州、成都、兰州、乌鲁木齐等 20 多个城市建设“无水港”或进行战略合作，开展海铁联运和多种形式的联运，海关通关范围通达全国 29 个直属海关。2012 年青岛至霍尔果斯集装箱班列开通，2013 年又升级为“五定班列”，年运送集装箱超过 5 万标箱，使青岛成为沟通内陆、联系世界的重要窗口。①

在对外发展过程中，青岛也不断深化与日韩、东亚、欧盟等国家和区域的合作，与韩国釜山、荷兰海牙、德国雷根斯堡、日本京都、川崎等国家和城市都缔结经济合作伙伴关系，建设经济开发区、高新区、保税港区、中德生态园等 5 个国家级经济开

① 21 世纪我国海陆“丝绸之路”起航点和枢纽城市［EB/OL］. 青岛新闻网. 青岛日报，2014－05－02.

发区、8个省级经济开发区，拥有保税港区、保税区、出口加工区等四个海关特殊监管区，数量位居全国前列，成为我国开放政策最集中的区域之一。

2. 江苏

（1）连云港

①定位：出海口及东方桥头堡

连云港处于连接新亚欧大陆桥产业带、亚太经济圈、环渤海经济圈和长三角经济圈的“十”字节点位置，是正在建设中的现代化港口工业城市，是国家主枢纽港、集装箱干线港、江苏唯一大型海港和中西部地区最便捷的出海口。在共建丝绸之路经济带的大背景下，连云港将通过扩大对内对外、向东向西双向开放，着力打造成为依托大陆桥、服务中西部、面向东北亚、辐射亚欧大陆的“丝绸之路经济带”东方桥头堡。

②战略规划

连云港参与丝绸之路经济带建设主要包括三个层面：一是打造衔接海陆丝绸之路的综合交通枢纽，在港口功能完善、高速高铁建设、航空航线开拓等方面不断提升，构建起“海、陆、空、铁、水、管”立体式综合交通网络体系；二是打造丝绸之路经济带东西双向开放门户，在开放功能、国际贸易平台、开放载体等方面不断突破，构建起东北亚西向拓展和中亚地区东向出海的加工生产、商贸物流基地；三是打造丝绸之路经济带产业合作集聚区，在推进与上海的产业协作、与苏南地区的产业对接、与日韩的经贸合作等方面不断深化，进而推动与陆桥沿线地区和国家的产业合作，建设成进口资源加工基地、出口产品生产基地和重化工配套产业基地。

③举措

2013年9月8日，连云港市在霍尔果斯举办“连云港新亚欧大陆桥运输合作恳谈会”；2013年10月上旬，连云港市组织党政代表团，分赴乌鲁木齐、兰州、西安、郑州等陆桥沿线城市访问，会商对接推动丝绸之路经济带建设工作；10月下旬，举办“丝绸之路经济带（东中西区域）合作论坛”和“第12届泛黄海中日韩经济技术交流会”，就经济带建设进行广泛交流，深入合作。2014年连云港对外开放30周年，被确定为“丝绸之路经济带建设年”。2014年2月26日，连云港与哈萨克斯坦国铁路公司共同投资1亿美元的中哈连云港国际物流公司正式签约，这是迄今为止国内“一带一路”建设大潮中唯一落地的实体项目①；2014年4月30日，《丝绸之路经济带商会合作联盟成立大会暨首届经贸投资（连云港）洽谈会活动方案》获得连云港市委、市政府研究通过，正式启动在连云港举办“丝绸之路经济带商会合作联盟成立大会暨首届经贸投资洽谈会”各项筹备工作；2014年5月1日，“2014丝绸之路经济带文化商贸交流周”在连云港拉开序幕；2014年10月，首届丝绸之路国际物流博览会（连博会）将在连云港举行。本次博览会紧紧围绕打造通畅的“丝绸之路经济带”国际物流大通

---

① 中哈连云港国际物流公司正式组建，推动深入交流［EB/OL］. 中国江苏网，2014-02-27.

道，突出港口服务、海铁联运、物流仓储等特点，着重展示丝路经济带沿线亚欧国家的港口及仓储服务、陆桥物流服务、物流设备与技术，汇聚港口与物流产业信息流、技术流、人才流，积极参与新亚欧大陆桥国际铁路联运通道建设，提升连云港为上合组织成员国提供物流、仓储服务的能力。

自习近平总书记提出建设“丝绸之路经济带”战略构想以来，连云港港口集团便提出打造“丝绸之路经济带建设平台”的发展目标，加快中哈物流堆场、霍尔果斯物流场站等项目的推动，加快港口信息化管理的建设，完善口岸公共信息平台服务功能，为畅通新亚欧大陆桥运输，打造丝绸之路经济带建设平台提供有力支撑。目前，连云港已开行至中西部地区以及中亚国家的10余条铁路班列，开通日韩、东南亚、欧美等60条近远洋航线，每年港口货物吞吐量的60%来自中西部地区，承担的大陆桥过境集装箱运输量超过60%，预计2014年港口吞吐量将不少于2.1亿吨，夯实东桥头堡战略地位。

下一步，连云港将围绕推动新亚欧大陆桥的海陆双向开放、促进丝绸之路经济带协同发展，进一步深化区域合作交流，加快推进平台机制创新，不断提升综合服务功能，完善枢纽功能，增强对腹地吸引力。随着重庆、武汉、成都、郑州、西安等地先后开通欧洲货运班列，中西部货物向西走铁路或绕道日照、青岛，一定程度上分流了港口的货源。连云港有必要加快申报自贸区，在丝绸之路经济带和东部沿海地区赢得先机，尤其是与青岛港、日照港、西安的国际港务区（无水港）等形成比较优势，并与上海港、浦东机场等错位发展。①

（2）苏州

苏州丝绸展亮相2013年10月28日在土耳其伊斯坦布尔举办的以“重新思考建立一个贸易、合作、和平的地区”为主题的丝绸之路国际大会。作为开放大市的苏州，以丝绸为媒，以丝绸之路经济带战略为契机，推进苏州与丝绸之路沿线国家的经贸交往与文化交流。其中，土耳其是苏州对中东地区贸易往来最重要的国家之一，2012年苏州与土耳其的贸易总额达18亿美元，并已与以色列加强经贸交流、企业合作。

江苏省南通市海安县则涌现出国家级农业产业化龙头企业——鑫缘茧丝绸集团股份有限公司等一大批年销售收入超亿元的骨干企业群，形成了“公司+工厂+农户+科研院校+合作社”的茧丝绸特色产业链，走出一条农业产业化发展的成功之路。

3. 上海

上海是上海合作组织的创始地和重要沟通交流平台，对于丝绸之路经济带建设提供了重要的国际交流合作平台和机制。中国2010年举行的上合组织成员国第九次总理会议上曾提出要研究成立上合组织开发银行，探讨共同出资受益的新方式。2014年在上合组织成员国元首理事会上，提出成立上海合作组织开发银行和上海合作组织专门

① 拓展合作新空间，塑造开放新优势［N］．新华日报，2014-04-22.

账户。目前只成立上合组织银行联合体，这是一个解决区域融资问题的协商机制，但形式比较松散，正在酝酿的开发银行将会与世界银行或亚洲开发银行一样，是一个金融实体，会有明确的章程，各国会按一定出资比例共同筹备资金，这意味着丝绸之路经济带区域间的财政金融合作将发展到新的高度。①

推进贸易投资便利化、深化经济技术合作、建立自由贸易区，是丝绸之路经济带建设的三部曲。自贸区建设成为包括上海合作组织各成员国在内的新丝绸之路经济带沿线国家的远期目标。有利于促进人民币跨境贸易和投资结算便利化，有利于促进乌鲁木齐等国际区域性金融中心的建设及新疆区域市场的发展。要实现上述目的，必须利用好上合组织平台，争取设立上合组织代表处，以及亚洲开发银行中亚区域经济合作机制。

4. 浙江（义乌）

（1）定位

中亚国家和浙江的贸易互补性很强，中亚国家需要浙江的小商品和轻工业产品；而浙江发展亟须中亚国家的能源和矿产资源。双方目前虽外贸金额不大，但发展潜力很大。

按照国家统一战略部署，以大力推动和参与“新丝绸之路”跨区域合作交流项目和平台建设为主线，着力推进与“新丝绸之路”沿线主要城市的商贸流通、交通物流、文化科教等合作，努力将义乌打造成为我国建设“新丝绸之路”自由贸易区的试验区和枢纽城市。

（2）举措

2013 年 4 月 23 日义乌开辟“铁路转关”新通道：从义乌海关报关后出发，经由兰新铁路运送至阿拉山口等口岸再转关出口境外，率先打开中亚五国大门；2014 年 1 月，“义新欧”（义乌—中亚五国）国际集装箱专列首发，被誉为新丝绸之路上的一条绿色长龙，标志着浙江义乌直达中亚的国际铁路联运物流大通道基本建成。2014 年 4 月 28 日，首票通过铁路转关方式进口的货物从乌兹别克斯坦撒马尔罕城，经新疆阿拉山口口岸换乘国内火车后到达新丝路另一端——浙江义乌，义乌小商品借新丝绸之路，对中亚出口实现跨越式发展。越来越多的浙江制造踏上新丝路，物流成本降低。②

五、东部省市参与丝绸之路经济带建设的角色与路径选择

1. 东部省市参与丝绸之路经济带建设的角色

丝绸之路经济带建设是带动我国整体经济发展的重大战略，在国际经济政治战略格局全面重整、世界经济中心从西方逐渐东移的背景下，东部省市积极参与丝绸之路经济带对实现东部省市经济增长和产业贸易结构转型升级意义重大。

① 上海合作组织开发银行促进经济带财金合作［EB/OL］. 亚心网，2013－10－11.

② 义乌—中亚，新丝路首载回程货［N］. 钱江晚报，2014－05－03.

东部省市作为我国对外开放最早的地区，发展程度较高，在丝绸之路经济带向西开发的过程中依然扮演着重要角色，江苏连云港、山东青岛等局部特定地区和城市出海口作用明显，大多数地区和城市是输向中亚、欧洲商品和货物主要来源。东部地区产业和贸易结构转型升级，将带动中西部产业承接和转型，进一步增强与中亚等国贸易互补性，带动丝绸之路经济带延边经济体货物流通、人文交流。

2. 东部省市路向选择

目前，东部省市 GDP 增速和对外贸易占全国比例均有所下降，中西部发展具有潜力，东部在实现产业和贸易结构升级时，可以同时向中西部转移相关产业。东部省市自身把服务业作为主攻方向，大力发展耗能少、效益高、可持续的先进制造业和现代服务业；积极利用新技术，发展新经济新产业，特别要注重打造基于互联网的新兴产业链。要注重统筹和创新，注重引进高水平的科研机构，搭建高水平的平台，同时加强环境建设，完善人才服务体系，依靠创新资源的集聚，发展知识经济，建设创新型省市。

传统以东部为首的美、欧、日等贸易地位有所下降，中东、中亚和东盟成为中国对外贸易新的增长点，可以利用丝绸之路经济带的发展契机以及与相关国家贸易结构互补性扩大对丝绸之路经济带沿线国家的投资和贸易；继续加强开展同东盟国家的贸易合作，使经济联系的加强为政治的稳定发挥作用。

中国和俄罗斯长期以来是战略合作伙伴，政治文化交流异常频繁，但经济联系表现出与政治关系不对等的情况。在国际关系微妙变动的今天，中国与俄罗斯的贸易表现出趋好态势，山东、江苏等省市对俄罗斯贸易不断增长。中国应利用地缘优势和其他优势，进一步加强中国与俄罗斯在经贸方面的合作。2014 年 5 月 21 日，中俄签署高达 4000 多亿美元的天然气大单，尽管过程艰难，但结果的成功证明中俄在经济方面具有巨大合作空间。

第六章　中心城市与城市群的协同转型

6.1　发展形势和总体思路

发展城市群绝不等同于城市空间规划或物理设施建设，而是使集聚与分工扩张机制发挥作用，使中心地产业演进依托于分工系统的扩张，从空间形式上表现为中心城市与城市群的共生演化。丝绸之路经济带的国内重点发展地区在西部，属于相对落后的外围地区，充分发挥模块网络化的新型生产组织方式与发展机制，实现中心城市与城市群的协同转型，是外围地区寻求中心化继而丝绸之路经济带走向协同转型的可行路径。

一、中国领先城市与城市群的发展态势

通过对领先城市与城市群的测度，中国呈现东部地区中心城市与城市群发展迅猛，西部严重滞后的基本态势。

1. *测度方法*

为了对各城市在全国主要经济活动中的地位进行简要测度，在此引入“区域专业地位”（Regional Specialization Position）的计算方法，由此可以甄别各类经济活动的全国领先城市和城市群。

由于一地区专业化活动集聚的程度，一方面表现为该活动在这一地区所有经济活动中所占的地位，比重越高、专业化程度越高；另一方面表现为该活动在全国此类活动中所占地位，比重越高，这一地区该专业化活动的集聚对全国作用越大，因此，区域专业地位的程度就是两项比率的乘积。

$$RSP_{ij}=\frac{Q_{ij}}{Q_j}\cdot\frac{Q_{ij}}{Q_i}$$

式中，RSP_{ij}为j地区i活动的区域专业地位；Q_{ij}为j地区i活动规模；Q_i为全国i活动规模；Q_j为j地区所有活动规模。

在此，主要从CEIC中国经济数据库中提取全国287个地级市（包含直辖市、副省级城市等）1999—2012年的对外贸易额、第一产业、第二产业、第三产业和GDP数据，计算各城市的对外贸易、第一、第二、第三产业的RSP指数，并将排名前100位

的城市作为领先城市，考察各主要经济活动的领先城市分布。在 287 个城市中，东部城市 115 个，中部城市 110 个，西部城市 62 个。

2. 东中西部领先城市的数量有所分化

通过考察各主要经济活动前 100 位领先城市的地区分布，可以看到：

首先，东部地区在外贸活动、第三产业集聚方面占据绝对主导地位，且地位有所攀升。2007 年，全国前 100 位外贸发展领先的城市，东部占到 73 个，2011 年增加到 74 个；1999 年，全国前 100 位第三产业发展领先的城市，东部占到 64 个，2012 年进一步增加到 70 个，东部城市在第三产业演进方面引领作用不断强化。

表 6－1　东、中、西部领先城市数量

	外贸（个）		第一产业（个）		第二产业（个）		第三产业（个）	
	2007 年	2011 年	1999 年	2012 年	1999 年	2012 年	1999 年	2012 年
东部	73	74	51	42	64	58	64	70
中部	19	17	37	45	25	31	28	21
西部	8	9	12	13	11	11	8	9

资料来源：据 CEIC 数据库计算而得。

其次，中部地区在第一产业和第二产业集聚方面进展显著。中部地区跻身外贸和第三产业前 100 位的领先城市都远远少于东部，并且数量还有所减少，外贸领先城市从 2007 年的 19 个减少到 2011 年的 17 个，第三产业领先城市从 28 个减少到 2012 年的 21 个。但是，中部地区的第一产业领先城市由 1999 年的 37 个增加到 2012 年的 45 个，超越东部成为第一产业的首要聚集地区；第二产业领先城市也从 25 个增加到 2012 年的 31 个，中部工业集聚程度有所攀升。

最后，西部地区在各类经济活动中产业集聚程度都相对落后。由于地处内陆，西部地区跻身外贸领先地位的城市 2007 年仅为 8 个，2011 年增加到 9 个；从第一产业集聚来看，西部 2012 年有 13 个领先城市；第二产业的领先城市 1999 年和 2012 年均为 11 个。落后的产业基础使西部在第三产业演进方面也显著滞后，1999 年有 8 个领先城市，2012 年小幅增加到 9 个。

可见，东部在进一步融入国际市场的过程中，领先城市正由第一、第二产业集聚向第三产业集聚演进，中部日趋成为第一、第二产业领先城市聚集区域，而西部各类领先城市的聚集呈现相对下降趋势。

3. 中心城市演进与城市群的支撑

在对各类领先城市展开进一步区域划分后可见，中心城市的产业演进与规模较为庞大的城市群发展紧密相连。

2011年，全国最为领先的外贸城市主要聚集在长三角、珠三角和环渤海地区①，分别聚集了22个、16个和27个全国前100位领先城市；其中，全国前40位领先城市中，有14个聚集在长三角、9个聚集在珠三角、7个聚集在环渤海，成为外贸活动最为聚集的城市群（如表6－2所示）。

表6－2　2011年对外贸易全国前100位领先城市

	1～5	6～20	21～40	41～60	61～80	81～100
长三角（22个）	2. 上海 4. 苏州	无锡、南京、宁波、杭州	常州、南通、绍兴、嘉兴、舟山、台州、温州、金华	泰州、镇江、扬州、连云港、湖州		徐州、盐城、衢州
珠三角（16个）	1. 深圳 5. 东莞	珠海、广州、惠州、佛山、中山	江门、汕头	潮州	肇庆、清远	揭阳、河源、湛江、汕尾
环渤海（27个）	3. 北京	天津、青岛、东营、日照、大连	威海	潍坊、淄博、石家庄	滨州、济南、烟台、莱芜、临沂、聊城、保定、唐山、秦皇岛、廊坊、沈阳、丹东、本溪	济宁、衡水、营口、鞍山
东部其他（9个）		7. 厦门	福州、泉州	漳州、崇左、防城、海口	莆田	钦州
中部（17个）			32. 牡丹江 36. 武汉 37. 长春	郑州、合肥、铜陵、鹰潭、黑河、太原	南昌、新余、佳木斯	长沙、马鞍山、芜湖、九江、赣州
西部（9个）			26. 成都 32. 金昌 34. 重庆 40. 昆明	乌鲁木齐、西安		贵阳、德阳、拉萨

资料来源：据CEIC数据库计算而得。

外贸发展带动工业在长三角和珠三角聚集，在全国前100位第二产业领先城市中，有19个聚集在长三角，8个聚集在珠三角，27个聚集在环渤海；全国前40位第二产业

① 长三角覆盖上海、江苏、浙江三省市；珠三角主要指广东省；环渤海主要覆盖北京、天津、河北、山东、辽宁五省市。

领先城市中，11 个聚集在长三角、4 个聚集在珠三角、11 个聚集在环渤海地区。西部的重庆和中部的大庆分别跻身前五大第二产业领先城市，但中部地区总体来说较多聚集排名在 21 ~ 100 位的领先城市，西部地区的领先城市则仅有 11 个，且分布较为分散（如表 6 – 3 所示）。

表 6 – 3　2012 年第二产业全国前 100 位领先城市

	1 ~ 5	6 ~ 20	21 ~ 40	41 ~ 60	61 ~ 80	81 ~ 100
长三角（19 个）	1. 苏州 4. 上海	无锡、宁波、杭州	南京、南通、常州、徐州、绍兴、温州	扬州、镇江、泰州、嘉兴	盐城、台州、金华	湖州
珠三角（8 个）		6. 佛山 7. 深圳 19. 广州	东莞	惠州、中山		揭阳、江门
环渤海（27 个）	2. 天津	东营、唐山、大连、沈阳	北京、青岛、烟台、淄博、潍坊、石家庄	济宁、济南、临沂、邯郸、保定、沧州、鞍山	威海、聊城、德州、泰安	枣庄、滨州、菏泽、廊坊、盘锦
东部其他（4 个）		14. 泉州		福州	厦门、柳州	
中部（31 个）	5. 大庆	长沙、武汉、郑州	洛阳、合肥、南昌、长春、鄂尔多斯、包头	许昌、焦作、宜昌、襄阳、岳阳、株洲、芜湖、吕梁、长治	南阳、哈尔滨、吉林	平顶山、新乡、三门峡、安阳、常德、马鞍山、赤峰、临汾、太原
西部（11 个）	3. 重庆	成都	榆林	西安、延安	昆明、克拉玛依、宝鸡	宜宾、德阳、咸阳

资料来源：据 CEIC 数据库计算而得。

在庞大的城市群发展支撑下，长三角、珠三角和环渤海成为第三产业发展引领地区，其中，长三角聚集了全国前 40 位领先城市的 11 个，上海成为区域中心；环渤海聚集了 8 个，北京和天津成为区域中心，且北京作为全国政治经济文化中心，成为第三产业聚集程度最高的城市；珠三角则聚集了 4 个，广州和深圳成为区域中心。中部和西部主要聚集全国排名 10 ~ 100 位的领先城市，且总体数量较少（如表 6 – 4 所示）。

表6-4　2012年第三产业全国前100位领先城市

	1~5	6~20	21~40	41~60	61~80	81~100
长三角（22个）	2. 上海	苏州、南京、无锡、杭州、宁波	常州、南通、徐州、温州、绍兴	扬州、镇江、盐城、泰州、台州、金华	淮安、嘉兴、湖州	连云港、宿迁
珠三角（13个）	3. 广州 4. 深圳	东莞	佛山	中山	茂名、惠州、江门、珠海、湛江、汕头	肇庆、清远
环渤海（29个）	1. 北京 5. 天津	青岛、济南、沈阳、大连	东营、石家庄	潍坊、临沂、淄博、泰安、济宁、唐山、鞍山	威海、滨州、德州、沧州、邯郸、保定、秦皇岛	聊城、烟台、枣庄、日照、廊坊、张家口、营口
东部其他（6个）			福州、厦门	南宁、泉州	海口、漳州	
中部（21个）		10. 武汉 17. 哈尔滨	鄂尔多斯、长沙、郑州、呼和浩特、合肥、长春、包头、太原	南昌、吉林	洛阳、常德	南阳、襄阳、宜昌、衡阳、岳阳、赣州、松原
西部（9个）		9. 成都 11. 重庆 19. 西安	昆明、乌鲁木齐	贵阳、兰州		遵义、银川

资料来源：据CEIC数据库计算而得。

外向型经济、工业和服务业的聚集，使长三角和珠三角地区较少聚集农业发展最为领先的城市，环渤海和福建广西等东部地区还分别聚集了18个和13个全国农业发展排名20~100位的城市；中部成为第一产业最领先城市的聚集地，全国排名前5位的城市均聚集在中部（如表6-5所示）。

表6-5　2012年第一产业全国前100位领先城市

	1~5	6~20	21~40	41~60	61~80	81~100
长三角（5个）		14. 盐城		徐州、宿迁	连云港	淮安
珠三角（6个）		7. 湛江 19. 茂名		肇庆	阳江、梅州	云浮
环渤海（18个）			济宁、保定、邯郸、唐山	潍坊、石家庄、邢台、朝阳、铁岭	菏泽、沧州、衡水、张家口	聊城、临沂、承德、锦州、大连

续表

	1~5	6~20	21~40	41~60	61~80	81~100
东部其他（13个）			南平、漳州、桂林、玉林	宁德、南宁、钦州、崇左	三明、贵港、河池	福州、来宾
中部（45个）	1. 绥化 2. 周口 3. 信阳 4. 驻马店 5. 黑河	齐齐哈尔、佳木斯、南阳、商丘、黄冈、荆州、邵阳、阜阳、宿州、四平	双鸭山、哈尔滨、鸡西、开封、襄阳、孝感、宜昌、永州、衡阳、亳州	牡丹江、常德、益阳、六安、赣州、松原、呼伦贝尔	滁州、宜春、赤峰	伊春、鹤岗、荆门、岳阳、蚌埠、安庆、吉安、上饶、巴彦淖尔、运城
西部（13个）		8. 重庆 16. 南充	达州、资阳、曲靖、咸阳	锦阳、遂宁、普洱、临沧、保山、汉中		德阳

资料来源：据CEIC数据库计算而得。

总体来说，中国城市聚集呈现的发展态势为：依托于国际分工体系，东部长三角、珠三角和环渤海聚集起外向性、工业化和服务化程度最高、规模最大的城市群，以及衍生出各自产业演进程度最高的中心城市；中部地区在东部的生活和生产消费拉动下，成为第一产业聚集区；而西部远离国际市场和消费能力相对较高的东部市场，无论从城市群扩张还是中心城市产业演进方面，都处于外围地区，发展程度相对滞后。

二、西部地区中心城市与城市群协同转型的总体思路

集聚与分工扩张机制的内在规律表明，先进产业的演进依托于分工体系的扩张，并在空间形态上呈现中心城市、城市群与分工网络的共生演化，因此，只有尊重并充分利用集聚与分工扩张机制，促使其在西部地区发挥作用，形成中心城市与城市群的协同转型，西部才有可能摆脱外围化，并成为引领丝绸之路经济带发展的示范区。

1. 西部地区面临的挑战

作为深处内陆的西部来说，要想形成产业和城市的聚集，面临诸多困难与挑战。

第一，西部地域范围广阔、人口相对较少，难以形成大范围的产业与城市聚集。西部地区土地面积占全国的56%，而且多有高原、山川、沙漠、戈壁；从人口分布来看，2012年有2.9亿人口，约占全国的21.6%，相对于2001年比重下降0.7个百分点。在地广人稀、部分地区生存条件恶劣的形势下，西部难以在大范围中散布形成大量的人口聚集中心，有重点的促进产业、城市与人口聚集，成为西部发展的现实选择（如图6-1所示）。

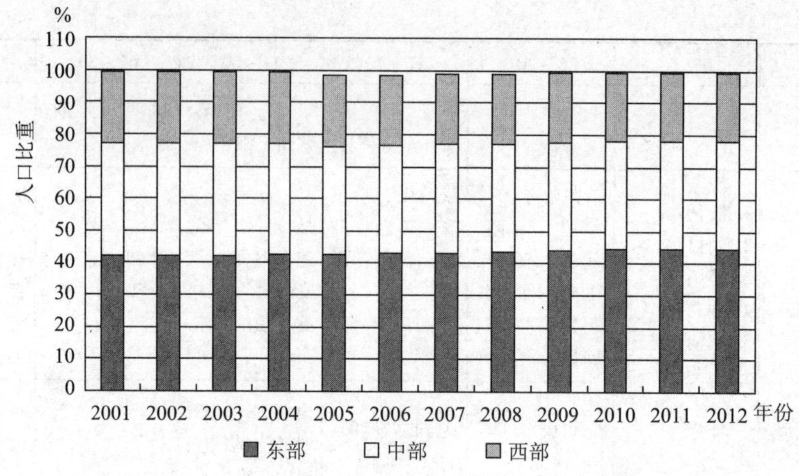

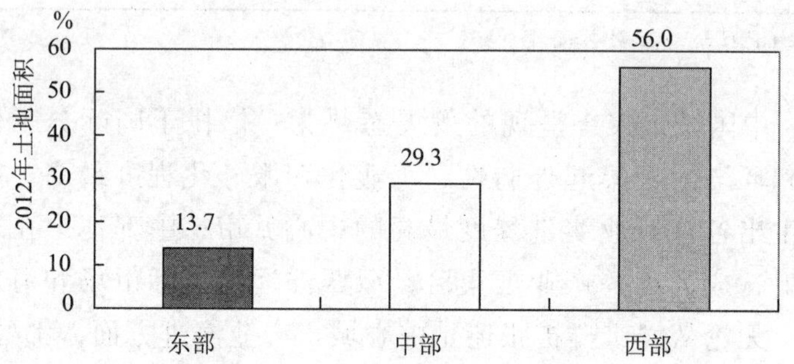

图6-1 中国东、中、西部人口与土地面积占全国比重

资料来源：《中国统计年鉴》(2013)。

第二，西部距离国际市场和国内主要消费市场相对偏远，提高市场潜力和促使要素流动的难度较大。在海权时代，东部沿海地区毗邻大洋，便于与国际市场对接，市场潜力和要素流动性较高，东部也由此加速集聚，成为中国经济增长中心和最主要的消费市场。而西部地区深陷内陆，在向东开放背景下，连接国际市场需跨越漫长的陆路途径，以及距离东部这一消费市场相对较远，这都使西部在产业集聚和城市发展等方面处于不利地位。

第三，西部软硬件基础设施和产业发展薄弱，参与市场竞争能力差。在渐进改革方式下，西部的市场化进程相对缓慢，再加上地理位置偏远、交通不便，这都使西部连接更广阔市场的软硬件基础设施供给不足，从而制约西部融入全球分工网络扩张以实现产业演进，这导致西部的经济发展水平与中东部之间的差距相对扩大。经济欠发达进一步制约软硬件基础设施的改善，如此陷入恶性循环，导致西部参与市场竞争的能力趋于下降。

第四，西部能源矿产相对丰富，但也容易陷入资源陷阱，影响产业演进。从中国的主要能源、黑色金属矿产、有色金属、非金属矿产的基础储量分布来看，西部是石油、天然气、铬矿、钒矿、原生态铁矿、铅矿、锌矿、磷石等能源矿产品的主要产区。

丰富的自然资源、落后的经济发展水平，以及来自中东部粗放式经济增长提供的强大动力，使西部地区容易在市场机制自发作用下，成为初级产品的供应基地，并形成依赖性。这从长久来看不利于西部培育高附加值产业，对西部的生态环境造成破坏，以及埋下资源枯竭时社会政治经济不稳定的隐患（如表6-6所示）。

表6-6 2012年中国能源、矿产品的地区分布

单位:%

	石油	天然气	煤炭	铁矿	锰矿	铬矿	钒矿	原生态铁矿
东部	25.4	2.6	7.7	49.9	48.7	1.1	21.7	4.5
中部	25.1	24.3	68.5	26.2	15.6	13.9	4.7	5.0
西部	35.1	65.7	23.8	23.9	35.7	85.0	73.6	90.6
	铜矿	铅矿	锌矿	铝土矿	菱镁矿	硫铁矿	磷石	高岭土
东部	6.0	17.3	17.2	46.0	99.8	16.4	9.5	79.9
中部	59.5	40.2	29.3	32.2	0.0	44.0	33.2	18.6
西部	34.5	42.5	53.5	21.8	0.2	39.5	57.4	1.5

资料来源:《中国统计年鉴》(2013)。

第五，西部民族、宗教等社会问题较为复杂，开发开放存在不少障碍。中国的少数民族大量分布在新疆、宁夏、西藏、云南、贵州、青海、四川等西部省份，这些地区地域广阔、地形复杂、交通不便、发展水平低下，导致人口分布相对分散。中国实行民族平等团结的政策，在很大程度上缓和了民族矛盾。然而，地区分化的加剧给民族矛盾累积埋下隐患，新疆、西藏等地“三股势力”的渗透与西部边疆地区贫穷落后的经济发展状况存在一定联系；此外，少数民族聚居西部，分布较为分散，从而不利于人员交往互动，以及知识、科技、文化等的传播，这些都不利于西部地区通过开发开放带动产业、人口聚集和社会经济发展。

可见，正是在单方向开放格局下纯粹市场机制的自发作用，使基础薄弱、发展条件欠缺的西部不断被外围化，而难以实现转型升级。

2. 西部地区促进中心城市与城市群协同转型的可能性

对于西部来说，扭转外围化趋势虽然存在诸多困难，但新兴生产组织方式的发展为西部实现中心化提供可能性。

首先，东部地区的发展经验给西部提供启示。珠三角等不少东部地区在计划体制下原属于体制外或体制边缘地带，经济发展水平也较为低下。在向东开放以及市场化改革措施下，东部地区的市场潜力和要素流动性大幅上升，从而促使产业集聚加速发展，并形成中心城市、城市群与分工网络扩张的共生演进效应，东部不断崛起为中国经济增长重心。东部地区的发展路径和经验为西部提供了重要启示，与更广阔的国内外市场形成有效联结，创造产业集聚的必要条件，西部亦有可能在中心城市与城市群协同转型中实现崛起。

其次，模块网络化机制的兴起使欠发达地区存在发展空间。模块网络化机制作为20世纪末以来新兴的生产组织方式，虽然发展的范围和程度还十分有限，但提供了不依赖于自然资源而通过人力资本开发促使分工深化的发展模式，而且多元化的分工方向为各经济体提供了广阔的选择与发展空间。西部地区虽然整体经济规模和实力相对有限，但通过选择特定的专业化方向，并通过市场与政府的高效联结促使模块网络化机制运转，西部同样有可能跻身全球分工网络的组成部分。

再次，为西部中心城市的初步发展打下一定基础。西部虽然只有少数城市属于外贸活动、工业和服务业的领先城市，但亦拥有重庆、成都、西安、乌鲁木齐、昆明、兰州等西部主要城市，其中，重庆、成都、西安、乌鲁木齐、兰州的外贸领先程度有所提高；重庆、乌鲁木齐的第二产业领先程度有所上升；西安的第三产业领先程度略有攀升，由此为西部驱动模块网络化和中心城市与城市群协同转型奠定基础。特别是同样深处内陆的重庆，在加强软硬件基础设施建设、提高对外开放水平、促进市场化改革等方面积极作为，其外向化和工业集聚程度已突飞猛进，树立起西部城市实现产业演进的初步示范（如表6－7所示）。

表6－7　西部主要城市的区域专业地位排名

	外贸（位次）		第二产业（位次）		第三产业（位次）	
	2007年	2011年	1999年	2012年	1999年	2012年
重庆	61	34	11	3	6	11
成都	51	26	15	16	9	9
西安	53	52	39	50	21	19
乌鲁木齐	50	47	145	136	28	37
昆明	37	40	38	75	27	37
兰州	151	130	75	132	60	61

资料来源：据CEIC数据库计算而得。

最后，向西开放战略带来的发展机遇。2008年金融危机后，中国经济增长存在的深层次矛盾有所激化，转变经济发展方式成为中国的必要选择。在总结发展经验和教训、研判国内外形势的基础上，中国提出以“丝绸之路经济带”和“21世纪海上丝绸之路”为主要内容的向西开放战略。虽然这一战略距离全面贯彻实施仍有漫长而艰难的探索过程，但向西开放导向的提出，对于平衡单方面向东开放政策具有重大的意义，也由此将西部地区更进一步的开发开放提上议事日程，这对西部来说成为重要的发展机遇。

3. 西部地区促进中心城市与城市群协同转型的总体思路

面对艰巨的战略使命、困难、挑战与发展机遇，西部需要以创新理念与思路，寻求中心城市与城市群的协同转型，以切实推进向西开放和丝绸之路经济带建设。

首先，创新公共治理模式，以驱动基于模块网络化的自主转型系统。基于地理位置、地形地貌、基础设施、民族文化等方面的特殊性，西部的外围化归根结底是纯粹的市场机制作用的结果，因而，改变市场机制的传统作用方式，是扭转西部外围化趋势的重中之重。模块网络化机制的发展特征表明，在分工日益细化和深化的发展过程中，围绕培育人力资源的公共服务供给亦成为延伸产业链的重要组成部分，政府与市场不再是互相对立的关系，而需要相互联结、共同应对分工系统复杂化、快速变化带来的挑战，在开放环境下，延伸产业链还涉及国际公共服务的供给。西部地区发展基础薄弱、竞争力不足，更需要通过开发人力资源、深化分工系统，实现内源驱动式发展。也就是说，面对更艰巨的市场挑战，西部需要寻求公共治理与市场机制更高效的联结，以驱动模块网络化机制兴起，促使工业化、信息化、农业现代化、城镇化趋于同步，使西部走上分工深化的转型发展道路（如图6－2所示）。

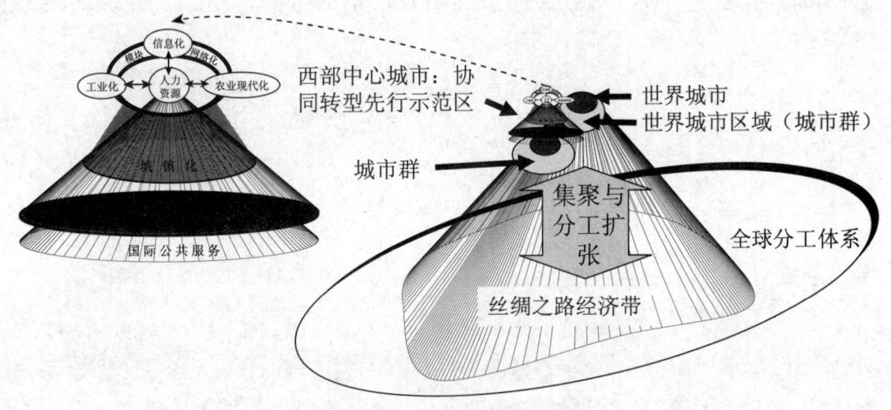

图6－2　中心城市与城市群协同转型的思路

其次，西部地区精而差异化的选择中心城市及其专业化方向。由于环境承载能力差、人口规模相对较小，西部地区并不适宜大面积的散布中心城市与城市群，而需要少而精的着重开发重点区域，特别是已经具备一定基础的西部中心城市，由此可以发挥传统纽带的积极作用，减少初始投入成本。在选择专业化方向时，需要实现差异化的错位发展，以扩大每个西部中心城市与城市群的成长空间，强化彼此间的互动与联动效应，提高协同转型的成功率。

再次，构建起西部与中东部以及西向国际市场的软硬件联通设施，使西部的中心城市与城市群演进嫁接并依托于地区外的分工扩张系统。在东向开放和领先城市在东部聚集的发展背景下，从中国国内的分工网络分布来看，基本形成以东部为服务和工业中心，中部提供第一产业和第二产业支撑，西部提供初级产品供应的格局，西部中心城市的产业演进缺乏自身的分工系统支撑。受资源、人口、环境等条件制约，西部建立起独立的服务自身中心城市演进的庞大分工网络并不现实，因此，将中心城市发展嫁接并依托于地区外的分工系统，成为西部实现中心化的现实选择。具体来说，主要包括：一是构建起西部中心城市与东中部产业聚集中心之间的骨干联通网络，使东中部分工网络能够支撑西部中心城市转型；二是构建起西部中心城市与西向国际市场之间的骨干联通网络，使西向国际分工网络亦能够支撑西部中心城市转型；三是强化硬件和软件联结设施的建设，提高西部中心城市的市场潜力和要素流动性，以利于集聚机制发挥作用。

最后，在西部设立协同转型先行示范区，以创新思路培育新型发展模式，从而为西向开放探索经验、奠定基础。外围地区的中心化在一定程度上违背了纯粹的市场机制的作用逻辑，因此，通过政府与市场的有效联结，优化市场机制作用，是适应、利用市场又规避其不利影响的创新尝试。在西部创新新兴发展模式，本身受到欠发达、民众知识储备欠缺与认识不足等严峻挑战，然而这对于发展西部、维护国家安全、未来扩大西向合作又至关重要，因此，有必要在西部重点城市设立协同转型先行示范区，扩大先行先试的范围，特别是放宽公共治理领域创新的权限，以支持西部的转型发展。

6.2　关中—天水经济区的协同转型

西安作为区域中心城市，与关中—天水经济区城市群之间存在一定空间分工，在建设丝绸之路经济带的重大发展机遇背景下，西安建设国际化大都市，以及实现产业转型升级有赖于关中—天水城市群中支撑性产业的聚集。

一、关中—天水经济区的发展历程

1. 关中—天水经济区的理论与现实雏形

关中—天水经济区地处亚欧大陆桥和丝绸之路经济带中心，处于承东启西、贯通南北的战略要地，是中国西部地区自然条件优越、经济发展基础较好、人文历史深厚、发展潜力较大的地区。关中地区是中国西部重要的城市密集区，西部大开发的战略高地，国家重要主体功能区之一，其处在陕西省中部区域，是陕西省经济综合实力最强、发展速度最快的区域。关中地区从陕西甚至整个西部地区来看区位优势非常明显。天水市地处甘肃省东部地区，是甘肃省新兴产业基础发展最好的地级市，虽然天水市各方面基础设施发展滞后，在整体上制约其经济发展水平，但由于该地区与陕西关中城市群紧密相连，产业互补性较高，为关中—天水经济区的形成奠定合作基础。

2. 关中—天水经济区的提出与设立

进入21世纪，随着西部大开发战略的实施，陕西省于2002年率先提出实施“一线两带”发展战略，即以西安为关中核心城市，依托关中高新技术开发带和星火产业带的产业支撑来促进关中城市经济崛起，进而带动陕南、陕北两翼经济发展。同年12月，西安和咸阳两市政府签订“西咸一体化”，标志着关中一体化迈出实质性步伐。2005年，陕西省社科院张宝通指出，陕西必须构筑以西安为核心城市的关中城市群，避免在与亚欧大陆桥上的中原城市群和西部的川渝城市群竞争中处于劣势。2006年12月，国务院审议通过的《西部大开发“十一五”规划》中首次提出建设关中—天水经济区，并明确其与成渝经济区和北部湾经济区为中国西部地区三个重点发展的经济区。2007年12月，原国务院西部开发办正式启动《关中—天水经济区发展规划》的规划和编制工作。2009年6月，国务院新闻办在北京召开《关中—天水经济区发展规划》新闻发布会，标志着《关中—天水经济区发展规划》正式启动实施。《关中—天水经济区发展规划》对关中—天水经济区的范围有明确规定，包括陕西省西安、铜川、宝鸡、咸阳、渭南、杨凌、商洛（部分区县）和甘肃省天水所辖行政区域，直接辐射区域包括陕西省陕南的汉中、安康，陕北的延安、榆林，甘肃省的平凉、庆阳和陇南地区①。

3. 西安在关中—天水经济区中的战略定位

《关中—天水经济区发展规划》的总体思路是“建设大西安，带动大关中，引领大西北”。所谓“建设大西安”，就是加快实现西咸一体化，使大西安城市人口超过1000万人，主城区面积达到800平方公里；所谓“带动大关中”，就是要构建“一核、一轴、三辐射”整体格局，带动大关中城市群发展，同时辐射陕南、陕北和陇南、陇东地区；所谓“引领大西北”，就是关中—天水经济区要引领和辐射包括陕西、甘肃、宁夏、青海、新疆、内蒙古等省区的经济发展。这无疑突出了西安在建设关中—天水经济区中的龙头地位和核心作用②。

由此可知，西安必须从国家战略的高度认识国际化大都市的战略定位和未来的发展方向，利用好中国建设丝绸之路经济带、加快向西开放、协调东中西部地区发展的重大机遇，结合自身发展特点，突出主攻方向，以更加开放的姿态推进中国与中亚、西亚和欧盟各国的合作与交流，聚集自身优势和国内外生产要素，朝着亚欧国际化大都市的方向发展。

二、关中—天水经济区的发展特征

关中—天水经济区处于中国内陆中心地带，2011 年土地总面积 8.96 万平方公里，总人口 2987 万，其中，西安市聚集关中—天水经济区 26.5% 的人口，人口密度 783 人/平方公里，毗邻西安的渭南和咸阳分别有 18.9% 和 17.6% 的人口，共同形成以西安为中心、人口相对聚集的城市区域。尽管对外联系并不便利，但是在西部大开发的强力推动下，关中—天水经济区正在西安这一中心城市的引领下不断发展（如表 6－8 所示）。

表 6－8　2011 年关中—天水经济区主要市区土地面积及人口状况

	土地		总人口		人口密度（人/平方公里）
	面积（平方公里）	比重（%）	总量（万人）	比重（%）	
西安	10108	11.3	792	26.5	783
宝鸡	18162	20.3	383	12.8	212
咸阳	10189	11.4	526	17.6	516
渭南	13134	14.7	565	18.9	430
商洛	19581	21.9	248	8.3	128

① 国家发展改革委关于印发关中—天水经济区发展规划的通知［EB/OL］. 中央政府门户网站，2009－07－04.

② 李忠民，霍雪喜. 欧亚大陆桥发展报告（2011—2012）［M］. 北京：社会科学文献出版社，2012：209.

续表

	土地		总人口		人口密度（人/平方公里）
	面积（平方公里）	比重（%）	总量（万人）	比重（%）	
铜川	3882	4.3	86	2.9	220
杨凌	93	0.1	19	0.6	2035
天水	14403	16.1	370	12.4	257
合计	89552	100.0	2989	100.0	

资料来源：《中国区域经济统计年鉴》(2012)。

首先，对外贸易有所发展，但占据全国较小比重。关中—天水经济区是陕西和甘肃两省对外联系的核心区域，2002 年占两省外贸总额的 58.2%，2011 年攀升至 75.4%；从占全国的地位来看，关天经济区外贸总额所占比重从 2002 年的 0.36% 小幅提升到 0.44%。其中，西安市是经济区中对外联系的主导城市，外贸依赖度由 2002 年的 18.7% 上升到 2011 年的 21%，显著领先于其他城市和杨凌区（如表 6－9 所示）。

表 6－9 2002 年、2011 年兰西经济区贸易总额及外贸依赖度

	贸易总额（万美元）		外贸依赖度（%）	
	2002 年	2011 年	2002 年	2011 年
西安	186966	1257852	18.7	21.0
宝鸡	6541	82268.4	2.5	4.5
咸阳	22139	46641.4	7.3	2.2
渭南	2216	17390.2	0.9	1.1
商洛	294	33666.4	0.4	6.0
铜川	370	1017	0.7	0.3
杨凌	893	3442.3	8.0	3.7
天水	1312	26182.2	1.1	4.7
合计	220731	1468459.9	10.7	11.2
合计占陕西、甘肃比重（%）	58.2	75.4		
合计占全国比重（%）	0.36	0.44		

资料来源：中国经济与社会发展统计数据库。

其次，投资成为拉动经济增长的主要力量。在外需不力的形势下，关中—天水经济区的经济增长日益依赖于投资，其中，固定资产投资占地区生产总值的比重除了杨凌区以外，其他城市在 2002—2012 年均大幅攀升。2002 年，西安市固定资产投资仅占 GDP 的 28.2%，2012 年攀升至 74.5%，为经济区内水平最高的城市。其余商洛、咸阳的固定资产投资比重也由 2002 年的 30% 左右升至接近 70%；杨凌区在大规模基础设施建设趋缓的背景下，该比重由 74.8% 降至 2008 年的最低水平 25.6%，此后逐步攀升，2012 年为 53.9%。投资正成为驱动关中—天水经济区经济增长的强大力量

（如图6－3所示）。

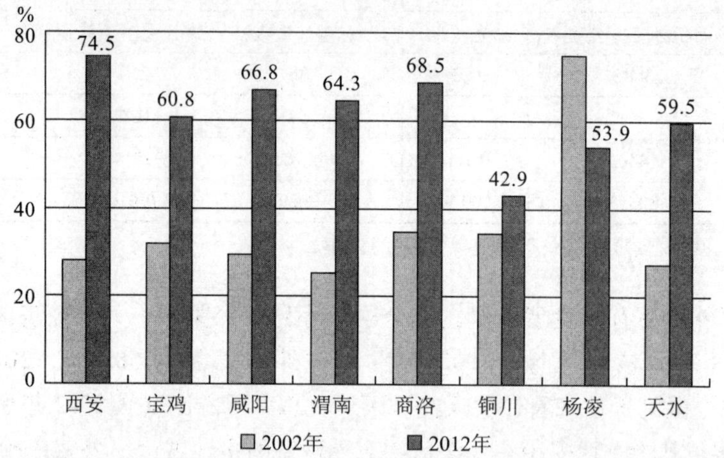

图6－3　2002年、2012年关中—天水经济区各城市固定资产投资占GDP比重

资料来源：中国经济与社会发展统计数据库。

再次，在全国的经济地位有所攀升。21世纪以来，关中—天水经济区经历了快速的增长过程，杨凌、铜川、商洛、宝鸡、咸阳都实现地区生产总值年均复合增长率超过20%，中心城市西安的GDP亦由2002年的827亿元增长至2012年的3242亿元，年均增长18.1%。整个经济区虽然占陕西、甘肃两省GDP比重有小幅下降，但在全国所占比重持续攀升，由2002年占1.4%增至2012年占1.7%（如表6－10所示）。

表6－10　2002—2012年关中—天水经济区主要市区GDP总量

		2002年	2004年	2006年	2008年	2010年	2012年	2002—2012年年均复合增长率（%）
GDP（亿元）	西安	827	1102	1539	2318	4366	3242	18.1
	宝鸡	218	353	490	714	1374	976	20.2
	咸阳	250	375	491	765	1574	1099	20.2
	渭南	197	281	377	563	1154	801	19.3
	商洛	67	105	138	197	423	286	20.2
	铜川	41	59	86	130	273	188	20.9
	杨凌	9	15	21	34	67	47	21.9
	天水	99	128	166	227	413	300	15.4
	合计	1708	2418	3308	4948	9644	6939	18.9
合计占陕西、甘肃比重（%）		49	49.7	47.1	47.2	48.7	48	
合计占全国比重（%）		1.4	1.4	1.4	1.5	1.6	1.7	

资料来源：中国经济与社会发展统计数据库。

最后，工业化进展显著。从关中—天水经济区产业结构变迁来看，2000 年以来，各主要城市第一产业比重都有所下降，但天水、商洛、咸阳、渭南和宝鸡的第一产业在 2012 年仍然保持接近 20% 的较高水平，天水的第一产业比重由 2000 年的 17.6% 上浮 1.4 个百分点，到 2012 年为 19%。除了西安、天水和商洛第三产业比重在 2000 年至 2012 年有上升外，其余城市都唯独第二产业有显著发展，2012 年，宝鸡、铜川、咸阳、渭南和杨凌的第二产业比重均超过 50%，占据主导地位。西安市的第二产业增长较小，主要表现为第三产业比重的上升，城市作为服务中心的地位有所加强（如表6－11 所示）。

表 6－11 2000 年、2012 年关中—天水经济区主要市区三次产业比重

	2000 年比重（%）			2012 年比重（%）			2000—2012 年比重增减（%）		
	第一产业	第二产业	第三产业	第一产业	第二产业	第三产业	第一产业	第二产业	第三产业
西安	6.9	42.9	50.2	4.5	43.1	52.4	-2.4	0.2	2.2
宝鸡	12.9	50.3	36.8	10.4	65.2	24.4	-2.5	14.9	-12.4
咸阳	22.4	43.6	34.0	18.0	55.7	26.3	-4.4	12.1	-7.7
渭南	22.6	36.5	40.9	15.6	52.9	31.5	-7.0	16.4	-9.4
商洛	29.6	35.6	34.8	18.8	46.1	35.1	-10.8	10.5	0.3
铜川	11.6	44.9	43.4	7.1	64.7	28.2	-4.5	19.7	-15.2
杨凌	13.4	33.2	53.4	8.9	51.0	40.1	-4.5	17.8	-13.3
天水	17.6	42.1	40.4	19.0	39.4	41.6	1.4	-2.7	1.2

资料来源：中国经济与社会发展统计数据库。

三、关中—天水经济区的空间分布格局

21 世纪以来，随着投资驱动经济的增长，关中—天水经济区形成以西安为中心的空间结构，且周边城市工业化进程加快。

第一，从第一产业分布来看，毗邻西安的咸阳市是农业比重最高的地区，且在关中—天水经济区中所占第一产业份额从 2000 年到 2012 年还有所攀升，由占比 26.8% 升至 28.7%。西安市也聚集了较大比重的第一产业，2012 年占到 19.9%，但 2000—2012 年下降 3 个百分点。另一毗邻西安的渭南市也有较大比重农业聚集，2012 年占到整个区域的 18.3%（如表 6－12 所示）。

第二，从第二产业分布来看，西安市是工业聚集中心，2000 年汇聚关中—天水经济区 45.4% 的第二产业；2012 年比重下滑 6.5 个百分点，但仍高达 38.9%。与西安的工业地位下降相对，周边的咸阳、渭南，以及宝鸡所聚集工业有所攀升，其中，2012 年，宝鸡取代咸阳成为第二大工业城市，占关中—天水经济区工业比重的 18.5%；渭南所聚集工业比重上升幅度最大，由 2000 年聚集 9.9% 的份额上升到 2012 年的 12.6%。

表 6-12　2000 年、2012 年三次产业增加值在关中—天水经济区主要市区的分布

			西安	宝鸡	咸阳	渭南	商洛	铜川	杨凌	天水	合计
第一产业	总额（亿元）	2000 年	45	25	52	37	17	4	1	14	195
		2012 年	196	143	283	180	79	19	6	78	985
	比重（%）	2000 年	22.8	12.9	26.8	19.1	8.5	2.1	0.4	7.3	100
		2012 年	19.9	14.5	28.7	18.3	8.1	2.0	0.6	8.0	100
	2000—2012 年比重增减（%）		-2.9	1.6	1.9	-0.8	-0.4	-0.1	0.2	0.7	
第二产业	总额（亿元）	2000 年	277	98	102	60	20	16	2	34	610
		2012 年	1882	896	877	611	195	177	34	163	4834
	比重（%）	2000 年	45.4	16.1	16.8	9.9	3.3	2.5	0.3	5.6	100
		2012 年	38.9	18.5	18.1	12.6	4.0	3.7	0.7	3.4	100
	2000—2012 年比重增减（%）		-6.5	2.4	1.3	2.7	0.7	1.2	0.4	-2.2	
第三产业	总额（亿元）	2000 年	324	72	80	68	20	15	3	33	614
		2012 年	2289	335	414	363	149	77	27	172	3826
	比重（%）	2000 年	52.8	11.7	13.0	11.0	3.2	2.4	0.5	5.3	100
		2012 年	59.8	8.8	10.8	9.5	3.9	2.0	0.7	4.5	100
	2000—2012 年比重增减（%）		7.0	-2.9	-2.2	-1.5	0.7	-0.4	0.2	-0.8	

资料来源：中国经济与社会发展统计数据库。

从各城市所聚集工业的类型来看，关中—天水经济区的工业城市主要发展重工业，轻工业比重相对较小，其中，2011 年，西安的规模以上重工业规模最大，总产值为 2906 亿元，宝鸡、咸阳和渭南的规模以上重工业总产值在 1300 亿元左右，其他城市的工业份额都相对较小（如图 6-4 所示）。

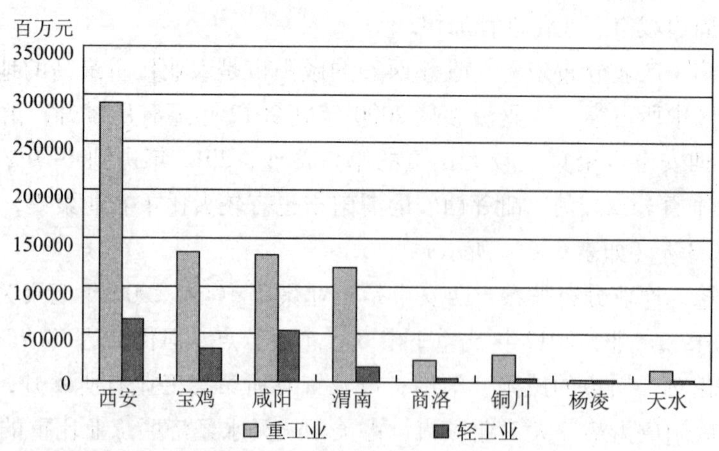

图 6-4　2011 年关中—天水经济区主要市区规模以上重轻工业总产值

资料来源：中国经济与社会发展统计数据库。

第三，从第三产业分布来看，西安市不仅是服务业比重最高的城市，而且进一步强化服务业聚集，2000 年，西安聚集关中—天水经济区 52.8% 的服务业，到 2012 年，该份额上升 7 个百分点，显著提升到 59.8%。其余除了商洛和杨凌区第三产业份额有微弱上升外，宝鸡、咸阳、渭南的服务业份额有所减少。西安的中心城市地位趋于强化。

第四，从关中—天水经济区的对外贸易分布来看，西安成为外向型经济绝对聚集的区域，2002 年，经济区 84.7% 的贸易额在西安完成，2011 年该比重上升至 85.7%。西安也成为关中—天水经济区中外资流入最集中的城市，2011 年，约 88.8% 的实际使用外资流向西安（如表 6－13 所示）。

表 6－13　2002—2012 年关中—天水经济区贸易额分布　　单位：%

年份	西安	宝鸡	咸阳	渭南	商洛	铜川	杨凌	天水	合计
2002	84.7	3.0	10.0	1.0	0.1	0.2	0.4	0.6	100
2004	84.8	2.9	7.0	1.7	0.0	0.7	1.8	1.1	100
2006	77.2	11.6	5.5	2.2	0.1	0.3	1.7	1.4	100
2008	84.3	5.5	4.5	1.4	0.3	0.3	2.2	1.4	100
2010	85.5	4.9	2.8	1.4	2.5	0.0	0.9	1.9	100
2011	85.7	5.6	3.2	1.2	2.3	0.1	0.2	1.8	100
2012	89.1	5.1	3.0	1.6	0.5	0.1	0.6		100

资料来源：中国经济与社会发展统计数据库。

第五，产业聚集带来相应的人口流动，西安在进一步集聚服务业过程中，吸引更多人员流入。2000 年，关中—天水经济区 25.2% 的人口聚集于西安；2011 年，该比重上升到 26.5%。其余地区除咸阳和杨凌在 2000 年至 2011 年有小幅人口流入，其余城市的人口都呈现流出状态（如图 6－5 所示）。

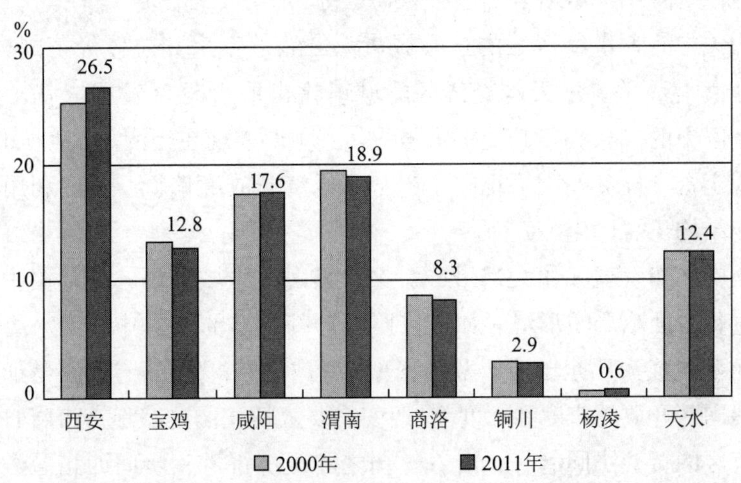

图 6－5　2000 年、2011 年关中—天水经济区主要市区的人口分布

资料来源：中国经济与社会发展统计数据库。

第六，西安为区域经济活动中心，但地位有所下降。从关中—天水经济区 GDP 分布来看，西安所占份额由 2002 年的 48.4% 下降到 2012 年的 45.3%，但仍然占据绝对主导地位。此外，除天水所占份额也有 0.5% 的下降外，其他城市 GDP 占整个地区的比重均有所上升（如图 6－6 所示）。

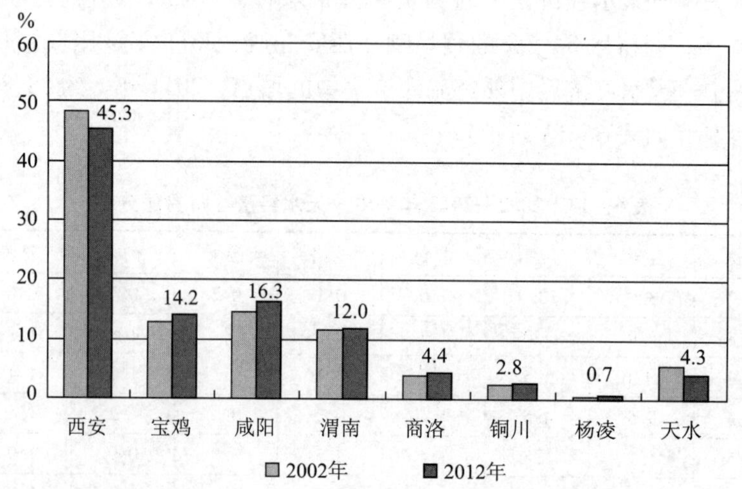

图 6－6　2002 年、2012 年关中—天水经济区主要市区地区生产总值分布

资料来源：中国经济与社会发展统计数据库。

总体来说，关中—天水经济区正在经历西安中心城市的服务业聚集、周边城市分别呈现工业聚集或农业聚集的过程，城市群的互补和协同能力有所提升。

四、西安与关中—天水经济区转型升级的形势与选择

1. 西安与关中—天水经济区转型升级的形势

西安作为关中—天水经济区的核心城市，虽然近年来其总体经济规模不断增加，产业结构趋于优化，关中—天水经济区的城镇化也取得显著发展成就，但西安在关中—天水经济区中的“核心”功能仍需强化，其主要表现在经济总量和人口规模偏小，与其他地区固定资产投资差距呈现缩小趋势，经济开放度偏低，实际利用外商投资偏少，三次产业结构仍需优化等方面。

因此，西安在建设国际化大都市、引领和辐射关中城市群、带动关中—天水经济区转型升级过程中面临严峻形势。如何按照国务院批准的《关中—天水经济区发展规划》把大关中建设成为“全国内陆型经济开发开放战略高地”，“特别是加大向西开放的力度，拓展向西开放的广度和深度”，西安需要依托丝绸之路经济带将自身发展与关中—天水经济区的转型协同起来，沿着丝绸之路经济带进一步向西拓展经济腹地，加快地区优势产业的分工和集聚，加大地区产业协调力度和分工深化水平，从而强化自身在关中—天水经济区中的“核心”功能。

2. 转型升级的政策进展

打通亚欧大陆桥，连接太平洋与大西洋，发挥西安国际港务区和咸阳国际航空港作用，依托欧亚经济论坛和欧亚经济论坛综合园区，进一步加强亚欧合作，贯通丝绸之路经济带，全面实现欧亚经济论坛的目标①。在欧亚经济论坛举办的专题活动“欧亚大陆桥物流合作分论坛”上，西安市副市长、西安国际港务区党工委书记韩松呼吁，建立新欧亚大陆桥国际协调机制，通过设立由沿桥国家特别是中亚国家参加的、高层次的“新欧亚大陆桥国际运输协调委员会”和在西安设立亚欧经济与贸易合作组织，使西安发展成为亚欧大陆的经济首都②。

西安国际港务区管委会主任强晓安指出，“西安正全力建设丝路带上最大的国际中转枢纽港口，已与上海港等九大港口成为战略伙伴，充分发挥综合保税区的作用，强化西安在丝路带中的重要地位”。西安正在加速推进“长安号”国际班列的开通，通过“一干两支”连接西安到荷兰、中亚以及莫斯科，构建与中亚合作的便捷平台③。

2014 年 1 月 6 日，国务院正式批复同意设立陕西西咸新区，提出把西咸新区建设成为我国向西开放的重要枢纽、西部大开发的新引擎和中国特色新型城镇化的范例④。西安市也已出台《关于加快建设丝绸之路经济带新起点的实施方案》，着力打造丝绸之路经济带开发开放高地和金融商贸物流中心、机械制造业中心、能源储运交易中心、文化旅游中心、科技研发中心、高端人才培养中心⑤。2014 年 3 月 5 日，在十二届全国人大二次会议上，贾旭芝提出在陕西省设立丝绸之路经济带西安自由贸易园区，通过创新体制机制和合作发展模式，促进经济带内跨境经贸合作，提升内陆地区对外开放水平⑥。

3. 参与丝绸之路经济带助推转型升级的路径选择

作为关中—天水经济区和丝绸之路经济带沿线最大的中心城市，西安在关中—天水经济区城市群中的重要作用不言而喻。借力丝绸之路经济带建设，实现自身和关中—天水经济区协同转型，成为西安和陕西、甘肃的重大现实选择。其主要内容包括：

第一，以构建完善的区域合作机制为制度保障，搭建一体化的区域合作平台，强化关中—天水经济区的区域协同能力。

关中—天水经济区包括陕西和甘肃两省不同行政区域，由于制度和体制的原因，资源要素自由流动往往会带来省际关系问题，即存在行政管理的边界限制与区域经济活动一体化之间难以克服的矛盾和冲突。这就需要借鉴国外跨区域政府治理经验，协调好经济区与行政区之间的关系，携手搭建一体化的区域合作平台，必须构建和完善

---

① 打造国际知名合作论坛，助推丝绸之路经济带发展［N］. 西安日报，2013－09－30.

② 把西安建成丝路经济带的经济首都［EB/OL］. 中国丝路网，2013－10－31.

③ 建设丝绸之路经济带，西安将争取建立自由贸易区［N］. 西安晚报，2013－10－23.

④ 国务院关于同意设立陕西西咸新区的批复［EB/OL］. 中央政府门户网站，2014－01－10.

⑤ 樊维斌. 陕西建设丝路经济“五个新起点”［EB/OL］. 中国丝路网，2014－01－22.

⑥ 建议设立丝绸之路经济带西安自由贸易区［EB/OL］. 中国经济网，2014－03－12.

区域合作机制和治理体系①。包括构建利益协调、激励约束、信息沟通、政策合作、监督保障和应急联动等机制②，使区域合作常态化和机制化，从而强化关中—天水经济区一体化水平。

西安作为关中—天水经济区的核心城市，在参与丝绸之路经济带建设过程中，必须积极构建完善的区域合作机制，强化关中—天水经济区内外的分工协作。一要依托陇海兰新经济促进会，加强西安与丝绸之路经济带沿线各城市的合作交流；二要依托上海合作组织，加强西安与中亚各国的合作交流；三要依托欧亚经济论坛，加强西安与欧盟各国的合作交流；四要考虑成立跨行政区域经济合作组织，从多个层面实现协调和维护区域内外各方的利益。

第二，以完善交通基础设施建设和加强产业集聚为着力点，提升关中—天水经济区的软硬件通达性，带动企业总部、资本、金融机构向中心城市集聚。

目前，联合国开发计划署正在复兴“丝绸之路”，西安应抓住机遇，加强交通基础设施投资力度，积极推动丝绸之路经济带沿线铁路高铁化、高速公路网络化，推进通信基础设施的互联互通。完善铁路、公路和航空物流功能，加强与沿海港口合作，实现面向东西海陆双向开放，将中国东西部合作与投资贸易洽谈会升级为欧亚合作与投资贸易洽谈会。加强西安国际港务区和咸阳国际航空港引领和辐射作用，将西安国际港务区建设成为中国西部最大的现代服务业示范园区，打造中国内陆最大的交通通信中心和丝绸之路经济带国际交通枢纽。加快西安国际港务区、综合保税区和金融商务区建设，聚集金融服务机构，着力将西安打造成为丝绸之路经济带金融与物流商贸中心。

第三，以建设关中—天水经济区城市群为载体，强化西安在城市群中的“核心”功能，协调好其与外围城市之间的功能定位。

西安作为亚欧大陆桥经济带的“心脏”城市和关中—天水经济区的“内核”，应举省市之力实现“小西安”的换位，建设以大西安为中心的大关中城市群③。在建设丝绸之路经济带的大背景下，以建设关中—天水经济区城市群为载体，强化西安在城市群中“核心”功能。一方面，重新对西安的城市功能进行定位，明确关中—天水经济区城市群中产业发展方向和空间布局，实行产业和空间导向“双重调控”，不断改善核心城市的软硬件环境和配套服务，降低商务交易成本，吸引高素质人力资本集聚，培育和发展生产性服务业，使西安成为关中—天水经济区城市群的知识、思想和创新的溢出中心。另一方面，外围的专业化城市应注重发挥自身低要素成本优势，积极承

---

① 任宗哲．关中—天水经济区建设中合作机制构建刍论［J］．西北大学学报（哲学社会科学版），2010（1）：111.

② 王维平，刘书明．扩大对内开放与跨行政区域经济合作的机制构建［J］．甘肃社会科学，2011，（4）：222.

③ 张宝通，孙笃信．西安在关中—天水经济区建设中的龙头带动作用［J］．西安财经学院学报，2008，（6）：71.

接核心城市转移来的制造业，充分利用核心城市知识、技术溢出带来的外部效应，从而提升自身的技术应用效率和制造效率，最终实现城市群“中心—外围”经济架构下不同区域和城市产业结构协同转型。

第四，以打造大西北先进制造业中心为支撑，加强丝绸之路经济带产业互补性，面向中亚、西亚和欧洲市场，建立丝绸之路经济带自由贸易园区。

以西安为中心的关中—天水经济区是全国重要的先进制造业基地，可与西北各省及中亚、西亚地区形成良好的产业互补，制造业提供的先进技术装备和消费品在中亚、西亚市场潜力巨大，应当以打造大西北先进制造业中心为支撑，加大西安高新技术开发区在技术、信息、资金及人才等生产要素方面的支持力度，加强丝绸之路经济带产业的互补性和协同性。

目前，西安国际化大都市正处在全面建设的关键阶段，作为丝绸之路起点城市及欧亚经济论坛承办城市，其有基础、有条件成为中国与欧亚各国的交通枢纽、贸易通道和经济走廊①。通过将西安打造成为丝绸之路经济带的商贸中心、金融中心、物流中心、科技创新中心和人才中心，使西安成为丝路经济带的核心城市。此外，建设以现代服务业为特色，集“制造业加工区、物流产业园区、西部生态金融中心”为一体的丝绸之路经济带西安自由贸易园区，不仅有利于陕西自身经济更好地发展，而且有利于推进西部大开发战略的实施，加快我国内陆地区对外开放步伐，促进关中—天水经济区经济转型升级。

---

① 魏民洲．争当共建丝绸之路经济带的排头兵，开创西安国际化大都市建设新局面［N］．人民日报，2013－09－25.

6.3 天山北坡经济区的协同转型

天山北坡经济区位于以乌鲁木齐、克拉玛依和石河子市为中心的新疆准噶尔盆地南部天山北坡中段。在丝绸之路经济带提出的背景下，天山北坡经济区有望在充分发挥核心城市带动作用的情况下，实现进一步的转型发展。

一、天山北坡经济区发展历程与基础

天山北坡经济区的界定直接源于20世纪90年代初期新疆五大经济区划分中的天山北坡区。在当地经济发展过程中，这一范围有所变化，现今一般确认的区域范围主要包括乌鲁木齐市，昌吉回族自治州的昌吉市、米泉市、阜康市、呼图壁县、玛纳斯县、石河子市，塔城地区的沙湾县、乌苏市，伊犁州的奎屯市、克拉玛依市，以及新疆生产建设兵团的农六师、农七师、农八师、农十二师等。区域总面积7.8万平方公里，约占新疆总面积的5%。

"西部大开发"战略提出后，2000年新疆维吾尔自治区党委书记王乐泉在沿天山北坡考察时指出，要率先推出天山北坡经济区。通过天山北坡经济区的发展，给全疆各地提供看得见、摸得着的经验，从而带动全疆经济的发展。同年11月，国家重点建设的"二纵二横"连云港国道主干线之公路直贯天山北坡经济区，从而极大地改善了天山北坡经济区的交通运输条件，为改善其贸易条件奠定了坚实的基础。

1992年成立的奎屯经济技术开发区及2006年成立的奎屯—独山子石化工业园合并组建的国家级经济技术开发区，2011年4月成功升级为国家级开发区，是天山北坡经济区上产业集聚、结构合理、优势互补、辐射中亚、发展外向型经济的中心区域。并于2012年被工信部授予"国家新型工业化产业示范基地"。

2011年6月由国务院印发的《全国主体功能区规划》将天山北坡经济区列入18个国家层面的重点开发区域之一，北坡地区的发展得到国家的大力支持，经济增速进一步加快。同年，新疆天山北坡经济区规划由新疆维吾尔自治区政府上报至国家发改委，并于2012年得到国务院批复，将对当地的相关能源及原材料开发速度产生显著的提升作用。

天山北坡地区不仅坐拥新疆仅有的两个地级市——乌鲁木齐市与克拉玛依市，而且拥有新疆维吾尔自治区1/3以上的建制市。截至2013年初，天山北坡经济区城镇人口总计达到755万余人，占自治区城镇人口的75%以上。此外，天山北坡经济区城镇群在基础设施等方面也居于自治区领先水平。早在2004年，天山北坡经济区城镇群的自来水普及率就已经接近98%，领先于自治区其他城市。

北坡地区油气及风能资源丰富，为发展基础工业、石油工业及风电工业奠定了良好的基础。随着国家西气东输工程的实施，西起霍尔果斯、东至深圳的二线工程已于2009年开工，沿线经过天山北坡经济区，该区同时也是新疆最大煤田（准噶尔煤田）的分布区，拥有全疆最大的油页岩矿，从而极大地保障了当地产业发展对能源的需求。

因为特殊地理环境和发展潜力，北坡地区于2001年成为新疆农业产业化龙头基地，一批极具当地特色的农业产业逐渐发展起来。近年来，其生产规模不断扩张，经济效益日益增加。新疆维吾尔自治区还吸引大企业大集团投资建设畜牧产业集群，建设以甘（甘泉堡）莫（莫索湾）公路、呼（呼图壁）克（克拉玛依）公路为轴线的全疆畜产品生产加工走廊，以进一步带动该区域农业发展。

在依据资源禀赋发展工业与特色农业的同时，新疆维吾尔自治区政府也在积极寻找其他经济增长点，并于2007年提出“天山北坡特色旅游带”，即将昌吉市境内包括天池在内的众多名胜古迹和人文景观“串联”起来，着手打造整合文化旅游资源的“天山北坡特色旅游带”，以促进北坡地区旅游服务业的发展。

在对外联系度上，天山北坡地区也是新疆维吾尔自治区对外开放的重点区域之一。以乌鲁木齐市为例，从2004年以来，当地货物进出口总额总体呈增长态势，2012年相当于2004年的近6.3倍，其他如克拉玛依、石河子、昌吉等市的外贸规模也增长明显。通过与国外经济体建立并且不断增强的经济联系，天山北坡经济区已成为新疆乃至整个西北地区的重要对外贸易枢纽。

总体上来说，20世纪90年代以来，天山北坡经济区一直成为新疆经济开发的重点地带，这也体现了自治区突出重点、引领全疆的区域发展战略。习近平主席在2012年提出共同建设“丝绸之路经济带”，作为毗邻中亚的边疆大门，天山北坡经济区拥有巨大的发展契机。

二、天山北坡经济分布格局与联系

当前，天山北坡经济区主要形成以乌鲁木齐为核心城市的城市群格局。

1. 区域经济整体分布

天山北坡经济区在新疆社会经济发展中占据主导地位，2012年，新疆地区生产总值为7505亿元，其中天山北坡经济区达到新疆的69.1%，为5188亿元；乌鲁木齐和昌吉两市（乌昌地区）又占据核心地位，GDP占到全疆的37.6%（如图6－7所示）。

从三大产业分布来看，2012年，天山北坡经济区占到全疆第一产业的41.7%、第二产业的74.7%和第三产业的75.4%。其中，乌鲁木齐市是最为核心的服务业聚集中心，同时乌昌地区聚集大规模的工业，克拉玛依是第二大工业城市。其他市县的经济规模都相对较小（如图6－8所示）。

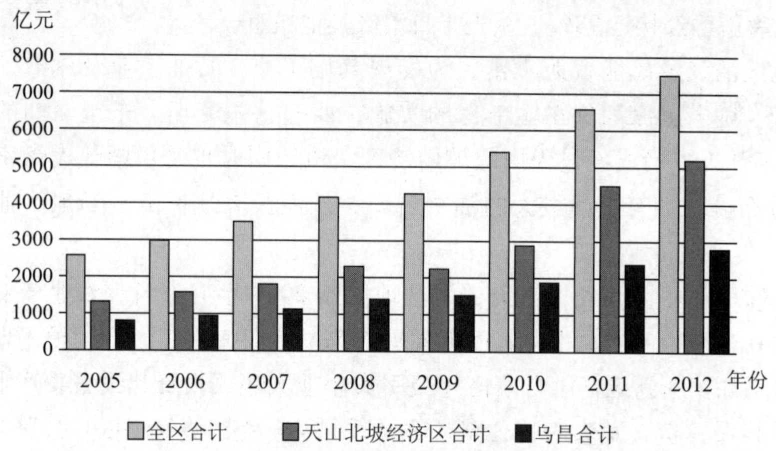

图 6－7　2005—2012 年新疆部分地区生产总值

资料来源：《新疆统计年鉴》(2012)。

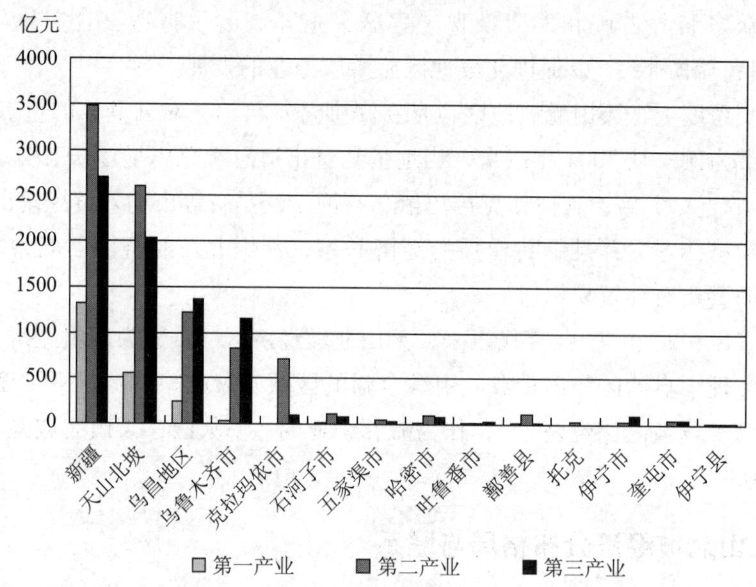

图 6－8　2012 年天山北坡主要县市三大产业产值

资料来源：新疆统计局。

作为全国能源基地，以及在西部大开发的推动作用下，天山北坡经济区实现快速工业化，2012 年，第二产业比重达到 50.1%，第一和第三产业分别占到 10.6% 和 39.3%。乌鲁木齐市以第三产业为主导，占到地区生产总值的 57.3%；克拉玛依的第二产业占据绝对主导地位，占 GDP 的 88%（如图 6－9 所示）。

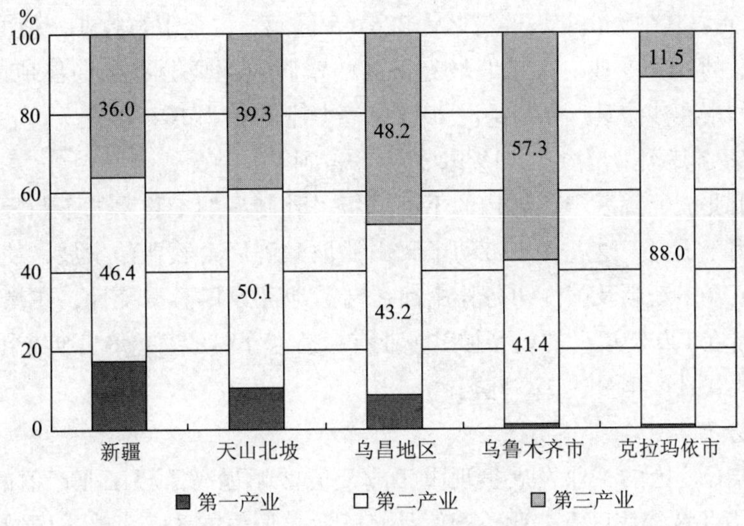

图 6-9　2012 年天山北坡三大产业比值

资料来源：《新疆统计年鉴》(2012)。

2. 农业分布

天山北坡经济带区种植业产值占到农业总产值的3/5，可见种植业是天山北坡经济区农业生产中十分重要的环节。天山北坡经济区的种植业主要位于乌昌地区、吐鲁番市、鄯善县、伊宁县、乌苏市、沙湾县等地。其中，乌昌地区种植业产值为133.2亿元，占到全区种植业总产值的38%，是天山北坡经济区最大的种植业基地。新疆天山北坡经济区种植业主要集中在靠近省会乌鲁木齐的区域，在一定程度上是由于新疆人口密度最高，需要提供充足的粮食及蔬菜保障。紧随其后的沙湾县与乌苏市则有铁路穿城而过，方便农产品运往市场。近年来，新疆一直鼓励“红色农业”的发展，“红色农业”是指以番茄、胡萝卜等蔬菜加工为主的产业，乌昌地区拥有众多此类生产加工基地。

同时，新疆的棉花种植业发展规模也较大。据统计，2012年新疆棉花产量占全国棉花产量比重首次突破50%，成为中国最大的棉花生产区域。2012年天山北坡经济区棉花产量为156.37万吨，约占全疆棉花总产量的1/10。天山北坡经济区棉花生产主要集中在乌昌地区、乌苏市及沙湾县，其中乌昌地区棉花产量为20.43万吨，乌苏市为10.54万吨，沙湾县为13.17万吨。

新疆作为中国重要的糖业基地，其甜菜产量在全国也名列前茅。2012年天山北坡经济区甜菜产量为279.58万吨，约占新疆甜菜总产量的1/2，主要产地为乌昌地区、伊宁县、察布查尔锡伯自治县和霍城县，其中霍城县甜菜产量为44.42万吨，察布查尔锡伯自治县为16.44万吨，伊宁县为13.73万吨，乌昌地区为11.3万吨，四地为天山北坡经济区的糖加工产业提供大部分原料。

作为中国五大牧区之一，新疆十分有利于畜牧业的发展，2012年新疆畜牧业产值为485.37亿元，其中天山北坡经济区为326.65亿元，占全疆畜牧业产值的3/4，是天山北坡经济区的优势产业。天山北坡经济区的畜牧业主要分布在乌昌地区、伊宁县、霍城县、乌苏市和沙湾县。乌昌地区2012年畜牧业产值为164.18亿元，占全区畜牧业总产值的65%，其次为沙湾县，15.92亿元，占到6%。①

随着天山北坡经济区产业结构的不断升级，乳制品加工技术的不断提高，越来越多的乳制品用于出口，这进一步带动了天山北坡经济区畜牧业的发展，使产业更加集中。近年来，众多新疆及国内知名乳业都在乌昌地区设厂。据统计，在昌吉回族自治州内日加工量在100吨以上的乳品加工企业有4家，分别是麦趣尔、维维乳业、新欧奶业、天山畜牧，日产销量达320吨。

3. 工业分布

天山北坡经济区的工业发展呈现重工业产值常年远高于轻工业产值的发展状态。2012年，天山北坡经济区重工业总产值是轻工业总产值的8倍多，本区域的主要工业城市乌鲁木齐、克拉玛依等县市，主要以重工业为工业发展的依托，其中克拉玛依市更是国内著名的化石能源产地和石油化工产业重镇（如图6－10所示）。

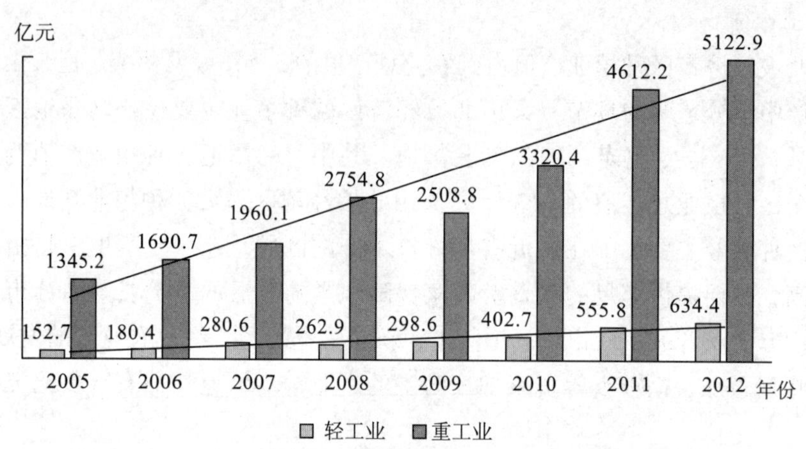

图6－10　2005—2012年天山北坡轻重工业产值

资料来源：新疆统计局。

作为天山北坡城镇群的核心城市，乌鲁木齐市在整个经济区工业发展方面处于重要地位，轻重工业产值均为地区之最，重工业产值更是占到地区总产值的将近一半。在主要工业原料与工业产品生产上，乌鲁木齐市的原煤产量、原油产量、水泥产量和钢材产量分别占到整个天山北坡经济区总值的35.1%、35.2%、21.8%、98%②，属于地区工业心脏（如图6－11所示）。

① 资料来源：新疆统计局《新疆统计年鉴》（2013）。

② 资料来源：新疆统计局《新疆统计年鉴》（2013）。

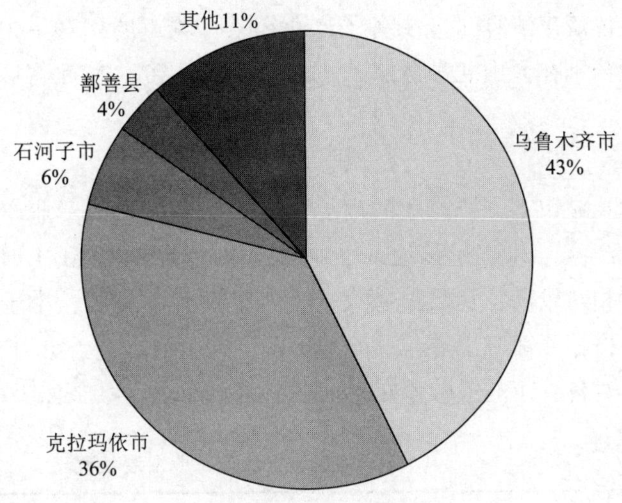

图 6－11　2012 年天山北坡重工业产值分布

资料来源：新疆统计局。

而天山北坡经济区的其他县市，则依托当地的主要资源，在工业发展上各有侧重。石河子市与奎屯市利用自身在相关产业、交通运输等方面的优势，在轻工业发展上取得了一定的成果，其轻工业产值分列本地区的二、三位。而克拉玛依市则利用自身丰富的石油、天然气等化石能源储备，重工业产值仅次于区域经济中心乌鲁木齐市（如图6－12所示）。

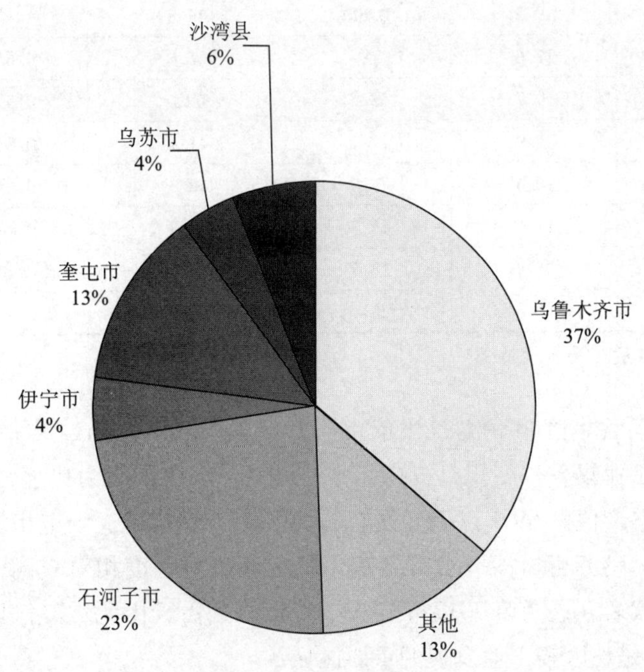

图 6－12　2012 年天山北坡轻工业产值分布

资料来源：新疆统计局。

盖哈特提出区位熵来测算工业中各子产业在某一城市的相对集中程度，由此可以具体分析轻重工业分别在天山北坡各县市的相对集中程度。在此将区位熵设为 Q，具体计算方法如下：

$$Q = (E_{ij}/E_{Ei})/(E_{kj}/E_{Ek})$$

式中，E_{ij}表示某城市某一子产业的产值，E_i 表示某城市的工业产值，E_{kj}表示该子产业在该地区的总产值，E_k 表示该地区工业总产值。该系数大于 1 时，表明此子产业在该城市集聚程度相对较高，且数值越大，表明集聚程度越高；小于 1 时，则表明集聚程度相对较低。根据新疆统计局公布的 2012 年天山北坡各县市工业产值以及轻工业、重工业产值，对各县市的系数 Q 的值进行计算和整理，结果如表 6－14 所示。

表 6－14　2012 年天山北坡各县市工业发展状况

	重工业（亿元）	轻工业（亿元）	工业总产值（亿元）	重工业系数	轻工业系数
乌鲁木齐市	1996.5	154.35	2150.8	1.04	0.65
克拉玛依市	1691.2	2.69	1693.9	1.12	0.014
石河子市	270.3	99.63	370	0.82	2.44
五家渠市	131.8	15.76	147.6	1	0.97
哈密市	144.5	12.72	157.2	1.03	0.73
吐鲁番市	40.3	3.94	44.3	1.02	0.81
鄯善县	177.3	0.47	177.8	1.12	0.02
托克	49.2	0.65	49.8	1.11	0.12
伊宁市	22.6	19	41.6	0.61	4.15
奎屯市	59.7	53.5	113	0.59	4.29
伊宁县	29.9	11.2	41.1	0.82	2.46
察布查尔锡伯自治县	10.4	7.89	18.3	0.64	3.92
霍城县	11.5	15.3	26.7	0.48	5.19
乌苏市	24.4	17.2	41.6	0.66	3.76
沙湾县	11.6	25.7	37.3	0.35	6.25

资料来源：新疆统计局。

可以看出，乌鲁木齐市、克拉玛依市、五家渠市、哈密市、吐鲁番市、鄯善县、托克等县市的重工业集聚程度相对较高，尤其以克拉玛依市最为典型，该市 2012 年重工业产值占工业总产值的 99% 以上。而在石河子市、伊宁市、奎屯市、察布查尔锡伯自治县、霍城县、乌苏市、沙湾县等县市，轻工业集聚程度相对较高，其中石河子市和奎屯市是典型代表，这两市 2012 年轻工业产值分别占天山北坡经济区轻工业总产值的 23% 和 13%，是地区轻工业发展的重要区域。

4. 服务业分布

在天山北坡经济区中，乌鲁木齐市在第三产业上居于绝对主导地位，从 2005 年

起，乌鲁木齐第三产业的年增加值就高于第一和第二产业，近年来该市第三产业年增加值达到第二产业的1.3倍以上。2012年乌鲁木齐市第三产业产值为1147.71亿元，占整个天山北坡经济区的56.4%。

金融业方面，2012年乌鲁木齐市存款余额占北坡地区存款余额的56.8%，贷款余额占64.8%，同时，存贷款差额仅占地区总额的45.3%，乌鲁木齐市的金融业发展水平总体远高于其他县市，是地区性金融中心（如表6－15、表6－16所示）。

表6－15　2012年天山北坡部分县市存贷款差额

	天山北坡经济区合计	乌昌地区	乌鲁木齐市	其他县市
存款余额（亿元）	8487.24	5607.26	4819.11	2813.43
贷款余额（亿元）	5011.62	3786.14	3245.33	1217.34
差额（亿元）	3475.62	1821.12	1573.78	1596.09

资料来源：新疆统计局。

表6－16　2005—2012年乌鲁木齐存贷款状况统计

年份	存款余额（亿元）	贷款余额（亿元）	差额（亿元）
2005	1408	986	421
2006	1686	1046	640
2007	2056	1146	911
2008	2371	1217	1154
2009	2940	1632	1309
2010	3596	2075	1522
2011	4081	2554	1527
2012	4819	3245	1574

资料来源：新疆统计局。

在旅游业发展上，乌鲁木齐市无论是旅游业收入还是相关企业数量均独占鳌头——其中2012年乌鲁木齐市的国内旅游总收入占到经济区总量的45.9%，而2011年乌鲁木齐市拥有的旅行社和星级宾馆的数量分别占到自治区总数的56.5%和21.2%。其他部分县市，如昌吉回族自治州、“天山金三角”地区、吐鲁番地区等也凭借自身良好的旅游资源在旅游业发展上有所成就。其中，昌吉和伊犁州直属县市的星级宾馆数目也较为可观，相关设施较为完善。但旅游收入相对较高的吐鲁番、哈密等地区及其周边地区的旅行社和星级宾馆数量与其旅游收入不匹配，旅游基础设施建设和旅游服务业发展有待进一步提升，其旅游产业以及相关产业仍有进一步发展的空间。此外，吐鲁番、昌吉等县市，宾馆等行业总体发展较好，但旅行社数量较少，这与当地自身的自然条件、旅游资源特点，以及旅游相关产业发展状况密不可分。与此形成对比的是，区域中心城市乌鲁木齐市则是旅行社数量远远高于宾馆等的数量，并且该市拥有区域内大多数旅行社（如表6－17、图6－13所示）。

表6－17　2011年新疆部分地区旅游收入情况

	入境旅游收入		国内旅游收入	
	总额（万美元）	比重（%）	总额（万元）	比重（%）
自治区总计	46519	100.00	4110021	100.00
乌鲁木齐市	15459	33.23	1886527	45.90
克拉玛依市	45	0.10	102656	2.50
石河子市	31	0.07	121221	2.95
吐鲁番地区	3960	8.51	305106	7.42
哈密地区	150	0.32	164534	4.00
昌吉回族自治州	18886	40.60	134142	3.26
伊犁州直属县市	17015	36.58	251385	6.12

资料来源：新疆统计局。

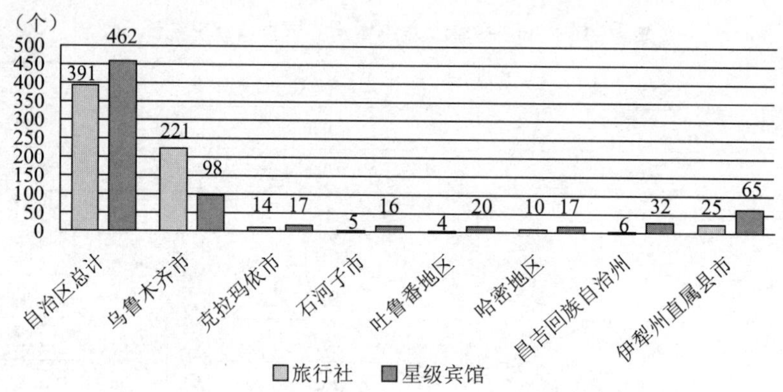

图6－13　2011年新疆部分县市旅行社及宾馆基本情况

资料来源：新疆统计局。

在运输业方面，多条公路干线以及兰新铁路线横穿这一地区，乌鲁木齐产业聚集使其在公路货运和客运方面都占据主导地位，2012年占天山北坡经济区货运量的40.7%、客运量的16.5%。其他县市中，乌苏市、伊宁市、五家渠市、吐鲁番市等旅游业较为发达的县市在客运领域占到比较可观的比重，而克拉玛依市、石河子市、五家渠市等工业较为发达的县市在货运领域中也占据一席之地（如表6－18所示）。

表6－18　2012年天山北坡部分县市公路运输情况统计

	公路货运量		公路客运量	
	总量（万吨）	比重（%）	总量（万人）	比重（%）
北坡总计	32378	100.0	19364	100.0
乌鲁木齐市	16142	40.7	3194	16.5
克拉玛依市	2868	7.2	645	3.3

续表

	公路货运量		公路客运量	
	总量（万吨）	比重（%）	总量（万人）	比重（%）
石河子市	3259	8.2	1050	5.4
五家渠市	3745	9.4	1417	7.3
哈密市	1105	2.8	354	1.8
吐鲁番市	930	2.3	1295	6.7
伊宁市	1701	4.3	1445	7.5
奎屯市	492	1.2	647	3.3
伊宁县	351	0.9	400	2.1
乌苏市	485	1.2	1625	8.4
沙湾县	1300	3.3	1200	6.2

资料来源：新疆统计局。

5. 对外贸易分布

天山北坡经济区是新疆对外经贸交往最为频繁的地区之一，乌鲁木齐市、昌吉自治州和石河子市等的对外贸易规模均位居自治区各县市前列。2012 年，新疆维吾尔自治区进出口总额为251.7 亿美元，乌鲁木齐市占41.3%、昌吉自治州占8.4%、石河子市占3.1%。总体上看，本区域内代表城市在对外贸易都处于出超状态，且近些年进出口规模呈现不断扩大态势（如表6－19 所示）。

表6－19　2012 年天山北坡部分县市外贸情况

	贸易总额		出口		进口	
	总额（万美元）	比重（%）	总额（万美元）	比重（%）	总额（万美元）	比重（%）
乌鲁木齐市	1039689	41.3	806398	41.7	233291	40.1
克拉玛依市	23896	0.9	14146	0.7	9750	1.7
石河子市	76842	3.1	72791	3.8	4051	0.7
昌吉回族自治洲	210932	8.4	199254	10.3	11678	2.0
新疆	2517075	100.0	1934686	100.0	582389	100.0

资料来源：新疆统计局。

然而，天山北坡经济区大部分地区的对外贸易仍然停留在出口初级产品的阶段。就整个新疆维吾尔自治区而言，2004 年新疆出口商品金额前五位的商品分别是服装、机电产品、鞋类、番茄酱、纺织纱线及织物，其金额分别为117 亿美元、3.76 亿美元、3.71 亿美元、1.74 亿美元、1.48 亿美元，而服装、机电产品、鞋类基本是由内地购进转卖至中亚国家的，这些“过境商品”成为新疆出口的主力。① 这种现象对于新疆总

① 资料来源：《新疆统计年鉴》(2013)。

体发展的带动作用相对有限。作为新疆自治区的经济核心区域，天山北坡经济区的产业发展并未给外贸活动提供坚实的工业基础，主要是工业原料和区域内发展较弱的纺织产品、农副产品成为非“过境商品”中的主力军。①

如今，在天山北坡的很多县市，呈现进口原料流向内地、出口商品来自内地的“两头在外”的特征，天山北坡经济区沦为内地与中亚等地区经济交往的中转站，这种经营模式在很大程度上主要带动运输、仓储等行业的发展，对于当地经济的拉动作用十分有限。同时，由于新疆本身铁路和公路运输压力一直较大，这种“两头在外”的外贸模式又进一步加重交通了负担。

三、丝绸之路经济带建设背景下的转型发展路径

在“丝绸之路”经济带建设兴起的背景下，天山北坡经济带应当抓住这一战略机遇，充分利用国内国外“两个市场、两种资源”，发挥乌鲁木齐作为核心城市的辐射带动作用，利用工业化与城镇化联动机制，针对社会经济发展中存在的诸多问题，提出一系列有效的发展机制与发展政策。具体建议如下：

1. 突出发展特色和优势产业，提升优势产业的竞争力和可持续发展能力

重工业作为天山北坡的优势产业和支柱产业，其生产技术、生产规模、设备资本等方面都在新疆维吾尔自治区居于领先地位，是新疆发展水平较高的石油化工生产加工基地。但当下面临资源枯竭威胁和国内外竞争形势加剧等问题，天山北坡经济区的石油、化工等重工业需要实现产业的集聚发展与升级改造。在这一过程中，应当充分利用“丝绸之路经济带”建设的契机，增强与天山南坡和中亚地区的产业联系与互动。新疆南疆、中亚诸国等地区均拥有较为丰富的煤气石油等自然资源，因而，天山北坡经济区在进一步发展中，可以将资源密集度较高的生产部门和环节如能源开采、化石能源的初级加工等转移到以上地区，在本地着力建设钢铁、化工产业基地，以乌鲁木齐市为中心，以克拉玛依等城市为重点，发挥重工业产业的纵向关联度，提升下游产品的生产能力，将区域内重工业发展重点转移到能源利用、化学材料制造、工业制造等领域，使得区域内重工业具有更强的国际竞争力。并且，通过对优势产业的升级发展，还能将产业优势转化为贸易优势，优化本地区贸易商品结构，促使形成“对外贸易—产业升级发展”的联动发展与良性循环。

2. 充分发挥核心城市与主导产业的联动作用，实现各产业协调发展

在优化升级重工业的同时，天山北坡经济区还需要促进农业产业结构调整与农业现代化、轻工业充分发展等。农业是国民经济的基础，良好的农业基础对于重工业发展具有重要意义。就天山北坡经济区而言，优化农业种植结构、促进畜牧业进一步发展、推进农业现代化是不容忽视的重要课题。应当在适当地区进一步扩大经济作物和

---

① 马海霞，等．天山南北坡经济协调发展研究［M］．北京：中国经济出版社，2007.

牧草类作物的种植面积，提升畜牧业发展水平。同时，要在增加龙头企业数量、增强其竞争力的同时，提高农户与企业的契约性联系，丰富农业产业化经营方式，进一步促进农业现代化。就工业内部而言，轻工业发展明显不足，天山北坡经济区应当充分利用新疆、中亚两个重要棉产区，促进纺织业尤其是服装等纺织产品加工业的发展，调整产业内结构，提升纺织业企业的生产规模和技术水平。特别值得一提的是，应充分利用自治区内部以及中亚地区良好的棉花产业基础，依托棉花主产区，在天山北坡经济区注重棉花产业的下游产业发展以及棉花的深加工，提升棉纺织等轻工业内部集中程度，积极支持企业向下游产业链集中，从而实现天山北坡与周边其他地区的产业联动与优势互补。

3. 发挥城镇化与工业化相互促进作用，实现区域内发展平衡

在丝绸之路经济带提出的背景下，乌鲁木齐市与周边地区的空间联系进一步增强，贯穿天山北坡的运输线路进一步拓宽，应当借此机会，进一步增强乌鲁木齐市与周边地区的经济联系，实现相关产业转移与物流体系共建。具体而言，就是在强化乌鲁木齐市地区经济中心地位的同时，构建以乌鲁木齐为中心的产业集群和产业体系，尤其是在化工产业、服装产业等方面，要在优化乌鲁木齐市相关企业生产技术水平与竞争力的同时，促进天山北坡其他地区的工业化发展，从而促进区域内中小城市的兴起与发展，增强区域内次级城市的经济实力，推动区域内城镇化进程，优化城镇体系。在这一过程中，随着区域城镇体系的完善，技术、劳动力、资本等要素进一步向区域内各级城市集中，反过来也能促进区域产业优化升级与产业体系的完善，由此形成区域城镇群优化与产业体系发展的良性循环。

4. 建设以乌鲁木齐为核心的物流体系，利用天山北坡城镇群，发展现代服务业

充分利用丝绸之路经济带建设的机遇，提高铁路运输的集约化、现代化程度，加快天山北坡地区航空运输建设，发挥地窝堡机场作为国家门户枢纽机场的作用，形成集进出货物仓储、分拨、配送为一体，陆、铁、管道运输于一身，并与信息网络有机结合的现代国际物流运作体系。可在天山北坡重要交通线路沿线建立一批综合物流基地，形成以乌鲁木齐市为核心的现代综合物流体系。建设过程中，应当强化天山北坡与中亚地区、南疆地区以及甘肃、青海等省份的交通联系，将多元交通网络变成天山北坡经济区与周边区域经济联系的重要纽带。在强化物流基础设施建设的基础上，培养一批竞争力强、技术水平高、装备现代化的现代物流企业。在此过程中，需要鼓励不同企业发挥自身特色提供有个性特征的物流服务，从而发展成为一个能够提供多种物流服务的现代物流体系，成为区域物流中心与对外联系的枢纽。

5. 促进天山北坡旅游带的开发，带动旅游相关产业发展

天山北坡经济区当前总体上仅限于传统的观光旅游模式，很多县市的旅游基础设施还不够完善。借丝绸之路经济带发展的契机，北坡地区的哈密、吐鲁番等地有必要进一步加强旅游基础设施建设，优化当地的运输、餐饮、住宿等条件。此外，更重要

的是落实天山北坡旅游带发展规划，增强区域内城镇间旅游业联动发展，促使天山北坡地区的旅游资源发挥聚集效应和规模效应。在此基础上，旅游业发展需突破传统的单纯观光旅游的模式：一方面，开发农业游等新型旅游模式，丰富旅游内容；另一方面，大力发展餐饮住宿、运输、金融、娱乐等旅游业的相关产业，从横向和纵向两个方向发挥旅游产业的带动效应。通过以上措施，用旅游业带动地区第三产业发展和升级，使得第三产业突破传统服务业的模式，推动现代服务业发展，将旅游业发展为本区域经济发展的又一大推动力量。

综上所述，丝绸之路经济带的提出对于天山北坡经济区来说，是一个增强对外联系、优化产业结构、推进城镇化进程的发展契机。但同时也应当注意到，产业调整与城镇化进程都要遵循相关发展规律，一味地用政策揠苗助长很可能会适得其反。当地政府应当综合考虑当地和周边区域的发展状况，规划设计，统筹兼顾，优化自身发展路径，使天山北坡经济带真正成为陆上丝绸之路经济带的物流中心与桥头堡。

6.4 兰州—西宁经济区的协同转型

兰州—西宁经济区地处西北，是丝绸之路经济带的重要组成部分，虽然改革开放以来得到较大发展，但总体水平仍旧相对落后，属于经济塌陷区。促进兰州—西宁经济区转型升级，以中心城市带动周围地区协同发展，对于缩小我国区域经济发展差异有着重要意义。

一、兰州—西宁经济区概况

兰州—西宁经济区，是指以兰州和西宁两个省会城市为核心，沿湟水和黄河流域的两条城镇发展轴为纽带，北起白银、南至临夏、东起定西、西至西宁这一区域范围，包括甘肃省的兰州市、白银市、定西市、临夏州、武威市和青海省的西宁市、海东地区、海南州和黄南州9个地市州的42个县（区）。①

2006年11月，著名学者贺有利在《兰州日报》发表《析兰州—西宁经济带》，提出以兰州、西宁为“两点”，以“一河”为轴线的兰州—西宁经济带；2009年7月向国家发改委提交《设立兰州—西宁经济区的建议》，提出使其发展成为西部大开发的第四增长极。2011年3月14日，十一届全国人大四次会议召开，会议审查和批准了《中华人民共和国国民经济和社会发展第十二个五年规划纲要》，青海省委提出的兰州—西宁经济区被列入其中。在《全国主体功能区规划》中，兰州—西宁经济区将开发形成以兰州、西宁为中心，以白银、格尔木为支撑，以陇海兰新铁路、包兰兰青铁路、青藏铁路沿线走廊为主轴的空间发展格局；其功能定位是：全国重要的循环经济示范区，新能源和水电、盐化工、石化、有色金属和特色农产品加工产业基地，西北交通枢纽和商贸物流中心，区域性的新材料和生物医药产业基地。②

从兰州—西宁经济区的发展基础来看，首先，地处西藏、新疆、内蒙古、宁夏四个民族自治区的联结部，为西北地区中心，具有一定地缘优势；其次，处于西北地区的交通要道，兰州则是西北铁路网和公路网的交会中心，具有促进货物和人员往来的便利条件；最后，兰州—西宁经济区位于黄河干流及支流湟水、庄浪河两岸，是甘肃、青海的水资源汇集地，黄河龙羊峡至黄河“三峡”河段水能资源丰富而集中，发电和灌溉条件相对优越，使兰州—西宁经济区集中了甘肃、青海绝大部分的灌溉良田。

---

① 王海飞．兰州—西宁经济区空间差异及区域分区研究［J］．地域研究与开发，2013（4）．

② 张学良．2013年区域经济发展报告——中国城市群的崛起与协调发展［M］．北京：人民出版社，2013．

从土地和人口分布来看，兰西经济区土地总面积17.53万平方公里，常住总人口1646万人，兰州、定西、临夏、西宁等城市的总人口较多，合计占兰西经济区的63%；其中西宁、临夏和兰州的人口密度最大，分别达265.9人/平方公里、263.6人/平方公里和246.7人/平方公里，离其较远的黄南、海南等州县地广人稀（如表6-20所示）。

表6-20　2011年兰西经济区主要州市土地面积及人口状况

	土地		总人口		人口密度（人/平方公里）
	面积（平方公里）	比重（%）	总量（万人）	比重（%）	
兰州	13103	7.5	323.3	19.6	246.7
西宁	7424	4.2	197.4	12.0	265.9
白银	20164	11.5	181.1	11.0	89.9
定西	19646	11.2	302.3	18.4	153.9
临夏	8117	4.6	214.0	13.0	263.6
武威	32517	18.5	192.1	11.7	59.1
海东	13044	7.4	164.9	10.0	126.4
海南	43377	24.7	45.1	2.7	10.4
黄南	17909	10.2	25.8	1.6	14.4
合计	175301	100.0	1646	100.0	

资料来源：中国经济与社会发展统计数据库。

二、兰州—西宁经济区的发展特征

兰州—西宁经济区虽然处于西北部中心地带，但深处内陆，对外联系有限，经济发展水平相对较低。从其发展特征来看：

首先，外向程度有所降低。兰州—西宁经济区是甘肃和青海对外联系的核心区域，2002年兰州—西宁经济区主要城市贸易总额占甘肃和青海两省的85.9%，2011年这一比重降至50.1%。从全国情况来看，兰州—西宁经济区外贸所占比重由2002年的0.25%降至2011年的0.11%，甘肃和青海两省比重也由0.29%降至0.23%，该地区对外联系在全国的重要性很低，且呈下降趋势。从外贸依赖度来看，兰州、西宁和白银是兰州—西宁经济区中外贸依赖度相对较高的城市，2002年贸易总额占GDP的比重分别为22.3%、20.2%和12%；2011年，兰州和西宁的外贸依赖度分别大幅下降至8.9%和6.8%，白银市有所攀升，为16.4%。对外交往对兰州—西宁经济区发展的作用相对较小（如表6-21所示）。

表 6－21　2002 年、2011 年兰西经济区贸易总额及外贸依赖度

	贸易总额（万美元）		外贸依赖度（%）	
	2002 年	2011 年	2002 年	2011 年
兰州	104234	187718	22.3	8.9
白银	13866	95654	12.0	16.4
定西	8	2492	0.0	0.9
临夏	412	1879	1.0	0.9
武威	595	5778	0.6	1.4
西宁	29560	81563	20.2	6.8
海南		172		0.1
海东		2492		0.7
合计	148675	377748	14.5	7.1
合计占甘肃、青海比重（%）	85.90	50.10		
甘肃、青海占全国比重（%）	0.29	0.23		
合计占全国比重（%）	0.25	0.11		

资料来源：中国经济与社会发展统计数据库。

其次，固定资产投资成为拉动经济增长的强劲动力。21 世纪以来，兰州—西宁经济区对固定资产投资的依赖性不断增强，2002 年，各城市固定资产投资占 GDP 的比重平均为 48.4%，此后除 2005 年降至 47.7%之外，其余年份均高于这一水平，2008 年后更是逐年大幅攀升，由 2008 年的 52.2%升至 2012 年的 91.2%。定西、临夏和武威的固定资产投资额均高于地区生产总值；兰州和西宁的固定资产投资水平最高，分别为 1239 亿元和 700 亿元，占地区生产总值比重分别达 79.2%和 82.3%。兰州—西宁经济区增长基本靠固定资产投资来拉动（如图 6－14 所示）。

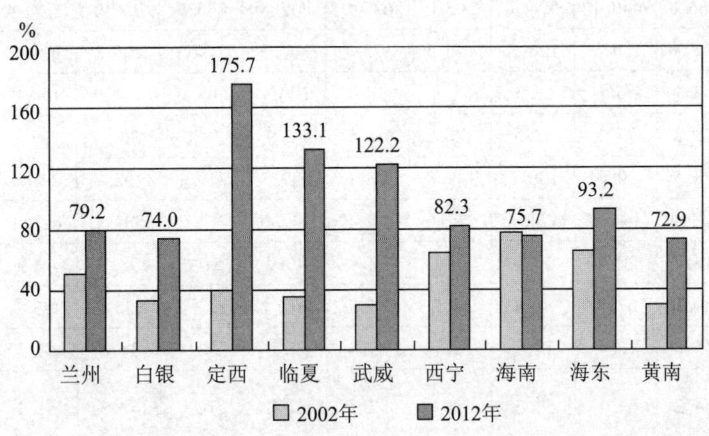

图 6－14　2002 年、2012 年兰州—西宁经济区各城市固定资产投资占 GDP 比重

资料来源：中国经济与社会发展统计数据库。

再次，在全国经济地位仍然偏低。兰州—西宁经济区在甘肃、青海两省占据主导地位，地区生产总值占比在50%以上，2002年为54.1%，2005年曾上升至54.4%，但之后有所下降，2012年为53%的水平。在强大的投资拉动下，兰州—西宁经济区保持快速增长，西宁、白银、武威和兰州的地区生产总值均保持10%以上的增长速度，西宁2010年GDP增长率高达18%。但从占全国的比重来看，兰州—西宁经济区地区生产总值仍然处于极低水平，2002年占全国GDP的0.71%，2007—2010年均低于2002年水平，2012年攀升至0.77%（如图6－15、表6－22所示）。

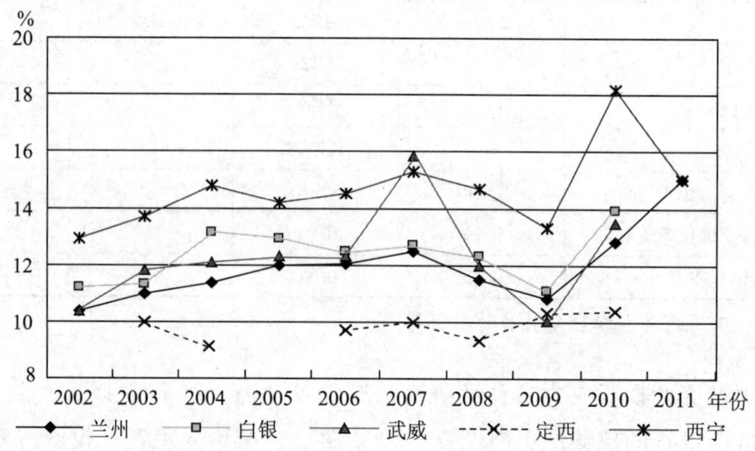

图6－15　2002—2011年兰州—西宁经济区主要城市GDP增长率

资料来源：中国经济与社会发展统计数据库。

表6－22　2002—2012年兰西经济区主要州市GDP总量　单位：亿元，%

年份		2002	2003	2004	2005	2006	2007	2008	2009	2010	2011	2012
甘肃省	兰州	386.8	440.1	504.7	567.0	638.5	732.8	846.3	926.0	1100.4	1360.0	1563.8
	白银	95.3	105.9	126.3	146.5	175.7	207.5	244.3	265.3	311.2	375.8	433.8
	定西	52.1	56.1	64.1	71.4	81.0	100.1	105.6	131.9	156.0	186.9	223.3
	临夏	33.8	37.1	42.5	56.2	62.5	72.9	78.6	93.2	106.4	128.8	151.9
	武威	78.5	90.0	108.2	141.8	161.6	187.7	210.1	192.8	228.8	272.9	340.5
青海省	西宁	121.4	144.8	174.7	237.6	281.6	342.5	422.2	501.1	628.3	770.7	851.1
	海南	18.2	20.4	23.7	29.1	32.8	40.9	51.6	58.7	69.9	82.7	104.4
	海东	50.1	57.3	66.8	74.2	84.7	102.1	122.4	135.7	173.3	219.4	274.1
	黄南	15.6	16.4	19.7	22.7	23.4	28.0	34.0	34.6	43.7	48.4	58.1
兰西占甘肃青海比重		54.2	54.1	52.5	54.4	52.7	51.8	50.5	52.3	51.5	51.5	53.0
兰西占全国比重		0.71	0.71	0.71	0.73	0.71	0.68	0.67	0.69	0.70	0.73	0.77

资料来源：中国经济与社会发展统计数据库。

最后，工业化取得一定进展，但大多数州市的第一产业比重仍然相对较高。从兰西经济区各州市的产业演进来看，2002 年，除兰州和西宁以外，其他地级市的第一产业比重相对较高。2012 年，除兰州和临夏外，其余州市的工业比重都有显著提升，白银、西宁和海东的第二产业比重最高，分别为 57.3%、51.6% 和 49.5%；兰州、定西和临夏的第三产业比重也较 2002 年有所攀升。但是从整体来看，定西、黄南、海南、武威和临夏等州市 2012 年的第一产业比重仍然高于 20%，仅兰州和西宁两大省会城市的农业比重已低于 5%，分别为 2.9% 和 3.9%。兰西经济区仍然是工业化有待推进的西部区域（如表 6－23 所示）。

表 6－23　2000 年、2012 年兰西经济区主要州市三次产业比重

	2000 年比重（%）			2012 年比重（%）			2000—2012 年比重增减（%）		
	第一产业	第二产业	第三产业	第一产业	第二产业	第三产业	第一产业	第二产业	第三产业
兰州	4.6	52.1	43.4	2.9	47.6	49.5	-1.7	-4.5	6.2
白银	14.5	52.2	33.4	11.2	57.3	31.5	-3.3	5.2	-1.9
武威	31.8	31.7	36.5	24.0	44.2	31.8	-7.8	12.5	-4.7
定西	41.9	24.5	33.6	30.3	27.0	42.7	-11.6	2.5	9.1
临夏	33.3	33.5	33.2	20.9	30.6	48.5	-12.4	-2.9	15.3
西宁	7.3	42.7	50.0	3.7	51.6	44.7	-3.6	8.9	-5.3
海东	20.7	35.3	44.0	16.2	49.5	34.3	-4.5	14.2	-9.7
黄南				29.0	37.5	33.5			
海南	31.6	39.6	28.8	23.7	50.5	25.8	-7.9	10.9	-3.0

资料来源：中国经济与社会发展统计数据库。

三、兰州—西宁经济区的空间分布格局

21 世纪以来，兰州—西宁经济区形成以兰州和西宁为中心的较为松散的空间分布结构。

第一，从兰州—西宁经济区的第一产业分布来看，主要聚集于甘肃的武威和定西，2012 年分别占兰西经济区第一产业总增加值的 20.9% 和 17.3%；白银、兰州和海东亦分布 10% 左右的第一产业；从 2002 年至 2012 年的地区流向来看，海东、海南聚集第一产业的比重有所上升，分别提高 2.6 和 1.5 个百分点（如表 6－24 所示）。

第二，从第二产业增加值的分布来看，兰州、西宁和白银是最主要的工业城市，2002 年合计占到兰州—西宁经济区整体的 79.4%；2012 年，西宁的第二产业增加值大幅攀升，由 2002 年的 52 亿元升至 440 亿元，占兰州—西宁经济区比重也由 13.6% 上升至 23.1%，兰州的第二产业比重由 52.8% 下降至 39.2%。西宁和海东成为第二产业聚集程度提升最快的州市，分别上升 9.5 和 2.5 个百分点。

表6－24　2002年、2012年三次产业增加值在兰西经济区主要州市的分布

			兰州	白银	武威	定西	临夏	西宁	海东	黄南	海南	合计
第一产业	总额（亿元）	2002年	18	14	25	22	11	9	10	5	6	119
		2012年	45	49	82	68	32	31	44	17	25	391
	比重（%）	2002年	14.8	11.7	20.9	18.3	9.5	7.5	8.7	3.9	4.8	100.0
		2012年	11.4	12.4	20.9	17.3	8.1	8.0	11.3	4.3	6.3	100.0
	2002—2012年比重增减（%）		-3.4	0.7	0.0	-1.0	-1.4	0.5	2.6	0.4	1.5	
第二产业	总额（亿元）	2002年	201	50	25	10	11	52	18	7	7	381
		2012年	745	249	150	60	46	440	136	22	53	1900
	比重（%）	2002年	52.8	13.0	6.6	2.6	3.0	13.6	4.6	1.9	1.9	100.0
		2012年	39.2	13.1	7.9	3.2	2.4	23.1	7.1	1.1	2.8	100.0
	2002—2012年比重增减（%）		-13.6	0.1	1.3	0.6	-0.6	9.5	2.5	-0.8	0.9	
第三产业	总额（亿元）	2002年	168	32	29	20	11	61	22	4	5	351
		2012年	775	137	108	95	74	380	94	19	27	1710
	比重（%）	2002年	47.7	9.0	8.2	5.8	3.2	17.3	6.3	1.0	1.5	100.0
		2012年	45.3	8.0	6.3	5.6	4.3	22.3	5.5	1.1	1.6	100.0
	2002—2012年比重增减（%）		-2.4	-1.0	-1.9	-0.2	1.1	5.0	-0.8	0.1	0.1	

资料来源：中国经济与社会发展统计数据库。

从工业分布来看，经济区主要以能源、原材料等重工业为主导，国有经济所占比重较大；石油和天然气开采、石油加工及炼焦业，有色金属和黑色冶炼，化学原料及化学制品制造业是重要的工业行业。2011年，兰州和西宁规模以上工业总产值分别为2083.7亿元和1043亿元，占到整个区域工业总产值的76%；其中重工业总产值分别为1861亿元和930亿元，所占比重在90%左右，轻工业发展相对缓慢。此外，白银、武威也是重要的工业城市，主要发展冶金、煤炭、食品加工等工业；其余州市工业产值都较小（如图6－16所示）。

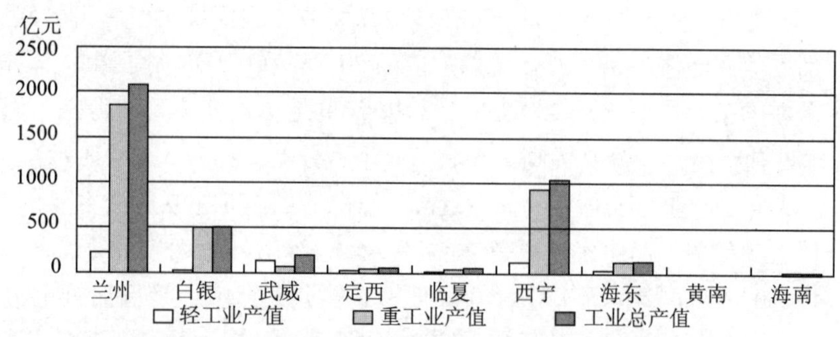

图6－16　2011年兰西经济区主要州市工业产值结构

资料来源：中国经济与社会发展统计数据库。

第三，从第三产业分布来看，兰州和西宁是聚集程度最高的城市，2002 年第三产业增加值比重分别占到兰州—西宁经济区整体的 47.7% 和 17.3%；2012 年兰州第三产业比重下滑 2.4 个百分点，占比为 45.3%；西宁则大幅上升 5 个百分点，2012 年占兰州—西宁经济区整体的 22.3%。白银、武威、定西、海东的服务业聚集比重均在 5% ~ 10% 的水平，但 2002—2012 年呈现小幅下降趋势。

从服务业内部结构来看，兰西经济区以批发零售、住宿餐饮、旅游业等传统服务业为主，其中批发零售业是最大的服务业部门。2011 年，兰州和西宁的批发零售业销售额分别为 1813.9 亿元和 548.1 亿元，占到经济区总销售额的 90.1%；由于兰州—西宁经济区内拥有丰富而独具特色的旅游资源，尤其是兰州和西宁是西北重要的旅游城市，两地国内旅游收入占经济区总收入的 71.4%；而国际旅游收入占经济区总收入的 78.4%，仅仅西宁一个城市就占 66.2%。旅游业的发展也带动了住宿和餐饮业等行业的发展（如表 6 – 25 所示）。

表 6 – 25　2011 年兰西经济区主要州市第三产业发展

		批发和零售业（亿元）	住宿和餐饮业（亿元）	国内旅游收入（亿元）	国际旅游外汇收入（万美元）
甘肃省	兰州	1813.93	24.68	96.9	278.1
	白银	60.81	1.75	13.9	2.1
	定西	52.48	1.23	10.4	4
	临夏	21.58	1.32	11.2	36.5
	武威	42.15	0.94	11.7	125.9
青海省	西宁	548.14	7.82	56.2	1500.3
	海南	73.59	—	8.2	28.1
	海东	5.00	—	3.9	290
	黄南	2.66	0.16	1.8	1.5
合计		2620.34	37.9	214.2	2266.5

资料来源：《中国区域经济统计年鉴 2012》。

第四，外贸活动主要集中于兰州、白银和西宁，且 2002—2011 年，兰州和西宁的贸易地位显著下滑。2002 年兰州和西宁占甘肃、青海两省贸易总额的比重分别为 60.2% 和 17.1%，2011 年分别下滑至 24.9% 和 10.8%；白银市的贸易地位有所上升，由 2002 年的 8% 升至 2011 年的 12.7%。兰西经济区其他州市的外贸活动极其有限，2011 年，武威、定西、临夏的外贸额占两省比重不足 1%（如图 6 – 17 所示）。

第五，兰州和西宁成为区域内经济活动最为聚集的中心城市，2002 年兰州 GDP 占到兰西经济区整体的 45.4%，2012 年下降至 39.1%；西宁则由 14.3% 大幅攀升至 21.3%。白银、武威、定西、临夏、黄南的 GDP 比重均有所下滑（如图 6 – 18 所示）。

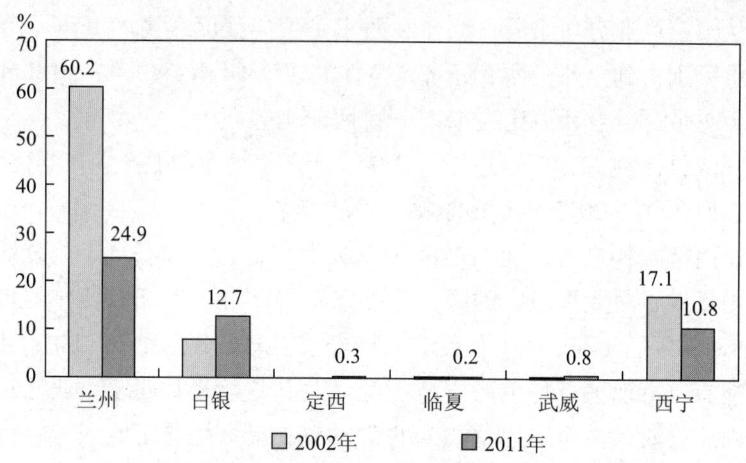

图 6－17　2002 年、2011 年兰西经济区主要州市贸易额占甘肃、青海两省总额的比重

资料来源：中国经济与社会发展统计数据库。

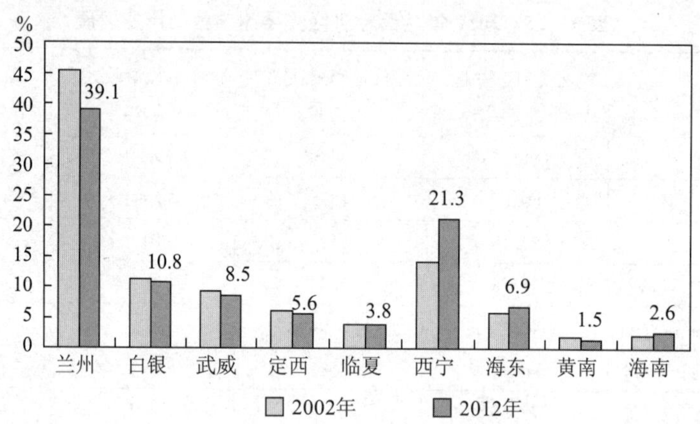

图 6－18　2002 年、2012 年兰西经济区主要州市地区生产总值分布

资料来源：中国经济与社会发展统计数据库。

综上所述，兰州—西宁经济区基本形成以兰州和西宁为服务业、工业、外贸和经济中心，白银为工业次聚集区，武威、定西、海东为农业聚集区，以及临夏、黄南、海南为边缘地带的空间分布结构。而且，兰州—西宁经济区整体经济发展水平较低，工业化进展有限，中心城市与外围州市间的分工细化程度不高，属于相对松散的城市群落。

四、协同转型的选择与参与丝绸之路经济带的进展

兰州—西宁经济区在中国向东开放的大背景下，距离国际市场较远，又属于农业比重高、传统体制改革滞后的地区，因此，兰州—西宁经济区的产业聚集程度较低，并且主要通过大规模投资推动工业化和城市化进程。从城市群的发展来看，各个中心地区处于产业和人口趋于集聚的初始阶段，各州市之间的分工重构和内在联结还远没

有完成，这给兰州—西宁经济区寻求中心城市与城市群的协同转型带来难度。

然而，经过多年发展，以兰州和西宁为中心的兰州—西宁经济区已经累积起一定工业基础，以及呈现出向服务经济演进的趋势。作为占全国 11.7% 土地面积的甘肃、青海两省的经济中心地带，兰州—西宁经济区初步具备城市群协同发展的条件和基础；并且在地域广袤但经济地域发展相对落后地区发展方面肩负重要责任。因此，促进兰州—西宁经济区转型发展是不可推卸的战略使命。

面对深处西北部中心、地广人稀、产业基础薄弱等制约因素，兰州—西宁经济区有必要创新发展模式，引入模块网络化机制，以驱动中心城市与城市群协同转型。主要包括：促使中心城市与国内、国际市场的软硬件通达；选择有限的产业演进方向，以形成合力；进行公共治理创新，将公共服务供给纳入全产业链，加强人力资本培育，为创新和生产分工细化提供智力支持。总的来说，就是通过全产业链重构，驱动模块网络化机制在有限的产业领域运转，使发展条件有限的兰州—西宁经济区依托于国内和国际分工网络，集中在有限领域实现分工细化与产业演进，并带动周边地区发展。

“十二五”规划实施以来，兰州—西宁经济区已经在推动地区转型升级方面积极筹划。从产业选择来看，兰州政府主要巩固原有支柱产业，同时也将文化旅游业和现代服务业作为发展重点之一，并且提出加快建设连接东西、沟通南北、辐射中亚西亚的西北现代服务中心。在《兰州市国民经济和社会发展第十二个五年规划》中，八大战略性工程包括：高技术产业开发区、经济技术开发区增容扩区及园区建设、兰州新区建设、综合交通建设工程、基地建设工程中都体现了保持第二产业发展，加快第三产业发展的倾向。同时，国家在西北地区批准第一个国家级新区——兰州新区，也为兰州经济转型提供良好的环境。甘肃省紧紧围绕着兰州新区、循环经济示范区、风电太阳能、煤油等产业的发展促进整个经济转型跨越发展，期望推动特色循环发展方式，加快产业结构战略性升级，推进增长方式由粗放型向集约型转变。

青海省矿产资源十分丰富，具有得天独厚的发展工业循环经济的资源条件，2013年，按照建设国家循环经济发展先行区行动方案，青海省将加快推进重大产业基地建设，坚持以十大特色优势产业和循环经济产业链为基础，以提高质量和效益为中心，以工业园区和集中区为载体，以重大项目为支撑，配套发展中小企业和现代生产性服务业，着力打造 15 个重大工业基地，以要素、产业集聚来支撑现代产业新体系。①

在向东开放背景下，兰州—西宁经济区缺乏深入国际市场的有利条件，面对向西开发开放以及建设丝绸之路经济带的战略机遇，兰西地区已经积极行动，并取得一定进展。

第一，关于定位。2013 年 10 月，《建设“丝绸之路经济带”兰州市实施方案》被

---

① 2013 年青海省将从五个方面推进工业产业转型升级［EB/OL］. 青海省人民政府网站，http://www.gov.cn/gzdt/2013-01/09/content_2308151.htm，2013-01-09.

审议通过，方案提出要把兰州打造成为经济带上的核心节点城市①。2014 年 3 月《人民日报》报道，兰州进一步提出打造成丝绸之路经济带黄金段上的“钻石节点”。2014 年初，中国物流与采购联合会相关专家到定西参加项目研讨，定西提出大力发展现代物流业，建设“丝绸之路·国际商贸物流城”。

第二，大力建设兰州新区。兰州新区是西北各省第一个国际级新区，担负着向西开放桥头堡的重任，兰州致力于将发展兰州新区作为建设丝绸之路经济带的战略起点，打造为丝绸之路经济带“重要的生产资料疏解基地、工业产品生产基地、职教人才培训基地和文化融合的示范基地”。甘肃省还计划在兰州新区设立自贸区，以带动国际商贸物流的发展。

第三，兰州国际港务区的建设方案。2014 年初，《兰州国际港务区建设工作方案》指出，将兰州国际港务区建设成为多式联运港口功能的国际港务区和“丝绸之路经济带”国际贸易枢纽港。建成后的国际港务区向西通过阿拉山口、霍尔果斯等边境口岸辐射中亚、西亚和东欧地区，向东通过青岛、连云港、上海、深圳等沿海口岸连通各大洲。

虽然从目前来看，兰州—西宁经济区参与丝绸之路经济带的建设方案还处于设计研讨过程中，但随着务实建设的推进，兰西经济区有可能在与国内外更广阔市场的对接中实现中心城市与城市群的协同转型。

---

① 兰州新区起步又见古丝路：经济带“钻石节点”渴盼国家政策［N］. 每日经济新闻，2013 - 11 - 26.

6.5　宁夏沿黄经济区的协同转型

宁夏沿黄经济区覆盖整个宁夏黄河流域，从当前来看，正处于工业化进程中，银川成为占据中心地位的城市。充分利用国内外市场实现转型升级，成为沿黄经济区发展的战略任务。

一、沿黄经济区发展进程

宁夏沿黄经济区，以黄河中上游宁夏引黄灌溉区为依托，以银川市为中心，以石嘴山、吴忠、中卫3个地级市为主干，由青铜峡市、灵武市、中宁县、永宁县、贺兰县、惠农区、平罗县城和若干个建制镇以及宁东基地（含太阳山开发区）组成。

继2002年提出“大银川”发展战略后，宁夏于2005年提出建设沿黄经济带战略，核心是建设以银川为中心的沿黄城市带，打造“黄河金岸”，推动整个宁夏城市化发展进程；2007年，又在原有目标基础上提出使沿黄城市带发展成为宁夏对外开放和招商引资的战略平台。2010年12月，沿黄城市带升级为“沿黄经济区”，国务院《全国主体功能区规划》将沿黄经济区定为国家级重点开发区域。2010年，宁夏沿黄经济区被写入国家“十二五”规划纲要，上升为国家战略。

在2011年6月8日发布的《全国主体功能区规划》（以下简称《规划》）中，宁夏沿黄经济区在全国18个重点开发区域中名列第17位，确定其功能定位为全国重要的能源化工、新材料基地，清真食品及穆斯林用品和特色农产品加工基地，区域性商贸物流中心。《规划》称，宁夏沿黄经济区位于全国“两横三纵”城市化战略格局中包昆通道纵轴的北部，包括宁夏以银川为中心的黄河沿岸部分地区。根据《规划》确定的功能定位，宁夏沿黄经济区将构建以银川—吴忠为核心，以石嘴山和中卫为两翼，以主要交通通道为轴线的空间开发格局。同时，提升银川区域性中心城市地位，完善综合服务功能，培育发展金融、物流、信息等产业，提高产业和人口集聚能力，增强辐射带动作用；壮大石嘴山、吴忠、中卫等节点城市的规模，加强产业分工和城市功能互补。《规划》明确指出，宁夏沿黄经济区将加强宁东能源化工基地建设，最终建成全国重要的大型煤炭基地、“西电东送”火电基地、煤化工产业基地和循环经济示范区。在这一区域还要推进节水型灌区建设，加强农田设施建设和盐碱地改造，调整农牧业结构，稳定粮食生产。另外，保护和合理利用沙区资源，建设全国防沙治沙示范区，构建以贺兰山防风防沙生态屏障、黄河湿地生态带，以及自然保护区、湿地公园、国家森林公园等为主体的生态格局。建设沿黄经济区是统筹城乡发展的客观要求，是服务和保障能源“金三角”的综合平台，是我国向西开放的重要载体，是构筑生态屏障的迫切需要，不仅对宁夏的科学发展具有里程碑意义，而且对整个西北乃至欠发达地区的科学发展都具有重大的示范意义。①

目前，宁夏沿黄经济区的各市县正借力新丝路经济带建设，推进区域合作大发展。宁夏沿黄经济区的发展对深入推进西部大开发战略，完善国家宏观经济战略具有重要的现实意义和深远的战略意义。②

二、沿黄经济区的发展特征

宁夏素有“中国的穆斯林省”之称，回族文化传统、宗教信仰、生活习俗等与国内外穆斯林有诸多共同之处，形成了面向15亿人口穆斯林国家和地区开放，发展经贸合作和文化交流的有利条件。③

宁夏沿黄经济区由银川、石嘴山、吴忠和中卫构成主要城市，总土地面积5.3万平方公里，主要分布在吴忠和中卫；总人口483万人，其中银川167万人，约占四市合计的34.6%，人口密度亦最高，为188人/平方公里。由于深处内陆，沿黄经济区主要由投资拉动增长，并处于工业化进程中（如表6－26所示）。

表6－26 2012年沿黄经济区主要城市土地面积及人口状况

	土地		总人口		人口密度（人/平方公里）
	面积（平方公里）	比重（%）	总量（万人）	比重（%）	
银川	8874	16.8	167	34.6	188
石嘴山	5208	9.8	74	15.3	142
吴忠	21420	40.5	131	27.2	61
中卫	17448	33.0	111	22.9	63
合计	52950	100.0	483	100.0	

资料来源：中国经济与社会发展统计数据库。

首先，外向化程度不断下降。21世纪以来，宁夏的外贸总额由2000年占全国的0.31%上升到2012年的0.41%，其中，绝大部分进出口由沿黄经济区四大城市完成，2006年，银川、石嘴山、吴忠和中卫的外贸总额为14.4亿美元，约占宁夏总额的95.3%；2012年，该比重提升到96.6%。银川市是占据绝对主导地位的外贸中心，2012年，完成贸易额占宁夏总量的60.4%。然而，从外贸额占地区生产总值比重来看，银川市的外贸依赖度不断下降，由2000年的32.9%下滑到2012年的7.6%，该地区利用国际市场拉动自身增长的能力有所下降（如表6－27所示）。

① 黄亚玲．基于产业转型升级的宁夏沿黄经济区发展现代农业的战略选择［J］．安徽农业科技，2011（30）.

② 杨美玲．宁夏沿黄经济区区域发展研究［J］．农村经济与科技，2011（12）.

③ 周民良．促进宁夏内陆开放型经济发展的战略思考［J］．中国延安干部学院学报，2010，（6）：66－71.

表 6－27　2000—2012 年银川市贸易总额及外贸依赖度

年份	进出口总额（万美元）	占宁夏外贸总额比重（%）	外贸依赖度（%）
2000	30000	62.2	32.9
2003	28800	27.6	15.2
2006	89264	59.2	21.2
2009	66600	40.3	7.9
2012	138632	60.4	7.6

资料来源：中国经济与社会发展统计数据库。

其次，固定资产投资正成为拉动沿黄经济区增长的主力。相对于外贸发展乏力，沿黄经济区的投资增长迅猛。2000 年，银川市的固定资产投资占到地区生产总值的 64.3%，2012 年攀升至 79.8%；石嘴山市、吴忠市和中卫市 2010 年该比重均超过 100%（如图 6－19 所示）。

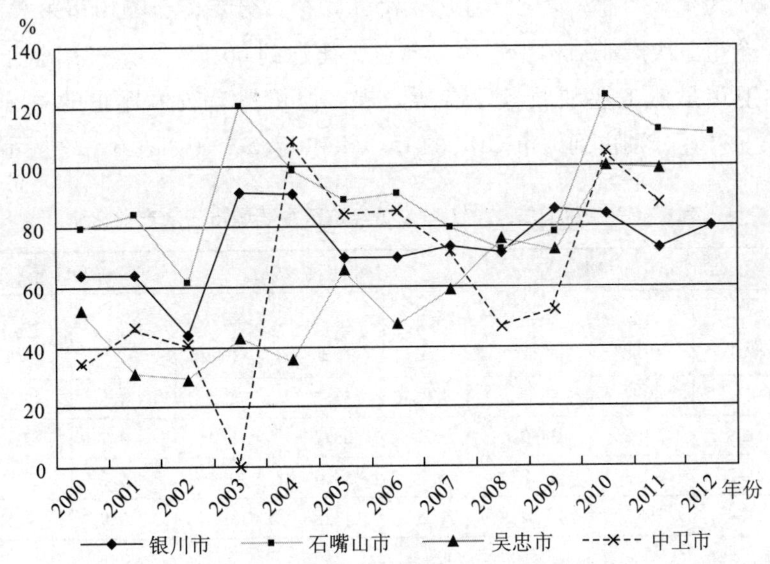

图 6－19　2000—2012 年沿黄经济区主要城市固定资产投资占 GDP 比重

资料来源：中国经济与社会发展统计数据库。

再次，强大的投资作用拉动经济快速增长。2000—2011 年，沿黄经济区地区生产总值年均复合增长率达到 21%，其中，中卫市和银川市增速最高，分别为 28.7% 和 26.3%，这在一定程度上与强大的投资作用密切相关。从沿黄经济区在宁夏和全国的经济地位看，2000 年，占到宁夏 GDP 的 72.85% 和全国的 0.22%；2012 年该比重分别上升到 83.14% 和 0.33%。城市群拉动区域增长的效应相对显著（如表 6－28 所示）。

表 6－28　2000—2011 年沿黄经济区主要城市 GDP 总量

		2000 年	2003 年	2006 年	2009 年	2011 年	2000—2011 年年均复合增长率（%）
GDP（亿元）	银川	76	157	335	578	987	26.3
	石嘴山	34	45	98	203	268	20.7
	吴忠	92	128	120	186	272	10.4
	中卫	14	21	76	143	222	28.7
	合计	216	351	629	1110	1749	21.0
合计占宁夏比重（%）		72.85	78.71	86.77	82.02	83.14	
合计占全国比重（%）		0.22	0.25	0.27	0.30	0.33	

资料来源：中国经济与社会发展统计数据库。

最后，沿黄经济区正处于工业化进程之中。经济快速增长使沿黄经济区主要城市的工业化不断推进，所有城市均表现为第二产业比重有较大幅度的提高，其中，2002—2011 年，银川市第二产业比重上升 12.5%，全市三次产业结构中，第二产业占比 53.2%，成为主导产业，第三产业则下降 8.3 个百分点；石嘴山市第二产业比重上升 13.5%，全市三次产业结构中，第二产业占比达到 66.7%，第三产业亦降至 31%。吴忠市和中卫市虽然工业和服务业有所发展，但仍然有较大比重的第一产业聚集，2011 年，第一产业分别占到两市 GDP 的 15.9% 和 17.5%（如表 6－29 所示）。

表 6－29　2002 年、2011 年沿黄经济区主要城市三次产业比重

	2002 年比重（%）			2011 年比重（%）			2002—2011 年比重增减（%）		
	第一产业	第二产业	第三产业	第一产业	第二产业	第三产业	第一产业	第二产业	第三产业
银川	9.6	40.7	50.3	4.8	53.2	42.0	－4.8	12.5	－8.3
石嘴山	11.9	53.2	34.9	2.2	66.7	31.0	－9.7	13.6	－3.8
吴忠	21.2	50.8	28.8	15.9	53.4	30.8	－5.3	2.5	1.9
中卫	23.4	39.2	37.4	17.5	43.8	38.7	－5.9	4.6	1.3

资料来源：中国经济与社会发展统计数据库。

三、沿黄经济区的空间分布格局

目前，沿黄经济区形成工业和服务业向中心城市银川聚集的空间分布格局，城市群内部的分工协作仍有待发展。

第一，银川是沿黄经济区三次产业的聚集中心。21 世纪以来，银川在沿黄经济区中的第一产业比重虽有小幅下滑，但仍然是最主要的聚集中心，第一产业占全区的 34.8%；第二产业的聚集程度由 2002 年占到全区的 42.1% 上升到 55.5%；第三产业聚

集比重由59.1%上升到62.1%。此外，吴忠和中卫在第一产业分布中也占有较高地位，但第二和第三产业的分布与中心城市银川相距较远（如表6－30所示）。

表6－30　2002年、2011年三次产业增加值在沿黄经济区主要城市的分布

			银川	石嘴山	吴忠	中卫	合计
第一产业	总额（亿元）	2002年	16	7	25	4	52
		2011年	47	6	43	39	135
	比重（%）	2002年	35.6	0.6	54.5	9.3	100.0
		2011年	34.8	4.4	32.0	28.8	100.0
	2002—2011年比重增减（%）		－0.8	3.8	－22.5	19.5	
第二产业	总额（亿元）	2002年	60	25	52	6	143
		2011年	525	179	145	97	946
	比重（%）	2002年	42.1	17.2	36.5	4.1	100.0
		2011年	55.5	18.9	15.3	10.3	100.0
	2002—2011年比重增减（%）		13.4	1.7	－21.2	6.2	
第三产业	总额（亿元）	2002年	168	32	29	20	11
		2011年	775	137	108	95	74
	比重（%）	2002年	59.1	10.4	25.3	5.2	100.0
		2011年	62.1	12.5	12.5	12.8	100.0
	2002—2011年比重增减（%）		3.0	2.1	－12.8	7.6	

资料来源：中国经济与社会发展统计数据库。

第二，银川在重轻工业方面均加大集聚。2000年，全区38.1%的规模以上重工业聚集在吴忠，是沿黄经济区最大的重工业城市。但到2012年，规模以上重工业的49.1%聚集到银川，由此取代吴忠在区内的地位。从轻工业分布来看，2000年，银川和吴忠分别是两大规模以上轻工业城市，产值比重分别占到全区的43.7%和40.9%；2012年，轻工业同样加速向银川聚集，两市规模以上轻工业产值比重分别为66.5%和21.8%。吴忠的工业中心地位大幅下降（如表6－31所示）。

表6－31　2000年、2011年规模以上重轻工业产值在沿黄经济区主要城市的分布　单位：%

		银川	石嘴山	吴忠	中卫	合计
重工业	2000年	30.6	29.3	38.1	2.0	100.0
	2012年	49.1	23.3	16.0	11.7	100.0
	2000—2012年比重变化	18.5	－6.0	－22.1	9.7	
轻工业	2000年	43.7	5.2	40.9	10.2	100.0
	2012年	66.5	1.1	21.8	10.6	100.0
	2000—2012年比重变化	22.8	－4.1	－19.1	0.4	

资料来源：中国经济与社会发展统计数据库。

第三，服务业就业人员进一步流向银川。从沿黄经济区主要服务业的从业人员流动来看，2005 年，70.1% 的房地产业从业人员和 67.6% 的金融业从业人员集中在银川，银川是全区生产性服务中心；2010 年，两行业从业人员聚集程度继续升高至 79% 和 68%。此外，批发和零售业，交通运输、仓储及邮政业等流通性服务业，以及住宿、餐饮业等消费性服务业，也在 2005—2010 年继续聚集，与其他城市的差距不断拉大（如表 6 - 32 所示）。

表 6 - 32　2005 年、2010 年沿黄经济区主要服务业从业人员在各城市的分布

	房地产业	金融业	批发和零售业	交通运输、仓储及邮政业	住宿、餐饮业
	2005 年从业人员的地区分布（%）				
银川	70.1	67.6	57.1	61.7	60.3
石嘴山	13.4	9.9	12.0	13.5	11.8
吴忠	13.4	15.0	19.6	15.0	17.6
中卫	3.0	7.5	11.4	9.8	10.3
合计	100.0	100.0	100.0	100.0	100.0
	2010 年从业人员的地区分布（%）				
银川	79.0	68.0	63.9	65.2	61.5
石嘴山	8.1	10.1	12.8	7.2	7.7
吴忠	8.1	13.8	12.0	13.0	17.9
中卫	4.8	8.1	11.3	14.5	12.8
合计	100.0	100.0	100.0	100.0	100.0
	2005—2010 年从业人员地区分布的变化（%）				
银川	8.9	0.4	6.8	3.6	1.2
石嘴山	-5.4	0.3	0.8	-6.3	-4.1
吴忠	-5.4	-1.3	-7.5	-2.0	0.3
中卫	1.9	0.6	-0.1	4.7	2.5

资料来源：中国经济与社会发展统计数据库。

第四，外贸活动主要聚集在银川、石嘴山两市，且所占比重有所上升。2006—2012 年，沿黄经济区主要城市贸易额占宁夏的比重有所上升，2012 年达到 96.6%；其中，银川由 59.2% 小幅攀升到 60.4%，石嘴山由 15.7% 升至 21.8%；原属于第二大贸易城市的吴忠则由 2006 年占宁夏总贸易额的 18.9% 下降至 2012 年的 9.3%。中卫的外贸水平较低，但 2006—2012 年所占比重有 3.6 个百分点的提升（如图 6 - 20 所示）。

第五，银川作为中心城市的地位显著强化。从全区经济总量的分布变化来看，2000 年，银川的地区生产总值占全区的 35.2%，低于吴忠 42.7% 的水平。工业和服务业大量流向银川，使银川的经济中心地位得到确立和巩固，到 2011 年，银川 GDP 已经占全区的 56.5%，而吴忠则大幅下滑到 15.6%。石嘴山的经济比重有 0.4% 的小幅下降，距离中心城市较远的中卫则由2000年占全区的6.5%上升到2011年的12.7%（如图6－21所示）。

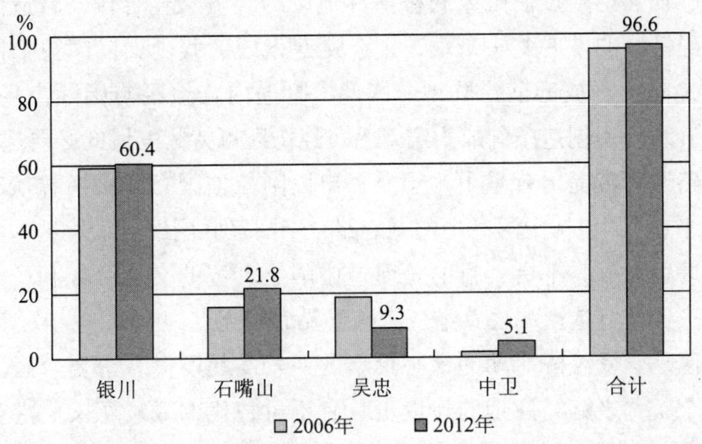

图6－20　2006年、2012年沿黄经济区主要城市贸易额占宁夏总额的比重

资料来源：中国经济与社会发展统计数据库。

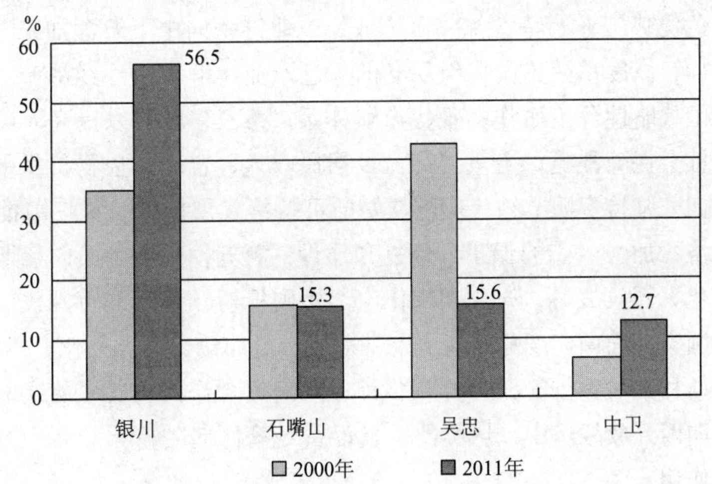

图6－21　2000年、2011年沿黄经济区主要城市地区生产总值分布

资料来源：中国经济与社会发展统计数据库。

总而言之，在强大的投资拉动下，沿黄经济区正形成以银川为聚集中心的工业化城市群落，吴忠地位显著下滑，经济活动进一步向银川、石嘴山流动。

四、对沿黄经济区协同转型的反思

宁夏沿黄经济区的发展就是把相对独立的城市整合起来，形成产业集聚区，使城市之间优势互补、错位发展。从沿黄经济区目前发展来看，经济增长主要通过投资驱动，充分利用国际、国内两大市场拉动经济增长的形势并不容乐观。

加快沿黄经济区的发展，一方面，可以有效促进宁夏南部山区人口向沿黄经济区转移，从根本上解决宁夏西海固地区的贫困问题。另一方面，可以充分发挥回族穆斯林的文化优势，加强与阿拉伯国家和穆斯林地区的经贸文化合作，打造西部开放新引擎，通过沿黄经济区的发展龙头带动，把宁夏建设成为我国面向阿拉伯国家和穆斯林地区开放尤其是向西开放的前沿阵地。因此，打通内陆地区与国际市场的联通途径，为产业聚集与升级转型创造条件成为宁夏沿黄经济区可持续发展的必要选择。

在丝绸之路经济带提出背景下，宁夏提出以阿拉伯国家和穆斯林地区为重点，着力建设“四大平台”，包括中阿空中丝绸之路、中阿互联网经济试验区、中阿金融合作试验区和中阿博览会战略平台，目的是促进中阿全方位的交流合作和产业发展，构建中阿合作的桥头堡，打造丝绸之路经济带的重要战略支点。①

沿黄经济区是宁夏经济活动的核心聚集区，其发展不仅对宁夏全区具有决定性意义，而且对整个丝绸之路经济带的建设也具有不可替代的战略意义。沿黄经济区的转型和发展选择包括：第一，坚持统筹全局、优势互补、分工合作的区域一体化战略，推动城市间、城镇间区域层面的一体化进程，推动城镇与农村之间城乡层面的一体化进程；第二，坚持特色化、高端化、集群化的产业结构优化提升战略，大力发展特色优势农业、特色优势工业、特色优势服务业，产业链条向中下游深加工、精加工、高附加值产品延伸，高度重视建设成组配套的先进产业集群和循环经济产业园区，形成参与、全球全国战略性分工协作的现代产业体系；第三，坚持以提高人民生活水平为根本出发点的社会保障战略，着重提高城乡居民收入，合理调控物价水平，完善社会保障体系；第四，坚持资源节约、环境友好的可持续发展战略，推广节能减排的循环经济、低碳经济，加强生态的保护、修复和建设；第五，坚持以面向穆斯林世界开放为重点的国际化大开放战略，充分利用作为“中国穆斯林省”的特殊优势，面向油气丰富的阿拉伯国家，面向印度尼西亚、巴基斯坦、孟加拉、尼日利亚、伊朗、土耳其、马来西亚等穆斯林人口大国，大力开展多种形式经贸合作，发展多层次宽领域的文化交流，在实施向西开放战略中，切实使宁夏沿黄经济区起到桥梁纽带、突破口、桥头堡、主阵地的作用。

① 陕西传媒网，2013年3月19日。

第七章　协同转型先行示范区的试验

7.1　协同转型先行示范区试验构想

在相对落后的地区实现人口经济行为模式、产业、空间、制度等的共同转型升级甚为艰难，但模块网络化机制的兴起为此提供了想象空间和可能性，这也是丝绸之路经济带实现外围地区中心化发展的可行路径。当前，丝绸之路经济带建设尚处于筹备酝酿阶段，中国西部作为重点启动建设区域，有必要以创新的方式寻求自身的突破与转型。先行区启动是中国渐进式改革的重要路径与方式，在西部试验设立协同转型先行示范区成为促进西部改革与发展的战略选择。

一、先行区改革方式

先行区泛指各类开发区、开放区、试验区等，是在传统经济运行模式的作用范围内，引入新经济运行模式，以推动变革的做法，中国主要采用这种方式启动渐进式改革。

1. 先行区引领转型的原理

人口经济行为、产业、空间之间具有共生演化的内在机制，但自发的演化取决于新情境的衍生及其规模、人们的认知，以及群体互动等，这些耗时漫长且具有不确定性。先行区的引入通过嫁接和加速新情境衍生，继而新认知、新行为的发展，使社会经济转型得以加快。

首先，引入新情境，为新认知、新行为方式产生创造条件。传统的认知、行为产生于所处的环境，没有新情境的引入，群体认知和行为无从改变，先行区通过引进外资、进入更广阔的国际市场或设置富有挑战性的发展目标等，使新情境在小范围内率先引入，从而为新认知、新行为的产生创造条件，群体互动产生的分工协作使新情境不断扩张，引起人员流入，如此循环，最终促使新行为方式逐步增多，由此启动人口经济行为模式的转型。

其次，吸引有限资源，促使新兴集聚形成。欠发达国家往往因生产能力和发展规模有限，而难以驱动自发的经济转型与升级。因此，在资源不足的前提下，通过设立先行区，可以吸引和集中有限资源，促使新兴集聚在小范围内率先成型，而后依托于新兴集聚产生的收益递增效应，产生不断转型的内生动力。

再次，通过关联带动作用，促进转型。先行区通过引入新情境、促使群体的认知和生产行为等产生变化后，新的生产行为会关联带动前向、后向的相关环节面对新的情境，继而引起相关环节认知和行为方式的变化，由此促进转型。

最后，形成示范效应，引领更广泛的群体和区域参与转型。新的生产行为方式因具有更大的收益递增效应而创造更多效率和效益，先行区的局部成功将产生显著的示范效应，引领更多处于传统情境下的群体参与变革，由此驱动更为广泛的转型。

总而言之，在发展条件不足的形势下，先行区的设立为实现新情境、新认知、新行为、新生产、新产业等的衍生提供了可能，从而使转型得以启动；但不容小觑，先行区是否有效，取决于新的群体互动、新的集聚能否产生，在先行区不足以提供集聚形成的各类条件时，其作用也相对有限，促进转型也就无从谈起。

2. 中国先行区发展历程

邓小平南方谈话时指出，“改革开放胆子要大一些，敢于试验，看准了的，就大胆地试，大胆地闯”，从早期的经济特区、开发开放区，到目前的综合配套改革试验区、自由贸易试验区，中国各类先行区主要经历四个发展阶段。

第一阶段，20 世纪 80 年代初到 1991 年，探索起步时期。1980 年，为了引进外资和技术，同时积累对外开放经验，我国设立了深圳、珠海、汕头、厦门四个经济特区。1984 年 2 月，邓小平同志在视察深圳时指出，“除现有的特区之外，可以考虑再开放几个点，增加几个港口城市，这些地方不叫特区，但可以实行特区的某些政策”，由此揭开中国建立开发开放区的序幕。1984—1988 年，国务院批准开放大连、秦皇岛、天津、烟台、青岛、连云港、南通、上海、宁波、温州、福州、广州、湛江、北海 14 个沿海港口城市，为了更好地加快推进对外开放和区域经济发展，还创建了 14 个国家级经济技术开发区。1988 年 5 月，国家批准建立第一个国家级高新技术产业开发区——北京新技术产业开发区。1990 年 5 月，国务院批准设立全国第一个保税区——上海外高桥保税区。①

第二阶段，1992—1998 年，高速发展时期。1992 年邓小平南方谈话之后，中国掀起对外开放和引进外资的浪潮，开发开放区建设也大举跟进。1992—1993 年，国家共批准设立了 18 个开发区、25 个国家级高新技术开发区。从开放区建设来看，1992 年起，对外开放由沿海逐渐向沿江、沿边和内地推进，主要分别开放黑龙江、吉林等 13 个边境城市，在黑河、绥芬河等 14 个边境口岸城市设立边境经济合作区，发展边境贸易和出口加工区。到 20 世纪 90 年代末，中国已经形成由经济特区、经济技术开发区、高新技术产业开发区、保税区、边境经济合作区、沿江沿边开放地带、内陆省会城市等构成的多层次、多类型的改革开放引领示范格局。②

---

① 金乾生. 开发区创新与发展［M］. 北京：中国经济出版社，2013：10－15.
② 钱进. 开发区与中国社会转型［M］. 南京：江苏人民出版社，2011：34－38.

第三阶段，20 世纪 90 年代末到 2003 年，稳定发展时期。1999 年，中国实行西部大开发，国家第三次批准的 17 个开发区主要深入到中西部地区省会、首府城市，使国家级开发区增加到 49 个。2000 年 10 月，国务院正式批准设立昆山出口加工区；2002 年 6 月，国务院又新增 10 个出口加工区。这一阶段，随着政策与体制环境的变化、国家级开发区功能的变化以及外部竞争的加剧，国家级开发区的原有发展模式受到严峻挑战，也由此面临“第二次创业”的新任务。

第四阶段，2003 年至今，整顿与深化发展阶段。在首批开发区成功运作的鼓舞下，各地政府纷纷举办开发区和工业区，导致过多过滥，特别是不少基层政府设立的开发区借开发之名乱占耕地，为吸引外资，相互恶性竞争，造成国家利益和国有资产大量流失。2003 年 7 月，国务院先后下发《国务院办公厅关于暂停审批各类开发区的紧急通知》和《国务院办公厅关于清理整顿各类开发区加强建设用地管理的通知》，对全国范围的开发区进行大规模清理整顿。到 2006 年 12 月，全国各类开发区由 6866 个核减为 1568 个，减少了 77.2%，规划面积由 3.86 万平方公里压缩至 9949 平方公里。在清理整顿的过程中，进一步扩大开放的先行区继续推进。2003 年，国务院批准设立第一个保税物流园区——上海外高桥保税物流园区；2005 年，上海洋山保税港区作为全国第一个保税港获批设立；2006 年，全国第一个综合保税区——苏州工业园综合保税区批准设立。此外，面对改革开放提出的越来越严峻的转变经济发展方式的挑战，国家启动以制度创新为主要动力、以全方位改革试点为主要特征的新型试验区——国家综合配套改革试验区，上海浦东新区于 2005 年获批首个改革试点。在对外开放方面，面对全球化、区域主义、服务贸易自由化等浪潮，2013 年，上海设立中国首个自由贸易试验区，成为地区全面开发开放的新型先行区模式。

可见，面对各阶段不同的转型任务，中国通过不断转换先行区的具体形式，着力试验，而后由点到面，促进持续转型。

3. 国家综合配套改革试验区的启动

不同于 20 世纪 70 年代末，经过 30 多年的改革开放，中国的工业化水平、综合国力、国民素质等都有了显著提升，但粗放式发展累积的经济、政治、社会、环境等领域的矛盾又有新的表现，成为摆在中国面前的新挑战；特别是中国已经累积起庞大的生产体系、崛起为全球领先的贸易大国，如何进一步开发、开放国际国内市场，实现经济结构、社会结构的转型与升级，是中国面对的新型战略任务。在这一形势下，2005 年开始，中国启动新一轮先行区的试验，在上海浦东设立国家综合配套改革试验区。

从国家综合配套改革的内容来看，是以发展为第一要务，进行经济、政治、社会、生态、文化等领域的全面、综合的改革；同时强调改革的协调和综合、改革部门利益的协调、改革层面的上下结合。目标是努力建立完善的市场体系、富有活力的自主创新体系、高效的行政管理体系、合理的社会保障体系、规范的法律体系和持续的人口、资源与环境支撑体系，实现区域全面协调发展。①

根据主要应对问题的差别，各综合配套改革试验区的拟突破方向有所区分。上海浦东新区着重探讨政府职能转变；2006 年 5 月设立的天津滨海新区着力探索新的城市发展模式；2007 年 6 月设立的成渝试验区主要应对城乡二元经济结构，探索统筹城乡发展的体制机制；2007 年 12 月设立的武汉城市圈长株潭城市群侧重全国资源节约型和环境友好型社会的建设；2009 年 5 月批复的深圳市试点，主要建设创新型国际化城市；2010 年 4 月成立的沈阳经济区，侧重走新型工业化道路；2010 年 12 月设立的山西省试点是第一个全省域、全方位、系统性的综改区；2011 年 12 月厦门市试点主要推进两岸交流合作；2013 年 4 月，国务院常务会议确定黑龙江省先行开展现代农业综合配套改革试验。此外，义乌市和温州市还被批准为"综合改革试验区"，前者侧重国际贸易综合改革；后者着力金融综合改革。

国家综合配套改革试验区机制给各地区应对复杂问题提供了先行先试的方式，问题的特殊性、综合性和系统性给先行区的设立提供了重要依据。

4. 自由贸易试验区的启动

中国经济体系和分工网络规模的扩张给中心城市产业演进提供动力和基础，也对引入新兴产业衍生所需情境和更加深入国际市场提出强劲需求，适应这一发展形势，2013 年，中国（上海）自由贸易试验区正式挂牌，启动完善开放型经济的先行先试。

上海自由贸易试验区作为中国对外经济活动中对货物监管、外汇管理、企业设立等实施特殊政策的自由贸易园区，不仅在货物贸易领域进一步简化流程、提高透明度，而且更加侧重于扩大投资领域、金融领域开放等的服务贸易自由化，以及强调公开透明的税收与监管、发展与国际接轨的投资与贸易规则体系等，在国内国际公共治理方面为商品和服务聚集及分工细化提供保障，由此使试验区所集聚的产业能够依托于更庞大的国内外分工网络向更高层级演进。

上海是长三角城市群产业演进程度最高的中心城市，并依托于东部、中部、西部分工网络的支撑深入全球分工，成为东亚地区较为领先的世界城市。面对产业升级及引领全国转型的进一步挑战，上海自由贸易试验区在商品贸易、服务贸易领域全面开放，以及寻求公共治理领域的创新，在一定程度上为模块网络化机制的发展创造有利环境和条件，在较为优越的发展基础上，上海成为尝试驱动模块网络化机制的先行区。

总而言之，在中国转变经济发展方式的当前阶段，对内推动综合配套改革、对外设立自由贸易试验区，在一定程度上为适应模块网络化这一新兴生产组织方式提供了操作基础，也为西部地区进行发展模式的创新试验做了政策准备。

二、协同转型先行示范区的试验选择

西部地区的发展水平和开放程度相比东部来说相距甚远，这在一定程度上也是实

① 郝寿义. 国家综合配套改革试验区研究［M］. 北京：科学出版社，2008：20.

施东部率先开发开放的非平衡政策的结果。在国家安全、转型发展面临严峻挑战的当前时代，有重点的开发建设部分西部中心城市和城市群已上升为国家战略的重要组成部分之一。然而，纯粹市场机制的作用并不容易给基础薄弱的西部带来发展机遇；因此，试验发展模式的创新成为西部不可推卸的战略选择，设立协同转型先行示范区将为西部的创新试验提供重要的政策保障。

1. 创建模块网络化机制的试验内容

在开发开放过程中，西部并不具有显著市场优势，反而处于相对不利的竞争地位，通过创建模块网络化机制以开发挖掘人力资源，或可为西部奠定可持续发展的根基。

模块网络化是在应对快速变化的市场需求过程中逐步演化出来，模块分解和模块组合，为分工专业化提供内生驱动力，也为分工模块间的诚信合作奠定物质基础，并使产业链的市场响应能力得以提升；这一分工细化的机制能够持续进行，有赖于以提供人力资本为核心的公共服务供给纳入全产业链，即通过自身的模块分解和网络化联结与市场对接，为产业链的分工细化和诚信协作提供重要支撑。由此，创建模块网络化机制就主要利用这一发展原理，从挖掘有限的市场空间入手，持续改进、持续推进。具体来说，创建模块网络化机制的试验主要包括：

首先，从市场和政府两个层面着手模块分解与网络联结的构建，并使二者实现对接。在市场层面，模块的层层分解，一是需要各企业的创新和专业化累积；二是产生以差异化人力资源为代表的异质要素需求；三是需要高效信息流通以促进模块联结；四是模块分散与联结的循环演进有赖于供给异质化的空间公共品。由此，以技术进步为特征的工业化、满足异质人力资源消费需要的农业现代化、以信息技术为代表的高科技化，以及满足模块化网络的空间发展需要的城镇化，成为网络系统中相互联结的内生模块，“四化”趋于协同发展。在政府层面，同样运用模块分解和内在联结的方式，提高公共服务供给效率，“四化”协同得以具备可持续发展基础。

其次，市场和政府均可依据模块化原理循序建构协同关系。第一，促使各模块的专业化联结中心孕生。该中心负责实时对接其他模块和市场需求变化，据此组织设计本模块的子模块结构，引导子模块发展，并协调它们之间的同步运作和相互组合，以使各子模块走向专业化，及本模块能协同其他模块敏捷响应市场需求变化。第二，按照“分层模块”原理构建生产与供给体系，即形成多个层次的基础模块和模块组合结构，基础模块以促进专业化为导向，模块组合则提高供给弹性；基础模块以发挥规模经济效应为宗旨，模块组合则为提供多元化且多变的异质产品。第三，根据真实需求“拉动”模块化体系运作，以避免预测误差带来的生产与库存损耗；并“延迟”生产和供给，以应对真实需求变化。这要求模块化体系：一是需求一旦确定，要将信息同时共享给所有网络成员；二是由于延迟，各成员均需具备敏捷反应能力，并同步运作；三是各成员间需要具备高效的协作能力，按需求敏捷地联结和组合模块产品。第四，促进“扁平化”，这包括各模块间的结构趋向扁平，以使更多生产环节可以并行运作，以提高生产体系的敏捷响应能力；还包括多级子模块之间，并最终与异质产品需求之间趋向扁平，由此使各级、各层面模块可以协同并高效应对异质产品需求变化。

最后，开放环境下有重点的选择差异化方向，并持续推进。西部基础薄弱、资源有限，因而需要在开放环境下寻找在全球分工体系、向西开放的分工体系以及中国分工网络中的可拓展空间，结合自身条件选择重点的差异化、专业化方向，并达成社会共识，而后从重点发展方向入手、全产业链整体推进，以培育、启动模块网络化机制。不同于计划模式，模块网络化所联结的产业链以市场机制为基础，主要通过需求拉动、联结协作来提高对市场的响应能力，由此，全产业链的运作是信息分散、分布决策、动态变化和持续改进的，在此过程中，模块网络化机制也逐渐得以驱动。

2. 协同转型先行示范区的政策需求

不同于在上海等东部沿海城市，模块网络化机制作为先进的生产组织方式，要在市场机制发育不完善的西部启动，无疑是极其艰难的挑战，由此更需要先行区的政策支持，以通过创新的方式启动模块网络化。

根据模块网络化的创建要求来看，第一，模块化得以发展的根本在于异质企业的创新和专业化，这越来越依赖于以异质人力资源为核心的公共品供给，只有提高公共品供给弹性、能力和效率，才能为协同机制的建构提供重要支撑。第二，模块层层分解使社会生产更趋细碎化，只有促使模块化网络各环节间及与异质产品需求之间强化联结的专业化本身得到发展，工业化、信息化、农业现代化以及城镇化的协同发展才可能切实构建。第三，模块可分解依赖于能够聚集起大规模的异质产品需求以实现规模经济效应，以及分散模块之间、各模块与异质产品需求之间能高效联结，提高市场软硬件的通达化、开放化、一体化程度，成为促使网络化发展、建构协同机制的前提条件。

由此，西部为创建模块网络化机制，有必要设立协同转型先行示范区，从其政策支持来看，主要包括：

其一，国家综合配套改革试验区的政策许可。西部面临的挑战是内陆相对落后地区如何通过切入全球产业链而实现转型升级，这需要市场要素、运行机制、公共治理等各方面发生系统性变革，全产业链的整体性推进要求协同转型先行示范区试验综合配套改革。

其二，自由贸易试验区的政策许可。西部在产业基础薄弱的条件下，较难通过大规模商品贸易跻身全球分工体系；而以分工细化、创新为主的模块网络化运行，在西部服务业发展不足的形势下，对技术、金融、投资等服务贸易产生较大需求。由此，更高开放度、开放面的自由贸易园区在西部的设立，有利于弥补东西部政策差异带来的中心外围分化，给西部的转型发展提供有力支撑。

总而言之，西部地区先行先试协同转型示范区需要对内、对外、市场、政府，以及相互关系之间的全面开发开放，以使内陆地区的模块网络化系统得以逐步建构，因此，先行区需要全面、高层次的政策支持与配套。

3. 先行先试的地区选择——以陕西为例

作为西部中心省份之一、古丝绸之路的起点，面对国家转变发展方式的迫切形势，陕西肩负多重挑战，主要包括陕北的能源供应，关中—天水的新型工业化、高新技术发展和杨凌农业科技开发，陕南的农业基地、生态涵养和循环发展，以及遍布全省的城乡综合一体化等重大课题。陕西所面临形势的多元化和复杂性给系统应对各项挑战提供有利的试验环境和条件，20 余年以促进自主创新为核心的多元驱动型科技园区建设也积累起初步经验，推动陕西及西安创新协同转型机制的先行先试，具有国家层面的战略意义。从具体省情出发，陕西主要的建构思路包括：

其一，申请设立国家综合配套改革试验区，以助推模块网络化发展和累积人力资本为宗旨，创新公共治理。创建公共服务发展中心作为专业化的联结枢纽，以联结化、扁平化为原则，把握异质产品和异质公共品的需求变化，重构多层模块的公共服务供给体系，逐步放宽和积极引导第三部门组织良性发展，以提高供给弹性和能力。特别是从教育、医疗、住房、空间规划等环节建立各子模块系统，按照需求拉动、延迟生产、协同供给等原则培育网络化发展所需的异质人力资源。

其二，申请设立自由贸易试验区，不以本省为限，拓展全国和全球市场空间，特别是挖掘丝绸之路经济带和欧亚市场潜力，利用陆路、空运、内陆自由港及区域间合作等方式，提高联结国内外市场的软硬件通达性，为聚集规模化产品需求创造条件，营造开放自由的市场生态，吸引国内外异质企业在陕集聚，促使模块化网络在工业化、信息化、农业现代化和城镇化各领域得以孕育，以形成相互需求和内生联结的新型关系。

其三，选择先进制造业、现代农业、科技教育服务等专业化方向，在驱动模块网络化机制过程中实现转型升级。陕西在西北省份中，具备较强的工业化基础，农业、科技教育资源相对丰富；但相较东部来说，实力差距比较悬殊。因此，陕西需要加强对接国内与国际市场，缩小并集中专业化方向，在综合配套改革试验区、自由贸易试验区的有利政策环境下，驱动全产业链联结，以及分工细化，由此使陕西依托于国内与国际分工网络，通过人力资本的持续开发，实现转型与升级，并为丝绸之路经济带发展树立协同转型的典范。

总之，陕西需以更开放化的视野展开顶层设计，改变以往先行安排发展格局的做法，主要通过提升所需公共服务的供给和响应能力，促使市场和政府各领域及相互间的模块化分解和网络联结，以循序建构协同转型先行示范区。

7.2 西安建设内陆港的形势与选择

西安作为古代丝绸之路的起点，在跨越千年的21世纪之后，重新成为国家统筹发展的战略要点。在政府政策的引导下，西安以建设中国最大的内陆港——国际港务区为突破口，通过内陆港的辐射作用带动新疆、宁夏、青海、甘肃等周边地区和相应产业的发展，并与现有的关中—天水经济区、西咸新区形成互动发展，最终促进西部区域的经济增长，并实现将西安建设成为国际大都市的宏伟蓝图。可见，西安的内陆港建设具有非常重要的意义。

一、研究现状

1. 理论研究

内陆港的概念很早就出现在国外的研究报告中。内陆港可分为两种，一种指的是建立在诸如河流、湖泊或海峡等内河航道的港口，即有水港。另一种是指内陆干港，这与有水港相对应，内陆干港远离河流、湖泊等水域，完全依靠陆地建成。美国工程师陆军军团在其所公布的“2003年美国排名前20的内陆港”的名单中指出:“内陆港”是位于河流和不处理深吃水船舶的交通港口。美国的辛辛那提、圣路易斯、匹兹堡和堪萨斯城的港口都属于以上所定义的内陆港。Sara Jean Leitner 和 Robert Harrison 在其报告中认为内陆港是一个远离传统意义上的陆地、航空、海岸线并且具备配套的一系列交通基础设施的港口，这种港口可以处理国际贸易业务并且提供货物供应链的增值服务，且将内陆港分为四种类型：内河港口、空运货物内陆港、航运馈线内陆港以及贸易交通中心港。①

我国关于内陆港的概念认识较晚，但是随着我国对外经济的不断发展，内陆港也逐渐成为国内学者的研究热点。张戎、艾彩娟认为：内陆港具备集装箱多式联运服务、通关服务、保税仓储和供应链增值服务在内的四种主要功能②。张彬等认为内陆港的独特优势有三：一是更加有利于实现海铁联运；二是一站式通关服务；三是方便内陆企业提箱、还箱。并从国家层面、沿海港口层面、地方政府层面、内陆企业层面阐述了在中国发展内陆港的必要性③。

---

① Sara Jean Leitner and Robert Harrison. The Identification and Classification of Inland Ports［R］. Texas：Center for Transportation Research，2001：1－69.

② 张戎，艾彩娟. 内陆港功能定位及发展对策研究［J］. 经济物流，2010（1）.

③ 张彬，等. 内陆港发展建设相关问题［J］. 水运工程，2011（9）.

2. 实证研究

关于内陆港的实证研究主要针对内陆港的选址、发展模式、保税区与内陆港互动发展模式、内陆港物流和经济增长间的相互关系等问题。郝玉柱、刘振峰分别从通关时间、通关费用与便利性三方面对北京内陆港的通关模式进行比较分析，其结果表明：属地申报、口岸验放属于通关成本最低、评价最优的通关模式①。孙家庆等通过构建基于 BP 神经网络的互动发展模式选择模型，认为不同内陆港因其发展水平的不同应选择不同的物流业互动发展模式，并将该模型应用于厦门海沧保税港区与其建设的 6 个无水内陆港，实证分析后发现，厦门海沧保税港区与三明、南昌、赣州三地内陆港的互动模式可采取合资经营模式，而与吉安、鹰潭、新余、德化、南安内陆港应采取契约联盟模式②。张彬等对湖南醴陵铁路口岸分别从运输组织方式、运营模式、盈利模式和效益四个方面进行案例分析后发现，该内陆港在空箱充足的情况下应该选择海铁联运的运输方式，并应采取当地企业、铁路以及市政府组建合资公司的方式运营，将盈利模式根据内陆港的不同发展阶段分为首期盈利模式与远期盈利模式，最后通过估算预测运营 15 年后该内陆港的税后收益率约为 6%③。彭滟君以重庆内陆港为例，用协整分析及格兰杰因果检验发现港口物流和经济增长具有相互促进、协调发展的双向反馈关系。

现有的关于内陆港的研究主要是结合内陆港所在地区的自身特点来探讨的，如北京、石家庄等，而对于西安建设内陆港的研究非常少；另外，现有的研究主要着眼于内陆港建设的某些方面，如内陆港的选址、与保税港区及铁路物流集装箱物流中心的互动模式以及与内陆港的功能定位等问题。而这些研究却为西安建设内陆港提供了宝贵借鉴。因此，本节在已有研究成果基础上，结合西安地区特点探讨新形势下西安内陆港的发展模式。

二、西安内陆港的发展现状及主要功能

1. 西安内陆港的发展现状

西安的内陆港——国际港务区成立于 2008 年，旨在建设中国第一个不沿江、不沿海、不沿边的国际内陆港。作为西安市“十一五”规划的龙头项目，国际港务区依托保税物流中心、铁路集装箱中心站和公路港三个支撑项目形成具有创新性的国际内陆港口岸平台。港务区规划建设面积 44.6 平方公里，规划控制面积为 120 平方公里。整个园区分两个阶段进行建设：2009—2012 年为起步区建设阶段，主要任务是建成和完善物流基础设施和总部基地的建设；2013—2020 年为规划建设区建设阶段，该阶段的重点是扩大招商引资，建设一批有影响、带动力强、体现园区“魅力”的重点项目。

---

① 郝玉柱，刘振峰．北京内陆港发展现状及对策研究［J］．中国流通经济，2011（10）．

② 孙家庆，等．保税港区与内陆港互动发展模式选择［J］．上海海事大学学报，2013（3）．

③ 张彬，等．内陆港发展建设相关问题［J］．水运工程，2011（9）．

（1）项目定位

西安国际港务区是沿海港口多种港务功能在西安的延伸与集中服务区，也是国际物流与国内物流的结合部。该内陆港不仅具有普通物流园区的基本功能，还具有保税、仓储、海关、边检、商检、检疫、结汇银行、保险公司、船务市场及船运代理等国际港口所具有的多种功能。

（2）平面布局与建设内容

按照六大功能主轴、八大功能分区的功能结构模式，整个园区分为：集装箱作业区、综合保税区、国内贸易区、综合服务区、居住配套区、国家应急物流园区、产业转移承接区、城乡统筹建设区。在道路建设方面，规划采取人货分流的交通结构，内部形成“五横五纵加一环”的主干路网格局，外部则通过7座互通式立交与外围路网对接并融入全国高速公路主干网络，通过铁路、公路、航空、海运的交融对接，即海铁联运、公铁联运等多种物流方式（如图7-1所示）。

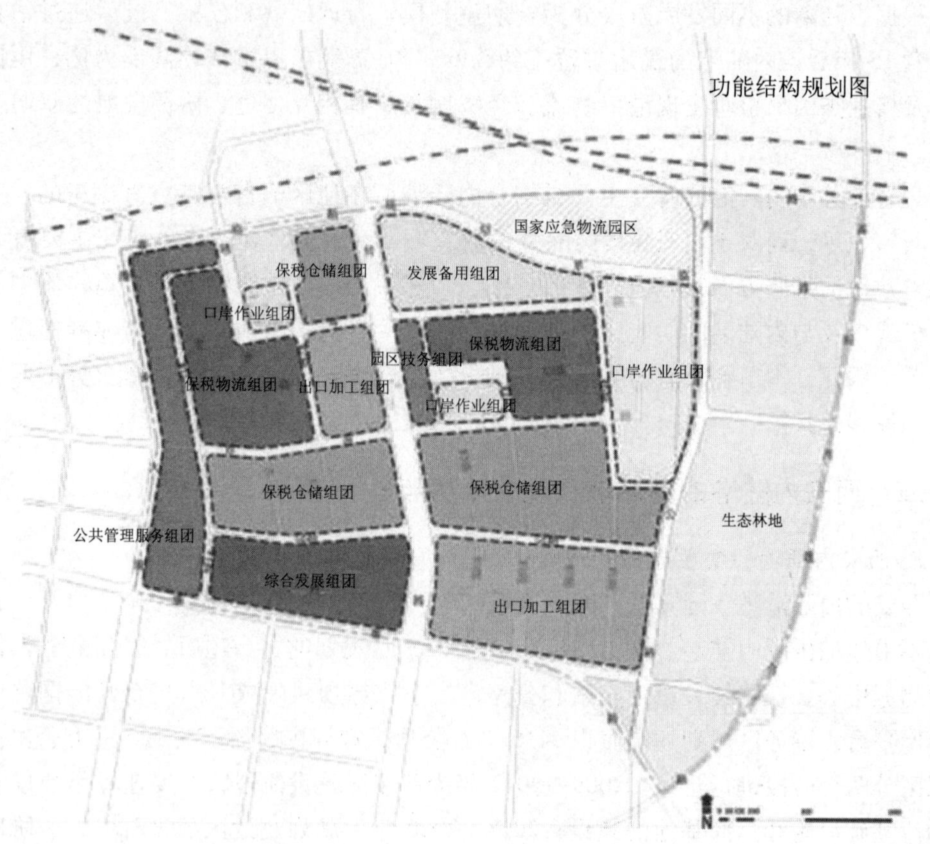

图7-1　西安国际港务区功能结构区位

（3）管理模式

西安国际港务区是典型的政府支持型管理体制和运行机制模式。政府支持型是指

港务区的主要决策和管理权都由政府派出的管委会行使，港务区不是一级政府，有关经济管理方面的权力主要由所在市政府和有关部门授予，行使市级管理权限。政府除制定发展方向、重大政策措施外，主要起支持和保障作用。

2. 西安内陆港的功能定位

基于区位条件、交通基础设施条件、需求状况以及政策优惠状况，西安国际港务区的功能包括：

（1）提供多式联运服务

《联合国国际货物多式联运公约》对国际多式联运所下的定义是：以至少两种不同的运输方式，由多式联运经营人把货物从一国境内接管地点运至另一国境内指定交付地点的货物运输。而中国海商法对于国内多式联运的规定是，必须有一种方式是海运。国际港务区办理的多式联运服务方便了国内外贸易在内陆的衔接，货物经过内陆港只用办一次提单、计一次费用便可实现“就地办单，海铁联运，无缝对接”。另外，国际港务区位于西安东北方向，北邻西安铁路集装箱中心站，南接西安绕城高速公路和西安市三环公路，东距西禹高速公路 2 公里，西距西延高速公路 5 公里，距离咸阳国际机场、窑村备用机场分别为 25 公里和 5 公里，占据铁路、公路、航空三种运输方式之便利。这种独特的区位优势可使西安国际港务区在办理多式联运方面大大节省成本，提高物流效率。

（2）通关服务功能

通关是进出口货物进出一国关境或国境所必需履行的手续，货物的进出口方需要向海关办理申报、查验、交税的手续之后才能得到放行，即结关。没有通关的货物要受到海关的管理和监督，不能进行自由流通。而内陆港使得货物在内陆就可以完成一站式通关手续，无须再到海港口岸办理通关手续，方便了货物的流通，节省在途时间，降低货物的物流成本。

（3）保税仓储功能

西安国际港务区内建设有综合物流保税物流中心。在保税区内，货物可以暂时存放在海关指定的仓库内，在此期间，所有保税货物也暂缓缴纳关税等各项税收。而且，相比于一般仓储，保税仓储的监管力度要大得多，利用高标准的物流信息管理系统对保税仓库内的货物进行包括入库、出库、转移和盘点在内的全程管理。保税仓储有效地减少企业的库存积压和资金占用。例如，某企业在从国外进口加工所需零部件后，可先将这些零部件存放在保税区内，再根据本企业的生产进度对零部件进行调用，避免一次性出关后造成的企业库存积压与关税占用资金的弊端。

（4）供应链增值服务功能

作为内陆港多种功能和服务的创新点，供应链增值指的是在基本的物流服务之外所提供的与其有关的结算、商品展示与交流、物流信息提供与咨询服务等外延性的增值服务。西安国际港务区建立了相关配套的基础设施以提供基础功能之外的其他服务，例如结算银行、保险公司和船务代理等海港才具有的功能，未来还将拓展更加多样化的增值服务。

三、新形势下西安内陆港的发展模式

西安在建设内陆港方面仍处于起步阶段，缺乏经验，因此内陆港的建设只能借鉴国内外已有内陆港的建设经验。然而，由于其独特的地理位置，加之已具备多数内陆港的基本功能，西安更应结合共建丝绸之路经济带的新形势，在内陆港建设方面积极拓展新功能，找到符合自身特点的创新型发展模式。

1. 依托物流平台，加大对外贸易

物流园区是内陆港建设的重要依托，而西安物流业较其他地区发展相对落后。实证研究表明，港口物流业的发展与区域经济增长具有相互促进的关系，因此，在物流方面的功能拓展应是内陆港发展的重中之重。西安国际港务区也在依托保税物流园区、铁路集装箱中心站和公路港三大项目以发展陆港物流。

保税物流园区具有国际配送、国际转口、国际中转、国际采购和进出口加工贸易等基本功能。而铁路集装箱站则具备集装箱装卸、集装箱临时存储和堆放、拼箱和拆箱等基本功能。在此基础上，保税物流园区与铁路集装箱中心站还可具备以下功能：

（1）充当海铁多式联运的枢纽站

内陆港作为沿海港口在内陆地区服务的延伸，应该便利货物在内陆的运输。西安内陆港的保税物流园区地处发达的交通网，毗邻西安绕城高速，并通过绕城高速与连霍高速、福银高速、京昆高速、包茂高速等相通，距离西北方向的咸阳国际机场28公里，区内还设有窑村机场。

同时，内陆港还与西安的铁路网相临。这些便利的交通基础设施为西安内陆港物流业的发展提供硬件条件。内陆港可与咸阳国际机场、西安铁路局、运输公司、沿海港口以及与此相关的船务公司、保险公司和货代等开展合作，可与全国现有的铁路集装箱中心站合作在各中心站之间运行集装箱班列，从而使进出口货物在内陆的运输效率更高，真正实现多种运输方式的无缝对接（如图7－2所示）。

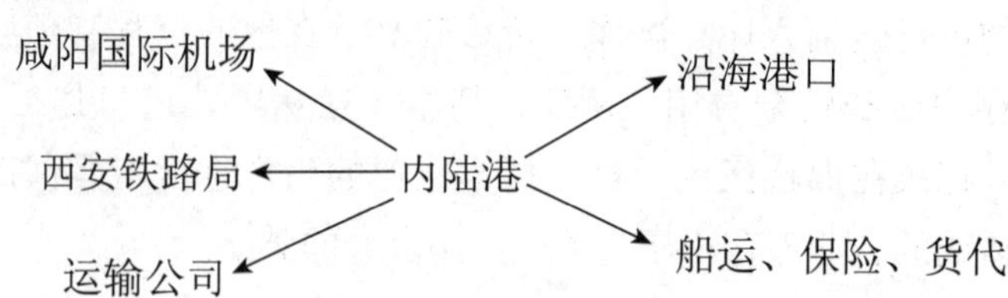

图7－2　西安国际港务区物流合作模式示意图

另外，为加强中国与中亚国家的经贸往来，2014年4月14日，港务区与哈萨克斯坦阿斯塔纳达成协议，将西安确定为未来中国与中亚国家之间的货物集散地。协议的主要内容有：哈萨克斯坦将以新成立的哈铁快运公司作为项目运营主体，负责在哈萨克斯坦境内创建多式联运新模式，组织协调从中国到哈萨克斯坦及过境货物运输相关业务，包括从西安国际港务区发出的货物。在此基础上，西安可充分利用“长安号”国际货运班列，扩大和细分现有的物流园区，积极探索与中亚国家贸易中的物流运输和配送的新模式，在增加与中亚国家的货物贸易往来的同时提高物流效率，以外贸拉动中国西部地区的经济增长。

(2) 充当物流融资提供监管平台

保税物流园区的另一个重要功能就是仓储。区别于一般的物流园区，保税物流园区对货物实行封闭式和高度信息化管理。内陆港可利用这一重要功能与银行和其他融资机构签订协议，作为第三方为银行监管办理抵押贷款的货物。保税区作为监管第三方的介入既解决了货主资金周转困难的问题，又有效降低银行抵押贷款的风险。另外，作为监管人从贷款业务中取得的佣金收入将会成为内陆港新的利润增长点。

(3) 充当物流信息平台

西部地区特别是西安地区物流业发展滞后的一个重要原因是物流信息的不对称。因此，西安内陆港的建设和发展应具备的一个重要功能——为物流提供广阔的信息平台。一方面，在保税物流园区内应该实时公开、更新保税仓库的库容量、在库货物的状态以及哪些货物即将出库或移库等相关物流信息，使货主能够及时掌握第一手物流信息；另一方面，铁路集装箱中心站处理业务时可采用信息化的手段来计划、调配集装箱并对后续的集装箱状态进行实时跟踪，对集装箱班列的车辆作业进行信息统计，并将这些信息及时公布。公开、透明的信息平台将会大大提高物流效率，从而为企业在进出口货物过程中减少资金占用，节省费用支出，增加利润空间。

2. 推进贸易便利化

自我国加入世界贸易组织以来，减少贸易壁垒、促进贸易自由化是我国遵循世界贸易组织规则的主要任务，而与减少贸易壁垒从而降低交易成本相关的贸易便利化，已逐渐成为一种必然趋势，也是各国间贸易竞争力的体现。贸易便利化的基本精神是简化和协调贸易程序，主要指对国际贸易制度和手续的简化和协调，并加快要素跨境的流通。实证分析表明，国际贸易的交易成本占到贸易额的1%～15%（如表7-1所示）。

表7-1 权威组织对贸易便利化的定义

组织	定义
WTO/UNCTAD	贸易便利化是指国际贸易程序（包括国际货物贸易流动所需要的收集、提供、沟通及处理数据的活动、做法和手续）的简化和协调
OECD	国际货物从卖方流动到买方并向另一方支付所需要的程序及相关信息流动的简化和标准化

续表

组织	定义
UN/ECE	用全面的和一体化的方法减少贸易交易过程的复杂性和成本，在国际可接受的规范、准则及最佳做法的基础上，保证所有贸易活动在有效、透明和可预见的方式下进行
APEC	贸易便利化一般是指使用新技术和其他措施，简化和协调与贸易有关的程序和行政障碍，降低成本，推动货物和服务更好地流通

贸易便利化水平可以用贸易便利化指数加以衡量。John S. Wilson 首先提出的贸易便利化指数主要包括口岸效率指数、海关效率指数、制度环境指数和电子商务环境指数。后来，APEC 在 John S. Wilson 研究的基础上又加以发展，并制定贸易便利化指数体系：海关指数、国际标准及采用国际标准指数、流动性指数、电子商务指数、港口环境指数。

可见，推进贸易便利化进程是西安内陆港建设的重要战略任务，具体措施主要有：

（1）继续完善配套基础设施

基础设施的完善能够增强内陆港的口岸效率。在现有保税物流园区、铁路集装箱中心站和公路港的基础上，重点建立一套综合的信息管理系统，以配合硬件基础设施来提高口岸效率。

（2）有效利用国家优惠政策

内陆港作为国内外贸易的重要关口，其更多的优惠政策将会降低贸易壁垒、提高海关效率、改善制度环境。由于西安国际港务区作为省、市政府主导决策的项目，当地政府在向中央政府争取更多的优惠政策方面具有优势。另外，还应该及时公开政策导向，吸引更多有竞争力商品的流入，并鼓励本国有竞争力产品销往外国。

（3）简化海关程序

进出口产品在经过海关时要经过申报、查验、检验、检疫等过程才能结关；货物结关后，企业又会面临缴纳进口关税和出口退税等问题。因此，对外贸易的大多数交易成本都产生在办理海关程序中。西安内陆港可以对海关工作流程进行简单重组以缩短通关时间，根据实际贸易情况采取不同的通关模式，不仅可降低货主的交易成本，还能提高内陆港的海关效率。

3. 发挥西安自由贸易区“核心功能区”作用

西安国际港务区作为西部地区第一个陆港，不仅为其他沿海港口提供内陆腹地的延伸服务，更是缩小东西部发展不均衡和建设丝绸之路经济带的重要战略点。因此，西安内陆港应定位为西部地区未来建设自由贸易区的核心功能区。在传统内陆港功能基础上，作为自由贸易区核心功能区的西安内陆港应具备产业聚集地、商品流通和集散中心的功能，并应具备推进经济发展的功能。

（1）产业聚集地

由马歇尔的外部规模经济理论可知，若产业供应链的上下游关联企业聚集在一起，会比分散状态下企业的边际产品价值更高，而促使这种集聚效应的主要原因在于知识和技术外溢所引起的外部规模经济。麦克尔·波特在其竞争优势理论中利用钻石模型提出产业集群可以有效地提高区域竞争力。

从日本建设临港产业的经验可以发现，“第二次世界大战”之后的日本资源匮乏、经济发展滞后。但从20世纪60年代起，日本充分利用自己岛屿和海岸线优势打造许多临港产业园区，每个产业园区都形成自己独特的、富有国际竞争力的产业。如京滨工业区主要是以日产汽车为代表的重工业和以日本石油为代表的化工业，而阪神工业区则是以三菱重工为代表的交通设备制造业为主，从而通过产业集群效应形成了合理的临港产业布局。

在这一方面，西安国际港务区可以借鉴国际临港产业的发展经验，充分利用陆港功能，以现代物流业和现代商贸业为主导产业，以交通运输业、信息服务业、金融保险业、会展业、商务服务业为关联产业，以房地产业、社会服务业、各类技术服务业等为配套产业来充分发挥产业集聚效应。其中，服务业是陆港产业群的建设重点，因为现代服务业不仅是经济和现代产业发展的重要标志，也是调整产业结构和转变经济发展方式的突破口。现阶段，西安国际港务区已经规划了六大产业组团为产业发展的重点，主要包括：国内贸易组团、国际贸易组团、临港产业组团、生产服务组团、生活服务组团、信息产业组团（如图7－3所示）。

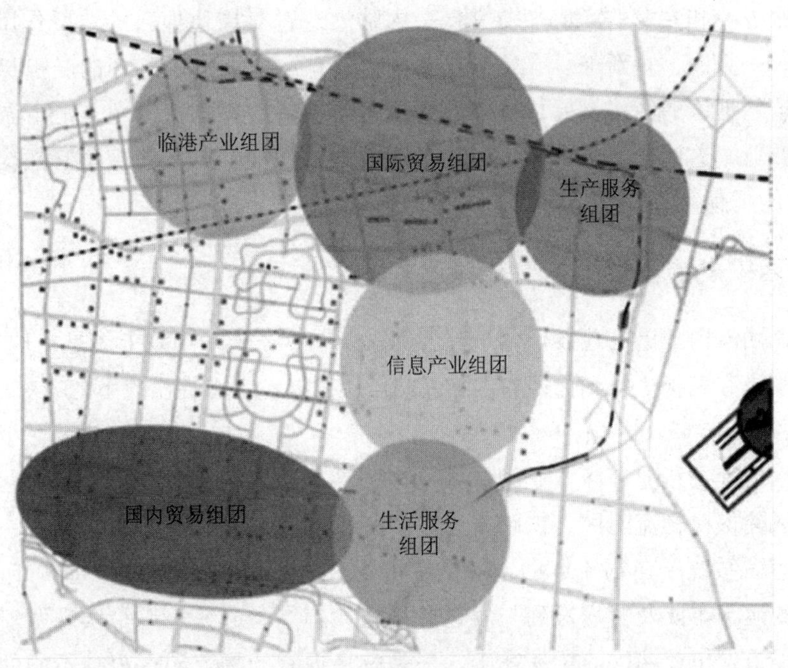

图7－3 西安国际港务区六大产业组团

（2）商品流通和集散中心

西安作为西部地区的中心城市，应该致力于将西安国际港务区打造成对内辐射整个西部地区，对外立足中西亚地区的最大的综合商品贸易中心。具体而言，一方面，内陆港应该重点发展会展贸易，特别是对本地区龙头产品如农副产品、装备制造业产品以及高新技术产品进行商品展示；另一方面，由于建设丝绸之路经济带的需要，西安内陆港对外贸易的重点应以中亚国家为对象。中亚国家多属于能源大国，拥有丰富的油气资源，我国每年从这些国家进口大量的能源产品，能源贸易是内陆港作为商品流通和集散地的重点。为此，西安可试点建立大宗商品交易所，在此基础上推出大宗商品如石油的现货、远期等交易品种，形成西部地区有定价权的大宗商品交易中心和信息发布中心。这不仅可促进与丝绸之路经济带沿途国家的经贸往来，也能为西部地区不发达金融市场的发展和创新提供宝贵经验。

（3）推进经济发展

把西安国际港务区建设成为西部自由贸易区的核心功能区会对区域经济产生持久的推动作用，不仅其净出口额的增加会拉动 GDP 的增长，而且更为重要的是内陆港的辐射带动会持续地促进产业结构升级和经济发展方式的转变。2000—2012 年，陕西省第一产业对 GDP 的平均贡献率最小，仅为 4.9%；第二产业的平均贡献率最大，高达 57.2%；第三产业为 37.9%。因此，陕西省工业基础比较雄厚，如军工产品和重工业；相反，其服务业和农业的产值却非常低。内陆港通过对周边地区的辐射作用能够吸引产业聚集，一方面，将新疆、宁夏、甘肃等地具有竞争力的农副产品吸引过来增加出口，带动这些地区的经济发展；另一方面，内陆港可聚集物流产业、上下游关联产业以及配套产业，这些产业中有很大比重属于现代服务业，其产业聚集必然会增加服务业对 GDP 的贡献率。

四、西安发展内陆港的对策建议

目前，西安内陆港的建设仍处于起步阶段，无论在未来规划上还是在现有功能上，仍然有待改进和完善。为确保西安内陆港的健康发展，在此提出以下几项对策建议。

（1）继续完善基础设施

作为以现代物流业和商贸业为主导的内陆港，完善的基础设施是其运营的重要保障。港务区除保税物流园区、铁路集装箱中心站和公路港三个大平台之外，还要有科学高效的运输系统。在物流方面，一是它可通过与运输公司和铁路局签订合作合同，将高效率的运输车队及货运班列与发达的交通设施结合起来。二是实现西安与中亚国家的通航以方便中亚两国的贸易往来。三是应将现有的物流园区根据不同的功能和侧重点加以细分，如一些物流园区可专门为特定商品服务，例如原油、成品油等大宗商品。在细分的基础上，可为物流园区引进能够有效处理物流信息的智能化信息管理系统。另外，为加快商品的流通和集散，商品会展中心的建设也应该是内陆港未来完善

基础设施的重点之一。

（2）加大高素质人才引进力度

西安是西部的教育基地，高校总数居于全国前列，拥有包括“211”和“985”院校在内的许多重点大学。然而，由于东西部发展的不均衡，导致许多高素质人才外流，使得东部沿海城市坐享内陆地区的教育成果，造成极大的负外部性。因此，在建设和发展内陆港的过程中，西安不仅要充分发挥和利用自身的人才优势，而且应吸引国内外的专业人才，特别是国际贸易方面的专业人才。拥有高素质的人才，必将会提高内陆港的管理效率，促进高新技术的研发，并会产生干中学、技术外溢等外部规模经济效应，以带动关联产业的发展。

（3）建设有效的公共信息服务平台

西安商贸业和物流业发展的落后现状，在很大程度上由信息不对称造成的。因此，西安在内陆港的建设过程中，应建设有效的公共信息服务平台，将现有的信息资源加以整合，统计和编制相关信息和数据，通过互联网及时发布信息，以实现铁路集装箱动态查询、货运班列和航线时刻查询以及订舱等环节的便利化，并实现与天津港、连云港、青岛港等海港信息的对接。在海关方面，应实现电子申报和一站式通关。另外，还可以提供电子商务服务、货运管理和咨询等供应链增值服务。总之，应实现西安内陆港信息流在港口和企业间的共享，为内陆港物流产业和相关产业提供信息支持。

7.3　西安自由贸易试验区的建设选择

自由贸易区最早出现在16世纪的欧洲，历经数百年发展，已演变成为促进全球各国经贸合作的有效制度形式和空间载体。在建设丝绸之路经济带的大背景下，陕西西安具有申报自由贸易试验区的优势和基础条件，但仍需要从自由贸易区的建设经验和全球视角进行战略选择。

一、西安自由贸易试验区的提出背景

随着中国加快推进丝绸之路经济带建设和形成全方位开放新格局，一条经由中国通往中亚、西亚及欧洲大陆的丝绸之路经济带正逐步兴起。为占领政策高地和制度创新载体，国内省市纷纷提出保税区向自由贸易区转型的诉求，尤其是中西部省份围绕中国首个“内陆自由贸易试验区”展开激烈竞争，这成为西安自由贸易试验区的提出背景。

1. 丝绸之路经济带兴起

2013年9月，习近平主席出访中亚国家并提出共同建设“丝绸之路经济带”；党的十八届三中全会通过《中共中央关于全面深化改革若干重大问题的决定》，进一步明确提出“推进丝绸之路经济带、海上丝绸之路建设，形成全方位开放新格局”，标志着“丝绸之路经济带”进入全新发展阶段。由于区位优势明显，并且与中亚国家形成了良好的合作基础，国内省份特别是西北五省为融入丝绸之路经济带，占据有利地位展开迅速而激烈的竞争①。在此背景下，国内省市纷纷打出“内陆自由贸易区”的战略招牌，以寻求占领政策高地和争食制度红利。

2. 自由贸易试验区的转型

中国的保税区是在借鉴国外自由港、自由贸易区和出口加工区等模式和经验的基础上建立起来的特殊经济区域，是改革开放与国际经验相结合的产物。经过20余年的发展，目前各类特殊经济区遍布全国各地。由于国家对保税区性质和功能定位缺乏明确的规定②，与国际上自由贸易区相比，中国的保税区存在立法缺失、定位模糊、功能单一、港区分离、多头管理等先天不足，无法真正实现“境内关外”，加之原有的政策优势逐步弱化，后天的发展受到瓶颈制约③。因此，中国各类特殊经济园区都面临进一

① 白永秀，王颂吉．丝绸之路经济带的纵深背景与地缘战略［J］．改革，2014（3）．

② 散襄军．保税区向具有综合竞争优势的自由贸易区转型探讨［J］．管理世界，2002（5）．

③ 李泊溪，周飞跃，孙兵．中国自由贸易园区的构建［M］．北京：机械工业出版社，2013．

步改革开发和转型升级的问题。

2013 年 8 月 22 日，国务院正式批准设立中国（上海）自由贸易试验区，并强调建立上海自由贸易区是顺应世界经济发展新趋势、积极主动实施对外开放战略的重大举措。上海自由贸易区的前身为上海综合保税区，其建立将扮演“试验田”的作用，通过转型发展和制度创新，改变原来将保税区视作保税大仓库、保税大作坊的格局和模式，引领国内保税区由被动地接受发达国家成熟技术和转移淘汰技术到主动向国际惯例靠拢，与国际自由贸易区接轨，提升中国自由贸易区的综合竞争力。

3. 首个“内陆自由贸易试验区”竞争激烈

自中国（上海）自由贸易试验区成立以来，全国多个省市正筹划建设自由贸易试验区。其中，东南沿海地区主要包括：江苏省筹划建设以苏州工业园综合保税区为核心的自由贸易区；宁波市筹备以北仑港和梅山保税港区为核心的自由贸易区；浙江省规划建设以舟山群岛新区为核心的自由贸易园区；天津自由贸易区规划方案将其功能定位为北方国家航运中心和国际物流中心；青岛筹划利用毗邻日韩的区位优势，对接中韩和中日韩自贸区；广东粤港澳在前海试验区的基础上提出建设粤港澳自由贸易区，主要定位于粤港澳合作；厦门利用对台优势申请厦门自由贸易区；广西自贸区侧重于扩大与东盟贸易投资。

内陆省市也不甘示弱，在中国向西开放和构建丝绸之路经济带大战略下，申报内陆自由贸易试验区的竞争愈演愈烈。陕西支持西安争取申报建设面向丝绸之路经济带的首个内陆自由贸易试验区；新疆提出要争取国家从战略层面推动中国—中亚自由贸易区建设；河南筹划做好郑州自由贸易试验区和药品、汽车指定口岸申报工作；湖北积极推进武汉内陆自由贸易试验区申报和建设；四川推进对外经济走廊建设，支持成都争创西部内陆自贸试验区；重庆提出要主动对接国家自由贸易区发展战略，提升与中亚、欧美、东盟等国家的经贸合作水平；内蒙古提出要探索设立边境自由贸易试验区等。

2013 年 6 月，西安市向国务院上报建设西安自由贸易区的方案，并从同年 10 月开始进行筹备，表明西安拟通过发展自由贸易试验区加快参与丝绸之路经济带建设的步伐。

二、西安自由贸易试验区的内涵及功能定位

1. 西安自由贸易试验区的内涵

自由贸易区（Free Trade Area，FTA）与自由贸易园区（Free Trade Zones，FTZ）是两个不同的概念。前者是指两个或两个以上不同主权国家或地区的区内按照自由贸易协定取消关税限制、区外实行贸易保护的经济集团，对双边或多边国家企业的经营

活动有直接影响，例如北美自由贸易区（NAFTA）、中国—东盟自由贸易区（CAFTA）①；后者是指一国或地区在主权管辖范围内对外经济活动中实施“境内关外”的特定区域，其依据东道国经济政策，核心要素是境内关外、便利通达和海关特殊监管，对在其内部注册或经营的企业活动有直接影响。正在申报筹划的西安自由贸易试验区属于后者，其内涵包括贸易投资、工业运营和物流中心为特点的综合自由贸易试验区。

2. 西安自由贸易试验区的功能定位

目前，国际上自由贸易园区较为常见功能分类有转口集散型、贸工综合型、出口加工型、保税仓库型、商业零售型等，但其功能逐渐向多元化、多区联动、多功能综合、产业集群发展的综合型自由贸易园区方向转变。西安作为丝绸之路经济带上最大的中心城市，地处中国中、东、西结合部，具有承东启西，连接南北的独特区位优势，居于亚欧大陆桥的中心位置，是黄河中上游乃至中国西部的商贸中心、物流中心、科教中心、制造中心、金融中心及旅游中心。因此，西安自由贸易试验区的功能定位应将丝绸之路经济带战略和自身发展实际结合起来，建设面向中亚、西亚、辐射欧盟地区的中国内陆综合型自由贸易试验区。陕西省工商联副主席贾旭芝建议，西安自由贸易区应定位为丝绸之路经济带商贸物流核心区、文化旅游先行区、科教研合作交流引领区、服务业开放合作先导区、投资贸易促进示范区②。

三、西安建设自由贸易试验区的基础条件

从国际经验来看，自由贸易区的建立一般需要具备如下条件：优越的地理位置、优良的港口、宽广的经济腹地、完善的基础设施、较好的工业基础、丰富的人力资源、国际化的金融保险业及高度开放的经济开发区等。

1. 独特的区位优势

西安是丝绸之路的起点城市，中国西北的区域中心城市。它不仅是中西亚地区各国进入中国东部和日韩等发达市场的东大门，而且是中国东部向西开放、开拓西部乃至中亚、西亚市场的西大门。随着国内外新一轮产业转移的不断深化和拓展，西安在承接东部制造业转移、国际服务业外包以及中亚能源产业东进方面的优势十分明显。作为西部大开发的桥头堡和第一梯队，以及丝绸之路经济带中国段最大的中心城市，西安是跨国公司沿丝绸之路经济带由东向西进行产业转移的落脚点，同时作为全国物流配送和集散中心，也是全球供应链中的重要节点城市。因此，西安良好的区位优势成为其建立自由贸易试验区的必备条件。

2. 优良的内陆国际港务区

成立于2008年的西安国际港务区，是中国第一个不沿海、不沿江、不沿边的国际

① 蒋传海，赵晓磊. 2014中国（上海）自由贸易试验区发展研究报告［M］. 上海：上海财经大学出版社，2013.

② 建议设立丝绸之路经济带西安自由贸易区［EB/OL］. 中国经济网，2014-03-12.

陆港。随着西安综合保税区、西安保税物流中心、西安铁路集装箱中心、西安公路港相继建成，西安国际陆港口岸服务功能初步成型，创造性地构造出“中国国际内陆港模型”。位于西安国际港务区核心位置的西安综合保税区是目前西北地区唯一的综合保税区，总规划面积为6.17平方公里，总投资100亿元。西部飞机维修基地、空港商务中心、空港国际货站、空港国际酒店等基础设施的配套建设，将西安综合保税区建设成集现代物流、高端制造、现代服务和国际贸易等功能为一体的多功能综合保税区。

2013年11月28日，西安“长安号”国际货运班列开通，“西安港”正式运营①。西安国际港务区通过将沿海的港口口岸服务功能内移至西安，借助西安铁路集装箱货运中心站、西安综合保税区、西安公路港的功能叠加效应，实现公（路）、铁（路）、空、海等多式联运的便捷、高效运转，可以有效发挥西安的交通枢纽优势，提高物流效率，降低物流成本堪比沿海港口，以物流带动生产性服务业发展，推动产业聚集和推动中国物流业发展和区域经济转型发展。西安国际港务区产业发展定位为“中国最大的国际型陆港和黄河中上游地区最大的商贸物流集散中心，打造现代服务业新城”，从而使中国内陆企业实现“港口后移、就地办单、海铁联运、无缝对接”，陕西步入了“有港口服务功能的时代”。

3. 广阔的经济腹地

广阔的经济腹地是发挥自由贸易试验区功能，吸收、辐射和带动所在地域经济发展的基础，这是西安成为自由贸易试验区的必要条件。从国内腹地来看，西安依靠中原城市群、依托关中—天水经济圈，广泛联系陕甘宁经济区、呼包银经济区、兰西格经济区和天山北坡经济区，西临西北五省的宽阔经济地带；从全国两大横向经济中轴看，西安位于丝绸之路经济带的中心位置，与西安经济联系紧密的地域较为广阔、未来腹地经济发展强劲；从全国三大经济带看，欧亚路桥经济带的国土面积最大，连接中、东、西三大地区，并通过丝绸之路经济带贯通中亚、西亚和欧洲地区。腹地经济的快速发展对西安开发开放起到促进和支撑作用，同时，西安的开放对广阔腹地发展起到辐射和带动作用，这为西安申报建设中国内陆第一个自由贸易试验区奠定基础。

4. 完善的基础设施

西安的城市基础设施正不断发展完善，具有较为发达的陆、空综合运输体系。西安咸阳国际机场与国内50多个城市通航；以西安为核心的“米”字形公路干线网络已经建成；2011年亚洲最大的铁路枢纽中转站西安火车北站正式运营，西安铁路形成与东北、华东、华南、华中、西南及欧亚大陆桥互联互通的网络。近年来，西安更是加大固定资产投资投向基础设施的比例，城市基础设施水平不断提高，为西安申建自由贸易试验区创造条件。

5. 较好的产业基础

西安作为关中—天水经济区的核心城市，工业基础雄厚，是西部地区重要的装备

① 奏响向西开放最强音，重铸丝绸之路新辉煌，西安国际港务区官网.

制造业基地，在整个丝绸之路经济带上具有明显优势。从西安的装备制造产业工业总产值和工业增加值来看，其装备制造业各行业发展表现出良好的态势①。现代服务业作为西安支柱产业之一，近年来的发展步伐逐步加快。其中，金融业增加值占 GDP 比重从 2001 年的 4.9% 增加至 2010 年的 7.0%；会展业呈现出专业化、国际化和品牌化的发展趋势；西安铁路集装箱中心站和保税物流中心建成，标志着西安国际陆港口岸服务功能的初步成型。西安的文化旅游产业品牌影响力和竞争力持续增长，为西安成为自由贸易试验区提供产业基础。

6. 丰富的人力资源

西安地区高校林立，科研院所种类较多，是中国高等院校、研究机构数量最多的地区之一，仅次于北京、上海，位居中西部地区的首位，民办大学及各类职业学校发展迅速，各类大学和职业学院达上百所，为西安市提供丰富的人力资源和劳动力。陕西省对劳动力培训非常重视，创造了吸引国内外人才的良好环境。制造业和各类产业积极发展的良好态势，显示出各类劳动力的素质和数量基本满足西安的发展要求，这为西安申报自由贸易试验区准备了良好条件。

7. 完善的金融保险业

近年来，西安十分重视区域金融中心的建设，以西安金融商务区、高新区科技金融创新试验区、中心城区金融商贸聚集区等为代表的功能区不断建成和完善，进一步强化西安金融要素的聚集和辐射。截至 2010 年末，西安共有银行业金融机构 41 家，分支机构超过 1000 家，证券期货业金融机构 70 家，保险公司总部 2 家、分公司 36 家，信托公司 3 家，财务公司 4 家，其他金融保险机构不断增加②。截至 2013 年末，西安市有保险公司 48 家，其中财产险 23 家，人寿险 25 家，保险专业中介机构 119 家，全年保费收入 202.40 亿元，比上年增长 14.5%；西安市金融机构本外币存款余额达 13892.77 亿元，比上年增长 13.1%；金融机构本外币贷款余额 10214.78 亿元，增长 16.0%，有力支持西安的经济社会发展③。

《中共中央深入实施西部大开发若干意见》提出“支持西安建设区域性金融中心”，《关中—天水经济区发展规划》中也明确提出“把西安建设成国家重要的区域性金融中心”。陕西提出建设西安区域金融中心的发展战略，并逐步完善支持金融业发展的相关政策，为西安金融业发展奠定坚实基础。西安区域性金融中心定位为“服务区域合作与发展具有能源、科技、文化特色的金融中心”，在空间布局上打造以金融商务区为核心、西安高新科技金融服务示范园区和西安曲江文化金融示范园区为侧翼的“一区两园”格局，重点推动能源金融、科技金融、文化特色金融的发展④。

---

① 李忠民，霍学喜．欧亚大陆桥发展报告（2011—2012）［M］．北京：社会科学文献出版社，2012（12）．

② 西安市金融业“十二五”发展规划．

③ 西安市 2013 年国民经济和社会发展统计公报．

④ 西安区域性金融中心发展规划（2013—2020 年）．

8. 国家级的经济技术开发区

正在规划建设的西咸新区是中国的第七个国家级新区。西咸新区是关中—天水经济区的核心区域，区位优势明显、经济基础良好、教育科技人才汇集、历史文化底蕴深厚、自然生态环境较好，具备加快发展的条件和实力；通过建设丝绸之路经济带重要支点，西咸新区有可能成为我国向西开放的重要枢纽、西部大开发的新引擎和中国特色新型城镇化的范例①。

此外，位于西安的国际级经济技术开发区数量众多，目前有西安高新技术产业开发区、西安经济技术开发区、陕西航空经济技术开发区、西安曲江国家级文化示范产业区、西安浐灞国家级生态区、西安国际港务区和西北唯一的综合保税区等。其中，西安高新技术产业开发区是国家确定要建设世界一流科技园区的六个高新区之一，是陕西、西安最强劲的经济增长极和对外开放的窗口，是我国发展高新技术产业的重要基地，其综合竞争力等指标已连续多年保持全国 56 个高新区第三位，其 GDP 连续多年保持 30% 以上的增长速度②；经济技术开发区是西北地区唯一的国家级出口加工区，也是关中—天水经济区规模最大、技术领先、资金密集的先进制造业聚集区，截至 2011 年末，其技工贸总收入达 2026 亿元；工业总产值 1200 亿元，其中规模以上工业总产值 775 亿元，规模以上工业增加值 185. 5 亿元，主要经济指标保持 30% 高速增长③。

综合上述基础条件来看，西安正处于中国向西开放的前沿，各项基础条件优良，具备建立中国内陆自由贸易园区的条件。因此，可以考虑建立丝绸之路经济带西安自由贸易试验区作为中国向西开放和进行区域协同发展的突破口。

四、建设西安自由贸易试验区的战略选择

1. 树立开放务实的理念，积极建构对外开放平台，多路径支撑西安自由贸易试验区的建立

建立西安自由贸易试验区应尽早树立更加开放务实的发展理念，以“新开放观”统筹区域经济发展与对外开放的互动关系，提升西安自由贸易试验区开发开放的价值；以西安自由贸易试验区建设为平台，实施双向开放升级，在全球经济重心向亚太区域转移的大背景下，利用好全球新一轮产业转移的战略机遇，对接好国内特别是中国东南沿海优势产业向中国西部的转移，积极引进跨国公司地区总部向西安聚集；强化开放过程中的西安与关中—天水经济区城市群的产业关联和外溢效应，同时鼓励陕西和西部省份企业积极走向中亚和欧洲市场，实现产业的优势互补，从而加速中国企业的外向国际化。

---

① 国务院关于同意设立陕西西咸新区的批复［EB/OL］. 中央政府门户网站.

② 西安高新区“十二五”发展规划与目标［EB/OL］. 西安高新技术产业开发区网站.

③ 资料来源：西安经济技术开发区官网。

2. 西安自由贸易试验区的定位应放眼全球，整体布局，循序推进，建设多功能综合型自由贸易试验区

全球贸易发展的一个重要趋势是信息技术创新进步和生产流程的细碎化推动全球供应链的发展，它成为欠发达地区融入全球生产分工网络的主要平台。因此，西安建设自由贸易试验区必须紧紧围绕全球供应链发展的趋势，依靠自身区位优势实现市场需求和产品供应的无缝对接，从而成为全球供应链的重要节点。此外，西安自由贸易园区的功能定位应放眼全球，整体布局，循序推进，由原来西安综合保税区具有的进出口、加工贸易、货物仓储等功能转向多功能综合型国际自由贸易区，但必须注重与周边的自由贸易园区进行差异化竞争，体现出西安自由贸易试验区和关中—天水经济圈城市群发展的异质性，这样不但可以提升西安自由贸易试验区的国际综合竞争力，而且可以提高自由贸易园区的运行效率和抗风险能力。

3. 厘清政府与市场的关系，提高服务的透明度和便捷性，以服务贸易和投资便利化为核心，努力消除现实的制度障碍

厘清政府与市场的关系，通过制度创新转变各级政府部门落后的管理理念，树立高层次开放和高效益开放的新理念，为建设西安自由贸易试验区提供高效、透明、便捷的服务；同时，避免“干预”和“管住”的管理偏好和路径依赖对自贸区高度自由化和市场化的运行机制造成干扰；深化行政制度改革，处理好行政体系中的权、责、利冲突，减少行政审批事项，简化审批手续，降低市场准入门槛，制度创新成为促进投资和服务贸易便利化的重中之重。通过改革创新，以服务贸易和投资便利化为核心，进一步扩大自由贸易试验区对内对外开放力度；创新监管机制，优化自贸区软硬环境，通过建立健全软硬件基础设施和高效的海关监管机制，提高自由贸易试验区连接国内外市场的软硬条件通达性，实现“一线逐步彻底放开、二线高效管住、区内货物和服务贸易自由流动”过渡，真正做到“境内关外”，建设贸易自由、投资便利、高端产业聚集、金融服务完善、法制运行规范、监管透明高效、辐射带动效应明显的西安自由贸易试验区。

4. 发挥模仿优势，借鉴国外成功经验，减少交易费用，实现综合保税区向自由贸易试验区的转型

建设中国内陆自由贸易试验区，可以充分发挥模仿优势，积极借鉴国际上自由贸易园区运行的成功案例，吸取失败的经验教训，趋利避害①，具体包括：一是采取自由市场经济体制，以市场作为经济社会资源的配置机制，给企业创造自由竞争的市场环境；二是具有权威性的管理机构，采取“区港一体化”的管理模式，并注重与城市功能的协调促进；三是利用区域条件和优势，通过合理的产业布局、功能互补，与周边的城市群形成良性互动，带动区域金融、商贸、保险、中介等服务产业发展；四是兼

① 任寿根．中国建立内地港澳自由贸易区的理论基础与战略选择——从模仿经济学角度的分析［J］．管理世界，2002（7）．

顾软硬环境的建设，不断优化公共服务，吸引人力资源在西安自由贸易试验区内形成累积效应；五是同时重视经济立法，通过改善制度环境，保障市场的公平与效率；六是实体与服务并重，以出口导向型的先进装备制造业为基础，支撑服务业快速发展，促进产业结构转型升级。

7.4 喀什经济开发区的规划建设

中国向西开放的桥头堡——新疆，是丝绸之路经济带上进出中国的交通汇集区，中国与中亚、南亚联结进而通达欧洲的核心区。因而，在新疆建设中国—中亚自由贸易区已呼之欲出。喀什地处亚欧大陆中心，周边有红其拉甫、吐尔尕特、伊尔克什坦、卡拉苏、喀什国际机场5个国家一类口岸和一个国家二类口岸，与塔吉克斯坦、阿富汗、巴基斯坦、印度、乌兹别克斯坦、哈萨克斯坦、土库曼斯坦、吉尔吉斯斯坦8个国家接壤或毗邻，喀什以其“五口通八国，一路连欧亚”的绝对区位优势和悠久的通商历史而成为建设中国—中亚自由贸易区的战略高地。

我国的自由贸易区由保税区、综合保税区、经济开发区等改革创新试点区演化而来，目前我国建立的自由贸易区独有中国（上海）自由贸易试验区。2010年5月，中央决定在喀什设立经济开发区，6月7日，中共中央办公厅印发了《中共中央国务院关于推进新疆跨越式发展和长治久安的意见》（中发〔2010〕9号）正式决定设立喀什经济开发区。

一、喀什经济开发区战略定位和发展目标

2011年9月30日，国务院出台《国务院关于支持喀什霍尔果斯经济开发区建设的若干意见》（国发〔2011〕33号），对喀什经济开发区作出总体指导，将喀什经济开发区的发展确定为国家战略。

1. 战略定位

第一，中国向西开放的重要窗口。充分发挥喀什地区对外开放的区位优势，拓展对外联结通道，发挥口岸和交通枢纽的作用，加强与中亚、南亚、西亚和东欧的紧密合作，实现优势互补、互利互惠、共同发展，努力打造“外引内联、东联西出、西来东去”的开放合作平台，把喀什经济开发区建设成为我国向西开放的重要窗口，推动形成我国“陆上开放”与“海上开放”并重的对外开放新格局。

第二，新疆跨越式发展新的经济增长点。通过实施特殊经济政策，吸引国内外资金、技术、人才，高起点承接产业转移，促进产业集聚发展，构建现代产业体系，加快推进新型工业化和城镇化步伐，充分发挥喀什对当地经济社会发展的辐射带动作用，将开发区建设成为推动新疆跨越式发展新的经济增长点。

2. 发展目标

文件指导思想提出要充分发挥喀什特殊区位优势、资源优势、人文优势，推进与

中亚、南亚、西亚和东欧国家的经贸合作，加强与内地的紧密联系，提升工业化、城镇化、信息化水平，促进产业集聚、协调发展和社会和谐，将喀什建设成西部地区重要的对外开放门户城市和区域中心城市，在推进新疆跨越式发展和促进我国向西开放大局中发挥更大的作用。其发展目标是到2015年，基本完成喀什经济开发区的基础设施建设，初步构建科学合理、特色鲜明、功能配套、协调发展的空间布局和产业体系，为经济开发区又好又快发展打下坚实基础；到2020年，大幅度提升喀什经济开发区综合经济实力、产业竞争力，为推动新疆跨越式发展发挥重要的引领和带动作用。

二、喀什经济开发区功能与产业布局

喀什经济开发区规划面积50平方公里（含新疆生产建设兵团），其中喀什主体园区40平方公里，共分六个区块；伊尔克什坦口岸10平方公里。喀什经济开发区的产业将立足疆内，面向内地市场，开拓中亚、南亚、西亚、东欧等国际市场，加快建设区域经济中心、商贸物流中心、金融中心，逐步构建以先进制造业和国际商贸、现代物流、金融服务、会议展览等现代服务业为支柱产业的现代产业体系，以现代服务业和先进制造业为重点，喀什经济开发区重点发展15类产业：商贸物流、出口机电产品配套组装加工、农副产品深加工、纺织、建材、冶金、进口资源加工、机械制造、旅游、文化、民族特色产品加工、生物技术、可再生能源、新能源、新材料。

1. 喀什主体园区

喀什主体园区重点建设区域性商贸物流中心、金融贸易区和优势资源转化加工区。

空港产业物流区（区块二、三、四）主要发展纺织、服装、特色民族工艺品、五金机电等特色消费品工业，能源设备后期制造组装、电子信息等高新技术产业，生物技术、新材料、新能源、节能环保等新兴产业，大力发展航空物流、保税物流服务、公路铁路联运物流和农产品冷链物流以及适应城市统一配送和国际采购要求的现代物流体系，规划建设综合保税区，研究建设高新技术产业园区。

城东金融贸易区（区块五、六）主要发展大型专业市场、连锁商业等新兴商业业态，发展广告业、资产管理、财务顾问、后勤管理等企业管理服务，会计、审计、税务、资产信用评估、经纪代理、拍卖典当等专业服务，电子商务、服务外包等产业，构建集购物、旅游为一体的区域性商贸中心、区域重要的总部经济和高端服务业集聚区，同时重点发展与中国企业境外投资和贸易相匹配的人民币出口信贷、贸易融资和结算体系等金融服务。该区主要发展现代服务业，逐步建设成为集精品展示、洽谈、交易、报关、报检、配送、结算与电子商务为一体的综合性现代化商贸平台。

城北优势资源转化加工区主要发展绿色有机食品等农副产品资源精深加工业、清真食品等民族特色产品生产加工业，新材料、新能源等新兴产业，农用机械、摩托车装备制造业，以及多式联运物流、农产品冷链物流等现代物流。

2. 伊尔克什坦口岸

伊尔克什坦口岸重点建设进出口商品物流仓储集散中心、进出口产品加工区。进出口产品加工区主要发展家用电器组装、五金建材加工、进口矿产资源初级加工、出口服装加工、日用品加工以及食品加工等轻工制造业。进出口商品物流仓储集散中心主要发展仓储、运输、配送以及保税物流等功能。商贸综合服务区主要发展为进出口物流和进出口加工配套的综合服务。

三、喀什经济开发区政策支持

《国务院关于支持喀什霍尔果斯经济开发区建设的若干意见》（国发［2011］33号），新疆维吾尔自治区《关于加快喀什、霍尔果斯经济开发区建设的实施意见》（新政发［2012］48号），中国人民银行、中国银行业监督管理委员会、中国证券监督管理委员会、中国保险监督管理委员会《关于金融支持喀什霍尔果斯经济开发区建设的意见》（银发［2012］239号），《喀什经济开发区促进股权投资类企业发展优惠政策》（喀经开发［2012］5号）等文件均对喀什经济开发区发展的金融、财政、税收等提供一系列政策支持，同时喀什配套出台《鼓励中介机构和个人招商引资奖励暂行办法》《喀什经济开发区农副产品加工类企业投资优惠政策》《喀什经济开发区旅游企业投资优惠政策》《喀什经济开发区综合保税区优惠政策》《喀什经济开发区金融类企业投资优惠政策》等一系列支持各类企业投资的优惠政策。

1. 财政政策

2011—2015年，中央和地方财政对经济开发区建设每年给予一定数额的补助，全额留存于开发区范围内2012—2021年的地方财政收入，扶持园区建设和产业发展。

设立地方财政、金融机构和企业共同出资，按商业化原则经营的开发区股权投资基金。地方财政可根据发展需要和财政承受能力，对喀什开通与周边国家主要城市的国际航线以及环疆航线给予补贴。对符合条件的农副产品加工转化和劳动密集型企业，在用电、运输等方面给予特殊价格支持政策。

2. 税收政策

2010—2020年，对开发区内新办的，并且属于重点鼓励发展产业目录范围内的企业，给予自取得第一笔生产经营收入所属纳税年度起企业所得税五年免征优惠，免税期满后，经报自治区人民政府批准，可减免企业五年所得税地方分享部分。

对开发区内属于《产业结构调整指导目录（2011年本）》鼓励类、《外商投资产业指导目录》鼓励类和《中西部地区外商投资优势产业目录》的项目，进口国内不能生产的自用设备，以及按照合同随设备进口的配套件、备件，在规定范围内免征关税。

开发区兵团分区的地方税收部分由地方全额返还兵团。

3. 投资政策

对有利于开发区发展的疆内重大基础设施建设，中央投资加大支持力度。推动中吉乌、中巴铁路建设，加快改善口岸查验设施条件，加快边境口岸铁路、公路建设，支持喀什机场进一步完善机场实施。2011—2015年，将经济开发区内基础设施建设纳

入现行国家级经济技术开发区基础设施项目贷款财政贴息政策范围，对符合条件的基础设施项目银行贷款，中央财政给予贴息支持。对符合条件的企业购置机器设备的固定资产投资贷款，地方财政予以贴息支持。

4. 金融政策

鼓励发展完善金融组织体系，鼓励和引导银行、证券、期货、保险、信托、金融租赁等各类金融机构在开发区设立分支机构，地方政府视情况对新落户的全国性金融机构给予开业鼓励，积极培育新的金融机构。建立开发区金融监管协调机制，统筹研究和协调金融政策，推进金融创新试点，鼓励将产品和服务创新在开发区先行先试，鼓励创新融资担保方式，丰富金融市场产品和工具，提升金融服务水平，鼓励加强金融贸易区及金融功能区规划建设，鼓励推进现代化支付体系和金融配套体系建设，支持开发区建设。

支持符合条件的开发区企业发行企业债券，拓宽开发区融资渠道和方式。鼓励和引导金融机构加大对企业的信贷支持力度，加大对开发区基础设施、重点产业发展及民生领域的信贷支持，支持有条件的金融机构与周边国家金融机构互设机构、互通业务往来账户。加快开发区内企业集聚股权投资资本，支持符合条件的企业上市融资。在有效防范风险的前提下，支持保险资金参与开发区建设。扶持发展各类创业投资企业，规范发展各类股权投资企业。

支持提升贸易投资便利化程度，积极支持有关外汇政策在开发区内先行先试，支持符合条件的企业采取货物贸易差异化标识管理措施，进一步支持企业外贸经营，鼓励开发区积极利用世界银行、亚洲开发银行等国际开发性金融机构融资，开展对外金融交流与合作。大力推动跨境人民币业务创新，

5. 土地政策

国家在编制土地利用年度计划时，对自治区和兵团用地计划指标给予适当倾斜。自治区和兵团根据建设需求和进度安排，单列开发区用地计划指标，保障开发区建设。使用戈壁荒滩开发建设、引进产业项目的，免缴土地出让收入和新增建设用地土地有偿使用费。

6. 进出口政策

加快开发区内海关特殊监管区域的设立、建设，落实海关优惠政策，开发区内符合条件的企业以边贸方式经营进出口商品，在申请配额、许可证时给予倾斜。支持和鼓励中外航空企业开通喀什机场直达周边国家主要城市的国际航线，在喀什机场口岸符合规定条件的前提下，适时研究批准其办理口岸签证业务。喀什与周边国家边境城市间开展边境旅游业务，实行双方认可的旅行证件。鼓励和支持进出口基地建设。

7. 科技政策

加大国家各类科技计划支持力度，引导企业和科研机构在开发区实施一批重大科技项目。通过科技型中小企业创新基金，加强对开发区科技型中小企业的支持。实施科技

成果转化股权激励政策，进一步加大高新技术企业认定、研发费用税前加计扣除、技术转让税收优惠等政策落实力度，对外商投资企业设立研发中心按规定给予政策支持。支持内地科技成果在开发区转化应用。支持开发区专业技术人才和高技能人才培养。

四、喀什经济开发区建设进展

2012 年，开发区进入实质性建设阶段；2013 年则是建设速度最快的一年，累计完成征地拆迁投入 27 亿元，收储土地 1.9 万亩，注册引进各类企业 147 家，总投资 181 亿元的 23 个重点项目全部开工建设。2014 年启动 65 个重点项目，计划总投资 98.3 亿元，当年完成投资要达到 56.6 亿元。

1. 基础设施建设

以金融贸易区、综合保税区、深圳产业园、深圳城 4 个片区配套为核心的道路、供排水、供热、燃气、电力、通信、环卫等基础设施全面开工建设，引进中航国际、中铁一局、十一局等国有大型企业参与开发区建设，2012 年完成基础设施投资 15 亿元，2013 年基础设施投资 35 亿元，已建成深喀大道、综合保税区道路、深圳产业园道路等，喀什经济开发区内道路总体框架基本形成。

在开发区周边道路中，一是中吉乌公路正在修建中，喀什—伊尔克什坦高速公路已于 2013 年 12 月 12 日通车，极大地方便了吐尔尕特和伊尔克什坦两个口岸的进出口业务，缩短货物运输时间。二是中吉乌铁路国内段已列入国家和自治区重点项目，国外段将由中方负责施工并且提供资金支持（吉方用货运费作担保），中巴铁路和中塔伊铁路也在论证过程中，这使得喀什通道建设上升为国家战略，推进速度将进一步加快，经过喀什西出和南下的路程大大缩短，贸易成本降低。三是空中通道建设情况。以喀什经济开发区为基点，400 公里范围内可到达吉尔吉斯斯坦首都比什凯克；700 公里范围内，可到达乌兹别克斯坦首都塔什干、塔吉克斯坦首都杜尚别及巴基斯坦首都伊斯兰堡；1500 公里范围内可到达印度首都新德里、哈萨克斯坦首都阿斯塔纳以及土库曼斯坦首都阿什哈巴德。喀什利用其直飞北京、中国香港、欧洲都是 6 小时左右的优势，积极建设亚欧航空中心，构筑“空中丝绸之路”。

喀什经济开发区借助综合保税区保税仓储、保税物流、展览展示、监管服务、口岸操作、增值加工功能积极发展空港经济，以在最短的时间内迅速集聚起人流、物流、资金流、信息流，以空港经济带动商贸物流业、商贸旅游业和其他产业的快速发展，进而带动第二产业的发展。2013 年，喀什国际机场全年累计运输旅客 114.9 万人次，货邮 628 万公斤，保障各类飞行 10215 架次，同比分别增长 5.8%、32.4%、15.4%；先后引进天津航空公司，开通天津—乌鲁木齐—喀什定期航班，海航开通深圳—乌鲁木齐—喀什航班，巴基斯坦冉岩航空公司开通伊斯兰堡—喀什定期往返航班，成为国内最大的 4E 级支线机场之一。随着喀什机场消防等级（含医疗）提升至 8 级，南航投入波音 777 宽体客机开始运行，着力打造乌鲁木齐—喀什快捷航线。目前，喀什机场先后由9家航空公司运营13条航线，形成多家航空公司共同运营喀什机场的局面。喀什—中国香港直航，为发挥中国香港作为国际金融、贸易、航运、旅游中心的窗口作用，推进喀什与中国香港、东南亚的合作奠定基础。国家已经批准喀什机场为新疆次中心枢纽国际进出港，喀什正积极扩大建立覆盖全疆支线机场、辐射内地中心城市、连接中亚、西亚、南亚和欧洲的航空运输网络。

2. 公共服务设施建设

目前，喀什地区已启动104万平方米的住房保障工程，其中60万平方米在2013年底达到入住条件；启动5.6平方公里的小亚郎湿地保护和景观公园工程前期工作；启动喀什市民服务中心、图书馆、医院、公交站点及停车场、中小学、喀什大学等工程建设，图书馆主体结构封顶，喀什市人民医院东城分院项目实现主体封顶。

3. 四个核心片区建设

喀什综合保税区位于喀什国际机场北部东侧，紧邻喀什国际机场，314、315国道和规划中的中吉乌铁路、中巴铁路，通过喀伊高速与伊尔克什坦园区相连，规划面积3.56平方公里，计划投资总额29亿元，主要规划保税仓储、保税物流、展览展示、增值加工、监管服务和口岸操作六项功能，具有保税区、出口加工区及保税物流园区等各项功能的叠加优势，是集国际中转、配送、采购、转口贸易和出口加工等业务于一体，开放程度最高、政策最优惠、功能最齐全、手续最简化的海关特殊监管区域之一。其在享受国家赋予的海关监管、税收、加工贸易、检验检疫、外汇管理五类政策的同时，还享受新疆维吾尔自治区和喀什经济开发区赋予的所有优惠政策。此外，喀什综合保税区的围网建设面积为3.26平方公里，分两期开发建设，一期开发2.11平方公里（围网面积1.81平方公里），二期开发1.45平方公里，2012年4月动工建设的市政基础设施建设一期工程已经完工，启动了一环、两横、三纵，共6条17公里道路及综合管网配套建设；2013年底，综合保税区8万平方米联检大楼、物流保税仓、出口产品展销中心主体完工，围网已建成，达到封关运营条件。

喀什金融贸易区是国家首次在沿边地区提出，也是全国继上海陆家嘴金融贸易区之后的第二个金融贸易区。喀什金融贸易区建成后将成为中亚、南亚区域性金融中心，并建立产权交易、期货交易、债券交易及股权交易市场等多层次的金融市场。喀什金融贸易区规划面积13平方公里，2013年喀什开发区产权交易中心、企业上市服务中心相继挂牌，成功发行8亿元人民币企业债，有6家企业进入上市辅导阶段，辖区金融机构网点增至609个。2012年，喀什启动股权投资工作，出台《喀什经济开发区促进股权投资类企业发展优惠政策》，目前已注册股权投资、创业投资类企业5家，持有股权市值近29亿元，城投公司发行企业债券8亿元。上海浦发银行、天津滨海银行、乌鲁木齐商业银行、广东发展银行相继落户喀什，目前正在争取国家开发银行、深圳发展银行进驻。2014年4月，开发区首次成功以金融创新的模式实施融资项目：喀发集团（喀什发展集团）中央金融商贸区土地成片开发及整理项目，以银行—证券—资产管理—委托贷款方式成功获取申银万国证券、乌鲁木齐市商业银行融资款2亿元人民币。金融业取得突破性进展。

深圳城和深圳产业园是深圳市援疆标志性工程，也是喀什经济开发区的产业聚集区和示范区。深圳城一期3万平方米商业中心主体完工，11万平方米3栋写字楼封顶。深圳产业园分布于喀什火车站、喀什国际机场周边，且314、315国道穿越产业园区，铁路、公路、航空四通八达，交通极其便利。产业园东区14万平方米的标准厂房与产业服务中心、500套公租房项目主体完工，2.2万平方米的深喀科创中心建成投入使用。同时福鑫文化产业园（一期）投入运营，文化创意园区一期主体完工。

4. 招商引资

开发区2012年签订投资合同项14个，总投资额70.5亿元，喀什深圳中航、深圳拓方科技、喀什深圳城、三一重工、深圳拓日新能源光伏组建、深圳嘉达高科、深圳拓日新能源太阳能电站、广东浩元环保、八一钢铁精加工、新疆贾萨特食品加工10个项目开工建设。2013年注册引进各类企业147家，其中深喀科技创新中心入驻企业70家，深圳产业园入驻企业48家。2014年1月，喀什经济开发区招商小组赴广东东莞、中山等地区，开展产业转移对接活动，打开该地区大批企业联系渠道，为喀什经济开发区下一步招商和完善产业链打下基础。

5. 进出口

2013年喀什海关实施预约上门查验机制，大大减少出口水果的损耗，水果的通关时间从原来的四五天减少到目前的两天左右，喀什海关还积极推进通关无纸化改革和进出口分类通关工作，开辟“绿色”通道，推广集中查验机制，有效降低企业通关成本，提升通关服务水平。

6. 伊尔克什坦口岸园区建设

伊尔克什坦口岸园区在2013年后建成并投入，使用总部服务中心、通信中心，中吉商贸城、中亚商务酒店等一大批基础设施项目，极大地促进口岸园区的发展。2013年伊尔克什坦口岸园区共签约项目3个，签约金额6.3亿元。目前已入园企业28家，注册资本4.5亿元，创造税收750余万元，完成年度任务的100%。

五、喀什经济开发区前景及政策选择

喀什经济开发区的战略定位是我国向西开放的重要窗口、新疆跨越式发展新的经济增长点，喀什综合保税区、喀什金融贸易区的规划建设让处在丝绸之路中国与中亚、欧洲联通节点的喀什如虎添翼，在一系列的政策支持和区位、人文、资源优势下，喀什经济开发区将努力建设成沿边开放创新实践区、区域重要的经济中心、商贸物流中心、国际经济技术合作中心。在切实落实经济开发区战略和建设的条件下，喀什则不可避免地承担起中国—中亚自由贸易区的战略重任。

然而，目前喀什的发展仍存在问题，制约喀什经济开发区先进制造业和现代服务业为主导的产业体系的建立。第一，喀什地区总体处于工业化初级阶段，区内约50%的县是农业主体型经济结构，但是劳动力工资已经达到工业化中期水平，高于内地省份甚至印度、越南、老挝等国家，同时劳动竞争力不强，地区观念落后，在承接东部地区产业转移方面优势不足，又难以靠自身发展起较为完善的工业体系或延长产业链，以发展先进制造业和加工业，现代服务业的人力资源严重缺失。第二，从自贸区角度来说，喀什基础设施和各项制度有待完善，最重要的是，目前喀什地区金融体系不健全，主要靠四大国有银行，融资困难，同时金融人才短缺。第三，道路状况不能满足经济发展的需要。

喀什近年来主要靠对口援疆提供的大量资金和技术支持快速发展，而喀什经济技术开发区的建设，甚至长久的中国—中亚自由贸易区的建设都要求喀什在“输血”的基础上实现“造血”。因此，喀什应从以下方面着力进行经济开发区建设，从而实现开发区的转型升级：

第一，将产业引进与自身优势结合，形成产业集聚效应。立足开发区产业发展的实际情况，完善产业引进科学性，集中优势资源培育具有核心竞争力的优势产业和产业体系，提升产业前向、后向关联度和分工专业化，延长产业链，着重发展技术和资金密集型产业、新能源等新兴产业、金融和咨询等高端服务业，形成产业集聚，同时完善产业发展的基础设施、规章制度、各自服务平台以及其他配套设施，提高政府服务水平，创造最优投资环境，培养金融等领域高端人才。

第二，完善基础设施建设，改善道路和口岸设施，构建东联沿海、西通周边的国际大通道，着重解决通而不畅的问题，简化海关手续、优化投资结构，大力发展空港经济。

第三，通过不断创新，积极探索内陆沿边地区开放型经济发展的新路子，建立和完善优势互补、互惠互利、共同发展的区域合作开发新模式，为推进中国沿边地区与内陆地区、沿边地区和周边国家开放合作积累经验，提供示范。

第四，加强与周边国家合作交流，加强教育、安全、医疗等方面交流与合作，打通建立中国—中亚自由贸易区的文化障碍；从资源能源的开采和输送向多品种商品设计、生产、加工、销售等转化，将周边国家纳入中国产业链，在全球产业链视角下展开分工与合作，在中国东部、西部、中亚之间形成梯度产业转移，加速建立组装加工工业基地；以喀什综合保税区作为发展对外贸易的排头兵，充分发挥金融贸易区的强大支撑作用，大力发展经贸合作，引进一批有实力的商贸流通企业集团和高端金融机构，大力发展现代物流业，带动人流、物流、商流、资金流、信息流，推动商贸、旅游、金融业发展，实现区域经济一体化。

第八章　合作领域及进展

8.1　丝绸之路经济带的互联互通进展

近年来，中国同中亚国家经济、安全、文化等领域交往甚多，尤其是上海合作组织成立以后，中国与哈萨克斯坦、吉尔吉斯斯坦、塔吉克斯坦、土库曼斯坦、乌兹别克斯坦等中亚国家关系实现跨越式发展，双方政治上高度互信，经济上互利共赢，安全上相互支持，文化上交流借鉴。① 中国与中亚国家的互通互联合作，不仅关系到双方的自身经济利益，同时也是建设丝绸之路经济带的内在要求。

当前，中国与中亚国家的互通互联合作主要在上海合作组织基本框架下展开，双方已将交通合作作为区域合作的优先领域，并建立了交通部长会议机制。亚洲开发银行中亚区域经济合作第一次部长级会议也提出双方在贸易便利化、交通、能源与人力资源开发等领域的合作，并成立中亚海关合作协调委员会。具体来说，近年来中国与中亚各国主要开展了铁路、公路、航空、电信、电网和能源管道六大领域的互通互联。

一、铁路互联互通进展

丝绸之路经济带沿线国家铁路互通互联合作，主要以第二欧亚大陆桥和第三欧亚大陆桥为代表。第二欧亚大陆桥东起中国江苏连云港市，西到荷兰的世界第一大港鹿特丹港，是世界上最长的一条大陆桥，它的建立使中国的货物到欧洲各国的路程比海运减少将近一半。第二欧亚大陆桥途经的国内城市主要有：徐州、商丘、开封、郑州、洛阳、西安、宝鸡、天水、兰州、乌鲁木齐，基本横贯中国东、中、西部主要城市，再由新疆境内的阿拉山口进入哈萨克斯坦，以此建立起中国与丝绸之路经济带沿线国家的联系。第三欧亚大陆桥目前还在构想阶段，通车线路还只限于渝新欧国际铁路。该构想包括，以深圳港为代表的广东沿海港口群为起点，昆明为枢纽，经缅甸、孟加拉国、印度、巴基斯坦、伊朗、土耳其进入欧洲，最终抵达鹿特丹港。渝新欧国际铁路已于 2012 年 9 月 1 日正式开通，从重庆西出发，经西安、

① 中国与中亚国家务实合作前景展望［EB/OL］. 新华网，2012 - 12 - 25.

兰州、乌鲁木齐，在边疆口岸阿拉山口进入哈萨克斯坦，再经俄罗斯、白俄罗斯、波兰到达德国的杜伊斯堡，该路线全程11179公里。2012年12月，中国与哈萨克斯坦第二条铁路通道——霍尔果斯口岸铁路线开通，该路线是中国除阿拉山口铁路线以外的又一条向西开放的国际铁路通道。上述路线的开通，不仅为中国西部地区产品进入中亚各国和欧洲市场开辟了一条黄金通道，同时也为丝绸之路经济带沿线国家互通互联合作奠定基础。

具体来看，在铁路货物运输互通互联方面，自第二欧亚大陆桥（也称为新欧亚大陆桥）连通不久后，中国新疆维吾尔自治区就与哈萨克斯坦之间开通了铁路临时货物运输。在此之后，1992年8月，当时的中国铁道部与哈萨克斯坦共和国交通部在北京签署《中哈撒克斯坦境铁路协定》，同年12月，双方正式向第三国开办国际铁路货物联运（包括集装箱运输）。在铁路客运互通互联方面，1992年6月，中国与哈萨克斯坦之间开通由哈萨克斯坦提供车辆并担当乘务的阿拉木图—乌鲁木齐14/13次国际旅客列车，次年4月，双方之间又开通了由中国提供车辆并担当乘务的乌鲁木齐—阿拉木图13/14次国际旅客列车。① 自此，中国与丝绸之路经济带沿线主要国家的铁路运输全面开通。

另一条计划修建的中亚铁路为中吉乌铁路，它起始于新疆喀什，经中国与吉尔吉斯斯坦边境的伊尔克什坦叶尔尕特山口，再经吉尔吉斯斯坦的卡拉苏或贾拉尔拉巴德，最后到乌兹别克斯坦的安集延，目前已基本完成可行性研究，正进入相关国家商洽阶段。中吉乌铁路的修建，将进一步联通南疆与中亚、西亚，促进该区域的经贸交流。

总的来说，中国与丝绸之路经济带沿线国家之间铁路方面的互通互联已初步建立，但合作只停留在少数国家之间仍是主要问题之一。

二、公路互联互通进展

从公路互联互通来说，中国与中亚国家通过双边合作，使沿线公路交通运输便利化进程不断推进。

具体从国别来看，中哈之间分别在1992年9月、1993年2月、1995年3月、9月和1998年11月签订相关的公路互通互联协定；中吉之间分别在1994年6月、1995年3月和1998年2月、9月、11月签订相关的公路互通互联协定；中乌之间分别在1993年12月和1998年2月、9月签订相关的公路互通互联协定；中塔之间也于1999年8月签订公路互通互联协定（如表8-1所示）。

① 车探来．论中国与中亚国家的交通合作与发展［J］．俄罗斯中亚东欧市场，2011（4）：19-24.

表 8-1 中国与中亚主要国家公路互通互联协定

年份＼国家	哈萨克斯坦	吉尔吉斯斯坦	乌兹别克斯坦	塔吉克斯坦
1992	《中哈汽车运输协定》	—	—	—
1993	《中哈汽车运输协定实施细则》《关于中哈双方国际汽车运输行车许可证的协议》	—	《中乌政府汽车运输协定》(包括议定书及实施细则)、《中乌兹别克斯坦营汽车运输行车许可证制度的协议》	—
1994	—	《中吉政府汽车运输协定》(包括实施细则)、《中吉双方关于建立国际汽车运输行车许可证制度的协议》	—	—
1995	《关于利用连云港装卸和运输哈萨克斯坦过境货物的协定》《中、哈、吉、巴政府过境运输协定》(包括其实施细则)	《中、哈、吉、巴政府过境运输协定》(包括其实施细则)	—	—
1998	《关于建立国际公路过境运输行车许可证制度的协议》	《中、吉、乌政府汽车运输协定》(包括实施细则)、《中、吉、乌兹别克斯坦家汽车运输总公司关于建立国际汽车运输行车许可证制度的协议》《关于建立国际公路过境运输行车许可证制度的协议》	《中、吉、乌政府汽车运输协定》(包括实施细则)、《中、吉、乌兹别克斯坦家汽车运输总公司关于建立国际汽车运输行车许可证制度的协议》	—
1999	—	—	—	《中塔政府汽车运输协定》

资料来源：邓小兵、高美真．中国与中亚国家道路交通合作前景分析［J］．交通运输，2006（8-9）：29-32.

通过上述协定，以中国境内二级以上高等级公路为主体，长达8000公里的横贯中国东、中、西部，东起上海市、连云港，途经西安，西抵新疆乌鲁木齐，并延伸至哈萨克斯坦、吉尔吉斯斯坦以及塔吉克斯坦①，广泛联系中亚国家的丝绸之路经济带公路互通互联运输通道已经基本形成。中国通过霍尔果斯、阿拉山口以及巴克图三大公路口岸连通哈萨克斯坦。从中国进入哈萨克斯坦的货运汽车，可以从阿拉木图、希姆肯

① 邓小兵，高美真．中国与中亚国家道路交通合作前景分析［J］．交通运输，2006（8-9）：29-32.

特进入乌兹别克斯坦，再从乌兹别克斯坦首都塔什干进入塔吉克斯坦，也可以从阿拉木图进入吉尔吉斯斯坦，甚至可以延伸至俄罗斯和欧洲国家。中国毗邻吉尔吉斯斯坦的省份新疆，主要有两条公路通往该国，一条是从新疆喀什经图尔尕特口岸进入吉尔吉斯斯坦首都比什凯克，该路线长达 560 公里；另一条是从喀什经伊尔克什坦口岸进入吉尔吉斯斯坦南部城市奥什，该路线长达 800 多公里。与此同时，奥什—古里察—萨雷塔什—伊尔克什坦口岸公路改造项目的完成，不仅改善了中国新疆南部到吉尔吉斯斯坦南部的公路运输状况，同时也改善了中国通往乌兹别克斯坦和塔吉克斯坦等中亚国家的公路通道条件，由此对沿途各方展开经贸合作具有重要的意义。

目前，中国与中亚国家已经开通 87 条客货运输路线，在这些线路中，中哈 64 条（客运 33 条、货运 31 条），中吉 21 条（客运 10 条、货运 11 条），中塔 2 条（客运、货运各 1 条）①。中国对中亚国家在公路方面开放的口岸主要有阿黑土别特、吉木乃、巴克图、霍尔果斯、都拉塔、木扎尔特、别迭里、吐尔尕特、伊尔克什坦、卡拉苏、阿拉山口 11 个边境公路口岸。这些口岸中，中国与哈萨克斯坦 7 个，与吉尔吉斯斯坦 3 个，与塔吉克斯坦 1 个。

可见，丝绸之路经济带公路方面互通互联的主要特征是：其一，合作机制比较完善，相互之间已经签署一系列协议和实施细则。其二，沿线国家关于公路方面的互通互联合作较早，公路运输通道基本形成，相关国家涉及面较广。

三、航空互联互通进展

最早与中国进行航空互通互联合作的是哈萨克斯坦共和国，1993 年 10 月，中国与哈萨克斯坦签署《中华人民共和国政府和哈萨克斯坦共和国政府航空运输协定》，这标志着中国与中亚国家航空互通互联合作的开始；次年 4 月，中国与乌兹别克斯坦签署《中华人民共和国政府和乌兹别克斯坦共和国政府民用航空运输协定》；1996 年 7 月，中国与吉尔吉斯斯坦签署《中华人民共和国政府和吉尔吉斯斯坦共和国政府民用航空运输协定》；1998 年 8 月，中国与土库曼斯坦签署《中华人民共和国政府和土库曼斯坦政府民用航空运输协定》；2007 年 1 月，中国又与塔吉克斯坦签署《中华人民共和国政府和塔吉克斯坦共和国政府民用航空运输协定》。② 这些运输协定的签订与执行，为中国与丝绸之路经济带沿线中亚国家之间开通国际运输线路，开放国际运输市场以及建立稳定互信的国际运输合作机制创造有利条件，也为双方之间的互通互联合作更进一步发展奠定了基础，并极大地促进了中国与丝绸之路经济带沿线国家的经贸活动和人员往来。

---

① 毕艳茹，秦放鸣．中国与中亚国家交通运输合作探析［J］．新疆大学学报（哲学·人文社会科学版），2008（5）：103－106．

② 车探来．论中国与中亚国家的交通合作与发展［J］．俄罗斯中亚东欧市场，2011（4）：19－24．

四、电信互联互通进展

丝绸之路经济带电信互通互联最早可以追溯到1992年，中国发起倡议建设亚欧陆地光缆（TAE），该倡议得到沿途各国的积极响应。1993年4月，欧亚陆地光缆系统会议在中国乌鲁木齐市召开，来自中国、德国、哈萨克斯坦、吉尔吉斯斯坦、波兰、乌克兰等国家的邮电部门代表通过并签署《关于组建亚欧陆地光缆系统的协议》，至此亚欧陆地光缆工程计划正式诞生。该光缆系统东起中国上海市，西至德国法兰克福市，大体沿着古丝绸之路，途经20多个国家，全长2.7万公里，是全球最大的陆地光缆系统。欧亚光缆系统在中国境内全长6000公里，途经南京、徐州、郑州、西安、兰州、乌鲁木齐、霍尔果斯，向西出境与哈萨克斯坦相连。① 该光缆系统已于1998年10月14日顺利开通，其开通标志着丝绸之路经济带沿线国家之间电信互通互联合作的开始。在此之后，中国与哈萨克斯坦在2007年铺设中国—哈萨克斯坦国际光缆，该光缆系统是中国联通国际光缆互通工程的一部分，光缆以直埋和高速公路管道为主，连接库尔勒与和硕两地，光缆全长110公里。2009年，中国与吉尔吉斯斯坦之间又铺设首条中国—吉尔吉斯斯坦国际光缆。该光缆线路在两国国内段均由两国电信部门自行设计，自带施工材料进行铺设，光缆全长400余公里，其中中国境内330公里，吉尔吉斯斯坦境内为70公里。② 2012年5月22日，中国电信董事长王晓初在哈萨克斯坦会见哈萨克斯坦交通通信部部长和哈萨克斯坦电信总经理时，中哈双方就中哈阿拉山口至多斯提克光缆新路由建设项目签署相关协议③，该协议的签署为中哈双方进一步加强电信互通互联合作奠定了基础。

五、电网互联互通进展

中国与丝绸之路经济带沿线中亚国家在电网方面的互通互联合作还在起步阶段。由于电力传输的特殊性，中国目前与中亚国家能够进行电网互通互联合作的地区主要是新疆维吾尔自治区。现阶段，中国正在为双方实现电网联网进行筹备和创造条件，一方面帮助塔吉克斯坦、吉尔吉斯斯坦两国改善现有的电力短缺状态；另一方面在援助两国电力建设的同时，对两国电网建设标准和技术进行统一。具体来说，中国企业特变电工股份有限公司在塔吉克斯坦承担建设塔吉克斯坦220千伏、500千伏国家主电网工程已经完工。该电网是塔吉克斯坦总里程数、装机总容量最大的电网工程。该电网的完工，不仅打通了塔吉克斯坦南北送电通道，也使塔吉克斯坦告别没有独立电网的历史。与此同时，2012年8月1日，特变电工股份有限公司在吉尔吉斯斯坦承建的该国南北输变电大动脉工程达特卡—克明500千伏输变电项目也正式开工，这是中吉

① 曹书贤．欧亚陆地光缆全线开通［J］．信息系统工程，1998（12）：31.

② 首条中国—吉尔吉斯斯坦国家光缆铺设完工［EB/OL］．新华网，2009-10-15.

③ 中哈光缆新路由年内开建［J］．通信管理与技术，2012（3）：5.

两国迄今为止最大的能源合作项目。此项目顺利完工后，将缓解吉尔吉斯斯坦南部电力极度匮乏的状况[①]。

中亚地区是一个能源宝库，不仅拥有丰富的油气、核能资源等可耗竭能源资源，同时还拥有更为丰富的风能、太阳能、生物能和水能等可再生能源资源。[②] 中国与中亚各国加强该领域的合作，不仅能够打开当前双方电网互通互联合作的新局面，同时还能有效解决中亚油气开采峰值临近的问题。

六、能源管道互联互通进展

能源管道互联互通合作是能源合作的一部分，能源管道的铺设和连通，可以有效地降低铁路和汽车运输能源所带来的成本和各种风险。最早与中国进行能源管道互通互联合作的中亚国家是哈萨克斯坦。1997—1999 年，中哈双方完成石油管道建设的可行性报告，但是由于基建成本过高以及哈萨克斯坦当时石油供应相对不足，使得该计划被搁置。[③] 直到 2003 年 6 月，时任中国国家主席胡锦涛对哈萨克斯坦进行国事访问时中哈双方就进行能源管道的互通互联合作达成意向。在此之后，中国先后与乌兹别克斯坦、土库曼斯坦和吉尔吉斯斯坦进行能源管道互通互联的合作。

从中国与中亚国家加强能源管道互通互联合作的协议来看，2003 年 6 月，中国和哈萨克斯坦签署了《中哈联合声明》，明确指出双方进行能源合作的战略意义，并强调对双方之间铺设能源管道的可行性研究，这为中哈双方能源管道的铺设奠定了坚实基础。2006 年 4 月，中国与土库曼斯坦签订《中华人民共和国政府和土库曼斯坦政府关于实施中土天然气管道项目和土库曼斯坦向中国出售天然气的总协议》。2007 年 4 月，中国与乌兹别克斯坦签署《关于建设和运营中乌天然气管道的原则协议》。同年 7 月，中国石油与乌兹别克斯坦国家控股油气公司签订公司间的中乌天然气管道建设和运营的原则协议，这标志着中乌双方能源管道互通互联合作的开始。2013 年 9 月 9 日，中国国家主席习近平在访问乌兹别克斯坦时中乌双方签署《对 2007 年 4 月 30 日签订的〈关于建设和运营中乌天然气管道的原则协议〉第二补充议定书》，该议定书的签订为中乌双方今后更进一步的能源管道互通互联合作奠定基础。

从中国与中亚国家能源管道互通互联的具体成果来看，目前已经与中亚建成中哈原油管道，该管道是中国第一条战略级跨国原油进口管道。中哈原油管道起点为哈萨克斯坦阿特劳，终点是中国新疆维吾尔自治区的阿拉山口，管道全长 2798 公里。一期运输量为 1000 万吨/年，最终运输量可达 2000 万吨/年。该管道全线由四段组成[④]：第

---

① 中国与中亚国家或加强电网建设合作新疆将成落脚点［EB/OL］. 新疆能源网，2012 - 09 - 10.

② 徐海燕．中国与中亚的能源“双轨”合作［J］. 国际问题研究，2013（6）：90 - 99.

③ 秦鹏．中国与中亚国家石油合作的历史与现状［J］. 新疆大学学报（哲学·人文社会科学版），2013（4）：87 - 95.

④ 寇忠．中亚油气资源出口新格局［J］. 国际石油经济，2010（5）：39 - 47.

一段为肯基亚克—阿特劳管线，该段全长448公里，已于2003年投产，该管道建成之初向阿特劳—萨马拉输油管道和CPC管道运送石油，在中哈原油管道二期贯通后改为反向输送；第二段为肯基亚克—库姆科尔管道，该段管道全长760公里，本段管道的建设和中哈原油管道一期改造工程又称为中哈原油管道二期工程；第三段为库姆科尔—阿塔苏段，该段目前利用哈萨克斯坦石油运输公司的现有管道运送石油，今后可能将新建专门运输管道；第四段为阿塔苏—阿拉山口管道，该段管道又称为中哈原油管道一期工程，该段全长962公里，已于2005年12月建成。

与此同时，中国目前与中亚已经连通中国—中亚天然气管道，该管道由ABC三线组成起点为土库曼斯坦和乌兹别克斯坦交界的格达伊姆，经乌兹别克斯坦中部和哈萨克斯坦南部，从中国新疆维吾尔自治区的霍尔果斯进入中国，该段管道单线全长约为1833公里，AB双线日输气能力将达到2450万立方米。此外，中国和乌兹别克斯坦将建中国—中亚天然气管道D线，该线建成后预计年输气量将达300亿立方米①。

回顾中国同丝绸之路经济带沿线中亚国家能源管道互联互通的历史可以发现，双方能源管道互联互通合作呈现出如下特点：首先，除了塔吉克斯坦，中国已与中亚其他国家展开能源管道的互通互联合作。其次，就双方的合作模式而言，主要是政府牵头、企业跟进。双方在合作中有较为完善的合作协议和体系。最后，从目前来看，能源管道的互通互联已经具有一定规模，并取得显著成果。

综观六方面的互通互联，对于中亚各国而言，同中国加强合作不仅能够摆脱传统出口线路单一、易被卡断或要挟的弊端，也使中亚直接与国际能源需求大户“无缝对接”，从而有益于中亚各国的经济安全。② 与此同时，与中国加强铁路、公路、航空、电信、电网等非能源领域的互通互联，不仅可以有效地改善本国基础设施落后的现状，也加强了对外经济联系。对中国而言，随着能源进口依赖度与日俱增和城市能源消费水平的不断提高，加强同中亚国家能源管道的互通互联合作可以有效实现油气来源多元化，避免在几个能源全球运输节点上受制于人。与此同时，在铁路、公路、航空、电信、电网等非能源领域与中亚国家加强互通互联合作，可以使中国的一些优势产业走出国门，这对于中国企业和经济发展而言无疑意义重大。

① 中乌将建设天然气管道D线［EB/OL］. 中华人民共和国商务部网站，2013-09-27.

② 港媒：拨开“丝绸之路”迷雾看中亚面向何处［EB/OL］. 中国新闻网，2013-11-28.

8.2　丝绸之路经济带的能源合作

中国是世界第二大经济体，对能源产品具有较大需求；俄罗斯与中亚五国都是新兴经济体，地处世界能源富集区，供给潜力巨大。丝绸之路经济带的能源合作，不仅能达到能源供求对接，更能实现区域能源产业互补，各国经济协同发展。中国与俄罗斯及中亚五国应在“亲、诚、惠、容”的创新理念下，树立新型能源合作观，共建新型能源合作关系。

一、能源合作背景

中国和俄罗斯、中亚国家间的供求分布使双方间能源合作具有强大动力。

1. 中国的能源消费需求

中国正处于工业化中期，2011 年工业总产值占 GDP 的 46.6%，远高于世界平均水平的 26.3%[1]，也高于一般发展国家水平，仍属于“世界工厂”；作为人口大国，中国处于城镇化加速发展阶段，居民生活能源消费将持续上升，由此，无论从现实刚性需求还是潜在需求来看，中国的能源需求都面对强大压力（如图 8－1 所示）。

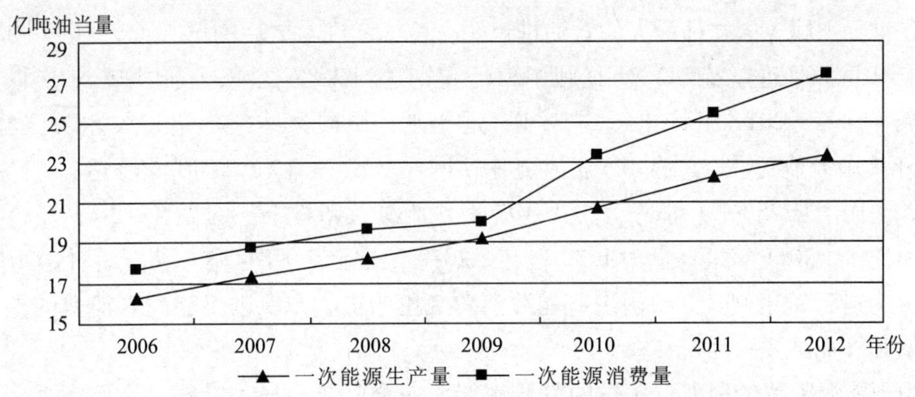

图 8－1　2006—2012 年中国一次能源生产量与消费量

资料来源：“一次能源生产量”数据来源于《金砖国家联合统计手册2013》；“一次能源消费量”数据来源于《BP 世界能源统计年鉴 2013》。

目前，中国是世界上最大的能源消费国，2012 年一次能源消费量为 27.4 亿吨当

① 中华人民共和国统计局，译．国际统计年鉴 2013（中文电子版）．

量，约占世界总量的22%，同比增长7.3%，连续4年占世界消费总量第一，占世界一次能源消费总量的21.9%，比第二的美国（22.09亿吨油当量），多出5.3亿吨当量①（如图8-2所示）。

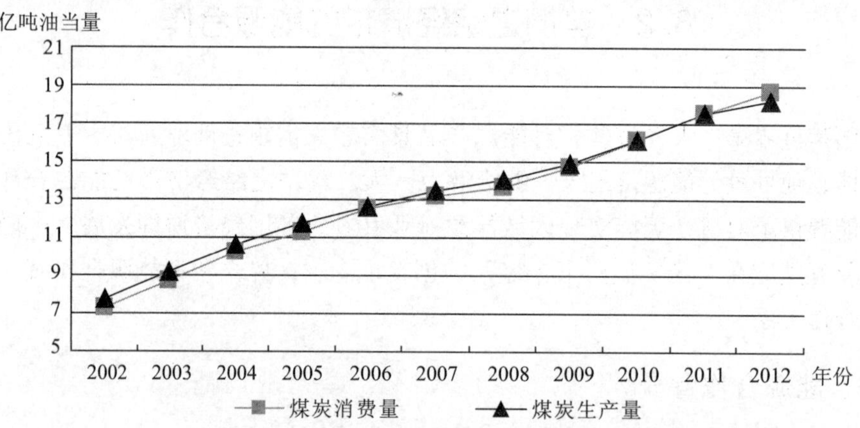

图8-2　2002—2012年中国煤炭生产量和消费量

资料来源：《BP世界能源统计年鉴2013》。

在中国的能源消费中，煤炭占据重要比重。2013年，中国煤炭消费占到一次能源消费总量的66.4%，占世界煤炭总消费量的50.2%，居世界第一位，正是煤炭的自给自足支撑着中国巨大的能源消费。

在本国能源供给有限的形势下，中国对外石油与天然气的依存度逐步加大。目前，中国是世界上除美国之外最大的石油进口国，美国、日本之后的第三大天然气进口国。2012年中国原油进口量为2.71亿吨，2013年则达到2.82亿吨，同比增长4.03%，按此增长率计算，2014年将接近3亿吨；近年来，中国天然气的进口量也突飞猛进，2012年中国天然气进口量为425亿立方米，同比增长31.1%，2013年则达到530亿立方米，同比增长25%②；而作为中国主要消费能源且储量丰富的煤炭，2009年以来也变为净进口，2011年进口量为1.82亿吨，2012年增至2.89亿吨，初步统计，2013年进口量达到3.27亿吨③。中国进口能源消费规模的扩大，使进口能源占消费的比重将有所攀升（如图8-3所示）。

中国能源消费量和进口比重的攀升使能源安全问题凸显，以石油为例，近几年中国石油的对外依赖度已逼近“十二五”规划设定的2015年控制在61%的对外依存度的红线。天然气的对外依存度也从2012年的25.5%猛增到2013年的31.6%，上升了6.1个百分点（如表8-2所示）。

---

① 英国BP公司. BP世界能源统计年鉴2013.

② 中石油经济技术研究院. 2013年国内外油气行业发展报告.

③ 中国煤炭网，http://www.ccoalnews.com/101778/101799/234683.html.

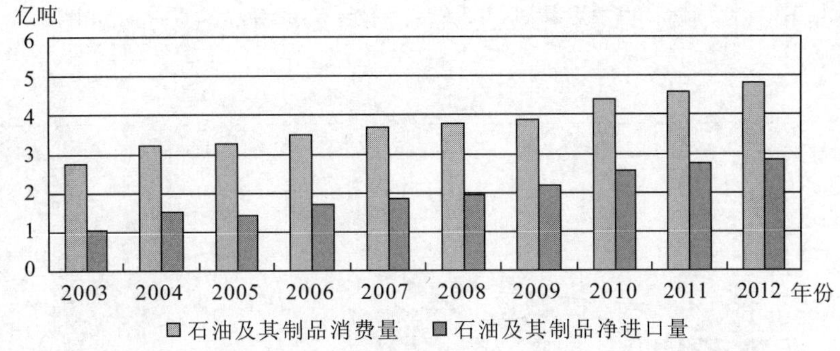

图 8－3　2003—2012 年中国石油及其制品消费量与进口量

资料来源："石油及其制品消费量"数据来源于《BP 世界能源统计年鉴 2013》；"石油及其制品净进口量"数据来源于《中国统计年鉴 2013》。

表 8－2　2005—2015 年中国石油对外依存度

年份	2005	2006	2007	2008	2009	2010	2011	2012	2013	2014	2015
对外依存度（%）	43.3	47.9	49.3	51.6	56.2	58.4	60.1	58.7	58.1	58.8	<61

资料来源：中国石油集团经济技术研究院编：《2013 年国内外油气行业发展报告》。

2. 中国的能源安全隐患

对发展中大国而言，能源依存度偏高，不仅造成国内经济的不稳定，经济发展的独立自主性降低，更影响到中国宏观政策的制定与实施效果，甚至对社会经济目标的实现产生负面影响，能源安全隐患不容忽视。

（1）来源不稳定。中国最重要的石油供给国集中在中东与非洲，2012 年其供给占中国石油总进口量的 71.8% 以上，这些地区和平指数较低，2011—2012 年的北非政治动荡和苏丹问题，使中国在北非地区的能源利益受到严重挑战，南苏丹甚至在 2012 年一度停产，以及国际社会对伊朗的制裁，使中国从伊朗减少近 600 万吨石油的进口。

（2）运输安全受到威胁。亚太地区进口石油运输路线为波斯湾—霍尔木兹海峡—阿拉伯海—印度洋—马六甲海峡—南海—东（南）亚，威胁主要来自霍尔木兹海峡和马六甲海峡，伊朗控制着霍尔木兹海峡，一旦伊朗核危机升级，美伊两国在海上剑拔弩张，伊朗很可能封锁霍尔木兹海峡，从中东到中国的石油运输线将完全切断。新加坡、马来西亚、印度尼西亚三国共管马六甲海峡，中国约 80% 的能源进口需要经过马六甲海峡，此地水路狭窄，易于封锁，对中国能源运输安全构成潜在威胁。

（3）成本过高，主要表现在运输费用上。不管是中东的沙特、伊朗等国，还是非洲的安哥拉，南美洲的委内瑞拉，能源运输主要经由水路。沙特到中国上海的海运距离接近 15000 公里，安哥拉到中国的海运距离超过 25000 公里，委内瑞拉到中国则要过巴拿马海峡，横跨东太平洋。不仅运输成本相比管道运输高，而且风险系数更高。

（4）环境污染。近年来，中国的环境污染引起国民关注，特别是城市的空气污染，影响人们的身体健康和生活质量。化石燃料的开发利用是最大的污染来源，特别是煤炭，在同样的能耗情况下，煤所产生的二氧化碳是天然气的28倍，石油的6倍（如图8－4所示）。

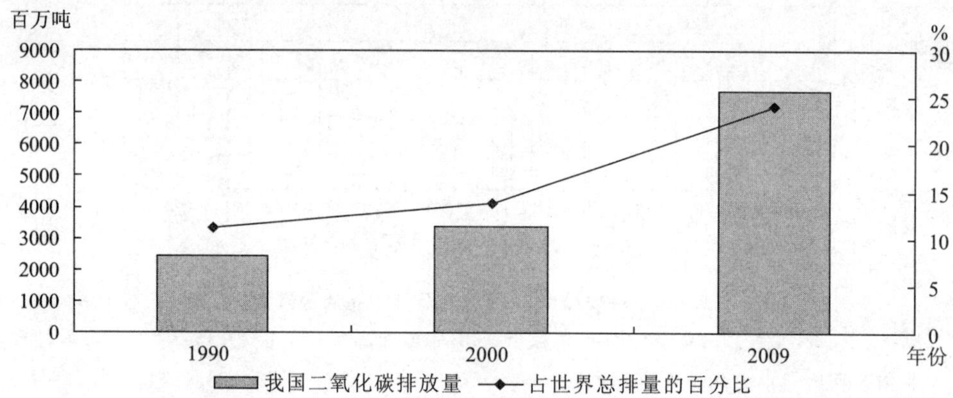

图8－4　1990年、2000年、2009年中国二氧化碳排放量及占世界总排放量的百分比

资料来源：《国际统计年鉴2013》。

如何慎重应对能源安全隐患，成为中国不得不考虑的重大现实问题。

3. 俄罗斯与中亚的能源供给

俄罗斯被称为“世界加油站”，2012年底探明石油剩余可采储量为119亿吨，占世界总量的5.2%，居世界第八位，但储采比偏低，仅为22.4%，总产量达5.26亿吨，占世界生产总量的12.8%，仅次于沙特阿拉伯，排世界第二位。

巨大的石油储量在本国消费能力有限的前提下，使俄罗斯所产石油大多用于出口。2002年，俄罗斯石油产量为3.84亿吨油当量，消费量是1.22亿吨，出口量为2.62亿吨；到2012年，俄罗斯石油产量达5.26亿吨，消费量为1.48亿吨，其余3.78亿吨用于出口（如图8－5所示）。

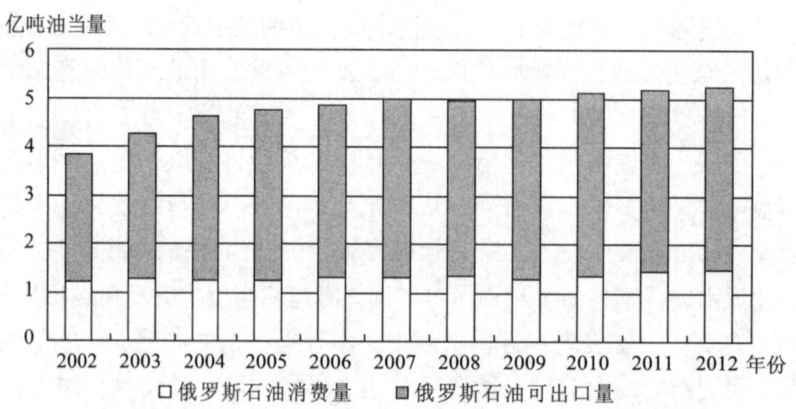

图8－5　2002—2012年俄罗斯石油消费量与可出口量

资料来源：《BP世界能源统计年鉴2013》。

从天然气储采来看，2012年底俄罗斯探明天然气剩余可采储量为32.9万亿立方米，占世界总量的17.6%，仅次于伊朗，居世界第二位，储采比达到55.6%，可开采年限较长，产量为5923亿立方米，占世界总量的17.6%，仅次于美国，世界排名第二位①（如表8－3所示）。

表8－3　2002—2012年俄罗斯天然气生产量　　单位：万立方米

年份	2002	2003	2004	2005	2006	2007	2008	2009	2010	2011	2012
产量	5388	5615	5733	5801	5952	5920	6017	5277	5889	6070	5923

资料来源：《BP世界能源统计年鉴2013》。

俄罗斯的煤炭资源也非常丰富，2012年底俄罗斯探明煤炭储量为1570.1亿吨，占世界总量的18.2%，仅次于美国，居世界第二位；储产比为443%，年产量为1.681亿吨石油当量，仅占世界总产量的4.4%，未来的开发潜力巨大②。俄罗斯最大石油公司俄罗斯石油公司（Rosneft）首席执行官Igorsechin表示，该公司计划到2020年将油气产量提高30%，到2025年可能提高到50%③。未来的俄罗斯仍将是世界的加油站。

大量能源类产品的生产与出口，推动俄罗斯贸易和经济的增长，使其成为“惰性的能源型发展模式”。俄罗斯总理梅德韦杰夫指出，这种发展模式蕴含着使经济增速归于零的风险。从俄罗斯财税收入来看，国家预算主要依据国际油价来制定，其中自然资源使用税和对外经济活动收入占预算收入总额的比例近年来基本维持在30%左右的水平（如表8－4所示）。

表8－4　2005—2012年俄罗斯国家预算收入中两项所占百分比

年份	2005	2006	2007	2008	2009	2010	2011	2012
自然资源所得税（%）	10.8	11.2	9.2	10.9	7.9	9	10	10.8
对外经济活动收入（%）	19.6	21.7	18	22.4	19.7	20.1	22.4	21.5

资料来源：《金砖国家联合统计手册2013》。

尽管俄罗斯强调能源生产只是经济的一部分，而不是全部的经济；但从历年燃料出口额占商品总出口额的比例来看，燃料占比仍有不断上升的趋势，2000年，该比重为50.6%，2012年攀升至67%（如表8－5所示）。

表8－5　2000—2011年俄罗斯燃料产品出口额占其总出口额的百分比

年份	2000	2001	2002	2003	2004	2005	2006	2007	2008	2009	2010	2011
燃料出口占比（%）	50.6	51.8	52.5	54.5	54.7	61.8	62.9	61.4	65.7	66.7	65.6	67

资料来源：中华人民共和国国家统计局国际数据。

① 英国BP公司.BP世界能源统计年鉴2013.

② 英国BP公司.BP世界能源统计年鉴2013.

③ 21世纪网，http：//money.21cbh.com/2014/5－24/3NMDEwMTZfMTE3NDc3NA.html.

中亚五国中以哈萨克斯坦、乌兹别克斯坦和土库曼斯坦油气资源较为丰富，尤其是哈萨克斯坦，2012 年石油探明储量为 39 亿吨，储产比为 47.4%，开采利用年限较长，2012 年哈萨克斯坦和土库曼斯坦两国石油产量为 9230 万吨，消费量为 1760 万吨，80% 左右用于出口①，为两国每年带来近 600 亿美元的外汇收入（如表 8-6 所示）。

表 8-6　2002—2012 年哈萨克斯坦石油生产量与消费量　单位：万吨标准油

年份	2002	2003	2004	2005	2006	2007	2008	2009	2010	2011	2012
生产量	4820	5240	6060	6260	6610	6840	7200	7820	8160	8240	8130
消费量	830	890	950	980	1030	1130	1100	890	930	1160	1280

资料来源：《BP 世界能源统计年鉴 2013》。

2012 年底乌兹别克斯坦探明煤炭储量为 33.6 亿吨，占世界总探明储量的 3.9%，居世界第八位，总产量为 5880 万吨，只占世界总开采量的 1.5%，储采比为 289%②；2012 年土库曼斯坦探明天然气储量 17.5 万立方米，占世界总探明储量的 9.3%，居世界第四位，但其年开采量仅为俄罗斯的 1/9，占世界年总产量的 1.9%，两国未来的开采潜力巨大（如表 8-7 所示）。

表 8-7　2002—2012 年土库曼斯坦天然气生产量　单位：万立方米

年份	2002	2003	2004	2005	2006	2007	2008	2009	2010	2011	2012
产量	484	535	528	570	604	654	661	364	424	595	644

资料来源：《BP 世界能源统计年鉴 2013》。

吉尔吉斯斯坦与塔吉克斯坦在油、气、煤等能源上较匮乏，但两国紧邻中国新疆地区，拥有地理区域上的比较优势，能在能源的交通运输、管道建设维修及其他相关产业或行业上提供生产和服务，以获取区域协同发展的利益。

然而，值得关注的是，中亚五国基础设施陈旧，经济结构单一，多为出口导向型国家，仍以原材料、初级产品与半产品为主要生产与出口商品，而原油、液（气）化天然气、原材料、矿产品及农畜产品价格都易受国际大宗商品价格影响，价格波动导致出口总额波动，致使国内相关部门发展稳定性降低，造成国内经济波动，宏观调控政策和发展政策失灵，不利于本国经济的长远发展。以哈萨克斯坦为例，2011 年货物和服务出口占国内生产总值的 41.87%，而燃料出口就占了 72.8%，即燃料出口贡献了哈萨克斯坦 30.5% 的 GDP③（如表 8-8 所示）。

① 英国 BP 公司．BP 世界能源统计年鉴 2013.
② 英国 BP 公司．BP 世界能源统计年鉴 2013.
③ 中华人民共和国统计局，译．国际统计年鉴 2013（中文电子版）及国际数据.

表 8-8　2000—2011 年哈萨克斯坦燃料产品出口额占其总出口额的百分比

年份	2000	2001	2002	2003	2004	2005	2006	2007	2008	2009	2010	2011
燃料出口占比（%）	53.8	56.7	59.1	61.8	64.8	70.6	69.4	66.6	69.3	70.6	71.9	72.8

资料来源：中华人民共和国国家统计局国际数据。

可见，俄罗斯、中亚五国将成为世界能源的主要生产和供给区，而中国在今后一段时间仍将是世界上最大、最稳定、增长较快的能源消费和进口国，双方之间的能源合作具有坚实基础和强大动力。

二、能源合作历程与现状

1. 1992 年之前

俄罗斯、中亚五国为苏联加盟共和国，中国主要与苏联进行能源进出口贸易及能源援助与合作。1950 年，中国与苏联合作在新疆成立第一个对外合作企业“中苏石油股份公司”。

2. 1992—1996 年

苏联解体之后，中国与中亚各国建交，与俄罗斯恢复正常外交关系，各方展开平等自由的外交贸易关系。这个时期，中国与俄罗斯及中亚各国在政治、经济、文化等方面互动频繁，高层纷纷互访；贸易关系也从边界货物贸易，交通运输合作逐渐建立起来，为今后的能源贸易及合作打下良好的政治、经济基础。1994 年，时任俄罗斯总统叶利钦访问中国，两国政府签署《关于共同开展能源领域合作协定》，接着中俄签订《天然气管道修建备忘录》，1995 年 11 月中国石油与俄罗斯能源部签署《中国石油天然气总公司和俄罗斯联邦燃料能源部合作备忘录》，决定加强石油和天然气领域的全面合作，成为中国与俄罗斯能源合作的新起点。

3. 1996—2014 年

这个时期，中国与俄罗斯及中亚各国在能源贸易和合作方面处于快速发展阶段。

（1）政府与企业能源合作协议

1）中国与俄罗斯：1996 年 4 月中国与俄罗斯签署《关于中华人民共和国和俄罗斯联邦共同开发能源领域合作的协议》，在油气方面主要进行中俄原油管道、中俄韩天然气管道及萨哈林天然气等项目的合作研究，开启两国能源合作的新纪元。2001 年 9 月，中俄两国总理签署《中俄关于共同开展铺设中俄原油管道项目可行性研究的总协议》，2008 年 10 月两国签署《关于斯科沃罗季诺—中俄边境原油管道建设与运营的原则协议》，2009 年 2 月两国政府《关于斯科沃罗季诺—中俄边境原油管道建设与运营合同》，同年 4 月又签署《关于石油领域合作的协议》，至此中俄石油管道才正式进入建设阶段，2013 年 3 月习近平主席访问俄罗斯，签署《俄罗斯向中国增供原油的框架协议》。2006 年 3 月，中俄签署《中国石油天然气集团公司与俄罗斯天然气工业股份公司关于俄罗斯向中国供应天然气的谅解备忘录》，该文件规定，俄罗斯将从 2011 年开始通过东西伯利亚与西西伯利亚两条线路向中国供应天然气，但后来仍未按协议规定时间如期开工建设。2009 年胡锦涛前主席访俄，签署《关于天然气领域合作的谅解备忘录》，2011 年，两国政府签署《关于 2009 年 6 月 24 日签署的〈天然气领域合作的谅解备忘录〉议定书》。总体来说，中国与俄罗斯的能源合作比较频繁，规模很大，但实施进度相对比较缓慢。

2）中国与哈萨克斯坦：2003 年 6 月，胡锦涛前主席与纳扎尔巴耶夫总统签署《中华人民共和国和哈萨克斯坦共和国联合声明》，其中第十条为，“双方认为，中哈能源领域合作具有战略意义，双方将加强在石油天然气领域的合作，采取有效措施，确保现有合作项目的顺利实施，并继续就中哈石油管道项目和相应的油田开发项目，以及建设由哈萨克斯坦至中国的天然气管道的可能性问题进行研究。哈方支持中方参加哈里海大陆架油田的勘探和开发。”2004 年 7 月，中国石油天然气勘探开发公司（CNODC）和哈萨克斯坦国家石油运输股份公司（KTO）共同各自参股 50% 成立中哈管道有限责任公司（KCP），负责中哈原油管道的项目投资、工程建设、管道运营管理等业务。2009 年 4 月，中国石油集团与哈萨克斯坦国家油气股份公司签署《关于扩大石油天然气领域合作及 50 亿美元融资支持的框架协议》，双方同时与中亚石油公司签署《中石油与哈萨克斯坦国家石油股份公司联合收购曼格什套油气公司的协议》，曼格什套油气公司是哈萨克斯坦主要的油气生产公司之一，拥有 36 个油气田，当时已经开发的有 15 个。2009 年 10 月 14 日中国石油集团又与哈萨克斯坦国家油气公司签署《关于中哈原油管道二期二阶段建设的框架协议》，第二阶段是对全线的站场进行改扩建。中国与哈萨克斯坦的能源合作在中亚五国及俄罗斯中最富成效，合作的领域和范围最广，合作的层次也是最高的。

3）中国与土库曼斯坦：2002 年 1 月，中国石油集团与土库曼斯坦石油康采恩签署《吉姆达格油田提高采收率技术服务合同》，在老油田技术服务方面与土库曼斯坦实现长期、具有成效的合作。2006 年 3 月，双方共同签署《土库曼斯坦与中华人民共和国关于铺设土库曼斯坦至中国天然气管道的总协议》，同年 4 月，又签署《关于输气管道建设与长期天然气供应的框架协议》，2007 年 6 月，土库曼斯坦总统访华期间，签署《加速该天然气管道项目建设的协议》，开启中国与中亚国家天然气合作的新道路、新篇章。

4）中国与乌兹别克斯坦：2004 年，中国石油技术开发公司（CNPC 的子公司）为乌兹别克斯坦国家油气公司实现价值 6790 万美元的 10 套钻探装置现代化，2005 年乌兹别克斯坦与中国石油天然气勘探开发公司（CNODC），签署有关在布哈拉—希瓦地区难采石油储量的油田及在乌斯丘特尔、费尔干纳及布哈拉—希瓦含油气区进行地质勘探工作，并建立合资企业的协议。2007 年 1 月，中国石油技术开发公司又与乌兹别克斯坦家控股油气公司签署供应价值 2 亿美元、23 台钻探装置的协议。中国石油公司计划，在有一定风险的条件下，为乌兹别克斯坦地质勘探投资2.08亿美元①。中国与乌兹别克斯坦的能源合作多集中在油气田的地质勘探领域合作，能源合作内容比较单一，层次不高，两国能源合作需要找到突破口。

（2）油气管道建设

在中国与俄罗斯及中亚三国油气管道开通之前，主要通过公路与铁路运输石油和液化天然气。从2004年开始，俄罗斯沿铁路向中国供油大约为640万吨，2006年则超过1500万吨，并有通过铁路运输扩大供油数量的趋势。自油气管道的规划、建设和通气之后，这种局面得到了一定改善，未来管道运输将成为中国从俄罗斯及中亚国家主要的油气进口运输方式。

1）中哈石油管道：中哈石油管道西起里海的阿特劳，途经阿克纠宾，终点为中哈边界阿拉山口，全长2798公里。分三期工程，前期工程阿特劳—肯基亚克段，长448.8公里，2003年底建成投产，年输油能力为600万吨；一期工程阿塔苏（哈萨克斯坦）—阿拉山口（中国）段，长962.2公里，2006年5月开通；二期一阶段工程肯基亚克—库姆科尔段，长761公里，2009年7月开通，至此实现哈萨克斯坦西部到中国新疆的全线贯通，二期二阶段是对全线的站场进行改扩建。总体规划年输油能力为2000万吨，最高可达5000万吨。

2）中国—中亚天然气管道：中国—中亚天然气管道分为A、B、C、D四线，四线并行，其中单线长1833公里，起于阿姆河右岸的土库曼斯坦（188公里）和乌兹别克斯坦边境，经乌兹别克斯坦中部（525公里）和哈萨克斯坦南部（1293公里），从霍尔果斯进入中国，成为中国“西气东输二线”工程。其中A、B、C三线分别于2009年12月、2010年10月及2014年6月投产运行，现正对D线进行规划建设，预计2016年投产。A/B管线输气能力为300亿立方米/年，C线设计为250亿立方米/年。

3）中俄原油管道：中俄原油管道起自俄罗斯远东管道斯科沃罗季诺分输站，从漠河进入中国至大庆末站，全长为999.04公里，俄罗斯境内为72公里，中国境内为927.04公里，2011年1月开通。合同期为20年，年供原油能力为1500万吨/年，并在双方协议下，可增至3000万吨。

4）中俄天然气管道：中俄天然气管道分为东线和西线，东线是从俄罗斯东西伯利亚科维克金气田（伊尔库茨克）—赤塔—布里亚特—北京（终点），合同期30年，预计到2018年供气，供气能力为最大为380亿立方米/年；西线是从俄罗斯西西伯利亚克拉斯诺雅尔斯克戈尔诺—阿尔泰斯克—新疆轮南，全长2800公里，最终和中国的“西气东输”管道连接到达上海，供气能力为300亿立方米/年，有望在2014年下半年签订合同。

4. 2014年至今

2014年的亚信峰会期间，中国与俄罗斯及吉尔吉斯斯坦、塔吉斯坦、哈萨克斯坦

---

① 魏玮．欧亚能源开发合作与可持续发展分报告［J］．欧亚经济论坛，2013.

三国签署一系列能源合作协议，成为能源合作的新阶段，是丝绸之路经济带提出后能源合作的全面深化阶段。

中俄两国政府签署《中俄东线天然气合作项目备忘录》，中国石油天然气集团公司和俄罗斯天然气工业股份公司签署《中俄东线供气购销合同》。根据双方商定，从2018年起，俄罗斯开始通过中俄天然气管道东线向中国供气，输气量逐年增长，最终达到每年380亿立方米，累计30年，总价值4000亿美元，是中国与俄罗斯能源合作的历史性成果。

中国与吉尔吉斯斯坦签署《成立落实两国间关于中吉天然气管道建设运营合作协议的协调委员会谅解备忘录》。中国与塔吉克斯坦外长阿斯洛夫签署《关于成立实施中塔天然气管道项目管理委员会协议》，双方协商成立高级别管理委员会，共同推进中塔天然气管道项目建设。这些协议的签署，开启了中国与吉尔吉斯斯坦及塔吉克斯坦能源合作的大门。

中国石油与哈萨克斯坦国家石油天然气公司签署《中哈管道出口原油统一管输费计算方法及各段所有者管输费收入分配方法协议》和《在哈萨克斯坦建设大口径钢管厂项目框架协议》，巩固和深化中哈两国的能源合作。

从能源合作的主要成效来看，中国从俄罗斯、中亚国家的进口正逐步攀升。经估算，2013年可为俄哈两国分别带来150亿美元和50亿美元左右的石油外汇收入①（如表8－9所示）。

表8－9　2010—2013年中国从俄罗斯和哈萨克斯坦进口原油量及百分比、排名

年份	原油进口量（万吨）	占总进口量的比例（%）	进口国排名
从俄罗斯进口			
2010	1524.00	6.34	5
2011	1972.45	7.77	4
2012	2432.94	8.97	3
2013	2434.76	8.64	4
从哈萨克斯坦进口			
2010	1005.40	4.20	8
2011	1121.10	4.42	9
2012	1070.37	3.95	8
2013	1198.08	4.25	8

资料来源：根据中华人民共和国海关总署数据整理。

① 根据2013年布伦特原油年均价108.66美元/桶，参见大庆原油换算系数（0.8602）把一吨原油换算为6.29/0.8602＝7.31桶，再用（2434.76或1198.08）＊7.31＊108.66约为200亿美元和100亿美元。考虑中国与两国的非市场因素，进口油价相应比较低。所以保守估计为150亿美元和50亿美元。

2013 年中国从土库曼斯坦进口 247 亿立方米的天然气，占进口总量的 46.48%，从乌兹别克斯坦进口 2.9 亿立方米，占进口总量的 5.5%，[①] 两国进口量达到总进口的 52%[②]，随着 C 线投产和哈萨克斯坦加入供气的行列，未来这一比例仍会增加。

2009 年，中俄签订协议，在未来 5 年，中国将从俄罗斯每年进口至少 1500 万吨煤炭，之后的 20 年，进口煤炭量将增加至 2000 万吨。数据统计，2013 年，中国从俄罗斯进口的煤炭量已达到 2728 万吨，按 2009 年的 87 美元/吨计算，俄罗斯可得到接近 24 亿美元的外汇收入。

三、影响丝绸之路经济带能源合作的主要因素

1. 丝绸之路经济带国家能源合作发展的不平衡性

俄罗斯作为世界大国，为了保持自身在区域中的重要地位，其在能源合作中，不仅考虑商业价值或经济价值，也会考虑政治意图、国家战略及本国核心利益，并实现本国利益最大化，特别是在重大能源合作项目上，后者成为决定性因素。从两个例子可以论证，“安大线”与“安纳线”之争，从 1994 年 11 月中俄开始就中俄石油管道项目进行探讨，经过 9 年艰苦谈判，本定于 2003 年初破土动工，但由于日本提出更有吸引力的条件，俄罗斯出于自己在东亚国家战略的考虑，又要保持自身利益最大化，再加上自然环境部门对两条路线的否定，最后折中于第三条线路，即“泰纳线”。尽管如此，这条石油线路的中国支线，到 2011 年 1 月才开通，于 2012 年 9 月最终签约，历时 15 年，而中哈石油管线后来居上，2004 年 9 月开工，2006 年 5 月开通，成为中国第一条跨境输油管线。另外，中俄天然气管道尽管没有第三国介入，但由于价格问题，也进展缓慢，从 1999 年达成意向性的天然气出口协议，到历次政府首脑会谈，油气高管谈判，都因价格未达成一致，而使谈判接近于破裂，到 2012 年 6 月普京总统访华，中俄油气谈判才重启，再到 2014 年 5 月，中俄签署东线天然气协议，而西线天然气协议仍不明朗。而后来的中国—中亚天然气管道 A、B 线于 2009 年、2010 年分别投产，C 线也于 2014 年 6 月投产。

哈萨克斯坦、乌兹别克斯坦和土库曼斯坦 20 世纪独立后，政局比较稳定，在适合本国国情的政策、社会环境下，经济发展良好，丰富的能源及矿产资源是与中国及俄罗斯、中亚其他国家合作的重要基础。但塔吉克斯坦、吉尔吉斯斯坦却由于国内政局不稳定，社会比较动荡，经济增长动力不足，以种植业与农牧业为主，缺乏油气能源，需向邻国进口，与中国及俄罗斯、中亚其他国家合作缺乏物质基础，而且与其他国家合作意识不强，自身定位不清晰。

丝绸之路经济带能源合作中，中国与哈萨克斯坦、乌兹别明克斯坦和土库曼斯坦

---

① 东盟经济时报，http：//www. aseanecon. com/？ action – viewnews – itemid – 156870 .

② 根据中国与中亚国家商谈价格 200 美元/千立方米，2.9 亿/1000 * 2000，再加上增加的税务及就业收入，接近 50 亿美元。

合作意向一致，合作进程良好，合作前景比较明朗，是能源合作的先锋力量；而与塔吉克斯坦、吉尔吉斯斯坦能源合作基础不牢固；俄罗斯则由于自身的大国地位，把石油与天然气作为外交战略的重要砝码，与中国的能源合作表现为易变、不稳定，合作进程缓慢、曲折反复，是能源合作中较难应对、却非常有合作价值及前景的“北极熊”。

2. 丝绸之路经济带能源合作的层次过低

中国与俄罗斯及中亚五国同处于全球价值链的中低端，这在很大程度上决定了丝绸之路经济带能源合作的中低层次性，即处于能源产业价值链的中下游，主要集中于油气煤田的勘探、开采及油气煤的运输贸易，很少涉及能源的转化与加工合作，以及鲜有基础化工原料的精细加工与能源产品的终端市场分销等方面的合作，金融贸易、仓储物流及工程技术与装备业务也处于低层次水平，不能有效的支撑能源合作层次的提升。从中国与俄罗斯及中亚五国的贸易结构比重可以看出，在各国对中国出口额中，初级产品都占到一半以上，就哈萨克斯坦、乌兹别克斯坦、土库曼斯坦来说，其中原油和天然气等初级能源产品占很大的比重。①

3. 丝绸之路经济带的大国角力

地处欧亚腹地的中亚地区，从古到今都是各国政治、军事的角斗场，而中亚国家相对是弱国，始终处于各大战略的交锋之中，追求“有倾向性的全方位平衡外交”，来规避地缘政治风险，成为中亚各国外交的普遍取向。

美国自“9·11”事件后，加强了在中亚地区的政治、军事存在，在塔吉克斯坦建立军事基地，并通过高层访问，经济援助，拉拢中亚各国，又通过政治活动，培植亲欧美的政治精英，以达到自己在该地区的战略目标及战略利益。

俄罗斯在地缘上更占优势，在政治、军事之外，俄罗斯充分利用自己的地缘优势，大打能源牌，俄罗斯与哈萨克斯坦都是能源大国，两国总统经常就石油和天然气合作进行会晤，俄罗斯把自己通往欧洲的输油管道，租借给哈萨克斯坦使用，一方面可以拉拢哈萨克斯斯坦；另一方面又可以控制哈萨克斯坦的油气生产与出口。土库曼斯坦则奉行“永久中立”的外交政策，其他中亚国家也在各方力量中寻找战略平衡点。

除土库曼斯坦外的中亚四国及俄罗斯都是独联体国家，由于其特殊的地理位置和丰富的能源资源，独联体国家历来与欧洲的经济关系比较密切，特别是与欧盟的关系。如2010年出口去向构成中，哈萨克斯坦向欧洲出口占其总出口额的39.8%，其中欧盟就占37.4%；俄罗斯向欧洲出口占其总出口额的51.7%，其中欧盟占49.2%②。2008年欧盟委员会提出在里海海底修建一条中亚至欧盟的天然气管道，以绕过俄罗斯，获得哈萨克斯坦和土库曼斯坦的天然气。欧盟与中亚国家及俄罗斯的能源合作较为成熟，但地理因素和政治因素制约了合作的层次，中国应当从提高合作质量和层次这一方向，

① 魏玮．欧亚能源开发合作与可持续发展分报告［J］．欧亚经济论坛，2013.

② 中华人民共和国统计局，译．国际统计年鉴2013（中文电子版）.

赶超欧盟。

4. 丝绸之路经济带能源合作中的新兴力量

新兴经济体国家如印度、东南亚国家，大多处于工业化的中期，对能源的需求同样迫切，急需工业发展、国民生活所需的能源。从《BP世界能源统计年鉴2013》可看出，亚太地区、非洲及中东今后一段时间能源消费增长率，仍将保持5%左右，非经合组织国家的一次能源需求量自1992年以来，呈“J”形增长，2012年接近70亿吨油当量，远超过经合组织55亿吨油当量的能源消费量①。能源十分缺乏的老牌发达国家如日本、欧盟一些成员国及新兴发达国家如韩国、新加坡同样担忧能源安全，急需能源战略储备。一些国家必将在中亚及俄罗斯与中国竞争油气公司的股份，油气田的勘探、开发，油气的生产、运输、进口等各项权益，如日本介入下的中俄石油管道“变迁历程”就是例证。这两类能源需求者对中国与俄罗斯及中亚国家的能源合作产生现实的和潜在的竞争和冲击。前者有可能抬高俄罗斯及中亚油气出口价格，后者更可能通过能源资本、技术及人才输入，控制及影响能源的生产及出口方向。

四、丝绸之路经济带能源合作走向和政策选择

在“亲、诚、惠、容”的创新理念下，丝绸之路沿线国家有必要树立新型能源合作观，以巩固能源合作成果、推进现有合作项目为前提，以区域能源合作优势互补、协同发展为基础，以提高能源合作的质量及层次为发展重点和发展方向，形成区域能源产业一体化，共筑能源安全网，巩固丝绸之路经济带的能源基础，推进丝绸之路经济带的建设发展。

哈萨克斯坦、乌兹别克斯坦及土库曼斯坦三国之间应加强能源合作，共建能源出口协商机制，以提高整体能源出口效益为战略导向，从能源体制着手，推进能源领域的结构调整和市场改革，加快制订相互协调的能源发展规划，形成统一的勘探开采程序，生产技术标准，运输管道建设标准，环境保护标准等，达成能源关税协议，积极改善基础设施，从而形成统一、有序、高效的能源供给市场。

吉尔吉斯斯坦和塔吉克斯坦应积极融入丝绸之路经济带能源合作领域，以地理区域、人力成本、土地成本来寻找自身的能源合作优势，探索能源合作的方向，制订参与能源合作的规划，积极修建基础设施，特别是交通运输物流设施，吸引能源合作项目，分享区域能源合作带来的利益。

俄罗斯则需与中亚五国及中国建立稳定的能源合作关系，制定可实施的区域能源发展规划，这对推动本国能源产业发展，国民经济结构调整，稳定经济增长，防止经济剧烈波动都大有裨益。

中国现处于全面深化改革时期，经济结构调整优化阶段，又处在产业区域转移的

① 英国BP公司. BP世界能源统计年鉴2013.

国家区域协调发展的战略背景下；中亚五国及俄罗斯也处于产业经济调整优化，市场化改革阶段。在此区域大背景下，中国应当发挥能源产业升级的主动性，把国内与区域有机统一起来，推动和带动丝绸之路经济带能源合作的质量、层次提升，走能源合作可持续发展道路。

西北五省与中亚五国及俄罗斯的区位优势明显，应当成为东部能源类产业转移、优化、升级的首选之地，把西北部发展成为中国能源产业基地，而不只是油气管道的过境区，把西北推向丝绸之路经济带能源产业升级的前沿，大力发展工业能源产业，电力生产，石油炼制与化工，煤化工及天然气化工，及更高端的化工市场的精细化工生产，合成材料生产，化肥农药生产等，也可以把西北打造成丝绸之路经济带能源金融中心，能源工程技术与装备业务服务区，更大地增强丝绸之路经济带的内部集聚效应和外部辐射能力。

此外，中国应当与印度、日本、韩国及东南亚国家在中亚五国及俄罗斯积极展开能源合作，共同开发利用油气资源，尊重相互的能源需求，共同维护能源安全，这符合中国相互尊重，互利共赢，共同发展的外交政策。

中国、中亚五国及俄罗斯相互之间的能源合作协议、框架及会谈协商机制多是双边性质，很少有多边或区域性质的，各国未来的能源战略发展规划相关性不强。基于丝绸之路经济带能源合作近年来取得的丰硕成果、实践经验及当前存在的问题，能源合作下一阶段的首要之举应当是建立区域能源合作对话机制、协商机制、价格机制等区域能源合作机制，共同制订区域能源产业发展规划，增强各国能源战略的利益相关性，共建新型能源合作关系。

8.3　丝绸之路经济带的产业转型与合作①

一、引言

产业转型合作是丝绸之路经济带的重要建设内容，若将与丝绸之路经济带沿线发展中国家的产业贸易与合作局限于获取能源、资源，推销产能过剩产品，则“中心—外围”效应会将自然资源丰富而工业基础薄弱的经济体锁定在国际分工外围，加剧中亚等国对中国“大国威胁论”的恐惧，从根本上不利于丝绸之路经济带产业转型与合作机制的构建与持续。丝绸之路经济带的构建与发展以各地区共同经济利益提升为基础，共同经济利益的实现需要通过科学技术与工业合作，最终以技术进步与创新来推动。林毅夫所提出的新结构经济学（New Structure Economics）是关于经济发展的本质、结构转型与升级驱动要素的理论框架，为丝绸之路经济带产业转型与合作机制的构建提供可能的阐释基础。

新结构经济学框架中，经济发展是以动态效率为基础的结构升级转型过程；产业结构内生决定于要素禀赋结构，产业结构转型与升级是一个连续发展的过程，其根本动力来自人口、资本与技术要求的相对充裕度和结构转变。

第一，从要素禀赋与结构到产业结构再到收入水平。新结构经济学认为经济发展的本质是结构不断变迁的过程；发展中国家在追赶发达经济体的过程中，只有通过要素禀赋及其结构赶上发达国家，推动产业结构转型与升级，才能最终实现收入水平赶上发达国家；相反，“中等收入陷阱”的出现源于经济结构缺乏有效的调整与升级②。

第二，产业结构转型与升级是一个连续谱，在结构变化过程中需要硬性基础设施（交通、电力、港口等）与软性基础设施（金融、法制等）的逐步完善。经济发展的每一阶段均是从低收入农业经济到高收入产业经济的连续谱上的一点；持续性的技术创新、产业结构升级是经济增长的实质及其普遍特征事实，需要如高速公路、港口、机场、电信系统、电网等硬件基础设施，以及制度、条例、社会资本、价值体系等软

① 本节是国家社会科学基金项目“中国特色自方创新道路的金融推动机制研究”（项目号：12CJL005）阶段性研究成果。

② 林毅夫．新结构经济学的理论框架研究［J］．现代产业经济，2013（3）．

性基础设施的支持①。

第三，要素禀赋、比较优势、市场与政府是结构变迁的四大驱动力。①一个经济体的要素禀赋及其结构会随着发展阶段的变化而升级，按照比较优势发展，会推动要素禀赋结构的提升并形成新的产业，进而推动产业结构的转型升级；②按照比较优势发展，需要以价格反映要素稀缺性为前提条件，因而市场与政府作用存在边界：市场机制在资源配置中应发挥基础性作用，而政府在产业转型与升级中的作用，应侧重于提供新产品信息、协调同一产业中不同企业的关联投资、为先驱企业补偿信息外部性，以及通过孵化与鼓励外商直接投资来培育新产业。在产业结构升级过程中，政府的协调作用主要包括两个方面：其一，通过完善各种基础设施（电力、港口等硬基础设施；金融、法律等软基础设施）降低交易成本，使得比较优势转化为竞争优势；其二，通过对创新者的“外部性补偿”以降低并分散其风险②。此外，新结构经济学将结构变化这一逻辑延伸到经济发展的其他方面，指出金融的结构也应当以经济发展的阶段相匹配，以更好的支持结构升级与经济增长③。

第四，自生能力④。按照比较优势发展经济，就是要选择符合要素禀赋条件的产业，并形成与其相适应的产业结构；如此形成的产业才能够具有自生能力，不需要政府以补贴等其他扭曲要素配置的方式维持其存在与发展。在产业结构升级过程中，政府应做到“增长识别与因势利导”（Growth Identification and Facilitation）以促进要素禀赋升级。没有比较优势的企业没有自生能力，仅能依靠扭曲资源配置的政策或补贴存活。

本节将从中亚各国产业结构演变与现状入手，结合新结构经济学理论框架，探究丝绸之路经济带沿线国家和地区产业转型与合作的可行路径。

二、产业转型与合作的必要选择

中亚各国作为丝绸之路经济带发展初期阶段的核心区⑤，有必要进行产业结构转型升级以及与中国展开合作：一方面，连接欧洲经济圈与亚洲经济圈的中亚各国由于基础设施落后、自然资源充裕，对产业转型升级存在显著需求；另一方面，与资源禀赋、

① 林毅夫．新结构经济学——反思经济发展与政策的理论框架［M］．北京：北京大学出版社，2012：17.

② 林毅夫．新结构经济学——重构发展经济学的框架［J］．经济学（季刊），2010（1）；林毅夫．繁荣的求索——发展中经济如何崛起［M］．北京：北京大学出版社，2012；林毅夫．新结构经济学——反思经济发展与政策的理论框架［M］．北京：北京大学出版社，2012.

③ 林毅夫．新结构经济学——反思经济发展与政策的理论框架［M］．北京：北京大学出版社，2012：219－220.

④ Lin，J. Y.，Tan，G.，Policy Burdens，Accountability and the Soft Budget Constraint［J］. American Economic Review，2009，2.

⑤ 胡鞍钢，马伟，鄢一龙．“丝绸之路经济带”：战略内涵、定位和实现路径［J］．新疆师范大学学报（哲学社会科学版），2014（2）.

产业结构具有互补性、发展水平接近的中亚各国合作，有利于进一步推动我国西部地区承接东部产业的梯度转移，促进经济由资源依赖转向创新驱动发展，避免陷入“中等收入陷阱”。

1. 中亚各国产业结构演变与现状

根据钱纳里—塞尔奎因就业结构转换滞后理论，就业结构变动相比产值指标更能真实地反映产业结构的实际变动状况①。中亚各国同处于向市场经济与后工业演进的转型阶段，虽然各国经济规模存在显著差异，但产业结构中农业比例均较高。哈萨克斯坦在2012年农业就业人口所占比率达25.5%，而其他中亚各国农业从业人口则仍在30%以上，特别是塔吉克斯坦在2004年该值仍高居55.5%；服务业在中亚各国发展较为迅速，以塔吉克斯坦与吉尔吉斯斯坦最为显著（如表8－10所示）。

表8－10　中亚四国就业规模与结构演变

国家	年份	总就业人数（’000）	农业（’000）	农业（%）	工业（’000）	工业（%）	服务业（’000）	服务业（%）
哈萨克斯坦 Kazakhstan	1999	4179.1	1115.6	26.7	836.7	20.0	2224.5	53.2
	2002	6708.9	2380.2	35.5	1092.4	16.3	3236.3	48.2
	2004	7181.8	2406	33.5	1250.3	17.4	3525.5	49.1
	2006	7404	2334.7	31.5	1365.3	18.4	3703.5	50.0
	2008	7857	2369.8	30.2	1486.9	18.9	4000.7	50.9
	2010	8114.2	2294.9	28.3	1518.6	18.7	4300.7	53.0
	2012	8507.1	2172.7	25.5	1648.9	19.4	4685.6	55.1
吉尔吉斯斯坦 Kyrgyzstan	1986	1651.1	539.2	32.7	414.3	25.1	597.1	36.2
	1988	1716.1	577.2	33.6	418.7	24.4	612	35.7
	1990	1747.9	572	32.7	487.2	27.9	688.7	39.4
	1992	1835.9	700.6	38.2	413.8	22.5	721.5	39.3
	1994	1645.4	690.8	42.0	318.2	19.3	636.4	38.7
	1996	1651.5	778.6	47.1	240.7	14.6	632.2	38.3
	1998	1704.9	835.4	49.0	222.5	13.1	647	37.9
	2000	1768.4	938.5	53.1	185.3	10.5	644.6	36.5
	2002	1850.1	908.2	49.1	221.8	12.0	719.8	38.9
	2004	1991.2	774.6	38.9	350.0	17.6	866.4	43.5
	2006	2096.1	760.2	36.3	406.7	19.4	929.1	44.3
	2008	2184.3	743	34.0	451	20.6	990.4	45.3

① 涉及就业结构与产业结构关系还有配第—克拉克定理、库兹涅茨定理、刘易斯与拉尼斯—费的农村剩余劳动力流动模型等，理论表明就业结构与产业结构具有高度关联性。

续表

国家	年份	总就业人数（’000）	农业（’000）	农业（%）	工业（’000）	工业（%）	服务业（’000）	服务业（%）
塔吉克斯坦 Tajikistan	2004	2452.6	1361	55.5	439.5	17.9	642.6	26.2
乌兹别克斯坦 Uzbekistan	1995	8449	3484	41.2	1615	19.1	2945	34.9
	1997	8680	3504	40.4	1659	19.1	3033	34.9
	1999	8885	3421	38.5	1725	19.4	3124	35.2

注：由于数据可得性，部分国家数据存在缺失，塔吉克斯坦仅有2004年数据。
资料来源：LABORSTADATABASE（2014）。

开放经济条件下，国际贸易是从外部影响产业结构变动主要因素之一，东亚各国贸易模式与结构也从另一侧面反映了各国产业结构现状。中亚五国中，哈萨克斯坦与中国贸易规模相对最大，占总额60%以上①。从其主要贸易产品看，其资源禀赋以原油、铜钢铁等自然资源为主（如表8-11所示）。

表8-11　2013年哈萨克斯坦主要贸易产品与贸易伙伴现状

主要出口商品		主要进口商品		主要出口伙伴		主要进口伙伴	
名称	贸易值（百万＄）	名称	贸易值（百万＄）	国家	贸易值（百万＄）	国家	贸易值（百万＄）
矿物燃料、矿物油及其蒸馏产品；沥青物质；矿物蜡	62572	核反应堆、锅炉、机械和机械器具及其零件	7258	意大利	15223	俄罗斯	17686
钢铁制品	3238	矿物燃料、矿物油及其蒸馏产品；沥青物质；矿物蜡	5436	中国	14334	中国	8193
无机化学品，贵金属，稀土金属，放射性元素及其同位素的有机及无机化合物	3136	车辆及其零件、附件，但铁道及电车道车辆除外	4425	荷兰	9729	德国	2806
铜及其制品	2887	钢铁制品	4256	俄罗斯	5807	美国	2392
矿砂、矿渣及矿灰	2725	电机、电气设备及其零件；录音机及放声机、电视图像、声音的录制和重放设备及其零件、附件	3911	法国	5262	乌克兰	2248

① 胡鞍钢，马伟，鄢一龙．“丝绸之路经济带”：战略内涵、定位和实现路径［J］．新疆师范大学学报（哲学社会科学版），2014（2）．

续表

主要出口商品		主要进口商品		主要出口伙伴		主要进口伙伴	
名称	贸易值（百万＄）	名称	贸易值（百万＄）	国家	贸易值（百万＄）	国家	贸易值（百万＄）
其他商品	7952	其他商品	23586	其他伙伴	32155	其他伙伴	15547

资料来源：联合国 UNCOMTRADEDATABASE。

吉尔吉斯斯坦则相对多样化些，产业基础除采矿外，还有机械制造、轻工、食品与燃料等（如表 8－12 所示）。

表 8－12　2012 年吉尔吉斯斯坦主要贸易产品与贸易伙伴现状

主要出口商品		主要进口商品		主要出口伙伴		主要进口伙伴	
名称	贸易值（百万＄）	名称	贸易值（百万＄）	国家	贸易值（百万＄）	国家	贸易值（百万＄）
天然或养殖珍珠、宝石或半宝石、贵金属、宝贵金属及其制品；仿首饰；硬币	569	矿物燃料、矿物油及其蒸馏产品；沥青物质；矿物蜡	1167	瑞士	548	俄罗斯	1785
矿物燃料、矿物油及其蒸馏产品；沥青物质；矿物蜡	177	车辆及其零件、附件，但铁道及电车道车辆除外	675	哈萨克斯坦	405	中国	1210
车辆及其零件、附件，但铁道及电车道车辆除外	122	核反应堆、锅炉、机械和机械器具及其零件	375	俄罗斯	219	哈萨克斯坦	519
非针织或非钩编的服装及衣着附件	115	电机、电气设备及其零件；录音机及放声机、电视图像、声音的录制和重放设备及其零件、附件	261	乌兹别克斯坦	190	美国	253
食用蔬菜、根及块茎	89	医药产品	187	中国	61	日本	216
其他商品	612	其他商品	2709	其他伙伴	260	其他伙伴	1391

资料来源：联合国 UNCOMTRADEDATABASE。

2. 产业转型与合作的基础：产业互补性

国际间劳动分工导致产业的互补性，主要包括两种类型：产业间垂直分工推动“你有我无型”产业互补（产业供给与需求间的互补），形成产业间单向贸易；而产业内垂直分工造成“此生彼涨型”产业互补（某产业发展导致一个产业的发展），表现为垂直性产业贸易①。中国与中亚各国在基础设施领域、能源资源领域和轻工领域等均有互补性，存在产业合作需求②。

首先，在基础设施领域。相比中亚各国，中国在国际工程承包、跨国项目建设方面具有一定的技术优势、产业国际竞争力较强；通过产业合作，可促进中亚各国交通、电信等方面基础设施的建设，有利于丝绸之路经济带沿线经济体承接产业能力的提高。根据美国《工程新闻纪录》（Engineering News Record，ENR）国际承包商225强榜单，中国2012年度有41家企业入围③（如表8－13所示）。

表8－13　2013年度ENR国际承包商（INTERNATIONALCONTRACTORS）225强的中国企业

年度排名		公司名称	2012年营业额（$，百万）	
2013	2012		国际市场营业额	总营业额
10	10	中国交通建设集团有限公司	11187.2	47327.3
20	23	中国水电建设集团有限公司	5473.1	20120.1
24	22	中国建筑工程总公司	4987.8	81366.8
25	24	中国机械工业集团公司	4947.7	5533.2
34	39	中国铁路工程总公司	3799.6	81805.7
43	46	中信建设有限公司	2635.8	2964.0
51	42	中国冶金科工集团公司	2295.7	31522.6
92	83	四川东方电气股份有限公司	926.3	6836.8

资料来源：美国《工程新闻纪录》（Engineering News Record，ENR），2013年8月。

中国与东亚各国间在基础设施领域的合作的优势在于：其一，我国在公路桥梁、地铁项目建设上已经达到世界先进水平，具有较强的竞争力；其二，西部地区国际承包商的国际竞争力也在逐渐加强，地缘优势将有助于双方技术合作。四川东方电气股份有限公司位列2013年度ENR国际承包商（InternationalContractors）百强；而在ENR全球国际承包商225强（GlobalContractors）中，新疆乌鲁木齐生产建设兵团建设工程集团有限公司（XPCCCONSTRUCTION&ENGINEERINGGROUPCO. LTD.，Urumqi，China）2012年度2734.5百万美元的总营业额中有458.1百万美元来自国际市场④。

① 张丽平．中美产业互补性研究［M］．北京：商务印书馆，2011.

② 王海燕．在上海合作组织框架内中国新疆与中亚国家的产业合作［J］．俄罗斯中亚东欧市场，2006（8）．王海燕．中国参与中亚区域能源合作的策略［J］．新疆金融，2008（2）．杨殿中．中国企业对中亚五国直接投资的产业分布及产业选择建议［J］．中央财经大学学报，2012（9）．毛汉英．中国与俄罗斯及中亚五国能源合作前景展望［J］．地理科学进展，2013（10）．张建伦．加强丝绸之路经济带产业合作［J］．中国发展观察，2014（5）.

③ 资料来源：中国建筑业协会“行业要闻”，http：//www. zgjzy. org/NewsShow. aspx？id＝3798，2014－06。

④ 美国《工程新闻纪录》（Engineering News Record，ENR），2013年8月。

与中亚各国的相关产业合作不仅能够帮助其发展本国基础设施建设，也有助于我国消化并缓解水泥、钢材等要素产能过剩的问题①。以 2012 年为例，我国粗钢、电解铝、水泥、平板玻璃、船舶的产能利用率仅分别为 72%、72%、73%、68% 与 75%；光伏、多晶硅等新兴行业的产能利用率只有 30% ~50%②。通过参与中亚各国基础设施建设，有助于扩大我国高铁、民用飞机、移动通信等高科技产品销售的市场规模，推动进一步技术创新；同时也巩固了新丝绸之路经济带产业转型与合作的基础，为“西能东输”创造条件。

其次，在太阳能、风能、水资源及其他能源资源领域。中亚各国与中国西北部自然条件、自然资源较为相似，同一技术具有良好的适用性。新疆等地所研制风机、光伏电池的技术与经验都可以直接为中亚各国所借鉴，推动可再生能源发展、有助于中亚国家机械制造业发展；而反过来，中亚地区可以为中国提供丰富原料，例如哈萨克斯坦孜勒奥尔达州被估计拥有约5000 万吨石英砂储量，后者是生产光伏电池所必需的原材料③。

最后，在轻工业领域。中国具有比较优势的纺织、服装、食品等轻工业产品的出口或“绿地投资”可通过产品多样性提高中亚各国消费者的福利，避免资源与最终产品消费市场的分割问题，也有利于带动当地就业与经济增长；中方通过提供制药业等相关产业的技术或机器设备，推动产业梯度转移。

总之，丝绸之路成员方的发展与产业转型合作关系的拓展，需要以本地区要素资源禀赋为基础，利用相互间的产业互补性，在开放的竞争性市场中形成比较优势，并转化为竞争优势，才能够以最小成本最大利润实现产业结构的转型。

三、丝绸之路经济带产业转型的合作机制

一个经济体的要素禀赋由土地、自然资源、人口与资本构成，在给定时间维度上虽然是既定的，但随着经济发展会逐渐变化，并进而构成产业结构转型与升级的基础。丝绸之路经济带的发展初期，应基于各经济体要素资源禀赋，以能源合作带动要素禀赋结构的升级。借鉴新结构经济学思想与上文的分析，丝绸之路经济带产业协同合作转型机制的构建需要从禀赋结构升级入手，通过硬性与软性基础设施的提供，促进科学技术与工业合作，进而推动产业承接与转型升级。

1. 要素禀赋与比较优势

要素禀赋升级是产业转型与合作的动力与根基。丝绸之路经济带沿线各国与地区应遵循比较优势，按照本地区的禀赋结构选择相应的技术结构，以推动产业转型与升级。根据新结构经济学，发达经济体与中低收入发展中国家的要素禀赋

① 张建伦. 加强丝绸之路经济带产业合作［J］. 中国发展观察，2014（5）.

② 工业和信息化部. 工业转型升级规划（2011—2015 年）［J］. 中期评估报告，2014 -02 -10.

③ 徐海燕. 中国与中亚的能源“双轨”合作［J］. 国际问题研究，2013（6）.

存在差异，从而最优产业结构与产业转型升级的动力也不一样：前者处于世界技术前沿，主要依靠创新人力资本与科研投入推动产业升级；而处于技术链条低端的发展中国家主要通过对已有技术的模仿与吸收来实现技术进步。由于所模仿的技术及相关产业在全球其他发达国家基本成熟，因而产业转型与升级的关键在于，能否实现以较为低廉的相对成本获得国际竞争力；否则，通过行政命令等非市场方式扭曲价格体系，会带来内生性的寻租行为与资源错配：①按照比较优势发展经济，可创造最多的剩余与积累；要素禀赋结构提升速度会与资本积累速度成正比[①]；②伴随着要素禀赋结构的提升，新的优势产业出现，产业转型与升级才具有动力与现实可能性。因而，只有发展到与发达国家类似的要素禀赋结构，才能够拥有相应的资本技术相对密集的产业结构，实现产业的转型与升级（如图8－6所示）。

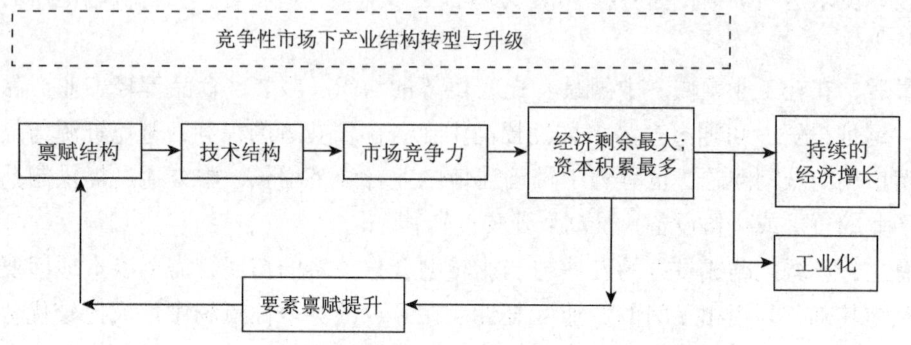

图8－6　产业结构转型升级与工业化

注：图形中资本积累包括物质资本积累与人力资本积累；随着资本积累提升，要素禀赋结构与产业结构实现升级，并使得企业在资本与技术密集型产业越来越具有市场竞争力。

资料来源：林毅夫．新结构经济学——反思经济发展与政策的理论框架［M］．北京：北京大学出版社，2012.

丝绸之路沿线区域产业协同转型与发展需要考虑初始状态的比较优势，能源合作是基础。以2012年出口商品结构统计数据为例，该指标间接衡量一国要素禀赋水平、科学技术与服务等与国际市场的关联度。当前中国与中亚五国产业互补性较强，合作主要集中于能源、资源与农产品等相对低附加值领域，虽然合作产业较为单一，但具有要素禀赋决定的比较优势；随着合作的深入与要素禀赋结构的提升，应以差异化产业发展，推动全产业链投资，强化产业链延伸、潜在比较优势培育，实现多层次、多角度的开放与合作（如表8－14所示）。

① 林毅夫．新结构经济学的理论框架研究［J］．现代产业经济，2013（3）.

表 8－14　2012 年中亚五国、中国、俄罗斯与世界出口商品结构

国家	出口总额（百万美元）	高科技产品出口比重（%）	初级品所占比重（%）（A）	中间品所占比重（%）（B）	资本品（设备）所占比重（%）（C）	消费品所占比重（%）（D）
哈萨克斯坦	92282	3.5	72.4	26.3	0.9	0.3
吉尔吉斯斯坦	1683	1.4	18.4	63.1	3.7	11.8
塔吉克斯坦 *	942	0.2	29.5	69.2	0.5	0.8
土库曼斯坦 *	10123	0.1	88.5	10.5	0.3	0.7
乌兹别克斯坦 *	4306	7.9	37.1	55.1	1.8	6.0
中国	2048783	14.5	1.6	31.5	41.0	25.8
俄罗斯	524564	1.1	51.3	39.2	1.9	0.9
世界	18360127	9.1	16.7	44.6	23.2	11.6

资料来源：ITC（UNCTAD/WTO）DATABASE。

在能源合作方面，2009 年中国与中亚国家能源合作的主要格局为：石油、铀矿领域（主要合作伙伴：哈萨克斯坦）、天然气领域（主要合作伙伴：土库曼斯坦、乌兹别克斯坦与哈萨克斯坦）、电力领域（主要合作伙伴：塔吉克斯坦、吉尔吉斯斯坦与哈萨克斯坦）①。伴随着资源开发与合作，相关区域水电、道路、通信以及教育等配套设施的建设，不仅有利于贸易规模的扩大，而且能够吸收当地劳动力就业；此外，循环经济与清洁生产等技术的推广，也有利于大规模能源资源勘探、开发、运输与加工的可持续发展。2013 年中国石油在中亚地区油气投资项目的员工约有 97% 是当地劳动力，为该区域提供了超过 3.4 万个就业岗位；其中，在哈萨克斯坦，员工本地化达到 98%，相关业务人员中方总计 370 人，哈萨克斯坦员工 2.3 万余人；土库曼斯坦阿姆河项目培训员工约 7.3 万人次②。劳动就业等技能培训能够提高劳动力素质，有利于工业化中劳动密集型产业的转型与升级。

2. 硬性与软性基础设施

硬性与软性基础设施的改善是产业转型与合作的突破口。基础设施能够影响市场交易费用与投资边际回报率，对一国企业的生存能力至关重要，而主要供给方为政府；因而政府制定相关法规政策以及其监管执行的能力、提供基础设施成本与效率等会影响一国产业结构转型与升级。

（1）硬性基础设施方面。丝绸之路经济带以铁路为主体，包括公路、航空、管道、通信与口岸设施在内连接中国—中亚的交通走廊硬件设施在 2006 年已经初步建成③。在铁路等建设方面，根据新疆交通运输厅的统计数据，截止到 2013 年底，新疆铁路营

① 吴恩远．中、俄、美欧与中亚国家能源合作现状及前景［J］．国际石油经济，2009（11）．

② 资料来源：中国石油官方网站统计数据，http：//news. cnpc. com. cn/system/2013/09/11/001447061. shtml.

③ 朱显平，邹向阳．中国—中亚新丝绸之路经济发展带构想［J］．东北亚论坛，2006（5）．

运里程达到4915公里（电气化铁路1635公里），以乌鲁木齐为中心，东连甘肃、青海，通往内陆，南接西藏，西出中西亚，北通蒙古、俄罗斯的国际铁路网初具规模①；而巴库—第比利斯—卡尔斯铁路项目也即将于2015年完工，丝绸之路应用航空、铁路和高速公路将相互贯穿②。在能源合作方面，已经投产的中亚天然气管道、中哈原油进口管道、吉木乃口岸液化天然气项目，与在建或规划中的巴基斯坦石油管线、中国—土库曼斯坦原油管线、俄罗斯油气输送及中亚天然气管线四线③，推动了中亚各国能源出口的多元化，也为油气开采、管道输送合作拓展了空间。

虽然中国与东亚各国间交通网络在逐渐建立与完善中，但我国国内东、中、西部地区交通基础设施投资规模差距仍较大，货物运输在空间分布上仍不平衡④；此外，丝绸之路经济带内轨轨距不统一的问题（中国与欧洲1435毫米、东亚1520毫米）⑤仍然存在，增大了火车过境的时间与运输成本。

新丝绸之路经济带交通基础设施建设不仅促进商品贸易自由流动，而且对全要素生产率有显著提高作用⑥。实证计量检验表明2001—2010年，二级公路、铁路增量的空间外部偏效应相对较大；其中，二级公路的增量对TFP增长影响最大：二级公路每增加1%，TFP将随之上涨0.0852%；铁路每增加1%，将推动TFP增长0.0481%；经济带各类交通基础设施存量的增加对TFP增长的贡献份额为59.0704%；二级公路对TFP增加的贡献率最高，约占23.9827%。总之，外生供给的基础设施决定企业生产的交易费用与市场范围（反过来进一步决定劳动分工程度），从而也决定着经济离生产可能性边界的距离，是丝绸之路经济带产业转型与合作的突破口。

（2）软性基础设施方面。类似于硬性基础设施，金融、法律、社会网络等软性基础设施也能够影响企业从事生产活动的交易费用与市场范围。根据世界银行《2014年营商环境报告》，哈萨克斯坦排名较高，其营商环境在189个被调查的经济体中列第50位。该报告综合考察了经济体商业监管所涉法律制度的力度，及相关监管的复杂性与成本，从而较为客观地衡量经济体是否建立了有助于降低交易成本的、推动市场交往并保护公众利益的法规，同时又不无谓地对私营部门的发展设置障碍。哈萨克斯坦由于没有最低资本限额而使得开办企业变得容易，而其提供加急办理程序使得财产登记变得容易，从而具有相对较好的软性基础设施，并成为中国主要能源合作伙伴（如表8-15所示）。

① http://www.ce.cn/xwzx/gnsz/gdxw/201406/23/t20140623_3023533.shtml，2014-06-27.

② http://news.xinhuanet.com/world/2014-06/26/c_1111338989.htm，2014-06-27.

③ http://news.xinhuanet.com/world/2014-06/21/c_1111252038.htm.

④ 李忠民，刘育红，张强．“新丝绸之路”交通经济带经济增长的实证研究——基于人力资本等6个因素的面板数据模型［J］．经济问题，2011（1）.

⑤ 杨恕，王术森．丝绸之路经济带：战略构想及其挑战［J］．兰州大学学报，2014（1）.

⑥ 刘育红，王新安．“新丝绸之路”交通基础设施与全要素生产率增长［J］．西安交通大学学报，2012（3）.

表 8-15　2014 年中国与中亚四国营商环境比较

	中国	哈萨克斯坦	吉尔吉斯斯坦	塔吉克斯坦	乌兹别克斯坦
营商难易度排名	96	50	68	143	146
开办企业难易度	158	30	12	87	21
办理施工许可难易度	185	145	66	184	159
获得电力难易度	119	87	180	186	173
财产登记难易度	48	18	9	78	136
获得信贷难易度	73	86	13	159	130
保护投资者	98	22	22	22	138
交税难易度	120	18	127	178	168
跨境贸易难易度	74	186	182	188	189
执行合同难易度	19	27	70	39	40
解决破产难易度	78	54	132	81	63

注：此为排名（在所调查的 189 个经济体中），数值越小越容易。

资料来源：世界银行《2014 年营商环境报告》。

不同产业升级过程中均会面临 X 低效率（X - inefficiency）问题，产业转型与升级的速率不仅取决于要素禀赋结构升级的速度，还取决于基础设施设置是否进行相应完善。因而丝绸之路经济带的产业转型与升级需要软性基础设施的相应提升，是下一步发展与合作的战略重点与突破口。

3. 科学技术与工业合作

科学技术发展与工业合作是产业结构调整的关键。产业结构转型升级的关键在于新产业的形成与发展，后者的关键来自于核心技术的创新与突破。发展中国家实现技术创新与科技进步有两个途径：R&D 与引进技术。新结构经济学认为由于技术结构内生于要素禀赋结构，从而技术变迁也应循序渐进；对于经济水平较低地区，应按照本国的要素禀赋所决定的比较优势选择研发并引进适宜本地区的技术，以相对较低的成本实现技术升级；伴随着要素禀赋结构的升级，产业结构与技术结构相应提升，自主研发相对技术引进的重要性逐渐加强。

借鉴新结构经济学，丝绸之路经济带沿途国家与区域的科技与工业合作过程中：一方面，对于相对收入水平较低国家与区域间合作，应通过引进适宜性技术来发挥自身后发优势，并以此获得比发达国家更快的技术变迁速度①；可通过科技合作、向科技领域投资、改造老工业项目等方式推动丝绸之路经济带产业转型与合作②。在能源合作领域，由于勘探与开采难度较大，需要资本密集型、技术密集型机器设备与技术，从而需要多国合作，利用各国在技术、资金与矿权开发等方面的优势，“干中学”实现技

① 林毅夫，张鹏飞．后发优势、技术引进和落后国家的经济增长［J］．经济学（季刊），2005（1）．

② 赵华胜．“丝绸之路经济带”的关注点及切入点［J］．新疆师范大学学报，2014（3）．

术升级与联合开发。以哈萨克斯坦为例，其在20世纪70年代就被发现的肯基亚克盐下油田，由于岩丘钻井难题基本无法开发，通过与中国石油的科技合作，以石炭系先期裸眼完井与高压油气层欠平衡钻井技术，实现200多万吨的产能①。

另一方面，资源丰富型国家与地区还应从资源商品收入中拿出合理的部分用于教育、人力资本、基础设施与社会资本的投资，以利于产业多样化，并为要素禀赋升级带来的产业结构提升给予因势利导的支持；伴随着技术结构的提升，需要相对重视自主研发。总之，应以基础设施投资为先导，辅以技术引进、研发与合作，促进丝绸之路经济带沿线各经济体与区域产业协同转型。

四、丝绸之路经济带的产业转型与金融发展

由于产业在转型与结构升级过程中，企业的生产规模效应会随着与技术前沿差距的缩小而扩大，技术创新风险、市场成熟度风险与企业家管理才能风险也会随之变化，相应需要有效的金融体系以提供资本积累、降低交易费用及分散风险。将技术创新、金融体系与产业结构调整相结合是推动丝绸之路经济带产业合作与转型的现实路径。

首先，金融体系通过带动技术创新推动产业转型与合作。其一，对于制度体系尚不完善的发展中国家，金融发展是比较优势形成的关键要素②；金融发展通过方便贸易结算、扩大贸易规模、改善贸易方式及分散贸易风险，有利于出口复杂度的提升，实现出口品的技术进步。其二，金融发展有利于通过提高技术吸收能力，推动技术引进、模仿与吸收的效率，推动产业结构升级：技术模仿与吸收过程中依然面临不确定性风险，且投资项目的不可分性对资金需求的规模也较大，金融体系发展通过改善资源配置与提高投资效率，为国内企业模仿与创新中提供必要的资金支持、降低投资风险；此外，金融市场的发展通过提供资金支持，推动了东道国企业与外资企业产业间链接效应③，间接促进技术吸收能力提高。

其次，虽然服务业在中亚各国发展较为迅速，但金融发展在中亚五国间差异显著。从规模与结构来看，哈萨克斯坦金融发展水平最高，根据世界银行2011年统计数据显示，15岁以上拥有银行账户的人数比例分别为：哈萨克斯坦42%、乌兹别克斯坦23%、吉尔吉斯斯坦4%、塔吉克斯坦3%及土库曼斯坦0%④。金融发展水平影响与周边国家或区域经济与贸易一体化的程度，有效的金融体系能够显著促进贸易连通，推动潜在技术创新；而当前中亚各国金融体系的不完善，一方面增加了中国与中亚各国

① 资料来源：http：//www. cpechina. com/system/2014/01/06/001465983. shtml.

② Ju，J，and Shang－Jin Wei，When is Quality of Financial System a Source of Comparative Advantage?［J］. Journal of International Economics，2011，2.

③ Alfaro，L.，Chanda，A.，Kalemli－Ozcan，S.，Sayek，S，. Does Foreign Direct Investment Promote Growth? Exploring the Role of Financial Markets on Linkages［J］. Journal of Development Economics，2010，2.

④ http：//www. worldbank. org；Demirguc－Kunt，Asli & Klapper，Leora. Measuring financial inclusion：the Global Findex Database［R］. Policy Research Working Paper Series 6025，The World Bank. 2012.

投融资与外汇出入境的成本，使得企业以第三国转存外汇的方式参与贸易，提升了潜在资本风险；另一方面，信贷的缺少限制了西部中小企业融资的能力，从而西部中小企业边境贸易多为技术含量低的劳动密集型产品，被局限在产业链低端进行生产与贸易①。有学者研究表明，随着区域之间贸易壁垒、物流运输成本降低，相应的信息交流与技术外溢能够带动价值链结构的提升，而必要的金融支持会强化这一推动作用②。总之，丝绸之路经济带的产业转型升级需要以技术创新为“内核”，在这一过程中金融支持不仅能够带动技术引进与吸收，而且强化并推动价值链结构层次的提升。

因而，为促使丝绸之路经济带产业协同合作转型机制的构建，有必要从转型国家或区域要素禀赋结构出发，以金融体系发展推动贸易与投融资便利化，提升技术与创新能力，选择适宜的技术与合作模式。在合作目标方面，应适应发展中国家或地区要素禀赋结构，推动地区性中小银行对农业、工业与服务业中小企业的金融服务；在合作内容方面，应推进人民币结算以实现区域内贸易、投资的便利化，降低相关交易成本与技术改进创新风险；在合作步骤方面，应采取循序渐进的原则，先协商建立区域性政策银行，承担区域内货币合作与金融监管等职能，逐步积累相关经验后再适时推进人民币的国际化。

① 热依汗·吾甫尔. 中国西部地区面临的地缘经济挑战——以新疆为例［J］. 人民论坛，2014（11）.

② 姚博. 金融支持、区域市场整合与价值链提升［J］. 产业经济研究，2014（2）.

8.4　丝绸之路经济带的商品贸易发展

丝绸之路经济带地域辽阔，有丰富的能源资源、矿产资源、旅游资源和土地资源，涉及国家众多、人口和市场规模独一无二，合作潜力巨大。它的构建是中国重要的地缘战略布局，必将给沿线各国、各城市带来巨大的发展机遇，而能否实现共同繁荣发展，在很大程度上依赖于沿线地区经贸合作的持续发展与深化。因此，在当前经济全球化大环境下，丝绸之路经济带贸易的繁荣发展成为非常重要的课题。本节以中国—中亚贸易发展入手，在对两者间的贸易现状和贸易潜力分析的基础上，对如何实现丝绸之路经济带的贸易发展进行简要分析。

一、中国—中亚贸易发展是繁荣丝绸之路经济带贸易的关键

"丝绸之路经济带"被认为是在古代丝绸之路概念基础上形成的当代经贸合作升级版，可以说是世界上最长、发展潜力最大的经济大走廊。①

综观整个经济带，它一头连着发达的欧洲经济圈，另一头系着繁荣的亚太经济圈，中间则是中国—中亚地区之间形成的一个经济凹陷带。② 根据区域特征可以将该区域划分为功能有所差异的三大层段（如表 8 – 16 所示）。

表 8 – 16　丝绸之路经济带三大层段及包含地区

三大层段	包含的地区
中亚经济带	哈萨克斯坦、吉尔吉斯斯坦、塔吉克斯坦、乌兹别克斯坦、土库曼斯坦
环中亚经济带	中亚、俄罗斯、南亚和西亚，包括俄罗斯、阿富汗、印度、巴基斯坦、伊朗、阿塞拜疆、亚美尼亚、格鲁吉亚、土耳其、沙特、伊拉克等以及上述中亚地区
亚欧经济带	环中亚地区、欧洲和北非，包括欧洲德国、法国、英国、意大利、乌克兰等地区，北非埃及、利比亚、阿尔及利亚等地区，以及上述环中亚地区

其中，中亚经济带是"丝绸之路经济带"的核心区，但经济发展水平整体落后，社会波动起伏较大。因此，促进中亚经济带的经济和贸易发展将是实现丝绸之路经济带这一伟大战略的关键，而中国—中亚贸易的深入发展是必要途径，主要原因在于：第一，中国与中亚国家的政治和经济关系比较密切。中国与中亚地区有 3000 多公里的

① 胡鞍钢，马伟，鄢一龙．"丝绸之路经济带"：战略内涵、定位和实现路径［J］．新疆师范大学学报，2014（2）．

② 朱显平，邹向阳．中国—中亚新丝绸之路经济发展带构想［J］．东北亚论坛，2006（5）．

边境线，共同面临着“三股势力”的侵扰，因此，在政治、经济合作、能源等方面有合作和共同开发的潜力。同时，中国目前已经成为中亚国家最重要的贸易和投资伙伴，双边贸易的深入发展对中国和中亚都有非常重要的意义，是双方共同的利益诉求。第二，中亚地区是亚欧经济带贸易往来重要的枢纽和通道。位于丝绸之路西段的欧洲，经济发展水平高、贸易繁荣，可以称得上是世界经济最集聚的地区之一。其中，中国和欧盟分处丝绸之路两端，虽然贸易和经济合作密切，但两者间的陆路通道不够畅通，因此，中国与中亚的深入合作有利于向欧洲的进一步延伸。

二、中国—中亚贸易现状和潜力分析

1. 贸易现状

从贸易规模看，2006 年至今，中国与中亚五国的贸易总额呈现出逐年上升的态势。2006 年，中国与中亚地区总的贸易总额达 12058 百万美元，到 2012 年，这一指标达到 45948 百万美元，五年内增长 281%。在中国与中亚五国的贸易总额中，哈萨克斯坦所占贸易额最大，基本维持在 50% 以上的水平，但近两年比重有所下降，中国与其他四国的贸易往来逐渐密切（如表 8 – 17 所示）。

表 8 – 17　2006—2012 年中国与中亚五国货物贸易额　　单位：百万美元

国家 年份	哈萨克斯坦	吉尔吉斯斯坦	塔吉克斯坦	土库曼斯坦	乌兹别克斯坦
2006	8358	2226	324	179	972
2007	1388	3779	524	353	1128
2008	17552	9333	1500	830	1607
2009	14129	5330	1407	957	1921
2010	20449	4200	1433	1570	2483
2011	24961	4976	2069	5477	2167
2012	25682	5162	1857	10373	2875

资料来源：《中国统计年鉴》。

随着中国和中亚经贸关系的密切，中国已经成为哈萨克斯坦和土库曼斯坦的第一大贸易伙伴国，成为乌兹别克斯坦和吉尔吉斯斯坦第二大贸易伙伴国，成为塔吉克斯坦的第三大贸易伙伴国。

从中国的角度出发，对中国与中亚国家间的主要进口和进口商品种类以表格的形式进行列示，从表中的贸易结构看，中国出口到中亚各国的商品以制成品为主，而中亚主要向中国出口资源能源类产品，可以说，双方间的贸易互补性还是比较强的（如表8 – 18 所示）。

表 8－18 中国对中亚国家的进出口商品类别

贸易对象		进出口商品类别
乌兹别克斯坦	出口	机械设备、运输工具、计算机与通信技术在内的机电产品、茶叶、纺织品、服装等
	进口	有色金属、蚕茧、原棉、棉机织物、皮革、化工品等
吉尔吉斯斯坦	出口	服装、机电产品、烤烟、谷物、计算机和通信技术产品等
	进口	能源、畜牧业和一些绿色食品等
土库曼斯坦	出口	机械及配件、金属制品、运输工具、茶叶、石油天然气设备等
	进口	原棉、蚕茧、牲畜毛等
塔吉克斯坦	出口	日用品、粮油、轻纺、化工产品和机电产品等
	进口	化肥、有色金属、铝锭、棉花等

2. 潜力分析

这里主要通过中国与中亚各国的贸易密集度指数、贸易强度及贸易环境监测指数来分析中国与中亚的贸易前景，其中，贸易密集度指数和贸易强度的计算方法见公式（1）和公式（2）。

$$TI_{ij} = \frac{X_{ij}/X_i}{M_j/(M - M_i)} \tag{1}$$

$$ST_{ijt} = \frac{X_{ijt} + M_{ijt}}{X_{it} + M_{it} + X_{jt} + M_{jt}} \tag{2}$$

式（1）中，TI_{ij}为所研究国家 i 和 j 之间的贸易密集度指数；X_{ij}代表 i 国对 j 国的出口额；X_i为 i 国的总出口；M_i、M_j和 M 分别为 i 国和 j 国的总进口，以及世界总进口。该指数的判断标准为：$TI_{ij}>1$，说明 i 国向 j 国的出口大于依据 i 国在世界贸易中的份额所预期的出口，两国贸易关系密切；$TI_{ij}<1$，则说明 i 国向 j 国的出口小于依据 i 国在世界贸易中的份额所预期的出口，两国贸易关系疏远。式（2）中，ST_{ijt}表示 i 国和 j 国的双边贸易强度，X_{ijt}表示 i 国对 j 国的出口额，M_{ijt}表示 i 从 j 国的进口额，X_{it}和 M_{it}分别表示 i 国的出口总额和进口总额，X_{jt}和 M_{jt}分别表示 j 国的出口总额和进口总额。ST_{ijt}实际上是两国双边进出口贸易额之和与两国各自的进出口贸易总额之和的比值，其数值应该是 0 到 1 之间，而且数值越大，代表双边贸易强度越大。

鉴于数据获取的难度，只对中国和哈萨克斯坦的贸易密集度指数和贸易强度进行计算（如表 8－19、表 8－20 所示）。

表 8－19 中国与哈萨克斯坦间的贸易密集度指数

国家 \ 年份	2006	2007	2008	2009	2010	2011	2012
中对哈	2.279	2.469	2.783	2.672	2.672	2.219	2.021
哈对中	1.394	2.059	1.577	1.828	2.049	1.84	1.62

表 8-20　中国与哈萨克斯坦间的贸易强度

年份 / 国家	2006	2007	2008	2009	2010	2011	2012
哈萨克斯坦	0.00458	0.00615	0.00657	0.00619	0.00667	0.00663	0.00641

中国与哈萨克斯坦间的贸易密集度指数均大于1，充分说明中国与哈萨克斯坦间的贸易往来非常密切。中国与哈萨克斯坦间的贸易强度指数整体呈逐渐增加态势，但两国间的贸易强度还不够大，说明还有继续深入的空间。

除此之外，《中国周边贸易环境监测指数报告（2011—2013）》中将影响中国与周边国家贸易环境的因素分为三大类：潜力指数、效率指数、竞争指数。[①] 在此只查询到哈萨克斯坦2011—2013年的贸易环境监测指数（如表8-21所示）。

表 8-21　2011—2013年哈萨克斯坦和吉尔吉斯斯坦环境贸易监测指数

年份	2011	2012	2013
总指数	56.9	69.4	71.7
潜力指数	64.1	63.8	69.2
效率指数	51.1	63.1	63.1
竞争指数	55.6	81.4	83

资料来源：《中国周边贸易环境监测指数报告（2012—2013）》。

三、以中国—中亚贸易发展带动丝绸之路经济带贸易发展的思路

鉴于中国与中亚地区的经贸关系非常密切，且存在着很大的提升空间，贸易潜力巨大，因此，深入发展中国—中亚的贸易合作将有利于丝绸之路经济带贸易的繁荣和稳定，以及有利于以线带面，实现全面发展。

首先，深化中国—中亚贸易发展。可以从以下几个方面入手：第一，积极构建中国—中亚自由贸易区，推进双方经贸往来的纵深化发展。由双方的贸易结构可知，中亚各国在能源资源上具有优势，而中国则在制成品等行业上具有很大的比较优势。因此，双方的贸易互补性较强，且通过贸易潜力分析，双方间还存在很大的贸易提升空间。自由贸易区的构建是深化贸易合作的最有效途径。第二，强化双方间的货币合作，这也是推进贸易合作、深化经济往来的重要举措。第三，加强非经济基础的合作。政治是经济的先决条件，也是经济合作的最根本的制约因素，加强双方政治合作，积极寻求彼此的共同利益是实现双方长期、深入合作的基础和保障。

其次，带动环中亚经济带的发展。该区域是丝绸之路经济带的重要区域，是丝绸

① 中国周边贸易环境监测指数报告（2011—2013）[M]．北京：社会科学文献出版社，2012：204-215.

之路经济带的中间地带。从经济发展水平来看，该地区各国的经济发展水平差异较大，当前中国与该地区的贸易比重较小，因此，存在着很大的贸易空间，潜力巨大。同时，该区域也是通向欧洲市场的重要通道。

最后，在中国—中亚贸易合作深入和环中亚经济带发展的基础上，拓展贸易区域。其包含以下几个方面：一是通过中国—中亚的贸易合作，提升中亚地区的经济发展水平，促进中国与中亚、环中亚经济带上各国的经贸往来。二是以中亚和环中亚经济带为媒介，打通中国与欧洲的陆路贸易通道，深化中国与欧洲的经贸合作。

8.5 丝绸之路经济带的投资合作

丝绸之路经济带是在地缘经济的基础上，亚欧国家开拓出的一条新的区域合作道路。在交通、能源、农业、工业、信息、贸易等领域，中国与中亚国家的产业结构互补性强，合作基础牢固，前景广阔。因此，深化中国与中亚国家之间的投资合作关系，逐步扩大能源、金融、通信、农业等领域合作，有利于加快双方经济转型，推动中亚国家摆脱“经济凹陷带”的尴尬，缩小与俄罗斯、西欧之间的差距，建立世界经济新格局。

一、投资合作在丝绸之路经济带建设中发挥重要作用

1. 投资合作巩固深化中国与中亚国家的合作关系

西汉时期张骞的“丝路之行”首次开启中国与中亚国家经贸往来的新纪元，东汉时期“丝绸之路”在地域上进一步延伸。由此，2000 多年的商贸交流，为中国与中亚各国、西亚国家以及欧洲国家的商品流通和文化交流奠定历史基础。1992 年，苏联解体后，中国与中亚五国先后建立外交关系，随后搭建上海合作组织平台，在发展经济、维护地区安全等领域达成广泛共识，坚实的政治基础为双边投资合作提供多方位的政策支持，有力推动了中亚国家的经济和社会发展。随着中亚五国经济实力的增强以及地缘政治作用凸显，其丰富多样的能源资源、潜力巨大的投资空间以及广阔的市场需求已逐渐引起美欧、俄罗斯、日本等发达国家的关注，合作呈现递增趋势。2013 年中国提出建设“丝绸之路经济带”构想后，引起中亚国家的高度重视，为双方投资合作提供更多契机。中国作为中亚国家的近邻，应当在原有投资合作基础上，把握契机，进一步促进深层次、宽范围、多领域的融合。

2. 投资合作带动“丝绸之路经济带”的建设

推动中国与中亚国家贸易的自由化进程，加强区域内产业结构的调整，带动贸易及生产要素的自由流动和合理配置，不仅是全球发展的趋势，更是丝绸之路经济带投资合作的关键。作为丝绸之路经济带的重要组成部分，多元化投资为交通、能源、农业、工业、信息、贸易等领域的合作交流奠定资金基础，促进西部内陆经济开放新格局的形成。目前，中国与中亚国家之间的投资合作呈现上升趋势。据统计，截至 2012 年底，中国对中亚的直接投资流量达 34 亿美元，其中对哈萨克斯坦的投资流量为 29.96 亿美元，成为中亚国家中第一投资大国。① 两地之间的投资合作，不仅为中国的

① 中华人民共和国驻哈萨克斯坦共和国大使馆经济商务参赞处. 2012 年中国是哈萨克斯坦第一大贸易伙伴国［EB/OL］. http：//kz. mofcom. gov. cn/article/jmxw/201303/20130300067568. shtml.

出口寻求新的发展方向，发挥农业、工业、新型产业方面的优势，同时也带动沿线国家的经济和社会同步发展。

3. 投资合作有助于保障中国的能源安全

受科技发展限制，短期内，可替代能源难以实现普遍应用，传统能源在未来仍为主流，因此，如何在经济平稳发展的同时保障能源安全已成为近年来关注的热点问题（如图 8－7 所示）。

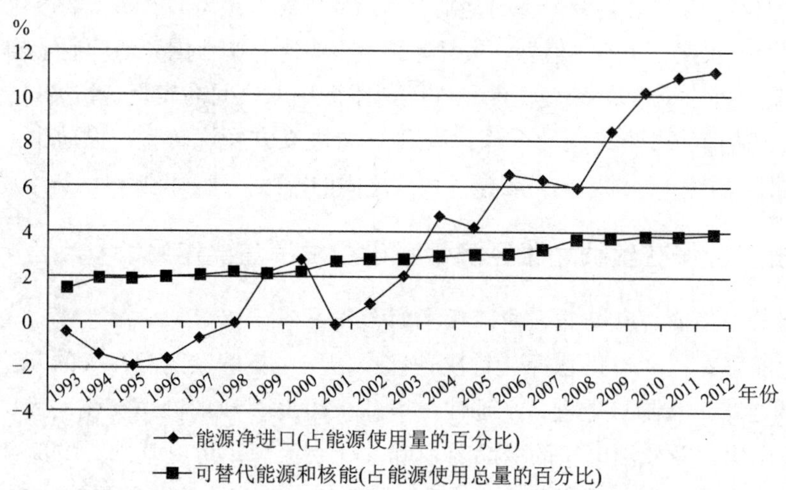

图 8－7 1993—2012 年中国能源净进口和可替代能源

资料来源：世界银行数据库，http：//data. worldbank. org. cn/country.

中国能源的对外依存程度呈现出快速增长的趋势，以石油为例，1993 年，中国成为原油净进口大国，短短十年，中国取代日本成为世界第二大原油进口国。2008 年，中国原油对外依存程度首次超过国际 50% 的安全警戒线，进口量为 1. 78 亿吨①。2013 年，中国原油的对外依存程度达到 58. 1%，原油进口量为 2. 8 亿吨。而国内供给情况不容乐观。1993 年，中国的原油产量为 1. 45 亿吨，2008 年，原油产量为 1. 70 亿吨，2013 年，中国的原油产量仅为 2. 1 亿吨，不能满足国内经济发展需求。② 所以，如何获取足够的能源，保障经济运行，成为制约中国经济发展的关键因素。资料显示，目前，中国 70% 的原油进口来自于政局动荡的中东和非洲地区，进口的 80% 经过马六甲海峡，其运输方式主要为海上运输，具有来源集中、运程长远、运输方式弊端多等特点，使中国能源进口易受“马六甲困局”的影响，从而埋下能源安全的隐患。③ 相比

① 黄烨. 中国原油对外依存程度创新高［J］. 国际金融报，2011－01－20.

② 中国石油集团经济技术研究院. 2013 年国内外油气行业发展报告.

③ 胡鞍钢，马伟，鄢一龙. “丝绸之路经济带”：战略内涵、定位和实现路径［J］. 新疆师范大学学报，2014，（1）：1－10.

之下，中亚地区能源储量丰富、品种繁多、品质优良，其优越的地理位置使得陆路运输以及管道运输成为可能；且作为其出口产业的优势部分，中亚地区有望成为中国能源的重要来源地之一。与此同时，与中亚地区的能源投资合作可有效避免与日本、韩国、美国等发达国家在东海、南海海域能源开采的冲突，建立安全长久的能源储备基地。

4. 投资合作有利于中亚国家推动工业化进程

由于独立时间短，中亚受到苏联经济发展战略影响深，轻工业发展水平低，工业化进程慢，产业结构失衡。在“丝绸之路经济带”的投资合作中，中亚国家希望与中国扩展合作领域，借以调整国内产业结构。目前，轻纺、食品加工、民用品等轻工业领域已成为中亚市场极具潜力的项目。因此，切实提高轻工业领域的投资合作水平，有助于中亚国家在经济方面实现产业多元化，平衡产业结构，推动工业化进程；在社会方面提供就业机会，保障社会稳定。同时，有助于中国过剩生产能力转换，为经济增长带来新的活力，实现双赢。

二、“丝绸之路经济带”投资合作现状

1. 投资主体

丝绸之路经济带范围广泛，沿线国家多，跨越经度广，东与亚太经济圈相连，西与欧洲经济圈相连，在此主要研究中国西北五省区（陕西、甘肃、青海、宁夏、新疆）和西南四省区市（重庆、四川、云南、广西），以及中亚经济带中的哈萨克斯坦、吉尔吉斯斯坦、塔吉克斯坦、乌兹别克斯坦和土库曼斯坦五国。

（1）政府间的投资合作

中国西北五省和西南四省中，新疆对中亚五国投资规模较大，经济合作关系更为密切。由于地理位置以及交通的因素，目前，中国西北五省区和西南四省区中，新疆与中亚五国的投资合作程度居于首位，对中亚五国的资本流出大于资本流入。1999—2011 年，中亚五国对新疆的资本流入占世界各国对新疆资本流入的比重为 4.69%，而中亚五国对新疆的资本流入占中亚五国对中国资本流入的比重为 18.92%。并且，从资本流出的角度看，新疆对中亚五国的资本流出占世界对中亚五国资本流出的比重为 11.72%，新疆对中亚的资本流出占中国对中亚五国资本流出的比重为 16.62%。从 1999 年到 2011 年 13 年间，新疆对中亚的投资整体表现出对中亚五国的资本流出大于对中亚五国的资本流入。新疆与中亚五国的资本与金融账户收入达 2.39 亿美元，支出达 2.69 亿美元，其收支差额为 -0.29 亿美元（如表 8-22、8-23 所示）。

表 8 – 22　1999—2011 年新疆与中亚五国资本流动占比

		资本账户	直接投资	其他投资	金融账户	资本金融账户	国际收支
新疆中亚占新疆全部（%）	收入	0.1	7.7	3.1	4.7	4.7	39.8
	支出	1.1	12.9	9.1	11.7	11.7	17.2
新疆中亚占中国中亚（%）	收入	6.9	25.4	7.7	18.9	18.9	50.1
	支出	50.3	15.5	24.3	16.6	16.6	38.8

资料来源：陈小昆，张钦，段秀芳，刘文翠，鲁素英，周丽华．中国（新疆）与中亚五国资本流动特征研究［J］．合作经济与科技，2013（2）：4 – 7.

表 8 – 23　1999—2011 年新疆与中亚五国资本流动

单位：万美元

	资本账户	直接投资	其他投资	金融账户	资本与金融账户
收入合计	4.8	20401.7	3535.8	23937.5	23942.3
支出合计	2.1	21855.6	5014.7	26870.3	26872.4
收支差额	2.7	– 1453.9	– 1478.8	– 2932.8	– 2930.1

资料来源：陈小昆，张钦，段秀芳，刘文翠，鲁素英，周丽华．中国（新疆）与中亚五国资本流动特征研究［J］．合作经济与科技，2013（2）：4 – 7.

（2）企业间的投资合作

直接投资企业中，能源类企业数量居多，国有企业占据主导地位。目前，中国在中亚地区投资的企业中，能源领域投入比重较大，在能源类企业中，国有企业的数量居多。原因在于中亚地区市场经济体制不成熟，吸引外资体制不完善，外企投资合作风险较高，短时间内难以适合大规模的民营企业进入。而国有企业与有限责任公司、股份有限公司、私营企业等企业相比，在对外直接投资中应对风险能力较高，可为之后其他企业的进入搭建平台（如表 8 – 24 所示）。

表 8 – 24　中国企业在中亚各国能源类企业分布状况

国家	主营业务	企业名称	国有企业占比（%）
哈萨克斯坦	石油天然气开采	中石油、中石化、中海油、大庆油田公司、新疆石油局、中信集团卡拉赞巴斯石油公司	100
吉尔吉斯斯坦	石油天然气开采	中国石油化工集团、中能国际石油化工有限公司、吉尔吉斯亿阳实业有限公司	67
	有色金属采选	河南灵宝黄金公司、中国神州矿业公司、新疆塔城国际资源有限责任公司、西部矿业公司、环球新技术进出口吉分公司、吉凯迪矿业公司、新疆吉安投资有限公司、凯奇—恰拉特有限公司	25
塔吉克斯坦	有色金属采选	中国环球新技术进出口公司、紫金矿业西北公司	0
乌兹别克斯坦	石油天然气开采	中国石油天然气公司、山东胜利油田东胜油田代表处	100

续表

国家	主营业务	企业名称	国有企业占比（%）
	有色金属采选	中国广东核电集团公司	100
土库曼斯坦	石油天然气开采	中石油阿姆河天然气公司、中石化胜利油田土库曼斯坦分公司、中石油川庆钻探工程公司	100

资料来源：杨殿中．中国企业对中亚五国直接投资的产业分布及产业选择建议［J］．中央财经大学学报，2012（9）：66－71.

（3）投资合作主体逐渐多元化

近年来，随着中国向西开发的步伐加快，中国与中亚地区经济交流逐渐深入，其投资合作主体呈现多元化趋势。目前，中亚地区已进入中国企业、特别是股份制企业的投资视线。以哈萨克斯坦为例，由中兴通讯、华为、东方物探等为代表的大型企业，和以新康番茄加工工厂、茂林有限公司、亚联中国商贸城等为代表的中小型企业在哈萨克斯坦形成了较为稳定的市场地位和知名度，其卓有成效的投资对中哈之间的投资合作起到重要作用。此外，中国对中亚地区投资合作主体的多元化在省份投资中也逐渐均衡化。近几年，随着经济带口岸和交通的发展，中亚地区已经成为中国西北五省和西南四省的投资新热点。以西安为例，作为西部大开发的重点城市，西安与中亚国家在经贸领域互补性强，合作潜力大。2012 年，西安地区企业在中亚完成承包工程营业额达 2700 万美元，涉及电力、石油测井、交通等多个行业。随着丝绸之路经济带趋势发展，西安将不断推进西安—中亚—欧洲班列的开通，加快亚欧大陆桥经济带口岸物流枢纽和集散地的打造，建立投资合作机构平台，优先支持企业面向中亚和东欧业务合作，注重投资合作总量和质量共同发展，加强西安与“丝绸之路经济带”沿线国家贸易往来。① 而在与中亚投资合作多元化的基础上，中国同西欧地区的经济交流和经贸发展也将出现新的突破和进步。

2. 投资规模

（1）中国对中亚地区直接投资流量

1）中国在中亚五国投资流量小、波动大。2003—2012 年，中国对亚洲 10 年的累计投资流量为 2723.75 亿美元，其中，对中亚五国累计投资流量为 60 亿美元，占比仅为 2.2%。与中国对亚洲其他地区投资额相比，投资流量仍显不足。中国在亚洲地区直接投资总流量基本呈现逐年上升趋势，而在中亚地区的直接投资总流量波动幅度明显，后期呈现递减趋势，与中国对亚洲直接投资总趋势未能保持同步上升。2012 年，中亚投资占中国对亚洲地区的总投资额 647.85 亿美元的 5.21%，达到最高比例，与 2011 年相比，中亚地区直接投资流量总额增长了 6 倍。目前，中国在中亚未来的投资空间

① 崔春华．西安优先支持企业开拓中亚和东欧市场［N］．陕西传媒网陕西日报，2013－11－18.

仍有较大的提升空间（如表 8－25 所示）。

表 8－25　2003—2012 年中国对中亚直接投资流量　　单位：万美元

年份	亚洲投资	投资占比（%）	中亚五国	哈萨克斯坦	吉尔吉斯斯坦	塔吉克斯坦	乌兹别克斯坦	土库曼斯坦
2003	150503	0.4	610	294	244	0	72	0
2004	301399	0.5	1371	231	533	499	108	0
2005	448417	2.5	10953	9493	1374	77	9	0
2006	766325	1.1	8165	4600	2764	698	107	－4
2007	1659315	2.3	37725	27992	1499	6793	1315	126
2008	4353750	1.5	65615	49643	706	2658	3937	8671
2009	4040759	0.9	34500	6681	13691	1667	493	11968
2010	4489046	1.3	57983	3606	8247	1542	－463	45051
2011	4549445	1.0	45398	58160	14507	2210	8825	－38304
2012	6478494	5.2	337705	299599	16140	23411	－2679	1234
合计	27237453	2.2	600025	460299	59705	39555	11724	28742

资料来源：中国商务部《2012 年度中国对外直接投资统计公报》。

2）中亚五国直接投资分布不均。2003—2012 年，中国对中亚地区的直接投资主要集中在哈萨克斯坦和吉尔吉斯斯坦，其他三国投资较少。截至 2012 年，哈萨克斯坦是中国在中亚五国直接投资流量最多的国家，累计金额达 46.03 亿美元，占中国对中亚五国直接投资流量规模的比重高达 76.71%，成为中亚五国对中国直接投资流量规模最大的国家。吉尔吉斯斯坦是中国对中亚五国直接投资流量规模第二大国家。2003—2012 年，中国对吉尔吉斯斯坦的直接投资流量达 5.97 亿美元，占中国对中亚五国直接投资总流量的 9.95%。与哈萨克斯坦相比，两国之间的流量差高达 40.06 亿美元。而对塔吉克斯坦、乌兹别克斯坦、土库曼斯坦的累计金额分别为 3.96 亿美元、1.17 亿美元、2.87 亿美元。乌兹别克斯坦为中国对中亚五国直接投资流量规模的末位，与哈萨克斯坦相差 44.86 亿美元的直接投资流量差额。同时，中国对中亚五国各年的直接投资流量变化较大。对哈萨克斯坦整体呈现逐年上升的趋势，特别是 2011 年、2012 年，直接投资流量大幅增长。但在 2009 年和 2010 年由于受金融危机的影响，直接投资流量下降明显。对土库曼斯坦的直接投资流量从 2003 年到 2010 年逐年增长，而 2011 年出现负的直接投资流量，2012 年有所回升。从 2003 年到 2012 年，中国对吉尔吉斯斯坦、塔吉克斯坦、乌兹别克斯坦直接投资流量趋势变化相对较平稳，而塔吉克斯坦和乌兹别克斯坦表现为持续稳定的高速增长。

（2）中国对中亚地区直接投资存量比较

1）中亚五国直接投资存量小，趋势呈现逐年增长。2003—2012 年，中国在中亚地区的累计投资存量为 207.48 亿美元，占中国在亚洲地区的直接投资总存量的 1.44%，此间中国对中亚五国的直接投资存量也基本为逐年递增的趋势。其中，2006 年中国对中亚五国的直接投资存量为4.46亿美元，2007年对中亚五国的直接投资存量为8.89亿美元，2008年对中亚五国的直接投资存量为19.42亿美元，连续三年翻番增长。2008年金融危机之后，中国对中亚五国的直接投资存量增速放缓。2012年，中国对中亚国家的关注提高，经贸往来频繁，直接投资存量为78.23亿美元，与2011年相比，投资存量增加37.90亿美元，大幅增长（如表8-26所示）。

表8-26　2003—2012年中国对中亚五国直接投资存量　　单位：万美元

年份	亚洲投资	投资占比（%）	中亚五国	哈萨克斯坦	吉尔吉斯斯坦	塔吉克斯坦	乌兹别克斯坦	土库曼斯坦
2003	2660346	0.17	4409	1971	1579	512	327	20
2004	3347955	0.21	7001	2478	1926	2154	423	20
2005	4095431	0.79	32527	24524	4506	2279	1198	20
2006	4797804	0.93	44641	27624	12476	3028	1497	16
2007	7921793	1.12	88901	60993	13975	9899	3082	142
2008	13131699	1.48	194205	140230	14681	22717	7764	8813
2009	18554720	1.22	225591	151621	28372	16279	8522	20797
2010	22814597	1.28	291797	159054	39432	19163	8300	65848
2011	30343470	1.29	403319	285845	52505	21674	15647	27648
2012	36440706	2.15	782365	625139	66219	47612	14618	28777
合计	1.44E+08	1.44	2074756	1479479	235671	145317	61378	152101

资料来源：中国商务部《2012年度中国对外直接投资统计公报》。

2）中国对中亚投资在地区分布不均衡。截至2012年，哈萨克斯坦成为中国在中亚直接投资存量中规模第一的国家，累计投资存量147.95亿美元，占中国对中亚五国直接投资总存量的71.31%。吉尔吉斯斯坦成为中国在中亚直接投资存量中规模第二的国家，累计投资存量为23.57亿美元，占直接投资总存量的11.36%。之后依次为土库曼斯坦、塔吉克斯坦和乌兹别克斯坦。其中，乌兹别克斯坦从2003年到2012年，累计直接投资存量为6.14亿美元，与规模最大的哈萨克斯坦相比，直接投资存量相差141.81亿美元。中国对中亚五国的直接投资存量的增长主要来源于中国对哈萨克斯坦的投资增长。

（3）资本流动差额

1）中国（新疆）与中亚五国之间的资本流动各年份差异较大。从1999年到2011年，中国（新疆）与中亚五国之间的资本流动差额波动明显，数值基本呈现增长趋势，累计资本差额达-2930.11万美元，表明中国（新疆）对中亚五国在13年间的资本流出大于资本流入。具体来看，从2001年到2007年，除2005年外，中国（新疆）与中亚五国的资本流出入差额为正值，说明此段时间内中国（新疆）对中亚五国资本流出规模大于资本流入规模，且规模逐年增加。1999—2000年，以及2008年之后，中国（新疆）与中亚五国之间的资本流动差额为负值，表明中国（新疆）对中亚五国的资本流入大于资本流出（如表8-27所示）。

表 8-27　1999—2011 年中国（新疆）与中亚五国资本流出入差额　单位：万美元

年份	哈萨克斯坦	吉尔吉斯斯坦	塔吉克斯坦	乌兹别克斯坦	土库曼斯坦	合计
1999	-580.8	NA	NA	NA	NA	-580.8
2000	-0.7	NA	NA	NA	NA	-0.7
2001	1.6	NA	NA	NA	NA	1.6
2002	0.3	NA	NA	NA	NA	0.3
2003	253	-73.5	NA	NA	NA	179.5
2004	328.3	-137	NA	NA	NA	191.3
2005	277.9	-837.5	-80	38.4	NA	-601.2
2006	397.8	-49.9	-75.9	29.9	NA	301.9
2007	4506.9	-136.9	-380.3	124.7	NA	4114.4
2008	3371.2	-3812	-1256.3	185.6	1.9	-1509.6
2009	4358.9	-6041.4	-1759.7	2223.2	687.7	-531.3
2010	483.1	-2762.5	-1738.8	255.6	146.1	-3616.5
2011	1782.4	-1165.1	-1730.3	229.3	4.9	-878.8
合计	15179.9	-15015.8	-7021.3	3086.7	840.6	-2930.1

资料来源：陈小昆，张钦，段秀芳，刘文翠，鲁素英，周丽华．中国（新疆）与中亚五国资本流动特征研究［J］．合作经济与科技，2013（2）：4-7.

2）中国（新疆）与中亚各国之间的资本流动差异较大。从 1999 年到 2012 年，中国（新疆）对哈萨克斯坦、乌兹别克斯坦和土库曼斯坦的资本流出入差额为正，表明其资本流入大于资本流出，同时，对吉尔吉斯斯坦和塔吉克斯坦的资本流动差额为负值，表明其资本流出大于资本流入。受经济发展水平、对外开放程度以及资源禀赋的制约，中国（新疆）和哈萨克斯坦最早开始资本流动，2003 年开始与吉尔吉斯斯坦进行资本流动，2005 年先后与塔吉克斯坦和乌兹别克斯坦开始进行资本流动，与土库曼斯坦的资本流动则在 2008 年进行。

3. 投资领域

近年来，中国与中亚国家投资合作领域近年来逐渐扩大，合作层次逐渐加深，双方之间的合作主要涉及农业、矿业、畜牧业、食品加工业、建筑业、化工、轻工业、通信、交通、服务业等领域，具有较大的相似性。在中亚五国中，中国与哈萨克斯坦投资合作程度最高，合作领域最宽泛，规模最大，目前两国在能源、铁路、电信、矿产资源等领域合作趋势加深。中国与吉尔吉斯斯坦投资合作主要以轻工业和农业为主，投资合作整体规模与哈萨克斯坦相比较小。而与塔吉克斯坦、乌兹别克斯坦以及土库曼斯坦的投资合作占据总体合作比重较低，未来合作程度上升空间大（如表 8-28 所示）。

表 8-28 中国与中亚国家主要投资领域

投资国家	投资领域
哈萨克斯坦	石油勘探开发、加油站网络、农副产品加工、皮革加工、电信、餐饮服务、贸易等领域
吉尔吉斯斯坦	轻工业、农产品加工、食品加工、农业、矿产资源开发冶炼、承包工程、通信、交通、餐饮服务等领域
塔吉克斯坦	电信、轻工业、农业、纺织品、机械设备、车辆、钢铁制品、矿产品、棉花、铝及其制品、生皮及皮革等领域
乌兹别克斯坦	食品加工、丝绸生产、餐饮、贸易等领域
土库曼斯坦	能源资源开发、通信、化工、交通、丝绸等领域

资料来源：中华人民共和国驻哈萨克斯坦、吉尔吉斯斯坦、土库曼斯坦、乌兹别克斯坦、塔吉克斯坦经商参处；段秀芳. 中国对中亚国家直接投资区位与行业选择［J］. 经贸论坛，2010（5）：37-42.

2007 年 8 月 16 日，上海合作组织成员国签订《比什凯克宣言》，为中国与中亚之间能源的经济交流加强政策支持。2004 年，中国向上海合作组织成员国提供 9 亿美元优惠出口买方信贷，2009 年，中国向上海合作组织提供 100 亿美元的贷款总额。近年来，中国政府对吉尔吉斯斯坦、塔吉克斯坦、乌兹别克斯坦提供大量经济援助以及优惠贷款政策支持，为中国与中亚地区的投资合作奠定资金基础。由此，两地之间的投资合作项目规模呈现大型化，投资合作领域趋势增多。据土库曼斯坦官方统计，截至 2008 年 8 月 1 日，我国在土库曼斯坦注册的中资企业数量已达 30 家，其中具有法人资格的 11 家；中方参与的在建合作项目 49 个，合同总金额 14.949 亿美元，主要涉及油气、化工、交通、电信、纺织、建筑等领域，从而中国与土库曼斯坦在 2008 年的投资总额明显提高。据中国海关统计，截至 2011 年 12 月，中国在乌兹别克斯坦注册的中资企业约 250 家。主要从事油气勘探开发、天然气管道建设、铀矿勘探开发、电站、泵站和电信网改造、土壤改良设备供货等业务。而 2013 年 9 月，上合组织元首峰会期间，中吉双方签署 30 亿美元的经贸合作协议，在交通、轻工业等领域投资比重明显提高。

4. 投资效益

近几年，中国与中亚国家已经达成合作共识，在交通建设、能源开采与管道运输、经济贸易、农业等众多领域上签署高达数亿美元的投资合同。作为制约中亚地区经济发展的重要因素之一，近年来，中国与中亚各国在交通建设领域的投资合作取得积极进展。中哈铁路、中吉乌公路、塔乌公路以及跨境铁路等交通运输的修建，带动沿线地区基础设施的建设，推动中国和中亚地区之间的经贸往来。同时，通过对航空、信息高速、数字城市、特高压电网的修建和完善，区域一体化的综合交通网络体系已显雏形，为“丝绸之路经济带”的建设提供强有力的交通支撑。

在能源开采与管道运输方面，中国累计投资达上亿美元，未来获利可观。从国家安全战略角度来看，中国受特殊的地理位置影响，北与俄罗斯和蒙古国接壤，南与众多东南亚国家相毗邻，东受日本、韩国和美国等国家的制约以及海洋因素的限制，难以保证能源资源供给的安全性和长期性。而与中亚的投资合作，不仅为中国提供新的能源供给，同时也有助于打通与伊朗等中东国家、欧洲国家之间的战略通道。目前，中国在中亚地区油气资源的开采已取得一定进展，开发领域已有向里海和咸海等地延伸的趋势。同时，中石油、中国核工业等大型国有企业已经在中亚各国设立合资企业，中哈原油管道、中国—中亚天然气管道、中亚—中国输油管道等管道建设陆续运营生产，不仅有助于中亚国家在经济转型、国家建设、社会稳定、民生问题的解决，推动社会和经济共同发展，同时也有利于中国能源战略的实施。

随着综合交通网络体系的健全，新疆的区位优势、资源优势已逐渐凸显。在依托沿线交通和管道运输的基础上，新疆对中国西部和中亚地区的经济贸易和生产要素进行优化配置，不仅确保中国获得稳定、安全、畅通的能源供应，对中亚国家的资金流、物流、人流、信息流的流动也起到重要作用。

5. 重要投资合作项目

近年来，中国与中亚五国之间的投资合作程度逐年加深，双方投资合作的项目也向多国参与、规模大型化、技术尖端化的趋势发展，特别在交通建设、管道铺设、能源开采方面的合作，为两地人民生活水平和经济发展带来显著的改善（如表8－29所示）。

表8－29　中国与中亚五国能源、交通重要投资合作项目表

项目名	时间	投资额及主要情况
中亚—中国输油管道（土库曼斯坦—乌兹别克斯坦—哈萨克斯坦）	2009年12月完工； 2010年12月完成双线	投资65亿美元；长1833公里，西起土库曼斯坦经乌西至霍尔果斯
中国—中亚天然气管道	2011年9月竣工	2500亿元；是中石油迄今为止最大的海外项目
中哈原油管道	2005年12月完工； 2006年7月运营； 2009年10月二期竣工投产	初期投资7亿美元；总长3070公里，分三段实施
中哈霍尔果斯至阿腾科里铁路	2012年12月22日通车	投资8.8亿元；中国第二条向中亚、西亚、欧洲开放的国际铁路通道
吉—中天然气管线	2013年9月11日签订协议	中方总投资约14亿美元；吉尔吉斯斯坦境内段总长224公里，经乌兹别克斯坦、塔吉克斯坦和吉尔吉斯斯坦输送到中国
吉尔吉斯斯坦南部电网改造项目（中—吉）	2011年7月开工； 2013年7月竣工	投资2.08亿美元；吉尔吉斯斯坦实现建立独立电力圈的目标
沙尔隧道项目（中—塔）	2009年8月竣工	中国投资3.90亿元；全长2224米的主体隧道，是联结塔吉克斯坦首都杜尚别至中塔边境口岸干线公路上的枢纽工程之一
阿富汗—巴基斯坦—乌兹别克斯坦铁路	2010年10月批准	总投资50亿美元；该跨国铁路长度为700公里，中冶公司修建

资料来源：中华人民共和国驻哈萨克斯坦、吉尔吉斯斯坦、土库曼斯坦、乌兹别克斯坦、塔吉克斯坦经商参处。

三、“丝绸之路经济带”投资合作存在的问题

1. 投资环境

（1）不成熟、不完善、不规范的市场经济。首先，与发达国家相比，中亚五国整体经济实力较差，市场成熟程度较低。目前，中亚五国中仅有吉尔吉斯斯坦和塔吉克斯坦加入世界贸易组织，上海合作组织的成员国中仍缺少土库曼斯坦。因此，在国内经济转轨、市场经济体制建立等问题上缺乏必要的经验交流和指导，导致国内市场弊端较多，短期内难以建立成熟的市场机制以满足“丝绸之路经济带”的发展要求。其次，作为连接中心城市和城市经济带的纽带，立体交通网的建设仍处于初步阶段，受地势、经济发展的影响，公路、铁路、航空和管道的网络构建覆盖面依然不足。导致现代化服务业集聚区难以形成规模，金融机构的跨地域业务、现代物流业等服务的开展困难重重。此外，外资企业获取信息的途径较少，信息错误、信息延误的问题，使得企业难以及时了解市场动态、政策变化。再加上过高的税负、频繁的地下交易，使得中亚地区的市场发展极不规范，远超投资者心理预期。以哈萨克斯坦的公司为例，每年30%的所得税、16%的增值税以及15%的净收入附加税使得国内企业处境艰难、濒临破产，企业通过地下交易活动逃避税收的行为屡见不鲜，加重了市场风气的负面性。①

（2）政府职能未能较好履行。一方面，政府政务体系公开度透明度不足，缺乏强力有效的监督机制，使得类似吉尔吉斯斯坦的库姆托尔金矿公司政权腐败这样的政府贪污腐败现象层出不穷。② 部分中亚官员的道德素质不高，权力寻租、索贿受贿现象让外商投资企业备受困扰。另一方面，政府办事效率普遍低下。部分国家虽然简化了相关证件的办理手续，但外资企业经营所需的必要证件冗杂烦琐，手续复杂，审批机关较多，证件延误现象时有发生。

（3）法律法规不健全且多变，难以建立互信机制。近年来，中亚国家虽不断强调保护境外员工的利益，但劳工制度仍然不健全，劳工纠纷案卷频频发生。另外，由于人才引入与培养机制缺乏合理性和科学性，导致国内新型科技人才纷纷外流，国外高素质人才长期就业意愿较低，合资企业内部难以形成良好的互信关系。此外，中亚各国法律修订的随意性，导致中亚法律缺少稳定性和权威性。频繁的变动和修改影响了优惠投资政策的连贯性和持续性，外资企业与中亚政府之间的互信体系难以建立。

（4）大国角力的背景下，中亚国家观望心理较重。随着全球化和区域化的发展，世界各国对中亚地区的关注度明显提高。由于其特殊的地理位置以及丰富的能源资源储备，

---

① 中华人民共和国商务部．哈萨克斯坦共和国税法之二——专项部分［EB/OL］．http：//www. mofcom. gov. cn/aarticle/i/jyjl/m/200409/20040900276241. html.

② 中华人民共和国驻吉尔吉斯斯坦共和国大使馆经济商务参赞处．吉总理承认吉投资环境有所恶化［EB/OL］．http：//kg. mofcom. gov. cn/article/jmxw/201303/20130300065844. shtml.

俄罗斯、西欧、美国争先转变经济战略，加强与中亚地区的投资合作，特别是“9·11”事件之后，美国在中亚地区频频以经济合作、政治反恐为依托对中亚国家政治形势施以影响，以此牵制俄罗斯和中国经济发展，间接干扰中亚对中国以及印度的能源运输，保障其现有地位。而大国角力同样也促使各类联盟的形成，以俄白哈关税同盟为例，2010年6月，哈撒克斯坦签署新版的《地下资源及其利用法》，在资源类产品关税规定的修改，缩小了中方外资企业的盈利空间。由于中亚国家观望心理较重，中国与中亚之间的经贸投资缺乏稳定性，不利于中国与中亚之间的深入发展（如表8－30、表8－31所示）。

表8－30　俄罗斯欧亚共同体战略目标转变历程

	1992—1996年	1993—1995年	1995—2000年	2000年至今
战略目标	重独轻联 巩固各国独立政权	抑独促联 重振独联体整合功能	整独局联 以次区域整合形式	局联发展 推进欧亚一体化

资料来源：甄志宏，马莹．大国在中亚的合作与竞争［M］．北京：社会科学文献出版社，2013：228－240.

表8－31　俄、美、欧欧亚大陆战略实施路径和手段

	交通基础设施	能源管道	自由贸易区
俄罗斯	1520宽轨计划，打造统一运输空间	开辟新通道：南溪、北溪、泰纳	欧亚经济同盟
欧盟	里海—高加索交通走廊联通欧洲和中亚	纳布科石油管道	欧盟东扩
美国	以阿富汗为交通枢纽的印巴铁路网，联通欧洲、中亚和南亚的运输走廊	巴库—第比利斯—杰伊汉管道（联通里海、海湾）	阿—印—巴自贸区

资料来源：甄志宏，马莹．大国在中亚的合作与竞争［M］．北京：社会科学文献出版社，2013：228－240.

2. 投资风险

（1）信用风险。中亚国家由于市场体系不健全，中小企业高负债经营现象严重，破产风险较高。因而，中小企业支付能力较低，信誉能力普遍不高，存在违约风险。

（2）外汇紧缺。由于进口技术、设备、商品过多，贸易逆差较大，中亚国家的外汇短缺现象越来越明显。长此以往，中亚地区的进口将受到很大限制，影响国家经济正常运行。

（3）投资策略。在中亚国家的投资项目中，部分领域如能源、资源勘探等竞争激烈，西方国家的进入加剧了竞争，利润减少。因此，选择正确的投资合作方式至关重要。另外，由于沟通障碍，对中亚行业缺乏了解，较高的风险评估误差，往往会出现贸然的投资，给投资者造成不小的损失。

3. 投资保障

优惠政策内容变化较多，优惠期限只减不增，缺少稳定性。受到前期优惠政策的吸引，投资者往往投入大量的资金和技术。当优惠内容和期限发生改变时，投资者常受到双方贸易合同的约束和限制，自身利益易受影响，不利于双方贸易的长远发展。

优势投资领域限制较多。在能源、资源等领域，由于政策限制，投资者的投入并不能在真正意义上获得预期收入。再者，一些新型投资领域法律不完善，部分领域仍为空白，导致传统投资领域竞争激烈，新型投资领域门可罗雀，加上投资合作的保障机制尚待完善，市场潜力难以发挥（如表8－32、表8－33、表8－34所示）。

表8－32　中亚各国投资政策法规

国家	政策法规
哈撒克斯坦	《哈萨克斯坦共和国投资法》《节能及提高能效法案》《特别经济区法》等； 《新投资法》中特惠政策包括三种形式：减免税，免除关税，提供国家实物赠予；对以投资为目的运入关税同盟成员国境内的技术设备及其配件和具有特殊用途的原材料、运入哈萨克斯坦境内超过5年的原材料免税；法人登记简化措施；拟建霍尔果斯东大门、巴甫洛达尔州石化工业特区和萨雷阿尔卡经济特区3个经济特区拟建经济特区；禁止政府部门干扰企业正常经营活动；免征所得税、社会税和土地税。其中所得税免征期限为1～5年。社会税和土地税的免税期限同投资额挂钩
吉尔吉斯斯坦	《吉尔吉斯共和国投资法》《自由经济区法》《土地法》等； 比什凯克自由经济区、纳伦自由经济区、卡拉阔尔自由经济区和玛依玛克自由经济区4个自由经济区外资企业享受税费优惠；外国投资者在吉尔吉斯斯坦投资不受行业限制，可在吉尔吉斯斯坦任何经济活动领域进行投资；对投资性进口商品（如外资企业用于生产的机器设备）免征进口关税；吉尔吉斯斯坦政府部门不得随意干涉外资企业的正常经营活动；对外国投资不得歧视
土库曼斯坦	《对外经济活动法》《贸易法》《进出口商品海关征税规定》《能源产品外销交易程序》等； 外资可享受海关优惠，对作为企业注册资本投入的财产和用于企业生产产品所需的财产免征关税和海关手续费；首批投资回收期内，占注册资本30%以上企业免缴红利税
乌兹别克斯坦	《外国投资法》《外国投资者活动保障法》《企业、公司及组织纳税法》《土地税法》《给予外商投资企业优惠及鼓励的总统令》等； 头7年可享受免征利润税的优惠，7年后，利润税减半征收；外资占50%或50%以上的生产型合资企业，投产后2年内免征利润税；外资企业生产所需物资及企业工作人员生活所需物资免征海关税
塔吉克斯坦	《外商投资法》《塔吉克斯坦共和国对外经济活动法》《塔吉克斯坦共和国投资法》《塔吉克斯坦保险法》等； 向投资者提供全面、无条件的权益保护；国家权利机构不得干涉投资者在法律规定范围内的合法经营活动；自由经济区内外国投资者和外资企业享受低税率待遇，包括汇往国外的利润税；减收土地和其他自然资源使用费；有权长期租用某项资产并对租用资产进行转租；进出口关税，简化过境手续；简化外国公民出入境手续，包括免签证

资料来源：中华人民共和国驻哈萨克斯坦、吉尔吉斯斯坦、土库曼斯坦、乌兹别克斯坦、塔吉克斯坦经商参处；中国商务部《国际贸易投资环境报告（2012年）》。

表8－33　中亚各国优先投资领域

国家	优先投资领域
哈撒克斯坦	依据相应的投资总额上限，在农业、林业、渔业、食品生产、纺织品生产、建筑、医疗、工业、石油制品生产、化学工业、橡胶塑料生产、冶金等领域可享受优惠政策
吉尔吉斯斯坦	交通运输业、电信业、农业及农产品加工业、矿山开采业、水力发电、旅游业

续表

国家	优先投资领域
土库曼斯坦	能源资源开发、通信、化工、交通、丝绸等领域
乌兹别克斯坦	油气、电信和信息、化工和石化、原料深加工领域、高新技术、节能、通信、交通、能源、公共基础设施、轻工、农业和水利、建材、机械制造等领域
塔吉克斯坦	能源领域的水利工程、能源勘探及开发、旅游业、农业

资料来源：中华人民共和国驻哈萨克斯坦、吉尔吉斯斯坦、土库曼斯坦、乌兹别克斯坦、塔吉克斯坦经商参处；中国商务部《国际贸易投资环境报告（2012 年）》。

表 8－34　中亚各国投资限制措施

国家	投资限制
哈撒克斯坦	新《投资法》减少了特惠政策的实施期限，缩短到五年；关税减免方面的规定苛刻，免税对象仅限于哈撒克斯坦无法生产的机械设备；不准外国人超持 49% 的通信业份额；外资油企缴纳原油出口税；在银行、保险、建筑等领域不允许外资控股；土地差别待遇政策；石油行业哈撒克斯坦政府拥有超过 40% 的利润分成；劳务制度对外严苛
吉尔吉斯斯坦	外国人无权取得土地所有权，外国自然人无权在吉尔吉斯斯坦购置住宅
土库曼斯坦	限制或禁止进入卫生、制药、渔业、能源产品销售、食品生产和销售、航空、海运和内河运输、公路运输、电力通信、化工、建材建筑、教育、旅游等行业，并实行许可证管理制度
乌兹别克斯坦	严格的外籍劳务准入制度；企业的法定资本不低于 15 万美元，企业投资一方必须是外国法人，其投资比例不低于法定资本的 30%，否则不被列入外商投资企业的范畴
塔吉克斯坦	外资企业中塔方员工人数不得少于总人数的 70%；外资企业中塔方员工的最低劳动报酬标准由塔吉克斯坦共和国政府制定；优惠税率不能低于塔吉克斯坦共和国境内通行税率 50%

资料来源：中华人民共和国驻哈萨克斯坦、吉尔吉斯斯坦、土库曼斯坦、乌兹别克斯坦、塔吉克斯坦经商参处；中国商务部《国际贸易投资环境报告（2012 年）》。

4. 投资结构

能源类投资占据多数，投资规模普遍较小，领域集中，结构不合理。目前，中国对中亚投资的领域多集中在采矿业、交通运输、制造业三大领域，其他领域虽有涉及，但相比之下数量过少，总体投资额不高，投资规模较小。以哈萨克斯坦为例，作为中国在中亚地区投资规模最大的国家，2013 年在哈萨克斯坦开展业务的企业主要有：中资企业有国家开发银行哈萨克斯坦工作组、中国银行哈萨克斯坦分行、中石化集团公司、中国石油集团和中兴通讯、中石油阿克纠宾油气股份有限公司、建工集团有限责任公司、华油集团、阳光酒店集团、新康番茄制品厂、中国水利电力对外公司、中国地质工程公司等，直接或间接涉及能源领域的占到 60% 左右。① 由此可见，能源领域

① 杨殿中．中国企业对中亚五国直接投资的产业分布及产业选择建议［J］．中央财经大学学报，2012（9）：66－71.

投资数量较多，加重了中亚地区产业结构的不平衡。同时，受中亚五国经济发展水平、资源禀赋以及政策限制的影响，中国外资企业在中亚地区的规模普遍较小，应对风险能力较差，难以保持长久的投资合作。不仅如此，与西欧、美国以及日本等发达国家相比，中国的跨境投资项目多集中在传统领域，以劳动密集型产业为主，新兴领域投资合作的项目数量较少，在自动化、机械化生产的实现上程度较低。

四、推进“丝绸之路经济带”投资合作的策略

1. 确定丝绸之路经济带投资合作战略目标

牢牢把握丝绸之路经济带总方针，关注沿线经济支点的建设发展，实施分步走投资战略，不断加强中国西北五省和西南四省城市群的建立，促进西三角城市群、河西走廊城市带、天山北坡经济带的优化升级，扩大内陆地区开放的广度和深度。以丝绸之路经济带推动中国长期西向战略合作发展，为中东地区、欧洲地区的投资合作奠定良好基础。同时，在国家安全战略方面，丝绸之路经济带的建设要考虑地缘政治平衡、反恐战略需要和国家能源安全三个方面，① 为区域化发展建立安全的战略环境。

2. 明确投资合作的基本原则

（1）互利共赢。坚持互利共赢是中国与中亚地区相互依存、共同进步的首要选择。要发挥优势，弥补劣势，加强国际投资合作。

（2）相互尊重，互不干涉内政。在投资合作中，应相互尊重，以公正平等的处事原则，与中亚各国共同谋求双方经济效益。同时，避免与第三方利益发生直接冲突，影响投资合作友好关系。

（3）重信守诺。双方在国际合作中注重履行承诺，展现真诚友好的合作态度，建立互信机制，保障中国与中亚各国投资合作。

（4）维护国际形象。在建设丝绸之路经济带的背景之下，以开放包容的心态加深和西欧国家的合作交流，避免“中国威胁论”等言论的中伤，树立“丝绸之路经济带”合作理念。

（5）积极参与，共同进步。丝绸之路经济带作为全球化和区域化发展的必经之路，机遇与挑战并存，各国应积极参与，把握机遇，应对挑战，扭转“经济凹陷带”的局面。

3. 完善投资合作的保障服务，营造良好的合作环境

设立政策性保险机构，对外资企业的风险予以充分保障。建立多元化的金融机构服务平台，健全信息搜集网络和信息评估体系，通过多渠道的投资融资方式，更好的保护外资企业的合法权益。同时，改革经济体制，完善行政管理，规范法律法规，健全监督体系，营造一个稳定、公平、安全的投资合作环境。

---

① 曹云．丝绸之路经济带具四重战略目标［EB/OL］．中国社会科学网，http：//www. cssn. cn/zixun_ new/xshshj/xsnew/201402/t20140226_ 1002024. shtml.

4. 优化投资方式，塑造良好的企业形象

中国在中亚地区的投资中，要坚持以合资经营为主要方式，有选择的进行援助投资。切实提高投资合作的灵活性和主动性，积极参与投资合作项目商讨，增强中国在多边合作中的发言权和主导权，维护中国国家利益。同时，要突出重点，兼顾全面，不断开拓新的合作领域，打造新的合作亮点。外资企业应注重服务、效益、质量的提高，打造国际品牌，塑造良好的企业形象。

5. 鼓励民间交流，拓宽民间投资合作的渠道

两地之间显著的文化差异，是阻碍投资合作不小的壁垒。历史经验表明，民间的文化交流是两地加深理解，消除误会，解决热点问题的绝佳方式。尊重文化多样性，鼓励深层次、多领域的文化融合，以文化交流带动经贸合作共同发展，有助于为民间的投资合作开拓新的渠道。不仅是投资合作深度和广度的实质性突破，也是两地战略协作伙伴关系的全面深化。

6. 优选投资合作的重点领域

（1）建立能源资源共同体，开发新能源。双方在友好邻邦的基础上，充分发挥区位优势，完善地下管道运输网的建立，加大对跨国管道的维护和管理，共同建造多元、稳定、安全的能源共享网络。同时，也不应忽略同俄罗斯、西欧国家的经济交流，建立能源资源共同体，推动生产和经营的集约化发展，为信息交流和技术研发，特别是新能源和清洁能源的技术创新提供合作平台，共同推动民用核能、清洁能源的应用和普及，发展可持续经济。

（2）注重生态环境的保护，建造新兴绿洲城市。近年来，水资源短缺，工业污染加剧，沙漠化等现象日益加重，时刻制约着两地可持续发展。中国与中亚各国应共同确立环境保护机制，将环境保护、生态恢复提到战略进程上来，完善相关法律法规，提高企业排污标准，加强立法监督体系，鼓励行业内部净化技术、治污技术的研发和交流，关注世界领先技术的发展和应用，改变传统生产方式。建立新型绿洲城市，发展生产节约型、环境友好型社会，让绿色经济的理念深入人心。

（3）转变农业生产经营方式，发展绿色农业。在与中亚的投资合作中，中国应积极发挥农业中小型机械制造的优势，因地制宜转变传统农业生产模式，形成机械技术和农业加工技术相结合、有机农业技术和无机农业技术相结合、传统畜牧业和现代观光农业相结合的现代化农业生产。加强与陕西、甘肃、新疆的农业技术合作与交流，注重无公害农产品、绿色食品和有机食品的生产研发，顺应国际市场发展潮流。

（4）推动轻工业发展，调整产业结构。在纺织工业、食品加工、生活用品等方面，中国经验丰富，具备国际竞争优势，有助于弥补中亚地区产业结构失衡的弊端。因此，在与中亚的投资合作中，应在市场规模较大、优惠政策稳定、劳动力廉价且素质较高的国家投资建厂，转变中国生产过剩的能力，带动中亚地区劳动密集型产业的发展，推动产业多元化，产业结构平衡，从而共同受益。

（5）建立科技共享平台，实现优势互补。中亚各国在互联网、通信、电信、IT、电子商务等领域发展缓慢，而中国在此类技术上优势比较明显。目前，由上海合作组织事业家委员会和银行组织搭建的合作平台，为双方科技共享、科技交流提供了良好的学习机会和学习环境，是双方友好互动、共同进步的体现。同时，中国也可通过工程承包、建立合资企业等方式，积极参与到中亚国家生产经营中，开拓中亚市场巨大潜力，切实带动中亚地区通信、信息等领域发展，互利共赢。

8.6 丝绸之路经济带的物流合作

丝绸之路经济带物流发展已经取得一定成果，主要可以从合作机制、物流通道和物流节点三个方面来考察丝绸之路经济带的物流基础设施发展。从物流合作机制来看，目前中国与丝绸之路经济带沿线国家在上海合作组织框架下已经建立较为完整和全面的物流合作机制；从物流通道的发展来看，中国已经与丝绸之路经济带沿线国家连通了公路、铁路、航空和管道等多方面的交通运输线路；从物流节点发展来看，中国西部地区面向丝绸之路经济带的物流节点建设已经初见成果，建立起综合保税区、综合物流园区（物流交易中心）和边境合作中心等综合性的物流节点。上述这些成果，为丝绸之路经济带的物流发展奠定了坚实基础，也为中国向西开放提供了重要平台。

一、丝绸之路经济带物流发展的合作机制已经初步建立

物流发展以交通运输发展为基础。上海合作组织作为目前为止中国与中亚国家重要的区域多边合作组织，已将交通合作作为成员国间区域合作的优先领域，并在成员国间建立起交通部长会议机制。2004 年 8 月，中国政府与上海合作组织成员签署《上海合作组织国家道路运输便利化多边协定》草案，以法律形式将“六国便利化运输”定格下来。

上海合作组织主要成员国作为丝绸之路经济带的沿线国家，已经与中国就国际道路的运输经营、运输安全、安保和环保、运输工具的临时进入、国家间和过境运输手续的便利化，以及最终条款和证明条款进行磋商协定，就双方设立办事处、线路、权利、运输协定、安全、环境保护、行车许可证的数量、车辆尺寸、吨位、双方之间的过境运输便利程度进行协商，以及就双方道路线路的连接和走向作出正式承诺①。

与此同时，自中国与中亚国家建交以来，双方已经签署一系列交通运输方面的协定，涉及铁路、公路、航空和管道运输等方面。通过大量交通运输协定的签署，中国与中亚国家间已经建立起陆路和航空多领域较为完善的交通运输合作机制，这为丝绸之路经济带的物流发展奠定了坚实基础。

二、丝绸之路经济带物流通道建设

到目前为止，丝绸之路经济带内已经形成公路、铁路、航空和管道多种运输方式

---

① 原幅力．新疆借助新亚欧大陆桥新建中亚物流港的对策［J］．新疆大学学报（哲学·人文社会科学版），2007（4）：102－106.

的物流通道，中国与沿线主要中亚国家间已经建立比了较完善的物流运输体系。这些通道的建立，不仅改善了中国通向欧亚国家的交通运输状况，同时也进一步促进了丝绸之路经济带沿线的物流发展。

1. 公路物流通道

从公路物流通道发展来看，中国与中亚国家间已经基本建立以国内二级以上高等级公路为主体，长达 8000 公里的横贯中国全境，向西连接哈萨克斯坦、吉尔吉斯斯坦和塔吉克斯坦等国的公路物流通道。① 霍尔果斯口岸是中国西部地区最大的陆路公路口岸，2012 年霍尔果斯进出口贸易额较 2011 年同期累计增长 55.5%，进出口贸易额达 110.01 亿美元，其中进口 85.96 亿美元，出口 24.05 亿美元，这是霍尔果斯首次突破百亿美元大关。与贸易额相对应，2012 年霍尔果斯进出口货物量达 1763.25 万吨，同比增长 61.6%②（如表 8-35 所示）。

表 8-35　中国对中亚国家的公路口岸情况

口岸名称	对应国	口岸类型	对应口岸	对外口岸基本情况
阿拉山口口岸	哈萨克斯坦	公路、铁路	德鲁日巴口岸	位于新疆维吾尔自治区博乐市东北 73 公里，常年开放公路（铁路）口岸
霍尔果斯口岸	哈萨克斯坦	公路、铁路	霍尔果斯口岸	位于新疆维吾尔自治区霍城县，距哈萨克斯坦阿拉木图市 390 公里，双边常年开放公路（铁路）口岸
巴克图口岸	哈萨克斯坦	公路	巴克特口岸	位于新疆维吾尔自治区塔城市，为双边常年开放口岸
吉木乃口岸	哈萨克斯坦	公路	迈哈布奇盖口岸	位于新疆维吾尔自治区阿勒泰地区吉木乃县，为双边常年开放口岸
阿黑土别克口岸	哈萨克斯坦	公路	阿联谢夫卡口岸	位于新疆维吾尔自治区阿勒泰地区哈巴河县，为双边季节性开放口岸
都拉塔口岸	哈萨克斯坦	公路	纳林果勒口岸	位于新疆维吾尔自治区伊犁地区察布查尔县，为双边常年开放口岸
木札尔特口岸	哈萨克斯坦	公路	纳林果勒口岸	位于新疆维吾尔自治区伊犁地区昭苏县，为双边常年开放口岸
伊尔克什坦口岸	吉尔吉斯斯坦	公路	伊尔克什坦口岸	位于新疆维吾尔自治区克孜勒苏州乌恰县，为双边常年开放口岸

① 毕艳茹，秦放鸣．中国与中亚国家交通运输合作探析［J］．新疆大学学报（哲学·人文社会科学版），2008（5）：103-106.

② 2012 年新疆霍尔果斯进出口贸易额突破百亿美元［EB/OL］．搜狐网，http：//roll. sohu. com/20130118/n363916198. shtml .

续表

口岸名称	对应国	口岸类型	对应口岸	对外口岸基本情况
吐尔尕特口岸	吉尔吉斯斯坦	公路	吐鲁噶尔特口岸	位于新疆维吾尔自治区克孜勒苏州乌恰县
别迭里口岸	吉尔吉斯斯坦	公路	黑巴斯口岸	位于新疆维吾尔自治区阿克苏地区乌什县
卡拉苏口岸	塔吉克斯坦	公路	阔勒买口岸	位于新疆维吾尔自治区喀什地区塔什库尔干县

资料来源：新疆物流产业投资促进报告［J］．大陆桥视野，2009，（9）：45－96.

2. 铁路物流通道发展情况

从铁路物流通道发展来看，丝绸之路经济带铁路物流通道以新亚欧大陆桥为主体，其东起中国江苏连云港市，西到鹿特丹港，是世界上最长的一条大陆桥。这是中国在陆路上与丝绸之路经济带沿线国家建立联系的重要交通工具，它的建立使中国的货物到欧洲各国的路程比海运减少将近一半。2012 年 12 月，中国与哈萨克斯坦第二条铁路通道——霍尔果斯口岸铁路线开通，该路线是中国除阿拉山口铁路线以外的又一个向西开放的国际铁路通道（如图 8－8 所示）。

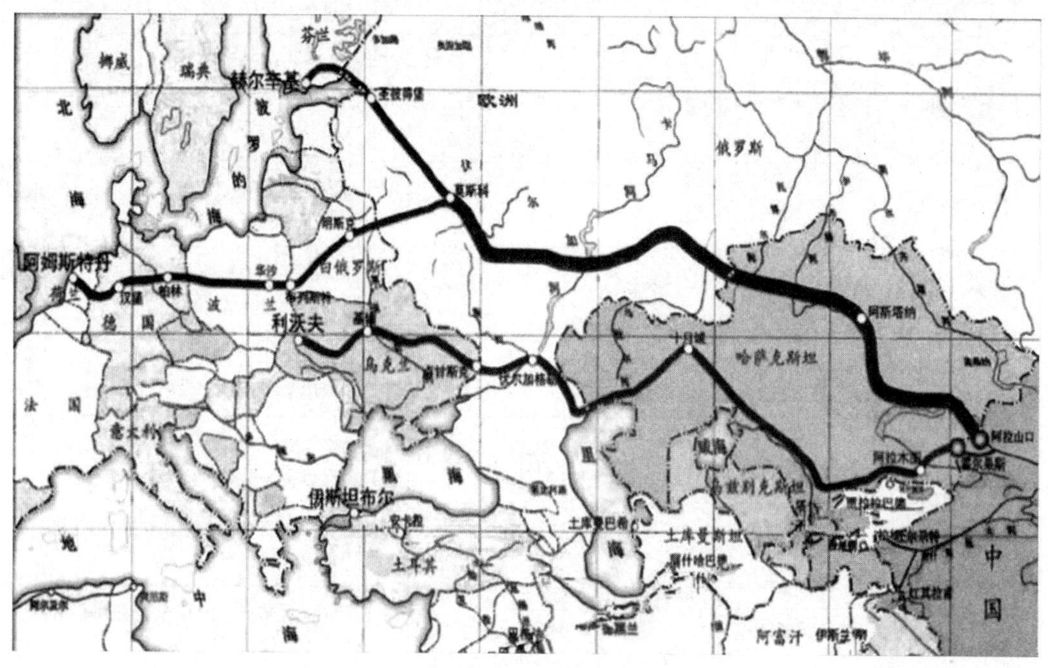

图 8－8 丝绸之路经济带国际铁路物流通道示意图

资料来源：王争鸣．“丝绸之路经济带”铁路通道发展战略研究［J］．铁道工程学报，2014，（1）：24－31.

中国目前对中亚国家的主要铁路物流通道口岸有阿拉山口和霍尔果斯：

（1）阿拉山口口岸：阿拉山口铁路口岸位于中国新疆维吾尔自治区博乐市东北 73

公里，毗邻哈萨克斯坦共和国阿拉木图州，对应口岸为哈萨克斯坦德鲁日巴口岸，为双边常年开放口岸。阿拉山口口岸是中国西部最大的集铁路、公路和管道运输为一体的国家一类口岸。1992 年 8 月，经中哈两国政府同意，阿拉山口口岸开始向第三国开放，具有国际联运地位。阿拉山口铁路口岸于 1991 年 7 月开始临时过货，公路口岸于 1992 年临时开通。从 2007 年到 2012 年，阿拉山口口岸出口货运量分别为 525. 65 万吨、641. 69 万吨、84. 83 万吨、517. 57 万吨、580. 44 万吨、630. 37 万吨，连续六年居全国陆路口岸首位。2010 年，阿拉山口口岸进出口货运量、对外贸易额和海关税收三项经济指标均创历史新高。铁路口岸出口货运量居全国同类口岸出口货运量首位，实现对外贸易额、上缴海关关税双双超百亿元大关，居全国陆路口岸第一位。①

（2）霍尔果斯口岸：霍尔果斯铁路口岸位于中国新疆维吾尔自治区霍城县，距哈萨克斯坦阿拉木图市 390 公里，对应口岸为哈萨克斯坦霍尔果斯口岸，为双边常年开放口岸。2011 年 12 月 5 日，中哈铁路实现对接，2012 年 12 月 22 日中哈霍尔果斯铁路口岸开通，霍尔果斯口岸成为继阿拉山口口岸之后，中国西部地区又一个集铁路、公路和管道运输为一体的国家级口岸。该口岸通过哈萨克斯坦“霍尔果斯（中国）—阿勒腾科里（哈萨克斯坦）”铁路与中国境内的精伊霍铁路和兰新铁路相连，实现中国与哈萨克斯坦铁路网的连通。截至 2013 年 12 月 22 日，霍尔果斯铁路口岸站自 2012 年 12 月 22 日开通一年来，共通行列车 57587 节，过货总量 161. 3 万吨，是中哈第一条铁路阿拉山口口岸站开通当年过货量的 10 倍以上。②

3. 航空物流通道发展情况

新疆作为中国毗邻丝绸之路经济带主要沿线国家的省份，在发展航空物流通道中取得较大进展，目前有乌鲁木齐和喀什两大对外民航口岸，国际航线 36 条，通航国家 22 个，这些国家中包括中亚五国和俄罗斯等丝绸之路经济带沿线国家。2012 年国际旅客吞吐量约为 70 万人次。③ 乌鲁木齐地窝堡国际机场作为中国面向中亚、西亚和连接欧亚的国家门户枢纽机场，一直致力于打造中亚区域性航空枢纽。2013 年，乌鲁木齐地窝堡国际机场完成旅客吞吐量 1536 万人次，占全国民航旅客吞吐量的 2%，比上年增长 15. 1%，增幅在全国千万级机场中居第 6 位。货邮吞吐量完成 15. 3 万吨，占全国货邮吞吐量的 1. 2%，比上年增长 16. 7%，增幅在全国机场中居第 3 位，仅低于郑州、三亚机场；货邮吞吐量在全国机场排名中居第 16 位，比上年提高 2 位，超过大连、沈阳机场。保障起降架次 13. 6 万架次，占全国起降架次的 1. 9%，比上年增长 14. 5%，增幅在全国千万机场中居第 6 位；起降架次在全国机场排名中居第 16 位，比上年提高

① 阿拉山口口岸出口货运量连续六年位居全国陆路口岸首位［EB/OL］. 亚心网，http：//news. iyaxin. com/content/2013 - 07/30/content_ 4127140. htm.

② 中哈霍尔果斯铁路口岸站开通一年来过货量超 160 万吨［EB/OL］. 中华人民共和国中央人民政府网站，http：//www. gov. cn/jrzg/2013 - 12/25/content_ 2554332. htm.

③ 王争鸣. “丝绸之路经济带”铁路通道发展战略研究［J］. 铁道工程学报，2014（1）：24 - 31.

1 位，超过南京机场①（如表 8 - 36 所示）。

表 8 - 36　丝绸之路经济带沿线国家航空公司进驻乌鲁木齐地窝堡国际机场情况

航空公司名称	航空公司国别	航空公司代码
阿斯塔纳航空公司	哈萨克斯坦	KC
西伯利亚航空公司	俄罗斯	S7
斯卡特航空公司	哈萨克斯坦	DV
吉尔吉斯斯坦航空公司	吉尔吉斯斯坦	K2
塔吉克索蒙航空公司	塔吉克斯坦	4J
塔吉克斯坦航空公司	塔吉克斯坦	TJ
比什凯克航空公司	塔吉克斯坦	KR
乌兹别克斯坦航空公司	乌兹别克斯坦	HY

资料来源：乌鲁木齐国际机场网站，http：//www. xjairport. com/xjjc/Category_ 5/Index. aspx.

4. 管道运输物流通道发展情况

管道运输作为一种特殊的物流通道，在丝绸之路经济带物流发展中具有重要地位。目前中国与丝绸之路经济带沿线国家已经连通中哈原油管道和中国—中亚天然气管道。这些能源运输管道的连通，不仅为中国进一步加强同丝绸之路经济带沿线国家的经济合作奠定基础，也为沿线物流发展提供良好的通道环境。

（1）中哈石油管道：中哈原油管道自 2006 年开通以来，已累计向中国输送原油 5000 多万吨（如图 8 - 9 所示）。

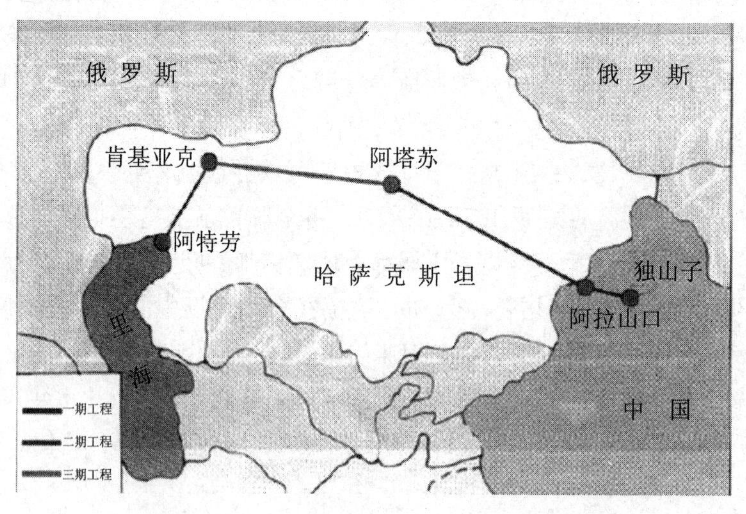

图 8 - 9　中哈原油管道项目管线走向示意图

资料来源：许勤华. 中哈石油管道：从“虚线”到“实线”[J]. 世界知识，2004，(14)：54 - 55.

① 2013 年乌鲁木齐国际机场客流增幅居全国第六［EB/OL］. 新华网，2014 - 03 - 31.

（2）中国—中亚天然气管道：中国目前与中亚已经连通中国—中亚天然气管道，自2009年底中国—中亚天然管道投产以来，截至2013年，该管道已经累计向中国输送天然气600多亿立方米。

三、丝绸之路经济带物流节点发展

除线路运输功能以外，物流功能要素中包装、装卸、保管、分货、配货、流通加工等其他所有功能都集中在节点上进行，作为连接物流线路的结节，物流节点是物流功能集成中心、信息交换中心和组织协调中心。物流节点的含义比较宽泛，包括铁路、公路、民航货运场站，各种仓储设施，物流园区（中心）和配送中心等。① 目前丝绸之路经济带的物流节点发展可以大致概括为区域性的综合保税区、物流园区（物资交易中心）和边境口岸合作中心三类。

1. 综合保税区

综合保税区作为规模最大、综合性最强、集聚功能最全的物流企业与物流设施的集结地，在整个物流系统中发挥着集散中心、物流控制中心、信息中心三大功能，并以国际中转、国际采购、国际配送、国际转口贸易和保税物流、保税出口加工等生产性服务产业为主要核心功能，在对外经贸和国际物流中发挥着重要作用。在形式上，综合保税区是保税区、出口加工区和保税物流园区政策功能的结合②。因此，建立综合保税区可以提高产品的流通效率，实现区域内的中转贸易和国际物流，对内陆地区发展外向型经济、加强对外经济合作有着重要的意义。在丝绸之路经济带的背景下，发展综合保税区可以促进丝绸之路经济带沿线的物流发展，更有利于加强中国与丝绸之路经济带沿线中亚国家的经济合作与交流。中国西部地区作为丝绸之路经济带的主要参与区域，目前拥有4个综合保税区，西安2个、银川1个和阿拉山口口岸1个（如表8－37所示）。

表8－37　面向丝绸之路经济带的综合保税区一览表

保税区名称	所在省份	批准时间
西安综合保税区	陕西	2011年2月14日
西安高新综合保税区	陕西	2012年9月22日
阿拉山口综合保税区	新疆	2011年5月30日
银川综合保税区	宁夏	2012年9月10日

资料来源：姜洋．西部地区综合保税区建设策略研究［J］．甘肃理论学刊，2013，（5）：138－142.

---

① 秦波．对新疆国际物流节点建设的思考——基于物流园区视角［J］．新疆财经，2010（1）：67－71.

② 姜洋．西部地区综合保税区建设策略研究［J］．甘肃理论学刊，2013（5）：138－142.

2. 物流园区（物资交易中心）

中国目前面向丝绸之路经济带沿线国家的物流园区（物资交易中心）主要有三个，它们分别是新疆乌鲁木齐铁路国际物流园区、西北国际物流交易中心和新疆亚欧国际物资交易中心。

（1）新疆乌鲁木齐铁路国际物流园区

新疆乌鲁木齐铁路国际物流园区以新疆铁路部门作为主体，以整合乌鲁木齐铁路西站和北站地区的物流资源为主，主要满足对外贸易对铁路物流的要求。园区规划面积为60平方公里，核心区域规划面积为10平方公里，主要功能区为专业运输区、仓储区、保税物流区、出口加工区等，计划投资7亿元，辐射区域可达中亚地区。该物流园区已于2013年4月完成项目招标工作，目前正在施工建设阶段。

（2）西北国际物流交易中心

西北国际物流交易中心位于中国新疆维吾尔自治区伊犁哈萨克自治州首府伊宁市伊宁边境经济合作区。该交易中心于2013年4月20日开始动工，总投资4.5亿元，总建筑面积167492平方米，旨在建设成为集交易、配送、仓储、住宿等功能为一体的多功能综合性物流园区。该园区建成后，可形成年货运量8000万吨、市场交易额900亿元、辐射中亚及全国的国际商贸物流中心。① 2013年12月，西北国际物流交易中心完成主体施工，开始试运行。

（3）新疆亚欧国际物资交易中心

新疆亚欧国际物资交易中心成立于2010年8月，通过创建中国首个面向中亚的电子商务交易平台，以乌兹别克斯坦国家原材料交易所中国交易中心为切入点，逐步发展成为从事集国际原材料跨境现货拍卖交易服务、特色商品批发零售服务、口岸公共物流管理信息服务、大型企业物流及供应链管理服务和融资服务于一体的国际物资交易中心。为国内外企业提供国际和国内贸易全流程电子交易服务。② 该交易中心的成立，对于丝绸之路经济带的经贸发展有着重要的意义，标志着中国与中亚国家的经贸发展进入以信息化带动国际区域经济合作的创新阶段，对丝绸之路经济带物流发展有着积极的作用。

3. 边境口岸合作中心

2006年，中国与丝绸之路经济带沿线国家哈萨克斯坦开始建设首个边境合作中心，即中哈霍尔果斯国际边境合作中心。2011年12月5日，随着中哈两国铁路成功对接，中国与哈萨克斯坦国际边境合作中心正式封关运营，投入使用。合作中心实行封闭式管理，主要功能是贸易洽谈、商品展示和销售、仓储运输、宾馆饭店、商业服务设施、金融服务、举办各类区域性国际经贸洽谈会等③。中哈霍尔果斯边境合作中心的建立，

① 第二大国际物流园区落户伊宁［EB/OL］. 伊犁新闻网，2013－04－23.

② 新疆亚欧国际物资交易中心介绍［EB/OL］. 中华人民共和国商务部网站.

③ 中哈霍尔果斯国际边境合作中心简介［EB/OL］. 霍尔果斯政务网.

对于中国加强同丝绸之路经济带沿线国家的经贸合作以及推动丝绸之路经济带沿线物流发展具有重要意义。合作中心以中国西北最大陆路公路口岸霍尔果斯口岸为依托，自投入运行以来，已有 22 个重点项目入驻，14 个项目开工建设，总投资达 234.5 亿元，6 个商业项目建成运营，目前入驻商户 405 家。2013 年，合作中心入出人员 42.9 万人（次），入出车辆 10.09 万辆（次），入出物资 80.9 万吨，实现贸易额 3 亿美元[①]。

① 中哈霍尔果斯国际边境合作中心发展迅猛［EB/OL］．新疆日报网站，2014－03－22.

8.7 丝绸之路经济带的旅游发展

共同建设丝绸之路经济带的倡议是习近平主席2013年在哈萨克斯坦演讲时提出的，这是具有全球视野的战略倡议，它的实现必将造福沿线各国人民。中亚地区与中国相邻，是中国向西开放的必经之地，中亚成为建设丝绸之路经济带的第一环，其发展将具有基础性和示范性效应。

旅游有助于促进人员往来和文化交融，在丝绸之路经济带建设中发挥先导和助推作用。中亚五国旅游资源丰富，近年来也取得了长足进步，但从总的方面看，发展潜力和空间还很大，但是也存在不少问题。实现丝绸之路经济带第一环的旅游发展，必须进一步加强与中亚五国旅游合作，共同开发产品、共同开辟市场，搞好国际合作，完善旅游基础设施，使丝绸之路经济带旅游发展的牵头品牌真正打出去，获得更高的知名度、美誉度、旅游忠诚度。

一、丰富的旅游资源

中亚不仅有人文荟萃的古迹文化，更有美不胜收的大自然美景。古往今来的许多历史人物，在这片土地上留下了他们的足迹，大自然和人类的先辈给我们留下了如此丰富的旅游资源。

中亚著名的旅游资源可用“一线、八点、九城”来说明。一线指的是丝绸之路，古丝绸之路，横贯中亚地区，每个国家都留下古丝绸之路的遗迹。八点是指该地区列入联合国教科文组织世界遗产目录的八个历史古迹点，是指撒马尔罕古城（乌）、布哈拉古城（乌）、希瓦古城（乌）、霍贾·艾哈迈德·亚萨维陵墓（哈）、泰姆格里考古景观岩刻（哈）、沙赫利苏佰历史中心（乌）、梅尔夫国家历史和文化公园（土）和库尼亚—乌尔根奇城（土）。九城指的是九个旅游城市：塔什干（乌）、杜尚别（塔）、阿拉木图（哈）、阿斯塔纳（哈）、比什凯克（吉）、阿什哈巴德（土）、奥什（吉）、碎叶古城（吉）、尼撒古城（土）。

中亚的湖泊旅游资源，可用“两湖一谷三峰”来说明。两湖指的是伊塞克湖（吉）和巴尔喀什湖（哈）；一谷指的是瓦尔佐布山谷（吉）；三峰指的是索莫尼峰、科尔日涅夫峰和列宁峰（塔）。

中亚民族众多，风情各异，特种旅游资源极为丰富，开发潜力巨大①。

① 熊关．中亚旅游知多少［J］．中亚地理．

阿拉木图：位于哈萨克斯坦东南部，东邻新疆，历史悠久，是古丝绸之路必经之地，是哈萨克斯坦最具魅力的城市之一。古老的丝绸之路和风景如画的山地，深受游客喜爱，这里还是滑雪度假胜地，阿拉木图的快速发展取决于其对山地资源的合理开发与应用。

阿斯塔纳：哈萨克斯坦首都，北部重要交通枢纽，自1994年迁都于此后，阿斯塔纳进行了大规模的城市改扩建工程，向现代化城市迈进。

塔什干：乌兹别克斯坦首都，是中亚地区最大的城市，古丝绸之路的商业和手工业中心之一。千杏园是一处遗址，从出土的钱币来看，说明中国秦朝以后的货币已经流传到今天的塔什干。地震后重建的塔什干是一座新型欧洲化城市。

比什凯克：吉尔吉斯斯坦首都，是古丝绸之路上的一座古城，吉尔吉斯斯坦是个高入云霄之地，有如诗一般的风景。

伊塞克湖：伊塞克湖是高山不冻湖，是世界上最大的山地湖泊之一，旅游胜地，唐朝将其称为“热海”“大清池”，是当时通往西域的必经之地，湖附近的碎叶古城，据考证是唐朝大诗人李白的出生地。

杜尚别：塔吉克斯坦首都，全国经济文化中心，它背倚高山，市内有林荫大道，住宅区绿树环抱，是中亚最迷人的城市之一。

梅尔夫古城：梅尔夫古城作为丝绸之路的一颗明珠已有2000年历史，南北丝路越过天山后在此再度汇合，梅尔夫的废墟里有古代建筑和陶瓷碎片，历史学家们如获至宝。

撒马尔罕：被称为“东方璀璨的明珠”，中亚最古老的城市之一，是乌兹别克斯坦第二大城市、古丝绸之路上的枢纽城市，也是帖木儿帝国的首都，今天撒马尔罕最宏伟的古建筑来自帖木儿帝国，从列吉斯坦广场的建筑群可以感受到古丝绸之路上的古代文明扑面而来，彩壁、穹顶、礼塔、雕窗、金饰、木刻、彩陶、雕塑、丝毯、璀璨夺目的文化遗产尽收眼底。

布哈拉：是世界文明最灿烂的发源地之一，古丝绸之路的枢纽，有“中亚麦加”之称，全城古迹和现代建筑并存，传说天方夜谭中阿里巴巴与四十大盗、巴格达大盗的故事就发生在布哈拉市场内。布哈拉旧城的波力卡龙建筑群受到联合国教科文卫组织的指定保护。

阿什哈巴德：土库曼斯坦首都，位于世界第四大沙漠的边缘，卡拉库姆运河改善了这里的炎热，主要街道旁都有水渠，花园苗圃众多。土库曼斯坦的阿哈尔捷金马是世界上最古老、最名贵的一种马。

尼撒古城：位于阿什哈巴德附近，是古代安息国的都城。

希瓦古城：位于中亚南部，是丝绸之路上唯一完好保存下来的古老城市。

库尼亚—乌尔根奇：是一座美丽的突厥人城市，有大片的中亚著名的建筑古迹，古宣礼塔、陵墓和宫殿见证了昔日的辉煌。

伊斯塔拉乌善：是塔吉克斯坦保存最好的古城之一。

铁尔梅兹：有古老建筑及遗址，在迷人的城市边，一些古老的建筑和遗址见证了那些辉煌的岁月。

沙赫里萨布兹：位于撒马尔罕以南，是帖木儿的故乡。

以背包客为阅读对象的《孤独星球》在《中亚旅游》中列出三周的中亚丝绸之路线路的安排，从西路进入中亚可以选择从伊朗的马什哈德（Mashhad）到土库曼斯坦的阿什哈巴德（Ashgabat），或者从阿塞拜疆的巴库（Baku）到土库曼斯坦的土库曼斯坦巴希（Turkmenbashi）（如图 8－10 所示）。

图 8－10　中亚丝绸之路线路

资料来源：Bradley Mayhew，Mark Elliott，John Noble，Tom Masters，Lonely Planet Central Asia Travel Guide，2014.

从阿什哈巴德沿陆路参观梅尔夫（Merv），以及丝绸之路名城布哈拉（Bukhara）、撒马尔罕（Samarkand）和塔什干（Tashkent）。在塔什干参观中亚地区最好的两个博物馆：历史博物馆和乌兹别克斯坦美术博物馆。然后从塔什干进入费尔干纳（Fergana）山谷，向北沿山路抵达比什凯克（Bishkek），然后过境到达哈萨克斯坦的阿拉木图（Almaty）。从比什凯克还可以选择参观图噜噶尔特山口（TorugartPass）、科奇科尔（Kochkor）的夏季牧场、塔斯拉巴特（TashRabat）的古丝路商队驿站，然后过喀什山口（Kashgar），继续向东进入中国。另一个选择是可以从塔什干直接到费尔干纳山谷的安集延市（Andijon），过境参观繁华的奥什市（Osh），然后乘车参观风景如画的阿莱（Alay）山谷，越过伊尔克什坦（Irkeshtam）口岸来到喀什。

二、中亚五国旅游业的发展概况

进入21世纪以来，中亚五国总体形势稳定，经济增速较快，各国求稳定，谋发展，旅游业取得一定发展。本节依据联合国世界旅游组织的统计数据和著名的国际市场营销咨询机构 Euromonitor 的中亚各国旅游业报告，对各国旅游业的发展情况进行概述。

1. 哈萨克斯坦

哈萨克斯坦是中亚五国中旅游业发展最显著的国家，作为旅游目的地，越来越广为人知，外国人喜欢这里的异国文化和独特的自然景观。2013年3月，世界经济论坛公布各国旅游竞争力排名，哈萨克斯坦列第88位，取得可喜的进步。

2008—2012年，哈萨克斯坦的入境旅游者人数年平均递增10.6%，2012年达到616.3万人次，入境花费在这五年中年平均递增5.8%。其主要客源地还是在欧洲，占94.7%，东亚、太平洋占3.8%。从入境人员的目的分析看，商务占29%，其他个人目的为68.8%，而休闲、度假仅为2.2%。从入境人员采用的交通工具来看，公路占65.5%，铁路占20.6%，飞机占13.8%。入境人员的组织方式显示，包价旅游仅占0.7%，过夜的入境人数住宿仅占14.9%，同时也有指标显示2012年其酒店占用率（按床位计算）为24.9%。2012年入境旅游者人数增加，得益于一系列国际性主题活动，包括国际石油、天然气展览会、世界食品展览会，来自独联体、中国、土耳其和乌克兰的人数增多。哈萨克斯坦简化了对欧洲一些国家及中国香港的签证手续，而且计划为经合组织成员国制定为期15天的免签证政策。2017年哈萨克斯坦将主办世界大学生冬季运动会和2017年世界博览会，这些活动都将提高哈萨克斯坦的知名度，为该国带来更多游客。

哈萨克斯坦位于世界上出境旅游发展最快的地区。2008—2012年，哈萨克斯坦出境旅游人数年平均递增20.3%，花费年平均递增13%。2012年哈萨克斯坦出境旅游人数达906.6万人次（如表8－38所示）。

表8－38　2008—2012年哈萨克斯坦旅游概况

编号	项目	单位	2008年	2009年	2010年	2011年	2012年	合计	比例（%）
1. 入境旅游人数									
1.10	总计	千人	4117	3774	4097	5685	6163		
1.2	其中：过夜	千人	3211	2944	3196	4434	4807		
1.3	一日游	千人	906	830	901	1251	1356		

续表

编号	项目	单位	2008 年	2009 年	2010 年	2011 年	2012 年	合计	比例（%）
按客源地划分									
1.5	总计	千人	4117	3774	4097	5685	6163	23836	100.0
1.6	非洲	千人	2	3	3	2	12	22	0.1
1.7	美洲	千人	30	27	28	29	34	148	0.6
1.8	东亚、太平洋	千人	198	170	149	178	200	895	3.8
1.9	欧洲	千人	3853	3540	3875	5436	5874	22578	94.7
1.1	中东	千人	5	5	5	5	5	25	0.1
1.11	南亚	千人	24	22	21	23	25	115	0.5
1.12	其他未分类	千人	5	7	16	12	13	53	0.2
按目的划分									
1.14	总计	千人	4117	3774	4097	5685	6163	23836	100.0
1.15	个人	千人	2923	2679	2909	4036	4376		
1.16	度假、休闲	千人	90	49	56	238	92	525	2.2
1.17	其他个人	千人	2833	2630	2853	3798	4284	16398	68.8
1.18	商务、专业	千人	1194	1095	1188	1649	1787	6913	29.0
按交通工具划分									
1.19	总计	千人	4117	3774	4097	5685	6163	23836	100.0
1.20	飞机	千人	568	521	565	785	850	3289	13.8
1.21	水路	千人	4	4	4	6	6	24	0.1
1.22	陆路	千人	3545	3249	3528	4894	5307		
1.23	其中：铁路	千人	848	777	844	1170	1268	4907	20.6
1.24	公路	千人	2697	2472	2684	3724	4039	15616	65.5
按组织方式划分									
1.26	总计	千人	4117	3774	4097	5685	6163	23836	100.0
1.27	其中：包价旅游	千人	38	31	40	36	30	175	0.7
	其他	千人	4079	3743	4057	5649	6133	23661	99.3
1.32	住宿过夜	千人	581	513	594	581	495		
1.33	花费总计	百万美元	1255	1185	1236	1524	1572		
2. 国内旅游									
2.1	总计	千人	4254	4056	4474	5328	6222		
2.2	其中：过夜	千人	1447	1339	1441	1716	2324		
2.3	一日游	千人	2807	2717	3033	3612	3898		
按目的划分									
2.4	总计	千人	4254	4056	4474	5328	6222	24334	100.0

续表

编号	项目	单位	2008 年	2009 年	2010 年	2011 年	2012 年	合计	比例（%）
2.5	个人	千人	3833	3699	4156	4950	5780	22418	
2.6	其中：度假休闲	千人	3629	3521	3767	4485	5237	20639	84.8
2.7	其他个人	千人	204	178	389	465	543	1779	7.3
2.8	商务、专业	千人	421	357	318	378	442	1916	7.9
					按交通工具划分				
2.9	总计	千人	4254	4056	4474	5328	6222	24334	100.0
2.10	飞机	千人	230	203	353	421	492	1669	7.0
2.11	水路	千人			49			49	0.2
2.12	陆路	千人	4024	3804	4121	4907	5730	22586	
2.13	其中：铁路	千人	493	247	787	937	1094	3558	14.6
2.14	公路	千人	3531	3557	3334	3970	4636	19028	78.2
					按组织方式划分				
2.16	总计	千人	4254	4056	4474	5328	6222	24334	100.0
2.17	其中：包价旅游	千人	175	132	172	203	202	884	3.6
2.18	其他	千人	4079	3924	4302	5125	6020	23450	96.4
2.22	住宿过夜	千人	1980	1773	1946	2209	2448		
3. 出境旅游									
3.1	总计	千人	4330	5423	6019	8020	9066	32856	100.0
3.2	过夜	千人	4239	5309	5893	7852	8875	32169	97.9
3.3	一日游	千人	91	114	126	168	190	689	2.1
3.4	花费总计	百万美元	1361	1319	1489	1831	2119		
					旅游宏观指标				
6.2	接待能力		0.3	0.27	0.29	0.38	0.44		
6.3	入境旅游花费/GDP	%	0.9	1.1	0.9	0.8	0.8		
6.4	出境旅游花费/GDP	%	1	1.2	1	1	1		
6.5	旅游平衡表	%	-0.1	-0.1	-0.2	-0.2	-0.3		

资料来源：世界旅游组织。

为促进旅游业的发展，哈萨克斯坦制订了国家级计划，拟重建丝绸之路历史中心，完善旅游基础设施，保护并开发文化遗产。2017 年世博会前，哈萨克斯坦首都公共交通领域面临新的发展，所建快速公交系统包括轻轨交通线、BRT 快速公交及 50 多个新车站。同时，哈萨克斯坦仍有大量尚未启用的旅游景点，其中包括有条件良好的生态旅游、丝路旅游。阿拉木图附近的滑雪度假村、阿克莫拉州“布拉拜伊”经济特区内的旅游休闲综合体，阿拉木图州的卡布恰盖水库沿岸建设“然纳—伊列”国际旅游中心、曼吉斯套州建立“肯杰尔利”国际度假村等。这些项目的成功实施将使哈萨克斯坦有可能成为中亚旅游业中最重要的国家之一。

此外，哈萨克斯坦的互联网渗透率提高，使网上购物进一步带动消费，各旅游企业都扩大了互联网销售和预订服务，包括汽车租赁、交通、旅游住宿以及最新的旅游零售业，国家铁路公司也引入在线火车票销售系统。在旅游零售业中，有几家旅行社开始提供在线服务。2012 年所有类别的互联网交易值均有所增长，更广泛的互联网使用，将创造更多的机会，使旅游者从传统零售渠道转到网络渠道，以预订旅游度假相关服务。

2. 乌兹别克斯坦

乌兹别克斯坦拥有得天独厚的旅游资源，撒马尔罕被列为丝绸之路上最有吸引力的旅游目的地，它也吸引了国际知名旅游企业的投资，例如美国凯悦酒店集团宣布将进入乌兹别克斯坦市场，塔什干凯悦酒店计划在 2015 年 1 月开业，它成为凯悦集团在该地区的组成部分。①

根据世界旅游组织关于乌兹别克斯坦 2006—2010 年的旅游统计数据，5 年间乌兹别克斯坦的入境旅游者经历 2006—2009 年的增长期（年平均增幅为 15%），以及随后的骤降期（降幅达 19.8%）。主要原因是受 2008—2009 年世界范围内的金融危机的影响，各主要出境旅游客源国发生巨大降幅。近年来，乌兹别克斯坦成功地应对金融危机，针对欧洲国家出境游的不确定性，及时将热点放在成长中的亚洲市场，取得了良好的结果，入境旅游实现增长，这些有望成为乌兹别克斯坦休闲旅游主要客源市场。

乌兹别克斯坦的入境旅游客源地较广，2006—2010 年，其主要的客源地区包括东亚、太平洋 57.9%；欧洲 30.9%；南亚 5.3%；中东 5.1%。入境旅游者的目的包含 14.3% 的度假，商务、专业为 10.6%，其他个人目的占 75.1%。入境游客采用的交通工具中，公路占 44.5%，飞机占 43.5%（如表 8－39 所示）。

表 8－39　2006—2010 年乌兹别克斯坦旅游概况

编号	项目	单位	2006 年	2007 年	2008 年	2009 年	2010 年	合计	比例（%）
1. 入境旅游人数									
1.10	总计	千人							
1.2	其中：过夜	千人	560	903	1069	1215	975	4722	
1.3	一日游	千人							
按客源地划分									
1.5	总计	千人	560	903	1069	1215	975	4722	100.0
1.6	非洲	千人	2	2	2			6	0.1
1.7	美洲	千人	6	8	8	7	1	30	0.6

① 凯悦酒店已经在叶卡捷林堡、基辅、巴库、比什凯克、杜尚别、索契、符拉迪、沃斯托克、莫斯科、顿河罗斯托夫开设了酒店。

续表

编号	项目	单位	2006 年	2007 年	2008 年	2009 年	2010 年	合计	比例（%）
1.8	东亚、太平洋	千人	296	443	579	649	768	2735	57.9
1.9	欧洲	千人	216	370	385	333	157	1461	30.9
1.1	中东	千人	30	50	55	67	37	239	5.1
1.11	南亚	千人	10	30	40	159	12	251	5.3
1.12	其他未分类	千人							
按目的划分									
1.14	总计	千人	560	903	1070	1215	975	4723	100.0
1.15	个人	千人	480	792	939	1111	900	4222	
1.16	其中：度假休闲	千人	53	80	217	196	130	676	14.3
1.17	其他个人	千人	427	712	722	915	770	3546	75.1
1.18	商务、专业	千人	80	111	131	104	75	501	10.6
按交通工具划分									
1.19	总计	千人	560	903	1069	1215	975	4722	100.0
1.20	飞机	千人	523	855	231	217	227	2053	43.5
1.21	水路	千人							
1.22	陆路	千人	37	48	838	998	748	2669	
1.23	其中：铁路	千人	35	45	39	40	49	208	4.4
1.24	公路	千人	2	3	659	739	699	2102	44.5
1.25	其他	千人			140	219		359	7.6
1.32	住宿过夜	千人	1337	1770	2636	2810	2624		
1.33	花费总计	百万美元	43	51	64	99	121		
2. 国内旅游									
2.2	过夜	千人	1350	1770	2636	1942	3608		
3. 出境旅游									
3.1	总计	千人							
3.2	过夜	千人	893	1248	1150	1317	1610		
补充指标									
6.2	接待能力		0.02	0.03	0.04	0.04	0.03		

资料来源：世界旅游组织。

由于其独特的地理位置和旅游资源，乌兹别克斯坦政府推出一个旅游发展全国性项目，改善旅游业各个领域的现状。2010 年 10 月，乌兹别克斯坦在撒马尔罕主办联合国世界旅游组织的丝路大会，汇聚 26 个项目参与国的 250 多名代表讨论丝路项目的潜力及未来，与会各方采纳了新的丝绸之路行动计划①。就在这次大会上，乌兹别克斯坦

① 联合国的“丝绸之路行动计划”自 1992 年首次推出，项目参与国占有全球旅游接待人数的 30%，旅游收入的 20%，有望成为非常有前途的一个项目。

政府宣布将在5年中，实现每年吸引200万旅游者的宏伟目标。

然而同时，2013年乌兹别克斯坦还制定了一些新规定，例如对外国游客征收旅游税，即在乌兹别克斯坦境内旅馆住宿的外国公民和无国籍人士须缴纳旅游税，按照乌兹别克斯坦当天汇率交付相当于2美元的当地货币，不支付或拖延支付旅游税者，将被处以每天应交数额0.15%的处罚。乌兹别克斯坦的国际机票销售业执行新的规定，非本国居民，无论航班起飞地和目的地在乌兹别克斯坦境内或境外，一律收取外汇。这些规定对该国的旅游业会产生一些影响。

3. 土库曼斯坦

土库曼斯坦旅游规模不大。根据联合国世界旅游组织提供的各国旅游统计数据①，2003—2007年该国的入境旅游人数共计48400人次入境，平均每年9680人次入境，相当于每天入境27人次。统计显示主要客源地区是：南亚（53.3%）、欧洲（33.3%）、太平洋、东亚（8.7%）、美洲（4.8%）。从入境游客所乘交通工具来看，公路占62.3%，飞机占37.3%，铁路占0.4%。从2003—2007年统计报表看，入境游客的目的为：度假、休闲占48.6%，商务、专业占13.8%，其他占37.6%（如表8-40所示）。

表8-40　2003—2007年土库曼斯坦旅游概况

编号	项目	单位	2003年	2004年	2005年	2006年	2007年	合计	比例（%）
1. 入境旅游人数									
1.2	过夜	千人	8.2	14.8	11.6	5.6	8.2		
按客源地划分									
2.1	非洲	千人							
2.2	美洲	千人	0.2	0.4	0.4	0.5	0.8	2.3	4.75
2.4	东亚、太平洋	千人	0.5	1.1	0.8	0.9	0.9	4.2	8.67
2.3	欧洲	千人	1.9	3.9	3.3	2.7	4.3	16.1	33.27
2.6	中东	千人							
2.5	南亚	千人	5.6	9.4	7.2	1.5	2.1	25.8	53.31
按交通工具划分									
3.1	飞机	千人	2.7	3.8	2.7	4	4.8	18	37.28
3.2	铁路	千人				0.2		0.2	0.41
3.3	公路	千人	5.5	11	8.9	1.5	3.2	30.1	62.31
3.4	海上	千人							
按目的划分									
4.1	度假、休闲	千人	1.2	2.9	9	5.2	5.2	23.5	48.56

① 联合国世界旅游组织的各国旅游统计摘要（2014年版）中关于土库曼斯坦入境旅游，只有2003—2007年的部分数据，没有2008—2012年的数据。

续表

编号	项目	单位	2003 年	2004 年	2005 年	2006 年	2007 年	合计	比例（%）
	商务、专业	千人	0.6	1.4	1.3	0.4	3	6.7	13.84
	其他	千人	6.4	10.5	1.3			18.2	37.6

资料来源：世界旅游组织。

2008—2012 年土库曼斯坦总计出境近 160 万人次，主要前往土耳其（37%）、俄罗斯（11.3%）、伊朗（28.4%）、哈萨克斯坦（8.6%）、中国（4.2%）、吉尔吉斯斯坦（1.8%）、阿塞拜疆（1.4%）、格鲁吉亚（1.3%）等国。

土库曼斯坦的旅游资源丰富，例如尼撒古城、梅尔夫古城和库尼亚—乌尔根奇被列入世界文化遗产。政府将旅游开发放在重要位置，1994 年成立国家旅游公司，2000 年 1 月与国家体育运动委员会合并成“国家旅游与运动委员会”，制订旅游业发展规划，颁布《旅游法》，在阿联酋、土耳其、巴基斯坦、德国、英国、俄罗斯等国设有代表处。2011 年政府投资绝大多数投在里海沿岸的元首市和“阿瓦扎”国家旅游区。目前，“阿瓦扎”旅游区首批酒店和基本设施已初具规模，其中不乏大量外国投资。

此外，土库曼斯坦对外亦相对封闭，这影响到了其旅游业的发展。因为烦琐的签证手续，休闲旅游者到访土库曼斯坦的并不多，商务旅游成为主要原因，绝大多数商务旅游者都与能源公司有关，中国、俄罗斯和伊朗仍然是土库曼斯坦天然气最大的进口国，所以也是土库曼斯坦商务旅游的客源国。绝大多数抵达的旅游者都是来自阿什哈巴德国际机场。另外，尽管允许私人接入互联网，2007 年后也出现了一些网吧，但土库曼斯坦互联网的渗透率很低，2011 年网络用户数量约占所有人口的 2%，在线服务受到很多因素的制约，例如政府严格控制所有的经济活动，互联网费用高昂等。因此，土库曼斯坦旅游业的未来发展以及阿瓦扎旅游区的前景都主要取决于政府的决策。放宽签证规定，放松对外国人的限制，会吸引更多探险旅游者来该国。

4. 塔吉克斯坦

根据联合国世界旅游组织的统计数据，塔吉克斯坦的入境旅游人数 2009—2012 年有所增加，2012 年为 24.4 万人次，但未达到 2008 年的 32.5 万人次。按入境者目的分析，度假、休闲旅游者占 11.5%，商业、专业目的的旅游者占 0.8%，绝大多数入境目的为其他个人目的，占 87.7%，随着商务环境的改善，来塔吉克斯坦从事商务的人数也有所增加；入境者乘飞机的为 38.5%，由公路来的为 61.5%；来旅游的组织方式，包价旅游仅占 1.2%，其他者占 98.8%；入境花费，2008—2012 年，年平均递增 26.5%，入境者平均日花费 500 美元。其国内旅游中过夜游客比一日游游客多，以 2012 年为例，塔吉克斯坦国内旅游 3 万人次，其中过夜的占 80%，其余 20% 为一日游，而且国内旅游采用包价旅游方式的很少。其 2012 年出境旅游人数为 1.5 万人，同年出境花费 1330 万美元。

按入境者的客源地看，入境人员主要来自欧洲（92%），南亚（5.9%）。交通设施的改善以及塔吉克斯坦工人回流本国工作，引发入境人数的反弹，但仍低于2008年的历史最高纪录。俄罗斯是入境人数中最大的客源国，主要是大量的塔吉克斯坦人居住在那里，永久性移居俄罗斯的人数一直不断增加，已经移居的往往稍后会带走自己的家人和朋友（如表8-41所示）。

表8-41　2008—2012年塔吉克斯坦旅游概况

编号	项目	单位	2008年	2009年	2010年	2011年	2012年	合计	比例（%）
1. 入境旅游人数									
1.10	总计	千人	325	207	160	183	244		
按客源地划分									
1.5	总计	千人	325	207	160	183	244	1119	100.0
1.6	非洲	千人							
1.7	美洲	千人	1	1	1	1	1	5	0.5
1.8	东亚、太平洋	千人	3	3	4	4	4	18	1.6
1.9	欧洲	千人	310	189	140	167	223	1029	92.0
1.1	中东	千人					1	1	0.1
1.11	南亚	千人	11	14	15	11	15	66	5.9
1.12	其他未分类	千人							
按目的划分									
1.14	总计	千人					244	244	100.0
1.15	个人	千人					242	242	
1.16	其中： 度假、休闲	千人					28	28	11.5
1.17	其他个人	千人					214	214	87.7
1.18	商务、专业	千人					2	2	0.8
按交通工具划分									
1.19	总计	千人					244	244	100.0
1.20	飞机	千人					94	94	38.5
1.21	水路	千人							
1.22	陆路	千人					150	150	
1.23	其中：铁路	千人							
1.24	公路	千人					150	150	61.5
按组织方式划分									
1.26	总计	千人					244	244	100.0
1.27	其中： 包价旅游	千人					3	3	1.2
	其他	千人					241	241	98.8

续表

编号	项目	单位	2008 年	2009 年	2010 年	2011 年	2012 年	合计	比例（%）
				花费					
1.33	总计	百万美元	23.7	19.5	32.4	39.8	60.4		
				其他指标					
1.41	所有商业住宿服务	过夜数					7		
1.42	其中酒店及类似	过夜数					8		
1.44	平均日花费	美元					500		
2. 国内旅游									
2.1	总计	千人					30	30	100.0
2.2	其中：过夜	千人					24	24	80.0
2.3	一日游	千人					6	6	20.0
				按组织方式划分					
2.16	总计	千人					30	30	100.0
2.17	其中：包价旅游	千人					0.2	0.2	
2.18	其他	千人					30	30	100.0
				其他指标					
1.41	所有商业住宿服务	过夜数					6		
1.44	平均日花费	美元					20		
3. 出境旅游									
3.1	总计	千人							
3.2	过夜	千人					15		
3.3	一日游	千人							
	花费								
3.4	总计	百万美元			24.9	13.8	13.3		
3.5	旅行	百万美元	10.8	5.8	17.8	8.4	6.8		
3.6	客运	百万美元			7.1	5.4	6.5		
				旅游宏观指标					
6.2	接待能力		0.04	0.03	0.02	0.02	0.003		
6.3	入境旅游花费/GDP	%	0.5	0.4	0.6	0.6	1		
6.4	出境旅游花费/GDP	%	0.2	0.1	0.4	0.2	0.2		
6.5	旅游平衡表	%	0.3	0.3	0.1	0.4	0.5		

资料来源：世界旅游组织。

塔吉克斯坦的山脉旅游资源和丰富的文化遗产使其在开发历史、生态、登山以及冬季旅游上具有巨大潜力，特别是吸引来自苏联的旅游者。

近年来，塔吉克斯坦实施了一些促进旅游业发展的新措施，例如执行新的签证规定，以促进入境人数的增加。如2010年，政府批准对来塔吉克斯坦的外国公民的签证办理时间缩短为4个工作日，而且签证的申请可以通过邮寄的方式进行，也可以在杜尚别机场申请，签证费降低，新规定中同时注明外国游客可以逗留最长30天而无须去警局登记。从往来塔吉克斯坦的交通来看，拉脱维亚国家航空公司开通了里加—杜尚别、2011年初索蒙航空也开通法兰克福—杜尚别的航线，这样到2011年，每周从欧洲飞往杜尚别的航班有15班。另外，塔吉克斯坦得到欧盟以及一些非政府组织的支持，启动了一个旨在发展扎拉夫尚山谷社区旅游的项目。

然而，虽然政府希望外国旅游者在2020年提高到每年100万人次，但是抵达杜尚别的公路和铁路条件仍然很差，大量的基础设施不发达，缺少旅游住宿条件，高昂的交通票价，缺少对外的宣传，所有这些对于入境旅游是有负面影响的。

5. 吉尔吉斯斯坦

吉尔吉斯斯坦拥有优越的自然条件、气候条件以及文化遗产，可以满足不同类型旅游者的需求和偏好。其入境旅游人数从2008年的184.4万人次，增长到2012年的240.6万人次，年平均递增7%；入境花费年平均递增7.2%。虽然2010年大幅度下降，但吉尔吉斯斯坦迅速从低迷中复苏，入境人数迅速回升。其入境者客源地主要集中在欧洲(96.4%)；出境游在2008—2012年大幅度增加，从2008年的73.6万人次，到2012年132.6万人次，年平均递增16%，同期出境花费年平均递增5%（如表8-42所示）。

表8-42　2008—2012年吉尔吉斯斯坦旅游概况

编号	项目	单位	2008年	2009年	2010年	2011年	2012年	合计	比例（%）
1. 入境旅游人数									
1.10	总计	千人	1844	1394	855	2278	2406		
				按客源地划分					
1.5	总计	千人	1844	1394	855	2278	2406	8777	100.0
1.6	非洲	千人							
1.7	美洲	千人	15	13	9	18	19	74	0.8
1.8	东亚、太平洋	千人	31	32	24	33	34	154	1.8
1.9	欧洲	千人	1784	1332	804	2208	2333	8461	96.4
1.1	中东	千人							
1.11	南亚	千人	7	7	5	7	7	33	0.4
1.12	其他未分类	千人	7	9	13	11	12	52	0.6
1.32	住宿过夜	千人	439	355	130	247	364		
1.33	花费总计	百万美元	569	506	336	689	750		

续表

编号	项目	单位	2008 年	2009 年	2010 年	2011 年	2012 年	合计	比例（%）
2. 国内旅游									
2.1	总计	千人	1207	1137	958	1027	1448		
3. 出境旅游									
	出境人数								
3.1	总计	千人	736	580	597	931	1326		
3.4	花费总计	百万美元	451	393	398	566	738		
旅游宏观指标									
6.2	接待能力		0.35	0.26	0.16	0.42	0.44		
6.3	入境旅游花费/GDP	%	11.9	11.1	7.2	11.2	11.7		
6.4	出境旅游花费/GDP	%	9.5	8.6	8.5	9.2	11.5		
6.5	旅游平衡表	%	2.5	2.5	-1.3	2	0.2		

资料来源：世界旅游组织。

2010 年，吉尔吉斯斯坦旅游业大大受损，但 2011 年迅速得以恢复，哈萨克斯坦、塔吉克斯坦和乌兹别克斯坦仍然是吉尔吉斯斯坦主要的客源国，这些国家大多数旅游者属于休闲类，他们大多去伊塞克湖度假区。2012 年吉尔吉斯斯坦第 14 届伊赛克湖旅游节举行，游客超过了以往任何一年。

对于吉尔吉斯斯坦来说，需要让更多旅游者了解该国文化、社会，虽然伊赛克湖的度假旅游仍是最重要的、利润最高的旅游目的地，但探险旅游、狩猎等小众产品，也会让旅游者深入土著环境和吉尔吉斯斯坦文化，它们构成了国家品牌形象的重要组成部分。吉尔吉斯斯坦未来会吸引更多的旅游者，特别是休闲度假旅游者。由于公路、酒店、餐馆、互联网服务和汽车租赁服务等基础设施是限制旅游业发展的关键因素，因此吉尔吉斯斯坦仍需改善旅游相关服务，包括开通直航航班，重修公路，培训伊塞克湖度假区的员工，提高服务质量，等等。

三、中亚五国旅游业的发展空间

目前，中亚五国的旅游业虽已有一些发展，但还有很大的可挖掘空间。

1. 入境旅游人数、花费及结构方面存在差距

依据世界旅游组织发布的 2008—2012 年旅游统计数据摘要（2014 年版），将中亚五国旅游统计数据与其余 17 个国家旅游的相关数据进行对比可见，中亚五国无论从入境旅游人数、旅游花费、入境旅游及出境旅游对经济的影响，还是五国国内旅游的规模、效益状况，其与旅游业发达国家都存在很大的差距，这也说明其旅游业有很大的发展空间（如表 8-43、表 8-44 所示）。

表8－43　2012年中亚五国与部分国家旅游统计数据对比表

编号	项目	单位	中国	意大利	波兰	土耳其	德国	俄罗斯	乌克兰	印度	格鲁吉亚	哈萨克斯坦	乌兹别克斯坦	塔吉克斯坦	吉尔吉斯斯坦
人境旅游人次															
1.1	总计人次	千	132405	76293	67390	37715			25061		4428	6163		244	2406
1.2	过夜	千	57725	46360	14840	35698	30411	28177	23013	6578	1780	4807	975（2010）		
1.3	一日游	千		29933	52550	2017			2048		2648	1356			
旅游目的															
1.14	总计	千	27191	76292	14840	36777		28177	23013	6578	626				
1.16	度假、休闲	千	11629	29832	5070	27594		2571	940	3572	315				
	比例	%	42.77	39.1	34.16	75.03		9.13	4.08	54.31	50.33	2.2	14.31	11.48	
1.17	其他个人	千	9282	31938	5610	6757		19405	21690	1526	99				
	比例	%	34.14	41.86	37.81	18.37		68.87	94.29	23.2	15.81	68.8	75.08	87.71	
1.18	商务、专业	千	6280	14522	4160	2426		6201	374	1480	212				
	比例	%	23.09	19.04	28.03	6.6		22	1.63	22.49	3.86	29	10.61	0.81	
花费															
1.33	花费（百万）	美元	54937	43036	11835	32249	51581	17876	988	18340	1565	1572		60.4	750
6.3	入境花费比GDP	%	0.7	2.1	2.3	4.1	1.5	0.9	3.4	1	9.9	0.8		1	11.7
6.4	出境花费比GDP	%	1.3	1.6	1.8	0.6	2.7	2.3	3.1	0.8	3	1		0.2	11.5
6.5	旅游平衡表	%	-0.7	0.5	0.5	3.5	-1.3	-1.4	0.3	0.2	6.9	-0.3		0.2	0.2
国内旅游															
2.1	总计	千	2597000			106226						6222		30	
2.2	过夜	千		78703	40700	64922						2324		24	1448
2.3	一日游	千				41304						3898		6	

注：印度的6.3、6.4、6.5是2011年的数据。

表 8-44　2012 年中亚五国与部分国家旅游统计数据对比表

编号	项目	单位	法国	美国	西班牙	马来西亚	泰国	加拿大	韩国	日本
入境旅游人次										
1.1	总计人次	千	198370	171632	99185			25301	11140	8358
1.2	过夜	千	83013	66969	57701	25033	22354	16344		
1.3	一日游	千	115357	10463	41495			8957		
旅游目的										
1.14	总计	千	83013	29761	57701			15972	11140	8358
1.16	度假休闲	千	61511	19970	49457			7690	8657	6041
	比例	%	74.1	67.1	85.71			48.15	77.7	72.28
1.17	其他个人	千	11221	5119	4321			5793	2238	874
	比例	%	13.52	17.2	7.49			36.27	20.1	10.46
1.18	商务、专业	千	10281	4672	3923			2489	245	1443
	比例	%	12.38	15.7	6.8			15.58	2.2	17.26
花费										
1.33	花费	百万美元	63530	200092	63198		37740	20696	19653	16197
6.3	入境花费比 GDP	%	2	1.2	4.7	6.6	10.2	1.1	1.7	0.3
6.4	出境花费比 GDP	%	1.5	0.8	1.6	3.8	2.1	2.4	1.9	0.7
6.5	旅游平衡表	%	0.5	0.5	3.1	2.8	8	-1.2	-0.2	-0.5
国内旅游人次										
2.1	总计	千	269783		368407	174448	109360（2011）	317021	13737	612525（2011）
2.2	过夜	千	199577	2030300	146554	55364		105743		313561
2.3	一日游	千	70207		221853	119084		211278		298964

资料来源：世界旅游组织。

很多旅游发达国家入境旅游的主要目的是休闲、度假，例如法国74.1%的入境旅游的目的是度假、休闲，这项指标美国为67.1%、中国为42.8%、西班牙为85.7%、意大利为39.1%、波兰为34.2%、土耳其为75%、俄罗斯为9.1%、加拿大为48.2%、乌克兰为4.1%、韩国为77.7%、日本为72.3%、印度为54.3%、格鲁吉亚为50.3%、哈萨克斯坦为2.2%、乌兹别克斯坦为14.31%、塔吉克斯坦为11.48%（哈、乌、塔的数据为2008—2012年的平均数）。这些数据表明中亚五国旅游业休闲、度假有巨大潜力。

中亚五国的入境旅游人数和花费之间也存在很大差距。以哈萨克斯坦为例，2012年入境人数为616.3万人次，年平均递增10.6%，而入境花费年平均递增5.8%，花费递增率小于入境人数递增率，说明使入境人员更多参与休闲、度假，以使旅游花费增速跟上旅游人数的增速，是哈萨克斯坦旅游业发展的必要选择。而哈萨克斯坦国内旅游者中84.8%的人的目的是度假、休闲，这和入境者的主要目的相反，这从另一个侧面，说明做好入境游客的度假、休闲市场的开发是迫切以及可行的。

2. 加强基础设施建设

从中亚旅游的案例来看：

（1）某国际旅行社发布的中亚4国14天游的宣传资料中可以看到如下提示：“此行程涉及中亚4国14天签证，因目前还很少有中国公民前往中亚各国旅游，中亚各国使馆对于如何受理中国公民旅游签证还都缺乏经验（目前以商务签证居多），每个使馆的送签日期、时间、所需材料也不尽相同，比较复杂……”“中亚各国刚刚向中国游客敞开大门，个别国家还没有中文翻译……”“中亚各国的基础设施条件简陋，尤其一些地方的路况不是很好”“行程中所列酒店标准为当地酒店评定标准……中亚的三、四星级酒店大堂都比较小，无商场，电梯每次只能乘坐两个人和行李，大部分酒店没有电梯……由于各种原因，如环保、历史悠久、如中亚气候较温和等，较多的酒店无空调设备”。

（2）抽查三个旅行团在中亚的行程安排可以发现：台北出团，经曼谷到塔什干这个团，第四天行程为伊塞克湖至比什凯克，295公里，约5小时，速度为59公里/小时；第十天行程为撒马尔罕至布哈拉，270公里4.5小时，速度为60公里/小时。上海及北京两个团，上海团：阿拉木图—比什凯克240公里，4小时左右，速度为60公里/小时。北京团：阿拉木图—比什凯克250公里，4.5小时，速度为：55.5公里/小时。各个团日程表上关于伊塞克湖至比什凯克，撒马尔罕至布哈拉，阿拉木图至比什凯克的平均汽车速度均在60公里/小时左右。

（3）在中国领事服务网上有关哈萨克斯坦的叙述中，可以看到：“哈撒克斯坦道路条件复杂，建议初到哈萨克斯坦者不要采取自驾方式出远门。”

上述内容，可以侧面反映出中亚地区基础设施情况，中亚许多旅游设施，例如：酒店、度假村、温泉、桑拿浴、露营，都是苏联时期建造的，而它们都需要大规模的重建，或更新，在首都之外的地区更是如此。许多更新的酒店往往针对的是商务及高端旅游者，再加上进入中亚的航空成本较高，与东亚以及其他旅游地相比，这一地区竞争性差，所以加强基础设施建设是必需的。

3. 提高竞争力排名

2013 年 3 月 19 日，新疆哲学社会科学网发表《过于封闭影响土库曼斯坦旅游业发展》的文章，其中写道：3 月初世界经济论坛公布各国旅游竞争力排名，土库曼斯坦没有进入前 140 名旅游竞争力强的国家。哈萨克斯坦排名第 88 位，吉尔吉斯斯坦排名第 111 位，塔吉克斯坦排名第 114 位。这一结果表明，提高中亚的旅游竞争力还有许多工作要做。例如，加强品牌的整合促销、市场调研、对消费者认知的了解，开展全球营销主题活动，加强基础设施建设，改进丝路沿线的连通性，增加酒店投资，提高互联网的介入程度，加大行业培训，简化签证手续，改进旅游者的过境手续及服务，等等。

4. 许多旅游项目开发潜力巨大

除前面写到的各种正在实施的旅游项目外，中亚还有许多有巨大潜力的旅游项目。哈萨克斯坦拥有各种迷人的风光，生态旅游前景不可估量，有巨大开发潜力的旅游景点包括阿克苏幼马自然保护区，其位于天山西北角，有丰富的野生动植物资源和迷人的山区风光，还有列普辛斯克山脚下的迷人村落，是徒步旅游和骑马的好地方，科尔加尔辛自然保护区，这座点缀在大草原上的湖泊是令人兴奋的观鸟点，也是最大的北方火烈鸟栖息地，还可去科克舍套，体验乡村生活，散步，骑马。

中亚连绵的群山，广袤的草原，无垠的沙漠，为发展各种特色旅游创造了很好的条件，徒步、骑马旅游、骑骆驼旅游、骑山地车、漂流、登山和攀岩、驾驭四驱车旅行、滑雪都是可供旅游者选择的内容。

四、促进丝绸之路经济带旅游发展的建议

1. 促进中亚旅游业的发展有重要意义

全球国际游客从 1995 年起，一直保持着增长态势，从 1995 年的 5.3 亿人次，2000 年的 6.8 亿人次，2004 年的 7 亿人次，2008 年的 9.3 亿人次，2010 年的 9.5 亿人次，2011 年的 10 亿人次，2012 年的 10.3 亿人次，到 2013 年的 10.9 亿人次。这些年一直保持着旺盛的发展势头。未来十年，旅游业将成为世界经济的重要推手，在旅游业超常增长的趋势下，新兴经济体将成为新的旅游目的地，为国际旅游产业带来新的发展动力。加快中亚旅游业的发展符合世界旅游业整体的发展趋势。正如联合国世界旅游组织在针对中亚加强旅游业的战略建议中写的：“丝绸之路拥有丰富多样的文化遗产和自然遗产，跨度达 12000 公里，构成增长潜力巨大的独一无二的旅游目的地网络。近年来，针对这一地区商业兴趣显著提高，古代连接中东和亚洲之间地区获得新生，引起能源、基础设施和加工制造领域大笔的投资和贸易。而更强的经济实力、改善的基础设施及相连性，信息技术的进步及更佳的流动性都为旅游业创造新的机遇。”

促进中亚旅游业的发展，对丝绸之路经济带的建设，将会起到基础性和示范性效应。

2. 树立品牌意识、加大丝路品牌建设

为促进旅游业更大的发展，根据中亚的实际情况，应当首先树立将丝绸之路品牌真正打出去的决心，同时，要进一步密切与中亚五国的旅游合作，共同打造产品，联合对外推广，吸引别的旅游客源地的客源。

丝绸之路这个旅游带的牵头品牌，有着巨大增长潜力，联合国世界旅游组织的研究表明，与其他旅游线路相比，丝绸之路引起的网络讨论最多，占到全球范围所有讨论的近30%。

品牌是市场的属性之一，品牌的作用远远大于单纯的形象，购买者会赋予品牌心理层面的含义，例如：当人们提到迪士尼这个品牌时，人们会联想到他们子女脸上的喜悦，或者是让自己回归到童年无忧无虑的幻境，品牌要有价值，其品牌联想就必须成为购买者生活的一部分。

对于旅游业而言，目的地品牌的建立，需要精心管理。“目的地品牌是一个名字、符号、标志、文字、记号和其他图形，它确定了目的地的身份，使其与众不同，进一步说，它能够带来永不磨灭的旅行体验，这种体验使得该目的地独一无二，通过它能够合并和强化对目的地美好体验的回忆。”“在旅游业，如果一个目的地要在竞争中获得成功，必须提供一连串的高质量的产品和服务，也就是我们所说的质量体验；另外，由于期望和记忆是质量体验的重要组成部分。因此，在目的地品牌的创立上，所有努力都必须保证个人能够实现对未来愉快和（或）刺激体验的期待，在旅行结束后，品牌能够合并和强化对目的地美好经历的回忆。”丝绸之路正需要如此树立品牌。

3. 抓住良好契机，促进中国与中亚各国旅游业的全面发展

当前，中国与中亚五国的合作已进入全面发展的新时期，双方政治互信程度高，经济合作快速发展，互联互通已初具规模，人文交流不断扩大，有良好的合作基础，这些都是丝绸之路品牌真正打出去的保证。

2012年中亚五国来华旅游的总人数是64万人次，中国公民首站赴中亚五国旅游的人数是26.9万人次。目前，中国的旅游产品对这五国还是有一定的吸引力的。从整体上讲，目前的旅游合作还需要进一步加强，其中，最重要的是要做好《中国居民团队旅游目的地谅解备忘录》的签署工作。因为跨境旅游不是水到渠成的，要渠成水到，首先必须把相互之间的旅游合作协议签下来，这样人们才会走动，截至2014年2月，与中国签订团队旅游目的地谅解备忘录，即ADS备忘录的国家，只有乌兹别克斯坦，中亚其他四个国家还没有签署下来，这给旅游交流带来一定的影响。

中国的旅游资源从质量和数量来讲有一定的优势，其他几个国家作为旅游目的地也有一定特点，各方均有着灿烂的文明史和独特的自然景观，东亚古老文明、伊斯兰文化、西部高原、戈壁景观、独特的风俗人情对中国旅游者有着很强的吸引力，而中

国的旅游产品，像海滨度假、中医疗养、传统文化、现代都市风貌，深受中亚五国游客喜爱。

为使丝绸之路品牌真正打出去，目前最重要的是与中亚五国共同来打造产品，联合对外推广，吸引别的旅游客源地的客源。打造产品时，要将自身的历史、文化与丝绸之路联系起来，更好地了解游客的旅游动机，明确和利用各国自己的丝绸之路的独特卖点，保持旅游目的地独一无二的特点。在丝绸之路的营销活动中，更多的要通过社交媒体进行，以提高消费者的融入程度。如今，丝绸之路丰富的遗产，在各个旅游目的地都体现出来，彼此应展开紧密的合作，汇集资源，开展联合营销活动，宣传共同的历史，刺激丝绸之路的旅游，各个旅游目的地可以合作开发聚焦于丝绸之路的新跨境主题旅游线路，这样可以提供更好的旅游产品，产生更多的“口碑”效应，从而营造出更加强大、全球认知度更高的丝绸之路品牌；此外还必须强调改进基础设施的差距，明确阻碍丝绸之路连通性的因素，基础设施投资和行业培训，提高接待能力。在国际合作方面，特别需要简化签证（2013 年 10 月 6 日，两大世界旅游组织在印尼巴厘岛发布报告称：通过促进签证便利化，到 2016 年，亚太经济合作组织（APEC）所覆盖的区域，有希望新增 260 万就业岗位，带来大约 890 亿美元的经济收益），以促进人员往来和增加旅游收入。

总之，对于丝绸之路沿线国家来说，有必要在建设规划的指引下，促进与中亚各国的合作和交往，以合作共赢的精神，再现古丝绸之路之光，重塑其昔日辉煌。

8.8 丝绸之路经济带的教育合作

一、中亚五国教育发展状况

1. 苏联时期中亚地区教育发展状况

沙俄时代中亚地区的传统教育方式是以依附清真寺的经文学校向学生诵读和传授古兰经及其他宗教经典为主的集体教育方式①。在广大中亚民众中，95% 以上是文盲②。苏联建立起苏维埃政权后，扫盲运动成为文化工作的一项重要内容，中亚地区是扫盲运动的重中之重。1919 年 12 月 26 日，苏维埃人民委员会颁布列宁签署的《关于扫除俄罗斯联邦居民中的文盲》的法令。之后相继颁布一系列法令，至 1934 年，苏维埃政权仅用 4 年时间，就完成了沙皇政府预计要用 100 ~ 150 年才能完成的普及初等教育解决普遍识字的任务③。

第二次世界大战以后，苏联的文化教育事业取得长足发展。在扫盲运动取得成效的基础上，涵盖各类教育在内的较为完备的教育体制得以建立。中亚五国所在地区摆脱了农奴制度，走上社会主义道路。据 1959 年的人口普查结果显示，苏联已成为全民识字国家。④ 在社会主义改造下，中亚地区的学校都摆脱了清真寺的约束，私立学校被取缔，国家统一的教育体系得以建立。苏联时期中亚地区教育的发展，对中亚五国独立建国后的教育发展影响很大。

2. 独立后中亚各国教育发展状况

独立后中亚国家的教育经历了从衰落到逐渐恢复发展的历程。新中国成立初期，中亚国家由传统计划体制向自由市场体制的转轨给社会经济领域带来一定震荡，教育领域表现为，苏联时期形成的一些教育成果没有被继承下来，新的教育成果没有大量涌现。为遏制这一不利局面，从 20 世纪 90 年代初开始，中亚各国针对本国经济社会发展的现实情况，在教育领域展开一系列改革，具体表现为：

一是从人才发展需要出发加大教育投入。独立后的中亚国家都深刻认识到教育尤其是高等教育已逐渐成为衡量一个国家综合国力的重要指标。因此，中亚五国相继出台一系列教育发展法规和政策，逐步加大对教育发展的投入。而与苏联时期不同的是：

---

① 冯燕．独立后中亚高等教育与国际合作研究［D］．乌鲁木齐：新疆师范大学硕士学位论文，2013.

② 丁笃本．中亚通史：现代卷［M］．乌鲁木齐：新疆人民出版社，2004：163.

③ 冯燕．浅析苏俄时期的中亚教育的发展［J］．黑龙江史志，2013（1）.

④ 寇亮．苏联中亚地区国民教育的发展［J］．陕西师范大学继续教育学报，2007（4）.

苏联时期教育的目的是培养社会主义接班人，而此时教育发展则更多注重人自身发展的需要。

二是逐渐完善高校专业设置及高等教育体制。独立后的中亚五国，在适应本国经济社会发展需要的前提和基础上逐步跟进国际高等教育发展趋势，高等专业设置日趋合理化。此外，专业的划分和学校的布局也增加了灵活性，尤其是在专业划分上逐渐细化。从选拔方式上来讲，为提高教育资源的公平性以及减少徇私舞弊行为，各国严格执行高等教育入学考试制度。

三是教育资金的来源多样化。从办学性质上讲，此时学校的类型不仅有国立大学还有私立大学，而在私立大学中还包括同国外合资的大学、国外独资的大学以及同国外基金会合作成立的学校。因此，学校资金的来源不再仅仅靠国家财政拨款。①

3. 中亚教育的发展特点及趋势

一是国际交流与合作得到加强。拥有独立主权后的中亚各国逐渐摆脱传统苏联体制的束缚，开始直接与世界各国在教育方面展开频繁的交流与合作。作为中亚经济发展最好的国家，哈萨克斯坦拥有相对扎实的教育基础。哈萨克斯坦 2010 年 3 月获准成为“博洛尼亚进程”（欧洲教育空间）② 正式成员国，随后其高等教育的国际化步伐大大加快。近年来，哈萨克斯坦与世界 24 个国家的 80 多所大学建立合作关系，签署 130 多份教育合作协议，并积极与海外高校合作实行双学位制度。同时，它也是首批签署承认欧洲高等教育证书的里斯本公约的国家之一③，此举为哈萨克斯坦学者参加国际学术会议、哈萨克斯坦境内创办国际性大学以及哈萨克斯坦高等教育走向国际化和全球化创造了机会。④ 根据与俄罗斯签订的协议，哈萨克斯坦大学、阿拉木图大学等 6 所著名大学与俄罗斯每年交换数十名留学生。哈萨克斯坦大学等也接受他国大量公派和自费留学生，中国也有不少学生去哈萨克斯坦学习。乌兹别克斯坦的高等教育机构与世界上 45 个国家的大学展开各种合作，每年会派出大量的留学生去世界各国学习。数据显示，乌兹别克斯坦高等和中等职业教育部每年向俄罗斯联邦选派 50 人、中国 40 人、日本 20 人、马来西亚 10 人、斯洛伐克 2 人、捷克共和国 5 人、韩国 10 人、埃及 10 人。⑤ 独立后中亚国家同土耳其、伊朗等伊斯兰国家的交流明显增多。土耳其每年吸收

---

① 冯燕．独立后中亚高等教育与国际合作研究［D］．乌鲁木齐：新疆师范大学硕士学位论文，2013.

② 博洛尼亚进程，是 29 个欧洲国家于 1999 年在意大利博洛尼亚提出的欧洲高等教育改革计划。该计划的目标是整合欧盟的高教资源，打通教育体制，到 2010 年后使签约国的大学毕业生的毕业证书和成绩获得其他签约国家的承认，并无障碍地在其他欧洲国家申请学习硕士阶段的课程或者寻找就业机会。该计划为实现欧洲高教和科技一体化，建成欧洲高等教育区做出了积极贡献。

③ 里斯本条约又称改革条约，是欧洲联盟用以取代《欧盟宪法条约》的条约，于 2009 年 12 月 1 日正式生效，旨在调整当前急需变革的欧盟在全球的角色、人权保障、欧盟决策机构效率，并针对全球气候暖化、天然能源等政策，以提高欧盟全球竞争力和影响力。

④ 冯燕．独立后中亚高等教育与国际合作研究［D］．乌鲁木齐：新疆师范大学硕士学位论文，2013.

⑤ Higher education in Uzbekistan. http：//eacea. ec. europa. eu/tempus/participating countries/Uzbekistan review of higher education. pdf.

大量的中亚留学生，而且还提供奖学金，同时土耳其派出留学生、教师到中亚国家交流学习。中亚国家与西方世界的教育交流频繁，一些非政府组织如基金会等机构受到中亚各国科技教育界欢迎，但规模不大，实质性内容不多，科研方面合作更少。

二是高等教育呈现多样化特征。以哈萨克斯坦为例，2012 年 2 月 1 日，纳扎尔巴耶夫总统签署《2020 年哈萨克斯坦战略发展规划》，确定国家将发展与世界同步的优先战略和提高符合国际标准的高等教育作为基本的发展趋向。这在客观上促进了高等教育的创新及多样化的发展模式。另外，高等教育的多样性也表现在教育资金来源的多渠道方面。既有国家财政拨款，也有国内私人对高等教育的投资，还有国外资金的融入。大学的课程也不再单一，而是丰富多彩，开办的课程更接近社会需求、更接近国际社会。

三是教育信息化程度不断提高。教育信息化是指以多媒体和网络信息技术为依托，推进教授手段科技化、教育传播信息化和教学方式现代化，进而促进教育事业的全面改革与发展。教育信息化是当今世界高等教育发展的新趋势，中亚国家在该领域也取得不小成就。2004 年，亚洲开发银行和布达佩斯公开社会研究所联合创办中亚教育合作网，用于中亚五国在教育领域内建立联合网络，推动中亚地区在教育信息方面实现共享和交换。

二、中亚与国际社会的教育合作

中亚地处欧亚连接点，存在各种思想、文化、宗教、民族的相互作用和碰撞。文化上，穆斯林文化、斯拉夫文化、汉文化、印度文化互相渗透；宗教上，伊斯兰教、天主教、东正教、佛教、儒教相互影响；意识形态上，共产主义意识形态、伊斯兰原教旨主义、西方价值观相互撞击；思潮上，泛突厥主义、“大哈萨克主义”“大乌兹别克主义”“大塔吉克主义”有所抬头；民族上，这里分布着 100 多个大大小小的民族。另外，中亚地区的战略资源十分丰富，盛产石油、黄金、天然气、生产核武器必需的铀，以及优质棉花等。所有这些都决定该地区具有极高战略地位。正因为如此，中亚各国刚刚成立，就成为世界外交关注的焦点。① 国际上各方势力纷纷向中亚渗透，以争得有利位置。进入中亚的世界大国在通过合作方式对中亚国家教育发展作出贡献的同时，更注重宣扬本国文化价值观，试图将中亚国家纳入自己的势力范围。②

1. 中亚与俄罗斯

一是中亚国家与俄罗斯相互签署教育协议。苏联解体前，各加盟共和国高校之间的联系非常紧密，学校之间一般都有长期固定的交流关系。解体后中亚地区与俄罗斯之间的科技文化交流依然是中亚科技交流的主渠道，两者保持密切关系并签署很多合作文件。1995 年 9 月塔吉克斯坦与俄罗斯在杜尚别签署《塔俄关于在文化、科技、教

① 中亚五国概论［EB/OL］. http: //wenku. baidu. com/view/e31c4f3210661ed9ad51f332. html.

② 鉴于本节以丝绸之路经济带教育合作为主线，暂不介绍美国与中亚国家在教育上的合作。

育、卫生保健、新闻、体育和旅游领域合作的政府间协议》，根据协议每年有不少来自中亚国家的学生在俄罗斯的高等院校中就读。1996 年 3 月，俄罗斯与中亚国家签署《加深经济和人文领域一体化条约》，这是俄罗斯与中亚国家在共同的信息、教育和人文空间基础上利用历史文化联系，增强对中亚各国的影响力的协议。①

二是中亚与俄罗斯学历互认、合办大学、互派留学生。1998 年 11 月，关税联盟四国签署相互承认教育、毕业证书和职称文件的协议，不仅相互认可国家制式的毕业证书、证明和学位文件，而且为具有高专业水平的学术和科研教学工作者的培养领域确定了合作方向。根据《俄哈 21 世纪世代友好和联盟宣言》，两国成立哈俄联合中学、大学，在阿斯塔纳开办莫斯科大学分支机构。在吉尔吉斯斯坦首都成立吉俄、塔俄斯拉夫大学和俄罗斯学校。斯拉夫大学是同时受双重领导的国立高等学府，学校的教学计划根据两国的教学大纲制定而成，学校毕业生将颁发两国政府承认的毕业证书和学位证书。同时，俄罗斯还负责为中亚国家培育外交官和军事人才等。在莫斯科大学的各个系，都有来自哈萨克斯坦、吉尔吉斯斯坦等中亚国家的学生。2005 年 12 月，为纪念俄罗斯教育在吉尔吉斯斯坦普及 125 周年，吉尔吉斯斯坦举办了“21 世纪——欧亚空间内文化间对话、经济增长和精神复兴的世纪”的国际论坛。②

2. 中亚与土耳其

土耳其是和中亚国家较早建立联系的穆斯林国家，也是较早关注中亚的国家。他们不仅有共同的宗教信仰，而且同中亚国家的主体民族一样都是突厥语民族，语言上也是突厥语。中亚国家独立以来，土耳其就把向中亚国家扩大影响，加强民族认同感作为一个国家战略去运行，而教育合作是其重要手段。

土耳其在中亚国家建立能够传播其文化的综合性大学。1993 年阿赫迈特·耶赛维国际土耳其—哈萨克大学在哈萨克斯坦的突厥斯坦城成立，就读学生 2 万多名，目前有四个分校在不同的城市运行。吉尔吉斯—土耳其玛纳斯大学是吉尔吉斯斯坦和土耳其两国于 1995 年联合创办的一所综合型大学。具有经济学、法律学、医学、国际关系、建筑设计、信息学 6 个专业，该校对所有吉尔吉斯斯坦本科生免收学费、书本费，免费发放 1000 索姆生活费，成绩特别突出的加倍奖励，吸引了大量吉尔吉斯斯坦大学生到该校学习。③ 此外，阿拉木图也有土耳其国家教育部所属的土耳其语教育中心在运作。

3. 中亚与欧盟

自中亚国家独立以来，欧盟对中亚地区进行了涉及教育的一些援助。这些援助可分为两个阶段：第一阶段自苏联解体后至 2006 年，该阶段的援助计划主要为“塔西斯计划”中的大学跨欧洲学习项目（TEMPUS）；第二阶段自 2007 年至今，该阶段的援助

① 冯燕．独立后中亚高等教育与国际合作研究［D］．乌鲁木齐：新疆师范大学硕士学位论文，2013.

② 聂书岭．吉尔吉斯斯坦总统谈俄语的重要性［J］．中亚信息，2006（1）.

③ 范祖奎，易红．吉尔吉斯斯坦高等教育现状调查研究［J］．新疆社会科学，2011（4）.

计划主要是欧盟出台的《欧盟与中亚：新伙伴关系战略》①。

1991 年 7 月，根据欧共体理事会第 2157/91 号决议，欧共体决定向苏联实施一项技术援助计划，以帮助苏联经济转轨和民主制度的建设。这就是塔西斯计划（Technical Assistancetothe Commonwealth of Independent States）。该计划是欧共体对苏联实施的第一个技术援助计划，后来随着苏联的解体而转为针对包括俄罗斯在内的独联体国家等，其中俄罗斯是最大的受援国。② 在塔西斯计划中欧盟对中亚教育的援助计划称为“大学跨欧洲学习项目”（Trans – European Mobility Programme for University Studies），简称“TEMPUS”。该计划分三个阶段进行：第一阶段为 1990—1994 年，第二阶段为 1994—1998 年，第三阶段为 2000—2006 年。③ 该计划的首要目标是建立欧盟与中亚国家在教育领域内合作关系及增进文化互信，促进中亚国家高等教育质量提高及进一步向国际社会开放。TEMPUS 计划的实施方式主要有两种：提供个人资助金和开展联合项目。④ 个人资助金的提供范围包括：教师、培训人员、大学和高等教育机构行政管理人员、教育部高级官员、教育专家学者、从事其他工作的教学人员和管理人员等。联合项目也称为“欧洲联合项目”（Joint European Projects）。欧盟为这类项目提供不超过为期 3 年的资助。这种项目为大学之间的联合项目，需要 1 个非欧盟国家的大学或高等教育机构以及 2 个欧盟国家的 2 个大学或高等教育机构共同承办参与。⑤ 在 2011 年初，乌兹别克斯坦 8 所塔什干的高等院校和 9 所地方性高等院校与来自 18 个欧盟国家的 48 所高等院校和 7 个非学术性组织共同完成 10 个合作项目。

《欧盟与中亚：新伙伴关系战略》提出欧盟中亚战略的基本框架。它包括建立定期外交部长会晤机制；启动“欧盟教育倡议”和支持在中亚建立“电子高速公路”；启动“欧盟法制倡议”；与每一个中亚国家建立定期的、有具体目标的人权对话；进行定期的能源对话。在这一框架中，教育成为欧盟投入资金最多的项目，占此框架对中亚总投资的 8%，拨款高达 2500 万欧元⑥。由于中亚国家 25 岁以下年轻人占居民多数，对年轻一代的教育将影响中亚未来发展，欧盟将这一投资形容为“投资未来”。与其他大国不同的是，欧盟的教育战略定位更基础、更全面，包括小学、中学、大学、假期学习、培训、学生交流等，其目标在于使中亚的教育体系适应于全球化世界的需要。由此看出，欧盟的教育战略不是简单的接受留学生或是在中亚设立几所学校，而是从形式到内容对中亚教育体系进行西式改造。⑦ 欧盟对中亚的影响力悄无声息地增长，从中亚国家独立之初的临时性救助到目前为止的新战略的出台，它已然成为参与中亚教

① 贾文华．欧盟对中亚发展援助论述［J］．俄罗斯研究，2007（4）．

② 罗英杰．欧盟对俄罗斯进行技术援助的塔西斯计划［J］．俄罗斯中亚东欧市场，2005（3）．

③ 王超．欧洲高等教育一体化进程研究［D］．厦门：厦门大学博士学位论文，2008．

④ 欧盟教育项目一览，http：//www. chinamission. be/chn/sbgx/jy/jhxm/．

⑤ 王超．欧洲高等教育一体化进程研究［D］．厦门：厦门大学博士学位论文，2008．

⑥ 刘继业．欧盟对中亚的援助概况［J］．国际资料信息，2009（5）．

⑦ 冯燕．独立后中亚高等教育与国际合作研究［D］．乌鲁木齐：新疆师范大学硕士学位论文，2013．

育合作大国博弈的一支重要力量。

三、中国与丝绸之路经济带的教育合作

1. 中国与中亚的教育合作

一是中亚孔子学院。孔子学院是国家汉办在世界各地与国外合资设立的推广汉语和传播中国文化与国学的教育和文化交流机构，是非营利性公益组织。其最重要的一项工作就是给世界各地的汉语学习者提供规范、权威的现代汉语教材；提供最正规、最主要的汉语教学渠道。2004 年 11 月 21 日全球首家孔子学院在韩国首尔成立，目前孔子学院分布五大洲，在世界 108 个国家的 400 多个教育机构落户，成为推广汉语教学、传播中国文化及汉学的全球品牌和平台。① 截至 2014 年 6 月，中亚地区正式挂牌的孔子学院有 10 所，其中哈萨克斯坦 4 所、吉尔吉斯斯坦 3 所、乌兹别克斯坦 2 所、塔吉克斯坦 1 所。② 其学生主要为本国在校本科生、研究生、公司职员和社会其他人员。教师由中方合作院校派遣，承担一切教学活动。其文化活动丰富，每年举行各式各样诸如“汉语桥”比赛、中国古典诗歌大赛、硬笔书法大赛、中国文化周等活动。

二是上海合作组织大学。上海合作组织大学是上海合作组织成员国高校间的非实体合作网络。到目前为止，其项目院校由来自上海合作组织 5 个成员国的 74 所院校组成，其中哈萨克斯坦 14 所、中国 20 所、吉尔吉斯斯坦 9 所、俄罗斯 21 所、塔吉克斯坦 10 所。中方 20 所项目院校包括：北京大学、清华大学、华中科技大学、首都师范大学、北京外国语大学、黑龙江大学、新疆大学、大连外国语大学、琼州学院、兰州大学、山东大学、东北师范大学、华北电力大学、中国石油大学、哈尔滨工业大学、兰州理工大学、吉林大学、长春理工大学、大连理工大学、新疆师范大学③。目前，上海合作组织大学正处于起步阶段，2012 年 9 月首招硕士研究生。其合作专业是区域学、生态学、能源学、信息技术和纳米技术，这些都是尖端高科技领域，没有涉及基础性学科。

三是构建“中亚教育经济圈”。中亚教育经济圈的提出，源自于“中亚一流大学”的顶层设计。1997 年，中国西部新疆唯一一所国家级重点大学新疆大学被纳入国家“211 工程”予以重点建设，其建设目标之一就是使新疆大学成为中亚地区有重要影响的综合性大学。新疆大学明确提出发展战略：到 2010 年建成特色鲜明、整体办学实力居于全国地方综合性大学较高水平、在中亚地区有重要影响的教学研究型大学；到建校 100 周年（2024 年），力争把新疆大学建设成为国内先进、中亚一流、国际知名的研究型大学。“中亚一流大学”就此提出。伴随教育发展的国际化成为中国欠发达区域教育发展的强烈诉求，地处亚欧大陆桥桥头堡的新疆地区，与中亚各国的经济往来也成

① 第七届孔子学院大会开幕式刘延东致辞。

② 国家汉办官网。

③ 大学简介——上海合作组织大学（中国）[EB/OL].http：//www.usco.edu.cn/CHS/dxjj/.

为新疆地方政府“东联西出”的重要发展战略。在西部大开发背景下，中亚经济圈曾作为经济学家、政府、企业界振兴地方经济的有力构想，并在近一个时期的交往实践中形成。近年来，中亚有关高校和中国新疆大学一直互派访问学者，交往密切。基于地方高等教育国际化及国家的中亚利益、西部边疆教育安全的考虑，“中亚教育经济圈”战略构想，作为国内外学者近年来关于中亚政治、经济研究成果拓展的一个崭新领域被提出。① 在中亚教育经济圈构建中，西部高校要充分发挥社会安定与教育安全的首要职能。20 世纪 90 年代以来，“三股势力”更是向新疆高校渗透，在相对复杂的国际国内环境下，新疆高等教育关系边疆稳定及国家长治久安。自 2008 年 6 月新疆大学在中亚地区的比什凯克人文大学创办第一所孔子学院以来，新疆高校在国外已设立 6 所孔子学院、2 所“外国大学汉语中心”。这些机构在汉语教学、中华文化宣讲、加强教育合作、增进友谊等方面做了大量工作。此外，新疆积极开发适宜周边国家使用的丝绸之路学汉语系列教材，派遣大批汉语教师、志愿者，接收外籍专家、教师和大批外国留学生，大力开展汉语国际教育。新疆留学生规模不断扩大，2010 年新疆在校外国留学人员合计 4096 人（包括外国中小学生），学历生占到全部外国留学生的 30.4%，规模达历史最高水平。2000—2010 年，新疆留学生年均增长率达到 24.3%。②

2. 中国与俄罗斯教育合作

中俄之间的教育交流与合作具有悠久历史和深厚传统。20 世纪五六十年代中苏教育交流为新中国各行各业培养了大量人才。据统计，自 1952 年至 1966 年，苏联曾为中国培训 2.5 万名专家。中国留学人员刻苦勤奋的精神风貌也在苏联人民中间传为佳话。教育交流在两国年轻一代心中埋下深厚感情，这一感情纽带在中苏 20 世纪 80 年代全面恢复关系的过程中发挥重要作用，教育交流与合作也随之很快进入蓬勃发展的新阶段。进入 21 世纪，中俄教育交流与合作因两国政府的大力推动、民间强烈交流愿望及两国教育机构之间强大合作意愿而获得新的发展动力③，其合作主要有以下几种形式：

一是合作办学。与俄罗斯联合办学是中国高等教育面向世界、与国际接轨的重要举措之一。由于中俄两国的教育有着众多的相似性和互补性，中俄联合办学日益受到两国政府和高校的重视。目前，中俄联合办学具有层次多样、办学模式丰富的特点，中国已有 50 多所高等院校和科研机构与俄罗斯的有关院校及对口单位建立了直接合作关系，进行学术及人才交流。中俄联合办学模式大致可以分为三种：国家与国家之间

① 国家利益与教育安全“中亚教育经济圈”构建研究会议论文［EB/OL］. http://www.doc88.com/p-406269020459.html. 牛汝极，等. 新疆大学建设“中亚一流大学”构想［J］. 新疆大学学报（哲学·人文社会科学版），2008（3）. 王振权. 国家利益与教育安全视域中的“中亚一流大学”构建——兼论西部地方高校的地位与作为［J］. 大学研究与评价，2009（9）.

② 海丽古丽·尼亚孜，阿利娅·阿尔肯. 新疆与中亚地区高等教育领域合作现状及前景［J］. 新疆大学学报（哲学·人文社会科学版），2012（6）.

③ 为了下一代——中俄教育交流与合作蓬勃发展［EB/OL］. http://radiovr.com.cn/2012_06_18/78452661.

签订协议，然后定点在某校进行办学；地方与国家之间的合作办学；经政府教育管理部门批准和支持，两国学校之间更直接的合作办学。中国与俄罗斯联合办学的层次主要有三种：本科层次；本硕连读层次和博士研究生层次。2002 年成立中国第一个研究生教育国际合作机构“北京大学—莫斯科大学”联合研究生院，一直从事中俄高校间教育合作的尝试。①

二是人才交流。近年来，中俄留学生交流的数量和规模都有所提高。政府奖学金互换项目名额逐年递增，双方定期互派研究生，使两国在理工、人文等学科的教学优势形成良性互补。目前每年双方为对方提供的政府奖学金名额已达到 500 人左右；艺术类留学人员培养项目从 2002 年起实施，每年选派一批中国音乐、美术等艺术专业留学生来俄学习；中俄大学生艺术联欢节，每年轮流邀请对方国家 1000 名大学生代表，到本国参加大学生艺术联欢节活动；中俄青少年学生夏（冬）令营活动，每年在中央和地方层面组织举办双边中小学生夏（冬）令营，规模达 4000 ~ 5000 人；中俄青少年学生俄语、汉语比赛，每年定期举办，其中优胜者享受两国政府奖学金赴对方国家学习；中俄大学校长论坛、中俄高等教育展，每年定期轮流在对方国家举办。中俄高校间自费留学也是留学生交流的重要组成部分。据 2011 年的统计，目前在俄罗斯的中国留学生有 18000 多人，占世界各国留俄学生人数排名第一位，其中公费只有 510 人；在中国的俄罗斯留学生有 14000 多人，在各国人数排名中占第五位，其中自费生 13000 人。大量的自费留学生的涌现表明在世界留学市场中，中俄两国分别把对方看作重要的留学目的国，在对方国民的心中，两国教育互具吸引力。②

三是学术交流。学术交流是双方合作的重要途径之一。近年来，中俄教育界多次举办高等教育展览和学术论坛活动，如 2006 年“中俄高等教育哈尔滨论坛”“第六届中国东北地区与俄罗斯远东、西伯利亚地区大学校长论坛”“中俄重点大学校长论坛”等。论坛多以交流、合作、创新、发展为主题，就中俄高等教育的现状及发展趋势、21 世纪中俄高等教育合作的发展战略等内容进行广泛对话，推动中俄高等院校间的合作向全方位、多层次和高水平方向发展。③

四、中国参与丝绸之路经济带教育合作前景展望

中国与中亚国家，以孔子学院为重要平台，在丝绸之路经济带建设中有着美好的教育合作前景。

首先，孔子学院已经成为一个意义深厚的文化符号，这既是中国对自我价值的肯定，也表达了中国面向全球化世界的开放姿态。随着中国国力的日渐强大，“汉语热”

---

① 杜岩岩，张男星．博洛尼亚进程与中俄教育交流合作的空间［J］．俄罗斯研究，2009（1）．

② 为了下一代——中俄教育交流与合作蓬勃发展［EB/OL］．http：//radiovr. com. cn/2012 _ 06 _ 18/78452661．

③ 杜岩岩，张男星．博洛尼亚进程与中俄教育交流合作的空间［J］．俄罗斯研究，2009（1）．

的趋势在中亚愈发明显，包括大学教授、政府工作人员、大学生、商人在内的各界人士，有不少人利用工作之余前往孔子学院研习汉语和中国文化。虽然只有短短的几年，但中国在中亚建立的孔子学院，影响力越来越大。一批孔子学院已经发展成为中亚国家汉语教学的权威和指导中心、双边文化交流的重要平台、教育学术交往的枢纽、内联外宣的桥梁、服务当地社会及中资企业的重要力量以及当地年轻人了解中国的窗口，受到当地的普遍欢迎。① 学习汉语也成为中亚及俄罗斯年轻人的一种时尚选择，为他们提供了跳出“书上的中国文化”、切实感受中国文化的机会。

其次，中亚国家来华留学生数量不断增加，而且中国高校和中亚高校之间互派教师、留学生，校际学术交流合作日益频繁，随着中亚各国“孔子学院”的设立，中国的留学生市场将进一步扩大。② 2009 年，时任中国国家主席胡锦涛访问土库曼斯坦的时候提出中方愿加强中土文化交流和民间交往，推进中土教育合作，从 2009—2010 年起，土库曼斯坦赴华中国政府奖学金留学生名额从每年 45 人增加到 90 人。③

最后，哈萨克斯坦、吉尔吉斯斯坦、塔吉克斯坦、乌兹别克斯坦、俄罗斯与中国均为上海合作组织成员国，在上海合作组织框架下的政治、经济、军事等各领域合作也将为各国之间文化交流和教育合作打下基础。上海合作组织大学也将在未来中国与丝绸之路经济带主要国家高等教育合作过程中发挥举足轻重的作用。

① 中亚孔子学院：提升中国教育在周边国家的影响力［EB/OL］. http：//www. chinadaily. com. cn/hqgj/jryw/2012 - 03 - 30/.

② 伊莉曼·艾孜买提等. 针对中亚来华留学生的汉语教学策略［J］. 新疆师范大学学报（哲学·社会科学版），2007（4）.

③ 胡锦涛主席访问哈萨克斯坦、土库曼斯坦侧记_ 网易新闻中心［EB/OL］. http：//news. 163. com/09/1214/02/5QF7TMEE000120GU.

8.9　丝绸之路经济带的科技合作

随着“丝绸之路经济带”战略的提出，中国与中亚各国的合作意愿及领域不断扩大，范围逐渐拓展到科技、教育、能源与安全等方面。其中，科技合作正支撑产业进步从而引领丝绸之路经济带的发展。借助“中国—中亚科技合作中心”和“上海合作组织”等机构提供的良好平台，中国与中亚各国之间的科技合作已经上升到一个新的高度。

一、丝绸之路经济带科技合作的背景

丝绸之路经济带战略的提出使中国与中亚各国之间的合作成为备受关注的焦点，而双方能够进行如此频繁有效的合作，是由中国及中亚国家的国情决定的。

1. 中国与中亚国家具有区域位置上的优势

中亚国家地处亚洲和欧洲之间，亚欧大陆桥的开通，使中国向西开放更加便捷，这成为通往俄罗斯、东欧国家及地区的门户。随着国家战略政策的改变，新一轮西部大开发战略的实施，中国的经济中心渐渐由东南沿海发达地区转向中西部欠发达地区。而这些地区的发展，主要通过中亚国家与沿线国家进行各方面合作。因此，中亚国家枢纽地位十分重要。① 中国濒临太平洋，中亚国家也希望能够通过中国与其他亚洲国家开展合作。这样不仅可缩短运距和运期，还能节约运费，降低成本。此外，由于巨大的市场潜力，“中国—中亚”已成为新的投资热点，中国与中亚经济圈正在吸引世界上越来越多的国家和地区，通过亚欧大陆桥发展与这些国家的经贸与技术合作关系是双方最方便快捷的通道。② 中亚国家一旦发挥它连接中国与中亚、亚洲与欧洲的桥梁和纽带作用，定能使双方的合作前景更加广阔。③ 双方开展科技合作，并不仅仅是使双方的科技实力有所提升，而是使双方在对外发展及经济等方面实力都有所增强。

2. 中国与中亚国家在科技上有很强的互补性和互利性

受苏联经济分工的影响，中亚国家着重发展采掘业、化学工业、核工业和农牧业等产业，忽视发展加工工业和消费品生产，农、轻、重产业比例失调。而近年来中国各产业协调发展，在轻工业、食品加工工业和加工工业方面的科技领先于中亚国家。中国可以借这方面的优势帮助中亚国家发展相关产业。此外，中亚国家在矿藏勘探、

---

① 中国西北与中亚五国经贸发展研究［EB/OL］. http：//max. book118. com/html/2014/0502/8027548. shtm.

② 王海燕．独立后的中亚五国与中国的经贸及技术合作关系［J］．俄罗斯中亚东欧市场，1998（1）.

③ 刘清鉴．机遇与挑战论中国与中亚国家的经贸关系［J］．东欧中亚研究，1994（4）.

棉花种植、治沙防沙、地震研究领域的成就值得中国学习。因此，中国和中亚国家在技术合作上有很强的互补性和互利性，双方应充分利用这种优势。①

3. 科技合作有助于相关国家的可持续发展

中国与中亚国家共同面临资源开发的问题。中亚五国拥有丰富的能源资源、矿产资源。而中国随着经济平稳快速的发展，对各种资源的需求量也不断增加，资源短缺极有可能成为限制中国发展的重要因素。同中亚国家一样，中国西北地区资源丰富，但如何更高效地开采、利用这些资源成为双方需要思考的问题。在这种情况下，中国与中亚国家科技合作最重要的领域应为以能源和矿产资源等为代表的资源开发及相关运输产业。此外，中国西北部与中亚国家地理位置临近，面临着共同的环境问题。处于干旱、半干旱地区的国家与城市应如何发展，是双方都亟须解决的问题。中国西北部与中亚国家的自然环境及自然条件极其相似，都位于干旱、半干旱地区，水资源短缺、气候干燥、风沙大、植被覆盖率低，生态环境相当脆弱。中国西北地区与中亚国家在环境保护、资源利用、农业开发等方面都面临着相同的问题。双方就以上方面进行科技合作，对解决当地相关问题具有十分重大的意义，也为其他国家提供借鉴与参考。

中国与中亚国家在国际竞争中最具有优势的就是丰富的自然资源，而如何将丰富的自然资源优势转化为经济竞争优势是中国与中亚国家在未来相当长一段时间内面临的共同任务和课题。这些国家和地区需要通过发挥科技的基础力量，发挥科技转化为生产力的作用，把自然状态的优势转化成现实生产力的优势，然后转变为自身的市场竞争优势。只有这样，才能实现从量变到质变的发展，走上繁荣、富裕的可持续发展道路，确定自身的国际地位。在21世纪，中国与中亚国家的资源开发，不能再以破坏环境为巨大代价进行传统意义上的自然资源开发，而要利用现代科技手段提高开发质量，实现资源的可持续利用以及对生态环境的保护。这说明科学技术在资源开发和环境保护中的重要作用，以及科技合作对中国与中亚国家交流的重要意义。

二、中国与中亚各国的科技合作现状

随着中国与中亚各国之间交流进一步的深入，双方的科技合作也获得越来越多的关注。下面从农业科技、能源科技和气候环境合作三个方面展开进一步分析。

1. 农业科技合作现状

中国与中亚各国之间的交流逐渐频繁，农业领域也引入科技合作。与其他国家相比，中国与中亚国家在农业科技合作的优势十分突出。

中国与中亚的农产品具有较强的互补性。粮食和棉花等土地密集型农业是中亚国家的长处所在，长时间的经验积累使得中亚国家在种植和养殖方面优势十分明显，中

① 王海燕．独立后的中亚五国与中国的经贸及技术合作关系［J］．俄罗斯中亚东欧市场，1998（1）．

亚国家的种子资源储备量也是其他国家不能相比的。但是中亚国家农业生产仍以粗放式为主，平均产量低，资源消耗大，在现有条件下增产压力大且技术落后，急需从外国引进先进技术，提高品种质量和粮食产量。中国是传统的农业大国，随着近代化进程的加快，节水灌溉、病虫害防治、农业集约化生产的技术不断成熟，但是在育种和良种培育等方面中亚国家远远领先于中国。中国西北地区和中亚地区气候相似，土壤相近，因此，中国与中亚国家开展农业科技合作具有客观基础，可以各取所需，共同提高农业生产水平，加快农业现代化进程，实现互利共赢。①

在棉花的生产方面，中亚五国的优质棉花品种有着完整的收集和保存体系，众多的农业技术研究所如棉花选种和良种繁育研究所、棉花栽培研究所，乌兹别克斯坦科学院实验生物研究所在棉花生理生化、遗传育种、灌溉制度等方面不断探索，加快了中亚国家农业科技化的进程，同时也保证了这些国家棉花新品种选育方面的优质资源。中亚国家拥有世界领先的人工气候室，用于研究棉花的加代繁殖，缩短棉花的种植周期。中亚国家在棉花生产方面的科技投入使得中亚棉花的种子优良，产量丰富，含油率高，生长周期短，抗虫病害能力强，比较适合中国引进从而推广种植。②

中国在地膜覆盖和膜下滴灌等技术方面具有十分强大的优势，新疆天业集团执行中国政府援助的棉花膜下滴灌技术，向中亚国家推广节水灌溉产品。该产品的技术性能已经达到国际一流水平，而价格仅为国外同类产品的1/8，这使得中亚干旱缺水的国家看到了农业增收的希望，目前中亚哈萨克斯坦、塔吉克斯坦、乌兹别克斯坦三个国家都已经引入这一技术，在塔吉克斯坦已推广应用14985亩，使作物单产由原来的每公顷1.1吨提高到3.5吨。中亚各国由于机械制造业落后从而导致农业机械化的平均水平不高，需要进口质量优良，价格适宜的农业机械设备来提高生产效率。中亚国家可以通过中国—中亚科技合作中心和亚欧博览会等平台引入中国农业种植和收割的机械生产、小型农机具、农产品加工设备生产等方面技术。

除了在棉花、粮食等作物的品种资源共享、良种引进与栽培、农业生产设备的机械化与现代化和节水灌溉等方面合作外，中哈联合防治蝗虫灾害合作也富有成效；中国企业农业科技示范中心在塔吉克斯坦落成，良种推广和农业技术普及工作得到中亚各国政府和民众的高度好评。随着合作程度的进一步深入，双方在农业科技研究所的研究成果共享、研究人员交流、双方联合培养种植、良种采集和培养等方面将会有进一步的发展③（如表8－45所示）。

---

① 刘新宇．中国与中亚国家农业合作有望成亮点［EB/OL］．http：//finance. people. com. cn/n/2013/0607/c70846－21769799. html。

② 王海燕．在上海合作组织框架内中国新疆与中亚国家的产业合作［J］．俄罗斯中亚东欧市场，2006（8）．

③ 李豫新，朱新鑫．农业“走出去”背景下中国与中亚五国农业合作前景分析［J］．农业经济问题，2010（9）．

表 8－45 中亚五国与中国间具有互补性的农产品

国别	中亚五国对中国的优势农产品
哈萨克斯坦	谷物类（1.79）皮革类（4.39）油籽类（2.38）纺织纤维（39.22）
吉尔吉斯斯坦	烟草（1.35）皮革类（27.86）纺织纤维（79.03）
塔吉克斯坦	皮革类（5.34）油籽类（2.56）纺织纤维（198.06）
土库曼斯坦	皮革类（10.93）纺织纤维（295.78）
乌兹别克斯坦	油籽类（1.51）纺织纤维（227.99）
国别	中国对中亚五国的优势农产品
哈萨克斯坦	果蔬类（1.35）糖类（3.32）咖啡类（1.4）杂项食品（1.27）烟草（1.07）
吉尔吉斯斯坦	谷物类（1.5）糖类（3.06）咖啡类（1.24）烟草（1.81）
塔吉克斯坦	谷物类（3.16）糖类（3.86）咖啡类（1.08）
土库曼斯坦	谷物类（1.02）果蔬类（1.15）糖类（3.18）咖啡类（1.38）杂项食品（1.16）
乌兹别克斯坦	谷物类（2.1）糖类（3.18）咖啡类（1.12）杂项食品（1.15）其他（1.08）

资料来源：TRADEMAP 数据库。陈俭，布娲鹣·阿布拉．中国与中亚五国农产品产业互补性及贸易状况分析［J］．内蒙古农业科技，2012（6）；贸易互补性指数在本文中用以衡量中国与中亚五国在涉农相关产品上的贸易互补关系，其对单类产品测算公式为：TCIabi = RCAXai · RCAMbi，其对所有产品测算公式为：TCIab = ∑ni = 1（RCAXai · RCAMbi）·（Wi/W）。

2. 能源科技合作现状

在当今世界经济发展的进程中，能源已经成为制约各国经济发展的重要因素。近年来，中国经济的快速增长，带动能源需求迅速增长，在此情况下，寻求与更多国家进行能源科技合作，制定能源发展综合战略，实施能源进口来源、运输线路多元化已成为中国的当务之急。

近年来，中国与中亚国家在能源方面的合作取得巨大进步。在能源勘探、开发、投资等领域，2003 年 3 月，中石化集团国际石油勘探开发公司与英国天然气国际有限公司集团的全资子公司 BG 国际公司达成协议，收购后者在哈萨克斯坦北里海项目 1/2 权益；2004 年，中石化国际工程公司通过用中方的先进技术和设备向哈方提供工程技术服务的方式成功进入哈萨克斯坦的油气勘探市场；2005 年 10 月，中油国际公司又全资收购哈萨克斯坦石油公司，开辟了中哈油气合作的新局面；2008 年，中油技术开发公司和中国机械工业集团向乌兹别克斯坦提供超过数亿美元的油气勘探钻井设备。

在能源产业的中游领域，也就是石油天然气资源的运输系统方面，双方也有许多合作。2004 年 7 月，中国石油天然气勘探开发公司和哈萨克斯坦国家石油运输股份有限公司共同成立“中哈管道有限责任公司”，该公司主要负责中哈原油管道的项目投资、工程建设、管道运营管理等业务。二期工程于 2009 年 7 月建成投产，从哈萨克斯坦西部到中国新疆全线贯通。中国与土库曼斯坦的合作主要集中在修建从土库曼斯坦到中国的天然气输送管道和中国从土库曼斯坦进口天然气的问题上。在与中国于 2008 年 8 月签订框架协议后，依据协议，土方将每年向中方售出超过 400 亿立方米的天

然气。

在这样的背景和合作基础下，借由丝绸之路经济带战略进一步发展中国和中亚国家的能源科技合作是极具意义的，对双方大有裨益。

3. 气候环境科技合作现状

在世界经济高速发展的进程中，气候环境已经成为各个国家普遍关注的问题。气候的异常，环境的恶劣，影响的不仅仅是一个国家的发展，更多的是影响到全人类的生存，改善恶劣气候、保护环境应当成为我们共同解决的问题，而这绝不能仅靠一国之力。

中国与中亚五国在规则与协议的签订上表明改善气候、保护环境的态度。一方面是基于上海合作组织的平台与其他成员国就气候环境方面的问题进行探索。近年来，在上合组织的推动下，各成员国增加了关于地区环境议题的高层次对话。会议还发表一批具有历史意义的有关气候环境合作宪章和宣言，以此表明上合组织成员国对气候变化的立场，特别强调各成员国间加强合作、共同应对气候灾变的重要性。《上海合作组织宪章》中也明确提出关于环境保护的条款，鼓励各成员国之间针对环境保护进行区域合作。无论在2004年的《塔什干宣言》、2007年的《比什凯克宣言》、2008年的《杜尚别宣言》、2009年的《卡捷琳堡宣言》还是2011年的《阿斯塔纳宣言》，都不同程度的提出要将气候与环境保护作为成员国合作努力的一个方向。为更好落实上述宣言的各项成果，上海经济合作组织各成员国也积极举办各种研讨会，讨论地区气候变化现状以及建立气候合作常态机制等事宜。同时，中国与其他中亚国家也积极与其他国家、其他地区组织对环境问题进行探讨，以共同推进环境合作。中国与其他中亚国家先后加入各项公约，承诺参与相关领域的合作，广泛参与相关领域政策及法律文书的制定，努力构建高效的合作机制，提升环境气候技术的发展，增强各国应对气候环境变化的能力。

除此之外，中国与中亚国家也从实际行动上进行气候环境科技合作。中国在力所能及的前提下，分别向乌兹别克斯坦、吉尔吉斯斯坦、塔吉克斯坦三国赠送风云卫星广播接收系统，并无偿援助塔吉克斯坦国家气象中心价值100万美元的气象设备，为其提供技术支持。并且准备启动超过115亿元的气象工程，对沙尘暴进行监测，以促进中国与中亚国家之间关于沙尘暴的研究，为防治沙尘暴提供支持。由于广泛深刻的合作，中方和哈方在气候环境科技合作方面取得瞩目的成绩。早在20年前，中国与哈萨克斯坦就针对气象科技方面加强双方的天气预报、区域气候变化等相关方面的合作，尤其是关于卫星资料方面。中哈双方又在2009年就短期天气预报、卫星资料、沙尘暴防治等相关方面进行合作。而且，为使哈萨克斯坦提高其对大气层的无线电探测水平，中方还向哈方赠予1500个高空探测气球。双方的研究机构也相互合作，就一些气候环境问题共同展开研究。①

三、中国与中亚国家之间科技合作存在的问题

1. 大型合作项目匮乏，缺乏政策规范

虽然当前中国与中亚国家之间有诸多的科技合作项目，合作领域也比较广泛，如在新疆建立中国—中亚科技合作与交流中心，在中亚国家建设野外科学监测站点和科学试验示范点，在中亚国家实施国家科技援外项目，建立众多的中国科技园和中国农业示范基地，但是双方科技合作的整体规模仍然不大，大型合作项目匮乏。效益好的项目少，而短、平、快的项目多，小企业居多而大中型企业少，以国家牵头的大型项目的集团规模有限，科技辐射的范围较小，转化为生产力的能力不强，也难以引起所在国家的重视。②

从宏观角度看，双方的合作缺乏发展规划，没有对科技合作方向进行针对性指导，对中亚国家的政策研究不透彻，因此，中国与中亚的科技合作难以规范，双方的政策也缺乏连贯性和一致性，从而容易造成政策间冲突而难以落实。

2. 科技合作不深入，机制不完善，形式单一

中国与中亚国家科技合作的主要形式为科技考察与学术会议，相互交换科学研究资源等，合作的力度不够深入，一些重要的科学技术交流仍然存在着阻碍。高等院校和科研机构开展的深层次合作只存在于有限领域，如主要投入在农业和能源方面，规模效应小，研究成果的社会效益不高。

双方共同面对的环境治理和生态建设等可持续发展的领域科技合作项目少，掌握现代科技技术和有丰富管理经验的专业人才稀缺。科技合作平台机制尚不完善，各国政策不对称，所遵守的准则不一致，没有良好的科技交流合作空间，也阻碍了科技合作形式的进一步多样化。正是由于中亚国家的法律法规普遍不完善，才使得中国与这些国家的科技合作交流机制不健全，合作行为不够规范，大大增加双方交流的阻力和摩擦力。

3. 中亚局势存在不稳定的因素

中亚处于特殊的地理位置，随着中国的崛起，俄罗斯的复苏，中东地区的动荡，中亚作为交通枢纽和各方力量的交汇点显得越来越重要。美国和俄罗斯在中亚都建立了军事基地，而欧盟和北约的力量也不断向中亚渗透，政府间国际组织、非政府间国际组织和跨国公司、伊斯兰宗教团体、民族分裂势力、国际恐怖主义组织以及有组织的跨国走私、贩毒犯罪集团都在中亚十分活跃，各种力量在中亚交织并较量，这使得

① 朱新光，张深远，武斌．国与中亚国家的气候环境合作［J］．新疆社会科学，2010（4）.

② 贺西安，任虹，张小云，李江．浅谈中国新疆与中亚五国的科技合作［J］．科技情报开发与经济，2011（6）.

中亚的外部环境不稳定，也大大增加中国在中亚进行科技合作的成本与风险。①

中亚各国内部环境也存在不稳定因素，民族问题迭起、宗教复兴、社会失序以及政府腐败和各国开放政策不一致等问题，东突力量在中亚的发展使得中国科技交流人员的人身安全受到极大威胁；毒品走私和相关的犯罪活动恶化中亚各国的安全形势，也阻碍了和中国的交流合作；政府人员滋生腐败，公共权力寻租和“搭便车”的行为无疑加重中国与中亚合作时的成本。

四、解决对策

1. 加宽、加深科技合作领域

随着各国经济结构的改善，开放程度的提高，中国与中亚国家的科技合作应该关注交通、通信、教育、基础设施建设等非资源、社会民生领域，一方面拓展区域内公路、铁路、电力、通信、信息等基础设施互联互通的合作；另一方面挖掘高科技等新的合作增长点，加大对信息、生态和通信化工等领域的投入，以经济合作技术项目推动产业的规模化和集群化。②

从合作形式来看，从人员和信息交流的单一模式向设立共同目标，建立联合实验室与研究中心，共同研究解决区域发展重大问题的模式转变，从而充分发挥科技推动经济结构转型的作用，整合双方资源，实现人才、资本、技术等创新要素的高效集成，形成政府搭台，企业、大学、研究机构等主体作用充分发挥的国际科技合作格局，从而实现国际科技合作与区域创新体系乃至国际创新体系的有效衔接，提高劳动生产率和国际竞争力。

2. 发挥政府的作用，完善合作机制

政府是国际科技合作与交流的主要推动力量，因此，需要制订长远的战略性发展规划，关注双方的长远利益与共同利益；此外，中国应与中亚国家通过上合等组织，加强引导，规范行为，使合作具有更强的目标性，从而取得更好的合作成果。

不断借鉴国际先进的合作机制，弥补相关机制的漏洞，加强多边合作，加大对上合组织和中国—中亚科技合作中心等机制的投入，增强合作机制的凝聚力和影响力。建立和完善相关的国际法律制度，充分发挥国际法律的约束力，促进合作机制的规范化和国际化。

3. 减少合作的壁垒，改善科技交流合作的环境

信息流通是科技合作的前提与先导，而中国关于中亚国家科技系统的数据十分缺乏，对中亚国家的科技实力水平仍然一知半解。中国应主导建立、健全高效的信息交流体制和机制，以掌握对方完整的基础性数据，充分利用有效信息，开拓科技合作领

---

① 中亚地区安全格局的变化趋势［EB/OL］. http://opinion.huanqiu.com/opinion_world/2013-06/4046317.html.

② 陈俭. 中国与中亚五国农业经贸合作模式研究［D］. 乌鲁木齐：新疆农业大学硕士学位论文，2012.

域，整合资源，营造畅通的信息交流环境，提高合作效率。①

中亚国家普遍存在通关效率低，企业注册、办理签证、劳务许可申请等手续繁杂，审批复杂等问题，这些壁垒无疑加重中国企业的负担。政府应与中亚各国政府签订相关协议，利用国际规则来减少合作时遇到的阻力，政府高层亦应积极交流，给予相关的优惠政策，促使双方更好的合作。

随着丝绸之路经济带的进一步发展，技术合作的重要性逐渐凸显，中国应把握全局，抓住机遇，充分依托上海合作组织、亚欧博览会和中国—中亚科技合作中心等平台，扩大科技合作领域，加深科技合作力度，开展多层次、全方位、多种形式的技术交流合作，取长补短，以科技推动新型工业化、农业机械化和牧业现代化的进程，提高科技化水平和国家竞争力，为实现中国与中亚国家的可持续发展提供有力的支持。

① 董平．中国新疆与中亚国家的科技合作与交流［J］．中亚信息，2004（8）．

8.10　丝绸之路经济带的文明与文化交往

“丝绸之路”历来就不只是一条中国输出丝绸的路，更是一条观念交流、文明交往和文化交流的通道。作为丝绸之路枢纽的中亚，更是一个多文明、多文化相互交织、复合影响的地区，不同的民族、文明和王朝激烈竞争并轮番主导这里的发展。① 总体上说，中亚历经了从语言、人种到宗教的彻底变异，具体表现为中亚文化所经历的三大巨变：一是当地民族的语言除了塔吉克语外都属于阿尔泰语系的突厥语族；二是当地原欧罗巴人种民族大都混血为突厥语族欧罗巴—蒙古人种；三是原多种宗教信仰的当地主要民族几乎全部伊斯兰化为穆斯林民族，从而完全改变中亚文明的原伊斯兰文化主流基础。②

苏联解体之后，中亚地区开始以中亚五国的身份出现在国际舞台上。由于苏联时期匆忙笼统的领土划界，为打破大突厥意识而进行的民族识别和推行的大经济区政策，中亚地区形成一种类似政治理论的民族—区域集团。这种力量主要有三种情况：一是各国主体民族构成的主流集团；二是俄罗斯人构成的次主流集团；三是由利益分配矛盾形成的由主流民族、俄罗斯人和当地其他民族共存的地域集团。③ 与此同时，中亚在伊斯兰复兴过程中出现两股潮流：一个是有政府引导的以民族复兴为内涵的宗教文化认同；另一个是与反政府势力相勾结的伊斯兰极端势力。④

俄罗斯的战略收缩激活了中亚新一轮的文明交往和文化交流。伊斯兰国家、西方国家、中国和印度等国都对中亚外交表现出高度热情，使这里的文化交流异常频繁，观念碰撞激烈。这些年反复发生的颜色革命，正是当今中亚文明交往密度的一个缩影。本节以丝绸之路经济带建设为出发点，首先综述中国与中亚文化交流的现状，然后分析这种交流的特点和存在的问题，最后为中国加强对中亚文化交流提出对策建议。

一、中国—中亚文化交流的现状

中国与中亚的文化交流是一个复杂的系统工程，表现在官方和民间、国家和地区、

---

① 自公元前529年波斯阿契美尼德王朝的居鲁士对中亚发动征服战争以降，中亚地区相继受波斯、希腊、汉唐、阿拉伯、蒙古、斯拉夫等文明的影响，琐罗亚斯特教（祆教）、佛教、印度教、伊斯兰教等曾在这里产生过不同程度的影响。

② 杨恕．转型的中亚和中国［M］．北京：北京大学出版社，2005：7－9.

③ 杨恕．转型的中亚和中国［M］．北京：北京大学出版社，2005：91－95.

④ 潘志平．中亚的民族关系：历史现状与前景［M］．乌鲁木齐：新疆人民出版社，2003：87－88. 转引自杨恕．转型的中亚和中国［M］．北京：北京大学出版社，2005：255.

团体和个人、多边和双边等不同层次上。下面主要从官方、“二轨”和民间三个层面，考察中国和中亚文化交流的现状。

1. 官方层面

目前，中国与中亚的多边合作机制主要依托上海合作组织和亚洲相互协作与信任措施会议（亚信会议）两个平台。上海合作组织成立时主要为妥善解决边境争议和地区安全问题，后来逐渐发展为应对“三股势力”和开展地区经贸合作的多边合作机制。近10年来，该组织又将人文合作和文化交流作为一项重要内容。2004年9月23日，上海合作组织出台《成员国多边经贸合作纲要》，人文合作领域首次进入该组织的落实计划中。2005年6月29日至7月6日，首届上海合作组织文化节在哈萨克斯坦举行。同年7月，上海合作组织成员国文化部长会议在阿斯塔纳举行，会议通过《成员国2005—2006年多边文化合作计划》，人文交流和文化合作正式进入上海合作组织的官方议程。此后，历届上海合作组织文化节都如期举行，成员国文化部长例会的内容也越来越丰富。2007年8月，各成员国在撒马尔罕举行第六届“东方旋律”国际音乐节，筹备《丝绸之路瑰宝》摄影展等活动，还就出版《文明面对面——上海合作组织成员国文化纵览》画册问题交换看法。同年9月22—28日，来自上海合作组织成员国的60多位画家参加由杭州市政府和上海合作组织秘书处主办的“图说西湖”国际艺术论坛。2008年7月18日，作为“相约北京—2008”奥运重大文化活动之一的“上海合作组织之夜”音乐会在北京举行。来自上海合作组织各成员国的杰出艺术家进行了精彩演出。同年8月28日，各成员国元首在发表的《杜尚别宣言》中也强调要加强人文合作，落实人文领域现行的多边和双边条约，并表示要依靠公民社会、实业界、媒体和非政府组织的力量开展文明和文化间对话。①

亚信会议是一个有关安全问题的多边论坛，其宗旨是为国家制度和经济发展水平千差万别的亚洲国家找到一个能为各国普遍接受的旨在维护亚洲的安全与稳定的多边协商机制。目前，“亚信”有24个成员国，是亚洲地区在安全领域最大的多边论坛，横跨亚洲各次区域，涵盖不同制度、不同文化、不同宗教、不同发展阶段的国家，具有广泛的代表性。通过这样的平台，中国可以很好地与中亚国家加强对话沟通，共同探讨如何维护和促进地区安全。更为重要的是，中亚国家在亚信会议中发挥着重要作用。成立亚信会议的倡议是时任哈萨克斯坦总统纳扎尔巴耶夫1992年10月在第47届联合国大会上提出的。随后，亚信会议第一次专家级和官员会晤于1993年3月在当时的哈萨克斯坦首都阿拉木图举行。1996年2月，在阿拉木图举行有17个亚洲国家的副外长及代表参加的亚信会议副外长级会议，联合国、欧安组织、中亚三国联盟跨国委员会也派代表出席。1999年9月14日，亚信会议在阿拉木图再次举行副外长级会议，通过了《亚信会议成员国相互关系原则宣言》。宣言的主要内容包括：维护公认的国际

---

① 上海合作组织成员国元首杜尚别宣言［EB/OL］. http：//news. xinhuanet. com/world/2008 - 08/28/content_9731209. htm.

关系基本准则，即相互尊重主权和领土完整，互不干涉内政，和平解决争端，不使用武力和以武力相威胁，发展经济、社会和文化合作等。会议就吉尔吉斯斯坦南部局势发表声明，谴责恐怖主义，支持吉政府反对恐怖主义的斗争。

在中国与中亚五国的双边官方人文交流与合作方面，中国教育部国家留学基金委员会与吉尔吉斯斯坦共和国教育文化部、哈萨克斯坦共和国国家教育标准和测试中心、塔吉克斯坦共和国教育文化部、土库曼斯坦教育部、乌兹别克斯坦共和国高等和中等专业教育部建立了合作伙伴关系，就留学生的互派与交流展开密切合作。① 除教育领域外，双边合作还在新闻、体育、文艺、环保、人力资源培训、科技等其他领域不断拓展和深化。1992 年 2 月，中国与哈萨克斯坦两国签署《中哈文化合作协定》；1992 年 3 月，中国与乌兹别克斯坦签署《文化、教育、卫生、旅游和体育合作协定》；1993 年 12 月，中国与塔吉克斯坦签订《中塔文化合作协定》；1994 年 4 月，中国与吉尔吉斯斯坦签署《中吉政府文化合作协定》。② 总体来说，中国与中亚各国的人文合作政策基础扎实，规模不断扩大，并且呈现日益机制化的发展趋势。

2. “二轨”层面

第二轨道外交通常指有着政府背景的非官方进程，主要任务是分析问题、提出政策建议，为官方合作提供智力支持；参与者主要是从事政策研究的专家学者，政府官员有时也以私人身份参加。③ 在中国与中亚国家的文化交流与合作方面，二轨渠道主要是由官方牵头、学术界配合形成的官学结合的互动模式。2006 年 5 月 22 日，首届上海合作组织论坛在莫斯科国立国际关系大学举行。该论坛建立了一个多边学术机制和非政府专家咨询机构，由各成员国具有上海合作组织国家研究中心地位的权威研究机构组成，主要职能是为上海合作组织提供智力支持。2004 年，中国还在乌兹别克斯坦建立中亚地区第一家孔子学院。

中国高校和科研院所广泛开展中亚研究工作。目前，中国现有的中亚研究机构主要有兰州大学中亚研究所、新疆社会科学研究中亚研究所、中国现代国际关系研究院中亚研究室、复旦大学国际问题研究院俄罗斯中亚研究中心、上海社会科学院东欧中西亚研究所、中国社会科学院俄罗斯东欧中亚研究所、西北大学中亚学院、西安外国语大学中亚学院八家院系所。主要的学术刊物有《俄罗斯东欧中亚研究》《俄罗斯东欧中亚黄皮书》《上海合作组织发展报告》等。然而，根据笔者对中国知网有关中亚研究主题 1757 篇文献的研究内容分析④，这些研究大多围绕区域内外国际关系和政治对话，军事安全合作和经贸互动开展，对人文领域的合作研究仍显得与其重要性极不相称。

---

① http：//www. csc. edu. cn/Partner/379e5ca6466746949833367f8a90d8eb. shtml。

② 赵常庆．中国与中亚国家合作析论［M］．北京：社会科学文献出版社，2012：172－174.

③ 魏玲．第二轨道外交：现实主义渊源与社会规范转向［J］．外交评论，2009，(3)：58.

④ 中国知网文献管理中心，http：//acad. cnki. net/KNS/request/CustomizeOperate. aspx？ p＝1.

3. 民间层面

在中国与中亚的民间文化交流方面，由于资料可得性，在此以哈萨克斯坦为代表分析双方文化交流的规模、层次和类型。

根据中国国家旅游局提供的统计数字，2008 年至 2013 年，哈萨克斯坦每年赴华入境人数基本维持在 28 万人到 50 万人，占当年亚洲国家赴华入境人口的 2% ~3%，占同期全球赴华入境人口的 1.2% ~1.8%。由此可以看出，中国—中亚民众交往的规模和范围还非常有限，较之其他邻国和世界主要国家，哈萨克斯坦赴华入境人数与其 1700 多万的人口数量显得比例失调（如表 8 -46 所示）。

表 8 -46　2008—2013 年哈萨克斯坦赴华入境目的　　单位：万人

年份	2008	2009	2010	2011	2012	2013
会议/商务	3.3	2.12	1.7	4.95	1.97	4.46
观光休闲	16.84	16.75	25.45	36.18	35.27	19.34
探亲访友	1.1	0	0	0	0.01	0.23
服务员工	6.69	6.22	7.12	5.8	5.73	7.23
其他	3.22	2.89	3.75	3.68	6.16	8.09

资料来源：国家旅游局官网，http：//www.cnta.gov.cn/html/rjy/index.html。

就具体入境目的来看，60% ~70% 的入境都是为观光休闲。因此，哈赴华人数具有较强的波动性，受当年地区局势、热点事件、政府政策等影响较大。同时，以会议/商务和服务员工为目的的入境人数始终维持在较低水平，而且年际波动幅度大于整体水平的波动幅度，表明哈在华商业和社会合作水平和规模极为有限，基本未形成定期、稳定、深化的合作机制和趋势。

从入境方式来看，徒步入境者人数最多。结合入境目的进行分析，可以推测这些人主要是进行中哈边境互市和贸易。入境者乘座的交通工具主要是汽车，其次是飞机，火车所占比例较少。这表明哈中的民众交流基本局限在短途的边境商贸和长途的区域合作，也反映出哈中铁路基础设施建设相对不完善，第二条亚欧大陆桥的辐射范围和实际作用有限。

二、中国—中亚文化交流的特点和问题

丝绸之路经济带构想为深化中国与中亚国家的交流与合作提供新的契机，也必将带动双方的文明交往和文化交流登上一个新的台阶。然而，对照丝绸之路经济带战略构想的要求，放在中国西进战略的背景下进行考察，与安全、经贸和能源合作的水平进行对比，可以发现中国与中亚国家的文化交流有着比较良好的合作基础，但是存在一个相对薄弱的环节。

1. 官方层面

从多边文明交往的角度看，中亚地区的官方合作机制主要有四个：一是中俄两国

共同主导的上海合作组织；二是中亚国家倡议成立并发挥重要作用的亚信会议；三是俄罗斯主导的独联体及其集体安全条约组织；四是美国主导的北约“和平伙伴关系计划”。亚信会议和上合组织是中国—中亚地区合作的核心机制，而它们无论是与后二者相比还是在文化方面，都明显处于相对弱势地位。

一方面，与俄罗斯在中亚地区的传统影响和美国以反恐为契机在中亚的进取姿态相比，中国冷战后并未致力于经略中亚（中国的“西进”战略构想正是在这一背景下提出的①)。从影响力来看，上合组织和亚信会议无法与独联体和北约相比；而从议题和职能来看，上合组织的宗旨和职能集中在安全和经贸领域，亚信会议则主要是一个安全论坛。所以，议题的集中导致外交资源投入有限，结果是中国在中亚的文化影响力相对不足。

另一方面，与东亚合作中“经济先行，安全靠后”的议题顺序不同，中国—中亚的区域合作从一开始就奠定了良好的安全基础。安全议题是地区合作的基础，经济议题是地区合作的动力，安全与经济共同构成地区合作的两个车轮，文化和民众交往则构成两个车轮间的联结。通过中亚五国和上合组织这一平台，中国与中亚国家之间已经没有领土争议，并且与俄罗斯和中亚五国开展了务实有效的安全合作。因此，中国—中亚地区合作可以有效避免中国—东盟地区合作中存在的重经济而轻安全导致安全问题制约经济合作的重大问题。可以说，中国—中亚合作的基础（安全）比较牢固，动力（经济）相对充足，既凸显了文化交流的不足，也为文明交往和文化交流创造了较为良好的条件。

2. 半官方层面

第二轨道外交主要包括两个方面：制度性外交和规范性外交。前者是消除疑虑、开展对话的渠道，能够产生新思想、改变旧有的利益认知，制度是合作的保障；而规范性第二轨道是要创造一个适合于合作的规范环境，国家行为体要在这个环境中获得合法性，必须要社会化，接受并遵守规范，这样才能实现合作。② 因此，地区合作的动力除了现实的利益相契，还应具备相应的制度安排和观念内化。从这个角度看，中国与中亚的非官方层面交流存在动力不足的问题，认知共同体（Epistemic community，又称知识社群）和跨国倡议网络（Transnation aladvocacy network）③ 没有发展起来。

在中国—中亚的地区合作中，制度层面主要围绕上海合作组织和双边框架协议展

① 相关讨论请参见王南．关于中国“西进”的若干思考［J］．亚非纵横，2013（3）．赵明昊．中国为何要扩大向西开放［N］．联合早报，2013－09－23. 王缉思，李侃如．中美战略互疑：解析与应对［M］．北京：社会科学文献出版社，2013：125.

② 魏玲．第二轨道外交：现实主义渊源与社会规范转向［J］．外交评论，2009，(3)：67－68.

③ 对于认知共同体和跨国倡议网络的相关研究，参见 Adler，Emanuel. The emergence of cooperation：national epistemic communities and the international evolution of the idea of nuclear arms control. International organization 46. 1 (1992)：101－145. 以及魏玲．规范、网络化与地区主义［M］．上海：上海人民出版社，2010：47－61.

开，并未出现制度赤字/贫瘠或制度竞争/过剩①的局面，即并未出现合作意愿缺乏和合作观念竞争的困境。但是，从交往规模、力度、层次和结构来看，主要问题则是合作动力不足。目前地区人文交流和合作多是高级别元首级对话的“呼吁型”和“仪式性”的产物，文化部长级会晤达成的标志性和固定性的文化交流项目和机制还很有限。因此，需要积极构建一个由学界和以私人身份出席的官员共同组成的跨国倡议网络机构，通过第二轨道外交来助力地区文化交流与合作，为形成一个推动地区间官民互动的认知共同体提供坚实的规范基础和认知动力，从而既避免现存的合作框架流于形式，又防止各种不同地区人文交流合作观念相互竞争。

就中国学界对中亚的研究来说，主要集中在政治、军事和经济等“硬合作”上，对人文合作具有“软合作”偏见②。这就使观念上的偏见与研究成果上质量不高和数量不足互为因果，制约了国内学界对中国—中亚人文合作理论与政策、历史与现实的研究。目前，无论是有针对性的国别和历史文化研究、历史文化资源的挖掘整合，还是中亚背景以及中国—中亚文明对话和文化交流情境的理论建构，都是亟待深入和拓展的研究领域。

3. 民间层面

从前述统计数据可以看出，中国与中亚民间交往存在三个方面的问题。首先，双方民间交流的规模极其有限，中亚国家来华人数与其人口规模不相称。其次，即使这些有限的民间互动，也主要是官方倡议和协定的相应产物，真正的民间人文交流缺乏生命力。交流的方式主要是举行文化节、交流演出和文博展览等，涉及的受众人数非常有限。最后，扩大中国与中亚的民间交往存在一个看似不可逾越的障碍，那就是“三股势力”内外勾结的安全压力使一些人对这方面顾虑重重。一个无法回避的现实是，中亚在宗教信仰上是一个伊斯兰教次区域，在民族属性上是一个突厥民族聚居区，这两个方面正是“三股势力”进行民族分裂活动的旗帜。所以，如何扩大民间交往、促进民心相通，而不增加国家安全方面的压力，是一个现实而又紧迫的重大课题。

三、对策和建议

中国国家主席习近平于2013年9月提出丝绸之路经济带战略构想时，建议加强各国之间的政策沟通、道路连通、贸易畅通、货币流通和民心相通。他指出，国之交在于民相亲。搞好各个领域的合作，必须得到各国人民的支持，必须加强人民之间的友好往来，增进相互了解和传统友谊，为开展区域合作奠定坚实的民意基础和社会基础。

---

① 这一概念借鉴了李巍在《东亚经济地区主义的终结》一文中的提法。李巍．东亚经济地区主义的终结——制度过剩与经济整合的困境［J］．当代亚太，2011，（4）：6－32.

② 赵常庆认为政治合作成果又快又明显，经济合作实惠，安全合作感觉直接，均属于“硬合作”，而人文合作“花钱多，见效慢”，是属于“钱多多合作，钱少少合作”的“软合作”。赵常庆．中国与中亚国家合作析论［M］．北京：社会科学文献出版社，2012.

我们认为，加强各国之间的文明交往和文化交流，有助于促进丝绸之路经济带上的民心相通，从而为区域各领域合作的开展奠定坚实的文化基础。为此，提出对策和建议如下：

在官方层面上，积极而稳妥地介入中亚事务。中亚已经形成独具特色的民族—区域集团，存在复杂的民族、宗教问题和大国间的明争暗斗。在此情况下，中国应当在中亚采取积极进取的姿态，但要超脱于地区内的民族和宗教问题，同时避免与有关各方进行恶性竞争。一方面，主要致力于促进中亚地区的整体性互联互通，扎扎实实地开展安全合作和经济带建设，跳出各国内部的具体纷争，从整体着眼，由共同利益切入而展开合作。另一方面，将上海合作组织确立为主要的地区合作制度安排，这样既能避免这一组织的“空转”，也能避免过剩机制之间的相互竞争。

在半官方层面上，需要依托上海合作机制这个平台，进一步拓展合作领域、提高合作水平。除进一步为上海合作机制注入经济活力之外，应着重加强其人文交流的纽带作用。为此，可以在部长级对话框架的基础上，继安全对话、经济对话外，加入人文对话机制。此外，应积极助力地区认知共同体、跨国倡议网络的建设，对照“东亚共同体”和东亚思想库网络（NEAT），建立中国—中亚地区合作的相关机制和组织。作为短期内可行的方案，建议由权威学术机构或高等院校出面，筹备丝绸之路经济带国际研讨会，在此基础上成立相关论坛并推动跨国学术研究。

在民间交流方面，在打消顾虑和更新观念的基础上，深化文化、教育、科学、艺术、体育、旅游等方面的合作。第一，“三股势力”是对中国和中亚各国的共同威胁。各方除对民族分裂势力提高警惕外，不应因噎废食，低估中国—中亚友好、和平和合作的基本面。认为向西开放和扩大民众交往会便利境内外“三股势力”勾结，事实上是走向了问题的反面，也正是民族分裂势力所期望的。第二，民间交流的主体身份应当是人民而非民族。无论是个人还是团体，都具有多种身份，这些身份在具体的交往情境中才能被激活，只有被激活的身份才能产生相应的观念认知、心理预期和行为期待。所以，在中国与中亚的民间交往中，应当强调共识面、合作面，搁置分歧面、冲突面，建构一个共同的上位群体①，在过程互动中建构彼此的身份②，从而避开现有身份所蕴含的潜在冲突可能。

在更新观念的基础上，可以重点开展以下三个方面的工作。一是做好公共外交，用公共外交来沟通民心，构建双方民众对彼此良好的印象。二是提供相关的行政服务和政策便利，为扩大民间的交往和沟通创造条件。三是挖掘历史文化资源，打造人文

---

① 上位群体是指一个更大和范围更广的群体，通常用于消除较小的群体间的冲突。产生上位类别，凭借于削减亚群体成员身份重要性的情境变量。Shell E. Taylor，等．社会心理学（第 12 版）［M］．崔丽娟，王彦，等，译．上海：上海人民出版社，2010，6.

② 关于过程建构主义，秦亚青．关系与过程：中国国际关系理论的文化建构［M］．上海：上海人民出版社，2012.

交流平台。中国—中亚地区有着悠久的历史和灿烂的文明，双方可以通过跨国交流和合作，促进地区文化开发和繁荣，树立彼此“引进来”和“走出去”的文化品牌，抓住历史积淀和异域风情两个文化标签，在如文化年等具体的文化活动中，通过展览、音乐会等文化形式形成文化集群，发挥文化交流的品牌效应。促进彼此的沟通与认同，提升地区整体性和“我们感”。

第九章　借古鉴今

9.1　古丝绸之路的城市发展与交往

城市是文明发展的标志之一，是人类政治和物质进步的主要场所。路则是城市兴衰的关键，自古就有“路达则城兴，路塞则城衰”的传唱。城市发展和路是密不可分的，正是城市间交往的需要，出现一条贯通东西南北的路，也正是一条条通畅的路，才确保一座座城市的辉煌。丝绸之路与其沿线的城市也是如此。

在先秦时期丝绸之路就已经存在，当时由西亚、中亚和天山以北的草原游牧部落间的小规模贸易路线连接而成，又称森林草原丝绸之路。它存在于草原之中，沿途多游牧部落，没有固定的城市作为路标和中转站，还没有成为东西方交往的主渠道。波斯帝国贯通东西驿道的修建和亚历山大帝国（公元前336年—公元前323年）的建立，使希腊—罗马文明、古埃及文明和波斯文明得以交汇；西汉张骞两次出使西域，将中国的文化带到西域，传至中亚地区。至此东西方之间形成一条连贯的以城市为基点的沙漠绿洲丝绸之路，该路成为从汉朝直至明清，东西方陆上交通的主要渠道。丝绸之路东段以我国中部的洛阳、长安为起点，向西经河西走廊到阳关和玉门关；由阳关、玉门关至葱岭为中段，经过塔里木盆地外缘的绿洲城市国家；葱岭到西欧诸国为丝绸之路的西段。

一、先秦时期

先秦时期，丝绸之路的东段处于春秋战国的纷争之中，交通不畅。诸侯国之间互通有无，各大都城成为区域性的政治、经济、文化中心。西周初年，周公营建成周，迁殷遗民于此，殷朝遗民便以商为业。后平王东迁洛邑，因地处中原的中心地带，洛邑遂成为当时重要的经济中心。《史记》中云：“洛阳东贾齐鲁，南贾梁楚。”① 齐国鲍叔牙和管仲都曾经来洛邑贩卖东方的鱼盐，郑国商人来此地贩牛，秦国商人常常用马匹、皮革换取中原的漆器、粮食和丝绸。因此战国时期这里成了中原最大的商埠，齿革玉贝，无远不届。现代考古资料显示，洛邑的城市严格遵照周人的阴阳观念布局，

① （汉）司马迁．史记［M］．北京：中华书局，1963年版，卷129，货殖列传第六十九，第2365页．

即宫殿区等级高，是政权的象征，位于城址南部；以商业为中心的市及手工业区，等级低，位于城址北部。① 在洛阳及其附近，是河南出土金属钱币最为丰富的地区，也是中国最早铸造和使用金属铸币的地区。金属铸币的出现，与当时当地商品经济的繁荣和手工业的发达密切相关，缺一不可。

匈奴逐水草而居，城市发展缓慢，但与中原和中亚文化交流频繁。1929 年，苏联考古学家在今俄罗斯境内阿尔泰地区巴泽雷克（Pazyryk），发掘公元前 5 世纪至公元前 4 世纪的 12 座被人为永久性冰封的巨大古墓。1947—1949 年，经过系统发掘，发现大量保存完好且品种多样的中国丝织品、玉器、漆器及青铜器，大型波斯地毯、木藤马车、干尸及众多遗物。② 其中一件华丽精致的先秦丝织品，上面用彩色丝线以锁绣法绣着凤凰和斯芬克司怪兽，兼有东西方文化元素，这显然是中西方文化交融的结果。③

根据考古资料和后世的文献，塔里木盆地周围形成以绿洲经济为依托的城市国家。《汉书》记载“定楼兰、乌孙、呼揭及其旁二十六国，皆以为匈奴。诸引弓之民，并为一家”④，确定“楼兰”国，其中所讲“二十六”应是虚指，我们虽然无法确定这一时期城市数量，但可以肯定的是这时的城市已初具规模、城市人口种族混居、商业繁荣。从孔雀河古墓墓地发掘的 18 具头骨分析，均属于原始欧罗巴人种的古欧洲人类型。⑤ 对新疆焉不拉克古墓的考古发掘也发现这种情况，采集 29 具头骨标本，21 具属于蒙古利亚人种，8 具属于欧罗巴人种。⑥ 阿拉沟墓葬中的 58 具头骨，绝大部分为欧罗巴人种，其中有些与印度—阿富汗类型接近，有些与帕米尔—费尔干纳类型接近，另外还有少量的欧罗巴种与蒙古利亚种混杂的成分。⑦ 西域与中原和中亚之间存在物质与文化交流。公元前 15 世纪左右，就有来自中原的商人游走于塔克拉玛干沙漠边缘，购买加工西域开采的玉石，同时出售生丝、丝绸、漆器、海贝等。但是丝绸之路中段交通最险，不仅自然条件恶劣，有雪山、沙漠，而且游牧民族活跃，有先后兴起的大月氏（Yüeh－chih）、匈奴（Hsiung－nu）控制绿洲城市，时常劫掠中原。所以中段险阻，使得东西往来不畅，虽有绿洲城市可作为中转站，却成了丝绸之路的梗阻之地。

粟特（Sogdians）是活跃于中亚北部的民族，善商贾，因为国际贸易的往来，他们在中亚建立了一些商业城市，典型的是撒马尔罕（Samarkand）。撒马尔罕处于东亚与中亚的交界处，中国精美的丝绸和西方的奇珍异宝在此地中转、流通。粟特人于公元前 650 年建撒马尔罕城，利用靠近西域的地理位置优势，将中国的生丝、丝绸等货物转运到中亚、

---

① 聂小雨．从考古发现看洛阳东周王城的城市布局［J］．中原文物，2010（3）：51－55.

② ［俄］M. П. 格里亚兹诺夫，［俄］O. H. 达维姆，［俄］K. M. 斯卡郎．阿尔泰巴泽雷克的五座古塚［J］．考古，1960（7）：63－70.

③ 沈爱凤．从中亚和草原墓葬看中西丝绸文化交流［J］．丝绸，2006（3）：49－51.

④（汉）司马迁．史记［M］．北京：中华书局，1963 年版，卷 110，匈奴列传第五十，第 2899 页。

⑤ 韩信康．新疆孔雀河古墓沟墓地人骨研究［J］．考古学报，1986（3）：361－388.

⑥ 韩信康．新疆哈密焉不拉克古墓人骨种系成分研究［J］．考古学报，1990（3）：371－394.

⑦ 韩信康．新疆古代居民的种族人类学研究和维吾尔族的体质特点［J］．西域研究，1991（2）：1－14.

西欧地区，将中亚的宝石、织毯、良马等运到东方，在转运中获得大量的财富。

亚历山大东征，将政治影响推进到中亚地区，并且在交通要道建立诸多城市以巩固军事胜利的成果，赫拉特[①]（Hrate）、加兹尼[②]（Ghazni）和坎大哈[③]（Kandahar）等城市都被冠以“亚历山大”的名称，如今人们在这一带的考古发现了亚历山大大帝在公元前329年建立的城市——苦盏[④]，即亚历山大东征的极东之地；巴克特里亚[⑤]（Bactria）、塔什干[⑥]（Tashkent）、怛罗斯[⑦]（Talas）、巴米扬[⑧]（Bamiyan）等城市进入了希腊化时代。城市初建的动因多为军事防护，但在其后的发展中，城市的职能发生变化，不仅仅是军事基地、行政管理中心，而且成为地区的经济中心，甚至国际商道沿线的交流中心和贸易站点。亚历山大在征服地区建立城市，进行殖民，大量的希腊人、马其顿人和伊朗人涌入中亚，成为城市的统治者和社会上层。众多移民带来希腊的生活方式和文化，特别是希腊的艺术，促进了民族融合和城市繁荣。以亚历山大为首，3000多名罗马士兵娶波斯女子为妻，加强民族间的融合。而且据阿里安记载，亚历山大在进军印度之前，为巩固后方，命令阿明塔斯（Amyntas）带领3500名骑兵和10000名士兵留守巴克特里亚。[⑨] 这些士兵逐渐与当地民众融合，共同缔造了城市的繁荣。

对艾哈农[⑩]（Ay Khanum）的考古发掘发现，城市建设具有诸多希腊文明和东方文明的元素。城市布局与希腊城市相似，建有卫城、露天神庙、剧院、体育馆等。尤其是体育馆（The Gymnasium），非希腊公民是禁止入内的；有一尊穿着希腊式凉鞋的左脚石像残存；[⑪] 建筑使用柱廊式结构，爱奥尼亚式、多利亚式和柯林斯式柱头在这里都有发现；另外还有来自遥远的德尔斐的神谕，甚至印度阿育王石刻神谕那样的哲学文献。[⑫] 建筑也有东方文明的因素，宫殿群有了办公区、居住区和金库，以体现地方总督的特权。[⑬] 巴克特里亚以其特殊的地理优势，成为当时东西交通的要地，来自中国的丝绸、漆器，中亚、西伯利亚的黄金，印度的香料、象牙都通过这里转运西方。

---

① 阿里亚的亚历山大里亚（Alexangdria in Aria）。

② 阿拉霍西亚的亚历山大里亚（Alexandria in Arachosia）。

③ 亚历山德罗波利斯（Alexangdropolis）。

④ 位于今塔吉克斯坦费尔干纳谷地谷口。

⑤ 位于今阿富汗。

⑥ 位于今乌兹别克斯坦。

⑦ 城址所在地还未完全定论，在吉尔吉斯斯坦与哈萨克斯坦的边境，接近哈萨克斯坦的塔拉兹。

⑧ 位于今阿富汗，两尊大佛是希腊式佛教艺术的珍品。

⑨ ［古希腊］阿里安著．亚历山大远征记［M］．［英］E. 伊利夫·罗布逊英译，李活，译．北京：商务印书馆，1985：147.

⑩ 又可以翻译为阿伊·哈努姆，在今阿富汗。

⑪ 杨巨平．阿伊·哈努姆遗址与“希腊化”时期东西方诸文明的互动［J］．西域研究，2007，(1)：96－105.

⑫ 雅诺什·阿尔马塔．中亚文明史第二卷［M］．徐文堪，芮传明，译．北京：中国对外翻译出版公司，2002：73.

⑬ 杨巨平．阿伊·哈努姆遗址与“希腊化”时期东西方诸文明的互动［J］．西域研究，2007，(1)：96－105.

二、秦汉时期

公元前138年和公元前119年西汉张骞两次出使西域，西汉王朝对北方匈奴三次大规模作战，肃清了漠北，占据河西走廊，设天水、武威、敦煌、张掖四郡，控阳关、玉门关。西汉王朝不仅每年获得属国朝贡的宝物，有来自安息国的狮子、鸵鸟，来自大宛的良马和大秦的玻璃、宝石，而且中原也引进一些西域的物种，如葡萄、苜蓿、石榴、胡麻、芝麻、西瓜、红花和安息香等；同时，中原生产的大黄、茶叶等也通过绿洲城市传播到西域，并逐渐成为生活的必需品。

东汉的洛阳城以都城之便，保持着稳定的发展势头。东汉洛阳城占地12平方公里，城市南北方向呈纵长方形，历史上有“九六城”的称呼。城中有金市、南市和马市。城市人口约50万人，而且人口构成复杂，商人多居于市场附近。为了满足上层贵族的奢侈消费，商人极尽所能搜集各地珍宝、犀象珠玉、琥珀玳瑁、皮货珍玩。城市贸易繁荣，但是奢侈品消费比重过大，也导致东汉首都洛阳工商业的畸形发展。① 为巩固汉王朝对西域的统治，也为加强对丝绸之路的控制，两汉均在敦煌等四郡行军屯、民屯，使当地政治稳定，是中原王朝抵御游牧民族的前沿，而且成为迎接来自西方商旅的桥头堡。东西方商旅汇集，促进了商业繁荣，这在出土的敦煌文书中有明显的表现。

过阳关、玉门关进入丝绸之路的中段，中段以城市为基点，形成相对稳定的贸易路线，森林草原丝绸之路全线贯通。沿线城市成为保障道路畅通关键因素，城市之间的联系打破了地区的相对封闭，城市的活力来自于交往，城市的发展也得益于交往。在这条道路上，往来商人在市场上交换着中国的生丝、丝绸、漆器、玉器，西域的葡萄、织毯、美酒，中亚的宝石、良马，西亚的玻璃、海贝、珊瑚，罗马的剑和欧洲的奴隶。多种文明在此碰撞、交融，给城市带来发展的活力和创新的源泉。中段分三道：从鄯善伊循城出发，依昆仑山北麓、塔里木盆地南缘，经过且末国的且末城、精绝国的精绝城、扜弥国的扜弥城、于阗国的西城，到达莎车国是为南道；自车师前王庭，依天山南麓、塔里木盆地北缘，经过楼兰城、焉耆国的危须城、龟兹国的延城、姑墨的南城、温宿的温宿城，到达疏勒的疏勒城，是为中道；北道起自伊吾②，经过蒲类海③、高昌壁、交河城、轮台、碎叶④至怛罗斯。

匈奴在打败大月氏之后称雄漠北，势力范围广至中亚；西汉初年国力不及，多次以和亲求汉匈边界安定，所以匈奴与东西方的文明的接触较先秦时期更加频繁、广泛和深入。1924年苏联考古学家在诺音乌拉（Noyon ull）发掘两座匈奴墓地，发现毡毯

---

① 王珍．东汉首都洛阳工商业的畸形发展［J］．史学月刊，1985，(6)：22－28.

② 在今新疆的哈密。

③ 今巴里昆湖。

④ 在今托克马克（Tokmok）。

上有牦牛与有角狮子之间的搏斗和有翼怪兽袭击一头鹿的图案①。猛兽攻击偶蹄目动物的元素来自于西亚民族，这一母题从美索不达米亚传入小亚细亚，通过塞人传播到南西伯利亚，后传到匈奴。毛毯边饰底纹是菱形格，其中有十字、战斧和圣树等亚述—古波斯特色的图案。这些图案因素影响了以后突厥、蒙古，甚至现代中亚诸草原民族的丝绸和毛毯艺术②。

绿洲城市得益于丝绸之路的贸易往来和文化交流，无论古籍还是现代考古材料都表明西域城市国家在这一时期有十分明显的发展，表现在以下诸多方面。

西域各个城市小国人口普遍增加。从《汉书》《后汉书》的记载来看，汉朝为了加强对西域小国的控制，巩固战争的成果，在丝绸之路沿线的重要城市，诸如轮台、渠犁、伊循城实行屯田，而且由于中原与中亚商人的频繁往来，西域小国人口普遍增加。《汉书·西域传》记载，于阗国有“户三千三百，口万九千三百，胜兵二千四百”③，疏勒国“户千五百一十，口万八千六百四十七，胜兵二千人”④；《后汉书·西域列传》的记载则是于阗国“户三万二千，口八万三千，胜兵三万余人”⑤，疏勒国“户二万一千，胜兵三万余人”⑥。另关于车师前国⑦、车师后国⑧等国的人口增长数据均反映出，这一时期西域各城市国家人口的增长十分迅速。在古代社会，人口再生产呈现出高出生率、高死亡率、低自然增长率的特点。自西汉末年到东汉末年的200多年时间内，由于自然增长和外来人口迁入，城市人口能增长10倍左右，不能不说在两汉时期丝绸之路中段的城市都经历了快速的发展。

在城市经济和生产力方面，以精绝城为例，现今对古精绝城尼雅遗址的考古发掘，收获颇丰。遗址出土大量精美的丝绸制品，有被、袍、裤、袜、衣、帽等十多个丝制品品种，“五星出东方利中国锦”等织品十分典型，有“万事如意”“延年益寿大宜子孙”等隶书字样。出土的铜镜、漆器等均来自中原。此时，佛教已经传入西域，对精绝城的影响也十分明显。依据现存的佉卢文书分析，当时精绝城内的寺院和僧人已经可以有自己的一部分田地和葡萄园，寺院经济在整个城市经济中占据重要位置。由于自然环境的约束，西域各国的生产方式也不相同，依托绿洲的城市国家则是以农耕为主。但是西域的生产力低下，仅使用木制工具和手工劳动，要想兴修大的水利工程和

① 乌恩．论匈奴考古研究中的几个问题［J］．考古学报，1990，(4)：409－437.

② 雅诺什·阿尔马塔主编．中亚文明史第二卷［M］．徐文堪，芮传明翻，译．北京：中国对外翻译出版公司，2002：118－119.

③ （汉）班固汉书［M］．北京：中华书局，1963年版，卷96，西域传第六十六（上），第3881页.

④ （汉）班固注．汉书［M］．北京：中华书局，1963年版，卷96，西域传第六十六（上），第3898页。此处的安息即帕提亚帝国（Parthian Empire，公元前247年—公元224年）.

⑤ （宋）范晔．后汉书［M］．北京：中华书局，1963年版，卷88，西域传第七十八，第2915页.

⑥ （宋）范晔．后汉书［M］．北京：中华书局，1963年版，卷88，西域传第七十八，第2926页.

⑦ （汉）班固．汉书［M］．北京：中华书局，1963年版，卷96，西域传第六十六（下），第3921页；（宋）范晔．后汉书［M］．北京：中华书局，1963年版，卷88，西域传第七十八，第2929页.

⑧ （汉）班固．汉书［M］．北京：中华书局，1963年版，卷96，西域传第六十六（下），第3921页；（宋）范晔．后汉书［M］．北京：中华书局，1963年版，卷88，西域传第七十八，第2929页.

大规模开发土地是不可能的。中原普遍使用的铁器和牛耕技术是通过战争传入西域的。《汉书·西域传》中记载："（安息）善贾市……其地皆无丝漆，不知铸铁器。及汉使亡卒降，教铸作它兵器。"① 在拜城克孜尔千佛洞的壁画中，发现了二牛抬杠的犁耕图。图中表现的铁工具与内地发现的汉代铁犁铧相似②。使用铁制农具使人们可以扩大耕地面积，尤其是铁制犁铧的使用，利于深耕。牛耕的使用是农业动力史上的巨大革命，节省人力，提高生产效率，且利于精耕细作，对西域乃至中亚地区生产力的发展产生了巨大的促进作用。

在城市交往方面，汉王朝强盛时，为了保持对西域小国和商道的控制，对西域多次直接用兵或利用西域国家之间的矛盾加以制衡，和亲是维持政治联系的重要手段，著名的有细君公主、解忧公主和王昭君。她们的婚姻，不仅维护了中原王朝的利益，而且将中原地区的生活习俗、政治制度、使用器物、文化带到西域，促进西域地区生产力的发展。如细君公主长女为龟兹王绛宾妻，汉元康元年（公元前65年）龟兹王绛宾夫妇来到长安，汉宣帝赐给印绶，并多有赏赐。③ 绛宾回龟兹后，宫室、制度都仿效汉室。

在城市文化方面，西域的城市文化趋于多样，汇聚了包括犍陀罗艺术在内的众多艺术表现形式，最具代表性的是发现于米兰佛寺遗址的"有翼天使"。1906年，斯坦因在米兰城考古发掘，发现"有翼天使"壁画，1989年新疆文物考古文物研究所研究员王炳华等在米兰古城的一座佛寺遗址中又一次发现两幅并列的"有翼天使"画像。④ 在佛教艺术中，也有飞天等形象，但是却不需要翅膀等的辅助。"有翼天使"有一对明显的翅膀，使人们不禁联想到希腊—罗马神话中的爱神丘比特（Cupid）和以歌声蛊惑人心的海妖塞壬（Siren）。画像使用晕染画法，使图像极富立体效果，这是中原和西域本土没有的绘画技术，显然来自欧洲。"天使"鼻子修长，在末端是明显弯曲，大眼睛十分有神，与中亚人物绘画风格有极大的差别。公元2世纪中叶，贵霜内部发生内乱，大量大月氏人流亡东方，迁移到今鄯善。⑤ 贵霜移民不仅对楼兰城和米兰城的发展作出贡献，而且将贵霜艺术带到这里，使得楼兰和米兰的佛寺壁画中的贵霜帝国酒神壁画大量出现，发掘出土的这一时期佉卢文（Kharothī）文书也明显增多。

丝绸之路西段涉及范围广泛，包括中亚、南亚、西亚和欧洲，国家众多、民族关系复杂，因而路线常有变化，主要有怛罗斯、塔什干、塔什库尔干⑥、蓝氏城、白沙瓦（Peshawar）、喀布尔（Kabul）、撒马尔罕（Samarkand）、泰西封（Ctesiphon）、赫拉特（Herat）、马什哈德（Mashhad）、巴格达（Baghdad）、大马士革（Damascus）、迦太基

---

① （汉）班固．汉书［M］．北京：中华书局，1963年版，卷96，西域传第六十六（上），第3896页.
② 黄文弼．塔里木盆地考古记［M］．科学出版社，1958：24－57.
③ （汉）班固．汉书［M］．北京：中华书局，1963年版，卷96，西域传第六十六（下），第3916页.
④ 塔克拉玛干综考队考古组．若羌县古代文化遗存考察［J］．新疆文物，1990（4）：2－13.
⑤ 林梅村．吐火罗人与龙部落［J］．西域研究，1997（1）：11－20.
⑥ 位于今中国新疆。

(Carthage)、罗马（Rome）。

中亚连接着东西方的陆上交通，与东西方有着密切的接触，同中原汉王朝的贸易往来十分频繁，丝绸、软玉、漆器等向中亚流动，玻璃、宝石等向中国流动。

中亚南方农业区和北方游牧草原地区的商品交换也十分繁荣。陆上贸易发自印度，经过白沙瓦，在喀布尔城稍作休息，沿喀布尔河北上，顺着锡尔河贸易通道，将费尔干纳①（Ferghana）、塔什干②、锡尔河的中下游及咸海地区联系起来，向北方运输谷物、水果、手工艺品以及武器，向南输入毛料、肉、皮革、乳品、牲畜及纺织原料，其中也有来自中国的生丝和丝绸。因为频繁的往来，这一时期在锡尔河流域兴起大量城镇，在阿赫希肯特（Akhsikent）、沙鲁基亚（Shahrukhiya）、奥特拉（Otrar）、泽提阿萨尔（Dzhetf - Asar）等地区均发现这类遗址。白沙瓦更是利用地处中亚东通西域的便利条件，以商业聚敛财富，建成完善的城市水渠系统，被誉为“百花之城”。

三、魏晋南北朝时期

这一时期由于中原政权分裂，丝绸之路稍有阻隔。中原地区多个政权并立，不利于区域之间的交往，但是贸易往来仍然是城市间交流的重要渠道。

魏晋南北朝时期，曹魏、西晋、北魏都曾以洛阳城为都城，洛阳城成为北方政治、经济和文化中心。佛教传入中原后有巨大发展，洛阳的寺院建筑增加。以《洛阳伽蓝记》的记载来看，东汉时期洛阳仅有一座白马寺，但在北魏末年洛阳寺院多达1367所。佛教的兴盛不仅与当时的时代背景和统治者的推崇有关，更与沿着丝绸之路东来的众多弘法高僧如安世高、竺法护、支谦等有直接联系。寺院经济在城市经济中占有重要的地位，寺院可以出卖水产、果品、粮食、蔬菜，甚至占有劳动力。作为北魏都城的洛阳，还有前来交易的胡商，居住在四夷馆和归正、归德、慕义和慕化四里，兜售金银器、珍珠、珊瑚、琥珀、玻璃、水晶和香药，等等。

中原征战不休的战火也波及了丝绸之路。路虽坎坷，但商人、僧侣等在执着的信念支持下，行走于丝绸之路上，带动沿线城市的交往。该期中国丝绸的秘密被外域探知。于阗有“公主西传蚕种”的传说，唐代西行僧人玄奘将它记录下来：“昔者，次过未知桑蚕，闻东国有之，命使以求……瞿萨旦那③乃卑辞下礼，求婚东国……（女）以桑蚕之子置帽絮中……（桑蚕）遂入瞿萨旦那国”。④ 而且该国的手工业十分发达，种植桑树。20世纪外国考古者也在丹丹乌里克发现了《公主西传蚕种壁画》，而且现代考古在此地发现有古时枯死的桑树，说明在魏晋时期，于阗确实已经掌握了生产丝绸的技术。

---

① 即中国史书中的大宛（Ta - yüan）。

② 即中国古书中的赭石（Chach）。

③ 即于阗国。

④（唐）玄奘．大唐西域记［M］．姚世珍注释．北京：中央民族学院科研处，1984：406 - 407.

3 世纪开凿的龟兹克孜尔千佛洞也是当时佛教僧人聚集的地区。壁画经由不同种族的画家合作完成，他们有龟兹人、吐火罗人（Tochari）、汉人，甚至叙利亚人。壁画人物的服饰和武器与欧洲有极大的相似性，而且在许多反映龟兹乐舞的画面的壁画中，使用的乐器也是来自不同的地方，排箫和阮来自中原，横笛来自羌人地区，竖箜篌和琵琶来自波斯，弓形箜篌来自印度，里拉来自古代希腊。魏晋时期的龟兹壁画以群青色为主，原料就是产自阿富汗的青金石。这种矿石又是欧洲画家颜料和埃及眼影的来源，甚至成为印度佛教"七宝"之一。所以通过今阿富汗运输此种矿石的商路又被称为"青金石之路"。

从中原、西域而来的商队，会在中亚的城市进行贸易或稍作休整，木鹿城（Merv）因此成为萨珊向东部推进的桥头堡和国际贸易中心，众多波斯物产，如珍珠、珊瑚、琉璃、玛瑙等珠宝与香料郁金、苏合、青木通过此地输入西域乃至中原，丝绸、漆器、铜镜、茶叶等从这里继续西行。

来自东方的货物运到塞琉西亚（Seleucia）和泰西封之后，一部分经过美索不达米亚（Mesopotamia）到达安条克（Antioch），再由此运往意大利；另一部分经过帕尔米拉（Palmyra）运到大马士革，为西顿（Sidon）和加沙（Gaza）等城市的纺织业提供原料。途经帕尔米拉的贸易被阿拉伯部落帕尔米拉人控制，他们于公元 1 世纪建立国家，以帕尔米拉为都城。帕尔米拉坐落在叙利亚的一块绿洲上，有充足的水源，成为往来商贾的集聚之地，在安息和罗马之间起着非常重要的中间商作用。

四、隋唐—五代时期

隋唐时期，丝绸之路迎来发展的鼎盛时期，城市也因交流步入全面繁荣时期。

这一时期，中原王朝政治稳定，国力强盛，唐朝设安西都护府，北庭都护府安定西域，保障了丝绸之路东段和西段的畅通；国家政策开明，对外开放使各地商人、使臣、移民云集，长安城成为世界性的城市，成为该期城市发展的典范。

唐长安城布局以隋大兴城为基础，扩建大明宫和兴庆宫，划分里坊，设东西二市。东市甚为繁华，但尤其引人注目的是西市。西市距离唐长安丝绸之路起点开远门较近，周围坊里居住有不少异域商人，从而成为一个国际性的贸易市场。这里有来自中亚、南亚、东南亚及高丽、百济、新罗、日本等各国各地区的商人，其中尤以中亚与波斯、大食的"胡商"最多，他们多侨居于西市或西市附近一些坊里。长安城就有专门销售阿拉伯、波斯商品的市场，如波斯邸、珠宝店、货栈、酒肆等。这些外国的客商兜售香料、药物、珠宝，再从中国买回珍珠、茶叶、丝织品和瓷器。

随着外来居住人口的增多，由阿拉伯、波斯、中亚穆斯林商人通过经济交往的方式将伊斯兰教传入西域地区，进而传入长安。唐高宗永徽二年（651 年），奥斯曼帝国哈里发奥斯曼就派遣使臣抵达长安。其后越来越多的阿拉伯商人、使臣、学者来到长安，还有大量什叶派穆斯林来此避难。长安及附近穆斯林人数增多，长安成为唐代伊斯兰教传播的重心。

佛教有较大的发展，以玄奘西行求法最为著名。玄奘的足迹遍及西域、中亚和南亚次大陆诸国，回到长安后著成《大唐西域记》，记述高昌以西的110个和传闻所知的28个城邦、地区、国家的情况，内容包括这些地方的幅员大小、地理形势、农业、商业、风俗、文艺、语言、文字、货币、国王、宗教等。《大唐西域记》不仅是研究中亚、南亚地区古代史、宗教史、中外关系史的重要文献，也是探究隋唐佛教发展、传播的重要史料。他致力于翻译佛典，建大雁塔，用以供奉从印度带回的佛像、舍利和梵文经典。玄奘又奉敕将《老子》等中国经典译作梵文，传于印度。玄奘在李唐王朝取得了弘法的巨大成功，这不仅是佛教兴盛的表现，而且是东西方文明交流的成果。

由于商路的繁荣，西域作为连接中原与西方的通道，多种民族聚居，各方文化在绿洲城市交融。敦煌佛教石窟在这一时期开凿最多，佛教绘画和造像艺术充分吸收健陀罗艺术风格，绘画人物线条流畅、圆润丰满，造像使用希腊造像艺术，即佛像内用木杆支架，外用泥膏塑形的方法。不仅有表现佛国的绘画，也表现世俗生活的场景，“反弹琵琶”的艺术创意正是不同文明碰撞后产生的炫目火花。龟兹壁画的风格也发生变化，具有明显的汉风特点。在阿艾石窟千佛洞的壁画中，西方佛国的净土世界出现了亭台楼阁，龟兹没有的团花、茶花、卷花也出现了，并取代传统的几何形图饰。更加重要的是，壁画描绘了典型的汉人、回鹘人、吐火罗人、朝鲜人、阿拉伯人等。公元6世纪，回鹘人由贝加尔湖迁至蒙古，8世纪又迁到西域。壁画风格大变，红色调大量使用，汉文和回鹘文、汉风和回鹘风并存。所以出现了一个特殊的现象，同一幅壁画，由于绘画风格不同而先后被覆盖3次，第一层是龟兹风格绘画，以群青色为主；第二层是汉风绘画；第三层是回鹘风绘画，以红色调为主。

自公元5世纪开始，由于丝绸之路的畅通和沿线的物质、文化交流，整个粟特地区迎来发展的巅峰时期。佛教在公元2世纪就已经传入巴米扬，法显和玄奘西行求法均到过此地，5世纪开凿的著名的巴米扬大佛，因其使用了希腊造像技术，从而成为希腊式佛像的代表。但是很不幸，自公元8世纪伊斯兰教传入后，因宗教冲突，大佛屡遭人为蓄意毁坏，受损严重①。

撒马尔罕已经发展为整个粟特文明的代表，在东西方交往中扮演着重要的角色。751年，唐为扩展疆域与获得更大的贸易控制权，发动对石国②的战争。高仙芝不幸战败，大量的士兵沦为战俘。撒马尔罕使用战俘中造纸的工匠，建立中亚最早的造纸厂，生产的纸张被称为“撒马尔罕纸”③。造纸术最终传播到巴格达、大马士革直至更西，对世界历史的发展起到不可磨灭的巨大作用。特别阿巴斯王朝（Abbasid Dynasty，749—1258年）都城巴格达，公元八九世纪时，城中不仅建有造纸厂，而且有专门销售

① 2001年3月12日，巴米扬巨佛终毁于阿富汗塔利班的炮火和炸药。

② 隋唐时期以塔什干为中心的国家，为昭武九姓之一。

③ 陈大川．怛罗斯之战与撒马尔罕纸［J］．中国造纸学报，2005：22－32.

丝绸、瓷器等中国商品的店铺。

7世纪中期，随着西突厥势力的衰落，可萨汗国兴起。可萨虽地处游牧区，但是却利用地处丝绸之路北道的地理位置优势，发展商业。特别是在八九世纪，皈依犹太教，同时实行宽容的宗教政策，终于吸引到穆斯林商人、犹太商人、拜占庭人和其他商人来此地经商，建于伏尔加河注入里海处的都城阿的尔城（Atel），西部是可汗的居住地，东部则是各国商人的居处和贸易场所。在阿的尔城的市场上，充斥着拜占庭人、希腊人、犹太人携带的香料、香粉、乳香和宝石，以及他们从中亚交换得来的丝绸、棉布和其他奢侈品，北部森林的斯拉夫人运来的各类毛皮、蜂蜡、大麻和木材等物品。此外，市场上交易着奴隶，大量斯拉夫奴隶经由这里运往西亚和北非，远销大马士革、巴士拉等地。①

五、两宋时期

两宋时期，中原王朝失去对西域的绝对控制，西北地区被少数民族政权控制，尤其是西夏兴起，使得丝绸之路东段与中段连接受阻。虽然北宋多次与西夏、辽开榷场进行互市，但是西域各国商旅进入中原仍比较困难，不得不改由青海路进入中原，青海路上的吐蕃国青唐城因此成为往来商旅的中转站。宋实际控制的熙州、秦州也成为了互市的重要地点。南宋王朝偏安一隅，失去西北贸易通道，便从海上对外沟通。此时的广州、明州②成为南宋对外贸易港口，运送的货物中丝绸仍旧是大宗，同时瓷器贸易大大增加，远销欧洲。景德镇就是在此时脱颖而出的，以制瓷为城市发展的主要方式，瓷器也成为中国的象征之一，China之名由此而来。

于阗国恰恰凭借自身优势，以此为契机，发展城市。于阗盛产玉石，宋人酷爱玉器，其后统治北方的辽、金继承并发展了这一传统，使得于阗在与中原的贸易中占有极大的优势。于阗用开采的玉石与中原地区进行交易，换取中原的丝绸、金银；丝绸又是西方名贵的奢侈品，于阗人就以丝绸换取西方来的各种奇珍异宝、金银，还可以再转运到中原地区，利益翻倍。而且宋对于前来朝贡的西域诸国赏赐颇丰，所以自元丰年间以来，于阗每年三番两次的遣使入贡，每次的使人多达七八十人，使得宋不得不限制使团人数，还于元祐五年（公元1090年）双方约定每年入贡一次。③

喀拉汗王朝（Qara Khanids Empire）（840—1212年）在中亚兴起，实力大增，极盛时期甚至占据了西域的于阗。喀拉汗王朝统治下的城市经济生活中心由内城转移到关隘，撒马尔罕城占地扩大到630公顷，布哈拉成也达到600公顷，考古资料显示，伊犁河谷地区兴起56座城镇，楚河河谷过去的居民聚居点也发展成城镇，这些都与游牧

---

① 乔瑞．中世纪贸易之国卡萨韩国的兴衰［J］．内蒙古农业大学学报（社会科学版），2009（6）：337－339.

② 即今泉州。

③ （元）脱脱，等．宋史［M］．北京：中华书局，1963年版，卷490，列传二百四十九，第14107页.

民族转入定居生活以及商业、手工业的发展有关。① 辽国和后继的金国从宋政权那里获得巨额的"岁币",除自身消耗一部分之外多通过喀拉汗王朝传输到西方。而且中亚地区素以生产优质棉花而闻名。喀拉汗王朝生产的"白叠""花蕊布"成为互市、上贡的必备品。如在巴楚县托库兹萨莱遗址就出土了精制的毛、棉和丝织品。② 中亚城市的转运贸易依旧繁荣,商业、手工业继续向前发展,撒马尔罕、布哈拉城市规模扩大,更多游牧人口转入定居生活。棉花种植也是在这一时期传入西域,继而传入中原的,对我国的服饰文化产生深远的影响。

此时丝绸之路西段的大部分商道仍然控制在阿拉伯商人手中,意大利的城市成为地中海贸易巨头。此时的意大利城市高度自治,威尼斯、佛罗伦萨、米兰、比萨和热亚那等城市的自由商人因此获得贸易的便利,一跃成为地中海贸易的大佬,不仅从事地中海的转运贸易,而且发展同英国甚至远至中国的贸易,威尼斯城因此迎来城市发展的高峰期。

六、蒙元时期

蒙古兴起后,向南灭亡南宋,夺取中原的统治权,向西于公元1219年至1260年进行三次大规模的西征,灭花剌子模(Chorasmia)、阿巴斯(Abbsids)和叙利亚的阿尤布王朝(Ayyubids),建立察合台汗国、钦察汗国、伊利汗国和窝阔台汗国。中亚、西亚城市在蒙古西征过程中损毁严重,例如对撒麻耳干③的屠杀,摧毁不花剌④,巴里黑城⑤(Balkh)、莫夫⑥、范延城⑦、托克马克⑧(Tokamak)、哈马丹(Hamadan)均受到毁灭性的破坏,蒙古军队推进到叙利亚,甚至攻占了巴格达。中亚文明遭到前所未有的打击。但是客观上,由于蒙古军队征战的需要,向西进军的路线事实上重新打通了由东方蒙古草原向西方交通的道路,城市之间的交往因为四大汗国的建立而阻力大减,中国的印刷术、指南针和火药随着蒙古铁蹄传入西方,为西方甚至世界的文明进程作出了不可磨灭的贡献。

阿拉伯商人依然活跃,通过陆路而来的商人聚居在新疆、宁夏、甘肃等地,与这里的汉人、回鹘人杂居,成为以后中国形成回族的主要来源之一。而且元世祖承袭宋制,在泉州、广州、杭州、上海、温州、庆元⑨设市舶司,这些城市中的阿拉伯商人也很多。这一时期,还有穆斯林科学家扎马鲁丁(Jamal alDin)将阿拉伯的天文学传入中

---

① 余太山主编. 西域通史[M]. 郑州:中州古籍出版社,2006:285-286.

② 魏良弢. 西辽史纲[M]. 北京:人民出版社,1991:944.

③ 即撒马尔罕(Samarkand)。

④ 今布哈拉(Bukhara)。

⑤ 今巴尔赫(Baikh)。

⑥ 即今马里(Mali)。

⑦ 即巴米扬(Bamiyan)。

⑧ 即中国史书中的碎叶城。

⑨ 即今宁波。

国，促进中国天文学观测和天文仪器的发展；同时他还把阿拉伯绘制地图的方法介绍到中国，为元编纂全国地理图志《元一统志》作出突出贡献；阿拉伯数字的使用，促使元朝的数学取得飞跃式的进步，郭守敬就是利用一系列的精密计算而制定《授时历》。① 意大利人马可·波罗来华并在元朝中任官职，归国后著成《马可·波罗游记》，在西方广泛流传，成为西方人了解中国的重要途径。

14 世纪初期，伊利汗国合赞汗进行全面的社会改革，同欧洲基督教国家和元朝保持相对友好的关系，通过大不里士（Tabriz）的商路直到 14 世纪中期全线畅通。大不里士位于咽喉锁钥之地，依托便利的交通，此时的大不里士不仅是伊利汗国的都城，而且是一个国际性的城市，相对于以巴格达为中心的两河流域城市，大不里士带动小亚细亚和波斯地区的城市恢复迅速。合赞汗为了取得当地封建主和伊斯兰教徒的支持，宣布他本人和伊犁汗国境内的蒙古人改宗伊斯兰教，甚至为自己起名麻合麻（Muhammad）。

蒙元时期，瓷器中的青花瓷独享尊荣，不仅使用从伊朗等地区运来的苏麻离青作为颜料，而且通过水路将瓷器从景德镇等地的瓷窑运往别十八里，再由陆上丝绸之路运往中亚甚至更西。而且土耳其的伊斯坦布尔横跨亚欧，东西方文明在此地交汇，在清真寺穹顶上有炫目的蓝色装饰。迈哈迈德清真寺就因为风格鲜明的装饰被称为“蓝色清真寺”，其图案与元青花如出一辙，不同之处只是在于它们是陶器。

七、明清时期

明清时期丝绸之路上的贸易受中原王朝政策的影响很大，有明显的兴衰。直至清朝实行更为严格的闭关锁国政策，丝绸之路最终衰落。

瓷器是中国文化的象征，青花瓷出现于宋朝，但是质量最为上乘的青花瓷却是出现在明朝，尤其是永乐、宣德年间的青花瓷。这不仅与瓷器制造工艺进步有关，更重要的是，上色所用的青料是郑和从海外带回来的苏麻离青料。而且由于瓷器大量运往海外，明朝的瓷器艺术中有了伊斯兰文化元素。六角星纹、八尖星纹甚至伊斯兰铭文都有发现。属于伊斯兰碱釉系统的孔雀蓝釉生产技法也在 13 世纪传入中国。② 中国的景德镇因瓷器外销而名声大噪，享有“瓷都”的美誉。

明清时期政府对于贸易的控制力大大加强，对外贸易方式以朝贡为主。哈密在隋以前称伊吾，是丝绸之路东段进入中段北道的锁钥之地。为了维护与中亚地区乃至西方诸地的陆路贸易通道，继续保持中原王朝对西域的统治，明朝在此设哈密卫。作为军政合一的城市，城市职能发生改变，不仅代表中央王朝管辖哈密，并且作为明对外交往的重镇，负责护送、保护东西交往的使节、商旅、僧徒。明朝给来朝使臣众多的赏赐，使臣将赏赐带回本国后继续向西方运输，就可以从中获利。但是尽管如此，从

---

① 王铁铮．历史上的中阿文明交往［J］．西北大学学报（哲学社会科学版），2004（3）：115－119.

② 马文宽．明代瓷器中伊斯兰因素的考察［J］．考古学报，1999（4）：437－458.

陆上而来的西方商旅已经大大减少，中亚商人转运货物局限于中亚、西域，尤其是与俄罗斯的贸易量增加。

清乾隆之后，新疆统一。新疆城市从安定中获得繁荣，从通畅的道路中又寻到商业贸易活动的契机。其贸易分为官营和私营。官营贸易主要是和哈萨克的绢马贸易。双方互通有无，哈萨克以马匹、牛只换取中原的绸缎、布匹等，盛极一时。伊犁城、塔尔巴哈台在绢马贸易中从事转运贸易，尤其是伊犁，既是新疆的军政中心，又是商业贸易中心，一直持续直至咸丰年间。私营贸易则更为普遍，不仅新疆的城市内部贸易发展，而且喀什噶尔、叶尔羌等城还与中亚联系，尤其是叶尔羌城，成为维吾尔人地区最大的商业城市和贸易中心。中亚浩罕等地将中亚甚至欧洲的物品运来，购买茶叶、丝织品、大黄、瓷器等传运至欧洲牟取暴利，哈密城、阿克苏城、展城等商贾云集、百货具备。天山以北的游牧区，乌鲁木齐也成为商贸重镇，酒楼商铺鳞次栉比，艺人技工无一不备。

帖木儿王朝（Timurids，1370—1506 年）的统治给中亚带来难得的发展机遇，巴里黑、加兹尼、布哈拉等城市步入繁荣，都城撒马尔罕和赫拉特不仅成为帖木儿帝国的经济与商业中心，而且是当时伊斯兰世界文化与科学的荟萃之所。

但是不久波斯萨法维王朝（Safavids，1501—1732 年）与印度的莫卧儿帝国（Mughal Empire，1526—1707 年）就此地展开争夺，莫卧儿控制着喀布尔，萨法维则占领赫拉特，坎大哈数易其手。帖木儿王朝帝国灭亡之后，奥斯曼（Ottoman Empire，1299—1923 年）、萨法维和莫卧儿帝国横亘于东西交通之间，为了能从贸易中获取大量税收，它们设立关卡、人为阻断商路，迫使欧洲不得不寻找一条海上贸易路线，终于在 1500 年前后开辟新航路。自此欧洲的商船可以绕过非洲好望角，在印度稍加修整，过马六甲海峡到达中国沿海。缺少与外部文明的交往，中亚的经济发展和城市发展远没有了原先的活力。但是值得注意的是，这一时期城市之间的交往仍然促进了生产力的发展。坎儿井早在公元前 8 世纪至公元前 7 世纪就已经出现在西亚，而后盛行于波斯以及阿拉伯干旱地区，随着波斯和阿拉伯文化与政治势力的发展，18 世纪末由中亚传入喀什。东喀拉汗王朝曾于喀什噶尔定都，将坎儿井的开凿技术传播到这里，进而由此传遍新疆地区。① 坎儿井的开凿技术对于缺少水资源的新疆地区人民的生产生活意义重大，不仅大大提高了生产力，增强了人民改造自然的能力，而且有了水资源的保障，新疆城市的可持续发展和繁荣才有可能。

明清之际中原混战，荷兰东印度公司获得瓷器不易，荷兰的小镇代尔夫特（Delft）以此为契机，将现存的中国瓷器作为蓝本，生产出的青花瓷足以以假乱真。而且吸收中国瓷器的釉质特点和染蓝技术，创造出具有荷兰特色的蓝陶（Delft Blue）。又将陶瓷生产技术与当地传统木鞋结合，生产的陶瓷木鞋独具特色。

---

① 黄盛璋．再论新疆坎儿井的来源与传播［J］．西域研究，1994（1）：70.

1500 年，西欧因为新航路的开辟和新大陆的发现迎来大航海时代，城市因为海上贸易飞速发展。但是明清时期海上、陆上丝绸之路皆遭人为阻断，沿线城市间的交往因此急剧减少，类似于汉唐时期长距离、大规模贸易往来和人口流动大大减少。丝绸之路历经 2000 余年终于不可遏制地走向衰落，沿线城市缺乏广泛的对外交往陷入封闭，失去了发展和创造的活力，终故步自封，失去独立，沦为被征服的对象。

9.2　汉唐时期中国与伊拉克的关系

一、中伊古代交往的特点

中国和伊拉克均为文明古国，分别位于亚洲大陆的东西两端，两大文明从远古就开始了文化交往。汉唐时期是中伊交往的高峰时期，这一时期两国的交往存在以下特点：

第一，早期交往伊拉克的单向输出居多，后期呈现出双向式的特点。古代伊拉克通常以“两河流域”为称谓，希腊人称之为“美索不达米亚”，即“两河之间”。由于伊拉克古代文明发源较早，因此在早期，两河文明对中国文明的影响要更大一些。直到唐朝以后，中国文化的西传才突出起来，双向式交往成为主导形式。

第二，古代的中伊交往是通过波斯、中亚和印度等中介地区进行的。尤其是伊拉克自从波斯帝国之后曾多次成为波斯的一部分（包括波斯帝国、帕提亚和萨珊帝国时期，至伊斯兰时代的白益王朝、塞尔柱王朝、白羊王朝和黑羊王朝时期仍然如此）①，因而深受其宗教、文化的影响，因此中伊交往常常成为中波交往的组成部分。

第三，中伊交往的通道是先陆后海。汉唐时期的中伊交往，早期以陆上为主，即以陆上丝绸之路为主要交往通道。同时，中伊两国均拥有优良的海港，至中唐以后，海上交通日渐频繁，到宋朝更成为主要的交通形式。但整个汉唐时期，主要的交往媒介仍是陆地商道。

第四，交往内容上，伊方以宗教的输出为最大特色，而中方则以手工业产品和技术的输出为突出特点。众所周知，宗教在中国文明中的地位不甚突出，而它在西亚则是文明的中心内容，这里是世界三大一神教的故乡。从宗教上看，伊拉克大体上经历了古代宗教、希腊化与基督教、伊斯兰教三个演变时期，有多种宗教先后传入中国。相反，中国素以科技发明而著称，因此促成了手工业产品和技术的大量输出。

二、丝绸之路的开辟

由于中伊两国相距遥远，双方的早期交往相对较少，且学术界争议很大。在西方，素有“中国文明西来说”。其中，英国学者特林·德·拉科帕里于1894年提出，中国文化与巴比伦文化有近百点相似之处，认为苏萨王纳洪特在公元前2282年率领巴克族

① 黄民兴．中东国家通史·伊拉克卷［M］．北京：商务印书馆，2002：5－6.

东迁就是中国史上的黄帝率部东迁。巴尔也提出了苏美尔人东迁说。20 世纪初，瑞典的安特生和英国的鲍尔等人提出中国的彩陶和文字起源于巴比伦。另外，关于中国骑兵文化、小麦的来源也存在不同看法。①

国内有学者提出，公元前 6 世纪末的《山海经·大荒西经》中第一次提供了有关两河流域的信息（产生《山海经》的齐国主宰着穿越河套与塔木里盆地周边国家的丝绸、玉石贸易）："有西王母之山、壑山、海山。有沃民之国，沃民是处。沃之野，凤鸟之卵是食，甘露是饮。"沈福伟认为，此处"壑山"即兴都库什山，"海山"即伊朗的科·伊·胡瓦贾山，"西王母之山"即昆仑山脉。位于海山之西的沃民国，即两河流域，其地肥沃，出产凤鸟卵（鸵鸟蛋）。沃民国有一个特征，即"其人两手操卵食之，两鸟居前导之"，而鸟形有翼人和大鸟图案是亚述艺术的特征。②

丝绸之路的开辟真正开启了中伊交往的大门。丝绸之路实际上在先秦时已开通，中国丝绸至迟在公元前 5 世纪后半叶已传入波斯。希罗多德即提及当时波斯人对丝织品的喜爱。公元前 127 年张骞通西域，推动丝路贸易的发展，也使中国人获得有关伊拉克较为准确的资料。《史记·大宛列传》这样写道："条枝在安息西数千里，临西海，暑湿，耕田，田稻。有大鸟，卵如瓮。人众甚多。往往有小君长，而安息役属之，以为外国。国善眩。安息长老传闻条枝有弱水、西王母，而未尝见。"③ 此处"条枝"（也作"条支"）即指伊拉克，源出波斯人对阿拉伯人的称呼（Tajik 或 Tazi，中国古书作"大食"）。"西海"为波斯湾。条枝当时已隶属帕提亚（"安息役属之"），但它通过安息长老之传闻，与《山海经》中的中国古代神话联系起来。《汉书》和《后汉书》中也有类似记载。

在丝绸之路上，伊拉克处于一个枢纽位置。它东接来自中亚、波斯的商路，西去商路通往叙利亚、土耳其和埃及，南边则通过巴士拉建起海上丝绸之路。位于丝绸之路上的伊拉克商业重镇有斯宾（泰西封）、斯罗（塞琉西亚）等。据著名的阿拉伯史学家麦斯欧迪记载，唐以前就有中国船只航行至希拉港，与当地人进行贸易。丝路贸易的巨额利润使有关国家为此展开激烈竞争。97 年，东汉班超派甘英出使罗马（大秦），抵条枝波斯湾边，当地人以风浪险恶为由劝阻，甘英遂中途而返。实际上，帕提亚（安息）竭力阻止中国直接与罗马贸易，而由自己操纵丝绸的中间贸易，它制定了很高的税率，也多次击退东进的罗马人。

---

① 沈福伟认为中国骑兵文化源自伊拉克和伊朗，见沈福伟．中国与西亚非洲文化交流志［M］．上海：上海人民出版社，1998. 本节所引古文史料以及中伊交往的诸多具体事项主要来自该书。关于小麦，中国学术界传统上认为系西汉初年从西亚（主要是伊拉克）引进，近年来国内一些学者根据在甘肃和陕西的考古发现，提出中国的小麦起源于中国西部的观点（《百科知识》1997 年第 10 期）。此外，日本学者竹内实还提出，中国的阴阳五行思想可能起源于伊朗和伊拉克地区（"东方和西方的交界处"）的沙漠地带，认为中东沙漠中气候的昼夜温差导致了阴阳对立的观念，阳代表正义，阴代表邪恶，但中国的阴阳观念不具备善恶性（《读书报》2001 年 1 月 17 日）。

② 沈福伟．中国与西亚非洲文化交流志［M］．上海：上海人民出版社，1998.

③ 转引自张星烺编注．中西交通史料汇编［M］．北京：中华书局，1977.

三、汉代至唐以前的中伊文化交往

丝绸之路的开通，进一步推动伊拉克与中国的文化交往。到萨珊王朝解体时为止，这种交往日益广泛，主要表现在以下几个方面。

（1）玻璃工艺品。玻璃制造始于中东，为钠钙或钾玻璃；中国的玻璃制造始于公元前 9 世纪，为铅钡玻璃。其实，铅玻璃的制造也以西亚为先，亚述尼尼微遗址中出土的泥板中已有铅玻璃配方。春秋战国以后，西亚玻璃通过中亚、南亚陆续输入中原。在春秋战国出土文物中，有 700 余件玻璃珠，其中多为风格别致的蜻蜓眼式圆珠，这种纹饰不见于商周玉石器和春秋时中国自制玻璃珠。上述玻璃珠产自波斯，而波斯是在伊拉克影响下于帕提亚、萨珊时期开始生产玻璃珠的。

（2）雕刻。与伊拉克、波斯宗教信仰的传入相适应，伊拉克的一些雕刻形象也传入中国。在东汉初年的江苏沛县栖山画像石上，已出现了西王母、四翼人、人首蛇身、马首人身、鸟首人身、人首马身的图像。西王母与两河流域艺术图像的融汇，是两河流域二元论宗教在中国流传的佐证。著名的亚述狮雕艺术首先传入波斯帝国，由此进入中国。1977 年在中山王陵（中山国源于草原民族）中出土了错银双翼铜神兽、错金银神兽。1968 年在河北满城陵山刘胜墓中出土的鎏金虎座形饰具，系西亚狮形角杯座托的仿作。此外，亚述王宫均有神兽看守宫室之俗，而东汉时大臣墓葬前也出现有翼狮虎的神道石刻，到六朝时尤为突出，此时已成为中国瑞兽的天禄辟邪。① 实际上，安息使节多次向中国朝廷贡献狮子。

（3）魔术。公元前 119 年，张骞再次出使西域，遣副使到安息，安息使者带犁轩眩人随同抵达长安。犁轩又作“犁靬”，即两河流域的塞琉西亚（关于“犁轩”的所在尚有其他说法），眩人即魔术师。张衡在《西京赋》中以华丽的笔触描绘了来自异域的魔术、杂技，有角力竞技、假面聚舞、化装表演、马戏驯兽等：“吞刀吐火，云雾杳冥，画地成川，流渭通泾”“怪兽陆梁”“大雀（鸵鸟）踆踆。”

（4）乐器。苏美尔人是世界上最早使用空侯（竖琴）的民族，包括立式、卧式两种，古巴比伦人又发明角形竖琴。汉代中国已有卧式和立式角形空侯（又作“箜篌”），可能分别经由柬埔寨和波斯传入，空侯一词大概借自吐火罗语。汉代另一种乐器琵琶，也是发源于两河流域，后传入波斯和西域，再进入中国。起源于亚述的胡笳传入波斯后，于秦末汉初经河套地区传入内地。

（5）挂毯和纹饰。有图案的挂毯最早见于亚述石刻，后传入波斯、中亚和印度，波斯挂毯、铺垫流入中国后，同时也把起源于伊拉克的纹饰介绍给了中国。莲花在伊拉克是太阳的象征，乌尔王陵金器上即有莲花纹饰，后用于器皿装饰，并传入波斯。汉代的石刻、膏泥、木雕、毛织和丝绸图案中即借用了来自安息的莲花纹饰。公元前

① 李零. 入山与出塞［J］. 文物，2000（2）.

800 年巴比伦王宫浮雕中使用过的塔松纹或松杉纹，也经波斯传入，西汉一些墓葬的砖饰中即出现塔松纹。

（6）悬圃传说与求仙思想。以空中花园而著称的巴比伦文化在《淮南子·形训》中留下了痕迹。《淮南子》描绘了作为东西方贸易必经之地且富于仙国风韵的昆仑山，山上疏圃中有使人长生不老的黄水；从昆仑山再向上是凉风之山，登上可以不死；再往上是悬圃，至此可以呼风唤雨，为所欲为；从悬圃再往上即可登天成仙。这种西方仙化之境的思想后来为道教所吸收。沈福伟在《中国与西亚非洲文化交流志》一书中指出："从疏圃到悬圃，虽然是以向上登山的方式表现出来，实则是对由此越过昆仑山向西直到伊朗高原展示的登高路程的一种诗意或充满巫术意味的复述。"

（7）摩尼教。产生于伊拉克的摩尼教在唐代之前已经由波斯、中亚传入中国北方。在吐鲁番、敦煌和泉州，曾发现数量可观的摩尼教经卷残片、壁画和洞窟。5—6 世纪的多次农民起义均包括众多摩尼教徒，他们使用的年号和法号如"圣王""明法皇帝""建明""圣明"等均为汉文摩尼教经典所常见。起义军崇尚白色，身着素冠素衣，手持白伞白幡，与摩尼教相同。

（8）建筑。伊拉克和波斯的筒拱建筑于公元前 1 世纪最先出现于中国陕西和河南，代替当地墓葬中的梁板式简支结构，后者到东汉末已消失于黄河中游。3 世纪，辽宁汉墓中也率先出现模仿萨珊风格的马蹄形券洞。

四、唐朝时期两国的贸易、旅行家和史书记载

伊拉克伊斯兰化和阿拉伯化的开始基本上与中国唐代的建立同时。从此，双方都进入对外交往空前活跃和经济文化高度繁荣的时期，两国的交往空前密切，形式更加多样。作为双边交往重要渠道的贸易发生重大变化。一方面，交易商品的内容更加多样，其中中国向伊出口商品中包括大量瓷器、茶叶、纸张等商品；另一方面，中国的制瓷、养蚕、造纸工艺传入伊拉克，产生深远影响。① 海上丝路崛起成为重要的贸易渠道。唐中期以后，因吐蕃入据西域及陆路贸易不稳定，中国西部远离商品产地等原因，海上贸易逐渐兴盛，广州、扬州和泉州逐渐成为中国对阿拉伯通商的主要城市，而伊拉克的巴士拉则成为波斯湾的大港，中国商船由此可直抵巴格达。以致巴士拉被称为"中国海港"，而巴格达还开设了专卖中国商品的"中国市场"。

阿拔斯王朝建立后，伊拉克重新成为西亚的政治、经济和文化中心，这也进一步推动了它与中国关系的发展。哈里发曼苏尔决定在巴格达另建新都，发展与中国的关系。他在踏勘城址时宣称："这里有底格里斯河，可以把我们和遥远的中国联系起来。"据《册府元龟》《新唐书》等记载，752—798 年，阿拔斯王朝共遣使节来华 19 次，后因吐蕃控制西域而中止。

---

① 关于丝绸之路贸易，可参见李明伟．丝绸之路贸易史［M］．兰州：甘肃人民出版社，1997.

双方的民间往来也相当频繁，并留下第一手记载。唐长安人杜环在怛逻斯之战后被俘，后被哈里发起用，在伊拉克的库法及叙利亚、埃及等地先后居住达 10 年，762 年回国后著有《经行记》，这是中国有关阿拉伯的最早的第一手记载。唐德宗时的宰相兼地理学家贾耽著有《广州通海夷道》，记录了自广州到巴格达沿途的航线、航程、地名及有关大食的详情。著名的中国维吾尔族语言学家马哈茂德·喀什噶里在游历中亚之后，曾留居巴格达，1080 年回国后撰写《突厥语大词典》。第一个留下关于中国记载的阿拉伯旅行家是商人苏莱曼，他于 851 年写成游记《苏莱曼东游记》，后经定居巴士拉的波斯人阿布·宰德·哈桑撰写《中国印度见闻录》时传抄。巴士拉的古莱西族人伊本·瓦哈卜于 870—871 年前往中国，受到唐僖宗的接见，他在皇宫里意外地见到宫廷藏画中的穆罕默德图。出生于巴格达的历史学家麦斯欧迪也到过中国沿海，在其名著《黄金草原》中曾叙述中阿贸易的盛况。

中国的旅行记和史书中提到伊拉克的许多地名，其中有弗利剌河（幼发拉底河）、达曷水（底格里斯河），缚达、白达、八吉达、报达（均指巴格达），末罗、巴斯拉、弼斯罗（均指巴士拉），匇厮离（摩苏尔）、亚俱罗（库法）。杜环在《经行记》中这样描述阿拔斯早期首都库法的繁华：“四方辐辏，万货丰贱，锦绣珠贝，满于市肆。驼马驴骡，充于街巷。刻石蜜为卢舍，有似中国宝轝。每至节日，将献贵人。琉璃器皿，石瓶钵，盖不可胜算。粳米白面，不异中华。”南宋人周去非于 1178 年所撰的《岭外代答》则对巴格达作细致的描绘：“有白达国，系大食诸国之京师也。其国王，则佛麻霞勿之子孙也。大食诸国用兵相侵，不敢犯其境，以故其国富盛。王出张皂盖，金柄，其顶有玉狮子，背负一大金月，耀人目如星，远可见也。城市衢陌，居民豪侈，多宝物珍段。皆食饼肉酥酪，少鱼菜米。产金、银、碾花上等琉璃、白越诺布、苏合油。”

五、唐朝中国文化的西传

唐宋时期中伊文化交往与过去的最大区别，在于它更具有平衡性，即中国文化对伊拉克的影响大大加强，尤其是在技术方面：

（1）瓷器制造。瓷器成为中国输出的大宗产品，在阿拔斯首都萨马拉遗址曾发现大量华瓷碎片。从 8 世纪中叶开始，伊拉克以巴格达和萨马拉的窑场为中心，烧制出各类精美陶器，如多彩釉陶器、白釉彩陶、拉斯达彩陶等。之所以未生产瓷器，是因为本地不出产作为原料的瓷土，但这些“阿拔斯陶器”的某些装饰技法明显受到唐三彩、唐白瓷的影响。① 包括伊拉克陶器在内的波斯陶器在伊斯兰世界负有盛名，甚至少量向中国出口。

（2）火药和火器。8—9 世纪，火硝传入伊斯兰世界，阿拉伯人称之为“中国雪”。8 世纪中叶，巴格达炼丹家查比尔·伊本·海扬用硝酸制得王水。9 世纪中叶，在巴士

---

① 王明增编，译．伊斯兰时代的波斯陶器［M］．东方美术．天津：南开大学出版社，1987：216－218．

拉开采的Shuraj就是“硝”的译音，硝被用于炼丹、制药及陶器、玻璃制造。到13世纪中叶，阿拉伯人研制出火药，在伊拉克抵御蒙古入侵的阿拉伯军队模仿中国火器生产和使用类似的火器。

（3）造纸。怛逻斯之战后，被俘的中国工匠传授造纸工艺。继撒马尔罕之后，约792年在巴格达开设伊斯兰世界第二家造纸厂，尽管其纸质仍不如撒马尔罕纸。哈伦·拉希德在位时，大臣哲耳法尔下令政府机关一律用纸张代替羊皮纸。

（4）炼丹术。8世纪，中国的炼丹术成为阿拉伯炼金术基本理论和实际操作中不可或缺的重要成分。被尊为阿拉伯炼金术祖师的巴格达炼丹家查比尔曾任太子的老师。巴格达书商伊本·纳迪姆在987年出版的《百科书录》中指出，关于炼金术起源的种种说法包括印度和中国。同样追求点金之术的查比尔制成“哲人石”，并转述了中国制作还丹的方法和理论。他和曾就学于巴格达的著名炼丹家兼医生拉齐，还以中国道家的阴阳中和理论改造基于希腊罗马学说的阿拉伯炼金理论，谋求黄金中硫汞比例的平衡。

（5）丝织、装饰图案和绘画。怛逻斯之战后被俘的中国工匠把丝织技术传入阿拉伯地区。杜环在库法目睹当地有“绫绢机杼，金银匠，画匠。汉匠起作画者，京兆人樊淑、刘泚。织络者，河车人乐隈、吕礼”。伊拉克的丝织业因此有长足发展，库法出产的金丝、半金丝头巾以“库菲叶”而著称于世。一些工场专为王室贵族织造用品，图案来源于唐代图式，小簇团花和散搭花十分流行。12世纪巴格达出产的条纹绢亦借鉴了中国花色。8世纪时，中国工匠也把中国的绘画艺术带到阿拉伯。836年，政府修建新都萨马拉时，从中国雇用大批艺术家，萨马拉壁画明显受到中国以及希腊、波斯和突厥的影响。

六、唐朝伊拉克文化的东传

唐朝时伊拉克的阿拉伯文化继续传入中国，其重要者有如下几个方面。

（1）阿拉伯马。阿拉伯马为享誉世界的良马，大食使节曾多次向中国宫廷进献。如753年，阿拔斯王朝使节向唐朝献马30匹。常德曾以龙种马之名描述阿拉伯马的神秘：“龙种马出西海中，有鳞角，牝马有驹不敢同牧，被引入海，不复出。”

（2）医药。伊拉克的一些药物在唐朝传入中国，如诃黎勒，也即诃子，属使君子科植物，具有涩肠敛肺、降火利咽之功效。巴格达人艾卜·阿里（卒于1080年）在《方剂》一书中提到三种阿拉伯诃子，而唐朝大将高仙芝在与大食作战时曾服用此药。著名医生拉齐在巴格达曾遇到一个中国学者向他求教罗马名医盖仑的著作。另外，拉齐也从中国引进硇砂（氯化铵），制作药剂。

（3）天文学。古巴比伦天文学是西方天文学的渊源，它也传入印度，并由此影响中国。从六朝开始，印度天文学即随佛教一起传入中国。9世纪由婆罗门僧人编撰的佛经《七曜攘灾诀》是一部汉文星占学手册，其行星星历表中的外行星周期是塞琉古时期巴比伦天文学家擅长的方法。本阶段巴比伦天文学的太阳运动理论、行星运动理论以及天球坐标、月球运动、置闰周期、日长计算等内容，其踪迹均出现在隋唐的几部历法中。①

（4）摩尼教、景教与伊斯兰教。6 世纪以后，在华摩尼教开始中国化进程，即逐渐吸收佛教的一些内容。694 年，摩尼教徒获准在中原传教。奉诏编写的《摩尼光佛教法仪略》暗示摩尼教为佛陀后人所传，宣称释迦、老子与摩尼三圣合一，而老子化身曾入苏邻国（巴比伦）。但在 732 年，朝廷禁止中国人入摩尼寺参拜，但摩尼教继续在民间传播，并以明教之名传入南方。

同时，唐朝也有其他宗教从伊拉克及波斯传入中国，即景教与伊斯兰教。景教主要分布于伊拉克、叙利亚和波斯，其教宗总部先后设于伊拉克的塞琉西亚—泰西封和巴格达。据估计，早在 6—7 世纪初，景教即已传入中国西域。635 年，阿罗本入华，这被视为景教传入中国内地的开始。该教被称为“经教”“波斯经教”，寺名与袄教同为波斯寺，后改为大秦寺。景教在高宗时有一定规模的发展，碑文载：“而于诸州各置景寺……法流十道，国富元休。寺满百城，家景福。”② 但是，武宗灭佛使景教受到沉重打击。另外，唐朝也有大批信仰伊斯兰教、包括伊拉克在内的阿拉伯商人来华并居住在长安等大城市，从而将伊斯兰信仰带入中国。中国穆斯林认为，伊斯兰教是在这一时期传入的，但也有一些学者认为伊斯兰教的正式传入是在唐朝以后。

（5）文学。著名的阿拉伯文学巨著《天方夜谭》以阿拔斯王朝的繁华作为背景，故事多次提及中国，一些故事把中国作为主人公活动的中心舞台，中国成为阿拉伯人向往的理想国度。而且，中国穆斯林少数民族的民间文学作品中有相近内容，如哈萨克族的《四十个强盗》与《阿里巴巴与四十大盗》；另外一些故事的风格和叙述方式也接近。一些学者还指出该书对汉族文学的影响，像书中《能言鸟》与《狸猫换太子》的脉络相近，而辛巴达的故事则在成书于北宋初年的《太平广记》的异域故事中有反响。不过，上述情况也可能是中、阿文学共同吸收印度寓言故事（它是《天方夜谭》素材的重要来源之一）的缘故。也有学者指出，《天方夜谭》中的个别故事（如《乌木马故事》）可能起源于中国。③

总之，汉唐时期中国与伊拉克之间通过丝绸之路构筑起一条贸易和文化的交往大道，双方交往的形式和内容日益丰富，并且中伊双方各自表现出自己的特点。这种交往不但大大丰富了两国的文化和人民的日常生活，而且对欧亚大陆的文明发展作出了很大贡献。

---

① 江晓原．天学外史［M］．上海：上海人民出版社，1999：167－174.

② 王静．聂斯脱利教会和中国的聂斯脱利教［R］．博士后研究工作报告，西北大学，2002：6－8.

③ 孟昭毅．东方文化文学因缘［M］．长春：吉林大学出版社，1996：357－360.

9.3 论中东古代文明交往的阶段

中东（本节的“中东”包括西亚和北非的埃及）是一个文明悠久的地区（根据《新英国百科全书》1974年版，“古代近东”在近代史学中包括东南欧和苏丹，本节在必要时也述及希腊），现代中东是一个有着独特文化的文明圈，尽管其内部包括不同的类型。因此，从文明交往的角度分析这一文明圈的形成历史有着重要的意义。

一、影响中东文明发展的因素

（1）位于“三洲五海之地”之间的地理位置。中东位于欧、亚、非三大洲和地中海、红海、阿拉伯海、黑海、里海五海之间，被誉为“三洲五海之地”。因此，中东成为三大洲之间海陆交通的要道，丝绸之路的必经之地。加上有发达的古代文明，经济富庶，这里历来也是民族入侵和迁移频繁发生之地。两河流域历史上就遭受过阿摩利人（古巴比伦）、埃兰人、米底人、乌拉尔图人、迦勒底人（新巴比伦）、亚述人、波斯人、阿拉伯人等许多民族的入侵，改朝换代成为家常便饭。另外，为了控制商路，阻止外来入侵，各国也努力整军经武，甚至先发制人，对外用兵，因此战争频繁。

（2）中东气候干燥，物产单一。发达的地区贸易、国际贸易和过境贸易成为中东有记载以来的历史的突出特点，贸易成为促进不同民族间交往和文明形成、发展的重要手段，与中东贸易的主要地区有巴尔干、南亚、中亚和东亚。中东地区输出的主要商品有谷物、羊毛、食品、手工产品等，输入的主要商品有黑曜石、宝石、半宝石、燧石、木材、金属、石材、矿物颜料、沥青等。已故的著名美籍华裔考古学家张光直指出：“近东的人们，例如苏美尔人……他们的一切必需品基本上都是从贸易交换而来。”他进而提出，基于贸易和技术的古代中东文明对西方文明产生重大影响，而与强调“政治上扩张和殖民开拓”的中国和美洲文明形成鲜明对比。① 由于中东和周边地区沙漠广布，游牧民频繁入侵，上述民族迁移的情况在很多情况下实为游牧民迁移，因而中东是世界历史上农耕文明与游牧文明冲突的典型地区。

（3）由于以上原因，中东存在着多元文化。从语言和民族角度看，创造中东上古文明的民族主要分为三类。第一类为闪族（闪米特族），包括阿卡德人、巴比伦人、亚述人、迦勒底人、犹太人、阿拉伯人、迦南人、阿拉米人等。第二类为操印欧语言的民族，包括赫梯人、喜克索斯人、波斯人、帕提亚人、塞人等。第三类为其他民族，

① 张光直．考古人类学随笔［M］．北京：生活·读书·新知三联书店，1999：223.

包括古埃及人和苏美尔人，其中古埃及人是由闪族和含族（含米特族）融合而成的。在上述三大群体中，闪族显然是中东最大的民族群体，也是现今中东人口中最多、影响最大的群体，世界三大一神教犹太教、伊斯兰教和基督教均由他们创造。但中东文明不等同于闪族文明，而是以多元文化为基础形成的文明大融合。① 另外，中东与其他地区也在进行着文化交流，尤其是希腊、罗马。

二、中东上古文明交往的三个阶段

1. 两大文明中心东西辉映时期（远古—约公元前2000年埃及第十二王朝的建立）

从历史上看，中东上古文明存在几大中心，这些中心灿烂辉煌，交相辉映，相互影响。其中，最早最重要的文明中心是两河流域和埃及，它们分别位于中东东端的西亚和西端的北非。关于两大中心孰先孰后问题，一直存在争议，但多数学者倾向于认为两河流域更早一些，而且两河文明对埃及产生一定影响，如文字、宗教方面。

两河流域形成世界最早的城市、文字和文明。它发源于南方的苏美尔，而苏美尔奠定了希腊化以前两河流域上古文明的基本内容和特征。公元前2371年，苏美尔为北部的阿卡德统一。古埃及文明虽发源较晚，但因尼罗河流域在地理上自成体系等原因，中央集权国家的发展却比两河更快一些。约公元前3000年，上、下埃及统一。此后，第四王朝（公元前2650—前2500年）开始了金字塔的建造。

2. 两大文明扩散和其他文明兴起时期（约公元前2000年—前550年波斯帝国建立）

埃及第十二王朝的建立标志着埃及恢复了政治稳定和经济繁荣，而两河流域也随之进入政治上的帝国时代。本阶段的特点主要有：

（1）两大文明中心在遭受外来入侵的情况下持续发展。古代两河流域和埃及文明是世界最早的，具有原创性、体系性，各领域都相当发达的定居文明。在这一时期，两河流域和埃及均遭受外来入侵，但新的统治者最终都被同化。两大文明进入它们发展的巅峰时期。

两河流域和埃及文明在许多方面都卓有建树。例如，两河以重视法治而闻名，古巴比伦时期的《汉穆拉比法典》被认为是人类历史上第一部较为完备的成文法；在宗教上，苏美尔时期形成以安努、恩利尔和埃阿三大神为主体的神灵体系，在宗教设施上则有造型独特的塔庙，此外还发展出各种占卜法和占星术；两河以楔形文字而著称，最著名的文学作品首推《吉尔伽美什史诗》，这是已知世界上最早的史诗；艺术以陶器、五金、雕塑、圆筒印等领域最为著名；科学以数学和天文最为发达，首创六十进位法。同样，埃及在宗教、建筑（金字塔等）、文字、雕塑、数学、天文等领域也取得非凡的成就。

（2）中心文明的传播和地方文明的兴起。在两大文明中心的周边地区（主要是西

① 黄民兴．试析中东文明的多源性和统一性［J］．唐都学刊，2003（2）．

亚)，兴起一系列具有特色的地方文明，如腓尼基、迦南、犹太、埃兰、胡里特、赫梯、阿拉伯等。这些文明与两大中心进行贸易、交往，有时甚至处于后者的政治统治之下，因而吸收其大量先进文化，加快了自身的发展。

在宗教方面，居住于叙利亚的胡里特人将两河流域的三大主神纳入其神谱，并向两河的宗教中心尼普尔和埃里都定期献祭。胡里特人的主要神话作品是《天上神灵》和《乌里库米斯之歌》，它们描绘了创世之后胡里特人的"众神之父"库马尔比及其子乌里库米斯与苏美尔众神作战的故事。① 而胡里特人也将两河的宗教文化传播到小亚的近邻赫梯。② 赫梯人同样尊崇苏美尔爱神伊什塔尔，其史诗《吉斯吉莫斯》即模仿《吉尔伽美什史诗》，在当地还出土了《吉尔伽美什史诗》译本、阿卡德文的神谕和文献。迦南人崇拜的暴风雨之神巴力和爱情女神阿斯塔特实即苏美尔的植物之神塔木兹和爱神伊什塔尔，腓尼基的情况与此相似。此外，两河的塔庙也为西亚各民族普遍模仿。

在语言文字方面，两河的楔形文字对周边国家产生重大影响，赫梯、埃兰、胡里特乃至克里特的楔形文字均由此而来。同时，阿卡德文成为中东的通用语言，而埃及的纸草则成为地中海地区的主要书写材料。

此外，一些地方文明也相互影响。例如，胡里特人的宗教和犹太人的早期宗教均吸取了迦南和叙利亚宗教的因素。

（3）在融合中发展、创新。两大中心以外的地方文明不但茁壮成长，而且少数文明在融合中心文明和其他文明的基础上，更是青出于蓝，创造了意义重大、影响深远的新的文明形式。这主要发生在东地中海沿岸的列万特地区，或者说大叙利亚（包括今黎巴嫩、巴勒斯坦、叙利亚和约旦）。大叙利亚北连小亚、希腊，南接埃及，东邻两河流域（再往东则到达波斯），形成一条文明发展的"黄金海岸"，其东边则是两河的"黄金水道"，二者以大叙利亚为连接点形成一个口朝西的"Y"字形。这个"Y"字形反映出中东及地中海的主要文明中心分布和交往路线，成为文明创新和交往的大动脉。

大叙利亚的创新主要在语言和宗教方面，本阶段主要是语言。受埃及文字的影响，公元前17世纪在迦南产生原始迦南文字，公元前15世纪在西奈产生原始西奈文字。公元前14～公元前13世纪，在腓尼基产生分别受西奈文字和两河楔形文字影响的毕布勒字母和乌加里特字母，它们是世界上最早的字母。其中，毕布勒字母由22个辅音字母组成，书写简便，适合于商业记，而腓尼基发达的商业是上述发明的基础。

腓尼基字母成为世界字母的发端，由此衍生出希伯来字母（公元前1100—前1000年）、阿拉米字母（公元前1000—前900年）和希腊字母（公元前900—前800年）。从原始迦南文字则发展出原始阿拉伯字母（公元前1300—前1200年）。此外，阿拉米

① Pierre Grimal. Larousse World Mythology, The Hamlyn Publishing Group Ltd., 1965: 74-75.

② 李政．赫梯文明与外来文化［M］．北京：东方出版社，1996.

文也逐渐取代阿卡德文成为西亚的通用文字。

（4）中央集权帝国的广泛建立。埃及在经历中王国的繁荣之后，步入其全盛时期，即新王国时期，并首度占领叙利亚。两河流域则先后建立大一统的古巴比伦、亚述、新巴比伦等帝国，其版图扩展到几乎整个新月地带，亚述帝国并一度占有埃及。同时，形成了米底、赫梯和胡里特人的米丹尼等强国。帝国的出现，本身就是社会经济、军事技术和组织以及文明交往进一步发展的产物，而不仅仅依靠军事征服。例如，一向被认为十分"残暴"的亚述帝国，它在被征服地区采取措施发展经济，补充人口，并修建驿道，建立省份制度，为后来波斯帝国的中央集权体制奠定了基础。①

3. 东西方交汇时期（约公元前550年波斯帝国建立—公元642年穆斯林阿拉伯军队占领波斯和埃及）

本阶段的特点主要有：

（1）文明中心式微，边缘文明发展成为主要的地区文明，建立空前未有的大帝国。这里的"边缘文明"分布在中东边缘的波斯、希腊罗马和阿拉伯文明，它们取代了埃及和两河文明，并建立包括两大文明中心在内，囊括欧亚非三大洲的大帝国（日本学者谢世辉将下列横跨三大洲的帝国称为"大帝国"），② 即波斯帝国、亚历山大帝国及其后续的希腊化帝国、萨珊帝国、罗马帝国和阿拉伯帝国。这些大帝国的建立，极大地便利了各地区间的交往，促进了不同文化间的碰撞与融合（包括与印度文明和中国文明）。

（2）交往的形式和内容发生重大变化，由两大文明中心向中东内外各地区的传播为主演变为中东不同文明之间及与区外文明间的双向交往，两大文明中心的吸纳多于输出。例如，一方面，波斯文化继续受到两河文明的影响，如类似于塔庙的居鲁士大帝陵墓建筑；另一方面，波斯帝国统治下的两河流域也开始接受波斯文化，后者的影响主要表现在艺术方面，另外在重装骑兵的装备及桥梁、农业技术方面也有反映。但两河流域真正的波斯化是在萨珊帝国时期开始的。

尤其重要的是，本阶段以希腊罗马为代表的西方文明通过军事征服，开始大规模地与东方文明展开交流，此即希腊化。广义的希腊化不应当局限于亚历山大帝国及其后继者塞琉古帝国和托勒密帝国，而应包括帕提亚帝国甚至罗马帝国，因为后两个帝国受到希腊文化的深刻影响，而希腊语也是东罗马帝国的官方语言。

希腊化时期的特点如下：

①希腊化即希腊文化与东方文化的交融。希腊化不仅意味着希腊文化向东方的大规模渗透，而且标志着东方文化全面登陆希腊，例如中东的占星术和宗教。在西亚，当时主要的文化形态是巴比伦文化、波斯文化和希腊文化，其具体形态又分为希腊风

① 黄民兴．关于上古中东帝国的几个问题［J］．西北大学学报，2000（4）．

② ［日］谢世辉．史的变革——向欧洲中心论挑战［M］．北京：人民出版社，1989．

格、东方风格与东西融合的风格。①

②文化交融是军事征服的结果。这种情况在世界历史上十分常见，但在希腊化地区更是如此。因为作为马其顿征服的结果，希腊文化在中东的传播带有强制性，并表现出游离性的特点。希腊文化主要存在于在东方建立的、享有自治地位的希腊城市中，其政治、文化、体育设施全部为希腊式的，居民主要为希腊人。即使是定居在中东原有城市（如巴比伦）中的希腊人，他们也形成独立的社区，与当地人相隔离。

③地区的中心城市从原有的文明中心迁移到欧亚大陆的交界处或其他地区。底比斯、巴比伦和雅典不再是地区的中心城市，中心城市移往位于欧亚大陆的交界处或其他地区的新兴希腊城市，如地中海滨的亚历山大、安条克和底格里斯河畔的塞琉西亚、泰西封。这些城市虽然地处古老的埃及、叙利亚和两河流域，但已经是希腊化城市，并且位于地区交通的枢纽。巴比伦在亚历山大帝国和塞琉古帝国时还曾是首都，但最终让位于邻近的塞琉西亚、泰西封，到萨珊帝国时期，这座一度声名显赫的城市已经沦为废墟。阿卡德语到公元前1世纪时作为宗教和天文用语已被放弃，楔形文字从此成为死文字。

④随着时间的流逝，东西方文化从疏离逐渐走向融合。尽管作为最高统治者的希腊人建立了独立的城市，但新发现的资料说明，在政权里的中下层官员、军官和法官包括大批当地人，东方城市仍然保留自治地位。更有意思的是，巴比伦的希腊祭司、历史学家贝罗苏斯著的《巴比伦史》把塞琉古帝国视为两河君主传统和文明的传人，它与托勒密埃及的祭司马尼托所著《埃及史》完成了马其顿—希腊统治者与近东政治传统的同一化过程。

在语言上，西亚语言吸收希腊语的部分词汇，当地人还部分使用希腊姓氏，阿拉米语与希腊语同为官方语言；埃及文字因使用希腊字母而改造为科普特语。在艺术上，纯粹的东方艺术和希腊艺术逐渐消失，取而代之的是融合型艺术，如货币上使用希腊图案，建筑物上则出现希腊式圆柱。但总而观之，东方风格仍然保持主体地位。

在民族成分上，到公元1世纪，在中东的希腊人开始与当地人通婚，从而作为一个民族日渐消失。②

随着罗马帝国向中东的推进，它占据了小亚细亚和叙利亚、黎巴嫩、巴勒斯坦等地区，进而将罗马文化传播到当地，尤其是拜占廷帝国在小亚细亚和叙利亚的统治维持了相当一段时间。在东方，帕提亚特别是萨珊帝国的崛起再次促成波斯文化的传播，成为抗衡罗马帝国的中流砥柱，波斯文化的影响超过早先的波斯帝国时期。

最后一次文化的大变动是阿拉伯—伊斯兰文明的兴起和传播。阿拉伯大军的到来，使中东最终阿拉伯化，使大多数地区成为阿拉伯世界，阿拉伯语取代阿拉米语和科普特语，成为主导语言，只有波斯人拒不放弃波斯语，但采用阿拉伯字母来表达母语。

---

① Amelie Kuhrt, Susan Sherwin - White. Hellenism in the East［M］. University of California Press, 1987: 144.

② Malcolm A. R. The Parthians, 1967: 96.

(3) 宗教和中东文明圈的形成。希腊化时期也是宗教大动荡、大融合的时期，如在托勒密王朝时创立塞拉皮斯崇拜，它融汇埃及与希腊的因素。起源于波斯的米特拉教也于公元前1世纪传入罗马，公元1世纪则遍布罗马帝国。它崇拜太阳神米特拉，认为后者是救世主，已具有世界性宗教的倾向，其仪式包括吃面包和饮葡萄酒。在希腊，古典文化的时期宣告结束，出现主张拥抱世界的学说和悲观厌世的学说。

同时，在希腊化开始之前，一神教也开始形成，即犹太教。进入希腊化时期之后，波斯和两河流域出现多种二元神教，如诺斯替教和摩尼教，早已形成的祆教进一步完善。在吸收犹太教神学、米特拉教、斯多葛主义、新柏拉图主义、诺斯替教和俄尔甫斯教等中东和希腊宗教、思想的基础上，中东的第一种世界宗教——基督教诞生了，并逐渐传播到整个中东和欧洲。中东第一次形成一种基于单一宗教的文化格局。然而，由于过分地受到希腊的影响，基督教的一神教特征不够彻底，尚有三位一体的教义和偶像崇拜的残余。其结果是，不但犹太人和波斯人拒绝基督教，而且在中东各地出现反对基督教正统教义的一些教派，如景教和一性论派。另外，中东也仍然存在着一些小宗教如拜星教及原始拜物教。

7世纪，又一种世界宗教——伊斯兰教诞生了。它更加彻底地贯彻中东传统的一神教体系和对偶像崇拜的反对（英国学者汤因比认为，基督教和伊斯兰教均是在叙利亚和希腊的“文化混合体”中形成的），[①] 并迅速传播至亚非大陆，成为阿拉伯帝国乃至成为中东文明的文化载体，而基督教在中东的范围急剧缩小。除了本民族固有的文化外，阿拉伯人吸收了波斯、拜占廷、希腊、印度等多种文化的因素，创造辉煌灿烂的阿拉伯—伊斯兰文化，并以此为基础最终形成中东文明圈，阿拉伯人对埃及和波斯的征服标志着这一文明圈的初步建立，其范围远超过以往的任何帝国。在阿拉伯帝国的疆域内，中东文化的多样性以统一性驾驭下的多元性表现出来，其文化综合的深度大大高于以往，同时保持历史的连续性。正如美国学者拉皮杜斯所说的：“7世纪阿拉伯的征服和随后的伊斯兰时代保留了中东机构的延续性。”[②]

三大一神教犹太教、基督教和伊斯兰教均产生于大叙利亚及其邻近的汉志地区，再次证明作为文明交汇中心的大叙利亚的魄力。三大一神教都把巴勒斯坦的耶路撒冷作为其圣城，这在世界上也是罕见的。

三大一神教和祆教的形成导致成员有强烈认同、内部有强大凝聚力的紧密型宗教社团的出现，它具有如下特点：固定的崇拜仪式，共同的社团财产，统一的宗教教育，无所不包的宗教法律和专门的法律机构，信徒有明显的外在标志（如服装、发辫等），有关洁净和禁欲方面的规定，对叛教的严厉惩罚，宗教科层体制和宗教人士对社团控制的形成，宗教与社会生活的广泛联系。

---

① ［英］汤因比．历史研究［M］．刘北成，郭小凌，译．上海：上海人民出版社，2000：369－371.

② Ira M. Lapidus. A History of Islamic Societies［M］. Cambridge University Press，1988：9.

三、中东上古文明交往的特征

第一，中东上古文明是各民族共同创造的文明。其中包括闪族、印欧语系各民族和其他民族，类似“泛巴比伦论”和“泛埃及论”（它们分别认为古代两河流域文明和古埃及文明是世界文明的源头）的观点是错误的。

第二，独特的地理位置、环境和气候决定本地区贸易的重要地位，尤其是西亚成为游牧民族与农耕民族频繁冲突的地区。因此，频繁的和平方式和暴力方式的交往都有着重要地位，而后者造成政权和文明的更替较为迅速，几乎不存在自古至今延续的文明，只有犹太文明例外，某种程度上还有阿拉伯文明。当然，新的文明吸收了原有文明的许多内容。

第三，在吸收不同文明因素的基础上，形成了文明交往范围不断扩大的文明圈。从城邦到王国、帝国、大帝国，中东具有内在统一性的文明圈最终形成。这也是人类文明发展的普遍规律。

第四，位居欧亚非之间的独特地理位置，使中东与东西方同时保持着密切联系。值得一提的是，中东在商业的重要性和文化方面与西方相同之处不少，被认为是西方文化之源。

第五，中东的上古宗教经历了从原始拜物教、多神教经二元神教的过渡向一神教的发展历程。世界上最典型的二元神教均存在于中东，这里也是世界三大一神教的发源地，因而是独一无二的。瑞士神学教授孔汉思指出，近东的“亚伯拉罕系三大宗教”属闪米特—先知型宗教，其共同点是信仰虔诚。①

---

① 秦家懿，孔汉思．中国宗教与基督教［J］．吴华，译．北京：生活·读书·新知三联书店，1997：2－3.

9.4　古丝绸之路兴衰的经济学解释

从公元前5世纪丝绸之路在草原人民奔波的马蹄下显露雏形，到1840年鸦片战争拉开帝国主义列强瓜分中国的序幕，古代丝绸之路经历2500年的历史，并且，丝绸之路的繁荣与衰落在很大程度上受丝绸之路贸易发展状况的影响。可以说，丝绸之路的发展史同样是一部古代中西方贸易史。

一、丝绸之路贸易的兴起与国际贸易的产生

在大多数人的认知中，丝绸之路始于张骞出使西域。司马迁在《史记》中把张骞通西域的壮举称为“凿空”①，这是中国有史记载以来的第一次政府行为主导下的中外交流。然而这条横贯东西、连接欧亚的经济通道，并不完全由张骞“凿空”而来。中国中原地区与西域②，乃至西亚、欧洲的经济、文化交流与贸易有着悠久古老的历史。早在原始社会末期，尼罗河流域、印度河流域、两河流域和黄河流域以北的广漠草原上出现了许多不连贯的小规模贸易路线，将这些路线衔接起来便描绘出丝绸之路的雏形。汉代以前，中西方之间大多数的商品交换还是由西域地区少数民族通过游牧方式进行，除此之外鲜有外商往来。因此，这种原始的中西经济往来还不能称为正式的国际贸易。公元前138年至公元前119年，张骞两次出使西域，收集了很多西域各国的地理、物产、军事等方面相关资料，使汉王朝的视野得以拓宽，同时也让统治者意识到进行对外交往在军事和经济上具有双重效益，“广地万里，重九译，威德遍于四海”③，广布国威的政治手段逐渐取代最初的征战和抑制，汉王朝与中亚、西亚各国相互贸易的愿望也变得强烈。自此之后，中国的商人将货物开始源源不断地输出，外国的货物也相应输入，这种有进有出的贸易关系逐渐形成，中西之间在经济、文化上的联系日益加强。公元前60年西域都护府的设立，中西之间正式的、大量的、经常性的贸易往来更为频繁，丝绸之路这条东西方经济文化交流的大动脉也正式地登上历史舞台。

---

①《史记》123卷《大宛列传》：“乌孙使既见汉人众富厚，归报其国，其国乃益重汉。其后岁余，骞所遣使通大夏之属者皆颇与其人俱来，于是西北国始通于汉矣。然张骞凿空，其后使往者皆称博望侯，以为质于外国，外国由此信之。”

②“西域”，系历史地理概念，泛指玉门关、阳关以西广大地区。广义指包括我国新疆在内的古代中亚地区以西、南亚等部分地区；狭义上指历史上的我国新疆地区。本节所用概念主要为后者。

③ 司马光．资治通鉴［M］．长沙：岳麓书社，2005：256.

1. 贸易产生的根源：社会生产力的发展

恩格斯指出："随着生产分为农业和手工业这两大主要部门，便出现了直接以交换为目的的生产，即商品生产，随之而来的是贸易，不仅有部落内部和部落边界贸易，而且还有海外贸易。"① 西域位于内陆干旱地区，由于自然条件和地理环境的限制，其经济形式主要以绿洲经济和游牧经济为主。在长年"逐水草而居"的游牧生活影响下，畜牧业发展十分繁盛，在整个西域社会经济中占重要地位。除此之外，西域部分民族在战国时期开始进入铁器时代，开始由原始社会向奴隶社会的过渡，手工业在生产工具的更新换代下也逐步发展起来，形成技术精良、具有民族特色的冶铁、铸铜、制陶、皮毛和金银制品等部门。而同样是春秋战国时期的中原地区正在经历着奴隶制向封建制过渡的大变革，家庭手工业和独立经营的个体手工业逐渐兴起并迅速发展，生产力水平得到进一步的提高。因此，社会生产力水平的提高催生大量剩余产品的出现，这为之后的商品交换乃至贸易往来奠定了基础。

2. 贸易开展的基础：绝对优势

无论是最原始的交换，还是大规模的贸易往来，古代中国中原地区与西域地区之间的经济交往，基本建立在双方各自所拥有的"绝对优势"之上。

由于半农半牧绿洲经济的封闭独立和不稳定性，西域地区的生产技术和社会发展水平都相对落后于中原地区，尽管畜牧业和手工业在一定程度上有所发展，但是仍不能左右整个经济社会，人们生活的基本需求无法完全自给自足。而中原地区的农业和手工业则经历商代以来的技术经验的积累和进步，已经达到较高的发展水平，其中桑蚕丝织业的技术水平和发展程度更是处于领先地位。于是，为弥补生产上的落后、解决生活上的需求，西域人以牲畜、皮毛产品和金、银、玉器手工艺品等具有绝对优势的产品同中原地区的农产品、手工业品和丝织品等进行交换。随着这些交换在交换内容、地域范围和形式规模上的扩大，贸易的萌芽也逐渐开始显露，贸易的对象也从沿边西域地区延伸至西方各国。在丝绸之路真正打通之后，西域地区成为中西方经济文化交往的中转站，中国与西方国家之间的贸易依旧遵循着"绝对优势"的原则。中国对外出口丝绸、陶瓷等绝对优势产品，进口西方国家的绝对优势产品，如珠宝、香料等。

3. 贸易扩大的条件：重叠需求

从西汉开始，丝织品在官方经营后开始出口，丝绸也成为西方各国最喜爱的中国商品。除中国丝绸本身所具有的吸引力之外，丝路贸易能够发展壮大，在很大程度上归因于中西各国之间消费偏好、需求结构、需求品质接近，即存在重叠需求。

以当时中国丝绸的最大消费国罗马帝国为例，在丝绸贸易形成之时，正是罗马经济繁荣、国力强大之时。随着罗马在公元前1世纪至公元2世纪不断地对外扩张，大

① 恩格斯．家庭、私有制和国家的起源［J］．马克思恩格斯选集（第四卷）．北京：人民出版社，1995：163－164.

量的奴隶和黄金流入罗马，统治阶级对奢华生活和远方珍品的需求不断增加。因此，当时的罗马社会中对丝绸这一奢侈品有着一个稳定的市场和需求，中国丝绸的销路也由此大开。此时的汉朝经历“文景之治”之后，社会经济得到恢复和发展，人民生活安定，国力也逐渐强盛，汉武帝时期更是达到汉王朝繁荣昌盛的顶峰。汉朝对丝织品的消费需求向来数量庞大、种类丰富，上至皇室贵族，下至平民百姓都极其追捧。结合两国国情来看，中国和罗马的经济水平不断提高，两国国民收入水平都达到一个较高的水平，从而两国的需求偏好具有一定的相似性，以丝绸为代表的奢侈品是其重叠需求的主要内容。基于中国先进的丝织技术，种类繁多的丝织品又不断地扩充着两国的重叠需要的商品，因此贸易便相应地不断扩大，两国之间的贸易关系也逐渐密切。当罗马帝国经历“三世纪危机”①，农村枯竭，城市衰落，内战连绵，帝国政府全面瘫痪时，中国的封建经济也因东汉灭亡后长期的混战分裂局面遭到严重破坏，尤其是北方地区。不管是陆上丝绸之路还是海上丝绸之路，尽管贸易之路并没有中断，但都因两国经济衰败、收入下降、需求减少而受到一定冲击。

二、古代丝织业的发展与国际贸易的分工

丝绸之路以“丝绸”命名的主要原因在于当时在这条商路上输出的物资中数量最多、最受欢迎的是以丝绸为代表的丝织品，这种质轻利高的商品为丝路贸易注入强大活力。中国是世界上最早发明养蚕种桑、缫丝纺织的国家，丝织业是中国最古老的传统手工业之一，丝绸之路贸易更离不开丝织业的支撑，古代中国正是以发达的丝织业为载体参与丝绸之路上国际贸易的分工，要素禀赋、规模经济、技术差距和运输成本等因素均对古代丝织业的繁荣与衰落产生重大影响。

1. 要素禀赋

中国的丝织业有着十分悠久的历史，种植养蚕业和丝织手工业传承和积累了自春秋战国以来的生产技术经验，在汉代已经达到较高水平，到唐朝更是处于世界领先地位。耕织并重的传统生产文化以及“劝课农桑”的政府支持，越来越多的劳动力参与到桑蚕丝织的行业中来。从出口方面来看，不管是桑蚕业还是丝织业，其要素禀赋所构成的优势既有自然资源优势，又有劳动力优势、资本优势和技术优势，这些优势乃是古代中国丝织品得以大量出口的重要基础。从进口方面来看，用大量华丽的丝质品从西域、欧洲乃至非洲地区所交换回来的是各种香料、珠宝和金属制品，这些异域的稀有产物恰恰来自于这些地区的要素禀赋优势产业。通过丝绸之路所进行的进出口贸易遵循了贸易发展的基本规律。

① 罗马帝国在235年（皇帝亚历山大·塞维鲁被杀）至284年（皇帝戴克里先即位）间受到三项同时发生的危机而衰落甚至接近崩溃的过程。这三个危机分别是：外敌入侵、内战及经济崩溃。在此期间，罗马帝国的组织、社会、日常生活乃至宗教均产生了根本的转变，包括承认基督教，因此该危机被视为古典时代前期和后期之间的分水岭。

2. 规模经济

在汉、唐两朝，丝绸之路贸易都处于繁荣兴盛时期，这是建立在丝织业的高度发展的基础之上的。也就是说，没有国内大规模的丝织业生产，丝路贸易是无法进行的。不管是官办还是民办，丝织业都聚集大量的人力、物力、财力和技术资源，形成较大的生产规模，生产效率也有所提高，因而中国的丝织品在国际市场上处于垄断地位。然而物极必反，大规模、大批量的生产对丝织业发展也造成重创，形成“规模不经济”的效应。从元朝开始，丝织业以及其他手工业的大部分生产都是为满足政治军事需要以及统治阶级消费之便，进入市场流通的产品只有很少的一部分，因而毫无经济利益可言；虽然从事丝织业的劳动者数量十分庞大，但大多都是以无偿奴役形式进行的官营生产，缺乏生产积极性。这种不计成本、违反社会经济规律的生产严重阻碍了丝织业的发展，使经济陷入入不敷出的境地。

造成丝织业萧条，尤其是严重影响北方丝织业发展的另一个重要原因则是中国古代经济中心的南移。① 唐朝安史之乱后，中国各地战火纷飞，为丝绸之路直接服务的北方地区经济大受打击，据史料记载，黄河流域的丝绸生产几乎陷于停顿。北方地区对自然资源的过度开发利用以及频繁的战乱，导致生态环境遭到破坏，人们迫于巨大的生存压力开始向南迁移。由于在封建经济的社会生产中，土地、工具等生产要素变化十分有限，劳动力数量的多少直接决定生产规模以及生产效率。人口南移导致北方地区丝织业劳动力大量流失，因而丧失因行业地理集中所带来的外部规模经济，同时统治阶级在南方定都也使得北方地区丝织品的消费需求急剧减少，丝织业发展也逐渐衰落；相反地，南方地区由于人口的迁入和政权南移，劳动力数量的增加促使丝织业形成新的产业集聚与分工，进而产生规模效应，社会经济也因此得到较快发展（如表9-1、表9-2所示）。

表9-1 南北人口布局变动

朝代 地区	西汉 元始二年 公元2年	唐 天宝元年 公元742年	北宋 崇宁元年 公元1102年 元丰三年 公元1080年
南方	12959975	20551532	25348258
北方	44711426	30421011	14878936
南方/全国	22.5%	40.3%	63%
北方/全国	77.5%	59.7%	37%

资料来源：梁方仲．中国历代户口、田地、田赋统计．第14页，第86页，第169页，第300页．

① 本节中划分南方、北方的标准是以长江、淮河、秦岭一线为分界线。

表9-2　北宋末年国家赋税统计丝绸匹帛数

丝绸品种 / 地区	绢（匹）	绸（匹）	丝棉（两）
北方	1084470	158463	2786533
南方	1809863	257854	6413357
南方/全国	62.5%	62%	69.7%

资料来源：梁方仲．中国历代户口、田地、田赋统计．第14页，第86页，第169页，第300页。

3. 技术差距

中国古代的丝织技术以绝对优势领先于其他国家或地区，丝绸之路贸易的开展也正是建立在这种技术差距之上的。随着精美的丝织品沿着丝绸之路运往西方，先进的丝织技术也不断地被西方所学习。东汉末年，养蚕缫丝之法传入西域于阗（今新疆省和田地区），后又传入欧洲，随之引起中亚和西亚的丝绸工业逐步兴起，意大利和法国也开始本国化的丝绸生产。这样一来，西方对于丝绸的需求随着技术差距的缩小也在逐渐减少，贸易也随之萧条。

4. 运输成本

从唐朝开始，海上贸易逐渐兴起。随着宋代经济重心南移，以及造船、航海技术的发展，海上贸易空前繁荣。海上运输较陆地运输来说有着通过能力强、运量大、运费低，以及对货物适应性强等优势，再加上新航道的开辟引起中西贸易商道的变化，传统陆上丝绸之路贸易因此受到冲击。从国家整体进出口的水平来看，海上贸易的兴起可以说是对丝绸之路贸易的衰败的一种弥补和替代，因此也有人称之为“海上丝绸之路”。但考虑运输成本这一因素的影响，海上贸易终究会超越古老的陆上丝绸之路贸易。

三、丝绸之路的兴衰与政府行为

古代丝绸之路以及丝路贸易发展从一开始就处于国家的直接控制和指导之下，因此，丝绸之路的兴衰与政府行为有着十分直接的联系。

1. 中国古代重商主义思想的体现

汉、唐两朝丝绸之路贸易的繁荣在很大程度上要归功于两朝政府的政策与经营，其中，唐朝更是中国封建王朝中经营西域和丝绸之路用力最勤、付出代价最大的朝代。首先，唐朝政府重视和鼓励发展农业、手工业和商业，使商品经济稳定而迅速地发展，这从根本上确保了能有更多的“剩余产品”可供出口；其次，对赋税制度、货币制度以及交通条件等一系列的优惠制度安排和措施为商业营造了良好的发展环境。例如，唐朝将古长安的市场分为东西两市，东市为国内贸易市场，西市为国际贸易市场。当时的西市不仅是唐朝社会发展、经贸繁荣和文化发达的重要窗口，也是丝路之源和国际贸易中心。在西市上交易的绝大多数商品“任其往来流通，自为交易，不得重加率税”①，实行的是低关税或“零关税”政策。同时还针对来华的各国商人制定和实行许多配套的优惠政策，如在丝绸之路沿途派兵镇守以确保商旅安全，对外商移居采取宽容和支持态度等。这些政策措施不仅提高了丝绸之路的贸易便利化程度，减低进出口贸易的交易成本，促进丝路贸易的繁荣，而且使大唐西市已经具有“自由贸易区”的雏形。值得一提的是，唐朝政府为稳定西北边疆所进行的艰苦斗争，更是确保丝绸之路这条贸易通道的畅通，为丝绸之路走向鼎盛奠定战略基础。通过唐朝政府这些优惠制度安排与措施，既可以看出其中的“重商主义”意味，更具有一定的自由贸易色彩。

重商主义产生和发展于16—17世纪欧洲封建制度瓦解与资本原始积累时期。重商主义贸易理论强调积累金银货币和对外贸易的重要性，认为财富的真正源泉是对外贸易，应在国家干预下进行对外贸易，鼓励出口并限制进口（尤其是奢侈品进口），维持贸易顺差。但中国古代的这种重商思想与西欧重商主义思想之间还是有所不同。如果单从政府干预这一方面来看，早在两汉时期的政府行为也体现出一定的重商主义思想。但这并不是推动丝绸之路贸易发展的主要动因，因为丝绸之路单作为一条交通通道来看，最初是作为一条政治军事要道而产生，其贸易通道性质是随着汉朝与西域的政治、军事交流加强而逐渐显露。即便在丝绸之路逐渐发展成熟之后，贸易也是排在政府对外进行遣使、通婚和朝贡之后所进行的。在唐朝，虽然通过丝绸之路进行的经济、文化交流更为频繁，内容更为丰富，但依然不能掩盖其背后“怀柔远人，弘扬国威”的政治色彩。这与西欧国家的“先经济再政治”的发展套路截然相反。另外，西欧重商主义者主张政府在发展对外贸易时扮演积极的、保护主义的角色，运用国家力量支持商业资本的发展，最好是由政府管制农业、商业和制造业；通过高关税率及其他贸易限制来保护国内市场，并利用殖民地为母国的制造业提供原料和市场。正如前文所述，唐朝政府对于商业的支持促进社会经济和丝路贸易的发展，这方面符合重商主义的政策主张。但是，唐朝对外贸易所取得的成果并非建立在贸易保护和贸易限制以及殖民地掠夺之上。相反地，唐朝有限度地实行“废关弛禁”的对外贸易政策，减少了对外贸易的关卡和限制；无论是官方“朝贡”与“回赐”还是民间互市，均非“零和博弈”，贸易双方均从中有所收益。因此，唐朝的对外贸易具有一定的自由贸易色彩。

2. 国际政治、经济地位与国家竞争优势

鸦片战争的爆发彻底改变了中国社会发展和对外贸易的历史进程，丝绸之路上平等、文明的对外贸易也不复存在。弱国无外交。同样，弱国也无外贸。主权的丧失使得对外贸易变成强取豪夺。国家之间的竞争不仅是政治、军事实力的竞争，更是经济实力的竞争。纵观整个丝绸之路兴衰的历史可以看出，丝绸之路贸易发展繁荣的时期，有着高水平发展的丝织业作为经济支撑，中国的国力强盛，在世界范围内处于发达领

---

① 《全唐文》，卷75，《太和八年疾愈德音》。

先的地位；而当不同的时代原因阻碍了丝织业的发展时，丝路贸易也因此出现停滞，国家的经济和政治也陷入不同程度的困境。由此可以看出，发达的丝织业在影响着丝路贸易的繁荣，同时也影响着中国国力的强盛；反之亦然。

在一国的众多行业中，最有可能在国际竞争中取胜的是国内“四因素环境”特别有利的那些行业。以唐朝丝绸之路鼎盛时期的丝织业为例，在生产要素方面，无论是资源、技术还是劳动力要素，都处于一个十分充裕的状态；在需求状况方面，国内外市场都对中国丝绸以及其他丝织品有着强烈的需求；在相关产业方面，农业、桑蚕业、商业等产业也很突出；在企业战略组织方面，丝路贸易离不开唐朝官营和民营的丝织机构与工场的大规模生产。因而唐朝有着特别突出的国家竞争优势，唐朝的政治、经济实力的强大也令世界各国叹服。反观明清时期，在这四个方面也有些许优势，但却不能与唐朝的繁盛同日而语，其国家竞争优势大大丧失，国际地位也因内部战争和外敌入侵而不断下降。随着世界范围内政治和经济格局的变化，古老的丝路贸易已经不再持续拥有往日的辉煌，而是逐渐衰落于历史洪流之中。

四、丝绸之路贸易的发展历程与经济周期的变动

将丝绸之路贸易发展与我国封建社会的历史更迭相对照，2500 多年的丝绸之路贸易史本身就包含着若干经济周期。

第一，从宏观层面来看，最明显的表现是政治性经济周期。通过对丝绸之路贸易历史的分析可以看出，整个丝绸之路经济贸易的发展兴衰同我国封建时期政治、经济周期是一致的。当时代趋于和平时，丝路贸易显现和趋强；当统治强盛时，贸易也随之繁荣；当统治没落时，贸易逐渐消亡。改朝换代和战争的起始，都在很大程度上影响着各个时代的思想和制度的变革。在这样的政治因素变化影响之下，丝绸之路的发展顺应着封建社会的经济兴衰潮流，进而丝路贸易的发展也嵌入各朝代所存在的经济周期之中。

第二，从微观层面来看，创新经济周期性理论在丝绸之路的兴衰中也有所体现。奥地利经济学家 J. 熊波特在《经济发展理论》一书中提出“创新经济周期性理论”，他把周期性的原因归之为科学技术的创新，而科学技术的创新不可能始终如一地持续不断的出现，从而必然有经济的周期性波动。丝路贸易是以中国古代手工业，尤其是丝织业为基础而发展壮大的，古代劳动人民在纺织技术上的创新与突破，直接会影响到丝路贸易的规模与发展程度。反之，没有了技术上的支持，丝路贸易便丧失活力。

9.5 陆海丝绸之路的发展比较

一、引言

从古至今，中国一直拥有广袤的疆域，西部与哈萨克斯坦、吉尔吉斯斯坦等中亚国家相邻，北部与蒙古国、俄罗斯接壤，南部毗邻印度、缅甸等国。面海靠陆的地理环境使得中国成为一个海陆兼备的国家。但是，有史以来，中国就一直不曾是一个海洋大国，而更多地以一个陆地国家的形象出现在世界舞台上。造成这一现象有其深刻的历史原因。

首先，从国内环境来看，中国是一个多民族国家，从春秋战国时期开始便陷入群雄割据的局面。各个民族和国家重视对陆域领土的争夺，因领土问题而产生的冲突时有发生。即使到秦始皇统一中国后，地方性的土地纷争依然存在。其次，统治者和百姓的思想比较保守。与处于地中海沿岸的国家相比，中国的历代封建王朝都采取闭关自守的政策，保守的心态使中国人忽视对海洋的探索。最后，在近代以前中国沿海地区遭受到的外来侵略比较多，因而统治者主要将精力放在发展陆域经济上。

这种重陆地轻海洋的思想对我国古代对外贸易方式的发展产生深刻影响。对二者的历史情况进行对比能够发现，在明朝以前无论是在经济贸易上还是在文化交流上，陆上丝绸之路都扮演着主要角色。在明朝以后，海上丝绸之路的发展有大幅度提升，其在对外贸易中的作用也变得越来越重要。导致这种发展差异的重要原因之一就是明清以来海上运输业逐渐兴起，海外贸易增加。到近现代，中国的贸易伙伴构成发生巨大变化，贸易对象已经遍布整个世界范围，这是陆上丝绸之路所无法企及的，海上丝绸之路进一步发展。

从整个历史发展过程来看，海上丝绸之路和陆上丝绸之路是中国古代对外贸易发展的两条主线，从古代一直延续到现在，为现代对外贸易的繁荣奠定了重要基础。在历史浪潮的冲击下，两条丝绸之路的发展遭遇不同境遇，海上丝绸之路在经济全球化趋势下机遇良好，但在新的经济环境下，也需要探索其未来可持续发展的道路。而对陆上丝绸之路而言，由于现代贸易方式、贸易范围的变革，其正在相对衰落，但丝绸之路经济带发展框架的提出，无疑是重新繁荣陆上丝绸之路的大好机会，当然亦面临诸多挑战。在发展丝绸之路经济带的过程中可以有针对性地借鉴海上丝绸之路的发展经验，争取实现新的发展。

二、两条丝绸之路的历史概况

两条丝绸之路的发展主要经历了四个时期。海上贸易线路从秦汉时期初显雏形，然后经过隋唐大发展，到元明时期达到极点，清朝年间又走向衰落。陆上贸易线路也是这种发展趋势，秦汉开辟线路，隋唐达到顶峰，元明以后急转直下，到清朝及往后彻底衰落（如表9－3所示）。

表9－3　两条丝绸之路的发展概况比较

时间	海上丝绸之路	丝绸之路经济带/陆上丝绸之路
秦汉时期	岭南地区到海外换取军需物资	张骞出使西域开辟贸易线路
隋唐时期	南方经济发展，对外贸易发展	对外政策开放，极其繁荣
宋元明时期	资本主义萌芽，逐步发展到顶峰	战乱、生态恶化、北方经济衰退，逐渐没落
清朝年间	闭关锁国，阻碍发展	不被重视，彻底衰落
近代	中国—东盟自由贸易区（ACFTA）平台	上海合作组织（SCO）平台

1. *海上丝绸之路的发展历程*

长期以来，人们一直将海上丝绸之路视为陆上丝绸之路的延伸，但有关史料记载和考古发现，海上丝绸之路的形成比陆上丝绸之路要早约100年时间。

在秦代，当时岭南地区军备资源匮乏，出于战争需要，就开始发展与海外国家的贸易往来，当地统治集团用百姓生产的丝绸和外国交换战争需要的物品，成为历史上海上丝绸之路的开端。到两汉时期，海外贸易得到进一步发展，这在一定程度上深受汉武帝的影响，他在平定岭南后下令发展海外贸易，极大地刺激了海上丝绸之路的发展。当时的贸易范围已经触及现在的斯里兰卡、印度、伊朗等东南亚、南亚以及西亚等国家，往北则与朝鲜和日本有贸易往来。至东汉年间，中国海外贸易的范围扩展到现在的北非—地中海沿岸，无论是海上航程距离还是运载量都有大幅度提升。

决定这一贸易线路最终形成的时间是在三国时期，而这又得归功于吴国皇帝。当时吴国的地域范围主要覆盖现在的江浙沿海地区，为其发展海上贸易提供了得天独厚的条件。正是利用这一先天优势，吴国积极与海外各国发展贸易关系，加快海上丝绸之路的形成，之后这一海上航线获得迅速发展。

在唐朝前期，官方和民间通过陆上丝绸之路与西域各国之间的经济文化交流依然比较频繁。但是伴随着唐朝中后期南方手工制造业的兴盛，国家的经济中心由北往南逐渐转移，南方一些重要城市如广州、泉州开辟海上航线，积极与海外进行商业往来。宋朝对海外贸易的支持投入比较大的力度，通过在广州、福建、浙江、江苏等地的沿海城市设立专门管理海外贸易的机构来促进和规范海外贸易的发展。在政府政策的导向下，当时的泉州成为世界上最大的贸易口岸，也是海上丝绸之路的出发点。

到元朝和明朝年间，海上丝绸之路的发展达到顶峰，主要表现在与明朝有海上贸易往来的国家和地区数量达到62个，而且涉及的贸易物品种类有数百种之多。有学者对明朝时期的海外贸易额进行估算，以当时的白银为计量单位，总共约超过5亿两的白银从世界各国流入中国。如此庞大的数字背后正是繁荣的海外贸易支撑。

但是经过鼎盛时期之后，海上丝绸之路的发展受到制约。朱元璋颁布的禁海令一度使明朝的民间海外贸易中断200年之久。在满清入关后，鉴于当时的国家环境和出于维护统治的需要，清政府采取闭关锁国的策略，只允许开放少数口岸进行通商，海外贸易逐渐衰落。

可见，中国海上丝绸之路的发展主要经历五个阶段，秦汉时期开始萌芽，三国两晋时期是其形成的关键阶段，唐宋时期获得高速发展，元明年间发展到顶峰，清朝到近代渐趋衰落。

在海上丝绸之路上，东南亚地区一直是重要枢纽以及东西方海上贸易重要的商品来源和消费市场。中国的商船经过东南亚的吕宋（今菲律宾）、马来亚诸岛、苏门答腊、婆罗洲、爪哇、柬埔寨，到达更远的地方，这些国家的对外开放政策对“海上丝绸之路”的畅通和繁荣起到重要作用。

海上丝绸之路的绵延使中国与东南亚国家之间贸易往来源远流长。在当今全球化日益凸显的时代，中国和东南亚国家经济更是相互依赖，蓬勃发展。2002年11月，中国与东盟签署了《全面经济合作框架协议》，正式启动自贸区的建设进程。2004年1月，中国与东盟之间开始实施“早期收获计划”，对500多种产品实行降税，最终降为零。2005年7月，全面实行货物贸易的降税，共涉及7000多个品种，自贸区建设进入实质降税阶段。2009年8月，中国与东盟签署《投资协议》，标志双方成功完成自贸区协议的主要谈判。2010年1月1日，中国—东盟自由贸易区（ACFTA）全面启动。

2. 陆上丝绸之路的发展历程

陆上丝绸之路贯穿亚洲和欧洲，是古代中国与西域各国乃至欧洲国家进行贸易的重要通道。纵观陆上丝绸之路的发展轨迹，可以将其分为以下四个阶段：第一阶段是两汉时期初步形成；第二阶段是隋唐时期达到鼎盛；第三阶段是宋元时期逐步衰落；第四阶段是明清时期彻底没落。

从陆上丝绸之路的起源来看，可以追溯到2000多年前的西汉初期，甚至更早。当时汉武帝刘彻出于战事考虑，任命张骞为使者前往联系西域诸国攻击匈奴。在被俘以及逃脱西行后，张骞回到长安，并开辟通往中西亚的通道。之后越来越多的商人通过丝绸之路到中亚和欧洲进行贸易，虽然匈奴一度中断这一贸易要道，但是东汉时期班超率军征服中亚，使被阻断的丝绸之路重新畅通。

唐朝是中国古代发展的顶峰，而且与西域各国之间的交流也很密切。因此，唐朝统治者对陆上丝绸之路极其重视，并通过军事手段再次打通被阻断的贸易通道。这一时期的丝绸之路不仅恢复其原来商贸往来频繁的景象，而且又增加许多分支路线。美国加利福尼亚大学教授、著名汉学家爱德华·谢弗在其著作《唐代的外来文明》中写道，“在唐朝统治的万花筒般的三个世纪中，几乎亚洲的每一个国家都有人曾经进入过唐朝这片神奇的土地……在长安城的外来居民数量相当大，有许多大食人、波斯人、天竺人”，“7 世纪（中国）是一个崇尚外来物品的时代，当时追求各种各样的外国奢侈品和奇珍异宝的风气开始从宫廷中传播开来，从而广泛地流行于一般的城市居民阶层之中”。① 这些描述都反映了当时丝绸之路的开辟促进唐朝经济文化的繁荣。

但是自晚唐以后，长期的战乱严重破坏丝绸之路沿线的自然环境，而且统治阶层为剥削商人，在商道上层层设卡，这使得丝绸之路承载的贸易功能下降。到蒙古人统治时期，陆上贸易通道上的人群已经主要是僧侣和学者了。

明清时期，陆上丝绸之路沿线商队往来的景象已经不复存在，自然环境也发生了巨大的变化，陆上丝绸之路就此衰落。

到近代，2001 年，中国、俄罗斯、哈萨克斯坦、吉尔吉斯斯坦、塔吉克斯坦和乌兹别克斯坦 6 个国家组成上海合作组织（SCO），另有蒙古国、伊朗、巴基斯坦、印度和阿富汗 5 个观察员国。上海合作组织的宗旨是加强各成员国之间的相互信任与睦邻友好，鼓励各成员国在政治、经贸、科技、文化、教育、能源、交通、环保及其他领域的有效合作。共同致力于维护和保障地区的和平、安全与稳定，同时建立民主、公正、合理的国际政治经济新秩序。上海合作组织的运作正有效促进古老陆上丝绸之路的复兴。

三、两条丝绸之路的历史发展比较

通过对两条贸易线路发展脉络的梳理，可以看到两者发展路径既有相似之处，也存在着一定的差别。

1. 海上丝绸之路与丝绸之路经济带发展的共同点

（1）兴起时间大致相同

两条贸易线路产生于同一个时期。对于这一时期海上丝绸之路和陆上丝绸之路兴起的原因主要有两方面：

第一是国内环境，在秦朝建立以前，中国社会经历约长达 550 年的春秋战国时期，这一时期的典型特征就是群雄割据，战乱不断。在国内经济社会尚未得到统一的情况下，无法为对外贸易的发展提供稳定、可靠的环境。

第二是生产力水平的变化，在春秋战国之前的商周时期，政治统治稳定，但是与其他国家之间的交易却没有在这一时期兴起。重要原因在于，商周时期的生产力水平只能满足百姓自己的需求，而没有多余的物质来开展贸易活动；而到了秦汉时期，生产力水平相比于商周时期取得突破性的进展，生产工艺的改进提高了生产效率，使得人们可以积累物质与他人进行交换。

---

① 爱德华·谢弗．唐代的外来文明［M］．西安：陕西师范大学出版社，2005.

（2）两条丝绸之路的辐射范围都很大

从历史上看，两条贸易路线都经过很多国家，这使得它们都具有广泛的辐射范围，能够对沿线地区经济发展起到带动作用。现代海上贸易线路主要是面向东南亚国家铺就的。东南亚地区岛国密布，目前运行的东盟自贸区涵盖的国家有 11 个，但是这一贸易线路的影响范围绝不仅限于此。陆上线路形成的经济带同样具有很强的影响力，通过与东亚、西亚以及南亚国家的连通，该经济带能够直接对这一区域内的国家间的贸易产生影响，同时对于附近的欧洲东部和南部来说，它们也会接收到来自这一贸易经济带的辐射效应。

（3）两条丝绸之路对经济发展的作用一致

按照现代经济理论，与他国进行贸易往来是促进国家经济增长的三大驱动力之一。同样，在古代社会，通过两条丝绸之路发展的对外贸易对国家经济增长也产生了强大驱动作用。按照相关资料计算，唐朝前期陆上丝绸之路在绢的贸易量上达到 460 万匹至 1100 万匹之间，甚至超过一年收取绢税的收入。如此大的贸易额直接拉动唐朝手工业和其他相关产业的发展，为唐朝经济的增长提供强有力的源泉。从 16 世纪中期到 19 世纪初期，中国出口量一直远超进口量，巨大的顺差额使世界范围内的白银纷纷流入中国。相关资料显示，明朝时期对外输出的物产种类达到 236 种之多，贸易总额达到白银 4 亿两，中国的贸易成就在世界贸易史上堪称一个奇迹。到近代，中国与东南亚国家联盟之间开辟的海上贸易线路对双方的经济发展产生推动作用。2009 年至 2013 年，中国与东盟国家之间双边贸易额逐步上升，复合年均增长率达到 21%。相比于 1991 年双方之间仅有的 84 亿美元贸易额，经过 22 年的发展，这一数值增长近 53 倍（如图 9－1 所示）。

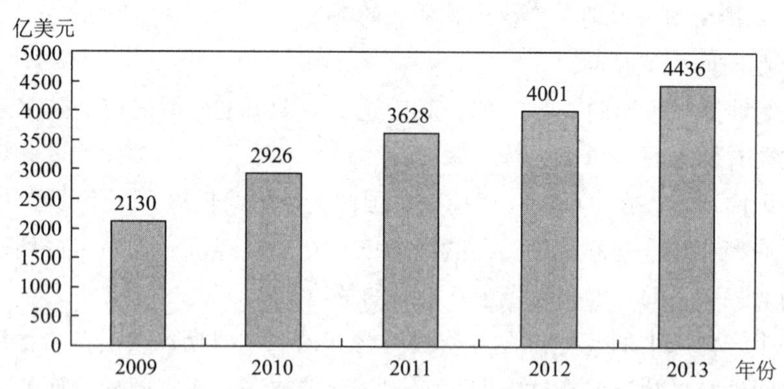

图 9－1　2009—2013 年中国—东盟贸易额增长

资料来源：中华人民共和国商务部。

在陆上丝绸之路的贸易情况方面，根据商务部的统计资料，2012 年这一线路的贸易额为 5495 亿美元，大约是中国全部外贸总量的 14%。同时，中国与中亚五国间的贸易也取得很大的发展成就。1992 年，中国与中亚五国的双边贸易额仅有 4.6 亿美元左右；到 2012 年，这一数值达到 460 亿美元，增长幅度为 100 倍。同时从 2008 年到 2012 年，双方之间的贸易总量也上升 49%左右（如图 9－2 所示）。

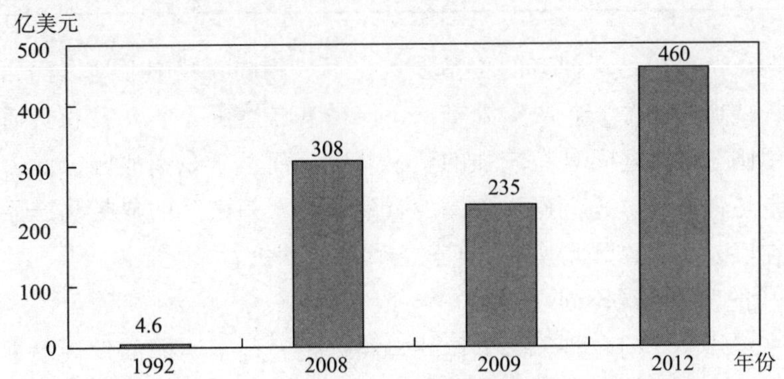

图 9－2 1992—2012 年中国与中亚五国的年贸易额增长情况

资料来源：中华人民共和国商务部。

总体来看，两条贸易线路都对贸易参与方的经济发展产生重要作用。

（4）统治阶层对两者的发展有重大影响

海上丝绸之路和陆上丝绸之路在历史上都有快速发展的时期，两者都集中在唐朝，这与当时特殊的政治经济环境有很大关系。自有史料记载开始，唐朝是经济文化最为繁荣的朝代，有历史上著名的“贞观之治”和“开元盛世”；同时，唐朝也是具有高度开放性和包容性的朝代。这些因素为唐朝时期对外贸易的快速发展提供了肥沃的土壤。特别是唐太宗李世民统治时期实行开放的对外政策，重视与西域各国的邦交，对外国人持积极欢迎的态度，从而吸引诸如吐蕃、大食、天竺等国家的商旅文化人士来唐朝参观学习，这为陆上丝绸之路的快速崛起提供了有利条件。在海上丝绸之路的发展方面，唐朝统治者也是根据国内经济形势的变化对海上贸易航线的开辟给予支持。唐朝后期，一方面陆上丝绸之路沿线生态环境恶化，给正常的通商造成一定阻碍；另一方面北方经济实力逐渐被南方超越，南方手工制造业的发展亟待开辟海外市场，于是统治者在东南沿海设立多个港口，有力地促进了海上丝绸之路的发展。而相比之下，明清时期统治者采取的海禁政策则大大限制了海外贸易的发展。

2. 海上丝绸之路与丝绸之路经济带发展的不同点

（1）发展条件不同

两条贸易线路所处区域的不同特征决定其差异化的发展条件。在人口规模上，陆上经济带远远超过东盟自贸区，这给两者带来不同的市场潜力。另外，在国家数量和地区 GDP 上，陆上经济带也具有明显的优势（如表 9－4 所示）。

表9-4　东盟自贸区与陆上经济带概况比较

	东盟自贸区	陆上经济带
人口规模（亿人）	19	30
地区 GDP（亿元）	6	10

此外，两条贸易线路所拥有的贸易强点也不尽相同。就中亚地区而言，历史上地质活动频繁，使得其能源、矿产资源丰富，但是其自然资源的开发和交通建设比较落后，这使得中国与中亚之间具有较强的贸易基础。而对于东南亚国家而言，它们拥有的贸易强点是热带物产。凭借得天独厚的自然条件，东南亚的热带物产品质很高，而中国对此存在巨大需求，因此其提供了双方贸易的动机。

（2）近代的发展状况不同

近代以来，陆上丝绸之路和海上丝绸之路分别经历了不同的发展境遇。“鸦片战争”以后，中国被西方国家侵略，成为他们主要的商品和资本输出地，大量的货物通过海路运输方式进入中国，这在客观上加快了沿海港口的建设。随着改革开放和加入世界贸易组织，中国的贸易伙伴遍布全球，海运方式运输量大，而且成本低，已经成为各国之间货物贸易往来的首选。在全球贸易增长的刺激下，海上丝绸之路开始复兴，并开始在国际贸易中起到越来越重要的作用。

陆上丝绸之路的发展状况则没有那么乐观。由于地理环境的影响，陆上丝绸之路的交通很不便利，这与现代国际贸易所追求的高效性、便捷性不相一致，另外，通过陆上丝绸之路进行贸易的国家数量较少，贸易量也有限。于是先天的不足和后天的缺陷使得陆上丝绸之路一直处于萧条状态。

（3）经济发展模式及发展进程上不一致

这两条贸易线路在具体贸易模式的选择上也存在差别。就海上贸易线路来看，当前的发展模式主要是东盟自由贸易区。中国和东盟间的对话伙伴关系形成于20世纪90年代初，之后双方一直致力于发展双边贸易；1998年东南亚金融风暴后，双方加深贸易合作的共识，并从2001年开始探讨建立自由贸易区；到2010年，东盟自由贸易区正式形成，双方对于取消关税、建立争议调解机制都有明确共识，因此发展进程较快。相比之下，陆上贸易线路主要采取建立经济带的模式，不过有关各方都并不明确具体的发展方式，国家间的贸易也没有形成统一有序的规则，在协调各方的努力上投入不够，这些均导致其发展进程缓慢。

四、对未来建设的思考

对比两条贸易线路的历史，可以给海上丝绸之路实现持续发展带来启示，并为建设丝绸之路经济带提供借鉴经验。

当前，中国在海上丝绸之路的发展上已取得显著成果，其中以中国和东盟之间的合作发展最具有代表性，其主要经验包括，双方对很多问题都达成共识，积极消除市场壁垒，进行产品生产的有序分工，始终坚持独立自主、和睦共信，由此取得卓越的发展成效。继承并发扬中国—东盟合作模式成为海陆丝绸之路共同的发展选择。

然而，对于海上丝绸之路的向外延伸，依然存在很多不确定因素，因此仍需慎重应对：

（1）确保海上交通运输的安全通畅

当今时代的海上运输，与600年前郑和下西洋有着本质区别。不仅海上运输数量大，船只多且频率高，在安全保障方面也面临着越来越多的困难和挑战。研究和探讨21世纪海上丝绸之路，不能不涉及海上航道和重要海峡等通道的安全保障问题。主要应对措施包括：一是利用协议的方式，利益国参与所在国海峡管理和航道维护；二是为应对海峡被封锁，考虑绕道航行，准备第二和第三套备用方案；三是关于开凿泰国境内的克拉运河计划。在海上贸易日益重要的今天，确保海上交通运输安全已经成为沿海国发展经济、对外交流不可或缺的头等大事，在一国无法应对的情况下，国家间的相互配合和协调显得尤为重要。

此外，还需充分发挥联合国的作用和国际海事组织（IMO）业务指导的功能。首先，必须建立有关海上运输安全信息的互相通报制度；其次，通过培训等途径加强对沿海国海上运输的安全指导，最大限度地避免发生人为海运事故；最后，根据就近原则，通过各国协调和协商采用分区划块的方式，负责海难事故的救助和救援。

（2）要为海上丝绸之路的持续发展创造稳定的国内环境

历史上，丝绸之路的兴起得益于国家的统一，而其衰落则是国家分裂的结果。国家团结稳定才能为丝绸之路的发展保驾护航。对于创造稳定的国内环境可以从以下几点入手：

第一，坚决维护国家统一和民族团结。国内的分裂势力和破坏民族团结的不安定因素是营造稳定的国内环境的主要障碍。对此，国家应该增加投入力度，坚决打击这些分裂势力，为创造稳定的国内环境扫清障碍，提供稳定的政治环境。

第二，加快国内经济的发展。国家要进一步建设和完善社会主义市场经济，充分利用市场机制来实现资源的有效分配；同时政府也需要适当地加强宏观调控，规范企业的市场行为。只有“两只手”共同发挥作用，相互协调，才能为海上丝绸之路的发展提供稳定的经济环境。

第三，提高企业和社会民众对海上丝绸之路的关注度，赢得社会支持，从而为其振兴创造活跃的文化舆论环境。

（3）提供政策支持

古丝绸之路的开辟和繁荣深受当时统治者的影响，如汉武帝为战事遣使前往西域，从而打通与西域各国之间交流的渠道；唐太宗采取开放的对外政策，鼓励中西之间的贸易往来，实现丝绸之路的繁荣等。因而在新时期，海上丝绸之路的发展，同样需要国家为其提供政策支持。这些政策应该涵盖政治、经济、文化等多个方面。在政治政策方面，应该出台大力发展海上丝绸之路的纲领性文件，为海上丝绸之路的发展指明方向，提供总体的发展思路；在经济政策方面，可以加大港口建设的资金投入，给予从事对外贸易的企业财政补贴和税收优惠等；在文化政策方面，国家应该积极宣扬核心价值观，引导企业树立正确的国际贸易观念。

（4）积极建立和完善相关制度

在发展海上丝绸之路过程中，各个国家会出于维护自身利益的需要，对中国的贸易产品进行限制，甚至引发争端。在这种情况下，需要国家制定适合的制度，努力维护企业利益，减少对中国企业的冲击。这些制度也可以引导企业在出现纠纷后，能够灵活作出应对。

（5）提高企业自身实力

对中国企业而言，要想在国际贸易中获得竞争性优势，就得不断创新，提高产品的附加值，为自己在双边贸易中赢得主动权。同时要积极学习和掌握有关国际贸易的理论和规则，从而能够有效应对贸易过程中出现的各种问题，积极维护自身利益。

总之，在大力发展海上丝绸之路的同时，也为陆上丝绸之路的复兴提供值得借鉴的地方。2013 年，习近平主席在哈萨克斯坦访问时提出丝绸之路经济带的概念，目的是在古代陆上贸易线路的基础上打造一个经济区域。在这一地区，自然资源的储量十分丰富，其他具有民族特色的产品种类也很多，这为双边贸易的开展提供了基础。由此，在丝绸之路经济带的发展过程中需要国家制定配套措施，出台鼓励性的政策，同时在发展中需要注意对自然生态环境的保护，从而实现可持续发展。

纵观古今，海上丝绸之路和陆上丝绸之路由兴盛走向衰落，又走向重启和被重视。当前，中国与东盟之间的海上丝绸之路发展程度日益成熟，已成为双边贸易的重要渠道；中国与中亚及俄罗斯等国家的陆上丝绸之路经贸合作近年也因为上海合作组织等平台推动而走上新台阶。面对新的发展曙光，我们必须把握机遇，迎接挑战，拓展海陆两条丝绸之路，促进国际贸易的进一步发展，使中国真正从贸易大国跨越到贸易强国。

9.6　新加坡协同转型机制的创新与发展

在第三次工业革命兴起之际，实现经济、社会、人口与自然环境的协同发展，是欠发达地区面临的重大理论与现实课题，新加坡作为城市型新兴经济体，积累起诸多可资借鉴的实践经验。从国内学界的研究来看，改革开放后，新加坡这一国际性华人社区的创新和发展日益受到关注，从早期着重探究其对外经贸和工业政策、发展模式、城市规划、廉政体系，到近来聚焦教育、公共住房、环境等公共治理主题和创新型城市建设等，不同角度的例证分析和比较研究取得较大进展。然而，不容觑视的是，新加坡在系统层面渐趋成型的发展机制主导城市走向演进升级，这往往为局部分析所忽视，但却是各国展开顶层设计、实现系统协调最值得借鉴参考的领域。

一、新加坡“经济—社会双平台互促型”协同转型机制

新加坡历史上一直是马来亚地区的自由中转港，在20世纪60年代中期独立时，因与周边国家关系恶化以及英国驻军撤离，面临严重的失业和住房困难。在本国资源匮乏、缺乏生存发展空间的形势下，新加坡通过创建高效廉洁的政府，并由其主导，引入外部资源，面向世界市场，促进经济与社会协同发展，构建起政府主导的外向型自由市场经济。独立以来，这一模式使新加坡取得显著的发展成绩。

20世纪末，在东亚环境深刻变革的形势下，新加坡抓住机遇，依托原有经济模式，创新形成“经济—社会双平台互促型”协同转型机制，其核心构成包括：

第一，平台分工与内生联结。新一轮科技革命兴起背景下，生产制造对知识、技术及其创新的要求不断提高，生产制造领域分工细化，产生对生产性服务、流通性服务及其专业化的强大需求。当创新变得日益重要，进一步产生开发创新主体——人的心智的需求，即需要提供相应的社会与个人服务。由此，新加坡构建以生产制造和生产性、流通性服务为主体的经济发展平台，以社会与个人服务为主体的社会发展平台；在知识科技日趋重要的形势下，经济发展平台对社会发展平台产生强大需求，社会发展平台的构建也需要经济发展为其提供雄厚物质基础；在自然环境压力不断攀升过程中，两大平台又与环境可持续发展形成强劲的相互需求。平台分工与内生联结成为新加坡可持续发展的基本理念①（如图9－3所示）。

① 新加坡国家发展部. Master Plan 2008［EB/OL］. http：//www. ura. gov. sg/MP2008.

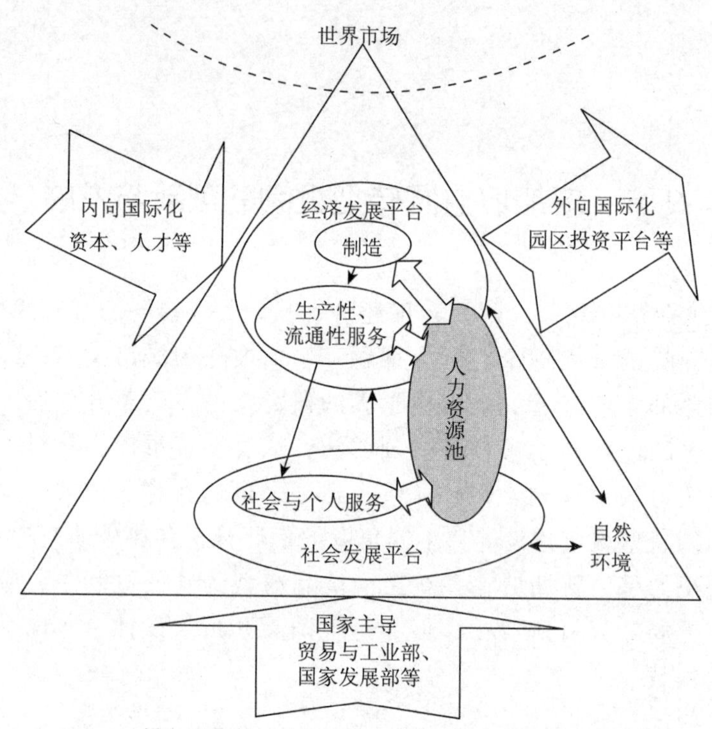

图9-3 新加坡“经济—社会双平台互促型”协同转型机制

第二，人力资源池的核心联结机制。经济发展平台的构建与升级，最为核心的是需要高技能人力资源的供给，社会发展平台运行的关键是产出满足经济发展平台需要的人力资源；高技能人力资源的培育不仅需要教育、卫生等社会服务供给，更需要直接参与经济活动以建构可供应用的知识、经验与技能。由此，人力资源池需要在两大平台互动过程中逐步累积，其产出的高技能人力资源对两大平台形成与发展提供强大支撑，人力资源池的开发与运作成为平台联结和实现可持续发展的核心纽带。

第三，内向与外向国际化的重要作用。依靠自身累积的技术升级往往耗时漫长，对于小型经济体而言，新加坡在生产条件、人才储备等均存在不足的前提下，一方面，通过将高科技外资企业、特别是高科技制造企业引入国内的内向国际化，助推本国先进制造业及其人力资源的培育；由于先进制造业对研发、专业服务等生产性服务产生需求，内向国际化有助于促进本国先进服务业的衍生。另一方面，新加坡通过在马来西亚、印度尼西亚、中国、印度、越南等投资建设园区平台，带动本地企业走外向国际化道路，一是舒缓本地产业集聚的空间压力；二是促使与其相关联的总部服务、高端物流等先进服务业在本地聚集。内向与外向国际化使两大平台协同促进产业和人力资源池升级成为可能。

第四，创新国家主导作用。在优势决定地位的市场原则下，资源匮乏的新加坡难以依靠市场自发力量实现转型与发展；再加上大量依靠外部资源且其利益取向千差万别，新加坡主要依靠强势国家的主导作用，协调各方因素，以服务于本国利益。在发挥国家主导作用过程中，新加坡通过公共治理创新以适合市场机制需要，主要包括：①贸易与工业部的经济发展局等构建起内向国际化、外向国际化与国内产业发展和人力资源培育导向之间的联结机制；②国家发展部通过组屋建设、城市空间布局等，构建起涵盖住房、教育、医疗、交通等社会与个人服务的综合性、规模化供给平台，实现自然社会环境与人力资源池培育之间的联结；③由于强制储蓄源自市场机制下居民的收入，社会发展资金主要提供社会与个人服务以培育人力资源，继而满足市场发展需要，新加坡的中央公积金制度通过运作居民的强制储蓄以作为社会发展资金，构建起市场机制与社会发展之间的分配机制与渠道；④严厉的法治，保障政府治理、市场机制及社会关系等在有序的基础上走向良性互动。

第五，适应东亚分工形势变化而走向建构。作为小型城市经济体，新加坡新型发展机制难以仅靠自身力量建立，面对20世纪末以来东亚经济形势的变迁带来的有利环境与条件，新加坡积极作为，包括大量吸纳外资，成为国际资本运营基地和国际资金融通平台；所引入外资构建起面向出口的生产体系，并使新加坡成为面向东亚的投资基地；通过发挥贸易航运中心优势，扩张自主贸易和中转贸易，新加坡成为与中国强化联系的中间产品产出与中转基地，参与并构成东亚产品内分工网络重要组成部分。正是在积极参与并融入东亚区域分工的过程中，新加坡不断促进产业集聚重构，建构内部机制，实现自身发展。

二、城市产业演进

在积极参与东亚区域分工、建构新型发展机制过程中，新加坡的产业集聚格局相应变迁，不仅制造业走向升级，而且以商务服务为代表的生产性服务业取代制造业，在主导城市经济发展中占据首要地位。

新型发展机制的作用显著表现在制造业领域。21世纪以来，经济发展局在促进投资过程中，取得的固定资产投资承诺主要分布在制造业，2008年占总量的90.8%，2011年为82.1%。① 其中，投资主要流向电子、化学、生物医药、精密工程、交通工程等高科技制造业。较为成功的海外园区建设，为新加坡企业向东亚地区拓展、吸引跨国公司投资东道国提供重要平台，也为本国向高端生产与服务环节演进创造动力。由于制造业升级对附加生产性服务等需求，新加坡主要从总部与专业服务、工程与环境、信息通信与媒体、物流、教育、卫生等领域加强外资引入，2002年，涉及的总商务支出承诺21亿新加坡元，2011年增至86亿新加坡元，其中，总部与专业服务占比最高，为29.1%。②

投资导向调整与服务支撑，使新加坡制造业持续升级。2000—2012年，制造业四

① Department of Statistics Singapore. Yearbook of Statistics Singapore（2006—2013）［EB/OL］. http：//www. singstat. gov. sg.

② 新加坡经济发展局. EDB Annual Report（2002—2012）［EB/OL］. http：//www. edb. gov. sg/.

个主要部门吸纳就业年均仅增长0.9%，由16.5万人增加至2012年的18.3万人；但产值比重由2000年占制造业总产值的67.4%升至2012年的69.4%。其中，知识技术密集型的医药与生物制品业2012年仅占制造业总就业的1.4%，但创造产值由2000年的7.7%升至2012年的22.3%，年均增速达13.3%；机械设备、化学及化工产品产值均有不同程度的上升，年均增长都超过制造业整体水平。最大的制造部门计算机、电子与光学仪器业，吸纳就业逐步萎缩，2012年产值也与2000年持平，虽然仍在就业和产值比重中占据主导，但地位显著下降，由2000年产值占制造业的46.6%降至2012年的28.9%，新加坡正继续从资本技术密集型制造业向知识技术密集型制造业转型升级（如表9-5所示）。

表9-5 2000—2012年新加坡制造业产值与就业主要构成

	就业数（千人）			年均增长（%）	产值（亿新加坡元）			年均增长（%）
	2000年	2006年	2012年		2000年	2006年	2012年	
计算机、电子与光学仪器	111	103	92	-1.6	182	186	174	0.0
医药与生物制品	2	4	6	9.6	30	115	134	13.3
机械设备	37	50	67	5.1	26	40	69	8.5
化学及化工产品	15	16	18	1.5	25	39	41	4.2
合计	165	173	183	0.9	263	380	418	3.9
制造业	345	382	418	1.6	390	541	602	3.7
	就业占制造业比重（%）				产值占制造业比重（%）			
计算机、电子与光学仪器	32.2	27.1	22.0		46.6	34.3	28.9	
医药与生物制品	0.6	1.0	1.4		7.7	21.3	22.3	
机械设备	10.8	13.1	16.0		6.7	7.3	11.5	
化学及化工产品	4.4	4.1	4.3		6.5	7.3	6.8	
合计	48.0	45.3	43.8		67.4	70.2	69.4	
制造业	100	100	100		100	100	100	

资料来源：Yearbook of Statistics Singapore 2006—2013.

在先进制造进驻相对落后生产输出过程中，由商务服务引领的生产性服务业取代制造业，成为第一大产值部门。2000—2012年，新加坡商务服务业产值以年均9%的增速和批发零售一起并列细分行业之首，2012年创造产值472亿新加坡元，为第一大生产性服务部门。社会与个人服务和流通性服务也分别以年均7.2%和6.9%实现较快增长，产值比重分别增至GDP的12.7%和23.2%。制造业作为2000年占GDP 25%的最大产值部门，到2012年已下滑至19.4%，制造业升级转化为本产业收缩及相关生产性服务发展（如表9-6所示）。

表 9-6 2000—2012 年新加坡各行业的产值状况

	制造	生产性服务			流通性服务		社会与个人服务		GDP
		商务服务	金融保险	信息通信	批发零售	交通仓储	住宿餐饮	其他服务产业	
	产值（亿新加坡元）								
2000 年	407	167	157	57	204	155	35	156	1626
2006 年	590	239	245	84	409	209	47	218	2314
2012 年	672	472	385	123	552	251	82	358	3456
年均增速（%）	4.3	9.0	7.8	6.6	8.6	4.1	7.4	7.2	6.5
	制造	生产性服务			流通性服务		社会与个人服务		GDP
2000 年	407	382			359		191		1626
2006 年	590	568			618		265		2314
2012 年	672	980			803		440		3456
年均增速（%）	4.3	8.2			6.9		7.2		6.5
	各行业产值占 GDP 的比重（%）								
2000 年	25.0	23.5			22.1		11.8		100
2006 年	25.5	24.5			26.7		11.5		100
2012 年	19.4	28.4			23.2		12.7		100

注：按 SSCI2010 年行业分类统计。

资料来源：Department of Statistics Singapore. Yearbook of Statistics Singapore 2013［EB/OL］. http：//www. singstat. gov. sg.

总体而言，新加坡在融入区域分工的过程中促使制造业转型升级取得进展，并因各行业的技术演进与专业化水平提升而加速商务服务的衍生，产业格局更加倚重生产性服务，这既能使“经济—社会双平台互促型”新发展机制的建构得以可能，也是其发挥作用的相应结果。

三、城市人口、就业与收入分布的转型

新加坡新型发展机制侧重于通过引入外部资源促进本国产业升级与人力资源池的累积，由此使人口、就业与收入分布相应转型。

首先，外国人在新加坡人口与就业中占据日趋重要的地位。1990 年，新加坡总人口 305 万人，其中非居民占 10.2%，永久居民占居民总数的 4.1%；到 2013 年，新加坡 539.9 万总人口中，非居民 155.4 万人，永久居民 53 万人，非居民占总人口比重升至 28.8% 的历史最高水平，永久居民亦占到居民人数的 13.8%。大量非居民给新加坡充实劳动力储备，并构成就业的重要组成部分。2000 年，非居民占到总就业的 29.2%，到 2013 年已攀升至 37.9%，新加坡成为人口与就业高度国际化的国家（如图 9-4 所示）。

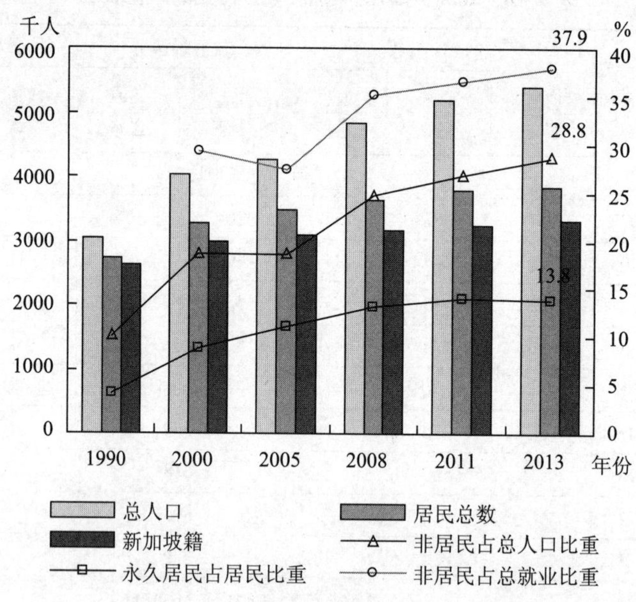

图9－4　1990—2013年新加坡人口与就业中的居民与非居民

其次，新加坡居民更多转向生产性服务和社会与个人服务行业，社会与个人服务业构成最大就业部门。从新加坡15岁以上居民就业的行业分布来看，金融保险、商务服务、社区社会与个人服务就业增长最快，2000—2012年年均增加分别为4.7%、4.7%和4.3%。社区社会与个人服务是新加坡居民就业最为集中的行业，2012年占到总就业的23%，社会与个人服务业合计占比29.3%。生产性服务中，商务服务从业人员占比最高，由2000年占总就业的11.3%升至2012年的14.2%；生产性服务成为第二就业大类，占总就业比重由2000年的21%升至2011年的25.8%。2000年居民就业最为集中的制造业，至2012年年均无增长，占就业比重已降至14.1%；流通性服务吸纳就业比重也有一定下降，作为2000年的第一就业大类，先后被社会与个人服务和生产性服务所超越。总体而言，新加坡居民中，服务业就业2012年已达到79.4%，成为高度服务化社会（如表9－7所示）。

表9－7　2000—2012年新加坡15岁以上居民就业的行业分布

	各行业就业人数（千人）				2000—2012年年均增速（%）	各行业就业占总数的比重（%）			
	2000年	2005年	2008年	2012年		2000年	2005年	2008年	2012年
制造	289	275	312	288	0.0	19.5	16.7	16.8	14.1
服务	1089	1273	1412	1621	3.4	73.5	77.3	76.2	79.4
生产性服务	311	374	448	527	4.5	21.0	22.7	24.2	25.8
*商务服务	168	207	238	290	4.7	11.3	12.6	12.8	14.2

续表

	各行业就业人数（千人）				2000—2012 年年均增速（%）	各行业就业占总数的比重（%）			
	2000 年	2005 年	2008 年	2012 年		2000 年	2005 年	2008 年	2012 年
* 金融保险	87	102	124	151	4.7	5.9	6.2	6.7	7.4
* 信息通信	56	65	87	86	3.6	3.8	3.9	4.7	4.2
流通性服务	404	467	452	496	1.7	27.2	28.3	24.4	24.3
* 批发零售	254	304	270	306	1.6	17.1	18.4	14.6	15.0
* 交通仓储	150	163	182	190	2	10.1	9.9	9.8	9.3
社会与个人服务	374	432	512	599	4.0	25.3	26.2	27.6	29.3
* 社区社会与个人服务	282	329	392	470	4.3	19.0	20.0	21.2	23.0
* 住宿餐饮	93	103	120	129	2.8	6.2	6.3	6.5	6.3
总计	1483	1647	1852	2041	2.7	100	100	100	100

资料来源：Yearbook of Statistics Singapore 2011—2013.

再次，新加坡居民主要转向专业、技术与管理人员就职。2000—2012 年，新加坡 15 岁以上居民就业增长最快的职业是专业人员，由 15.1 万人增至 29 万人，年均增加 5.6%；居于其次的是立法人员、高级官员和管理者，年均增加 2.1%，到 2012 年从业人员有 34.6 万人，为新加坡居民的第二大职业类别；技术与副专业人员构成居民最大职业类别，2012 年有 41.4 万人，占到总就业比重的 20.7%。这三类专业、技术与管理人员合计就业人数由 2000 年的 64.5 万居民，上升至 2012 年的 105.9 万人，由占居民总就业数的 43.5% 攀升至 51.9%。此外，居民在低技能的清洁工及劳动人员中就业数也有显著增加，2011 年为 14.6 万人，占总就业比重由 2000 年的 6.8% 升至 2011 年的 7.1%；与制造业相关的职业成为居民就业净流出部门，工厂技术员及操作员合计占比由 19.9% 降至 11.8%。新加坡居民普遍流向技术含量更高的职业。

最后，金融、建筑、制造成为收入涨幅最快行业，生产性服务、社区社会与个人服务及制造业带动总体收入水平上升。对于工资收入，新加坡首先由劳、资、政三方组建的全国工资理事会，根据各行业劳动生产率增长状况确定薪金指导原则，而后公共和私人机构以此作为谈判基础，由雇员、工会和雇主协商确定。2006 年至 2012 年，新加坡的金融业成为年均薪金涨幅最快行业，年均增长 6%。2011 年服务业中，金融保险（8170 新加坡元）、信息通信（5604 新加坡元）、专业服务（5199 新加坡元）和社区社会与个人服务业（4604 新加坡元）的月收入超过服务业 4383 新加坡元的平均水平；制造业以每月 4484 新加坡元的收入高于服务业和各行业平均水平；生产性服务、社区社会与个人服务及制造业对于带动新加坡总体收入水平上升发挥主要作用。

在促使经济发展平台和社会发展平台互动过程中，新加坡多元化的人力资源储备不断上升，在制造业引领下，制造和服务业的专业化规模和水平、继而收入水平有显著提高。

四、空间规划与“分布—嵌入式”城市结构

新加坡国土面积狭小，空间资源稀缺，在应对生存与可持续发展的严峻考验中，新加坡结合新型发展机制，以统筹规划为基础，形成分布—嵌入式空间结构。

（1）空间规划与内在联结

对于城市空间的开发和利用，新加坡首先由1959年规划法令奠定现代城市规划体系的基础；其次由1971年开始、每十年修订的概念规划，作为开发利用新加坡物理空间的长期、战略性指导方针；最后根据规划概念图所提示的宏观架构和策略，制订跨期10～15年、每五年修订、涵盖全国55个区域法定土地利用方案的主规划。主规划将概念规划的战略指导思想变成具体、可操作的发展蓝图，它提供每个区域涉及定位属性、土地利用、发展密度等的重要参考数值，一旦批准，指导着各个部门、行业和区域的建设与开发。在1959年规划法基础上建立的国家发展部是全国土地规划、开发、建设和利用的管理部门，具体由早先的规划局并入成立的市区重建局负责概念规划和主规划的制定，由建屋发展局负责以公共住房为主体的居住区建设、开发和管理。

在空间资源有限、发展要求复杂的形势下，新加坡的空间规划以内在联结为核心，构成新型发展机制的重要组成部分。

第一，贸易与工业部的经济发展局结合国内发展要求，立足世界市场，寻求并开拓新加坡的发展空间与模式，由此确定国内产业发展选择和人力资源培育方案，实现新加坡内部发展与外部世界的联结。第二，贸易与工业部下设的裕廊镇管理局作为工业地产的开发建设与管理者，为产业发展提供配套的用地和基础设施，实现产业发展与物理设施的联结。第三，产业发展所需的人力资源得以成熟，需要在实践操作中习得经验和技能，也需要通过教育获得基础知识，更需要在家庭环境中健康成长，家庭正是住房、医疗、卫生、餐饮等多元化社会与个人服务需求的主体，也是孕育人力资源池的母体，新加坡通过建屋发展局构建起规模化组屋发展平台，以家庭为纽带，联结起人力资源池的培育和居住空间建设。第四，通过公共组屋平台，由文化社区青年部、人民协会等提供的多元化社会与个人服务又实现与家庭和人力资源池的联结。第五，在一系列经济社会活动与物理设施的联结中，市区重建局协调各方供求，并结合国土资源与环境状况确定空间规划方案，实现各分散环节的系统联结。第六，国家发展部联结交通部、环境与水资源部等负责组织建设，并提供符合国家发展需要的城市空间（如图9－5所示）。

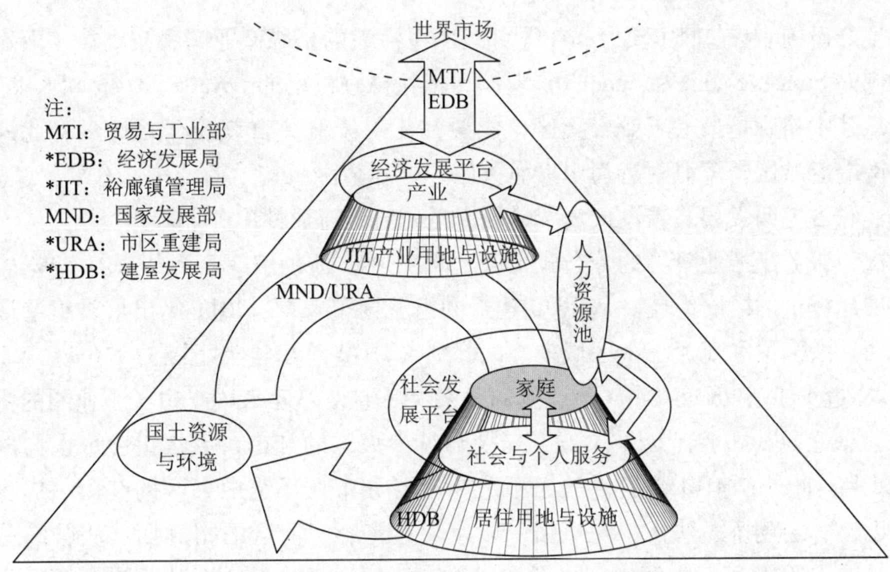

图 9－5　新加坡空间规划的内在联结机制

（2）分布—嵌入式空间结构

以内在联结为核心构建城市物理空间与设施，使新加坡新型发展机制在物理环境层面、人文社会层面具有可实现的基础与可能，在积极参与区域分工、促进社会经济转型过程中，新加坡形成分布—嵌入式空间结构（如图 9－6 所示）。

图 9－6　新加坡的“分布—嵌入式”空间结构

图像来源：http：//www. singaporecitygallery. sg/.

首先，新加坡依托地理条件，形成外向化、集群化产业区。在裕廊镇管理局所经营的工业设施中，2011 年有工厂大厦 32 万平方米，商务产业园 22 万平方米，标准厂房 246 万平方米，车间 17 万平方米，使用率均在 90% 以上；主要为电子、精密制造、生物医药等制造业，及相关的信息通信、研发及专业和技术服务、物流等生产性服务业提供生产设施。① 它们主要分布于紧邻马六甲海峡的裕廊产业园和裕廊岛、面对马来西亚柔佛的 Sungei Kadut 和 Senoko 产业园、依托樟宜机场的 Loyang、Defu 和 Kaki Bukit 产业园。其中裕廊是最大工业聚集区，能源和化工产业集群就位于裕廊岛。此外，新加坡岛南端老城区及滨海附近为中央商务区，国际金融机构、商业中心主要聚集于此；巴西班让和吉宝两大集装箱港成为贸易及海运物流等流通性服务业聚集区。

其次，服务于产业集群的分布式聚居。2010 年，新加坡 377 万居民有 82% 居住在建屋发展局提供的政府组屋。从 HDB 建造的组屋分布来看，2011 年出售类组屋最多的是裕廊西、淡滨尼和兀兰三个区域中心，分别占 HDB 总出售类组屋的 7.6%、7.2% 和 6.6%；靠近 Defu 和 Kaki Bukit 产业园的勿洛、后港，邻近 Seletar 电子工业园的盛港和宏茂桥，靠近 Senoko 产业园的义顺，以及靠近中央区的红山，出售组屋量也均占总量的 5% 以上。此外，HDB 所提供的出租组屋主要分布在环绕中央区的红山、加冷、芽笼、大巴窑、宏茂桥、勿洛、女皇镇，以及靠近裕廊工业区的裕廊西。从居民总的居住密度来看，2010 年，毗邻樟宜机场的勿洛和淡滨尼、临近裕廊产业园的裕廊西以居住 25 万人以上，成为聚居最为密集的三大计划区，其中勿洛以聚居 29.5 万人而居于首位；面向柔佛海峡的兀兰以居住 24.5 万人而成为第四大聚居区。② 新加坡形成面向各产业聚集区、人口毗邻聚居的空间特征。

最后，各类服务设施分布于聚居区中心，满足家庭与人口发展需要。建屋发展局的组屋小区除建设毗邻产业区的住屋，还配套有商业中心、学校、诊所、市政设施、公园、绿茵地带等，并连接地铁、轻轨等交通系统。毗邻产业区使居民大多可以就近就业；产业区技术升级及配套教育培训等社会性服务有助于提高居民的劳动技能和水平；就近的商业、医疗、幼儿园、绿地等为居民家庭购物、休闲、娱乐、照顾老人儿童等提供便利。目前，新加坡主要包括滨海湾的中央商务区，裕廊湖区、兀兰和淡滨尼三个区域中心，以及加冷河边、波那维斯达、碧山、实龙岗、巴耶利巴和马林百列六个次区域中心。

总体而言，新加坡根据发展需要和地理条件规划各产业的空间分工，并配之以生活聚居区，各产业之间、产业园与聚居区之间相互联结，又相对分散，从而使空间结构呈现分布式特征；由于消费、流通性服务业主要集中于聚居区，提供家庭与人力资源发展的相应设施与条件，成为嵌入社区发展的重要组成部分，分布—嵌入式结构成为新加坡城市空间的显著特征。

五、几点启示

新加坡虽然是小型城市经济体，但在短短十余年时间内持续推动经济、社会且与环境相容的转型升级，仍然蔚为瞩目，其独特的系统协同发展理念尤其值得展开顶层

---

① 新加坡裕廊镇管理局. JIT Quarterly Facilities Report 3rd Quarter 2012 [EB/OL]. http://www.jtc.gov.sg/.

② 新加坡建屋发展局. HDB Annual Report 2011/12 [EB/OL]. http://www.hdb.gov.sg/.

设计时参考借鉴。

第一，将人口转化为人力资源池，成为发展主旨。面对自然、生态、人口、增长、发展间日益严峻的问题与挑战，唯有开启人类智慧和不断创新才可能持续的积极应对，新加坡将经济与社会发展统筹于“以人为本”的主旨之下，无疑扼住创新时代的主旋律。

第二，经济与社会发展并不背离，而有可能、也有必要实现内生协同。回归到人的身心、知识、经验与技能成长发展的最基本规律层面，不难发现，经济活动、家庭生活、社会事务等日益成为人口绵延和文明进步的不可分离、互相依赖的组成部分，新加坡在系统层面构建起各领域的联结机制，为协同发展奠定可靠基础。

第三，以积极参与全球化的方式找到可持续发展的根基。作为极易受到世界市场冲击的小型经济体，新加坡始终致力于挖掘世界市场趋势与机遇，并在风险和挑战中探寻和培育自身的核心竞争力，广阔而瞬息变化的世界市场也为这一不懈进取的模式提供发展可能。

第四，政府和公共治理在构建协同机制中发挥核心作用。在各种困境、机遇、各方利益的矛盾冲突中，经济社会协同发展机制并不可能自发形成，而有赖于应环境之变的不断建构。推动建构，成为最首要的公共需求，新加坡政府正是在这一理念指引下，不以所谓标准而束缚手脚，讲求实用和实效，发展市场经济、国有企业，创新精英政府、公民社会，将公共治理渗透到系统协同缺失的任何环节，并应时势变化而或进或退。由此，新加坡的系统协同发展机制才得以逐步建构。

大事记

2013 年 9 月

7 日

习近平主席访问中亚四国。在哈萨克斯坦纳扎尔巴耶夫大学发表题为《弘扬人民友谊　共创美好未来》的重要演讲，盛赞中哈传统友好，全面阐述中国对中亚国家睦邻友好合作政策，倡议用创新的合作模式，共同建设“丝绸之路经济带”，将其作为一项造福沿途各国人民的大事业。

11 日

习近平主席与吉尔吉斯斯坦总统阿坦巴耶夫举行会谈，宣布将中吉关系提升为战略伙伴关系，吉方支持习主席建设“丝绸之路经济带”的倡议。

12 日

习近平主席会见塔吉克斯坦总统拉赫蒙，双方共同表示加强经贸、反恐等合作，以维护共同安宁和发展繁荣，两国政府间签署了关于天然气管道建设运营合作协议。

13 日

上海合作组织成员国元首理事会第十三次会议在吉尔吉斯斯坦比什凯克举行，习近平主席发表《弘扬“上海精神”　促进共同发展》的重要讲话，提出弘扬“上海精神”、共同维护地区安全稳定、着力发展务实合作、加强人文交流和民间交往四点主张；并围绕把上合组织“打造成成员国命运共同体和利益共同体”的倡议，提出促进“丝绸之路经济带”建设、展开务实合作的五点建议，包括开辟交通和物流大通道、商谈贸易和投资便利化协定、加强金融领域合作、成立能源俱乐部以及建立粮食安全合作机制等。

在习近平主席和土库曼斯坦总统别尔德穆哈梅多夫见证下，陕西省委常委、西安市委书记魏民洲与土库曼斯坦马雷市市长纳扎罗夫共同签署了《中国西安市与土库曼斯坦马雷市建立友好交流与合作关系协议书》，双方明确将在经贸、旅游、文化、科技、教育、体育等方面开展合作。

15—19 日

中国—阿拉伯国家博览会在宁夏回族自治区银川市召开。

25—28 日

阿富汗总统卡尔扎伊来华访问，在四天的访问期间，卡尔扎伊分别与中国国家主席习近平与国务院总理李克强举行会谈，并出席 2013 欧亚经济论坛，卡尔扎伊在发表演讲中表达了对建立“丝绸之路经济带”的支持。中阿双方签署包括经济援助、罪犯引渡以及高校合作等至少三个领域的合作协议。

26—28 日

第五届欧亚经济论坛在西安举行，本届论坛将以“推进古丝绸之路沿线复兴和新欧亚大陆桥互联互通”为目标。

2013 年 10 月

14 日

由交通运输部和深圳市人民政府联合主办，国家发展和改革委员会、工业和信息化部支持，深圳市交通运输委员会和深圳市物流与供应链管理协会承办的第八届中国（深圳）国际物流与交通运输博览会（以下简称物博会）在深圳会展中心开幕，博览会首设“海铁联运”展区，以共建“丝绸之路经济带”。

20 日

“西安·酒泉建设丝绸之路经济带合作洽谈会”在西安市召开，西安市与酒泉市就建设丝绸之路经济带签署了战略合作协议，两市将在产业协作、商贸流通、文化旅游、园区建设、公共服务等领域加强合作，促进丝绸之路经济带建设。

24—25 日

周边外交工作座谈会在北京召开，习近平主席在会上发表重要讲话，强调做好周边外交工作，是实现“两个一百年”奋斗目标、实现中华民族伟大复兴的中国梦的需要，要更加奋发有为地推进周边外交，为我国发展争取良好周边环境，并推动我国发展更多惠及周边国家。

28—30 日

丝绸之路国际大会在土耳其最大城市伊斯坦布尔召开。

2013 年 11 月

3 日

由兰州市人民政府和人民日报社甘肃分社联合主办的“丝绸之路经济带·兰州新区向西开放战略平台高层论坛”在北京举行。

12 日

中共十八届三中全会通过《中共中央关于全面深化改革若干重大问题的决定》，明确推进丝绸之路经济带、海上丝绸之路建设，以形成全方位开放新格局。

15—16 日

西安市旅游局主办的“2013 丝绸之路经济带城市旅游发展研讨会”在西安召开。

17 日

新疆乌鲁木齐提出打造丝绸之路经济带“五大中心”——重要的交通枢纽中心、商贸物流中心、金融中心、文化科技中心和医疗服务中心。

21 日

李克强总理在北京同欧洲理事会主席范龙佩、欧盟委员会主席巴罗佐共同主持第十六次中国欧盟领导人会晤，并出席中欧农业、能源、知识产权等领域有关合作文件的签字仪式，双方还共同发表《中欧合作 2020 战略规划》。

24 日

由陕西省委宣传部、北京大学国家发展研究院、省发改委主办，陕西日报传媒集团、北大国发院 EMBA 承办的《“打造丝绸之路新起点”——北京大学国家发展研究院西部发展的高端对话》在陕西大会堂一会议室厅举行。这场“中国经济学界两位著名经济学家的双雄会”的两位主讲人，一位是北京大学国家发展研究院荣誉院长、国务院参事、全国工商联专职副主席、世界银行前任首席经济学家林毅夫，另一位是北京大学国家发展研究院院长姚洋。

26 日

李克强总理在布加勒斯特出席中国—中东欧国家领导人会晤，提出中国与中东欧国家合作的“三大原则”，以及深化合作的六点建议。会晤后，中国与中东欧 16 国共同发表《中国—中东欧国家合作布加勒斯特纲要》。

李克强总理在布加勒斯特与罗马尼亚等 13 个中东欧国家总理共同出席第三届中国—中东欧国家经贸论坛，李克强提出三点建议：推动 5 年内双方贸易规模再翻一番、合作建设一批基础设施大项目、积极扩大企业双向投资等。

28 日

首条从西安始发开往哈萨克斯坦阿拉木图的国际货运班列将正式开通，经宝鸡、乌鲁木齐、阿拉山口，抵达哈萨克斯坦阿拉木图，单程线路 3860 公里。

“中国·新疆乌鲁木齐 2013 丝绸之路经济带城市合作发展论坛”文化体育教育卫生合作论坛在新疆国际会展中心开幕。

29 日

李克强总理在塔什干出席上海合作组织成员国总理第十二次会议，同与会各国领导人就促进上合组织框架内多领域合作、加强上合组织建设等深入交换意见，达成广泛共识。李克强就深化上合组织务实合作提出深化安全合作、加快道路互联互通、促进贸易和投资便利化、加强金融合作、推进生态和能源合作，以及扩大人文交流六点倡议。

2013 年 12 月

4 日

西咸新区与微软签署战略合作备忘录，宣布“微软创新中心”落户西咸新区沣西新城。未来三年，双方将在科技推广、传统企业转型创新、IT 人才培养、新创企业扶持以及智慧城市建设等多个领域开展深入合作，通过大力推动工业化和信息化的深度融合，助力陕西经济结构转型升级，打造“丝绸之路经济带信息枢纽”，建设现代田园城市。

19 日

首届中国—中东欧国家高级别智库研讨会在北京举行。

2014 年 1 月

6 日

国务院印发《关于同意设立陕西西咸新区的批复》，同意设立陕西西咸新区为国家级新区。

9 日

2013 年 9 月由中国国家主席习近平和哈萨克斯坦总统纳扎尔巴耶夫共同见证的连

云港市与哈铁股份公司物流合作项目，经过四个月的筹备，在连云港正式启动。

17 日

中国向来华访问的海湾阿拉伯国家合作委员会表示，“愿同海方共同努力，推动丝绸之路经济带和21 世纪海上丝绸之路建设”。

2014 年 2 月

6—8 日

习近平主席赴俄罗斯索契出席第二十二届冬季奥林匹克运动会开幕式，并为新一年中俄关系发展作出战略规划。

8 日

郑欧首列返程班列 1 月 14 日从德国汉堡站发车，经波兰、白俄罗斯、俄罗斯、哈萨克斯坦，2 月 2 日清晨从二连浩特口岸入境，8 日抵达郑州铁路集装箱中心站，全程 10399 公里，累计耗时 25 天。

10 日

国家发改委公布了西部大开发九大重点领域，提出西部要大力发展文化旅游，落实“丝绸之路经济带”。贯穿在丝绸之路这条大通道的历史遗产、经典文化、民族民俗文化、旅游观光文化等资源在世界上独一无二。共建丝绸之路经济带，文化产业大有可为。

甘肃省依托资源优势，把推动丝路文化旅游产业发展作为加快推进全省转型跨越发展的重要举措；将“兰洽会”更名为“中国丝绸之路博览会”。

10—11 日

中印边界问题特别代表第十七次会晤在新德里举行。双方表示，愿积极推动中印两大市场对接，稳步推进铁路、产业园区合作和孟中印缅经济走廊建设，合作建设“丝绸之路经济带”。“中印友好交流年”在新德里启动。

14 日

泉州拉开“东亚文化之都年”系列活动的大幕，旨在把古城泉州打造成东亚的、国际性的“21 世纪海上丝绸之路”经济文化交流平台。

17 日

第四届“敦煌行·丝绸之路国际旅游节”开幕式文艺晚会筹备座谈会在甘肃召开，兹定于6月15日在张掖市举行第四届“敦煌行·丝绸之路国际旅游节”开幕式。

18 日

陕西省召开2014年全省新闻出版影视工作会议，会议中表示：陕西省将申办“丝绸之路国家影视节”。

19 日

中巴经济走廊远景规划联合合作委员会第二次会议在北京举行。

国家旅游局对外公布中国观光国线图，公布的第一条是丝绸之路。

20 日

重庆建设西部服创园，园区规划面积约1000亩，投资逾40亿元，将打造以服装服饰产业为依托，逐步形成研发、生产、物流、面辅料供应为一体的服装服饰产业链。建成后，其工业年产值将达100亿元，将成为中国西部服装创意产业基地。

23 日

由中国新闻社主办的“新世纪丝绸之路华媒万里行”活动暨“新世纪丝绸之路经济论坛”，在“海上丝绸之路”始发地——福建泉州迎宾馆举行。

中央党校“丝绸之路经济带与新疆发展”课题座谈会在乌鲁木齐举行。

23 日

中国外交部部长王毅访问伊拉克，王毅表示，中伊两国将以“丝绸之路经济带”和“21世纪海上丝绸之路”建设为合作平台，实现共同发展。加强双方互联互通，共同促进贸易自由化和投资便利化，实现资源、技术、市场等优势互补。

24 日

中国倡议中国—东盟开展新一批服务贸易承诺谈判，力争到2020年双边贸易额达到1万亿美元，今后八年新增双向投资1500亿美元。

山东省发展改革委代山东省政府起草《关于申请将日照等5市纳入“丝绸之路经济带”战略的请示》。

26 日

河南省科协召开“丝绸之路经济带”院士专家智库沙龙。

27 日

新疆喀什开始打造一条“空中丝绸之路”。

由中国国际商会、中华文化促进会主办，西北大学、大唐西市文化产业投资集团承办的共建丝绸之路经济带的“四丝”项目研讨会在西安召开。

28 日

新疆凭借地缘优势已在 4 个国家开办 7 所孔子学院的基础上，今年将启动第二批丝绸之路经济带沿线国家孔子学院开建工作，完成 4 ~6 所孔子学院的布点建设，在构建我国向西开放新格局的同时，进一步提升“软实力”。

2014 年 3 月

3 日

由陕西省广告协会、陕西日报传媒集团主办，陕西西咸广告有限责任公司协办，陕西博闻传媒有限公司承办的“丝绸之路经济带 · 西安国际广告产业博览会”在西安曲江国际会展中心盛大开幕。

科威特《阿拉伯人》杂志举办的“丝绸之路上的阿拉伯文化”研讨会在科威特举行。

4 日

丝绸之路和平奖委员会在北京成立。

5 日

在哈尔滨举办了 24 届的哈洽会升级为“中国—俄罗斯博览会”。

6 日

“影像丝绸之路 · 中国甘肃摄影展”开幕式在首尔中国文化中心举行。

第 11 届中国—东盟博览会高官会在南宁召开。

11 日

中哈企业家委员会首次工作会议暨丝绸之路经贸研讨会在哈萨克斯坦首都阿斯塔纳召开。

12 日

中国—乌兹别克斯坦“丝绸之路”经贸合作论坛在塔什干举行。

18 日

由山东省贸促会、省经信委、省机械协会共同主办的“丝绸之路经济带高端商务对话会”在济南国际会展中心举行。

16—18 日

商务部副部长高燕率中国政府经贸代表团访问土耳其，分别与土耳其经济部、交通部、国库署、铁路总局负责人举行会谈，就进一步深化中土经贸关系、推动双方“丝绸之路经济带”和“海上丝绸之路”建设等共同关心的问题深入、坦诚交换了意见。

19 日

新疆乌鲁木齐开始筹办第九届丝绸之路市长论坛。

20 日

中国—亚欧博览会秘书处与澳大利亚贸易委员会签署中国—亚欧博览会国际协办单位合作协议，澳大利亚贸易委员会（简称澳贸委）成为亚欧博览会第 24 家国际协办单位。

驻罗马尼亚大使霍玉珍在罗马尼亚《经济学家报》发表题为《丝路连接世代友好，合作唱响时代潮流》署名文章，介绍“丝绸之路经济带”和“海上新丝绸之路”理念、构想及其深远意义。

22 日

青岛建设新亚欧大陆桥头堡参与国家丝绸之路经济带和 21 世纪海上丝绸之路战略研讨会在青岛市机关会议中心举行。

23 日

习近平主席在海牙同荷兰首相吕特举行会谈，双方发表联合声明，一致决定建立开放务实的中荷全面合作伙伴关系。习近平主席还与荷兰国王威廉—亚历山大共同出席中荷经贸合作论坛开幕式。

28 日

“中俄青年友好交流年”开幕式在俄罗斯圣彼得堡隆重举行。

30 日

习近平主席参观德国西部北威州的杜伊斯堡港，这里是由重庆经新疆跨欧亚直至欧洲的渝新欧国际铁路联运大通道的终点，也是世界上最大内河港和欧洲重要交通物流枢纽。克拉夫特州长、林克市长表示，将抓住丝绸之路经济带倡议为北威州和杜伊斯堡港带来的新机遇，加强同中国的合作。

2014 年 4 月

10 日

博鳌亚洲论坛 2014 年年会开幕，李克强总理出席并发表《共同开创亚洲发展新未来》的主旨演讲。杨洁篪主持“丝绸之路的复兴：对话亚洲领导人”分论坛，指出亚洲国家应当弘扬和平友好、开放包容、互利共赢的丝绸之路精神，赋予其新的时代内涵，习近平主席提出的“一带一路”倡议，充分体现了互信和互利的精神，“一带一路”建设将贯穿“亲、诚、惠、容”的周边外交理念。老挝总理通邢、巴基斯坦总理谢里夫、东帝汶总理沙纳纳出席并讲话。

12 日

俄罗斯总统普京 12 日晚赶赴韩国进行国事访问。普京力推的“钢铁丝绸之路”也成为关注焦点。韩俄签署了关于韩国企业参与“罗津—哈桑建设项目”的谅解备忘录。

30 日

连云港市通过《丝绸之路经济带商会合作联盟成立大会暨首届经贸投资（连云港）洽谈会活动方案》。正式启动在连云港举办“丝绸之路经济带商会合作联盟成立大会暨首届经贸投资洽谈会”各项筹备工作。

2014 年 5 月

9 日

中石油土库曼斯坦巴格德雷合同区第二天然气处理厂竣工投产，这是近年全球最大的 EPC 总承包项目之一，项目建成后，生产的天然气将输往中国。

12 日

习近平主席在北京人民大会堂与土库曼斯坦总统别尔德穆哈梅多夫举行会谈，两国元首共同签署了《中华人民共和国和土库曼斯坦友好合作条约》《中华人民共和国和土库曼斯坦关于发展和深化战略伙伴关系的联合宣言》《关于通过〈中华人民共和国和土库曼斯坦战略伙伴关系发展规划（2014—2018 年）〉的声明》，并见证了天然气、农业、交通、金融、文化、地方等领域多项合作文件的签署。

18 日

习近平主席在上海同吉尔吉斯斯坦总统阿塔姆巴耶夫举行会谈，阿塔姆巴耶夫表示，“三股势力”对吉中两国和中亚地区构成严重威胁，吉方愿意同中方加强协作、合力防范和打击。吉方愿意积极参与丝绸之路经济带建设，促进两国经贸往来、基础设施互联互通和人文交流。两国元首共同签署了《中华人民共和国和吉尔吉斯共和国关于进一步深化战略伙伴关系的联合宣言》，并见证安全执法、基础设施建设等领域合作文件的签署。

20 日

国家主席、中央军委主席习近平在上海吴淞海军军港，同俄罗斯总统普京一起出席“海上联合—2014”中俄海上联合军事演习开始仪式并看望两国海军官兵代表。

习近平主席在上海会见阿塞拜疆总统阿利耶夫。阿利耶夫表示真诚希望发展对华友好合作关系，加强政治互信，坚定支持中国维护主权和领土完整的努力，坚定支持中国打击“三股势力”。阿方希望加强两国执政党交往和人文交流，愿积极参与丝绸之路经济带建设，欢迎中方参与阿方农业、制造业、油气业发展。

21 日

亚洲相互协作与信任措施会议第四次峰会在上海举行，中国国家主席习近平主持会议并发表题为《积极树立亚洲安全观　共创安全合作新局面》的主旨讲话。习近平强调，中国将同各方一道，积极倡导共同、综合、合作、可持续的亚洲安全观，搭建地区安全和合作新架构，努力走出一条共建、共享、共赢的亚洲安全之路。峰会发表了《亚洲相互协作与信任措施会议第四次峰会上海宣言》。

习近平主席和俄罗斯总统普京在上海共同见证中俄两国政府《中俄东线天然气合作项目备忘录》、中国石油天然气集团公司和俄罗斯天然气工业股份公司《中俄东线供气购销合同》的签署。根据双方商定，从 2018 年起，俄罗斯开始通过中俄天然气管道东线向中国供气，输气量逐年增长，最终达到每年 380 亿立方米，累计 30 年。

23—26 日

第十八届西洽会升级为西洽会暨丝绸之路国际博览会在西安举办。

2014 年 6 月

5 日

中阿合作论坛第六届部长级会议在北京人民大会堂开幕，习近平主席发表题为《弘扬丝路精神，深化中阿合作》的重要讲话，希望双方弘扬丝绸之路精神，以共建丝绸之路经济带和21世纪海上丝绸之路为新机遇、新起点，不断深化全面合作、共同发展的中阿战略合作关系。习近平强调，中阿应该坚持共商、共建、共享原则，打造中阿利益共同体和命运共同体，构建“1+2+3”合作格局，即以能源合作为主轴，以基础设施建设、贸易和投资便利化为两翼，以核能、航天卫星、新能源三大高新领域为新的突破口，促进中阿贸易额不断攀升；加快协商和推进中国—海湾阿拉伯国家合作委员会自由贸易区、阿拉伯国家参与亚洲基础设施投资银行，争取早期收获。

15 日

新疆霍尔果斯计量站，来自中国石油天然气集团公司、哈萨克斯坦输气公司、霍尔果斯口岸委的嘉宾代表共同启动点火按钮，宣告中亚天然气管道 C 线开始由土库曼斯坦向国内通气。

22 日

由中国、哈萨克斯坦和吉尔吉斯斯坦联合申报的丝绸之路“长安—天山廊道路网”成功申报世界文化遗产，成为首例跨国合作、成功申遗的项目。

26 日

由国务院新闻办公室主办的“丝绸之路经济带国际研讨会”在乌鲁木齐召开。

2014 年 7 月

2 日

以“丝路联通梦想　媒体共促发展”为主题的丝绸之路经济带媒体合作圆桌对话会在北京人民大会堂召开，来自中国、俄罗斯、中亚五国、印度、巴基斯坦、伊朗、土耳其等10多个国家的近百名政府官员、外交使节、主流媒体代表等参加论坛。

后 记

完成这个报告，就像在做一场梦。外围国家和地区如何实现中心化？在这片地域广阔、地缘关系复杂、或随时可能掉入资源陷阱、或缺乏发展条件的古老陆地上？这个中外学者追寻了上百年的梦，我们，除了对西部有着切身感受之外，学识欠缺、没有什么资源的年轻团队，凭着一种激情和执着，想要延续这个梦。我们是幸运的，世界在变，瞬息万变，一场默默挺进、日益强劲的技术产业革命正在发生，认知新生事物、变革传统思维，让我们看到希望。只是，一切要在颠覆中思考，甚为艰难。

丝绸之路经济带是目标吗？显然不是，有意义更为重大深远的目标。丝绸之路经济带是政策冲动吗？是权宜之计吗？是痴人说梦吗？无甚资源的我们要延续这万般付出的煎熬吗？团队时时刻刻都不得不面对这些外界质疑、自我怀疑。于是，有些小伙伴退缩了，有些应付了事，有些履行着对组织者的承诺、十分努力的完成研究任务、尽管充满怀疑，有些坚定的不断付出，因为，他们内心也有着这个顽强的梦。非常感谢这些执着走下来，并且将一同走下去的小伙伴，在无望中看到希望，不是与众不同而令人兴奋的事情吗！

我们的研究并没有忠诚延续主流经济学的方法论，缺乏专业素养或许让我们少些思维桎梏吧。一切从变化的时代出发，睁大眼睛观察，世界本统一而相互关联，打破专业视野、结合各学科的基础知识，看待过往和当前的社会经济变迁，就是我们的思路和方法论，毕竟，丝绸之路经济带是整体世界的一部分，从整体看局部，该不会存在巨大偏颇吧。于是，我们的研究不够规范，这也是等待着被万般否定的地方。期待批评指正，以让我们有所改进；但方向和理念，绝不会抛却。

报告写作过程中，非常感谢西北大学校长方光华教授，一路走来他给予我们很多鼓励、支持，也有不少压力，履行一份承诺，是我们完成工作的重要动力来源，人无信，何以立？西北大学中东研究所的黄民兴所长、赵广成副教授、李玮博士等给予最直接的帮助，不仅引领、指导我们看古代和当今的丝绸之路，还不辞辛劳，在极其繁忙之中尽心尽力组稿。在没有任何酬劳的前提下，相信他们也秉持同一个信念，就是有比个人名利、保存心力更为重要的事情，感谢上世纪六十年代肩负国家使命成长起来的研究团队，甚为宝贵的传统让我们享受到福泽。感谢山西师范大学历史与旅游文化学院的车效梅教授、香港冯氏集团的林至颖博士，能够全力支持我们大胆而并不成熟的研究想法，并且热忱供稿，偏于西部一隅的小小团队，除了默默感激，还是默默感激，一切与世俗常态相异的选择，让我们看到的是无尽美好。感谢西北大学丝绸之路研究院常务副院长卢山冰教授、经济管理学院何爱平教授、杜勇研究员，给我们提出宝贵建议，并时常鼓励，让我们倍感温馨。感谢西北大学中国西部经济发展研究中心副主任徐璋勇教授，资源匮乏使我们不得不免费索取资料，中心的同仁们慷慨支持令我们非常感动；在西部开展研究，地区欠发达使彼此都很不易，携手共进，可以增添一些力量。另外，亦感谢来自哈萨克斯坦的东干族留学生参与本报告的俄文资料搜集工作，他们是马辰、木哈、白俊、卡滨、李杰和马志特。

西北大学经济管理学院世界经济与贸易系是个年轻而精巧的团队，队伍不大，成员都身兼数职。为了在规定时间内完成规模庞大的研究，国贸系所有老师和优秀学生都被动员起来，以及有兄弟系别的青年学者和研究生加入团队，大家各司其职、倾心投入，努力创造敏捷定制研究的奇迹。感谢各位，我们懂的，这就是一个奇迹！

本研究报告是集体合作的成果，经济管理学院院长任保平教授负责总体规划与统筹，世界经济与贸易系马莉莉副教授负责研究设计、执行和团队统筹，吴航副教授、董秘刚副教授等协调组稿，来自西北大学经济管理学院、中东研究所、山西师范大学历史与旅游文化学院、香港冯氏集团、中国人民大学等机构的师生和学者共同参与撰写。各章节具体分工为：第一章：1.1 马莉莉、王栋；1.2 张亚斌；1.3 吴航；1.4 马莉莉；第二章：马莉莉；第三章：3.1－3.3 马莉莉；3.4 李玮；第四章：4.1 张彤、马莉莉；4.2 刘乐、马莉莉；4.3 郑彬、李继军；4.4 湛爽、马莉莉；4.5 冯欣怡、马莉莉；4.6 胡净雪、张彤、马莉莉；第五章：5.1 马莉莉；5.2 张亚斌、周光菊；5.3 王瑞；5.4 邹杨波、马莉莉；5.5 张秋芬；5.6 贾芳、于重阳、马瑶；5.7 金田林、马莉莉；5.8 贾芳、刘漂；第六章：6.1 马莉莉；6.2 张亚斌、马莉莉；6.3 王昕元、任冕南、马莉莉；6.4 马莉莉、张彤、王雅馨、曹佳；6.5 徐雷雷、马莉莉；第七章：7.1 马莉莉；7.2 贾瑛、董秘刚；7.3 张亚斌；7.4 王瑞；第八章：8.1 陆晓凯、赵景峰；8.2 黄文学、马莉莉；8.3 王聪；8.4 王珏；8.5 田一杉、徐波；8.6 陆晓凯、赵景峰；8.7 康蓉、王栋、王昌玲；8.8 吴航、刘乐、贾芳；8.9 吴航、王稼琪、刘英佩、刘乐；8.10 赵广成、刘乐（中国人民大学）；第九章：9.1 车效梅；9.2－9.3 黄民兴；9.4 师如男、董秘刚；9.5 林至颖；9.6 马莉莉、贾芳；大事记：王栋。最终，马莉莉负责全面统稿和审校，张亚斌、张彤、贾芳、郑彬、刘乐等协助校订；湛爽、王聪、康蓉等负责英文目录翻译与核对；中国经济出版社孙晓霞女士竭力安排出版事宜，在此一并感谢！

此外，由于研究时间有限，资源和团队力量薄弱，本报告存在诸多疏漏和不足，敬请观者提出宝贵意见和建议。年轻的团队，面对艰巨的挑战，我们会努力成长！

编者

2014 年 6 月 22 日